日本語表現・文型事典

小池清治
小林賢次
細川英雄　編集
山口佳也

朝倉書店

序

　外国人留学生の総数が8万7000人を超えたという。世界で日本語を学習する人の総数が，250万人を超えたという。未曾有の日本語ブームである。ありがたいことである。これらの人々に，日本語の表現と文型に関する基本的情報を提供するということが，本書の眼目の一つである。

　しかし，本書をそのまま，外国人が理解することはかなり困難であろう。日本語教授者の支援を必要とする。したがって，本書の第一読者は，これら，日本語教育に従事する人々，および，日本語教育に従事しようと考える人々やその研究者である。

　一方，日本人は，その使用する言語を「国語」ともいう。そして「国語」については，十分な知識を有していると考えている。流暢に日本語を話し，容易に理解している以上，そう考えるのはもっともなのであるが，その「国語」を外国人に，日本語という形で伝えるとき，多くの人は途方に暮れることになる。外部から，客観的に「国語」を「日本語」として観察する態度，説明する方法を保持していないからである。本書の第二の目的は，このような人々に，日本語についての基本的知識，および，日本語を客観的に説明する方法の一つを提供することにある。したがって，国語教育に従事する人々や国語教育に従事しようとする人々および日本語を愛する人々や研究者を重要な読者として想定している。

　日本語は，文脈に依存する度合いが，英語や中国語に比較して大きく，高文脈言語と言われる。たしかに，場面や文脈を前提とした省略表現や削除表現が多く，その結果，日本語は曖昧であるという評価がなされることになる。

　日本語では，「お父さんは，お母さんです。」「お父さんは，トイレです。」「お父さんは，会社です。」など，一見，理解不可能な表現，多義的表現がよくなされるのであるが，これらも，文型という観点から見ると容易に理解することができる（本書「ウナギ文」参照）。

本書は，日本語の表現を，文型という形態的観点，客観的観点から記述しようとして編まれている。このような試みは，これまでなされていない。多くの人々の，好意的批判，建設的批判を賜れば幸いである。

2002年9月

編集者代表　小 池 清 治

編　集　者

小池　清治	宇都宮大学国際学部・国際学研究科教授
小林　賢次	東京都立大学人文学部教授
細川　英雄	早稲田大学大学院日本語教育研究科教授
山口　佳也	十文字学園女子大学短期大学部教授

執　筆　者

赤羽根義章	宇都宮大学教育学部教授
石黒　　圭	一橋大学留学生センター講師
井上　　優	国立国語研究所日本語教育部門主任研究員
梅林　博人	相模女子大学学芸学部助教授
漆谷　広樹	愛知大学文学部助教授
蒲谷　　宏	早稲田大学大学院日本語教育研究科教授
川口　義一	早稲田大学大学院日本語教育研究科教授
河原　修一	島根県立島根女子短期大学助教授
木村　義之	十文字学園女子大学社会情報学部助教授
小池　清治	宇都宮大学国際学部・国際学研究科教授
小林　賢次	東京都立大学人文学部教授
小林　千草	成城大学短期大学部教授
近藤　研至	文教大学教育学部助教授
坂本　　惠	東京外国語大学留学生日本語教育センター教授
牲川波都季	早稲田大学日本語研究教育センター助手
高橋　永行	山形県立米沢女子短期大学助教授
高橋　淑郎	埼玉大学留学生センター講師
田中　宣廣	岩手県立大学宮古短期大学部講師
土岐留美江	愛知教育大学教育学部助教授
細川　英雄	早稲田大学大学院日本語教育研究科教授
宮田　公治	十文字学園女子大学留学生センター講師
山口　佳也	十文字学園女子大学短期大学部教授

(五十音順)

対訳英文担当

佐々木一隆(ささきかずたか)　宇都宮大学国際学部・国際学研究科助教授

ネイティブチェック

シャーマン・リュー　宇都宮大学国際学部・国際学研究科助教授

凡　例

　記載事項は，Ⅰ.見出項目，Ⅱ.英語解説，Ⅲ.キーワード，Ⅳ.解説文，Ⅴ.執筆担当者名，Ⅵ.参考文献の6項目である。

Ⅰ．見出項目
　　原則として「平仮名ルビ・漢字・ローマ字」を併記する形とした。
　　　［例］　条件表現
　　　　　　　じょうけんひょうげん
　　　　　jouken-hyougen
　(1)　ローマ字はヘボン式を原則とした。ただし，長音については，長音符号を用いず，現代仮名遣いの長音の表記法に従い，これをローマ字化した。
　(2)　ハイフンで語構成を示した。
Ⅱ．英語解説
　　見出項目に対応する代表的英語を掲示し，これに和文の解説を付した。また，類義語についても，代表的英語を示し，使い分けなど，参考になる事項を簡潔に記述した。
Ⅲ．キーワード
　　術語キーワードと語彙キーワードを掲示した。原則として，術語キーワードは漢字平仮名表記，語彙キーワードは片仮名表記とし，巻末にそれぞれの索引をまとめた。
Ⅳ．解説文
　　以下の事項が，おおよそ次の順序で記述されている。「①定義・概念規定，②解説，③術語キーワード，語彙キーワードの具体的な使用例等」。なお，読解の便を考慮し，適宜，小見出を段落の最初に掲げ，太字とした。解説文は，「正確・最新・明快」をモットーとして執筆した。

Ⅴ．執筆担当者名

　担当項目ごとに，解説文の末尾の（　）内に示した。

Ⅵ．参考文献

　代表的なものをあげ，巻末の「人名索引」「文献索引」で，執筆者名と書名・論文名等を検索できるようにした。

項 目 一 覧

1. 構文関係

一語文　　16〜19	題説構文　　242〜247
ウナギ文　　35, 36	動詞文　　292〜297
形容詞文　　133〜138	はさみこみ　　312
形容動詞文　　139〜142	はさみこみ表現　　313〜315
叙述構文　　201〜204	無主語文による表現　　363〜366
象鼻文による表現　　224〜227	名詞文　　367〜372
存在詞文　　230〜237	与格主語構文による表現　　388, 389

2. 助動詞関係

意志・意向表現　　11〜14	自発表現　　174
受身表現　　25〜27	推量表現　　207〜211
打消推量表現　　28, 29	想起・発見の表現　　220, 221
打消表現　　30〜34	尊敬表現　　228, 229
回想表現　　47, 48	断定表現1　　254〜256
過去表現　　55〜58	断定表現2―ノダ文―　　257〜261
可能表現　　62〜65	丁寧表現　　278, 279
完了の表現　　90, 91	伝聞表現　　286〜289
希求・誂え表現　　96〜98	当為表現　　290, 291
希望表現　　105〜108	時の表現1　　299〜302
継続状態・結果状態の表現　　130〜132	時の表現2　　303, 304
	比況表現　　326〜328
使役表現　　163〜166	様態表現　　385〜387

3. 助詞関係

詠嘆表現	37, 38	条件表現	189～192
格の表現	51～53	接続表現	216
勧誘表現1	79～82	注意喚起の表現	262, 263
勧誘表現2	83	程度の表現	271, 272
期間・間隔／範囲の表現	94, 95	程度表現1	273, 274
基準表現	99, 100	程度表現2	275, 276
疑問表現	109～112	程度表現3	277
逆接の表現	114	とりたて表現	305～308
禁止表現	126, 127	念押し・同意要求の表現	311
懸念・心配の表現1	146～150	比較表現	323, 324
懸念・心配の表現2	151, 152	文末表現	351～353
原因・理由の表現	153, 154	並立表現	358, 359

4. 補助動詞関係

局面表現	123～125	受給表現	177～180

5. 代名詞関係

照応表現	185～188

6. 副詞関係

労り表現	15	指示表現	170～173
可能性表現	59～61	序列表現	205
擬声語・擬態語表現	101, 102	想起表現	222, 223
極端表現	122	評価・注釈表現	337, 338
限度・限定表現	157	頻度表現	339～341
呼応表現	158～161	分量表現	354～357

誘導表現　　382	類似表現　　397
累加・添加表現　　395, 396	

7.　接続詞関係

言い換え表現　　5	付加・追加表現　　342, 343
意外表現　　10	補足・補説の表現　　360, 361
順接の表現　　183	例示表現　　398
除外表現　　199, 200	話題転換表現1　　399
選択表現　　219	話題転換表現2　　400
添加表現　　281〜284	

8.　感動詞関係

あいづち表現　　4	ためらい・躊躇表現　　252
応答表現　　43, 44	発話継続表現　　316, 317
掛け声表現　　54	呼び掛け表現1　　390
からかい・揶揄表現　　66	呼び掛け表現2　　391〜394
感動表現　　77, 78	

9.　形式名詞関係

推論・説明　　212〜215	目的の表現　　376, 377

10.　レトリック関係

言いさし表現　　6〜9	逆説的表現　　113
引用表現　　21〜24	共存制限破り　　116〜119
婉曲表現　　39〜42	誇張表現　　162
緩叙表現　　76	省略表現　　193〜198
慣用表現　　84〜89	対比表現　　248, 249

定義表現	266, 267	比喩表現	331～336
倒置表現	298	紋切型表現	380, 381
反復表現	319～322		

11. 敬語関係

愛称・渾名	3	待遇表現1	238～240
謙譲表現	155, 156	待遇表現2―ポライトネス―	241
自敬表現	169	丁重表現	270
親愛表現	206	罵倒・悪態表現	318
絶対敬語・相対敬語	217, 218	美化表現	325

12. 言語生活関係

挨拶表現	1, 2	時間表現	167, 168
依頼表現	20	謝罪表現	175, 176
概数表現	45, 46	祝意・賀意表現	181, 182
確認要求・同意要求の表現	49, 50	順番数詞表現	184
感慨表現	67	立場表現	250, 251
関係表現	68	短期間表現	253
勧告・忠告表現	69, 70	忠告・助言表現	264
感謝表現	71	弔意表現	265
感情表現	72～75	訂正表現	268, 269
関連性表現	92, 93	適切性表現	280
期待・予期表現	103, 104	典型表現	285
共感表現	115	難易表現	309, 310
許可与え表現（許容）	120	非難表現	329, 330
許可求め表現	121	複数表現1―尊敬表現・謙譲表現―	344
傾向表現	128, 129	複数表現2	345
決意表現	143	付帯表現	346
結果表現	144, 145		

不必要表現	347	命令表現	373, 374
不満表現（苦情表現）	348	申し出表現	375
不明確表現	349, 350	目的・目標表現	378, 379
見做し表現	362	要求表現	383, 384

付　　録 …………………………………………………………… 401
索　　引 …………………………………………………………… 475

挨拶表現
あいさつひょうげん
aisatsu-hyougen

expression of greetings
salutation＝手紙文の書き出しの挨拶

キーワード：オハヨウ・コンニチハ・コンバンハ／サヨウナラ・失礼シマス・ガンバッテ／オヤスミ／イタダキマス・ゴチソウサマ／イッテキマス・イッテラッシャイ／ゴメンクダサイ・イラッシャイ・オ邪魔シマシタ・ドウゾオ気ヲツケテ／オ元気デスカ・オカゲサマデ／ゴシュウショウサマ／拝啓・謹啓・啓上・前略・急啓・敬具・謹言・頓首・草々・不一・カシコ

定　義：　人間同士が，関係をつくったり保持したりするために，特定の時・場面において使用する儀礼的な表現。

分類と文型：
　話しことばの中で使用する挨拶表現　話しことばの挨拶表現は，場面によってほぼ定型化されている。
　①出会ったとき　おはよう（おはようございます）・こんにちは・こんばんは
　②別れるとき　さようなら・失礼します・がんばって（がんばってください）
　③寝る前　おやすみ（おやすみなさい）
　④食事の前後　いただきます・ごちそうさま（ごちそうさまでした）
　⑤自分の家（会社・学校など）に出入りするとき　いってきます―いってらっしゃい・ただいま―おかえり（おかえりなさい）
　⑥他の家（会社・学校など）を訪問するとき　ごめんください―いらっしゃい・お邪魔しました―どうぞお気をつけて
　⑦相手の安否を尋ねるとき　お元気ですか―おかげさまで
　⑧慶弔　この度は，ご結婚（ご入学・ご卒業）おめでとうございます・この度は，ご愁傷さまでした
　⑨呼びかけるとき　あの，ちょっと，もしもし
　a．定型化度
　日本語の話しことばで使われる挨拶表現は，①から⑨のような場面によって，ほぼ定型化されている。日本語の挨拶表現は，他の言語と比較しても，場面ごとに使用可能な表現の種類が少ない。例えば，国立国語研究所が行った日独語の挨拶表現の比較調査によると，朝起きて家族にいう挨拶表現の種類は，ドイツ語が55種類であったのに対し，日本語は8種類であったという。日本語の挨拶表現の定型化度はかなり高い。
　b．使用場面の限定
　挨拶表現の中には，同じ場面であっても，挨拶を交わす人間の親疎関係によって，使用方法が制限されるものがある。

たとえば、①出会いの場面で使う挨拶表現の中で、「おはよう（おはようございます）」は家族に対しても使うが、「こんにちは」、「こんばんは」は使えない。また、同じ出会いの場面で使う挨拶表現でも、「おはよう」には、「おはようございます」という待遇度の高い表現がある一方で、「こんにちは」、「こんばんは」には、待遇度の低い表現しかない。そのため、あまり親しくない人や目上の人に、昼や夜に出会った場面で、「こんにちは」、「こんばんは」は使いにくい。ただし、「こんにちは、お仕事ははかどっていらっしゃいますか」、「こんばんは、今お帰りですか」など、敬意を示すほかの表現と合わせると、親しくない相手にも使用できる。

また、⑤の「いってきます―いってらっしゃい」は、自分の家から外出するときだけでなく、会社や学校といった、帰属意識を共有する集団から外出する場面でも使用することができる。

c. 励ましの表現の挨拶表現化

②の別れるときに使われる「がんばって（がんばってください）」という挨拶表現は、本来、人を励ますための表現である。しかし、堀江・インカピロム・プリヤーによると、「がんばって（がんばってください）」は、深刻で困難な状況にある人物に、心から同情し励ますために使われるとは限らないという。日本語では、実際にはそれほど同情していなくとも、相手が自分から深刻な状況に今いるといえば、「がんばって（がんばってください）」といって別れるのが定型となっている。

書きことば（手紙文）の中で使用する挨拶表現　手紙文の挨拶表現は、敬意度によって定型化されている。

①改まった手紙の始めと終わり　謹啓・啓上―謹言・頓首
②一般的な手紙の始めと終わり　拝啓―敬具
③急いでいるときの手紙の始めと終わり　前略・急啓―草々・不一

手紙文は、前文・主文・末文・後付からなるが、前文の始めと末文の終わりに、それぞれ頭語と結語という挨拶表現を付ける。この頭語と結語は対応する形で組合せが決まっている。一般的には拝啓―敬具を使用するが、より改まった丁重な場合には、謹啓・啓上―謹言・頓首などの組合せを用いる。また、急いでいる場合には、前略・急啓―草々・不一などを使用する。付言すれば、平安時代以降近代に至るまで、女性専用の組合せとして、頭語なし―（あな）かしこがあったが、現在ではあまり用いられていない。

（牲川波都季）

参考文献　杉戸清樹・沢木幹栄「世界のあいさつ言葉の対照研究に向けて」（国文学解釈と教材の研究，44巻6号，1999）；国立国語研究所『言語行動における日独比較』（三省堂，1984）；甲斐睦朗「現代日本語のあいさつ言葉について」（国語国文学報，42集，1985）；堀江・インカピロム・プリヤー「日・タイあいさつ表現からみた社会・文化・価値観のちがい」（日本語教育，72号，1990）；前田富祺「手紙の文法・手紙のスタイル」（言語，26巻1号，1997）；遠藤好英「書簡のあいさつのことばの歴史」（国文学解釈と教材の研究，44巻6号，1999）

愛称・渾名 nickname
あいしょう・あだな
aishou・adana

キーワード：罵倒悪態表現／親愛表現／人名
　　　　　　サン・チャン・クン・サマ

　聞き手あるいは話題の人物について，実際の名前以外の「愛称」や「渾名」で呼ぶことがあるが，そのとき，当該の人物に親愛・敬愛の情を込めてその名称を使う場合とその人物を卑しめようとしてその名称を使う場合とがある。「愛称」は，おもに前者の場合に用いるが，「渾名」は，前者・後者どちらの場合にも使われる。
　「愛称」「渾名」の付け方には，おおむね次のような共通の方法がある。
　①人名の一部に「(お)〜さん／ちゃん／くん／様」をつける（→親愛表現）：「山田」姓の人物を「山さん」，「夏子」という名前を「なっちゃん」と呼ぶような方法。政治家土井たか子の「おタカさん」，ハリウッド俳優アーノルド・シュワルツェネッガーの「シュワちゃん」，俳優杉良太郎の「杉様」なども同類である。
　②人名を縮約する：「権藤」姓を「ゴン」，「真佐美」を「マミ」と呼ぶような方法。有名人の場合，ジャズ奏者渡辺貞雄の「ナベサダ」，歌手木村拓哉の「キムタク」などのように，姓名を4モーラのカタカナ表記に縮約する方法もある。
　③人名の一部の音を特立させたり，変化させたりする：「川口」姓を「カンカン」，「孝」を「ター坊」，「紀子」を「ノンタン」と呼ぶような方法で，広く応用される。歌手松任谷由実の「ユーミン」，タレント小泉今日子の「キョン^2」なども同類。
　④人名をもじってしゃれにする：「戸板」姓に「どぶ板」，「松本」姓に「おそ松（＝お粗末）」などと当てる方法で，どちらかといえば相手を卑しめる場合に多く利用される方法である。
　⑤当該人物の外見・行動・性格・思想などの特徴を描写する（→罵倒悪態表現）：「たれ目」「ぐず」「仕切り屋」のように特徴のある一面だけをいうものもあるが，複数の特徴をまとめたものも多い。頑健な肉体と凶暴な性格の持ち主を「ゴリラ」，痩身に丸眼鏡の左翼評論家を「赤トンボ」と呼ぶような場合である。相手を卑しめる用法も多いが，野球選手松井秀喜の「ゴジラ」などは畏敬の念を含む愛称といえる。その人物の特徴を，文芸作品中の人物（「鉄仮面」「柔ちゃん」）や歴史上の人物（「西郷どん」「クレオパトラ」）などに見たてた名付けもある。
　⑥当該人物に関するエピソードから名付ける：漱石の『吾輩は猫である』の苦沙弥先生に付けられた「サベジチー」（「番茶」の英訳を"savage tea"とした話から）のような例である。当該のエピソードを知らない者には理解できないが，通じる者どうしの連帯感はその分強まる。

（川口義一）

あいづち表現　back channel cue
aizuchi-hyougen

キーワード：ハイ・ハア・エエ・ウン・イエ・イヤ・アア・ヘエ・フウン・ホウ・ソウ・ホント・マア・ナルホド

定　義：感動詞（応答詞）を中心とする表現で，会話において相手が発話権をもっている状況で，話を聞いている，あるいは理解したということを相手に表示する表現。問いかけに対する応答や，発話を交替させるような実質的内容をもつ表現はあいづちとはならない。

形　式：「ハイ」「エエ」「ウン」などの応答詞，「アア」「ヘエ」「ホウ」などの感動詞，「ソウ」「ホント」「ナルホド」などの副詞（これらはまとめて「あいづち詞」と呼ばれる）などのほか，相手の発話（の一部）をそのままくり返す「くり返し」があげられる。さらに，相手の発話を言い換える「言い換え」や，相手の発話の展開を予測して先に述べる「先取り」，うなずきや笑いなどの非言語行動をもあいづち表現に含めて考える立場もある。あいづち詞は「ハイハイ」「ソウソウ」などくり返して用いられることも少なくない。

機　能：堀口（1997）によればあいづち表現の機能は以下のようにまとめられる。

(A) 聞いているという信号　(B) 理解しているという信号
(C) 同意の信号　(D) 否定の信号
(E) 感情の表出

(A) のように「聞いている」ということを伝えることによって，相手に話し続けるように促すことができる。相手のいうことがよくわからなくても，あるいは相手のいうことに同意できなくても使えるという点で (B) と異なる機能であることは明白だが，一方(B) は聞くことを前提にしているので (A) とはっきり区別できないことも多い。(C) は相手のいうことを理解したうえでさらにそれに同意であることを示す機能である。聞くこと，理解することを前提としているという点で (A) (B) との区別が難しいことがある。(D) は相手のいうことを理解したうえでそれに賛成ではないあるいは納得できないことを示す機能である。感謝や陳謝に対する「ウウン」「イエイエ」などのほか，「アア」「エエ」「ソウデスカ」なども文脈によっては (D) の機能を果たす。(E) は，相手のいうことを聞いて感じた驚き，喜び，悲しみ，怒り，疑い，同情，いたわり，謙遜などの感情を示す機能である。「ホウ」「ヘエ」「ホント」「マア」，くり返しなどの形式が主として使われる。

（高橋淑郎）

参考文献　堀口純子『日本語教育と会話分析』（くろしお出版，1997）；メイナード，泉子・K.『会話分析』（くろしお出版，1993）

言い換え表現

expression which introduces a paraphrase
paraphrase introducer

iikae-hyougen

キーワード：言イ換エルト・換言スレバ・別ノ言イ方ヲスレバ／スナワチ・ツマリ・要スルニ／ワカリヤスク言ウト・別ノ視点カラミルト・簡単ニ言エバ・陳腐ナ言イ方ヲスレバ・術語的ナ言イ方ヲスレバ・一般化シテ言エバ・難シク言エバ／例エバ・例ヲアゲルト

定　義：　後続する自分の発言が，先行する自分や他人の発言の言い換えであることを明示する表現。

形式と用法：　言い換え表現は「先行発言（A）―言い換え表現―後続発言（B）」という形で用いられ，A・Bには語・語句・文・文段相当の単位が入る（したがって，文と文の間だけでなく文中でも使われる）。

蒲谷（1985）によれば，言い換え表現は大きく以下の3類型に整理できる。

　（Ⅰ）「A換言スレバB」系：　言イ換エルト，換言スレバ，別ノ言イ方ヲスレバなど
　（Ⅱ）「A接続語句B」系：　スナワチ，ツマリ，要スルニ
　（Ⅲ）その他：　ワカリヤスク言ウト，別ノ視点カラミルト，簡単ニ言エバなど

（Ⅰ）の基本的パターンは「表現者自身の立場に基づく抽象的・専門的・個性的な表現」（A）から「理解者に配慮した具体的・一般的な表現」（B）への言い換えであり，その表現意図は「理解者にとって平易な説明・解説」である（もちろん逆の場合もありうる。その場合の表現意図は表現主体の個性的認識の強調ということになる）。（Ⅲ）はこの言い換え方そのものをより具体的・個別的に示した表現形式である。「例エバ」などの例示を表す表現もここに含まれると考えられる。

表現の対象となる素材（X）と，その具体的表現形式A・Bとの関係という面からみると，（Ⅰ）には，上記した「理解者考慮」の言い換えのほか，いくつかの異なった角度からの視点でXの輪郭を浮かび上がらせるタイプの言い換えがある。

（Ⅱ）は個々の接続語句によって基本的性格が異なる。「スナワチ」はXに対するA・Bの視点が近い場合に使われることが多い。「ツマリ」はA・Bの視点が異なるという点では（Ⅰ）と同じだが，焦点を絞りこんでいく表現を構成し，説明・結論の意識が強い。「要スルニ」も「ツマリ」と類似した視点だがまとめ意識が強く，ときには言い換えではなく表現主体の主張を導くこともある。

　　　　　　　　　　　　　　　　　　　　　　　　　　　　（高橋淑郎）

参考文献　石黒圭「換言を表す接続語について──『すなわち』『つまり』『要するに』を中心に」（日本語教育，110号，2001）；蒲谷宏「『言い換え』に関する基礎的考察──『換言論』の提唱」（国語学研究と資料，6号，1982），「文章内における言い換えについて──接続語句による言い換えを中心に」（国文学研究，85号，1985）

言いさし表現
いさしひょうげん
iisashi-hyougen

expression of suspension
mood of suspension ＝中止法
suspension ＝中断法
aposiopesis ＝中断法

キーワード：中止法・中断法・並立法／曖昧性・余情表現／体言止め・男女差／未完小説
　　　　　　テ（デ）・ガ・ケレドモ・ケレド・ケド／ダ

定　義：　文や文章を最後まで言い切らずに，途中でやめる表現。文のレベル，すなわち，構文的には中止法，文章のレベル，すなわち，語用的には，またレトリック的には中断法という。中断法の場合，後に中断したものを継続する表現がなされる場合がある。
　省略はなくてもよいという判断のもとに行われるが，削除は，ない方がよいという判断のもとに行われる作業である。

文のレベルの言いさし表現：
　言いさし表現の種類　文のレベルの言いさし表現には，活用語の連用形の中止法により文を中止するもの，接続助詞により文を中止するもの，体言で文を中止するものなどがある。
　連用形の中止法による言いさし表現　動詞・形容詞・形容動詞の連用形，および助動詞の連用形で文を中止する表現。萩原朔太郎の「竹」は中止法による言いさし表現を駆使した作品である。

　　1　　竹
　　　　ますぐなるもの地面に生え，
　　　　するどき青きもの地面に生え，
　　　　凍れる冬をつらぬきて，　　　　注1
　　　　そのみどり葉光る朝の空路に，　注2
　　　　なみだたれ，
　　　　なみだをたれ，
　　　　いまはや懺悔をはれる肩の上より，注3
　　　　けぶれる竹の根はひろごり，
　　　　するどき青きものは地面に生え。

　　　　　　竹
　　　　光る地面に竹が生え，
　　　　青竹が生え，
　　　　地下には竹の根が生え，
　　　　根がしだいにほそらみ，
　　　　根のさきより繊毛が生え，
　　　　かすかにけぶる繊毛が生え，

かすかにふるえ。
　　かたき地面に竹が生え，
　　地上にするどく竹が生え，
　　凍れる節節りんりんと，　　　　　　　注4
　　青空のもとに竹が生え，
　　竹，竹，竹が生え。　　　　　　　　　　　　　　　　　　（『月に吠える』）

　注1の「つらぬきて」の「て」は接続助詞。「つらぬきて」は「なみだたれ」に掛かり，中止法ではない。注2の「空路に」の「に」は格助詞。「空路に，なみだたれ」であるから，中止法ではない。注3の「肩の上より」の「より」も格助詞。「肩の上より」は「ひろごり」に掛かるので，中止法ではない。これら三か所の読点の部分だけが，中止法ではない。他はすべて用言の連用形による中止法の表現。注4は形容動詞の連用形による中止法である。

　この詩において，中止法は，竹の成長が進行中にあることを実感させるという効果を発揮している。言い切らぬことによる，不安定性，未決定性を計算したうえでの技法である。

　ただし，連用形が常に中止法の機能を発揮するわけではない。例えば，宮澤賢治の「雨ニモマケズ」は，一見，中止法かと思われる連用形の連続で語り始められるが，これらは中止法ではない。

　2　雨ニモマケズ
　　風ニモマケズ
　　雪ニモ夏ノ暑サニモマケヌ
　　丈夫ナカラダヲモチ
　　（以下略）　　　　　　　　　　　　　　　　　　　　　　（『雨ニモマケズ手帳』）

「雨ニモマケズ」「風ニモマケズ」の二句は，次の「雪ニモ夏ノ暑サニモマケヌ」と並立の関係を構成している。「ズ」という連用形のはたらきは，中止法としてはたらくものではなく，並立法として機能しているのである。すなわち，

　　（雨ニモマケズ・風ニモマケズ・雪ニモ夏ノ暑サニモマケ）ヌ　→　丈夫ナカラダ

という構造である。

接続助詞による言いさし表現　順接の接続助詞「て（で）」や逆接の接続助詞「が」「けれども」「けれど」「けど」などで文を中止する表現。

　3　あまりにも美しすぎて…。　　　4　どうか，泣かないで…。
　5　お花をくださるのは，うれしいのですが…。

3は，「あまりにも美しすぎて，（なんと表現してよいやら，わからない）。」など，（　）の部分を削除したものである。省略ではなく，削除としたのは，（　）の表現を正確に再現するのは不可能だからである。

4は，「どうか，泣かないで（ください／笑顔を見せてください）。」5は，「お花をくださるのは，うれしいのですが，（ご厚意にどう応えてよいものやらわからず，かえって迷

惑に思います)。」など，( )の部分を削除したものである。

3，4，5の表現において，発話者の真意は( )のベールに遮（さえぎ）られて，聞き手には伝わらない。解釈は聞き手に委ねられている。そういう意味で，言いさし表現は曖昧性を生じるものということができる。

一方，この曖昧性を好意的にとれば，判断を相手に委ねるゆかしい表現となる。このゆかしさを，積極的に表現の技法としたものが，和歌や俳句における余情表現である。

次の体言による言いさし表現と同様に，比較的に女性が好む表現法である。

体言による言いさし表現　尾崎紅葉は『金色夜叉』において，三十余人の若い男女の言語差を感動詞や終助詞，言いさし表現等で書き分けることをしている。

6　a「金剛石（ダイアモンド）！」
　　b「うむ，金剛石（ダイアモンド）だ。」
　　c「金剛石（ダイアモンド）??」
　　d「成程（なるほど）金剛石（ダイアモンド）！」
　　e「まあ，金剛石（ダイアモンド）よ。」
　　f「那（あれ）が金剛石（ダイアモンド）？」
　　g「見給へ，金剛石（ダイアモンド）。」
　　h「あら，まあ金剛石（ダイアモンド）??」
　　i「可感（すばら）い金剛石（ダイアモンド）。」
　　j「可恐（おそろ）い光るのね，金剛石（ダイアモンド）。」
　　k「三百円の金剛石（ダイアモンド）。」

瞬（またた）く間（ひま）に三十余人は相呼（あいよ）び相応（あいおう）じて紳士の富（とみ）を謳（うた）へり。　　　　　（『金色夜叉』）

男性の発言と断定できるものは，b（感動詞「うむ」）・d（感動詞「成程」）・g（命令表現「見給へ」）・i（形容詞「可感（すばら）い」。女性であれば，「素敵（すてき）な」）である。その他の発言は，女性によるものとしてよいだろう。これらは，すべて体言止めになっている。

断定表現では文体の上で表のように男女差が生じる。

	常　体	敬　体	最敬体
男性	あれは　富士山だよ。	あれは　富士山ですよ。	あれは　富士山でございます。
女性	あれは　富士山　よ。	あれは　富士山ですよ。	あれは　富士山でございます。

女性語では，常体において，断定の助動詞「だ」が使用されない。このような制限があるため，必然的に，女性の表現には，体言止めが多くなる。

文章レベルの言いさし表現：　文章のレベルの言いさし表現，中断法は，文のレベルの中止法ほど，明確なものではない。その結果，言いさし表現と自覚することが困難なものとなる。

7　お隣りの奥さん，雨ですよ。
8　みなさん，これから，日光に向かって出発いたします。

7，8の表現をみて，言いさし表現と判断することは，それほど容易なことではない。言いさし表現と判断するには，これらの表現の意味を理解できるだけでは不十分で，発話者の表現意図まで推察する能力がなくてはならない。

　7の表現において，発話者は，天気予報官ではないので，「お隣りの奥さん」に，現在の天気がどうであるかを伝える必要はない。伝達したいことは，「洗濯物が濡れるので，早く取り込みなさい。」ということである。しかし，

　9　お隣りの奥さん，雨ですよ。せっかくの洗濯物が濡れてしまうから，はやくお取り込みなさい。

のようには，日本人は決していわない。9のようにメッセージをストレートに表現してしまうと，お節介になると懸念されるからである。それで，雨が降っているという情報だけを伝え，その結果，どうするかは，聞き手の判断に委ねるという姿勢をとるのである。

　8の表現においても，同様のことがいえる。ウオークラリーのリーダーが，8の発話をした場合，リーダーの個人的意思を伝えるだけのものでないことは明らかである。8の発話の意図を明示すると，次のようになる。

　10　みなさん，これから，日光に向かって出発いたします。だから，みなさんも日光に向かって，わたしと一緒に出発してください。

　しかし，10のように，メッセージのすべてを露（あらわ）にする日本人はいない。相手に行為・行動を要求することは，命令表現に等しい。このような表現を極力避けるのが，日本語の作法なのである。したがって，8の表現は，10の表現の「だから」以下を削除した，言いさし表現ということになる。

　文章・談話レベルの言いさし表現を理解するためには，日本人の表現作法を理解する必要があるということになる。

　繰り返すが，これは想像するほどやさしいものではない。文レベルの言いさし表現には，普通の言い切り表現とは異なる連用形による中止法，後項があって当然の接続助詞による中止法，唐突感を与える体言止めなど，言いさし表現であることのマークが明示されるのに対し，文章・談話レベルの言いさし表現には，このようなマークが一切ないからである。

　日本語は氷山の一角だけを明示するという傾向があることを知識として習得し，経験を通して，体得していくほか方法はないであろう。

未完小説　二葉亭四迷『浮雲』，尾崎紅葉『金色夜叉』，夏目漱石『明暗』，谷崎潤一郎『鮫人』『乱菊物語』，中里介山『大菩薩峠』などは中断した作品である。『源氏物語』も，事の顛末（てんまつ）という観点からは，中絶した作品で，未完成，不完全な作品といえる。ところが，これらは今日も読み継がれている。これには，色々理由があろうが，その理由の主要な一因として，日本人が氷山の一角表現に慣れているということがあげられよう。

〈小池清治〉

参考文献　永野賢『文章論総説』（朝倉書店，1986）；小池清治『日本語はどんな言語か（ちくま新書）』（筑摩書房，1994）；久保田淳他「未完小説をめぐって」（文学，4巻4号，1993）

意外表現 expression of unexpected feelings
igai-hyougen

キーワード：喚体句・問い返し・記憶確認・一時的状態・抽象的変化表現
　　　　　マサカ・トハ・ナンテ・ノカ

定　義：　ある事態を経験し，その事態がそのとき（それまで）の話し手の想定と不整合が生じたとき「意外」を感じる。①その事柄が意外であるという評価を述べる表現，②意外だと感じたことが動機となって発話される表現，の二つを「意外表現」とする。

①には「君が来るとは意外だったなあ」のように「X＋トハ・ナンテ・ノハ＋意外だ・驚きだ・予想しなかった」のかたちで述部で評価を与えるものと，「意外にも雨が降ってきた」のように「意外なことに・予想もしなかったが・意外にも＋X」で文頭で「意外であること」を表現するものとがある。また，後者は，「まさかあいつが来るなんて思わなかった」というように「マサカ＋X＋トハ・ナンテ＋驚きだ・思わなかった」と表現されることもある。これは述部は顕在しないで「まさかあいつが来るなんて」と表現されることもある。

②は「感嘆・驚嘆」系の表現と「疑問」系の表現とがある。「感嘆・驚嘆」系は，「えっ？・あれっ？」や「まさか！・なんで？」や「犬が！・犬を！」のような喚体句で表現される。また，「あれっ？　牡蛎がおいしい」など「一時的状態」として，また「あっ，部屋が丸くなっている！」など「抽象的変化表現」（松本，1993）として差し出す場合もある。これは，一般的知識や話し手自らの想定と合致しない事態のとき，それを「一時的なもの」「変化したもの」と処理しようとするためである。「疑問」系には二つのタイプがある。(1) 引用的な疑問文。これは，「行く」「行く？」のような「問い返し」の場合や，「行くって？」のようなッテを文末にもつ疑問文の場合がある。(2) Xノカという（記憶確認的な）疑問文。これは，「まだ帰ってなかったの？」のような場合や「もう帰ったんじゃなかったのか？」など文末がノデハナカッタノカの場合や「おや？もう帰ったはずじゃなかったのか？」のようにハズデハナカッタノカの場合などがある。ノカは文末形式がノダッケにかわる場合もある。以上は発話・事態ともに動機となることがある。

①も②も，Xを導入するときに引用の形式のッテ・トや既定性をもつノ・ノカが現れる。また，自らの「判断」を加えた事柄として表現するのではなく，「命題」や「誰かのコトバ」をそのまま差し出す。このことから，事態と想定の不整合が生じたとき，話し手は想定にアクセスしようと振る舞う傾向があることがわかる。①は差し出したものに評価を加えるもので，②は差し出しただけという表現である。

(近藤研至)

参考文献　安達太郎「日本語の問い返し疑問について」（日本語学，8巻8号，1989）；近藤研至「一時的状態と中立叙述」（人文科教育研究，22，1995）；松本曜「認知言語学と語用論」（言語，22巻7号，1993）；宮崎和人「否定疑問文の述語形態と機能」（国語学，194集，1998）；田野村忠温『現代日本語の文法Ⅰ』（和泉書院，1990）

意志・意向表現　expression of intention
ishi･ikou-hyougen

キーワード：意志／勧誘／命令／推量／打消意志／打消推量
　　　　　　ウ・ヨウ／マイ／アクマデ…ゾ・ツモリダ／アエテ・ワザト・ワザワザ／ナニガナンデモ

定　義：　話し手がある行為を行う，または行わないという意志を述べる表現。助動詞の「ウ（ヨウ）」「マイ」が文末につく場合と，動詞（＋ナイ）終止形のみで表される場合，さらに文末に「〜スルツモリダ・シナイツモリダ」がくる場合とがある。いずれの場合も，動詞には意志動詞が用いられる。

ウ・ヨウ：　「ウ」は，五段活用の動詞の未然形，「ヨウ」は一段活用および変格活用の動詞の未然形に接続する。
　1　もう帰ろう。
　2　電気をつけよう。
　3　勉強をしよう。
　4　明日来よう。
　丁寧な文体では「マショウ」の形となる。
　5　私が行きましょう。
　文末に現れる「ウ（ヨウ）」は意志のみならず，様々な意味を帯びる。
　行為を行うのが話し手のほか聞き手を含むものであれば「勧誘」，聞き手だけであれば「命令」の意味あいとなる。
　6　12時になったら一緒に食事に行こう。〔勧誘〕
　7　たばこの吸いすぎには注意しましょう。〔命令〕
　8　正当な目的のある増税ならば，国民も納得しよう。〔推量〕
　7はきわめて婉曲的な命令表現で，「注意しろ」「注意してください」のような表現に比べると強制力が弱い。また，8のような推量用法が使われるのは硬めの文体の書き言葉が中心で，日常の話し言葉に現れることはほとんどない。
　「〜シナイヨウニシヨウ」は，打消意志の表現となる。
　9　今日はこれ以上言わないようにしよう。〔意志〕
　10　次は失敗しないようにしようね。〔命令〕

マ　イ：　「マイ」は，五段活用の動詞には終止形につく。一段活用，変格活用の動詞には終止形または未然形につく。ただし，サ変動詞には，まれに他の古い形につくこともある（スマイ）。話し手が，ある動作を行わないという意志（いわゆる打消意志）を表す。
　11　そのことは二度と言うまい。

「マイ」は，打消推量の表現にも用いられるが，話し言葉の中で用いられることはほとんどない。

動詞終止形・動詞＋ナイ終止形： 動作主体が話し手自身の場合，動詞の終止形（スル形）でも，話し手の意志を表すことができる。一方，動詞＋ナイ終止形の形は，打消意志を表すことができる。

12　お先に失礼します。
13　次は絶対遅刻しません。

動作主体が二人称の場合，命令の意味になる場合がある。

14　おしゃべりはやめる！

また，動作主体が話し手以外の場合は未来の予定を述べる表現となる。15は必ずしも「彼」の意志を表しているわけではない。

15　彼は明日帰ってくる。

スルツモリダ・シナイツモリダ： 「スルツモリダ」の形でも，話し手の意志を表すことができる。一方，「シナイツモリダ」は打消意志を表す。

16　今日は徹夜して論文を書き上げるつもりだ。
17　今日はあまり無理しないつもりです。

各形式の用法の違い：

構文的特徴

a．過去形

活用しない「ウ（ヨウ）」「マイ」は過去形にはならない。動詞に「タ」をつけた形は，意志の表現とは無関係である。18は，単なる過去の出来事の表現にすぎない。

18　3時には戻ってきました。

一方「スルツモリダ」は，「タ」の付加によって発話時以前にある意図をもっていたことを表す。ただし，これは話者の発話時の気持ちを表すモダリティの表現とはいいがたい。

19　3時には戻ってくるつもりでした。

b．動作主体の人称

「ウ（ヨウ）」「マイ」の形では，動作主体は話し手（一人称）で，話し手の意志を表すのが基本であるが，動作主体が話し手と聞き手（二人称）を含む場合は勧誘表現，聞き手だけの場合は命令表現となる。20のように三人称が動作主体の文があったとしたら，推量と解釈するしかない。

20　山田君なら3時には戻ってこよう。

動詞終止形の場合も，動作主体はふつう一人称でなければならない。三人称を主体とする21では未来の出来事を確定的に述べる表現となる。

21　山田君は3時に戻って来ます。

「スルツモリダ」「シナイツモリダ」ならば，話し手以外の人物がある意図を持っている

ことを表すことが可能である。
22　山田君は3時に戻って来るつもりです。
　c．疑問文の意味
「ウ（ヨウ）」は「カ」をつけ，話し手が企図する行為の諾否を相手にたずねる疑問文にすることができる。
23　お茶を入れましょうか？
24　またあとで電話しましょうか？
動詞終止形に「カ」をつけて疑問文にしても，同様の意味を表すことは一応できるが，25，26のように主語が明示されていないと，聞き手が動作主体であるという解釈の可能性が出てくるので，話し手自らの意向を聞き手に確認する表現としては，やや座りが悪くなる。
25　お茶を入れますか？
26　またあとで電話しますか？
一方，「スルツモリダ」「シナイツモリダ」が疑問の形をとると，「ウ（ヨウ）」や動詞終止形のように，話し手が企図する行為の適否を聞き手にたずねるという意味にはならない。聞き手や第三者がある意向をもっているかどうかを問う表現となる。
27　またあとで連絡するつもりですか？
使用場面（以下の記述は森山，1990を下敷きにしている）
　a．話し合いの場面における提案
（誰が出張に行くかを相談しているとき，一人が口を開いて）
28　私が行きます。
29　私が行きましょう。
30　＊私が行くつもりです。
その場ではじめて表明する提案としては，30は不適切である。「スルツモリダ」は，当該の談話が始まる以前に決まっている意向を表す場合に用いられる。28と29では，28の方が他の選択肢を認めない，より強固な意志の表明となる。29は他の選択肢も想定した提案となる。つまり，「スル」は話し手の内部ですでに決定ずみの事柄を述べるのに対し，「ショウ」は不確定な部分も残しているという違いがある。この点は，別の場面においても確認できる。
（大きな荷物をもっている先生にかけ寄って）
31　先生，お荷物お持ちいたします。
32　先生，お荷物お持ちいたしましょう。
33　先生，お荷物お持ちいたしましょうか。
この場面では，31のような一方的な表明の方がより適切な表現となる。「荷物を持つ」のような聞き手の利益となる行為ならば，32や33のように実現しない可能性を多少でも想定することは，誠意を欠くことになるからである。

b．決定ずみの予定の確認

（取引先に商談の約束をとりつけた後，電話を切る際に）

34 　では，明日の3時にそちらに伺います。
35 　＊では，明日の3時にそちらに伺いましょう。
36 　＊では，明日の3時にそちらに伺うつもりです。

28～30と違い，話し合いによってすでに結論が出ているという場面で話し手の意向を確認する場合は，「スル」しか使えない。「シヨウ」は29や32のように，その場で新たな提案を表明するときにしか用いることができない。36「スルツモリダ」がやや不自然なのは，前述のように「スルツモリダ」は当該の談話以前の決定事項を述べる表現だからである。例えば，電話をした後にたまたま取引先の別の社員が自分の会社を訪ねてきたとした場合なら，「明日の3時にそちらに伺うつもりです」と言えば適切な発話となる。

c．独話

37 　＊明日からはまじめに勉強する。
38 　明日からはまじめに勉強しよう。
39 　＊明日からはまじめに勉強するつもりだ。

「シヨウ」は38のように独話で用いることができるが，「スル」「スルツモリダ」「シナイツモリダ」はやや不自然である。独話は通常，話し手の思考過程においてなんらかの展開が生じたときに発せられるものなので，その場において決定した意向を表す形式である「シヨウ」がふさわしい。39「スルツモリダ」が不適切なのは，既定の意向を述べる場合にしか使えないからである。37「スル」は，①でみたようにすでに決定ずみの意向を述べる表現形式であるので，独話で決定ずみのことを持ち出すと不自然となる。つまり，「スル」「スルツモリダ」は必ず特定の聞き手に向かって発せられる意志表現であるという点で，「シヨウ」とは異なる。ただし，「スル」に終助詞「ゾ」をつければ，独話でも用いることができる。

40 　明日からはまじめに勉強するぞ。

共起する副詞的要素：

　強固な意志： 「絶対に」「必ず（や）」「きっと」「なにがなんでも」「断固として」「あくまで」

　譲歩を含んだ意志： 「あえて」「わざわざ」「わざと」　　　　　　　　　（宮田公治）

参考文献　金田一春彦「不変化助動詞の本質―主観的表現と客観的表現の別について―（上・下）」（国語国文，22巻，1953）（『文法Ⅰ（日本の言語学3）』所収）；森山卓郎「意志のモダリティについて」（阪大日本語研究，2号，1990）

労り表現 expression of consideration
いたわ　ひょうげん
itawari-hyougen

キーワード：ワザワザ・セッカク・アイニク
定　義：　副詞を中心とする表現で，相手の行為に苦労が多く，「大変だったね」というねぎらいを込めていうときや同情の意を表す表現。

　　わざわざこんな遠いところまで来てくださってありがとうございます。

　労り表現は，相手の行為に苦労が多いことを表すのだから，人の意志的行為を表す動詞とのみ共起する。したがって，以下は不自然な表現である。

　　わざわざ私のために自動ドアが開いた。

　ただし，ワザワザは常に労りを表すわけではない。

　　その道を通ると犬に吠えられるので，わざわざ遠回りして行った。

　ワザワザは，森田（1977）が指摘するとおり，より簡単な方法があるのに，敢えて労力のかかる方法を取る「回り道の論理」を表す言葉であり，その一部が労り表現と重なるのである。

　ワザワザに似た表現にセッカクがある。セッカクは，

　　せっかくこんな遠いところまで来てくださったのに何のおもてなしもできませんで。

のようにやはり労りを表すことができる。この種のセッカクはワザワザと置き換えることができる。

　セッカクは，苦労してある好ましい事態を実現した（めったにない好ましい状況が整った）のに，その結果を効果的に生かさない（生かせない）ときに使う。そのようなセッカクのもつ論理から「もったいない」という語感が生まれ，そこからセッカクの連体修飾の用法が生まれる。そこがワザワザとの大きな違いである。

　　せっかくの日曜日なのに，台風でどこへも行けなかった。

　またセッカクはワザワザと違い，非意志的な動詞とも共起する。

　　せっかく晴れているのだから，外で散歩でもしよう。

　アイニクは，相手の意図や意向に添えなかった，気の毒でという同情の意を表すことにより，労りを表す。

　　あいにく，主人は留守ですの。

(石黒　圭)

参考文献　國廣哲彌他『辞書に書いてないこと（ことばの意味3）』(平凡社，1982)；茅野直子他『副詞（外国人のための日本語＝例文・問題シリーズ1）』(荒竹出版，1987)；森田良行『基礎日本語』(角川書店，1977)

一語文
いちごぶん
ichigo-bun

one-word sentence
sentence equivalent＝文相当句（時枝文法での用語）

キーワード：基本文型／一点文／叙述／陳述／真性一語文／擬似一語文／感動詞一語文／名詞一語文／動詞一語文／形容詞・形容動詞一語文／副詞一語文／連体詞一語文／接続詞一語文／一辞文／助動詞一辞文／助詞一辞文／接尾辞一辞文

　日本語の基本文型の一つ。「雨！」「雨？」「雨。」「雨…。」のように一語とイントネーションで構成される文をいう。林　四郎は「火事だ！」「ありますか？」など一文節文などを含めて，「一点文」という術語を用い，「基幹構文」の一つと数えている。

　日本語は高文脈言語といわれ，文脈に依存する程度がきわめて高い。一語文や一辞文はその代表である。

　ところで，日本語の文は，叙述（分節音で構成され文内容を提示する）と陳述（非分節音・イントネーションによって構成され叙述内容に対する話し手の態度や聞き手への働き掛けの態度を提示する）とで構成される。一語文は，一見不完全な文のようにみなされるが，叙述と陳述を備えているので，一人前の立派な文なのである。ただし，一語で文内容を表すため，表現内容の構築は不十分で，その理解には文脈からの情報が不可欠となる。

　構造が単純であるという質の面，すべての品詞について一語文が可能という広がりの面，さらに，日本人は一語文を多用するという量の面からも，この文型が基本的文型の一つであるということは明白であろう。

　一語文には真性一語文と擬似一語文とがある。前者は感動詞による一語文，後者はその他の品詞や接頭辞などによる一語文で，省略の結果，一語文・一辞文として実現したもので，省略文の一種である。

　一語文では次のようなことが表現できる。
　①感動・驚き・不満・呼び掛け・応答など，感動詞を中心とする表現　アッ！　エッ？
　②問い掛けに用いる名詞や動詞・形容詞などによる表現　コレ？　行ク？　旨イ？
　③答えとなる名詞や動詞・形容詞などによる表現　ソレ。　行ク。　旨イ。
　④命令の意を表す動詞による表現　帰レ！　止マレ！　飛ベ！　見ロ！
　⑤注意喚起を促す，名詞や形容詞などによる表現　車！　危ナイ！
　⑥欲求することの中心事項を述べる名詞による表現　飯（めし）！　風呂！　金（かね）！
　⑦断固たる意志を表す，動詞による表現　ヤル！　止メル！　帰ル！

　これらのうち，①～⑤の用法は，日本語以外の言語にも存在するが，⑥の一語の名詞による表現で欲求を表せるところや，⑦の一語の動詞だけで，断固たる意志が表せるところなどに日本語の一語文の特徴がある。

真性一語文：
　感動詞一語文　「あっ！」「えっ？」「もしもし。」「はい。」
　感動詞は生理的反射音に近く，意味的分節化が不十分で，主客未分化の総合的表現である。そのため，一語文の形で使用されることが最も自然な品詞である。生理的反射音ではなく，言語音による日本語の単語であることは，「あら！」「まあ！」「きゃあ！」などは女性語，「おっ！」「うへえ！」「げっ！」などは男性語という位相差の存在からわかる。
　「あっ！」「えっ？」はともに驚いた際に発話されるが，前者は驚きそのものを表し，後者は発話内容や事態の意外性に接して信じられない，「本当か」と確認したい意を表す。言い換えると，「あっ！」は自己完結型の表現，「えっ？」は対話要求型の表現である。

擬似一語文：
　名詞一語文　「雨！」「犬？」「牛。」「月曜日…。」
　これらは，叙述内容の中心となる事柄だけを示すものであるから，発言内容は文脈により異なることになる。「雨！」「雨。」などは「好きなのはなに？」「嫌いなのはなに？」「何が問題なの？」「梅雨(つゆ)に降るものはなに？」などの答えになりうる。いずれであるかは，文脈に委ねられる。省略文であるので，省略内容を理解しうる家族や親しい友人などの気心が十分に知り合った仲において使用する必要がある。特に，日本語運用能力の低い外国人に使用する際は気配りを必要とする。
　「お茶！」「飯(めし)！」などの欲求表現は，馴れ馴れしく，甘えた態度による表現，または，尊大な表現と見なされる。使用は家庭内に止めるべきであろう。

　動詞一語文　「く？」「く。」「け。」（「め？」「め。」）
　東北方言では例示したような表現が日常的に使用されている。共通語を対応させると，「く？（食うか。）」「く。（食う。）」「け。（食え。）」「め？（うまいか。）」「め。（うまい。）」のようになる。これらは，一音節語による一語文であるので，これ以上短い日本語の文は考えられない。究極の一語文といってよい。なお「め？」「め。」は次に述べる形容詞一語文の例である。
　動詞には，未然形・連用形・終止形・連体形・仮定形・命令形があるが，一語文で使用されるのは，基本的には「読む。」「読め。」のような終止形と命令形である。「読む！」の場合は，終止形の命令法の用法であることを意味する。また，「読む！」には断固たる意志を表す用法もある。この用法は他の品詞にはみられない。
　未然形は，「読まない。」「読もう。」など一文節文の一部として使用される。「読ま」「読も」は単独では用いられず語としての自立性を欠いているので，日本語教育では，「読む」の打消形，意志形として，「読まない」「読もう」を一語とする。この意味では未然形も一語文を構成する。連用形や仮定形は，
　　「昨日は，一日中音楽を聞き…。」「聞き…？（それからどうしたの？）」
　　「読めば！」〔仮定形による命令法〕「読めば？」〔「読めばどうなの？」の意〕
などのように，相手の発言を促す，オウム返しの表現や省略表現以外には使用されない。

形容詞・形容動詞一語文　「暑い？」「暑い。」「好き？」「好きだ。」
　形容詞・形容動詞にも活用があるが、一語文で使用されるのは終止形が中心である。「暑い？」は「あなたは暑いか。」の意。「暑い。」は「私は暑いと感じる。」の意。題目部を省略した表現である。「危ない！」は注意喚起の表現であり、結果的には禁止表現（危ないから来るな）や命令表現（右に避けろ）などになる。「<u>よかれ</u>と思ってやったことなのですが…。」などのように、形容詞にも命令形があるのであるが、イデオマチックで用法の広がりがなく、一語文では使用されない。
　「危ない！」という警告の表現は話し手の状況判断のみを表現したもので、聞き手はなぜ危ないかを判断した後、危険から逃れる行動に移る。警告としてはきわめて効率の悪い表現である。これに対して、「跳べ！」「伏せろ！」などは行動要求で伝達効率がよい。日本語には自己完結型の表現と行動・言語反応要求型の表現がある。「危ない！」という形容詞に警告は自己完結型の表現、「跳べ！」は行動・言語反応要求型なのである。
　副詞一語文　「さっぱり。」「ちょっと。」「あるいは。」「多分。」
　副詞には大別して、修飾副詞と予告副詞がある。これらはすべて一語文で使用される。日本語の副詞は同一語形でありながら、修飾副詞と予告副詞の用法を有するものが多い。一語文で使用される場合、予告副詞の解釈を受けやすいので注意する必要がある。例えば、「さっぱり」には修飾副詞（情態副詞）と予告副詞（呼応副詞）の用法がある。
　　「天気だったので、洗濯物がよく乾いた？」「さっぱりと。」〔情態副詞〕
　　「この説明でわかりました？」「さっぱり。」〔呼応副詞。「さっぱりわから<u>ない</u>。」〕
などのように、修飾副詞（情態副詞）の場合は「さっぱりと」の語形をとる。オウム返し的に、「さっぱり。」と表現をすると、「さっぱり、乾か<u>ない</u>。」の意になってしまう。
　「さっぱり」「さっぱりと」は同義とされるが、一語文として使用すると相違が明確になる。「さっぱりと」は情態副詞専用形である。
　「ちょっと」にも修飾副詞（程度副詞）と予告副詞（呼応副詞）の用法がある。
　　「牛乳飲む？」「ちょっと（だけ）。」〔程度副詞。少量の意〕
　　「牛乳飲む？」「ちょっと。」〔呼応副詞。「牛乳は苦手でちょっと飲みませ<u>ん</u>。」〕
程度副詞の意で用いる場合は「だけ」という副助詞を加えたほうが誤解されない。
　連体詞一語文　「このォ！」「あの。」「あらゆる？」「あたたかな？」
　連体詞は体言の存在を前提とする品詞であるから、原則的には一語文を構成しない。しかし、文脈で省略されている体言が容易にわかる場合や言葉尻をとらえた物言い・確認の表現などで使用される。
　　「このォ！（馬鹿野郎！）」
　　「どの入り口から入りましたか。」「あの（入り口から入りました）。」
　　「あらゆる問題が解決しました。」「あらゆる（問題が解決したのですか）？」
　接続詞一語文　「しかし…。」
　接続詞は前項と後項とを接続することを本務とする品詞であるが、いいさしの形や相手

の発言を促す場合などでは一語文となることがある。
　「この程度の雨なら決行しようか。」「しかし…。」
　「雨天決行でやってしまったよ。」「それで？」
一辞文：　助詞，助動詞，接頭辞，接尾辞などの辞は単独で文節を構成することがないので，一辞文は理論的には存在しないはずであるが，省略された自立語が容易に推測される場面においては，一辞文が成立する。

助動詞一辞文　「だろう。」「でしょう。」
　橋本文法では付属語とされ，本来は単独で用いられることはない。しかし，推量の助動詞に限っては日常の会話において使用されることがまれではない。
　「本当にあの店の定食，安くて旨いね。」「だろう。信じて得したね。」
　「そこの道路工事には，ほんとに困るね。」「でしょう。客が来ないんです。」
　「30分経っても先生来ないね。休講だろうか？」「らしい！」

助詞一辞文
　言葉本来の意味では一辞文として使用されることがない。意味を加える機能を有する副助詞は，オウム返しの質問や言葉尻をとらえる質問の際には，一辞文の形で使用されることがある。また，モダリテイを表す終助詞「ね」「かも」なども一辞文となりうる。
　「私ばかり，用事を言い付ける。」「ばかり？」
　「君にだけ教えてあげるよ。」「だけ？」
　「あの店，本当に安くっておいしかった。」「ね？（言ったとおりでしょう。）」
　「あの人，ひょっとすると男？。」「かも。」

接頭辞・接尾辞一辞文
　日本語は省略表現を好む言語であるが，その度合いの極まったものは，語の構成要素である単位，すなわち接尾辞を用いた一辞文の存在である。
　「鈴木君が会長役を買って出たそうだ。」「らしい！」
　この「らしい」は前掲の推量の助動詞の「らしい」とは異なり，「男らしい／女らしい」などの「らしい」と同じもので，接尾語である。接尾語こそ自立しない単位の代表であるが，文脈上「いかにも，鈴木らしい。」の意とわかると判断される場合は，一辞文が成立してしまう。接頭辞による一辞文は，
　「お試験会場はどちらでございましょうか。」「お？　お試験？」
など至極特殊な文脈で，オウム返し的発話確認の表現としては実現するが一般的なものとはいえない。

　　　　　　　　　　　　　　　　　　　　　　　　　　　　　　　（小池清治）

参考文献　山田孝雄『日本文法論』（宝文館出版，1908），『日本文法学概論』（宝文館出版，1936）；時枝誠記『日本文法口語篇』（岩波書店，1950）；阪倉篤義『日本文法の話（改稿）』（教育出版，1974）；渡辺実『国語構文論』（塙書房，1971）；林四郎『文章論の基礎問題』（三省堂，1998）

依頼表現　　expression of request
いらいひょうげん
irai-hyougen

キーワード：依頼・当然性
定　義：　自分に利益のあることを相手にしてもらいたいという場合の表現。

　なお，自分に相手を動かすことの権限などがある場合には「指示・命令表現」となる。

　自分に利益のあることを相手がするわけであるから，「してもらえないか」「してくれないか」，およびその敬語形が基本的な表現となる。また，自分の希望を述べる形の「してほしいんだが」などもある。指示に近い依頼としては「して／してくれ」「お～願う」もある。「お～願う」はおもに書き言葉での指示に使われる。

　実際の依頼の場面では，これらの依頼表現が単独で現れることもあるが，多くは，依頼の用件の軽重，自分と相手との関係によって一連の流れをもった文話（文章・談話）を構成することになる。依頼の当然性の高いもの，相手が自分からみて上位でない者に対する依頼の文話は比較的単純で，依頼の言葉一つですむが，当然性の低いもの，上位の相手に対する依頼の場合はかなり複雑な文話を構成していく必要がある。このような場合は，「ちょっとよろしいですか」などの「前置き」，「お願いしたいことがあるんですが」などの「依頼の予告」，「こういう事情で」など依頼するにいたる「事情説明」などに続いてはじめて直接的な依頼表現が出現する。場合によっては事情説明で相手がその依頼の内容を理解すれば，依頼表現自体は出現しないこともある。また，「～していただけると助かるんですが／ありがたいんですが」など依頼の希望を述べるような形もよく使われる。正式の依頼ともなると，事前の依頼文書の送付，電話による文書内容の確認を経て，直接出向いたうえで依頼するといった手順を踏まねばならないこともある。直接面識のない人に依頼する場合には，仲介する人を立てるなどの手順も必要となってくる。

　さらに「暑いですね」が暗に「窓を開けてほしい／開けてください」，「お塩ありますか」が「塩を取ってください」を意味するように，依頼の典型的な表現を使わずに状況，自分の希望などを伝えるだけで依頼を表すことが多いことも注意すべき点である。

　依頼表現は日本語教育において初級での重要な学習項目の一つであるが，中級上級になっても練習の必要な項目であろう。依頼するという行動は例え初級であっても日本での生活，日本人との接触がある場合には必要となる可能性の高いものであるから，ただ単に形を教えるだけではなく，状況判断を含めた場面設定の中で練習されなければならない。

（坂本　恵）

参考文献　蒲谷宏・川口義一・坂本恵『敬語表現』（大修館書店，1998）

引用表現
いんようひょうげん

in you-hyougen

allusion ＝引喩
citation ＝引用法
expression of quotation ＝引用話法

キーワード：引喩・暗示的引用・本歌取り・引用法／直接引用・間接引用／引用話法／内容格・引用格／発言動詞・引用動詞／直接引用話法・間接引用話法／人称代名詞
　　　　　　ト・ッテ／トイウ／イワク（曰）・ト書イテアル

定　義：　なんらかの効果を狙って，すでになされた表現を表現の一部として利用する表現。引用のマークとなる格助詞トを用いるものと，これによらないものとがある。レトリックにおいては引喩，または，引用法といい，文法用語としては，引用，または，引用話法という。

引　喩：　引用であることを暗示しながら行う表現。暗示的引用。周知の史実や著名な文学作品などを前提とした表現であることをほのめかしながら行う表現。原作実作との対比による効果をねらう表現。

　1　清盛の医者は裸で脈をとり　　　　　　　　　　　　　　　（川柳）
　2　数学の先生が朝顔やに釣瓶をとられて堪るものか。　（夏目漱石『坊つちやん』）
　3　嘆きつつあかしのうらに朝霧のたつやと人を思ひやるかな　（源氏物語・明石）
　4　闇の現にはなほ劣りけり。　　　　　　　　　　　　　（源氏物語・桐壺）
　5　くれまどふ心の闇もたへがたき片はしをだに　　　　　（源氏物語・桐壺）

　1は『平家物語』巻六「入道死去」に伝えられる平 清盛の「あつち死」を前提とした川柳。『平家物語』には医者に関する記述はなく，川柳作者のうがちの技がうかがえる。
　2は江戸期の女流俳人加賀千代女の俳句「朝顔に釣瓶とられて貰い水」を前提にした表現。千代女の「朝顔」の句で俳句全体を代表させているところが面白い。
　3は柿本 人麻呂の作と伝えられる「ほのぼのと明石の浦の朝霧に島隠れゆく舟をしぞ思ふ」（古今・羈旅・読人しらず・左注柿本人麻呂）を下敷きにして，光源氏が五節の舞姫の行方を思いやり，詠んだもの。「明石の浦」「朝霧」を共有し，下敷きにしていることが暗示される本歌取りの和歌。
　『源氏物語』では和歌だけではなく，地の文や会話文でも本歌取り的表現が多用される。4は地の文の例で，「うばたまの闇の現はさだかなる夢にいくらもまさらざりけり」（古今・恋三・読人しらず）を下敷きとし，5は会話文で，「人の親の心は闇にあらねども子を思ふ道にまどひぬるかな」（後撰・雑一・藤原兼輔）を下敷きとした表現。
　引喩は読者の教養を前提とし，原作と実作とのズレをともに楽しむという態度の表明にもなっている。同時に，原作に関する知識が読者にない場合，理解は不十分なものになるという危険性を孕んだ表現でもある。

引用法：　引用であることを明示して行う表現。原形をそのまま利用するというスタイルのものを，直接引用といい，形はともかく内容を伝えるというスタイルのものを間接引用という。

　直接引用　原表現者を明示して，原表現をそのまま用いるというスタイルの引用。
　6　箱を出る顔忘れめや雛二対　蕪村　　　　　　　　　　　　　（芥川龍之介『雛』）
　7　I dwelt alone　　　　　　　　　　私は、呻吟の世界で
　　　In a world of moan,　　　　　　　ひとりで住んで居た。
　　　And my soul was a stagnant tide,　　私の霊は澱み腐れた潮であつた。
　　　　　　　　Edgar Allan Poe.　　　　　　　　　　エドガア・アラン　ポオ
　　　　　　　　　　　　　　　　　　　　　　　　　　　（佐藤春夫『田園の憂鬱』）
　8　数ふれば年の残りもなかりけり老いぬるばかり悲しきはなし　和泉式部集
　　　　　　　　　　　　　　　　　　　　　　　　　　　　（丸谷才一『年の残り』）
　いずれも，小説の題と本文の間におかれ，題と一体となり，テーマを象徴する機能を有する引用となっている。6は与謝蕪村の俳句，7はポオの詩，8は和泉式部の和歌を引用している。
　このほか，直接引用としては，警句や諺、聖句などがよく用いられる。
　夏目漱石の『こころ』の「下・先生と遺書」は，作中人物の遺書の引用で終始するという趣向で書かれている。その結果，著者漱石は全く作品の背後に隠れてしまうことになり，読者は「先生」の肉声による告白に，作中の「私」がそうであるように，直接接しているかのような錯覚に陥り，強烈な衝撃を受けることになる。この引用は，読者を読者という安全な特等席から追放し，危険に満ちた作中世界に誘ひ入れる効果を有するものといえる。『こころ』のアクチュアリティは直接引用という技法に起因しているといってよい。

　間接引用　原表現者は明示するが，形は軽視して，意味・内容を重視して伝えるというスタイルの引用。
　9　金田一春彦氏は日本の名文家と考えられてゐる紫式部，近松，西鶴，芭蕉，朱舜水にも，語法，文字の誤り，拙劣，或は新語，外来語の濫用があることを指摘し，それらを楯に現代の日本語は乱れてゐないと診断してゐます。これは乱暴な話で，その論法を以てすれば，山登りの専門家でもクレバスに落ちて死ぬことがあるのだから，高校生の滅茶を咎め立てする事はないといふことになる。しかし，芭蕉が自動詞と他動詞を混用したからと言つて，今の子供がさうしてゐるのを見聞きしても吾々は黙認しなければいけないのでせうか。　　　　（福田恒存「世俗化に抗す」）

　これは金田一説の紹介であり，引用動詞としては一般にはイウが使用されるが，ここでは「指摘し」「診断し」となっている。これらは，金田一の説に対する福田の解釈を反映させたものである。間接的引用では，このように，現在の表現者の解釈が自在にほどこされることになり，原表現は，紙幅や想定読者のレベルなどにより，かなりの改変を受けることになる。

『源氏物語』「薄雲」には，間接的引用であることは明瞭であるにもかかわらず，引用本文が全くないという極端な例が存在する。中宮藤壺が死去した後，その臨終に立ち会った夜居(よい)の僧都(そうず)が遺児冷泉帝に，藤壺から聞いたことを奏上する場面がそれである。

10　「そのうけたまはりしさま」とて，くはしく奏するを聞こしめすに，あさましうめづらかにて，恐ろしうも悲しうも，さまざまに御心乱れたり。(『源氏物語』「薄雲」)

書き手，紫式部は，くだくだとして込み入った重大秘密にかかわる言語表現を「くはしく奏する」という，間接引用により，さっと一筆で書ききってしまっている。これほど見事に間接引用の効果を発揮した例は他にない。呆れるほど，したたかな書き手である。

引用話法：　なんらかの効果を狙って，すでになされた表現を表現の一部として利用する表現。多くの場合，格助詞トが用いられるが，格助詞トが用いられた表現のすべてが引用になるとは限らない。

11　それは無理だと見る。／聞く。／思う。／言う。

「それは無理だ」は，「見る」の場合は判断内容となり，「聞く」の場合は伝聞内容となり，「思う」の場合は思考内容となる。これらの場合，格助詞トでまとめられる表現はなんらかの効果を狙って引用されたものではなく，単に述語動詞の実質的内容に関する情報を提示するものであり，トは内容格と認定される。

「言う」が述語の場合も，トは大きくみれば内容格の働きをしていると認定されるが，「言う」の意味・内容により，細かにみると実態はより複雑なものになる。

12　知事は「それは無理だ」と言う。　　　〔ト＝内容格〕
13　知事の「それは無理だ」という発言　　〔ト＝引用格〕
14　知事の「それは無理だ」という判断　　〔ト＝引用格〕

12は報道記事などの一部で，叙述・描写としての表現で，なんらかの効果を狙って，引用したものではないから，トを引用格と認定することはできない。内容格がふさわしい。また，「言う」は実質的意味を表し，発言動詞として機能している。

13, 14の「いう」は発言動詞としての実質的機能を果たしておらず，形式化して引用動詞として機能しており，トは引用格と認定される。

因みに，引用動詞としては，他に「書いてある」がある。16の例がそれである。

15　知事は色紙に筆で「それは無理だ」と書いた。　〔ト＝内容格　書く＝書記動詞〕
16　知事の発言として「それは無理だ」と書いてある。〔ト＝引用格　書く＝引用動詞〕

直接引用話法　原発話者を明示して，原表現をそのまま伝えるというスタイルのものを直接引用話法という。引用された表現が実際に原表現に忠実であるかどうかは重要ではなく，忠実に引用するという態度表明がなされているということが重要となる。

直接引用話法専用の語として「曰(いわ)く」がある。

17　知事曰(いわ)く，「それは無理だ」。

この「曰(いわ)く」は，品詞としては名詞に分類されるが，この文においては，動詞のはたらきもしており，実際は，動名詞とすべきものである。

18　知事曰(いわ)く、「それは無理だ」と。

古い型の表現ではあるが、18のように、引用の格助詞トが後置され、引用表現であることが駄目押しのように明示される文型も存在する。

また、引用の格助詞トのくだけた言い方として、「ッテ」という助詞もある。

19　いくら、それは無理だっていったって、誰も聞いてくれないよ。
20　お母さんが、「早く帰っていらっしゃい」って。

20は伝言表現における、直接引用話法である。

間接引用話法　原発話者は明示するが、形は軽視して、意味・内容を重視して伝えるというスタイルのものを間接引用話法という。

21　野口英世の母親は英世に、早く日本へ帰って来るように、手紙で頼んでいる。

間接引用話法においては、引用動詞トイウ・ト書イテイルは必須の要素ではない。原表現にも必要に応じた改変が加えられる。野口英世の母親は、その手紙において、実際には「早く帰って来てくだされ。早く帰って来てくだされ。早く帰って来てくだされ。」と反復表現で英世に懇願している。

人称代名詞と引用話法：　日本語の引用話法の問題点は、内容格・引用格(間接引用話法)、発言動詞・引用動詞の判定が容易ではなく、その結果、曖昧な文を生じさせてしまうところにある。

22　太郎ハ、私ニ、僕ノ家デ遊ボウ、トイッタ。　　〔注：私＝男性〕
　　a　太郎は、私に、「僕の家で遊ぼう」と言った。　〔ト＝内容格　イウ＝発言動詞〕
　　b　太郎は、私に、太郎の家で遊ぼう、といった。　〔ト＝引用格　イウ＝引用動詞〕
　　c　太郎は、私に、私の家で遊ぼう、といった。　〔ト＝引用格　イウ＝引用動詞〕

22の表現において、トが内容格でイウが発言動詞であれば、aのような構造の文となり、文意は明瞭になる。トが引用格であり、イウが引用動詞で、かつ、間接引用話法であれば、一つの解釈としてbが成立し、もう一つの解釈としてcが成立する。ただし、「私」すなわち、発話者が女性であれば、cの解釈は除外され、曖昧さは減少する。

このように、引用話法において、人称代名詞を使用すると文意が曖昧になりがちであるため、人称代名詞の使用には細心の注意が必要となる。　　　　　　　　　　（小池清治）

参考文献　野内良三『レトリック辞典』(国書刊行会、1998)；三上章『現代語法序説』(くろしお出版、1953)；奥津敬一郎『生成日本文法論』(大修館書店、1974)；寺村秀夫『日本語のシンタクスと意味Ⅰ』(くろしお出版、1982)；砂川有里子「引用と話法」『講座日本語と日本語教育4』(明治書院、1989)；藤田保幸「引用文の構造」(国語学、198集、1999)、『国語引用構文の研究』(和泉書院、2000)；鎌田修『日本語の引用』(ひつじ書房、2000)、「日本語の引用」(日本語学、19巻5号、2000)

受身表現
うけみ ひょうげん expression of passive
ukemi-hyougen

キーワード：受身文・自動詞文／直接受身・間接受身（迷惑の受身／第三者の受身）・持ち主の受身／能動詞・所動詞
レル・ラレル／ニ・ニヨッテ／ノ手デ・ノ間デ

定　義：　動詞のいわゆる受身形（「五段・サ変動詞＋レル，上一段・下一段・カ変動詞＋ラレル」の形）を用いて，主体が，他のものの動作・作用の影響を受けることを表す表現をいう。その影響が直接的であるものを「直接受身」，間接的であるものを「間接受身」と呼ぶ。ほかに，両者の中間的な性格をもつ，「持ち主の受身」を立てる考え方もある。

直接受身：　直接受身文は，対応する非受身文（仮に「基本文」と呼ぶ）で動きの対象（ヲ格で表される。ただし，移動の場所または起点の場所を表すヲ格は除く）または相手（ニ格などで表される）であった語を主語に立てて作った受身文である。直接受身文は，主体が他のものの動作・作用の影響を直接に受けることを表す。

　直接受身文で用いられる動詞は，大体は他動詞であるが，「かみつく，まといつく，甘える，憧れる…」のように，一部にニ格しか要しない自動詞も含まれる。もっとも，直接受身文を作ることのできる動詞はそのようなものも含めてすべて他動詞であるとする考え方もある。なお，他動詞を用いた場合でも，「足をくじく」「顔を洗う」などのような，自分の体の部分を示す名詞のヲ格と組み合わさった再帰的な構文からは，直接受身文を作ることができない。

　a.　直接受身文の主語が有情名詞の場合，その主語には，基本文のヲ格名詞ないしはニ格名詞がなり得る（「太郎と絶交する」などの場合のト格名詞，「太郎から授業料を取る」などの場合のカラ格名詞も直接受身文の主語になり得るという説もある）。一方，基本文で主語であった語（直接受身文では動作主）は，ニ格で表すのがふつうである。多くの場合，カラ格で表しても，大きく意味が変わることがない。ただし，次の例2の「かみつく」のように，動作主に移動の起点の意味あいが全く感じられない場合には，カラは用いられない。

　1　太郎が先生に（から）ほめられた。←先生が太郎をほめた。
　2　太郎が犬にかみつかれた。←犬が太郎にかみついた。
　3　太郎が社長に（から）出張を命じられた。←社長が太郎に出張を命じた。

　直接受身文の動作主を表すために，ほかに，かなり書き言葉的であるが，ニヨッテも用いられる。

　4　彼は救護隊によって救出された。

b. 直接受身文の主語が無情名詞の場合，その主語になるのは，ほぼ基本文のヲ格名詞に限られる（時に無情のニ格名詞が主語になることもあるが，例は少ない）。一時，無情名詞を主語とした受身文は日本語的でないと言われたこともあったが，それは必ずしも歴史的事実と合致しないようである。ただ，この形は，やや書き言葉的で，動作主は示されないのが普通である。
  5　この建物は百年前に建てられた。
  外国語を翻訳する場合などで，どうしても動作主を示す必要のある場合には，ニではなく，ニヨッテ（まれに，ノ手デ）を用いる。このようにして動作主を示した無情名詞主語の受身文は，特に書き言葉的，翻訳的であるといえる。
  6　この建物は百年前に外国人によって（の手で）建てられた。
  ただし，「送る，渡す，提出する」などの動詞の場合，ニヨッテは用いられない。代わって，カラが結果として動作主を表す。
  7　この手紙は一読者から届けられた。
  動作主が複数の場合，ノ間デが用いられることがある。
  8　在外日本人の間では，今でもよく昭和時代の歌が歌われる。
  同様に，デ（動作主が組織などの場合），ニオイテ（同前，書き言葉的）なども用いられるが，これらは特に受身文に限った用法とはいえない。
  9　この件は事務局で処理された。
  10　この件は事務局において処理された。
日本語における受身文と自動詞文：　「水を流す⇄水が流れる」の「流す─流れる」のように，規則的に相互に文型を転換できる他動詞と自動詞は対応の関係にあるという（他に，「話す─離れる」「切る─切れる」「煮る─煮える」「壊す─壊れる」など）。そこで，このような動詞を用いて，次のような三種の文がセットとして存在することになる。
　　基本文（他動詞文）「警官が泥棒をつかまえた。」
　　対応する受身文「泥棒が警官につかまえられた。」
　　対応する自動詞文「泥棒が警官につかまった。」
　この場合，受身文と自動詞文は，内容的にほぼ同じ事態を表す関係にあるといえるが，日本語の，特に話し言葉では，受身文よりもむしろ自動詞文を用いる傾向が強い。ただし，対応する自動詞文がない場合（「送る」「食べる」「行う」「読む」など）は，そのまま受身文が用いられる。なお，「～られる」の代わりに「～てもらう」を，「～られている」の代わりに「～てある」を用いてもおかしくない場合がある。
　　11　私は友人に力づけてもらった。←私は友人に力づけられた。
　　12　イスが置いてある。←イスが置かれている。
間接受身：　間接受身文は，基本文の直接構成要素として存在しなかった名詞を主語に立てて作った受身文である。主体がある動作・作用の影響を間接的に受けることを表す。間接受身は，意味的にみて，主体にとって迷惑であることを表すのがふつうであるため，

「迷惑の受身」とも呼ばれる。また，主語が，基本文の主語でも目的語でもないという意味で，「第三者の受身」と呼ばれることもある。

間接受身文で用いられる動詞は，自動詞が多い。これは英語などにはみられない現象である。数は少ないが，他動詞も用いられる。なお，直接受身文にはもちろん，間接受身文にも用いられない自動詞もある（「ある」，「見える」，「要る」，「似合う」，「できる」，「飲める」，「足りる」など）。三上章はこの種の動詞を「所動詞」と呼んだ（その反対語は「能動詞」）。

13　私は昨日一晩中子供に泣かれて困った。←昨日一晩中子供が泣いた。
14　私は勉強中に弟に誤って電気を消された。　←私の勉強中に弟が誤って電気を消した。

間接受身文の主語は，有情名詞でなければならない。動作主は，ニ格で示される。動作主も有情名詞であるのがふつうである。次の例は，例外的なものといえる。

15　彼は昨日雨に降られた。

持ち主の受身：　基本文のヲ格名詞，ニ格名詞などの持ち主（～ノの形で示される）を主語に立てて作る受身文を，持ち主の受身文という。

16　彼は電車の中でスリに財布をすられた。←電車の中でスリが彼の財布をすった。
17　彼は（だれかに）車に傷をつけられた。←だれかが彼の車に傷をつけた。

持ち主の受身文は，主語が基本文の一次的な構成要素と結び付かないという点で，間接受身文と似ている。事実，持ち主の受身文は，間接受身文においてたまたま主語とノ格語とが同一であるために後者が消去された文にすぎないとみられないこともない。しかし，次のような点で間接受身文とも異なるようである（工藤，1990）。

①迷惑の受身文とはいえないものがある。
18　彼は先生から作文をほめられた。
②主語や動作主が有情名詞に限られない。
19　列車はしばらく発車を見合わされている。
20　彼は大水に子供を奪われた。
③動作主が不特定なものとして表示されないことがある。
21　街路樹は枝を払われてきれいになっていた。
④動作主の表示がニ格に限られない。
22　彼はいつまでたっても審査員から名前を呼ばれなかった。

（山口佳也）

参考文献　井上和子『変形文法と日本語（上・下）』（大修館書店，1976）；寺村秀夫『日本語のシンタクスと意味Ⅰ』（くろしお出版，1982）；森山卓郎『日本語動詞述語文の研究』（明治書院，1988）；工藤真由美「現代日本語の受動文」『ことばの科学4』（むぎ書房，1990）；日本語文法研究会『概説・現代日本語文法（改訂版）』（おうふう，1991）；仁田義雄編『日本語のヴォイスと他動性』（くろしお出版，1991）；益岡隆志『モダリティの文法』（くろしお出版，1991）

打消推量表現　expression of negative conjecture

uchikeshi-suiryou-hyougen

キーワード：打消推量
　　　　　ナイダロウ／マイ／ハズガナイ／ッコナイ／マサカ／ヨモヤ／オソラク／タブン／キット

定　義　　推量表現の一種で，打ち消しと推量を組み合わせた表現。古典語には，ジ・マジというそのための一語の助動詞があった。現代語で用いるマイはその流れをくむものであるが，すでにやや文章語化しており，話し言葉では多くナイダロウという形を用いる。ほかに，打消推量に近い意味を表す表現として，ハズガナイ，ッコナイなどがある。

ナイダロウ：　　ナイダロウは，もちろん，ナイとダロウを組み合わせたものである。この場合のダロウも，ふつうのダロウと同じで，ほとんど文（または文に準ずる独立性の高い節）の末尾だけで用いられ，タ形になることもない。話し手の発話時の判断を表すとみてよいであろう。その他の用法も，ふつうのダロウに準ずる。

　1　おそらく彼は今は研修生ではないだろう。
　2　今日は雨は一滴も降らないだろう。

　ふつうナイダロウを一語のように用いているが，微妙な問題がないわけではない。同じナイダロウでも，例えば，例1のナイダロウはナイ（補助形容詞）＋ダロウ，例2のナイダロウはナイ（助動詞）＋ダロウと，その出自を品詞論的に区別して説明することがある（打消表現の項参照）。

　呼応する副詞は，オソラク，タブン，キットなど，ダロウの場合と変わらないが，ほかに，打消推量特有のものとして，マサカ，ヨモヤなどがある。

　3　まさか今日は雨は降らないだろうな。

マイ：　　マイは，打消推量のほかに打消意志の意味でも用いられる。主語が一人称の場合は打消意志，主語が二・三人称の場合は打消推量になるのがふつうである。マイは，古典語のマジに由来する語であり，現代語では，やや文章語化していて，話し言葉ではあまり用いられない。

　マイは，動詞と一部の助動詞にはそのまま付く。形容詞，形容動詞，名詞＋ダに付くときは，動詞アルを介して付く（高ク（ハ）アルマイ／静カデ（ハ）アルマイ／学生デ（ハ）アルマイ）。なお，動詞への接続は，古典語のマジの場合に比べて総体的に複雑になっている。五段動詞には，終止形に付く（アルマイ）。上一段・下一段・カ変動詞には，終止形のほか，未然形に付くこともある（落チルマイ，落チマイ／捨テルマイ，捨テマイ／来ルマイ，来マイ）。サ変動詞についても，同様であるが（スルマイ，シマイ），さらに他の古い形が用いられることもある（スマイ）。

打消推量のマイとナイダロウは，意味・用法のうえで，それほど違いがないとみてよいが，ナイ（補助形容詞）は，構文論的にはアル＋ナイ（助動詞）相当なので，形容詞，形容動詞，名詞＋ダに付いているナイダロウを言い換えるときには，マイではなく，アルマイとしなければならない（ナイ〈形容詞〉＋ダロウ＝アル＋ナイ〈助動詞〉＋ダロウ＝アル＋マイ。打消表現の項参照）。
　4　おそらく彼は今は研修生ではあるまい。←おそらく彼は今は研修生ではないだろう。
　5　今日は雨は一滴も降るまい。←今日は雨は一滴も降らないだろう。
　マイは，慣用表現の中でよく用いられる。
①ウト〜マイト／ウガ〜マイガ／ウカ〜マイカ
　6　行こうと行くまいと，こっちの勝手だ。
　7　死のうが死ぬまいが，私の知ったことではない。
　8　行こうか行くまいかと，よく考えてみた。（打消意志の例）
②アロウコトカアルマイコトカ（とんでもないことに）
　9　あろう事かあるまい事か，家が流されてしまった。
③モシヤ〜マイカ
　10　もしや私の長年探していた人ではあるまいか。
④ジャアルマイシ
　11　子供の使いじゃあるまいし，このまま帰るということはないだろう。
ハズガ（ハ）ナイ：　自分の知っていることから筋道立てて考えて，そうある可能性は全くないというような意味を表す。ナイダロウ，ナイハズダなどに近いともいえるが，打ち消す意味あいはそれよりもかなり強いようである。
　文（または文に準ずる独立性の高い節）の末尾で用いられる場合は，すでに起こった（とされる）ことについても，それ以外のことについても，それは全くあり得ないことであると，そうある可能性を強く否定する話し手の気持ちを表す。
　12　聞き違いだろう。彼がそんなことを言うはずがない。
　13　やめた方がいいんじゃないかな。世の中そんなに甘いはずがない。
　14　集合はもっと遅くしよう。全員がそんなに早く集まるはずがない。
ッコナイ：　ッコナイは，ややくだけた俗語的な言い方で，動詞連用形＋コト（複合名詞）に（ハ）ナイの付いた形の崩れたものらしく，
　15　暑いときにそんな所へ行きっこないよ。
のように，「（絶対に）そうする必要はない」というような意味を表すほか，ハズガナイに類似した，そうある可能性を強く否定する意味を表す。
　16　そんなうまい話がありっこないよ。
　17　彼に頼んだってうまくいきっこないよ。　　　　　　　　　　　（山口佳也）

参考文献　吉田金彦『現代語助動詞の史的研究』（明治書院，1971）；寺村秀夫『日本語のシンタクスと意味Ⅱ』（くろしお出版，1984）

打消表現　expression of negation
うちけしひょうげん
uchikeshi-hyougen

キーワード：打消／否定／打消接続／打消推量／否定対極表現／全体否定／部分否定／ナイのスコープ／二重否定／否定疑問文／否定の応答詞
　　　　　　ナイ／ヌ／ズニ／ナイデ／ナクテ／マイ
　　　　　　決シテ／必ズシモ／アナガチ／トテモ／アマリ／大シテ／サホド／ロクニ／全然／全ク／少シモ／ホトンド／ダレモ／ロクナ／大シタ

定　義：　ある動作・状態・存在が成立しないことを表す表現。否定表現に同じ。ナイ・ヌによるもの，造語成分によるもの，応答詞によるものに大別される。

ナイの付き方：　活用語にナイの付いた形は，近年は二語と考えず，全体で一語（活用語の打消形）とみる見方が有力であるが，伝統的な見方も，種々の現象を説明するうえで便利であるので，ここでは，そちらの方を紹介しておく。そのためには，古典語の場合と現代語の場合を対照してみていく必要がある。

	古　典　語	現　代　語
動詞アル	ナシ（形容詞）／アラ（未然形）＋ズ（助動詞）	ナイ（形容詞）
他の動詞	行カ（未然形）＋ズ（助動詞）	行カ（未然形）＋ナイ（助動詞）
形容詞	高ク（連用形）＋アラ（未然形）＋ズ（助動詞）	高ク（連用形）＋ナイ（補助形容詞）
形容動詞	静カニ（連用形）＋アラ（未然形）＋ズ（助動詞）	静カデ（連用形）＋ナイ（補助形容詞）
名詞＋ダ	玉＋ニ（連用形）＋アラ（未然形）＋ズ（助動詞）	玉＋デ（連用形）＋ナイ（補助形容詞）

表から，次のようなことが説明できる。

a. 形容詞（補助形容詞を含む）ナイは，構文論的に，アル＋ナイ（助動詞）相当であるといえる。
b. 補助動詞のナイの前にハ・モ・サエ・スラ・コソなどの副助詞をおくことができるが（助動詞ナイの前は不可），それは，そこが活用語の連用形の後でもあるからである。
c. 打消の丁寧形や，打消推量形では，動詞以外の形で，隠れていたアルが現れる。

動詞アル　ナイ→	アリマセン	アルマイ
他の動詞　行カナイ→	行キマセン	行クマイ
形容詞　　高ク（ハ）ナイ→	高ク（ハ）アリマセン	高ク（ハ）アルマイ
形容動詞　静カデ（ハ）ナイ→	静カデ（ハ）アリマセン	静カデ（ハ）アルマイ
名詞＋ダ　玉デ（ハ）ナイ→	玉デ（ハ）アリマセン	玉デ（ハ）アルマイ

d. 打消形の語幹部分に接尾語的なソウダ，スギルを付けるとき，動詞以外の形では，間にサが挿入される。

（動詞アル）	ナサソウダ	ナサスギル
他の動詞	行カナソウダ	行カナスギル
形容詞	高ク（ハ）ナサソウダ	高クナサスギル
形容動詞	静カデ（ハ）ナサソウダ	静カデナサスギル
名詞＋ダ	玉デ（ハ）ナサソウダ	玉デナサスギル

なお，行カナソウダには，同様の意味を表す表現として，行キソウデナイ，行キソウニナイ，行キソウモナイなどがある。

e. ヌは，ナイ（助動詞）の連体形に相当する文章語であるが，動詞だけに付いて，それ以外には付かない（「よからぬ魂胆」など，古典語的表現の場合は別）。

　　／行カヌ人　／　　　　　／

f. 打消接続形を作るとき，助動詞由来のズニ，ナイデは，動詞だけに付いて，それ以外には付かない。ナクテは，動詞にもそれ以外のものにも付く。

　　／行カズニ　／　　　　　／
　　／行カナイデ／　　　　　／

ナクテ／行カナクテ／高クナクテ／静カデナクテ／玉デナクテ

ズニ・ナイデ・ナクテ：　この三者の使い分けを，動詞に付く場合に限って考える。

　三者のうち，用いられる範囲が最も広いのはナイデで，ほとんどの場合に使うことができる。ズニは，文章語的で，話し言葉としては，そのうち，おもに，

　1　お金をもたずに（ないで）出かけた。

のような付帯状況（様子・状況）を表す場合，

　2　この前の休みは，海に行かずに（ないで），山に行った。

のような対照（〜しないで，代わりに）を表す場合などに用いられる。

　後にハ，モなどを伴って条件節を作る場合は，ナイデ，ナクテ，ともに用いる。

　（テ）イル，（テ）オク，（テ）クレ，（テ）ホシイなどの複合動詞，複合形容詞には，もっぱらナイデを用いる。おもに女性語で，ナイデで文を切って，命令・要求を表す用法は，この用法と無関係ではないだろう。

　3　明日まで見ないでおく。
　4　そのことは聞かないでほしい。
　5　そんなこと言わないで。

　一方，後に（テ）ハナラナイ，（テ）ハイケナイ，（テ）ハダメダ，（テ）モイイなどが続く場合は，ふつうナクテを用いる。また，原因・理由を表す場合も，ナイデよりもナクテの方が自然である。

　6　今日は早く帰らなくてはならない。
　7　列車が時刻どおりに着かなくて，みんながハラハラした。

否定と呼応する副詞・連体詞類（否定対極表現）：　否定と呼応する副詞，連体詞の類がある。文中でそれらが使われるときは，その先に否定の形式が現れることを予告すること

になる（→呼応の表現）。

　決シテは，打ち消しの意味を強調する。必ズシモ，アナガチ，一概ニは，事柄が完全に成立するわけでないことを示す。トテモ，トウテイは，可能性のないことを強調する。
　8　彼は決して悪い人ではない。
　9　頭のいい人が必ずしも成功するとは限らない。
　10　彼にはとうていかなわない。

　程度の副詞の中で，アマリ，大シテ，サホド，ソンナニ，ロクニなどは，程度の高くないことを，少シモ，チットモ，全然，全ク，一向ニ，何ラなどは，程度の極端に低いことを，チットモ，全然，メッタニ，ホトンド，アマリなどは，頻度の低いことを強調する。ただし，全然，全クなどは，肯定表現の中で用いられることもある。
　11　彼のことはあまりよく知らない。

　不定語＋モや，一人モ，一度モの類は，否定の事態がその対象のすべてにわたって成立することを示す。
　12　そのことはだれも知らなかった。

　助数詞＋トは，数量の多少を強調したうえで，それを否定する表現を構成することがある。
　13　もう二度とあそこへは行かない。
　14　それから五分とたたないうちに，雨が降り出した。

　マサカ，ヨモヤなどは，打消推量と呼応する。
　否定と呼応する連体詞には，ロクナ，大シタ（何ノ，何ラノ）などがある。

ナイのスコープ：　ナイの作用域（スコープ）がよく問題になる。南不二男の重層的文構造論では，A段階のかかり成分（名詞＋格助詞（ガを除く），状態副詞，程度副詞，A段階の従属句，…）とA段階の述語的部分（用言，使役形，受身形，受給形，尊敬形，…）がまず結合し，その外側をB段階のかかり成分とB段階の述語的部分が包み，それをさらにC段階の成分が包むという構造が考えられている。以上はかなり大ざっぱな概括であるが，ナイはB段階の述語的部分に属するということになっているので，これによれば，少なくともA段階のかかり成分とA段階の述語的部分の結合した部分はナイの否定する範囲に入るといえるであろう。例えば，次の文では，｜｜の部分が否定のスコープということになる。
　15　私はその日 ｜学校へ行か｜ なかった。

　なお，形容詞（及び補助形容詞）ナイは構文論的にはアラナイ担当なので，これが用いられている場合のスコープの関係には注意が必要である。例えば，「高くない」「ろくな学生でない」「二度とない」「そんなにたくさんない」などの，実際のつつみ・つつまれの関係は，それぞれ，「｜高くあら｜ない」「｜ろくな学生であら｜ない」「｜二度とあら｜ない」「｜そんなにたくさんあら｜ない」であると考えられる。ちなみに，「ろくな」は，常に後に打ち消しの語を伴う連体詞であるが，本来，「満足できるような。十分な」の意味の語である。

ところで，このスコープ内のかかり成分に対比強調の「は」が付くと，対照の意味あいが生まれる。
　16　私はその日 |学校へは行か| なかった。（他の所へは別として）
　時詞や数量詞は，南理論ではB段階の要素ということになっているようであるが，ナイとの関係は微妙である。そのままの場合，スコープ外のこともあるが，スコープ内のこともあり，特に対比強調の「は」が付くとスコープ内となるようである。
　17　全員 |集会に行か| なかった。〔行かなかった人が全員である。全体否定〕
　18　|全員は集会に行か| なかった。〔全員行くということはなかった。部分否定〕
　否定表現において，事柄に関して全面的に否定する場合を全体否定，部分的に肯定する場合を部分否定と呼ぶことがある。次のようなものも，ある意味で全体否定の例といえる。
　19　お客は |一人も来| なかった。〔一人来るということもなかった〕
　20　友達は |だれも来| なかった。〔だれが来るということもなかった〕
　21　太陽は |少しも顔を見せ| なかった。〔少し顔を見せるということもなかった〕
　次のようなものは，部分否定の例となっている。
　22　友達が全員賛成したわけではない。〔|～わけではあら| ない〕
　23　友達が全員賛成したのではない。〔|～のではあら| ない〕
　24　|友達が全員賛成したとはいえ| ない。

二重否定：　否定をなんらかの形でさらに否定して，肯定の意味を表すことを二重否定という。しかし，この表現は，単なる肯定を表すのではなく，話し手の気持ちのゆれを含みつつ，婉曲的な肯定，ないしは強調した肯定の表現となる。
　「なく（も）ない」「なく（は）ない」「ないこと（も）ない」「ないこと（は）ない」「ないものでもない」などは，遠回しな肯定を表す。
　25　事と次第によっては教えてあげないこともない。
　「ないといけない」「なくてはいけない」「なければいけない」「なくてはならない」「なければならない」「ねばならない」などは，強い当為の意味を表す。
　26　今日は五時までに帰らなくてはいけない。
　「ないではいられない」「ずにはいられない」「ざるを得ない」は，おのずとそうしてしまうの意。その動作についての肯定的な意向を強調する。
　27　彼の成功を喜ばずにはいられない。
　「ない |名詞| は（い）ない」は，「すべての |名詞| は～だ」の意を強調する。
　28　彼の成功を喜ばない者はいない。
　「ないことではない」「ないことか（反語）」は，「そのことは～したはずだ」の意。
　29　だから言わないことではない。
　「ないではおかない」「ずにはおかない」は，「半ば強制的に～させてしまう」の意。
　30　この言葉はすべての若者の心を奮い立たさずにはおかない。

「かねない」は,そうなる可能性（多くは望ましくない）を強く示唆する。

31　このままでは最下位になりかねない。

　以上のように最初から二重否定の慣用句として固定した言い方のほかにも,「（ない）わけではない」「（ない）わけがない」「（ない）はずがない」「（ない）とはいえない」「（ない）とは限らない」など,結果として二重否定といえる形が生まれる例が少なくない。

否定疑問文：　～ナイカ,～デハナイカなど,打ち消しと疑問を組み合わせた形は,もちろん,単純に打ち消しの意味と疑問の意味を足しただけの意味の場合もあるが,そうではない,複雑な意味になる場合も多い。詳しくは,該当の項を参照していただきたい（→疑問表現,確認要求・同位要求の表現,希求・誂えの表現,希望表現）。

否定の意味の造語成分：　否定の意味をもった造語成分に,「無・不・非・未」などがある。漢語と結び付く例が大部分だが,和語や外来語と結び付く場合もある。体言,形容動詞語幹,サ変動詞語幹などの構成要素となる。なお,これらの語を述語に用いても,それ自身としては肯定形であり,ふつう,否定を強調する副詞などと共起することはない。

32　無得点,不採用,非会員,未組織／無意味だ,不自由だ,非常識だ,未経験だ／無考えだ,不ぞろいだ,非ピリン系,未払い

否定の応答詞：　否定の意味を表す応答詞には,イイエとイヤがある。イイエの方が丁寧な言い方である。日本語では,いわゆるYes-No疑問文で示された相手の判断が間違っていたとみなしたときイイエを用いる。肯定文で答えるか,否定文で答えるかは,関係ない。

33　「あなたは日本人ですか。」「いいえ,日本人ではありません。」

34　「あなたは明日どこへも行きませんか。」「いいえ,友達の所へ行きます。」

　否定疑問文で勧誘・依頼を受けたときは,相手の意向に反する返事をするときイイエを用いる。

35　「明日私たちとデパートに行きませんか。」「いいえ,用事があるので,行きません。」

　イヤは,自分の言葉を途中で否定するのにも用いられる。

36　二年,いや,三年はかかるだろう。

　　　　　　　　　　　　　　　　　　　　　　　　　　　　　　　　（山口佳也）

参考文献　岩倉国浩『日英語の否定の研究』（研究社出版,1974）；南不二男『現代日本語の構造』（大修館書店,1974）；太田朗『否定の意味』（大修館書店,1980）；古田啓「否定とハ」『ケーススタディ日本文法』（おうふう,1987）；益岡隆志・田窪行則『基礎日本語文法（改訂版）』（くろしお出版,1992）；山田小枝『否定対極表現』（多賀出版,1997）；工藤真由美「否定の表現」『時・否定と取り立て（日本語の文法2）』（岩波書店,2000）

ウナギ文
ぶん
unagi-bun　　　　　a kind of copula sentences

キーワード：構文的曖昧性／代動詞説・モンタージュ説・分裂文説・省略文説／同定関係・包摂関係・逆包摂関係・近接関係／喚喩

定　義：　名詞文，「AはBだ。」の文型のうち，AとBの意味範疇が原則として異なり，文脈の助けがないと，非論理的な意味となる文。構文的曖昧性（structural ambiguity）の文。語用語の単位。

文　型：　「AはBだ。」の文型をとる。A，Bはともに名詞で，近接関係にあるもの。原則としてAとBは意味範疇を異にするが，近接関係であれば意味範疇は同一でもよい。

　多義であることにより曖昧となる文型が「ウナギ文」である。「ウナギ文」は，奥津敬一郎『『ボクハ　ウナギダ』の文法─ダとノ─』により有名になった文型。

　「ボクハ　ウナギダ。」という文において，奥津が想定している典型的な場面とは，鰻屋で食事を注文するという場面である。奥津は，この文について，表のような対比を用い，「ダ」は「ヲ…スル」を代行していると考え，代動詞説というものを唱えている。

　すっきりとした解釈で魅力的ではあるが，代動詞説には根本的欠陥がある。

ボクハ　ウナギ	ダ
ボクハ　ウナギ	ヲ食ベル
ボクハ　ウナギ	ヲ釣ル

　第一の欠点は，「ボクハ　ウナギダ」は述部の中核が名詞で構成される名詞文であるのに対して，奥津が深層構造として想定する文は述部の中核が動詞で構成される動詞文であることだ。名詞文の構造と動詞文の構造の差は生成文法でも重視されるはずであるが，奥津はこれを無視している。次に，動詞文においては，「ボクハ」の「ハ」は格助詞を兼務している。この例の場合は，主格助詞「ガ」を兼務している。格関係は，本質的に体言と用言との関係であるから，名詞文では格関係は存在しない。したがって，「ボクハ　ウナギダ」の「ハ」が格助詞を兼務する可能性はない。このように構造的に相違するものを生成関係で説明するのは無理である。

　第二の欠点は，想定される場面を，動詞文が発せられるようなものに限定していることである。ウナギ文が発話される場面は無限である。奥津のように限定する理由はどこにもない。

　尾上圭介は「『ぼくはうなぎだ』の文はなぜ成り立つのか」で，「ぼく」というショットと「うなぎ」というショットをモンタージュすることによって作られたと解釈し，ウナギ文モンタージュ説を提唱している。

　係助詞ハは陳述に係ることを本務とする助詞である。したがって，「ボクハ」は無限定に投げ出された表現ではない。「ウナギダ。」という陳述を求め，これと結び付くことによ

り安定をえる。「ボクハ」と「ウナギダ」は単に時間軸にそって表現されたものではない。この意味で，モンタージュという比喩の限界を越えている。このようなわけでウナギ文モンタージュ説に与(くみ)することはできない。

　北原保雄(きたはらやすお)は，「うなぎ文の構造」において，

　　ぼくが　うなぎが　食べたい。→　ぼくが食べたいのは　うなぎだ　→　ぼくののは　うなぎだ　→　ぼくのは　うなぎだ　→　ぼくは　うなぎだ

のように，生成過程を推定し，さらに，「うなぎ文再考」で補説を述べている。

　また，堀川 昇(ほりかわのぼる)は「『僕はうなぎだ』型の文について―言葉の省略―」で，

　　僕は　できるのは　数学だ　→　僕は　数学だ

のような省略文と考える説を提案している。一番無理のない，説得力のある説といえよう。

　ところで，ウナギ文の必要条件は，「AはBだ。」のAとBとの関係が近接関係にあるということであり，ABの意味範疇が異なるというのは十分条件である。

a	ぼくは山田太郎だ。	ぼく＝山田太郎	同定関係	同定文	一義的
b	ぼくは日本人だ。	ぼく＜日本人	包摂関係	包摂文	一義的
c	山は富士山だ。	山　＞富士山	逆包摂関係	逆包摂文	一義的
d	ぼくは富士山だ。	ぼく→富士山	近接関係	近接文	多義的

　表中のaは，山田太郎という人物が名乗った文。bは，自分の国籍を報告した文。cは，山の中で，一番山らしいのは富士山だという強調文。レトリカルな表現である。

　dがウナギ文なのであるが，ウナギ文とは結局，近接文のことである。言い換えると，喚喩的(かんゆ)表現なのである。論理的な表現ではなく，レトリカルな表現ということである。従来の説は，もともとレトリカルな表現を論理的に説明しようとしたところに無理があった。

　「ぼく」が「富士山」を描く対象にしても，登る対象にしても，好きな山の一つにしてもいい，とにかくなんらかの関係にあればいい，それがdの意味である。

　係助詞ハは，比喩的にいえば，基本的に「＝」と「→」の関係を表す。aを「＝」で解釈したが，実は，ウナギ文として「→」とすることも可能である。

　　山田太郎を選挙で選んだ。／山田太郎が犯人だと思う。／山田太郎が好きだ。

などの意味で，aが発話された場合，aはウナギ文になる。

　ウナギ文の問題は構文の問題と誤認されてきたが，ウナギ文は文脈が関連する語用論の問題である。　　　　　　　　　　　　　　　　　　　（小池清治）

参考文献　奥津敬一郎『「ボクハ　ウナギダ」の文法―ダとノ―』（くろしお出版，1978），「ウナギ文はどこから来たか」（国語と国文学，5月号，1981）；尾上圭介「『ぼくはうなぎだ』の文はなぜ成り立つのか」（国文学解釈と教材の研究，12月号，1982）；北原保雄「うなぎ文の構造」『日本語の文法（日本語の世界6）』（中央公論新社，1981），「うなぎ文再考」『日本語文法の焦点』（教育出版，1984）；堀川昇「『僕はうなぎだ』型の文について―言葉の省略―」（実践国文学，24号，1983）；小池清治『現代日本語文法入門（ちくま学芸文庫）』（筑摩書房，1997）

詠嘆表現
えいたんひょうげん
eitan-hyougen

expression of exclamation
exclamatory expression

キーワード：ナ・ナア・ネ／ワ・ワア／カ

定　義： 話し手の心の動きを直接表す表現。ここでは感動詞による感動表現（アラ，マア，エッなど）と応答表現（ハイ，イイエなど）を除き，終助詞「ナア（ナ）」「ワ」「カ」による詠嘆表現について述べる。

表現と解説：

　終助詞「ナア（ナ）」　「ナア」は一般に，詠嘆の「ナ」が強調されて長音化したものと説明されるが，「ナ」と「ナア」では聞き手への持ちかけ性の点で若干用法が異なり，それに伴って話し手の性別にも多少の傾向の違いがある。

　「ナ」は聞き手が存在する場面では，詠嘆を表出するとともに聞き手への持ちかけとして機能し，「ネ」と交替可能な場合が多い。

　1　いい眺めだな［ね］
　2　これ，おいしいな［ね］
　3　明日，海に行こうな［ね］
　4　そんなことは言うなよな［言わないでよね］

「ナ」は主として男性が対等や目下の者に対して用いるのに対し，「ネ」は男性，女性ともに用いることができ，丁寧体とも自然に共起する。

　5　いい眺めですね。
　6　明日，海に行きましょうね。

それに対して，「ナア」は主として聞き手が存在しない場面で用いられ，聞き手が存在する場面で用いられる場合にも，独白的な詠嘆表出の発話と解されることが多い。

　7　いい眺めだなあ。
　8　これ，おいしいなあ。

「ナ」がその機能として，詠嘆表出と聞き手への持ちかけ性の両面を併せもつものであるのに対し，「ナア」はもっぱら詠嘆表出の機能に重点がおかれた形式である。そのため，同じ場面での詠嘆性という点では「ナア」の方が強調していると感じられ，また，聞き手への持ちかけ性が弱い独白的な表現であることから，「ナ」ほど使用者の性別による制限（男性語としての性格）は強くなく，女性にも用いられやすい。

　終助詞「ワ」　もとは，詠嘆をこめて話し手が自分自身に対して発言内容を確認する終助詞であるが，現代語ではおおよそ次の三つの場合に分かれ，それぞれの用法別に異なった性格をもつ。

a. 詠嘆をこめて句を列挙する場合
　9　雨は降るわ，寒いわ，お腹はすくわでさんざんな目にあったよ。
　10　売れるわ，売れるわ，あっという間に売り切れた。
男性，女性ともに用いることができるが，日常的な表現というより，文章的ニュアンスのあるやや凝った表現である。
　b. 主として男性が，下降調イントネーションで用いる場合
　11　明日行くわ。
　12　海外旅行は疲れるわ。
なげやりなニュアンスを伴うややぞんざいな表現である。
　c. 女性が，軽い上昇調イントネーションで用いる場合
　13　その服，よく似合っているわ。
　14　そういう話をしたかもしれないわ。
　15　改めてお礼に伺いますわ。
やわらかく聞き手に持ちかける表現として，女性語として広く用いられるが，詠嘆の意味は薄く，特に詠嘆の気持ちを強調したい場合には長音化した「ワア」が用いられる。
　16　その服，すごくよく似合っているわあ。
「ワ」の詠嘆強調として「ワア」がある点は，「ナ」と「ナア」の関係と同様である。「ナ」「ナア」は主として男性に用いられるのに対し，「ワ」「ワア」は主として女性に用いられる点で，一種の相補関係をなしている。しかし，「ナ」「ナア」は女性が用いる場合でも，その意味機能は男性が用いる場合と変わらないのに対し，「ワ」は男性が用いる場合と女性が用いる場合とでは，聞き手への持ちかけ性や表現性（なげやりな感じかやわらかい感じか）といった点で機能が異なり，また，詠嘆強調の「ワア」は女性にのみ用いられるという違いがある。

終助詞「カ」　主として疑問や反語を表す終助詞「カ」が，確定的で自明な事柄について，下降調イントネーションで用いられた場合には詠嘆を表すことになる。
　17　（目の前の相手に対して）なんだ，まだここにいるのか。
　18　（部屋に入ってきた相手を見て）ああ，君か。
　19　（友人）花を送るならやっぱりバラですよ。
　　　（話し手）バラか。
17や18のように，その場面で今気が付いたというニュアンスで用いられることが多い。また，19のように，相手の発話を受けて，はじめてそれに思いが至ったことを表す場合にも用いられる。
　　　　　　　　　　　　　　　　　　　　　　　　　　　　（土岐留美江）

参考文献　田中章夫「助詞（3）」『文法Ⅱ（岩波講座日本語7）』（岩波書店，1977）；松村明編『古典語現代語助詞助動詞詳説』（学燈社，1969），『助辞編（三）助詞・助動詞辞典（研究資料日本文法7）』（明治書院，1985）；鈴木英夫「現代日本語における終助詞のはたらきとその相互承接について」（国語と国文学，53巻11号，1976）

婉曲表現
えんきょくひょうげん
enkyoku-hyougen

euphemism
roundabout expression

キーワード：迂言法（peliphrasis）／代称（kenning）／婉曲の助動詞／婉曲化／曖昧表現／多義的曖昧性・構文的曖昧性（ambiguity）／輪郭不鮮明による曖昧性・語彙的曖昧性（vagueness）／言いさし表現
　　　　　メリ・ナリ／ヨウダ・ラシイ／ダロウ・ソウダ・ナイダロウ・マイ・カモシレナイ・カシラ／オオカタ・オソラク・タブン・ドウヤラ・ヒョットシテ・ヒョットスルト・モシカシテ・モシカスルト／方・トカ・的

定　義：　直接的な物言い，露骨な物言いを避けて，遠回しに和らげてする表現。

迂言法（peliphrasis）：　言葉数を多くして遠回しに表現する方法。「薬缶」を「銅やアルマイトなどで鉄瓶の形に造った湯沸かし用の道具」などと表現する方法。辞書の語釈は，迂言法で表現されている。常識の幕で覆われていたものの姿を露にする効果がある。また，この表現では表現者のまなざしや個性が表される。

　夏目漱石は唯一の自伝的小説『道草』において，迂言法を多用している。
　　健三が遠い所から帰つて来て駒込の奥に所帯を持つたのは東京を出てから何年目になるだらう。

　冒頭の第一センテンスにおいて，さっそく「遠い所」という，思わせ振りな迂言法を披露する。「遠い所」とは，すぐあとに出てくる，
　　彼が遠い所から持って来た書物の箱を此六畳の中で開けた時，彼は山のやうな洋書の裡に胡座をかいて，一週間も二週間も暮らしてゐた。

の表現から，漱石が二年間留学していたロンドンであろうと推測される。冒頭の「遠い所」という表現は，迂言法の洪水の予告であった。彼は迂言法を飽きずに書き連ねる。
　　眸を其人の方角に向けた。　　　　　　　　　　＝見た。
　　彼の頭と活字の交渉が複雑になればなる程　　　＝読書
　　だから索漠たる曠野の方角へ向けて生活の路を歩いて行きながら　＝孤独な生き方をしながら
　　姉は肉のない細い腕を捲つて健三の前に出して見せた。　＝痩せた腕
　　赤い印気で汚ない半紙をなすくる業は漸く済んだ。　＝添削

　迂言法の特徴は，物事を常識の世界から，個の世界へ解放する。そして，個の内面を照らし出してしまう。

リンゴ	a	林檎	常識の目	＝表記の相違
	b	赤い実の食べ物	鳥の目	＝迂言法
	c	ビタミンの豊富な食品	栄養士の目	＝迂言法

d	よく売れる商品	商人の目　　＝迂言法
e	風邪の患者を激減させる敵	医者の目　　＝迂言法

　漱石は，個（健三）の内面を照らし出し，冷徹な分析をし，批判している。迂言法は心理分析の有力な武器になるのである。そのことが典型的に現れているのが次の部分である。

　「確かりしろ」
　すぐ立つて蒲団の裾の方に廻つた健三は，何うして好いか分らなかつた。其時例の洋燈（ラン）は細長い火蓋の中で，死のやうに静かな光を薄暗く室内に投げた。健三の眼を落してゐる辺（あたり）は，夜具の縞（しま）さへ判明（はっきり）しないぼんやりした陰で一面に裏まれてゐた。
　彼は狼狽した。けれども洋燈（ランプ）を移して其所（そこ）を輝すのは，男子の見るべからざるものを強ひて見るやうな心持がして気が引けた。彼は已を得ず暗中に模索した。彼の右手は忽（たちま）ち一種異様の触覚をもつて，今迄（いままで）経験した事のない或物に触れた。其或物は寒天のやうにぷりぷりしてゐた。さうして輪郭からいつても恰好の判然しない何かの塊（かたまり）に過ぎなかつた。彼は気味の悪い感じを彼の全身に伝へる此（こ）塊を軽く指頭で撫でて見た。塊（かたまり）は動きもしなければ泣きもしなかつた。ただ撫でるたんびにぷりぷりした寒天のやうなものが剥げ落ちるやうに思へた。若し強く抑へたり持つたりすれば，全体が屹（きっ）度崩れて仕舞ふに違ないと彼は考へた。彼は恐ろしくなつて急に手を引込めた。
　「然し此儘（このまま）にして放つて置いたら，風邪を引くだらう，寒さで凍えてしまふだらう」
　死んでゐるか生きてゐるかさへ弁別のつかない彼にも斯（こ）ういふ懸念が湧いた。彼は忽（たちま）ち出産の用意が戸棚の中に入れてあるといつた細君の言葉を思ひ出した。さうしてすぐ自分の後部にある唐紙を開けた。彼は其所から多量の綿を引き摺り出した。脱脂綿といふ名さへ知らなかつた彼は，それを無暗に千切つて，柔かい塊（かたまり）の上に載せた。
　　　　　　　　　　　　　　　　　　　　　　　　　　（道草・八十回）

　「今迄（いままで）経験した事のない或物」「恰好の判然しない何かの塊（かたまり）」「此（このかたまり）塊」「柔かい塊（かたまり）」

これらは，すべて生まれたばかりの「嬰児」「あかちゃん」「あかんぼう」の迂言法である。父親としての感情，愛情がかけらもないということが恐ろしいほど伝わってくる。
　漱石は，自らの分身「健三」を告発している。これらの迂言法を出産の苦しみにのたうちまわった妻が耳にしたとするなら，夫「健三」の冷酷さをどう思うだろうか。迂言法は強烈な批判のメスともなる。漱石は『道草』を書いて，作家になる以前の自己を徹底的に分析し，自己批判している。あれは「道草」を食っていた自分なのだと。
　考えて見れば，『道草』は直接目的地に行かず，回り道をすることである。『道草』というタイトルは，迂言法の別称であった。
代称（kenning）：　迂言法を人物名に適用した表現。敬意を表したり，人物の多様な側面を明示したり，その場における人物の立場を明示したりする。
　『源氏物語』「葵」の巻において，光源氏は，「大将の君・大将・君・大将殿・男君」と呼称され，紫の上は，「姫君・二条の君・対の君・女君」と呼称されている。

「大将の君・大将・大将殿」は官職で人物を表したもの。「姫君」は未婚のお嬢様の意，「二条の君・対の君」は居住する場所で人物を表したもの。これらは，今日でも使用する表現方法である。言葉数が目立って多くなっているわけではないが，官職や居住する場所で間接的に人物を指し示すという点で婉曲表現になっている。

「男君・女君」は二人が夫婦関係に入った直後に使用されている。象徴的呼称で『源氏物語』独特の代称である。さらに進んで，「男・女」と表現されることもある。これは，固有名詞を一般名詞で表現した提喩であるが，一般的表現で個を指し示すという点で婉曲表現になっている。夫婦関係，肉体関係に入るという微妙な状況を代称の一筆で片付けるところに凄さがある。

「明石」の巻では，紫の上は「二条院・二条の君・女君」と呼称されるが，他に「恋しき人」という光源氏の視点からの代称が使用されている。

「総角」の巻では大君の妹，中の君は，作者に「昼寝の君」と呼称されている。紫式部の前では，うっかり昼寝もできない。

外務省や，東京証券取引所をその所在地から，「霞ヶ関」「兜町」と俗称することなども，人物名ではないが，代称の一種である。

婉曲の助動詞： 古典語には，「めり」「なり」など，もっぱら断定表現を和らげるはたらきをする助動詞が存在した。「めり」は目でみた事柄に基づく判断を和らげたもの。「なり」は耳で聞いた事柄に基づく判断を和らげたもの。ともに，現代日本語の「ようだ・らしい」に相当する。

　　物のあはれは秋こそまされと人ごとにいふめれど，それもさるものにて［物のあわれは，なんと言っても秋がいちばん深く感じられると，誰でも言うようだが，それも一理あることではあるのだが。］　　　　　　　　　　　　　　　　　　（『徒然草』一九）

　　さては，扇のにはあらで，海月のななりと，聞こゆれば［それでは，扇のほねではなくて，くらげの骨であるようですねと，申し上げると］推量

　　　　　　　　　　　　　　　　　　　　　　　　（『枕草子』中納言参りたまひて）

表現・疑問表現による婉曲化： 推量表現ははっきりとした断定に比較し，和らげられた判断であり，婉曲表現となる。また，疑問表現は，判断を相手に委ねることにより，婉曲表現となる。引用表現は，断定内容を客観化することによる婉曲表現である。

a	明日は，雨が降る。	=	終止形（辞書形）	断定
b	明日は，雨が降るだろう。	=	推量	婉曲
c	明日は，雨になりそうだ。	=	推量	婉曲
d	明日は，雨が降らないだろう。	=	打消推量	婉曲
e	明日は，雨が降るようなことはあるまい。	=	打消推量	婉曲
f	明日は，雨が降るかもしれない。	=	疑問打消	婉曲
g	この様子では，明日は，雨かしら？	=	疑問	婉曲
h	明日は，雨が降ると思う。	=	引用	婉曲

i	明日は，雨が降らないんじゃないかと思う。	＝二重否定・引用	婉曲
j	明日は，雨が降らないんじゃないだろかと思う。	＝二重否定・推量・引用	婉曲
k	たぶん，明日は，雨が降らないんじゃないかと思わないわけではない。	＝二重否定・引用・二重否定	婉曲

日本語では，長くなればなるほど，曖昧の度合いを強め，表現は限りなく婉曲なものになる。

推量表現を予告する副詞は同時に，曖昧表現・婉曲表現の指標になる。そのような副詞として，「おおかた・おそらく・たぶん・どうやら・ひょっとして・ひょっとすると・もしかして・もしかすると」などがある。

勧誘表現・希望表現による婉曲化： 相手に行為を要求，または禁止する命令表現や禁止表現に代わって，勧誘表現や希望表現が用いられるとそれらは婉曲表現となる。

　　　本を読め。　→　本を読もう。
　　　落書きするな。　→　落書きしないでください。

a	本を　貸せ。	＝命令形	命令
b	本を　貸して。	＝中止法（言いさし）	婉曲
c	本を　貸して　ほしい。	＝希望	婉曲
d	本を　貸して　くれない？	＝授与・打消疑問	婉曲
e	本を　貸して　くださらない？	＝授与・尊敬・打消疑問	婉曲
f	よかったら，本を　貸して。	＝前置き・中止法（言いさし）	婉曲
g	申し訳ありませんが，本を　貸してくださらない？	＝前置き・授与・尊敬・打消疑問	婉曲

曖昧表現（ambiguity, vagueness）： 曖昧表現には，多義によって曖昧となるもの（ambiguity）と指示対象の輪郭が不鮮明であることによって曖昧となるもの（vagueness）の二種類がある。

　　　彼が有名な松坂投手のお父さんです。〔多義による曖昧性・構文的曖昧性〕
　　　お支払いの方はよろしいでしょうか？〔指示対象の輪郭が不鮮明なことによる曖昧性・語彙的曖昧性〕

婉曲表現となるのは，主として，指示対象の輪郭が不鮮明なことによる曖昧性を有する表現である。

　　　買い物とか，行かない？
　　　私的には，面白くない。

「とか」や「的」は，指示対象の輪郭を不鮮明にするはたらきがある。若者も，婉曲表現を好むということがいえそうである。

　　　　　　　　　　　　　　　　　　　　　　　　　　　　　　　（小池清治）

参考文献　丸谷才一『文章読本』（中央公論新社，1977）；池上嘉彦『意味の世界（NHK ブックス）』（日本放送出版協会，1978）；山口仲美『平安文学の文体の研究』（明治書院，1984）；小池清治「文学と言葉の間」（国文学言語と文芸，116号，1999）

応答表現   expression of response
おうとうひょうげん
outou-hyougen

キーワード：ハイ・ハア・ウン・エエ・ナニ・オウ・ドウシタ／ヘエ・フーン・ハア・本当・アア・ソウ・ヤッパリ／エエ？・本当？・ウソー・マサカ／ハイ・ウン・アア・エエ・ソウ／イエ・イイエ・イヤ・ウウン・違ウ・サア／ハイ・ハア・ウン・エエ・勿論・ソリャアモウ・ワカリマシタ・ヨシ・カシコマリマシタ・ナルホド・モットモ／イヤダ・コトワル・ヤリタクナイ・無理ダ・デキナイ・都合ガツカナイ・仕事ガ忙シイ・経験ガナイ・考エテオキマス・検討シマス・他ノ人ノホウガイイノデハ・代案提示・ソレハマズイデショウ・批判・ウーン・エート・困ッタナ・ドウショウ・スミマセン・ゴメンナサイ／イイデスネ・アリガトウ・スミマセン／結構デス・イイデス・イラナイ・ヤメテオク・アリガトウ／ソレデ・デ／エ？・ハア？・待ッテ

定　義：　会話において相手の発言に対して，答える，賛成する，反対する，断る等の積極的な反応を示す表現。相手の発言を前提とするという点ではあいづち表現と共通の性格をもつが，応答表現は発話権が相手から自分に移動する点に特徴がある。

種類と形式：　相手のどんな発言に応答するかによって以下の種類が区別できる（森山，1989をもとに項目を追加・整理した）。それぞれの形式は単独で応答表現をなすこともあれば，くり返されたり，ほかの応答表現と組み合わされたりして用いられることもある。

　a　挨拶に対する応答
　b　呼び掛けに対する応答
　c　判断・疑問に対する応答
　d　命令・勧めに対する応答
　e　伝達そのものに対する応答

aは基本的に挨拶が用いられる（「おはようございます」「おはようございます」）。

　bの形式としては「ハイ」「ウン」「エエ」「ナニ（ナンデスカ）」，挙手，起立などがあげられる。「イエ」「イヤ」などの否定の形式は用いられない（「山田さん」「はい」，「ねえ，お父さん」「うん，なんだい？」）。

　cは，応答者にもともとの情報がない場合（典型的には情報提供）の応答と，情報がある場合（疑問表現）の応答とに分けられる。応答者に情報がない場合の肯定的応答は「ヘエ」「フーン」「本当」などの驚きを表示する形式や，「アア」「ソウ」「ヤッパリ」など，新たに知った事実に対して共感を示す形式が用いられる。一方，否定的応答は「エエ？」「本当？」「ウソー」，問い返し，「マサカ」などが用いられる（「彼が来たよ」「ああ，そう／ええ？」，「彼は逃げていったよ」「やっぱり／まさか」）。

応答者に情報がある場合，前提となる相手の発話は疑問表現である。判定要求（Yes-No）の疑問表現に対する応答形式は「ハイ」「ウン」「エエ」「ソウ」「アア」（以上が肯定的応答）「イエ」「イヤ」「ウウン」「違ウ」「サア」（以上が否定的応答）などである（「寒いか？」「<u>ああ／いや</u>」）。選択要求および説明要求（WH）の疑問表現に対する応答表現には決まった形式はない（「ご出身はどちらですか？」「<u>日本／東京／早稲田大学／園芸研究会です</u>」）。

dは，話し手側に利益がある場合（典型的には「命令」）の応答，受け手側に利益がある場合（典型的には「勧め」）の応答に分けられる。

命令等に対する肯定的応答としては「ハイ」「ウン」「エエ」「勿論」「ソリャアモウ」「ワカリマシタ」「ヨシ」「カシコマリマシタ」，うなずき，お辞儀，親指を立てる，OKサインなどがある。命令等に対する否定的応答は場合によっては対人関係を損なう可能性もあるので，様々な形式が用いられる。「イヤダ」「コトワル」「ヤリタクナイ」などの拒否の表現，「無理ダ」「デキナイ」「都合ガツカナイ」「仕事ガ忙シイ」「経験ガナイ」など自分の状況・能力を述べる表現，「考エテオキマス」「検討シマス」などの延期の表現，「ホカノ人ノホウガイイノデハ」などの代案提示の表現，「ソレハマズイデショウ」などの批判の表現，「ウーン」「エート」などの言いよどみの表現，「困ッタナ」「ドウシヨウ」などの感情の表現，「スミマセン」「ゴメンナサイ」などの謝罪の表現，くり返し，笑い・しかめっ面・首を横に振るなどの非言語行動などがあげられる。

勧め等に対する肯定的応答としては「イイデスネ」「アリガトウ」「スミマセン」，お辞儀などがある。否定的応答は，命令の場合と同様に対人関係に配慮するため，様々な形式が用いられる。「結構デス」「イイ」「イラナイ」「ヤメテオク」などの拒否の表現，「アリガトウ」などの感謝の表現，「スミマセン」などの謝罪の表現，自分の状況・能力を述べる表現，代案提示の表現，批判の表現などがあげられる。

eは相手の談話の進行のさせ方に対するコメントである。「ソレデ？」「デ？」のように伝達の続行を強く促す表現，「エ？」「ハア？」「待ッテ」のように伝達の続行を遮る表現がある（「ウン」「フン」「ハイ」などは，聞いていることを表示することで結果的に伝達の続行を促す機能をもつものと考えられるので，応答表現ではなくあいづち表現と考えられる）。

（高橋淑郎）

参考文献 生駒知子・志村明彦「英語から日本語へのプラグマティック・トランスファー――『断り』という発話行為について」（日本語教育，79号，1993）；田窪行則・金水敏「応答詞・感動詞の談話的機能」『文法と音声（音声文法研究会編）』（くろしお出版，1997）；森山卓郎「応答と談話管理システム」（阪大日本語研究，1号，1989），「『断り』の方略――対人関係調整とコミュニケーション」（言語，19巻8号，1990）

概数表現
がいすうひょうげん
gaisuu-hyougen

expression of approximate figures
expression of round numbers

キーワード：グライ・ホド・バカリ
定　義：　状態や現象の程度・規模をおおまかな数値で述べる表現。多くは聞き手に伝達する際に，その数値が不正確，不確実であるために用いるが，発話者が正確な数値を承知していてもそれを朧化するために用いる場合もある。

数量＋グライ：　グライはおおまかな最低基準を表す語で，概数表現の中では使用範囲がかなり広く，ホド，バカリと重なる面が多いが，それぞれに異なる面もある。
　1　2合ぐらいごはんを炊いておく。
　2　できあがるまで10分（1時間／2週間／3カ月）ぐらいはかかります。
　3　合格するには7割ぐらいの点数が必要だ。
のように，「最低その程度は」という最低基準を表すことから，
　4　1人ぐらい手伝ってくれてもいいじゃないか。
　5　たまには手紙の一本ぐらいくださいよ。
のように，最低値を示す1という数値に接続可能であり，
　6　あんパン10個ぐらいすぐ食べられますよ。
のように，当該の数値に「軽視」の意識が加わることもある。
「点」を表す数量詞にも続いて，「おおよそそのあたり」という意味で使われる。
　7　5月20日ぐらいに検査を予定しています。
　8　7時40分ぐらいに駅に着くだろう。
のように，日付や時刻に接続することが多く，その場合はグライ＋ニでゴロに置き換えることができる。一方，こうした「点」を表す数量詞にホド，バカリは接続し得ない。順番数詞（序数詞）では「第3」など「第～」には接続しないが，「成績は上から5人目グライ」のように～人目・～番目・～位などには接続可能である。

数量＋ホド：　ホドは分量や数値の範囲の幅を表す語であるから，先行する数量には，
　9　なべに50cc（1リットル）ほど水を入れてください。
　10　できあがるまで10分（1時間／2週間／3カ月）ほどかかります。
のように，ある程度の分量や長さのある数値が必要となる。したがって，ホドが使えるのは提示した数値の近似値を問題とする場合で，グライと違って，最小単位の最小値1を使用することはできない。1が使用できるのは，9の「1リットル」や10の「1時間」のように，それ以下の単位がある場合である。ただし，通常は（専門用語でさらにそれ以下の小さな単位が存在するとしても）日常生活で幅の実感できる単位が多く，「半分ホド」「3分の1ホド」などはもちろん使用可能であるが，「3ピコグラムホド」や「100分の1秒ホド」

は特殊な場面以外には現れにくい表現となろう。

　ホドはある程度の幅を表す語であるから,「点」を表す「27冊ホド」「91円ホド」のような使い方はできない。また,順番数詞に接続すると不自然になることが多い。
　11　1000円ほど貸していただけないでしょうか。
　12　「りんごは何個さしあげましょうか。」「3個ほどいただければ結構です。」
　11のように相手に「依頼」したり,12のように相手から「恩恵的行為」を受ける場合は,発話者が聞き手に対して数値選択の余地を残すための朧化表現となり,丁寧さを伴う。こうした丁寧さはグライにはみいだしにくい。

数量＋バカリ：　バカリは「推量する」意の「はかる」から名詞となった「はかり」が語源だといわれ,発話者の推量や予測に基づく数量の幅を表す語である。用法としてはホドと重なる面が多く,9～12の例では,すべてホドをバカリに置き換えることができ,順番数詞や「点」を表す数値に付かない用法も共通する。
　13　わが社では社員を100人ばかり抱えている。
のような例では,グライ,ホドに置き換えることができるが,意識としては「社員が100人程度はいるだろう」という発話者の推量や予測によって表現された文と考えられる。一方,発話者の予測を超えるような数値にバカリはなじまないため,意外性を表すモとは共起しないのがふつうである（*「体重250キロバカリもある力士」など)。

概数表現とハ：　数量にハが付くと,「最低限の数値」を表す。
　14　その雑誌なら1万部（ぐらい）は売れるだろう。
　15　財布の中に3000円（ぐらい）はあるはずだ。
のような例では,4,5,6,のグライと同様の意味となり,グライハの形でも使われる。こうした「数量＋ハ」の意味も,広義には概数表現になろう。

概数表現と文体差：　上の例1,9のように,グライ,ホド,バカリがいずれも使用可能な場面では,文体差が生じる。現代語では,主として話し言葉でグライが多く用いられ,書き言葉ではホドが多く用いられる傾向がある。バカリはやや古風な言い回しに感じられることがある。

（木村義之）

参考文献　森田良行『基礎日本語辞典』(角川書店, 1989)；グループ・ジャマシイ『日本語文型辞典』(くろしお出版, 1998)；『日本語文法ハンドブック』(スリーエーネットワーク, 2000)

回想表現
かいそうひょうげん　　　　expression of reminiscence
kaisou-hyougen

キーワード：タ／テイル／モノダ／タッケ

定　義：　過去において存在していた動作や状態を，話し手の記憶を頼りに振り返って述べる表現。テンスとしての「過去」の表現と表裏の関係にあるため，形式的には「タ」が付く述語（過去形）全般が相当するが，特に「回想」としての意識が前面に出る表現形式として「〜タモノダ」「〜タッケ」などがある。

「タ」と回想：　過去・現在・未来というテンス（発話時を基準とした時間的な位置付け）の対立は，表に示すようにそれぞれ異なるムード（話し手の認識態度）を伴う。

テンス	ムード
過去	回想
現在	知覚・認識
未来	予測・意志

　つまり，過去のテンスの表現は，「回想」というムードを帯びた表現でもある。「過去」と「回想」は表現形式の違いというよりも，一つの表現に対する観点のとり方の違いである。ただし，過去の事態の叙述であっても，1や2のように話し手が自ら経験した事柄でなければ，「回想」という意味合いは薄れる。

1　以前，このあたりは空き地だったので，毎日のように遊んでいた。
2　うちの妻も，結婚した時は人もうらやむ美人だったんだけどなあ。
3　太平洋戦争は，昭和20年の夏に終わった。
4　明治憲法は，1889年に発布された。

4のように単なる歴史的事実に言及する場合は，回想の表現とは言いにくい。3は，自分の体験として，すなわち回想として語られる場合もあるし，そうでない場合もあるだろう。古代語では「キ」「ケリ」など時間に関わる助動詞が豊富に存在し，このあたりの意識の違いを形式に反映させることができたが，「タ」が広い用法を受け持つ現代語では表面には現れにくい。以下に見る「〜タモノダ」「〜タッケ」のような複合辞がある程度である。「タ」の諸用法については，「過去表現」「時の表現1」「完了表現」「想起・発見の表現」の項を参照。

タモノダ：
5　僕だって，若い頃はずいぶん悪さをしたものだ。
6　昔の大学生は，政治や社会運動に関心を持っていたものだ。

遠い昔の記憶を思い出し，聞き手に伝達する表現。5のように話し手個人についてのエ

ピソードもあれば，6のような一般的な話題の場合もある。いずれも，現在（発話時）の状況との比較を念頭におきつつ述べている点が特徴的である。つまり，5は「今はすっかり落ち着き払っているけど，若い頃は～」，6は「今の大学生は政治や社会活動に関心を持っていないけど，昔の大学生は～」，という含みが感じられる。特に後者には，現状を憂い，あるべき姿を昔に求めるという話し手の価値意識が潜んでいる。

　後述の「～タッケ」とは異なり，必ず聞き手に対する新情報の伝達でなければならない。独話では用いることができないし，聞き手と共有している記憶については用いることができない。

　　7　＊幼なじみに向かって「子供の頃，よく君とけんかしたものだ。」
　　8　幼なじみの息子に向かって「子供の頃，よく君のお父さんとけんかしたものだ。」
　なお，話し言葉では，「～タモンダ」の形が用いられる場合も多い（ただし，年配の男性が用いるのにふさわしい）。
　「スルモノダ」の形には回想の意味は込められないが，次の例では話し手の価値意識が述べられており，6との関連性がうかがえる。
　　9　旅先でお世話になった人には，お礼状を送るものですよ。

タッケ：
　　10　子供の頃，よく君とけんかしたっけ。
　　　　そんなこと，ありましたっけね。
　　11　そういえば，冷蔵庫にビールがあったっけ。
　何かをきっかけにして忘れていたことを思い出し，懐かしむ気持ちを表す。10のように遠い昔の記憶にも，11のようにごく近い記憶にも用いることができる。
　また，11のように独話で用いられることもあるが，聞き手に対して発せられた場合は必ず聞き手と共有されている記憶でなければならないという点で，上述の「～タモノダ」とは異なる（発話時において聞き手は覚えていても，忘れていてもどちらでも構わない）。くだけた話し言葉で用いられる。
　また，次の例のように，話し手が忘れていること・確信できないことを聞き手に確認する際の質問文にも用いられる。
　　12　この花の名前，何と言いましたっけ。
　　13　明日の掃除当番，誰だっけ。

（宮田公治）

参考文献　寺村秀夫『日本語のシンタクスと意味Ⅱ』（くろしお出版，1984）；高橋太郎『現代日本語動詞のアスペクトとテンス』（秀英出版，1985）；町田健『日本語の時制とアスペクト』（アルク，1989）；工藤真由美『アスペクト・テンス体系とテクスト―現代日本語の時間の表現―』（ひつじ書房，1995）

確認要求・同意要求の表現
かくにんようきゅう・どういようきゅうの ひょうげん

expression which is used to ask for confirmation or agreement

kakunin-youkyuu・doui-youkyuu-no-hyougen

キーワード：確認要求／念押し／同意要求／内部確認／イントネーション
ネ／ヨネ／ナ／ダロウ／ジャナイカ・ジャナイ

確認要求（念押し）の表現とは： 話し手が自己の判断について聞き手の確認を求める表現をいう。主として話し言葉で用いられ，Yes-No疑問文の形をとるのがふつうである。この種の表現として，〜ネ，〜ヨネ，〜ナ，〜ダロウ，〜ジャナイカなどがある。

ネ： ネの用法は，大きく「確認要求」「内部確認」の二つに分かれる。

　a．確認要求（念押し）用法。情報の妥当性の確認を聞き手に求める。念押し的な質問になる場合（例1）と，念押し的な情報提供（例2）になる場合がある。「ね↑（低く始まり上昇）」よりも「ねH（高く短く）」の方が情報が確実という見込みが強い。

　1　さては予習してきませんでしたね↑。
　　「3時に予約したんですが。」「井上さんですね↑。どうぞお入りください。」
　　何かあったらすぐ先生に知らせるんだよ↑。わかったねH。
　2　ちょっと銀行に行って来ますね↑。

　b．内部確認用法。情報の妥当性を話し手の側で確認中であることを聞き手に述べる。「ねえ↓（高く始まり下降）」と長く発音すると「情報の妥当性を吟味しながら述べている」という意味になり，「ねH」と短く発音すると「今のところ，この情報は妥当と考えられる」という意味になる。その場でだれでも考えそうなことを述べる場合は，同意要求，共感表明の意味が加わる（例5）。

　3　うーん，おかしいですねえ↓。
　4　ま，大丈夫そうですねH。
　5　（話し手と聞き手がよく晴れた空を見上げている）
　　「いい天気ですねえ↓［ねH］。」〔同意要求〕
　　「そうですねえ↓［ねH］。」〔共感表明〕

　内部確認用法の特別な場合として，「あなたにそう言われたところで，私のこの認識はかわらない」という気持ちを表す「拒絶」の用法がある。

　6　「そんなことも知らないの？」「知らないねH」

ヨネ： ヨネは，当該の情報が正しいことを自分に言い聞かせながら，聞き手に確認する（話し手の中で確認している）ことを表す。

　7　きっと何とかなるよねH？〔確認要求〕
　8　何かおかしいですよねえ↓〔内部確認〕

ナ： ナの用法は，ネと基本的には同じだが，1) 独り言で使える，2)（ナアを除き）全

体として男性的になる，などの点でネと異なる。
  9 さては予習してこなかったな↑。
     いいか，わかったなH。〔確認要求〕
  10 （独り言で）うーん，おかしいなあ↓。
     （独り言で）ま，この分なら晴れるなH。

ダロウ：　文末のダロウ（デショウ）が上昇調（ときに下降調）をとるときは，確認要求の文となる。文末といっても，名詞や形容動詞語幹には直接付く。
  11 君の会社に山田さんという人がいるだろう↑。
  12 今日は金曜日でしょう↑。

この場合のダロウ（デショウ）は，ふつうの，推量の意のダロウ（デショウ）と違って，カモシレナイ，ニ違イナイなどのいわゆる認識のモダリティの後に付くこともでき，全体で一つの終助詞化したもののような感じがある。推量の気持ちを表すというより，いったん言い終わった命題について，断定を避ける形を加えつつ，そう判断していいかと相手に持ちかけるはたらきをしているとみられる。

なお，確認要求でありながら推量の意味をも表す，中間的なダロウもあるようである。
  13 そんなに働いたのでは，君も疲れただろう↑。

ネやナと組み合わせた，ダロウ（デショウ）ネ，ダロウナという言い方もある。
  14 君はあしたも間違いなく来るだろうな↑。

ジャナイカ・ジャナイ：　ジャナイカ（ジャナイデスカ，デハナイカ，デハナイデスカ，デハアリマセンカ・ジャナイ）の形をとる文のうち，反語文の性格をもつものは，話し手の判断について，相手にそれを否定できるかと強く問いかけ，結果としてそれを肯定することを迫る文といえ，一種の確認要求の文となっている。反語文の特徴で，ふつう上昇調をとらないが，女性がジャナイを用いるときは上昇調をとることがある。ジャナイカは，文末でも，名詞，形容動詞語幹には，直接付く。
  15 なかなか腕が上がったじゃないか。
  16 なんだ，山田さんじゃないですか。〔「山田さんではないですか（↑）」のように上昇調でいうのは，よくわからないで聞くときの言い方。確認要求とは一応別〕

相手の忘れていたことに注意を向けさせて，話題としようとするときにもこの言い方が用いられる（特に女性の〜ジャナイ）。同様の用法は，〜ヨネ，〜ダロウにも存在する。
  17 同級生に山田君っていたじゃないですか。彼，昨日テレビに出てましたよ。

ときに，相手をなじる意味あいになることがある。
  18 だからそう言ったじゃないか。

                                            （井上　優・山口佳也）

参考文献　国立国語研究所『話しことばの文型（1）』（秀英出版，1960）；神尾昭雄『情報のなわ張り理論』（大修館書店，1990）；仁田義雄『日本語のモダリティと人称』（ひつじ書房，1991）；森山卓郎・安達太郎『文の述べ方（日本語文法セルフマスターシリーズ6）』（くろしお出版，1996）；安達太郎『日本語疑問文における判断の諸相』（くろしお出版，1999）；「注意喚起の表現」の参考文献も参照。

格の表現　　　　　　　case
kaku-no-hyougen

キーワード：格助詞／主格・対格・対象語格
　　　　　　ガ・ヲ・ニ・ヘ・ト・デ・ヨリ・カラ／ノ

格および格の表現：　体言の用言に対する意味的関係のあり方を類型化したものを「格」という。これにしたがって格の表現を考えてみると，それは，「名詞＋格助詞」を基本的な形式とし（会話文，電報文，定型詩，見出しなどでは，格助詞が省略されることもある），その形式をもって体言の用言に対する意味的関係を示す表現ということができよう。格助詞には「ガ，ヲ，ニ，ヘ，ト，デ，ヨリ，カラ」などがあるが，その具体的な所属語については，研究者によって若干の出入りがある。

　体言の用言に対する類的な意味関係のあり方は，用言の意味・用法に応じて考えられるので，典型的なもの，周辺的なものときわめて多様となる。ここでは，以下のものをあげておく。

　時格（名詞＋ニ）　毎朝7時に起きる。3月20日に卒業式が行われる。
　場所格（名詞＋ニ／デ）　庭に池がある。公園で遊ぶ。
　位格（名詞＋ニ）　娘に恋人がいる。
　主格（名詞／名詞＋ガ）　桜，咲く。花が咲く。鳥が鳴いている。
　使役格（名詞＋ニ）　弟が兄に本を買いに行かせられた。
　被使役格（名詞＋ニ）　兄が弟に本を買いに行かせた。
　能動格（名詞＋ニ）　子どものころは，父によく叱られました。
　与格（名詞＋ニ）　犬にえさをやる。
　起点格（名詞＋カラ）　東京から新幹線に乗った。
　着点格（名詞＋ニ）　山頂についた。
　方向格（名詞＋ヘ）　北海道へ飛行機で行きました。
　依拠格（名詞＋ニ）　先生に相談する。
　道具格・手段格・材料格（名詞＋デ）　鉛筆で線を引く。自転車で行く。丸太でできた橋。
　状態格（名詞＋デ）　一人で旅に出かけた。皆で歌う。
　対格（名詞／名詞＋ヲ）　ピアノ，教えます。本を買う。映画を見る。
　結果格（名詞＋ヲ）　湯を沸かす。
　共格（名詞＋ト）　佐藤さんと結婚します。
　原因・理由格（名詞＋ニ／デ）　風にゆれる柳。病気で学校を休んだ。
　付着格（名詞＋ニ）　一人でバスに乗る。壁にポスターを貼る。
　内容格（名詞＋ト／ニ）　人は彼を超人という。娘は医者になった。

「名詞＋ノ」：　連体助詞の「ノ」は，文法論によっては，連体格を示す，あるいは所有格を示すとして格助詞とされることもあるが，次のような点で他の格助詞とは異なっている。
　(1)「京都への旅行」「君との約束」「学校での勉強」「父からの手紙」などのように，他の格助詞と重複して用いられることがある。
　(2)「ノ」による表現は，次のようにいろいろな意味に解釈され得る。
　　　図書館の本　　〔図書館が発行した本／図書館を書いた本／図書館にある本〕
　　　彼女ノプレゼント　〔彼女へ贈るプレゼント／彼女からもらったプレゼント〕
　　　医者ノ恋人　　〔医者と交際する恋人／医者である恋人〕
　このことから，「ノ」は，単に体言と体言とを結び付けるはたらきをするのみで，格関係を規定するはたらきを有するものではないと考えられる。
　こうしたことから，「ノ」を格助詞から除く見解もある。ここでもこれに従いたい。
　ただし，「雨の降る日」「新聞の読みたい人は，こちらです」のような「ノ」は，「雨ガ」「新聞ヲ」と解釈することができるので格助詞とすることも可能ではある。が，この場合でも，「＊雨の降る。」「＊新聞の読みたい。」が不自然であることから，「ノ」は体言が後続することを要求し，「体言＋ノ」は構文的には連体修飾のはたらきをしている。
　　<u>雨の</u>　降る日　　　　<u>新聞の</u>　読みたい人
この点で，他の連用格助詞とは相違のあることをみておきたい。

対象語格：　時枝誠記は，「私は水がほしい」「彼は算術が出来る」などの「水」「算術」は，「述語の概念に対しては，その対象になる事柄の表現であるというところから，これを対象語と名づけることとした」(時枝，1950．改版p.235)として，対象語格という格を設定している。これについては，目的格を表す「が」とする説（久野，1973，p.48以下），「水が」は客観的主格，「算術が」は所動主格とする説（北原，1984，p.83以下），「算術が」は主語ともみうるが，「水が」は題説構文の解説部で「が」は主格助詞ではないとする説（小池，1994，p.96以下；同1997，p.171以下。なお，「主語」は「文全体を支配する『文主』の意味ではない。『主格補足語』の短縮による省略形という意味」同1997．p.159）と，諸説の存する状況にある。

複合格助詞：　いくつかの語からなる語句で，全体として格助詞相当のはたらきをするものがある。これを複合格助詞と呼ぶ。具体的な所属語については研究者によって出入りがあるが，総じて，格助詞「ニ」を含むものが多い。ここでは次のものをあげておく。
　a．格助詞「ニ」を含むもの
　ニオイテ：　(1) 場所を表す。「会議は<u>小会議室において</u>行います」(2) 時を表す。「<u>調査の過程において</u>明らかになった事実」
　ニツイテ：　(1) 対象を表す。「<u>平和について</u>語り合う」(2) 割合を表す。「<u>一人について</u>千円を集める」
　ニ当タッテ：　時や場合を表す。「<u>卒業式に当たって</u>，一言お祝いを述べたいと思います」

ニ際シテ： 時や機会や場合を表す。「開会に際して一言ご挨拶申し上げます」
ニ関シテ： 事柄や内容を表す。「従来のシステムに関して検討が必要である」
ニ対シテ： (1) 対象や目標を表す。「質問に対して答える」(2) 割合を表す。「子供十人に対して先生一人をつけて引率する」
ニトッテ： 状態や判断や評価などが成り立つところの範囲や基準を表す。「住民にとって騒音は深刻な問題だ」
ニワタッテ： 範囲を表す。「彼女は3ヶ月にわたって休校している」
ニヨッテ： (1) 主体を表す。「彼によって真相が明らかにされた」(2) 原因・理由を表す。「過労により入院した」(3) 手段や方法や材料を表す。「その家はレンガによって作られていました」(4) 判断などのよりどころを表す。「調査によって建物に問題のあることが明らかになった」

b. 格助詞「ヲ」を含むもの
ヲオイテ： それ以外の存在を否定する。「彼をおいて適任者は考えられない」
ヲ指シテ： (1) 方向を表す。「都を指して攻め上った」(2) 指定するはたらきを有する。「この現象を指してインフレーションと呼ぶ」
ヲシテ： 主体を表す。「彼をして遂行をあきらめさせたほどの難題」
ヲ目指シテ： 目的や目標を表す。「合格を目指して勉強する」「彼は城を目指して必死に走った」
ヲモッテ： (1) 終了や限界などの境を表す。「これをもって話を終えます」(2) 方法や手段を表す。「拍手をもってお迎え下さい」(3) 原因・理由を表す。「その罪をもって彼は処刑された」

c. 格助詞「ト」を含むもの
トシテ： 資格や立場などを表す。「一市民として意見を述べる」
トイウ： 同格や内容説明を表す。「田中さんという方がいらっしゃいました」

d. 格助詞「デ」を含むもの
デモッテ： (1) 原因・理由を表す。「結核でもって死んだ」(2) 方法や手段を表す。「拍手でもって迎える」

e. 格助詞「カラ」を含むもの
カラスルト・カラミルト・カライウト： 評価などの視点を表す。「普段からすると(からみると，からいうと)とても質素な出で立ちだった」　　　　　　　　　　　　(梅林博人)

参考文献　北原保雄『日本語文法の焦点』(教育出版, 1984)；久野暲『日本文法研究』(大修館書店, 1973)；小池清治『日本語はどんな言語か (ちくま新書)』(筑摩書房, 1994)，『現代日本語文法入門 (ちくま学芸文庫)』(筑摩書房, 1997)；時枝誠記『国語学原論』(岩波書店, 1941)，『日本文法口語篇』(岩波書店, 1950)；仁田義雄「日本語の格を求めて」『日本語の格をめぐって』(くろしお出版, 1993)，「格のゆらぎ」(言語, 24巻11号, 1995)，「助詞」「格」「助詞類各説」『日本語教育事典 (日本語教育学会)』(大修館書店, 1982)；益岡隆志・田窪行則『基礎日本語文法 (改訂版)』(くろしお出版, 1992)；森田良行・松木正恵『日本語表現文型』(アルク, 1989)；渡辺実『国語構文論』(塙書房, 1971)

掛け声表現　expression of attached verbal signals
kakegoe-hyougen

キーワード：エイ・ソレ・ハイ・ハッ・ンッ・フウ・ハァ・ヨイショ・ドッコイショ／ハイ・ヨシ・イチ・ニ・イケ・ヤレ・ソコダ・ハッケヨイ・ヨーイドン／ソーレ・セーノ・イッセーノセ・イチニーノサン／サテ・サァ・デハ・ドレ・ヨシ・ヨッシャ・ハイ／ファイト・エッサ・ワッショイ・ワッセ

定義と機能：　ある動作や行動に添えて発する表現。動作・行動を準備したり行ったり終わらせたりするタイミングを明示することによって，動作・行動主体の集中力をコントロールする機能をもつと考えられる。広義には，身振り，旗などを用いた視覚的合図，拍手，口笛，ピストル等の道具を用いた聴覚的合図も含めて考えることもできるが，ここでは言語表現によるものに限定して考える。

用法と形式：　自分が動作・行動主体の場合「エイ」「ソレ」「ハイ」「ハッ」「ンッ」などは自分の一連の動作において最も力を入れるべき時点であることを，逆に「フウ」「ハァ」などは力を抜く時点であることを明示している。「ドッコイショ」のように，力を入れ（ドッ），維持し（コイ），抜く（ショ）という動作の流れをまとめて示すものもある。

他人の動作・行動の場合，最も力を入れるべき時点を示すものとして「ハイ」「ヨシ」「イチ」（「ニ」「サン」「シ」などと続き，それぞれが力を入れるべき時点を示す）「イケ」「ヤレ」「ソコダ」などがある。また，動作に向けて意識を集中させるものとして相撲における「ハッケヨイ」があげられる。「ヨーイドン」は「ヨーイ」で意識を集中させ「ドン」で力を入れるという一連の動作をまとめて示すものである。

自分と他人が共同で動作・行動を行う場合は，意識を集中させ，力を入れるという一連の動作をまとめて明示するものが使われるのが普通である。「ソーレ」「セーノ」「イッセーノセ」「イチニーノサン」などの掛け声はいずれも，前半の部分で動作に意識を集中させ，最後の音節（「イチニーノサン」は「サン」の部分）で力を入れさせる。

こうした表現のほか，誰の動作・行動の場合でも，動作・行動全体の開始や終了の合図となるものとして「サテ」「サァ」「デハ」「ドレ」（「～始めましょう」）「ヨシ」「ヨッシャ」「ハイ」（「～終わり」）といったものもある。

掛け声表現はまた，「ファイト，ファイト」「エッサ，エッサ」「ワッショイ，ワッショイ」「イチ，ニ，イチ，ニ」と繰り返し用いられることで動作にリズムを与えることができ，実際にスポーツの練習や祭りその他の動作において慣習化されている。

（高橋淑郎）

参考文献　林大「合図」『国語学大辞典』（東京堂出版，1980）

過去表現
かこひょうげん
expression of the past
kako-hyougen

キーワード：非過去形・過去形／歴史的現在
　　　　　タ／シテイル

定　義：　発話時以前に生起した動作・状態について述べる表現。発話時の動作・状態を描写する現在表現、発話時以後の動作・状態に言及する未来表現と対立をなす。

　現代日本語では述語の文法的カテゴリーとしての時制が存在し、動詞を例にとれば、現在・未来の場合は「スル」、過去の表現の場合は「シタ」という両形式の使い分けが義務的である。ただし、従属節や小説の地の文などでは「スル」と「シタ」の対立が別の機能を担う場合もある。また、義務的ではないが、「さっき」「きのう」「3日前（に）」「昔」などの副詞的要素がしばしば用いられ、具体的な時間的位置付けをする機能を担う。

非過去形と過去形：　過去の出来事・状態を表す場合には述語に「タ」が付き、現在か未来の出来事・状態を表す述語には付かないというのが基本。以後、「タ」の付いた述語を「過去形」、付かない述語を「非過去形」と呼ぶ。

　状態性述語（状態動詞・形容詞・名詞述語）の場合、非過去形は現在の状態、過去形は過去における状態を表す。

　1　私の家にはプールがあります。
　2　今日はとても暑い。
　3　鈴木君はぼくの親友です。
　4　私の家にはプールがありました。
　5　昨日はとても暑かった。
　6　鈴木君はぼくの親友でした。

　動作性述語（動作動詞）の場合、非過去形は未来に行われる動作、過去形は過去に行われた動作を表す。

　7　今夜横浜へ行く。
　8　今朝横浜へ行った。

　動詞に「シテイル」が付く場合も同様に、非過去形と過去形との対立がある。

　9　中村さんは函館に住んでいる。〔現在における動作の継続〕
　10　中村さんは函館に住んでいた。〔過去における動作の継続〕
　11　廊下に財布が落ちている。〔現在における結果の継続〕
　12　廊下に財布が落ちていた。〔過去における結果の継続〕

「シテイル」が過去の出来事を表す場合：　上で「シテイル＝現在における継続」「シテイタ＝過去における継続」というテンスの分化があることをみたが、次の例ではやや様相が

異なる。

13　もうお昼ご飯は食べています。
14　もうお昼ご飯は食べていました。

14が過去の出来事を表していることは間違いない。しかし，13においても「昼食を食べる」という動作が成立したのは発話時以前である。実際，13は「シタ」形式の15とほぼ同じ意味を表す（同じ状況で用いることができる）。

15　もう昼食を食べました。

つまり13は「シテイル」によって過去における動作を表していることになる。ただし，この場合の「お昼ご飯を食べる」は現在（発話時）から全く切り離された出来事ではない。13には「お昼ご飯を食べたので，今は食べる必要がない」という含意がある。つまり，単なる過去の出来事の報告にとどまらず，「お昼ご飯を食べる」という過去の動作によって得られた効力が現在でも有効であることを述べている。つまり，過去の出来事を現在とのかかわりの中で述べる表現である（「完了表現」の項参照）。

「シテイタ」が用いられている14は，以下のような文脈で用いられるものである。

16　昨日鈴木さんに会って食事に誘われたのですが，その時はもうお昼ご飯は食べていました。

この場合は，「その時」という過去のある時点において，「お昼ご飯を食べる」というそれ以前の動作によって得られた効力が有効であることを述べている。「シテイル」を用いる13は基準点が発話時であり，「シテイタ」の14は基準点が発話時以前のある時点であるという点が異なっている。

以下のような「過去の経験」を表す文も，同様の表現効果をもつものである。

17　私はハワイには3度行っています。
18　私はハワイには3度行っていました。

非過去形が過去の出来事を表す場合：

a. 関係判断

19　1980年代の後半は，バブル経済の絶頂期である。
20　昨年のビールの国内消費量は，東京ドーム10杯分に相当する。

いずれも過去の話題を語っているが，「1980年代の後半＝バブル経済の絶頂期」「昨年のビールの国内消費量＝東京ドーム10杯分」という関係判断は発話時においてなされたものと考えれば，現在の表現であるといえる。

b. 目の前で起こった他者の行為に対する評価

21　あんた，いいこと言うねえ。
22　なんでテレビを消すの！

話し手の目の前で起こった動作（「いいこと言う」「テレビを消す」）の直後になされた発話であれば，過去形よりも非過去形を使うのが普通である。ただし，評価を発するまでの時間的間隔が大きくなったり，評価対象の人物とが一度空間的に隔たった後では，過去

形の方がふさわしくなる。例えば，翌日再会した際に21のようにいうのは不適切で,「あんた，(昨日は) いいこと言ったねえ」と過去形にしなければならない。

　c. 歴史的現在
23　中野君たらね，先生に居眠りを注意されたらあわてて起きあがって「お母さんごめんなさい」なんて言うの。もう笑っちゃった。
24　伊藤には参ったね。昨日の夜になって，やっぱり旅行には行かないなんて言い出すんだぜ。

　いずれの例も，話し手が直接体験した出来事に関して，感情移入を伴って述べている。客観的には過去のことであっても，非過去形を使うことにより，あたかも目の前で事態が展開しているかのような臨場感をかもし出している。

従属節における過去表現：　複文の従属節における過去形・非過去形の使われ方は，これまでみてきた例とはやや異なる説明が必要である。
25　昨晩は寝る前に少しお酒を飲んだ。
26　息子が小学校へ進学する時に引っ越した。

　いずれも過去の出来事の表現であり，主節は過去形になっているのだが，従属節「寝る」「小学校へ進学する」は非過去形が使われている。それぞれ過去形にすると，25は非文法的な文となるが，26は適格である。

27　＊昨晩は寝た前に少しお酒を飲んだ。
28　息子が小学校へ進学した時に引っ越した。

　25のような継起的な時間関係を表すタイプの複文では，主節の時制は発話時以前の出来事であることを示すという本来の機能を担うが，従属節の時制は，主節の出来事との相対的な前後関係を表すという機能に転化する。すなわち，過去形＝前，非過去形＝後である。25では「お酒を飲む」の後に「寝る」という出来事が生じるので，過去形を用いることはできない。逆に，下の29における「お酒を飲む」は未来の出来事なのだが，主節「寝る」の前に生起すべき出来事なので，過去形でなければならない。

29　今晩は少しお酒を飲んだ後で寝よう。

　一方，同時的な時間関係を表すタイプの複文では，26のように非過去形にして主節との相対的前後関係を示す方法と，28のように過去形にして発話時との絶対的時間関係を示す方法の両方が可能である。ただし，次のペアのように，非過去形と過去形で意味が異なってしまう場合もある。

30　昨日学校へ行く時，昔の友人に会った。
31　昨日学校へ行った時，昔の友人に会った。

　30で「昔の友人に会った」のは学校につく前，31では学校にいる間 (あるいは，その往復の途中) という具合に表す意味が異なる。非過去形は動作の成立前，過去形は動作の成立後という，アスペクト的な意味対立に転化している。

過去を表す副詞的要素：　過去形・非過去形という述語の形式は義務的なものであるが，

このほかに副詞的成分が共起して出来事の時間的位置付けを行うこともある。
- 32 先週の火曜に電話しました。〔動作の成立時点〕
- 33 あの頃はみんな若かった。〔状態が真であった期間〕
- 34 関口さんは去年からアメリカに留学しています。〔動作の開始点〕
- 35 彼女は当時からみんなの人気者でした。〔状態の開始点〕
- 36 昨日は夜遅くまで勉強した。〔動作の終了点〕
- 37 日本では昭和20年まで婦人参政権が認められていなかった。〔状態の終了点〕

過去を表す副詞・名詞には、以下のようなものがある。

副　詞
過去において完結した事態：　かつて、つとに、すでに、とっくに
現在に影響をもつ過去の事態：　かねて、かねがね、前もって、あらかじめ

名　詞
①発話時を基準とした時点：　昨日、おととい、さっき、ひところ、この前、昔
②内容時を基準とした時点：　前日、前年、あの日、その頃、当時
③基準時（発話時を含む）からの量的隔たり：　3分前、1週間前、10年前
④絶対的な暦法的時点：　1999年、明治元年

時の名詞で問題になるのは、動作の成立時点を表す場合に「ニ」が後接するかどうかである。様々な要因がからんでいるために単純に規則化するのが困難であるが、一応次のような傾向性は指摘できる。

「ニ」が不可：　①の名詞（発話時を基準とした相対的な時点名詞）の場合
「ニ」が必須：　①以外の名詞（②③④）が従属節内の述語を修飾する場合
- 38 秦の成立より古い紀元前五世紀に成立した古代インドの言語サンスクリットの叙事詩にシナという呼称がある。(「毎日新聞」より)
- 39 ?秦の成立より古い紀元前五世紀成立した古代インドの言語サンスクリットの叙事詩にシナという呼称がある。

「ニ」が任意：　その他（②③④の名詞が主節の述語を修飾する場合）　　　　（宮田公治）

参考文献　森田良行「時の表現について」『日本語学と日本語教育』（凡人社，1982）；木村英樹「時点表現の副詞的用法について―中国人学習者にとっての難問から―」（日本語教育，52号，1984）；寺村秀夫『日本語のシンタクスと意味Ⅱ』（くろしお出版，1984）；高橋太郎『現代日本語動詞のアスペクトとテンス』（秀英出版，1985）；町田健『日本語の時制とアスペクト』（アルク，1989）；工藤真由美『アスペクト・テンス体系とテクスト―現代日本語の時間の表現―』（ひつじ書房，1995）

可能性表現 expression of possibility
kanousei-hyougen

キーワード：必然・推量・推定・共起・呼応
必ズ・絶対ニ・間違イナク・決シテ・断ジテ・キット・タブン・オソラク・モシカスルト・ヒョットスルト・コトニヨルト・アルイハ・ドウヤラ・ドウモ・確カ・確カニ

定　義：　副詞を中心とする表現で，助動詞を中心とした文末表現と呼応して可能性の意を表す表現。

　まず，可能性判断が必然的であることを表すものからみることにする。必然的な判断であることを表す副詞・副詞句は，必ズ，絶対ニ，間違イナク，決シテ，断ジテである。これらはすべて基本的に言い切りの形と呼応する。ただし，決シテ，断ジテは否定専用の表現である。

必　ズ：　まず，必ズであるが，必ズは話し手の判断を表しているわけではない。
　　　明日こそ必ず朝6時に起きてジョギングをする。
という文は，話し手の判断が含まれているように解釈できるが，
　　　父は毎日必ず朝6時に起きてジョギングをする。
という文は，必ズは例外がないということをいっているだけであって，事実を客観的に述べているにすぎない。それに対して，絶対ニは事実を客観的に述べる用法がない。
　　　太陽は絶対に東から昇る。
とはいえない。太陽が東から昇ることは客観的事実であって，昇るか昇らないか，議論の余地がないからである。絶対ニは議論の余地があるところで，話し手自身の強い主張として成立する。だからこそ，
　　　「絶対だな。」「おう，絶対だ。」
という売り言葉に買い言葉の議論が成立するのであって，
　　　「必ずだな。」「おう，必ずだ。」
とはいえないのである。
　しかし，それ以外の点，つまり例外なく起こるという点では，必ズと絶対ニは同じであるため，多くの場合，両者は言い換え可能である。ただし，絶対ニは否定表現とともに使えるのにたいし，必ズは否定表現とは共起しない。必ズは「必ずしも」の形で部分否定を形成する。

間違イナク：　間違イナクは，話し手自身の強い主張を表すという点では必ズよりも絶対ニに近い。しかし，絶対ニは，話し手自身の判断で100％起こると言い切る点で，表現にどうしても子どもっぽさが残る。したがって，フォーマルな会話になればなるほど，絶対

ニよりも間違イナクが選ばれるようになる。

　間違イナクは，間違いないのであるから100%起こるといっているはずであるが，実際には言い切りの形だけでなく，「違いない」や「だろう」「と思う」と共起することもある。その意味でほぼ100%と考えておいた方がよいだろう。間違イナクは，否定の形を含む副詞句なので，

　　「コンサートの開演時間，本当に合ってる？」「大丈夫。間違いなく6時だよ。」

のように，イエスかノーかだけでなく，5時でも7時でもない，6時だというような程度があるものについても自然に使うことができる。

　決シテと断ジテは否定表現ともっぱら共起し，肯定表現と共起する必ズと絶対ニの用法と併行する。つまり，決シテは，

　　彼は授業中決して居眠りをしない。

と客観的な事実を述べるときにも使うことができるが，断ジテは，

　　あいつの横暴な態度は断じて許せない。

のようにきわめて主観的な主張のときにしか使われない。

　推量にかかわるもの：　次に推量といわれるグループのものをみてみたい。このグループには，キット，タブン，オソラク，モシカスルト，ヒョットスルト，コトニヨルト，アルイハがある。

　キットは必然に入れられることも多い。しかし，キットは「違いない」「だろう」「と思う」と共起することも多いし，言い切りの形と共起しても，必ズ・絶対ニ・間違イナクに比べて話し手の確信の度合いが低い印象を与える。

　　彼女はきっとこのふるさとの村に帰ってくる。

　タブン・オソラクは，モシカスルト，ヒョットスルト，コトニヨルト，アルイハよりも話し手の確信の度合いが高いものの，言い切りの形や「違いない」とはあまり共起せず，「だろう」「と思う」とともに使われることが多い。特にオソラクは改まった感じがする書き言葉的な副詞なので，「と思われる」と共起することも多い。

　　たぶん明日から梅雨に入るだろう。
　　おそらく縄文時代後期の土器の破片であると思われる。

　モシカスルト，ヒョットスルト，コトニヨルトは，蓋然性はかなり低く，「かもしれない」「可能性がある」と共起することが多い。モシカスルトは書き言葉的，ヒョットスルトは話し言葉的という違いはあるが，いずれも，あることがきっかけで，今まで考えてもみなかった可能性がふと頭をよぎった，ということを表す。当初考えてもみなかった可能性なので，初めはとても信じる気にはなれないが，その可能性が心の中で次第にふくらみ，真実味を帯びてくるというプロセスを表すことができる。

　　ひどい台風だ。もしかすると今日は授業が全部休講になるかもしれない。
　　ひょっとするとあの人が犯人なのかも……。そうだ，きっとそうにちがいない。

　モシカスルト，ヒョットスルトで取り上げられる事態は意外な事態である。これらのバ

リエーションとしては，モシカシタラ，モシカシテ，ヒョットシタラ，ヒョットシテなどが挙げられる。

一方，コトニヨルトは，事態の進展いかんによっては，という意味を表し，良くも悪くも事態の極端な発展の可能性をみた表現である。バリエーションとしては，コトニヨッタラ，コトニヨッテハなどがある。

　ことによると大惨事になる可能性もある。

アルイハは「または」と同じように選択を表す表現であり，いくつかある可能性の候補のなかから一つの可能性を取り出すときに用いられる。その意味で，「かもしれない」の論理のあり方と近く，事実「かもしれない」と共起することが多い。ただし，注意しなければならないのは，アルイハがいくつかある可能性の候補のなかから一つを取り出す際には，第二候補，第三候補であって，もっとも有力な候補ではないということである。アルイハはもっとも有力な候補に引き続いて用いられるため，接続詞のような働きをする。

　今はまだ多分電車の中だろう。あるいは，もうすでに家に着いているかもしれない。

推定にかかわるもの：　最後に推定を表すものをみておく。

ドウヤラは，確信はもてないけれど察するに，という意味を，ドウモは，理由ははっきりしないけれど何となく，という意味を表す。「らしい」「ようだ／みたいだ」「そうだ」「模様だ」などと呼応する。

　どうも二人は結婚するらしい。
　どうも胃腸の具合がよくないようだ／みたいだ。
　どうやらうまくいきそうだ。
　どうやら病は峠を越えた模様だ。

確カ，確カニはやや特殊である。話し手自身の記憶に照らし合わせて判断するものである。その意味で「ル」よりも「タ」と共起することが多い。その後に「ハズダ」を伴うことが多いが，確カよりも確カニの方が話し手の確信の度合いが強く，言い切りの形を伴うこともある。

　確かこのテーブルの上に鍵を置いたはずなんだが。
　確かに私はここでツチノコを見たんだ。
　確カニは
　　私がここでツチノコを見たことは確かだ。

と言い換えられる点で，注釈の表現の一つと考えることができる。一方，確カはそうした言い換えができず，不確かな記憶をたどれば，ということを表しているにすぎないといえる。

（石黒　圭）

参考文献　小林典子「必ず・確かに・確か・きっと・ぜひ」の意味分析（筑波大学留学生センター日本語教育論集，7号，1992）；坂口和寛「副詞の語彙的意味が統語的現象に与える影響―働きかけ文での共起関係を中心に―」（日本語教育，91号，1996）；小学館辞典編集部『使い方の分かる類語例解辞典』（小学館，1994）；森田良行『基礎日本語辞典』（角川書店，1989）

可能表現 (かのうひょうげん) expression of ability, capability or possibility
kanou-hyougen

キーワード：可能形／ら抜き言葉／能力の可能・状況の可能・蓋然性の可能（認識の可能）
　　　　　　レル・ラレル／デキル／コトガデキル／エル・ウル／可能ダ／コトガ可能ダ／ナラナイ／ヨウガナイ／ガタイ／カネル

定　義：　動詞を中心とした表現で，あることをする能力があること（能力の可能），あることをすることが可能な状況にあること（状況の可能），ある事態が成立する見込みがあること（蓋然性の可能）などを表す表現。おもに，次のような形式を用いる。
　A．動詞の可能形（動詞＋レル・ラレル／可能動詞／デキル）
　B．動詞＋コトガデキル
　C．動詞＋エル／ウル

動詞の可能形を用いる場合：　動詞の可能形は，本来は，受身や尊敬の表現と同じ「動詞＋レル・ラレル」であるが（ただし，可能の意の場合命令形を欠く），現在一般に用いられる形は，受身表現などとの混同を避ける意味からか，活用の種類別に，歴史的に徐々に次のように移行してきている。
　・「五段活用動詞＋レル」（行かれる）→可能動詞（行ける）
　　（注）可能動詞は，五段動詞終止形の語尾の〜uを〜eruに換えることによって得られる。例，yuku → yuk<u>eru</u>。
　・「サ変動詞＋ラレル」（(○○)せられる）→「(○○)デキル」
　　（注）サ変動詞のうち，(1)語幹が漢字一字の漢語のもの（処する），(2)語幹が撥音で終わる和語のもの（おもんずる），(3)語幹が二音節以下の和語のものの一部（ものする）などは，「○○デキル」の形にすることができない。これらの場合は，「○○スルコトガデキル」の形式を用いることになる。
　・「上一段・下一段・カ変動詞＋ラレル」（見られる・食べられる・来られる）→もとの形のまま

　なお，上一段・下一段・カ行変格活用の動詞についても，近年，一方で「ら抜き言葉」といわれる形（見れる・食べれる・来れる）が急速に普及してきている。外見上本来の形から「ら」を抜いてできた形のようにみえ，また，現在のところまだ比較的若い層の口頭語の段階にとどまっているため，「言葉の乱れ」の典型のようにいわれることがあるが，やはり終止形の語尾の〜uを〜eruに換えた形であり，本質的には，可能動詞に準じて生まれてきたものとみるのが妥当のようである（ただし，カ変動詞の場合は，別に考える必要がある）。将来はこの形が広く用いられることになるのではないかと予想される。

　動詞の可能形から，次のような構文ができる。Xは動作主体，Yは動作対象を表す。

a. 自動詞の可能形を用いる場合
①Xガ+動詞の可能形
　1　あの子はもう歩けます。
b. 他動詞の可能形を用いる場合
①Xニ／ガ+Yガ+動詞の可能形
　2　彼にそんなことができるものか。
　3　私はお酒が飲めません。
②Xガ+Yヲ+動詞の可能形
　4　クラスの中でだれが一番遠くへボールを投げられるかな。
③Yガ+動詞の可能形
　5　このきのこは食べられません。
　以上の場合，普通，Xは有情名詞，述語の動詞は意志的な動作を表すもの（意志動詞。動詞の使役のセル・サセルの付いたものも可）となる。なお，b.③では，動作主体は，不特定で，問題にならないため，言い表されない。その結果，この種の文は，話題（動作主体以外のもの）について，その性質を表す文のような感じになっている。
　なお，可能形は，全体として状態性の表現となるため，対象を表す必要のある場合は，それを～ガで表すが，一方，可能形は，たとえ可能動詞ないしは「（○○）デキル」の形をとる場合でも，構文論上「動詞+レル・ラレル」相当なので，対象を～ヲで表すこともできる（希望表現の「動詞+タイ」の場合と同様）。同じ理由で，「一人で行ける（=一人で行かれる）」「頼りにできる（=頼りにせられる）」などのような連用語の使い方をすることも自由である。
　この形は，「能力の可能」ないしは「状況の可能」を表す。
　6　私は子供のときからかなづちで泳げない。〔能力の可能〕
　7　私は今日は医者に差し止められていて泳げない。〔状況の可能〕
　「状況可能」の場合は，タ形で，期待していた事態が実現したこと（否定形の場合は非実現）を，ル形で，未来においてそれが実現することを，また，テイル形で，それが実現した結果の継続を表すことがある。
　8　その日私はやっと九時に夕食にありつけた。
　9　彼の今日の絵はなかなかうまく描けている。
　ちなみに，次の例では，そういう力をもっていたという「能力の可能」の意味と，実際にそういうことをやり遂げたという「実現」の意味の二様に解釈することができる。
　10　彼は懸垂が二十回もできた。
コトガデキルを用いる場合：「(Xニ／ガ+)動詞+コトガデキル」という形も，「能力の可能」ないしは「状況の可能」を表す。
　11　私は子供のときからかなづちで泳ぐことができない。〔能力の可能〕
　12　私は今日は医者に差し止められていて泳ぐことができない。〔状況の可能〕

この形でも，タ形などをとる場合には，期待していた事態の実現を表すことがある。
　13　その日私はやっと九時に夕食にありつくことができた。
　多くの場合，動詞の可能形と「動詞＋コトガデキル」の形は置き換え可能で，意味も大差ないようであるが，両者を比べると，後者に，次のような特徴が認められる。
- 「動詞＋コトガデキル」の形は，多分に文章語的であり，特にかたい文章などでは，動詞の可能形よりこの形の方が好まれる傾向がある。
- 動詞の中には可能形をとれないものもあるが（サ変動詞の一部など），この形ではそのような動詞も用いられる。
- この形での格の用い方は，コトガデキルを除いた動詞だけの場合と同じでよい。
- この形では，ときに，意志性の弱い動詞，否定形や受身形の動詞なども用いられる。

　14　このオルゴールを使えば毎朝すっきりした気分で目覚めることができる。
　15　被告人に異議がないときは，前項の猶予期間を置かないことができる。（刑事訴訟法規則第六十七条第二項）
- 動詞の可能形には，「話せる（＝ものわかりがよい）」「行ける（＝なかなかよい）」など，いわゆる「評価」の用法をもつものがあるが，この形にはその用法はない。

エル／ウルを用いる場合：　「（Xガ＋）動詞＋エル／ウル」の形も可能の意味を表す。
　16　私は彼の死に対して哀悼の念を禁じえない。
　この形でも，タ形などをとる場合には，期待していた事態の実現を表すことがある。
　17　人類はこの日史上初めてエベレスト山頂に到達しえた。
　この形は，文章語的な性格が強く，「ありえない」など一部の言い方を除いて，話し言葉ではあまり用いられない。なお，ウルの活用は，文語の下二段型に相当するが，終止形も連体形と同じ「うる」を用いる。
　この形では，「能力の可能」「状況の可能」のほか，「蓋然性の可能」（金子尚一氏の用語，「認識の可能」ともいう）を表すことがある。例えば，
　18　この地点まで一般の人も立ち入りうる。
という文の場合，一般の人にこの地点まで立ち入る力がある，また，そうすることが許されているという意味ならば，「能力の可能」ないしは「状況の可能」，一般の人がこの地点まで立ち入る事態もあり得るという意味なら，「蓋然性の可能」ということになる。次のような文では，意味は「蓋然性の可能」に限られる。
　19　この地点まで一般の人が立ち入ることもありうる。
　一般に，「蓋然性の可能」の意味の場合は，用いられる動詞の種類に制限がない。動詞の受身形なども用いられる。動詞の否定形は用いられないが，「～ないこともありうる」という形を用いれば，同趣旨の表現が得られる。
　20　電車が時間どおりに来ないこともありうる。

その他の形：
　①（動作性名詞ガ＋）可能ダ

21　このスケジュールは，変更が可能です。

　この場合の「可能だ（不可能だ）」は，「できる（できない）」に近いといえる。ただし，タ形などをとる場合に「実現」の意味を表すことはない。また，「できる」では，「する＋られる」相当であることから，「頼りにできる（＝|頼りにせ|られる）」などのような言い方が可能であるのに対し，形容（動）詞である「可能だ」では，「頼りに可能だ」のような言い方をするのは無理である。文章語的表現。

②（動詞＋）コトガ可能ダ

22　このスケジュールは，変更することが可能です。

　この場合の「ことが可能だ（不可能だ）」も，「ことができる（できない）」に近い。ただし，やはり，タ形の場合などに「実現」の意味を表すことはない。書き言葉的表現。

③（動作性名詞ガ＋）ナラナイ

23　私は彼のやり方に我慢がならない。

　この場合の「ならない」は，「できない」に近いといえる。ただし，古風な言い方であり，この形で用いられる名詞は，「我慢・堪忍・油断」などに限られる。

④（動詞＋）ヨウガナイ

24　どちらがよいか，私には判断のしようがない。

　「～する方法がない」の意の表現が「～することができない」という可能の意味を帯びるに至ったもの。本来，名詞相当の「動詞（連用形）＋ヨウ」に「ガ＋ナイ」が付いた形とみられるが，「動詞＋ヨウガナイ」の形とみてよい一面ももっている。なお，この形で意志動詞以外の動詞が用いられる場合は，「蓋然性の可能」（ただし，否定的な）の意味に近くなる。

⑤（動詞＋）ガタイ

25　私には彼の行動は理解しがたい。

　「がたい」は，補助形容詞で，意志的動作を表す動詞の連用形に付いて，その行為を実現させるのが困難だ（不可能だ）という意味を表す。書き言葉的で，「信じがたい」「得がたい」「動かしがたい」など，固定化した表現も多い。

⑥（動詞＋）カネル

26　私はあなたのご意見に賛成しかねます。

　補助動詞「かねる」は，意志動詞の連用形に付いて，そうしようとしても，状況からそうするのが困難だ（不可能だ）という意味を表す。一人称主語，ル形で用いる場合は，「そうしたいのは山々だが～」といった，恐縮のニュアンスを伴うのが普通である。書き言葉的な表現。なお，「～かねない」という否定の形の場合は，「蓋然性の可能」の意味に近くなる。

　　　　　　　　　　　　　　　　　　　　　　　　　　　　（山口佳也）

参考文献　寺村秀夫『日本語のシンタクスと意味Ⅰ』（くろしお出版，1982）；益岡隆志・田窪行則『基礎日本語文法（改訂版）』（くろしお出版，1992）；小矢野哲夫「現代日本語可能表現の意味と用法（Ⅰ）」「同（Ⅱ）」（大阪外国語大学学報，45号，1979，46号，1980）；金子尚一「日本語の可能表現（現代語）」（国文学・解釈と鑑賞，51巻1号，1981）

からかい・揶揄表現（やゆひょうげん）　expression of teasing
karakai・yayu-hyougen

キーワード：ヤーイ・ワーイ

定　義：　感動詞を中心とする表現で，発話の場において，相手をからかったり，嘲弄したり，冗談をいって困らせたりしてなぶりものにするときに用いられる表現。

　まず，会話の相手が何か失敗したことや欠点などを取り立てて「ヤーイ」や「ワーイ」などの感動詞的な形式を使って囃したてる表現があげられる。これらはとりわけ「悪意」を伴わない「軽口」に近いものである。相手に対する単純な「呼びかけ・訴えかけ」という表現意図がそのまま文型表現となっているものの一つであり，表現形式としては，感動表現と同じく，未分化な表現であるが，感動表現が「訴えかけという意図が弱く，内的感動を端的に表現しただけ」という特徴をもつのに対して，揶揄表現のような呼びかけ表現は，訴えかけという意図が強く，相手の注意を喚起し，理解される必要があるところが異なる。

　また，口論の場において，非難を浴びせ，あるいは弱点を指摘して萎縮させるなど，相手を貶め，話し手の優位を確立しようとする攻撃的な表現がある。それらは相手の心理に与える影響の程度の違いにより，悪口・悪態・皮肉・あてこすり・あてつけ・嫌味などと呼ばれる。相手への言語的制裁が伴うため，どちらかというと親しい間柄にある相手に対しての「軽口」とは表現意図が大きく異なる。

　なお，ここでいう「からかい・揶揄表現」は相手に対する蔑視の意図を含む「卑下語・罵語・悪口」などを対象として記述しない。

　「からかい・揶揄表現」は直接的なものと間接的なものがある。直接的なものは前述のように「ヤーイ」や「ワーイ」という感動詞的な形式を用いる。

　　　ヤーイ，転んでやんの。

　また間接的なものは，皮肉（表面とは違う意味を含んでいう表現）をこめて相手の現状と異なる表現を故意に使用するものである。

　　　（貧乏人に対して）泥棒にご用心。

　これらの表現に共通していえるのは，他者との違いを強調する優越感の具体的な言語シンボルを話し手が使おうとすることであり，言語の心的カテゴリーと情動的反応の関係が認められる。具体的な現実から一面のみを取り上げて，その一面のみに対してステレオタイプ化を促進すると考えられるが，「からかい・揶揄表現」については，その機能についてのまとまった研究は進められていない。

（高橋永行）

感慨表現　　expression of deep emotion
kangai-hyougen

キーワード：コト・ノダ（ッタ）・ンダ・モノダ・ヨクゾ・ヨクモ
定　義：　話し手が，すでに認識している事態を，思い入れをこめて再認識することで，その事態を身にしみて感じていることを表す表現。
　1　やったあー，僕，本当に合格したんだ。〔現在の再認識〕
　2　あいつったら，すごく悲しそうな顔して言うんだ。〔回想による過去の再認識〕
　1と2は，「ノダ」のもつ，ものごとを既定の事態としてとらえるという基本的な意味のうち，既定感を強調したものである。
　感慨表現では，再認識する対象が過去の事態であろうと現在の事態であろうとにかかわらず，話し手の現在の感慨を表現している。したがって過去の事態でも「ノダ」という現在形で表現される。
　では「ノダッタ」と過去形で表した場合はどうだろう。
　3　太郎は，本当に合格したのだった。
　4　太郎は，とても悲しそうな顔をして言うのだった。
　3と4のように，小説や昔話・紀行文・回顧録といった特定の書き言葉でしか用いられない表現となる。「ノダッタ」は，先の「ノダ」の意味から，書き手が場面全体をそのときすでに既定の事態としてとらえていたことを表現するといえる。よって「ノダッタ」は，3と4のように，あたかも全知の傍観者が語っているかのような表現効果をもたらす。
　また，話し手がかつてはありそうもないこととして認識していた事態が実際となった場合には，「ヨクゾ・ヨクモ」が使われる。
　5　よくぞ来てくれました（来ないと認識していたのに）。
　6　よくもこれだけの人数があつまったものだ（集まらないと認識していたのに）。
　5と6は，肯定的な事態が思いがけず実現した場合だが，転じて，否定的な事態が実現した場合も，非難の意を込めて7，8のように，「ヨクゾ・ヨクモ」が使われる。
　7　貴様，よくもやってくれたな。
　8　それだけ侮辱されて，よくぞ黙ったままでおれるものよ。
　以上のように実現したある事態を再認識するだけでなく過去において実現しなかった事態についても，それを現在において後悔しつつ再認識する場合も感慨表現に含まれよう(9)。
　9　こんなことなら，もっと勉強しておくんだった（のにしなかった）。　　　（細川英雄）

参考文献　福田恵子「話しことばにおける『の（だ）』」（東京外国語大学日本研究教育年報，1996）；森山卓郎・安達太郎『文の述べ方（日本語文法セルフマスターシリーズ6）』（くろしお出版，1996）；田野村忠温『現代日本語の文法Ⅰ―「のだ」の意味と用法―』（和泉書院，1990）

関係表現
かんけいひょうげん
kankei-hyougen

reciprocal
reciprocal expression

キーワード：タガイニ・直接
定　義：　二者以上の複数の人，集団，組織，事物がなんらかの結び付きやつながりをもつことを表す表現。

行為主体に人的要素が含まれる場合：　二人以上の人どうし，あるいは二つ以上の集団，組織どうしなど，主体が人間にかかわる場合は，「(オ) タガイニ／オタガイ」が用いられる。さらに，動植物などを人間に準じたとらえかたをする表現でも用いられることがある。
　1　兄と弟はたがいに／おたがいお金を出し合って家を建てた。
　2　学校と地域住民がたがいに／おたがい協力して子供たちを育てる。
　3　各部署がたがいに／おたがい主張を譲らなかった。
1は兄，弟両者が「お金を出すこと」の能動的な主体である。2, 3は組織や集団が動作の能動的な主体であるが，実際にはそれぞれの構成員が主体となって，「子供たちを育てる」行為を共有する。また，能動的な行為の主体といっても，2のように，双方が創造的な行為に対して合目的的に関与したり，
　4　あの事件のおかげでたがいに／おたがい不幸になった。
などと，状態・感情などを共有することを表す場合と，3のように，それぞれの「主張」をめぐって対立するという，相反する方向に行為を積極的に進める場合とがある。また，二者以上が主体となるため，1の例や，
　5　両チームの選手がたがいに／おたがい握手を交わす。
などのように，「～合う／合わせる／交わす」などが共起することも少なくない。

物理的関係・因果関係など：　上のように，行為主体に人的要素が含まれる場合以外にも様々な関係で事物が関係をもつ。おもな関係には，6～8のように物理的・論理的な関係が考えられるが，その場合にも「(オ) タガイニ／オタガイ」が用いられることがある。
　6　出版社と印刷所の建物がたがいに／おたがい向かい合っている。
　7　月と地球はたがいに引力で引き合っている。
　8　二つの事件はたがいに関係が深い／二つの事件は直接（に）関係している。
　8のように因果関係が明らかだったり，取り上げられることがらの内容がきわめて緊密につながっている場合は「直接」を用い，文語的な表現では，「直接に」となることもある。しかし，「(オ) タガイニ／オタガイ」との違いは，行為にかかわる主体の双方がともに能動的であるわけではなく，影響関係が一方的であっても用いられる点である。

（木村義之）

参考文献　森田良行・松木正恵『日本語表現文型』（アルク，1989）

勧告・忠告表現　expression of recommendation or advice
kankoku・chuukoku-hyougen

キーワード：勧誘／勧告／忠告／警告／禁止／依頼
　　　　　ホウガイイ・トイイ・ヨウニ・テイテハ・ト・デモアルマイシ

定　義：　発話者が相手に対して，ある行動をこれから遂行するように，あるいは現在の行為や習慣を止めたり，改めたりすることを求める表現形式。「勧誘」との対比で考えれば，「発話者が<u>これから自分の行おうとする行為</u>や<u>現在行っている行為</u>への参加を，聞き手に対して呼びかける」のが勧誘といえようが，「勧告・忠告」は発話者の行為と聞き手の行為は直接的に関係することはない。その行為を行ったり，行為・習慣を改めたりすることに関して，最終的には勧告・忠告を受けた側の判断にゆだねられ，「命令」に比べれば「義務」という性格は薄れる。これは「助言」という言い方もできる。

　日常語における勧告と忠告では，公的と私的という立場の違いや語彙的意味の違いをもたらす。すなわち，勧告は，発話者が公的な立場（組織や集団の代表など）から，相手（個人，あるいは組織や集団の代表者など）に対して発せられる。一方，忠告は，発話者が私的な立場から，相手（個人あるいは相手の家族・仲間など）に対して発せられる。

勧告・忠告表現と事態の評価：　一般に，公式文書などに典型的な公的立場からの「勧告」は「～ことを要望する／望む／期待する」などとなる場合が多く，文型として勧告が「忠告」と明確に分けられるとは考えにくいが，勧告や忠告によって，相手の立場にどのような事態が生じるかを「利益・不利益」という「事態の評価」として考えると次のようになる。

　・忠告：　発話者からみて，ある行為が相手側（相手の家族・仲間などを含む）または第三者（世間一般，社会全般など）にとって利益となるという予測や確信に基づく。
　・勧告：　発話者からみて，相手側（相手の関係者または組織・集団を含む）の行為が，発話者または第三者にとって不利益となるという予測や確信に基づく。

　日本語のニュアンスとしては，勧告よりも相手に対して行為の拘束性が強くなれば警告という言い方もでき，もっぱら行動の停止を求め，義務を負わせることとなれば「禁止」となるが，これらは連続的である。また，「依頼」は，発話者の意図が，相手側にとっての利益・不利益と直接の関係はなく，発話者にとっての利益を前提としたものと考えられる。

文　型：
①「動詞連体形／ナイ＋ヨウニ」の形式によって，望ましい行動や状態を相手に伝える。
　1　車に気をつけるように。
　2　風邪をひかないように。
　3　決められた時間は守るようにしましょう／してください。
　4　人といさかいを起こさぬよう。

これらは「勧告・忠告」の形式として，聞き手（読み手）に対して最も直接的な表現となる。3のように，勧誘や依頼の形式を伴うことも多く，4は文語的表現である。
　②「タ／ナイ＋ホウガイイ」の形式によって，望ましい行動や状態を相手に伝える。
　5　疲れているようだから，きょうは早く寝たほうがいい。
　6　疲れているようだが，きょうはまだ寝ないほうがいい。
5は「早ク寝ル／早ク寝ナイ」という対立する二項を比較して，「早ク寝ルコト」が相手にとっての利益であるとみた表現であるから，「ホウ」が使われる。逆に，6は「寝ナイコト」が相手の利益とみている。5の場合，「動詞連体形＋ホウガイイ」の形式にも置き換えられるが，「タ＋ホウガイイ」の形式が一般的である。動詞終止形に「トイイ」が続く，
　7　困ったことがあったら，山田さんに相談するといい。
　8　会社の帰りにこの店に立ち寄るといい。
のような表現も助言として成立するが，「タ＋ホウガイイ」に比べれば「一般論として適切である」という意味あいをもち，事柄によっては，「放任」の意味を帯びることがある。
　③相手の現在の行動やこれまでの習慣を取り上げ，それを「テハ／テイテハ／ト」の形式によって問題点として指摘した後，相手側または第三者にとっての不利益を予告する。
　9　そんなに大声を出しては，近所迷惑だ。
　10　わがままばかり言っていては，誰からも相手にされなくなるよ。
　11　よくかんで食べないと，消化に悪いぞ。
　この場合は，「テハ／テイテハ／ト」に先行する内容と逆方向の行動や状態が相手にとっての利益であることを示唆する。
　④相手の現在の行動や状態が不適切であることを，「デモアルマイシ」という否定表現による直喩形式によって指摘した後，行動の停止や状態の改善を求める。
　12　小学生でもあるまいし，おしゃべりは止めなさいよ。
　13　子供でもあるまいし，そんなことぐらい自分で言わなければ。
上は典型的な勧告・忠告よりは非難表現や禁止表現と連続するもので，多く批判的な立場からの勧告・忠告となる。くだけた表現としては「ジャナインダカラ」も考えられる。
勧告・忠告表現と待遇表現：勧告・忠告表現は基本的にそれが向けられる相手が行動の主体であり，相手の利益を前提として，相手に行動の決定権を与えるものである。そのため，待遇価値の高い敬語形式を用いても，上位者には使いにくい表現である。そのため，
　14　早く召し上がったほうがよろしいかとおもいますが…
　15　私ナラ，将来のために貯金をいたしますが…
のような婉曲な表現を用いることも少なくない。
　　　　　　　　　　　　　　　　　　　　　　　　　　　　　　（木村義之）

参考文献　山梨正明『発話行為』（大修館書店，1986），『比喩と理解（認知科学選書17）』（東京大学出版会，1988）；森田良行『基礎日本語辞典』（角川書店，1989）；蒲谷宏・川口義一・坂本恵『敬語表現』（大修館書店，1988）；グループ・ジャマシイ『日本語文型辞典』（くろしお出版，1998）；『日本語文法ハンドブック』（スリーエーネットワーク，2000）

感謝表現   expression of gratitude
かんしゃひょうげん
kansha-hyougen

キーワード：アリガトウ／カタジケナイ／ドウモ／スミマセン
定　義：　話し手と聞き手との間での利害の授受によって，話し手が主観的に心理的不均衡を感じた場合，均衡を回復すべく発する表現。特に，感謝表現は，話し手が聞き手に何かをしてもらった結果，話し手に利益が発生したと話し手が判断した際に用いられるものをいう。一方，話し手が聞き手に何かをした結果，聞き手に損害が発生したと話し手が判断した際に用いられる表現は，「謝罪表現」という（→謝罪表現）。
　つまり，心理的不均衡という軸上に，感謝と謝罪は連続体をなしているのである。そのため，感謝表現の文型には，謝罪表現のものが含まれる。
　1　スミマセン，ドウモ，カタジケナイ
　話し手が，自分の得た利益が，聞き手の（たとえ自発的尽力であっても）負担・損害に基づいていると判断すれば，謝罪表現がふさわしくなるからである。つまり，この場合は，話し手が聞き手の行為を即，聞き手の損害であったと判断している。逆に，謝罪場面において，話し手が，自分の行為を即，自分の利益であったと判断すれば，感謝表現をとるが，この場合は，相手の損害を全く省みないきわめて非情な関係の宣言となる。
　2　(密かに敵とみていた人をつい撃ち殺して)ありがとよ。これで俺も楽に暮らせるぜ。

感謝表現における話し手―聞き手間の関係

話し手	聞き手	(主観的判断) 文型
利益	← 行為	(〜してくれて) アリガトウ
(利益)	← 行為 ＝ 迷惑	(〜してくれて) スミマセン
行為	→ 迷惑	(〜してしまって) スミマセン
行為＝利益	→ (迷惑)	(〜してしまって) アリガトウ
( ) は軽視される		

「スミマセン」は感謝の表現として頻繁に用いられる。ただし，聞き手の話し手への行為が聞き手にとっては迷惑だったろう，と話し手が判断できない状況（例：話し手が火事見舞いの電話をもらったとき）では，「スミマセン」を用いることはできない。
　このように，感謝表現は，心理的均衡についての話し手の主観的判断を軸として，謝罪表現と表裏をなす表現であることがわかる。
　　　　　　　　　　　　　　　　　　　　　　　　　　　　　　　　　（細川英雄）

参考文献　森山卓郎「お礼とお詫び」(国文学解釈と教材の研究，5，78-82，1999)；中田智子「発話行為としての陳謝と感謝」(日本語教育，68号，1989)；小川治子「感謝とわびの定式表現」(日本語教育，85号，1995)

感情表現
かんじょうひょうげん
expression of feelings
kanjou-hyougen

キーワード：喜怒哀楽・感動詞・感情形容詞・陳述副詞・モダリティ・イントネーション／ウレシイ・悲シイ・楽シイ・嘆カワシイ／アア・オオ・オイ・ネエ・ハイ／テナラナイ・テヤマナイ・ヲ禁ジエナイ・ゾ・ネ／モット・モウ・モハヤ・サスガ／シーッ・マア・エエッ／ドウゾ／毎度

定義と分類： 感情を表す表現。
①「喜ぶ」「嘆く」「恐れる」「悲しむ」「楽しむ」「憎む」
②うれしい・悲しい・楽しい・嘆かわしい
③ああ（悲しい）・おお（見事）・おい（君）・ねえ（ごらん）・はい（そうです）
④～てならない・～ぞ・～ね

①は、いわゆる喜怒哀楽という人間の感情の動作をコトとして表現するもので、例えば「喜ぶ」「嘆く」「恐れる」「悲しむ」「楽しむ」「憎む」などの動詞によって表れることが多い。②は、上記のような感情の状態をサマとして表現する場合で、「うれしい」「悲しい」「楽しい」など、その感情主体の心の様子を形容詞の形で表すものが多い。

この場合に特に日本語では「私はうれしい」とはいえても「彼はうれしい」とはいえないという感情形容詞の人称制限の現象が指摘されている。こうした人称制限は、形容詞の場合にのみみることができ、例えば「好き」「嫌い」といった形容動詞にはみられない。感情主体の心の様子を表すという意味では、副詞形としても用いられる擬態語、擬声語の類（「るんるん」「しんみり」）などもこの類に入る。

感動詞： ③はその内容によって、狭義の感動詞と応答詞とに区分される。前者は「ああ（悲しい）」「おお（美事だ）」「やあ（大変）」などをいい、後者は「おい（君）」「ねえ（ごらんよ）」などの呼びかけ、「はい（そうです）」「いや（とんでもない）」などの返答を指す。前者は自己の感情の表出であり、後者は相手へのはたらきかけで、言語行動における自分と相手との二極性に対応し、言語の世界の基盤がどこにあるかを暗示するものだが、すでに言及したように、単独で情的な文をなすことがある一方、しばしば後続する知的表現とともに一文をなすと観察される場合もあり、構文論上の位置が問題となっている。

この切れるような続くような性質を独立語と呼ぶ常識的な扱いは、独立語というものがそもそも便宜的なものであり、もっと他の語詞類との異同を検討すべきであろう。すなわち単独で文をなす側面を重視すれば、感動詞には、文末にあって文を成立させる終助詞の類「か・ぞ・さ」などと同じ職能がある、ということになり、またもし後続表現を導き出して、それとともに一文をなす側面を重視すれば、仮定や譲歩など特定の表現を導き出すいわゆる陳述副詞の類「もし…なら」「たとえ…とも」などと同じ職能がある、という

どの考え方が適切かについては議論のあるところだが，そうした二面性のあることが，感動詞の感動詞たる所以であろう。すなわち感動詞は，知的に未分化ながら充足した内容をもち，だから単独で文をなすのだが，感動詞の内容は充足したものとはいいながら，それは知的に全く未分化であり，だからその知的分化である後続表現を導き出すような形で結び付こうとするのであろう。

　したがって，いわゆる陳述副詞の中でも，文相当のものを導き出すような性質をもつものは，単独で文をなすような性質をも，比較的容易に獲得する。「どうぞ」などは，「どうぞ，お入り下さい」の省略というより，すでに一つの感動詞と認めてよいかも知れない。特にこのような応接・挨拶の言葉は高速度に慣用化され，応答詞に近接し感動詞にまぎれ込む。「今日は」はもとより，近頃急に耳につき出した「毎度」など，そうした位置にあるのであろう。

　感動詞の以上のような構文論上の性格は，当然感動詞の品詞論上の位置付けの問題でもあって，他品詞と全く切り離した独自の位置を与える考え方と，いわゆる陳述副詞などと同類に括る考え方とが対立しているのが現状である。

　④は，文末に用いられる助詞・助動詞などによって表されるものである。「〜てならない」「〜てやまない」「〜をきんじえない」などは話し手の感情の表現であるといえる。情意的否定表現としての疑問の否定表現は婉曲や強調を表し（「読んでくれない？」「だめじゃないか！」）反語表現にもつながる。固定的形式として強い肯定的意味を表すものもある（「きたないったらない」「とんでもない・大層もない・けしからん」「なのめならず・おぼろけならず」）。品詞論的には副詞に分類されるが「もっと」「もう」「もはや」「さすが」などもこの類に入ろう。また，いわゆる終助詞の類は話し手の感情を表すという点で④に含まれる

コトの表現：　①と②は，具体的な動作様態の実体を表す表現であるのに対し，④は話し手のモダリティの表現であるところが大きく異なる。

　また，①は動作を表す客観的な表現であるのに対し，②は感情主体の心の様子を表す主観的な表現である。時枝誠記のいう「客体的表現」と「主体的表現」のちがいである。

　形容詞の分類については，時枝誠記が対象語との関係で，その主観性を指摘して以来，主観・客観の区別が一般に行われてきた。西尾寅弥は，形容詞に「わたし」の状態を表す場合とそうでない場合のあることを指摘し，これを分類基準の一つにした。この考え方をもとにすると，形容詞は，まず(1)「わたし」の状態を表すものと，(2)事物の状態を表すものとに区別され，そのうえで例えば，＜感覚＞を表す場合には，「暑い・寒い」のように(1)に属する身体感覚のものと，「熱い・冷たい」のように(2)に属する皮膚感覚のものとがあることがわかる。＜感情＞および＜属性＞では，(1)「彼に会えてうれしい」と　(2)「この机は大きい」のように分類できる。

　この＜感情＞と＜属性＞の間に明確な一線を画すのは困難であるが，両者の中間的な存

在として「うらやましい・ふさわしい」などの＜評価性形容詞＞を認めることができる。以上のように日本語の形容詞は，大きく感覚・感情主の状態を表す場合と事物・事柄の状態を表す場合とに分けられ，その内部が対象語および主語のあり方によって様々に構成されていることがわかるが，＜感情＞が第三者の目にはみえない「わたし」の状態であるのに対し，＜属性＞はその状態の確認を他者と共有できる点で異なるため，＜属性＞の方が客観的であると考えられやすいが，形容詞の場合，その事物・事柄をどのように認識するかという話し手の主観によらざるを得ない。その点で例えば，動詞によって叙述される事実と比較すると形容詞による話し手の把握そのものが主観的なものであるといえる。前述の感情形容詞の人称制限については，例えば英語では"I am sad."とも"He is sad."ともいえるが，日本語では「私は悲しい」はいいが，「彼は悲しい」とはいえないという現象である。これが日本語の形容詞における一人称の制限である。同時に，「水が飲みたい」といえば，それは常に「私」のことであり，第三者の意思ではありえない。ただし，「のだ」「ということだ」「と思う」などが下接して，「水が飲みたいのだ」となれば，この制限が解除される。形容動詞には，こうした一人称の制限がなく，例えば「彼は～が好き／嫌いだ」ということができる。

こうした人称の制限は，形容詞のうち，前項の＜感覚＞＜感情＞および＜評価性＞の一部に適用され，＜属性＞の形容詞には生じない現象である。しばしば「この机は大きいです」という表現ができるようになると，「あの人は悲しいです」という言い方をするようになる外国人日本語学習者が多いのは，学習者の母語と日本語との人称制限の有無の違いによるものであろう。

音声と感情： 音声言語において，思想表現と感情表出との二方面を考えることができるが，思想表現が主として言語音によるのに対して，感情表出は音声の微妙な変化によることが多い。この，言語音に対するものを表情音という。佐久間鼎は，これを「表情音声」と名付けている。例えば，残念な気持ちを表す場合の舌打ちや，注意せよとか静かにせよなどという気持ちを表す場合のせき払いや「シーッ」という声などをはじめとして，笑い声，泣き声，叫び声，うめき声などは，いずれも表情音である。

表情音は自然発生的な性格が強く，それを発する人の感情や主観を直接的，非分節的に表出するものであるから，その内容と形式との結び付きは合目的的であり，組織的な構造をもたない点で言語音とは相違している。したがって，表情音には方言や国語による差異の少ない点が注意される。ただし，表情音には，個人の癖にとどまるものもあるが，社会的な習慣として固定したものもあり，言語が異なれば別の形をとるものも認められる。感動詞は言語音に属するものであるが，これには表情音に近いものが多い。

なお，言語音と表情音とのからみ合いも当然起こることである。例えば，驚きという意識状態のときに発せられる音声の時間的推移は，急に上昇し，ゆっくり降下するという特徴をもっている。そのことは，驚いたときの「まあ！」とか「ええっ！」という感動詞の声の進行に現れるばかりでなく，「まあ，びっくりしたわ！」や「ええっ，何だってそん

なことを！」のように長くなっても同様である。

　以上の例によっても知られるように，現実の音声言語においては言語音が表情音から離れて存在するものではなく，常に表情音と重なり合っていることを知るべきであろう。一般には，そのような表情音は，いわば自然に発せられるのであるが，話術や俳優術においては，意識的に表情音を駆使して表現効果を上げることがしばしば見受けられる。

イントネーション：　　イントネーションは，感情的音調と論理的音調とに分けることができる。

　(1) 感情的音調は発話に伴う特殊の感情によって現れる特殊の音調で，同じ文でも感情の細かいニュアンスの違いが表される。喜怒哀楽をはじめとして驚嘆興奮等の気分が，これによって相手に伝えられるが，その場合には音調の変化が微妙であるばかりではなく，声の高さ以外の要素もからんでいることが多いために，直接的な把握はできても，まだ十分に整理された形で認識されるには至っていない。

　(2) 論理的音調は特別の感情がはたらかない場合でも，おのずから備わっている特定の音調をいう。語句の論理的内容に応じて叙述・疑問・断言などを表現し，また，その構成部分の関係を明らかにするために生ずるものであり，理知的原因が作用する。これは，感情的音調の特殊の場合と考えることができる。

　日本語においては陳述の違いを表す音の高低がイントネーションの中心的部分となるので，東京語では，第一に文の終わり，第二に文中における息の切れ目に当たる文節の終わりを特に注目すべきである。しかし，イントネーションは文全体における声の高さの変動を問題にするものであるから，川上秦の指摘のように，文頭のイントネーションその他も忘れるべきではない。

　以上のように，一口に感情表現といっても，その定義付けはむずかしいのが現状である。思考と言語の関係を考えていくうえでも，この感情表現の位置付けは興味深い課題であり，今後の研究の過程が期待される領域である。

　　　　　　　　　　　　　　　　　　　　　　　　　　　　　　　　　（細川英雄）

参考文献　　時枝誠記『古典解釈のための日本文法』（至文堂，1950）；西尾寅弥『形容詞の意味・用法の記述的研究』（秀英出版，1972）；國廣哲彌『意味と語彙（日英語比較講座3）』（大修館書店，1981）；森田良行『動作・状態を表すいい方』（「講座日本語教育」（早大）4分冊，1968），『日本語の形容詞について』（「講座日本語教育」（早大）16分冊，1980）；細川英雄『現代日本語の形容詞分類について』（国語学，158集，1989），『形容詞の主観性について』（早稲田日本語研究，1号，1993）

緩叙表現　　　litotes
かんじょひょうげん
kanjo-hyougen

キーワード：誇張表現（hyperbole）
定　義：　控え目な表現である種の効果を狙う表現。逆に，程度・分量・数量を過大に，または過小に表現し，ある種の効果を狙う，おおげさな表現を誇張表現（hyperbole）という。
緩叙の度合い：　日本語では，表現が長くなると緩叙の度合いが増す傾向がある。「彼はバカだ。」という表現を例にする。
1　彼は　バカ　かもしれない。　　2　彼は　バカ　かもしれないと思う。
3　彼は　バカ　かも知れないと思われる。
4　彼は　バカ　かも知れないと思われてしかたがない。
5　彼は　バカ　かも知れないと思われてもおかしくないと思う。
6　彼は　バカ　かも知れないと思われてもおかしくないと思われる。
7　彼は　バカ　かも知れないと思われてもおかしくないと思われてしかたがない。

対義語の打消しによる緩叙表現：
8　彼は　利口　じゃない。　　9　彼は　利口　じゃないんじゃないか。
10　彼は　利口　じゃないんじゃないかと思う。
11　彼は　利口　じゃないんじゃないかと思われる。
12　彼は　利口　じゃないんじゃないかと思われてしかたがない。

程度副詞による緩叙表現：
13　彼は　ちょっと　バカ　だ。　　14　彼は　ほんのちょっと　バカ　だ。
15　彼は　あまり　利口　じゃない。
16　彼は　それほど　利口　じゃない。

関節的表現による緩叙表現：
17　彼は　頭が　　　　　　　　　悪い。
18　彼は　頭が　　　　　　　　　よくない。
19　彼は　血の巡りが　　　　　　悪い。
20　彼は　血の巡りが　　　　　　よくない。
21　彼は　血の巡りが　　　　　　いい方じゃない。
22　彼は　血の巡りが　　　　　　いい方じゃないんじゃないか。
23　彼は　目から鼻に抜けるタイプ　じゃないんじゃないかと思う。　　（小池清治）

参考文献　野内良三『レトリック辞典』（国書刊行会，1998）

感動表現 (かんどうひょうげん)　　expression of emotion
kandou-hyougen

キーワード：呼び掛け表現／応答表現／あいづち表現／発話継続表現／掛け声表現
ホラ・ソラ・ソレ／ヨシ・ヨシヨシ・イイゾ・ヨクヤッタ・ウン・ダメダ・ヤメロ・モウイイ・ナニヤッテンダ・オイオイ／ヤーイ・ワーイ・ソーラ・ホーレ／ベー・バー・ブー・ベロベロバー・バカ・アホ・デベソ・トンマ・マヌケ・死ネ・チクショウ・コノヤロウ／ソレ・シッシッ・シー・アッチイケ／ア・アア・アッ・アラ・マア・オオ・オッ・オット・オヤ・ヤ・ヤッ・ヤア・ワア・ワッ・アレ・エ・エッ・エー・ヘエ・フーン・ホウ・イヤハヤ・ウオ・スゴイ・ヒヤー・マイッタ・ナンダ・キャ・キャー・ギャッ／イエー・ヤッター・ヨシ・オシ・シメタ・ウマイ・イイゾ・バンザーイ・ヨッシャ／アーア・チェ・クソ・ヤレヤレ・チキショウ・オヤオヤ・アレアレ・マイッタ・フウ／ヒヤー・キャー・ウワー・クワバラクワバラ／オエー・ゲー，ウッ／イタ・アチ・ウワ・サム・ヒエー・フー・アー／イヤ・モウ・アー・ホウ・フウ／アレ・エッ・オヤ・ウーン・ン・エート・ハテ・ハテナ・サテ・サア／ア・オ・ハハア・ソウカ・ナルホド・ソウダ・ソウイエバ・ソウソウ・ヤバイ・イケナイ・シマッタ

定　義：　話し手の感情的な心の動きを直接的に表現する表現。

種類と形式：　感動表現は，他人に向けられるものかそうでないかによって大きく二つに分けることができる。形式は感動詞を中心に，指示詞，応答詞などのほか，句，舌打ち・ため息等の非言語行動まで様々である。

　a. 他人に向けられるもの
　①コミュニケーション関連
　・呼び掛け（→呼び掛け表現）
　・応答（→応答表現）
　・言いよどみ（→発話継続表現）
　・あいづち（→あいづち表現）
　②動作・思考関連
　・掛け声（→掛け声表現）
　・気づかせ：　ホラ，ソラ，ソレ
　③評価・態度関連
　・評価：　ヨシ，ヨシヨシ，イイゾ，ヨクヤッタ，ウン，ダメダ，ヤメロ，モウイイ，ナニヤッテンダ，オイオイ

・からかい： ヤーイ，ワーイ，ソーラ，ホーレ
  ・ののしり： ベー，バー，ブー，ベロベロバー，バカ，アホ，デベソ，トンマ，マヌケ，死ネ，チクショウ，コノヤロウ
  ・排除： ソレ，シッシッ，シー，アッチイケ
 b. 他人に向けられないもの
①感情・感覚関連
  ・驚き： ア，アア，アッ，アラ，マア，オオ，オッ，オット，オヤ，ヤ，ヤッ，ヤア，ワア，ワッ，アレ，エ，エッ，エー，ヘエ，フーン，ホウ，イヤハヤ，ウオ，スゴイ，ヒヤー，マイッタ，ナンダ，キャ，キャー，ギャッ，くり返し
  ・喜び： イエー，ヤッター，ヨシ，オシ，シメタ，ウマイ，イイゾ，バンザーイ，ヨッシャ
  ・悲しみ・悔しさ： アーア，チェ，クソ，ヤレヤレ，チキショウ，オヤオヤ，アレアレ，マイッタ，フウ，舌打ち，ため息
  ・恐怖： ヒヤー，キャー，ウワー，クワバラクワバラ
  ・嫌悪感： オエー，ゲー，ウッ
  ・痛み・暑さ・寒さ： イタ，アチ，ウワ，サム，ヒエー，フー，アー
  ・その他： イヤ，モウ，アー，ホウ，フウ
②思考関連
  ・疑問・思考： アレ，エッ，オヤ，ウーン，ン，エート，ハテ，ハテナ，サテ，サア
  ・発見・想起： ア，オ，ハハア，ソウカ，ナルホド，ソウダ，ソウイエバ，ソウソウ，ヤバイ，イケナイ，シマッタ
使い分け： 森山（1996）は，b.における感動詞を「情動的感動詞」と名付けたうえで，これらを「泉」の情動モデルに基づいて以下のように整理している。
    （Ⅰ）内発系： 心の内から比較的ゆっくりと湧き上がってくる感情を表す
                アア（「ああ，まだ寝ていたいなぁ」），ウーン（「うーん，痛い」）
    （Ⅱ）遭遇系： 何かと遭遇して急激に起こる情意変動を表す
      （Ⅱ-1）第一次系列： 未知なものと遭遇した第一次の反応を表す
        ・未知遭遇類：ア，アレ，アラ，オヤ，エ（「おや，まあ」）
        ・手続き遂行時のハプニング： オット（転びそうになって「おっと」）
      （Ⅱ-2）第二次系列： 第一次反応に続いて起こる情動的反応を表す
        ・一定の水準を越えたもの： ウワア，ワア，ウワッ，マア，キャア（「うわっ，よせ」）
        ・平静を保った驚き： オオッ，オッ，ホウ，マア（「おお，暖かい」）（高橋淑郎）

参考文献 田窪行則・金水敏「応答詞・感動詞の談話的機能」『文法と音声（音声文法研究会編）』（くろしお出版，1997）；宮地裕「詠嘆表現」『国語学大辞典』（東京堂出版，1980）；森田良行「感動詞の変遷」『接続詞・感動詞（品詞別日本文法講座6）』（明治書院，1973）；森山卓郎「情動感動詞考」（語文（大阪大学），65号，1996）

勧誘表現 1　　　　　expression of invitation
kan yuu-hyougen

キーワード：勧誘・慫慂・提案・説得・希望
　　　　　　ナイカ・ウジャナイカ・マセンカ・テクレナイカ／トシマスカ・トシヨウカ・トスルカ／タライイ・バイイ／テハドウカ・テハイカガ・タライカガ・タラドウカ／ウヨ・ウネ／サア／ナイ方ガヨイ・ナイデオキマショウ・ナイコトニショウ

定　義：　相手に，ある行動をするように，または，ある行動をしないように，勧め誘う場合に使用する表現。

　命令表現，あるいは，禁止表現が，「行け」「行くな」と直接的で強い口調を伴うのに対し，「行かないか」「行こうじゃないか」「行きませんか」「行くとしますか」「行けたらいい」「行けばいい」「行ってはどうか」「行ってはいかが」「行かない方がよいのでは」「行かないでおきましょうよ」など，相手に最終判断をまかせる表現をとるのが特徴である。したがって，相手の気持ちを問い確かめるための疑問終助詞を用いたり，そうすることが話者の希望であるといった遠まわしの表現のために「仮定形＋イイ」を用いたりする。また，相手の単独行動ではなく，話者も積極的にその行為に加わっていることを示すために，「ウ」「ヨウ」などの意志を表す助動詞を添える表現もある。結果的には，これらは「勧誘の助動詞」ともみなされるが，原初的には，話者の意志を表している。また，このような場合，「さあ」「さ」などの感動詞を冒頭におき，リズミカルに相手を行動へとのせていこうとするコミュニケーション法がとられることがある。

　勧誘表現は，相手に強く命令するわけではないから，「お行きになりませんか」「お行きになってはいかがでございましょうか」〔尊敬表現〕や「行きませんか」「行くとしますか」「行ってはいかがですか」〔丁寧表現〕など，敬語表現を伴う場合も多く，表現のバラエティーがある。また，直接的な勧誘の度合いが薄れて慫慂されたにすぎないと受けとりる場合も生じるし，ただ単に提案を受けた，相手が自分に対する希望を述べたにすぎないという受けとり方も生じてくる。これは現実の人間関係では，きわめて微妙にとり行われている。例えば，相手が勧誘で述べていることでも，わざと提案の一つだと聞き流し，結局は，無視してそれに従わないなど。一方，相手に強く命令したいところを，わざと勧誘表現というオブラートにつつんで説得というおだやかなコミュニケーションを取り結んでいるように相手にみせかけたりすることもある。

ナイカ・ウジャナイカ・マセンカ：　「行け」と命令するのではなく，当該動詞をいったん否定形にして「行かないか」と聞くのは，相手に否定する心理的余裕を与えていることになる。しかし，現実の言語生活で，「～ナイカ」といえるのは，発話者が男性で，聞き

手（相手）がごく親しい友人か，はなはだしく身分・年齢が離れた下位者に対してである。せっかく命令表現を回避したのに，高圧的であることに変わりはない。「行きませんか」と丁寧語の「マス」を挿入してはじめて，勧誘らしくなる。これなら女性も使えそうであるが，女性は上位者に対しては，「お行きになりませんか」（あるいは，「いらっしゃいませんか」），ごく親しい仲間に対しては，「行かない？」を使うことが多くなる。

「行かないか」は，「おれ〈私〉，鈴木〈鈴木さん〉に行かないかって，誘われた」〔〈 〉内は女性用語〕というように，客観的叙述に使われても，相手に直接いうにはきつすぎるというニュアンスを現在はもちはじめている。その代わりに，依頼をこめた勧誘である「〜テクレナイカ」「〜テモラエナイカ」は，よく使われる。

 1 「もしよかったら君が今その本を簡単にかいつまんで読ん<u>でくれないかな</u>」と私は言った。（村上春樹『世界の終りとハードボイルド・ワンダーランド』）
 2 もう少しゆっくりしゃべっ<u>てもらえないかな</u>。読唇術はそれほど得意な方じゃないので   （同上）

1では「もしよかったら」，2ではその理由を付け足し，相手への配慮を示している。「な」という終助詞は「なあ」と延ばされることもある。

「ウジャナイカ」の「ウ」（直前の動詞の活用型によって「ヨウ」の場合も）は，原初的には話者の意志を表し，相手にも同じ行為を勧め誘う表現となる。したがって，

 3 どうだい行こ<u>うじゃないか</u>。時間がおくれるよ   （夏目漱石『野分』）
 4 これは樽麦酒だね。おい君麦酒の祝杯を一つ挙げ<u>ようじゃないか</u> （同上）

のように，親しい間柄で使われることが多い。「ナイカ」が使いにくい場面でも「ウジャナイカ」とすると，「ウ」（ヨウ）に婉曲的表現のニュアンスもあり，おしつけがましさが減る。漱石作品の会話文で「ウジャナイカ」の使用が多いのも，このためであろう。なお，「少しは同情して遣っ<u>ても可かろうじゃないか</u>」（漱石『明暗』）は，「同情してやろうじゃないか」よりもトーンダウンした言い方である。相手に「いい／わるい」の価値判断を求めつつ，「いい」とみなされる行動に誘っていることになる。

「マセンカ」は，「私は行きます。あなたも行きませんか」「彼は行きます。あなたも行きませんか」という心持ちで発されるもので，打消しの助動詞「ン」に相手にNoといえる余裕が残されている。「マス」という丁寧語の存在によって，全体的に和らかな表現となっているため，男女を問わず，日常会話や手紙などの文書語でよく使われている。

トシマスカ：
 5 行くのは構わないが，——困ったな。じゃ今夜は仕方がないから此処へ泊<u>るとしますか</u>   （夏目漱石『行人』）

「トシマスカ」は，例5に端的に現れているように，あまり好ましくない状態での最善の行動を提案し，相手にも同じ行動を誘う際に用いられることが多い。あてにしていたタクシーがなかなかひろえないので，「じゃあ，歩くとしますか」など。

もちろん，好ましくない場合でなくとも使われ，その場合，従来からの流れでとってき

た行動にふんぎりを付け，新しい行動に入ることを自分に言い聞かせ，あるいは，相手にもそれをすすめる口調となる。丁寧語マスのない「トスルカ」の方が，さらにふんぎりを付け，あるいは，相手にふんぎりを付けさせる場に多く使われる傾向がある。

「トシマスカ」「トスルカ」が用いられる際には，「どれ」「では」「じゃ」「じゃあ」「それじゃあ」「さて」「ひとつ」「ようし」「さあ」などが感動詞的に入れこまれることもある。

「トスルカ」は，「雲か。雲を眺めるのはいいことだ。どれ，俺も寝ころんで雲を眺める<u>としようか</u>」(立原正秋『冬の旅』)のように「トショウカ」の形をとることもある。

タライイ・バイイ： 人生相談・教育相談のハガキなどでは，「どうしたらいいでしょうか」という文がみられる。その問いに対しては，「～たらいい」という提案がなされる。提案は，勧誘でもある。

「たらいい」で打ち切ると，乱暴にも聞こえるので，女性は「たらいいわ」「たらいいよ」などの形を好む。しかし，

　6　運動でも，少しなさっ<u>たらいいでしょう</u>　　　　　　(夏目漱石『吾輩は猫である』)
　7　話す事があるなら，早く話し<u>たらいいじゃないか</u>　　　　　　(同上)

のように，「いいでしょう」「いいじゃないか」，あるいは女性なら「いいじゃありませんか」などの形をとることの方が多い。推量形や疑問形を言語クッションとして，語調をやさしくしているのである。提案・勧誘の度合いをうすめる工夫として，「行ったらいいかもしれない」のように，「カモシレナイ」を添加することもできる。

「バイイ」も「タライイ」と基本的には変わらない。ただ，「タラ」に対して，「バ」が古くからある接続助詞であるために，あらたまった語調が加わる。個人的な提案は「タライイ」でもするが，社会的な提案は「バイイ」でなされることが多い。新聞などで政治家や政党の談話を伝える際も，「その点は各党執行部でじっくり詰めていけばいいと提案」「日米交渉をすればいいとの考えを明らかにした」などと記される。

　8　話さない？　話せ<u>ばいいのに</u>。一体小野が来たと云うのに何をしていたんだ
　　　　　　　　　　　　　　　　　　　　　　　　　　(夏目漱石『虞美人草』)
　9　兄に聞いて御覧になれ<u>ばいいのに</u>　　　　　　(同上)

8，9は，現実にそうしなかったことを示す逆接の接続助詞「のに」を付け，あらためてその行動をとりなさいと勧める表現である。

「バイイ」は，副助詞「さえ」を付けて，「君が愛して<u>さえ</u>くれればいいんだ」(福永武彦『草の花』)のように，相手に最少限度の行為を要求することができる。「タライイ」には，この用法はない。

テハドウカ・テハイカガ： 「バイイ」「タライイ」が，発話者のよしとする行為が明示された提案（それに基づく勧誘）だとしたら，「テハドウカ」「テハイカガ」は，「イイ」という語が抜けた分，提案のおしつけがましさが減少する。だからといって，話者の提案の度合いがうすまったわけではなく，相手との心理的なかけひきにおけるバリエーションと

してとらえられる。例えば，新聞の社説などでは「ばいい」よりも「てはどうか」の頻度が高いし，会議などの提案・意見も「てはどうでしょうか」と結ばれることの方が多い。
「テハドウカ」「テハイカガ」に対して，「タラドウカ」「タライカガ」という言い方が存在し，さらに，

 10 ボロ自転車でも買って通うつもりになっ<u>たらどうかしら</u>（曾野綾子『太郎物語』）
 11 村田の時に，セミファイナルでやっ<u>たらどうかと思って</u>ね
（沢木耕太郎『一瞬の夏』）

のように，「か」を「かしら」「かと思って」などのより柔らかい語調のものに変えて使うことが多い。

ウヨ・ウネ：「行こうよ」「行こうね」は，うちとけた間柄で，自分と同じ行為を相手に誘う際に用いられる。最後の終助詞「よ」「ね」は，男性の場合，「ぜ」になることがある。また，方言差を反映して，「ぜの」「ぞい」などとなることもある。

サア 相手を勧誘する際，「さあ」「さ」あるいは，「ひとつ」「さて」などの感動詞が入ることのあることは，すでにあげた文例からも理解できよう。

ナイ方ガヨイ・ナイデオキマショウ・ナイコトニシヨウ： これらは，ある行動をしないように勧め誘う場合に使用する表現である。

 12 行助から，あそこには働きに行か<u>ない方がよい</u>，と言われたことなどを話し
（立原正秋『冬の旅』）
 13 安の仲間は，行助から届いた手紙を，行助の母には見せ<u>ない方がよい</u>，と相談したが，それから数日後に店に現われた山村にも安は手紙を見せて相談した。手紙を読んだ山村は，やはり見せ<u>ない方がいい</u>な，と言った。 （同上）

「ナイ方ガヨイ」は，「よい」という話者の判断基準が示されているので，提案の色合いが濃そうであるが，例12，13は，むしろ，禁止表現に近づいている。特に例13は，その使用場面がリアルに描かれていることと，「ナイ方ガイイ」というよりくだけた言い方を含んでいる点で，注目される。

 14 やまと館の人達や，当分誰にもところを知らさ<u>ないでおきましょう</u>ね
（林芙美子『放浪記』）

「ナイ方ガヨイ」「ナイ方ガイイ」が，提案に見せかけて，実は，押しの強さがあったのに対し，「ナイデオキマショウ」は，丁寧な勧誘であることがわかる。最終文末に添えられた「ネ」といい，女ことばを奇しくも映し出している。

 15 皇帝は，暗く沈んだ声で，フランゼスに言った。「この数字は，誰にも知らせ<u>ないことにしよう</u>」   （塩野七生『コンスタンティノープルの陥落』）

「ナイコトニシヨウ」は，丁寧にいうと「ないことにしましょう」となり，日常会話ではよく使われている。
（小林千草）

参考文献 樋口文彦「勧誘文」『ことばの科学5』（むぎ書房，1992）

かんゆうひょうげん
勧誘表現 2　　expression of invitation
kan yuu-hyougen

キーワード：勧誘形／打消疑問文／提案表現＋疑問文／仮定表現＋イイ
　　　　　　ウ・ヨウ／ナイカ・ウジャナイカ・マセンカ／テハドウカ・テハイカガ／タ
　　　　　　ライイ・バイイ

定　義：　相手に，ある行動をするように，または，しないように勧め誘う場合に使用する表現。話し手も行動をともにすることを，または，ともにしないことを内包する場合と，話し手のことは不問にし，相手にだけ誘い勧める場合とがある。

文　型：　話し手と行動をともにすること，またはしないことを内包する勧誘表現となる文型としては，勧誘形によるものと打消疑問文によるものとがあり，相手にのみ勧誘する表現となる文型としては，提案表現＋疑問文，仮定表現＋イイの形によるものがある。

勧誘形による勧誘表現：　勧誘表現としては最も直接的なもので，話し手と行動をともにすることを勧める意を表す。「一緒に…しよう。」

　1　スキーに行こう。〔「私と一緒に」の意。〕
　2　映画を見よう。〔「私と一緒に」の意。〕

打消疑問文による勧誘表現：

　3　スキーに行かないか？〔「私と一緒に」の意。〕
　4　スキーに行こうじゃないか？〔「私と一緒に」の意。〕
　5　スキーに行きませんか？〔「私と一緒に」の意。〕

「スキーに行く（か）？」という単純疑問文は，行ク・行カナイについて，単に相手の意向を問う表現。これに対して，打消疑問文は話し手の意向と逆の表現をとる。すなわち「行かないか？」という表現は「私は行く」という話し手の意向を暗に示していることになる。その結果，打消疑問文は勧誘表現となる。この文型も「私と一緒に」の意を内包する。婉曲な表現であるため，勧誘形による表現に比較し，柔らかな勧誘である。

提案表現＋疑問文による勧誘表現：　相手に具体的な提案をし，採用の可否を問う形で勧誘するもの。話し手が行動をともにする，または，しないかについては不問である。

　6　スキーに行ってはどうか？〔「私についてはともかくとして」の意。〕
　7　スキーに行ってはいかがですか？〔「私についてはともかくとして」の意。〕

仮定表現＋イイによる勧誘表現：　具体的事柄を仮定し，それをよいことだと断定する形で，相手に勧め誘うもの。話し手はよいことだと判断しているが，行動をともにする，または，ともにしないかについては不問である。

　8　スキーに行ったらいい。〔「私についてはともかく」の意。〕
　9　スキーに行けばいい。〔「私についてはともかく」の意。〕　　　　　　（小池清治）

慣用表現
かんようひょうげん
kan you-hyougen

idiomatic expression
collocation＝連語・語結合　idiom＝慣用句　usage＝慣用語法　proverb＝ことわざ・格言・箴言　maxim＝金言

キーワード：慣用音・故実読み・有職読み・名目・名目読み・読み癖・綴字発音（文字読み）／慣用字／連語・連語名詞・連語動詞・連語形容詞・連語形容動詞・連語副詞・連語連体詞・連語助動詞・連語助詞／複合語・派生語・被覆形・複合動詞・複合助動詞・複合助詞／慣用句・動詞慣用句・形容詞慣用句・直喩的慣用句・隠喩的慣用句・反復慣用句／同語反復型慣用表現／成句・故事成句・格言（金言・箴言・処世訓）・ことわざ

定　義：　広義には，固定的によく用いられる語連続の表現。連語・慣用句・成句など。狭義には，よく用いられるが，正規の文法や語彙規則等では説明しにくい表現。慣用音。

慣用表現には，語に関するものと語連続や文に関するものとがある。

語に関する慣用表現：　規範に合わないが，よく用いられる語。

慣用音：　本来の正音（呉音・漢音・唐宋音）に合わず，誤った類推や誤読等により形成された字音。

a. 旁の音を用いたもの

	正音	慣用音
撹乱	コウ　ラン	カク　ラン
輸出	シュ　シュツ	ユ　シュツ
消耗	ショウ　コウ	ショウ　モウ
洗滌	セン　デキ	セン　ジョウ
掉尾	チョウ　ビ	トウ　ビ（タウ　ビ）

b. 類似の字と誤認したもの

	正音	慣用音
独擅場	ドク　セン　ジョウ	独壇場　ドク　ダン　ジョウ

（注）「擅」の字を「壇」と誤認したことによる。

c. 古来の習慣に従って読む故実読み（有職読み・名目・名目読み・読み癖）によるもの

	正音	慣用音
横笛	オウ　ジョウ（ワウ　テキ）	ヨウ　ジョウ（ヨウ　デウ）
定考	ジョウ　コウ	コウ　ジョウ
笏	コツ	シャク

（注）「横笛（ワウテキ）」が「王敵」と，「定考（ジョウコウ）」が「上皇」と通じるためこれを忌避し，「笏（コツ）」は「骨」と同音であることを忌避し，その長さが一尺あることから，「シャク」と読む。確信的慣用音。

なお，和語系のものとして，「掃部（カニモリ→カモン）」「主水（モヒトリ→モイトリ→モンド）」「服部（ハタオリベ→ハトリベ→ハットリ）」などがある。
　d. 綴字発音（文字読み）の結果生じたもの
　　　　　正音　　　　慣用音
　　日本　ニッポン　→　ニホン　　＊促音・半濁音無表記形の綴字発音の結果，「日」
　　合点　ガッテン　→　ガテン　　「合」の音が慣用音として固定した。
　e. 由来不明のもの
　　　　　正音　　　　　　慣用音
　　　　　呉音　漢音
　　石　　シャク　セキ　　コク

慣用字：　正規の字体ではないが，一定の地域，職域等でよく用いられる字体。
　　職　→　耺（職員組合などで）　　曜　→　吐（クリーニグ屋の看板などで）
　　蟬　→　蝉　（ワープロ字体）　　鷗外　→　鴎外（ワープロ字体）

語連続・文に関する慣用表現：　語順が固定的で，一つの結合体または結合関係を構成する表現。意味が各語の総和と等しいか否か，結合体の大小，結合度の強弱の三点から，次のように分類される。
　a. 連語＝二つ以上の語や辞からなる固定的まとまりで，語相当のはたらきをする単位。結合度が強く，接合部に他の要素を挿入することができない。
　　意味＝各語の意味の総和と等しい。
　　結合体＝語として機能する。
　　結合度＝強い。
　b. 慣用句＝二つ以上の語や辞からなるまとまりで，述部要素があり，句や節・文のはたらきをする単位。結合度が弱く，接合部に他の要素を挿入することができる。
　　意味＝各語の意味の総和とは異なる。
　　結合体＝語として機能しない。句・節・文として機能する。
　　結合度＝弱い。
　c. 成句＝二つ以上の語や辞からなる固定的まとまりで，文のはたらきをする単位。完成度が高く，接合部に他の要素を介入させると，パロディーとなる。
　　意味＝各語の意味の総和と等しい。
　　結合体＝句（運用の素材としての文）として機能する。
　　結合度＝強い。

連　語：　品詞を異にし，単独でも使用される二つ以上の語や辞が結合し，各語の意味の総和が連語の意味となり，語や辞として機能するもの。連語としての品詞は，各語の品詞からは独立していて，固有のものになる。
　　連語名詞　若い衆・若い燕・若い者・我が家
　　連語動詞　気が付く・気に入る・気にする・気になる

連語形容詞　味けない・息苦しい・仕方ない・途方(とほう)もない・見苦(みぐる)しい・見易(みやす)い・見好(みよ)い
　連語形容動詞　頭打ち・頭ごなし・気の毒・目の毒・わがまま・わがもの顔
　連語副詞　頭から・口が裂けても・雲を霞(かすみ)と・どれか・根掘り葉掘り
　連語連体詞　雲衝くばかりの・手に余る・天を摩する・耳よりの・目に余る
　連語接続詞　しかしながら・だから・だからといって・しかのみならず
　連語助動詞　である・でない
　連語助詞　ないで・を措(お)いて・をして・をもちて・もって
　因みに，連語感動詞はない。感動詞は，各語の独立性が強く，また，より複雑な感動表現は感動詞を重複させればよく，連語感動詞を作る必要性がないからである。
連語と慣用句：　動詞の場合，多くは動詞どうしの複合による複合動詞や慣用句となり，連語動詞と認定されるものはめったにない。例示した「気が付く，気に入る・気にする・気になる」なども，一般には慣用句とされる。本書が，これらを連語動詞としたのは，次の理由による。
　「気が付く」を例にすると，「気が付く」は常にまとまって機能し，接合部である，「気が」と「付く」の間に，他の要素を挿入することができない。
　　　彼は細かなことによく気が付く。　→　＊彼は細かなことに気がよく付く。
　　　それはちょっと気が付かないことだ。→　＊それは気がちょっと付かないことだ。
　一方，相似た表現であるが，「気がする」は慣用句である。
　　　彼にはちょっと気の毒なことをしたような気がする。
　　　　→　彼には気の毒なことをしたような気がちょっとする。
「気が」と「する」との間に，「ちょっと」などの程度副詞を挿入することが可能であり，「気がする」は一語として機能していないことが明白であるからである。
連語と複合語・派生語：　二つ以上の形態素が結合して，語を形成するものに，連語のほかに，複合語や派生語がある。
　連語の場合は，構成する語が単独でも使用される語であるのに対して，複合語の場合は，単独では使用されない形態素（被覆形）を構成要素とする。
　複合名詞は次の5種類に分類される。
　①語幹という被覆形を含むもの：　うれし泣き・高跳び・短夜(みじかよ)・若衆(わかしゅ)
　②連濁による被覆形を含むもの：　鉄砲玉(てっぽうだま)・本箱(ほんばこ)・水瓶(みずがめ)・山桜(やまざくら)
　③母音交替による被覆形を含むもの：　風車(かざぐるま)・酒屋(さかや)・手綱(たづな)・爪先(つまさき)
　④連声による被覆形を含むもの：　因縁(いんねん)・観音(かんのん)・天皇(てんのう)・反応(はんのう)
　⑤アクセント変化による被覆形を含むもの：　朝風(あさかぜ)・赤とんぼ・黒猫・鯉幟(こいのぼり)
　「若い衆」の場合，「若い」「衆」はともに，単独で使用される語であり，前者は形容詞，後者は名詞として機能しているので，連語である。これに対して，「若衆(わかしゅ)」の場合，「若」は語幹で被覆形，「衆(しゅ)」短縮形で複合語固有の形，ともに単独では使用されないので，複合語となる。

派生語の場合は，単独では使用されない接頭辞や接尾辞という被覆形を構成要素とするので，これも連語ではない。
　複合動詞は，動詞どうしの結合で，同一品詞の結合体である点で，連語と異なる。なお，「べきだ」「べからず」などの助動詞も，助動詞どうしの結合体であるので，連語ではなく，複合助動詞となる。また，「かも・ても・をも」など，助詞どうしが結合して一語として用いられるものも多いが，これらも，連語ではなく，複合助詞と呼称すべきものである。

慣用句の下位分類Ⅰ： 各語の総和では説明しにくい固有の意味を構成するという点で，意味的には一語的であり，かつ，接合部に他の要素を挿入することを許すという点で，文法的には一語的でない，文節以上文以下のまとまりを慣用句という。

　慣用句は，中心となる語の品詞により次のように分類される。

　動詞慣用句 頭が切れる・頭に来る・頭を痛める・目が合う・目が利く・目が届く・幅を利かす・鼻にかける・骨を折る・骨を惜しむ・割りを食う

　形容詞慣用句 頭が痛い・頭が重い・頭が固い・頭が高い・影も形もない・敷居が高い・手が早い・耳が早い

　＊他の品詞は，連語または複合語になり，慣用句になるものはない。

　動詞慣用句は常に動詞として用いられるわけではない。

　　彼は頭が切れる（賢い・利口だ）。＝説明部に用いられ，形容詞，形容動詞相当のはたらきをする。

　　頭に来て，怒鳴ってしまった。＝従属節に用いられ，動詞のはたらきをする。

　ただし，一語として機能しているわけではない。次のように，接合部に他の要素を挿入することが可能だからである。

　　彼はすごく頭が切れる。　　　　　→　彼は頭がすごく切れる。
　　かあっと頭に来て，怒鳴ってしまった。→　頭にかあっと来て，怒鳴ってしまった。

　形容詞慣用句は状態性動詞や形容詞として機能する。ただし，この場合も一語化しているわけではない。

　　子供の件で頭が痛い（悩んでいる）よ。→　子供の件で頭がかなり痛いよ。
　　先生の所は敷居が高い（行きにくい）。→　先生の所は敷居がちょっと高くなった。

　なお，「頭が切れる」「頭が痛い」などは，形態としては文になりうる形態であるが，これらをそのまま，これらだけで文として表現すると文字通りの意味であるのか，慣用句の意であるのか曖昧になってしまう。慣用句が誤解されることなく慣用句として機能するのは，文の部分的素材として使用される場合においてである。

慣用句の下位分類Ⅱ： 慣用句をレトリックの観点から分類すると，直喩的慣用句と隠喩的慣用句・反復慣用句に分類される。

　直喩的慣用句 比喩指標が明示される慣用句。比喩指標で下位分類すると次のようになる。

　a．比喩指標が「よう」であるもの： 赤子の手をひねるよう（に容易だ）・蚊の鳴くよ

う（な小さい声）・雲をつかむよう（にとらえどころがない）・蜘蛛の子を散らすよう（に四方八方に逃げ散る）・氷のよう（に冷たい手）・砂を噛むよう（に無味乾燥だ）・竹を割ったよう（に真っ直ぐな気性だ）・抜けるよう（に青い空）・蜂の巣をつついたよう（に大騒ぎだ）・火のついたよう（に激しく泣き叫ぶ）・蛇のよう（に執念深い）・水を打ったよう（に静まり返る）・もみじのよう（な可愛い手）・夢のよう（にはかない）・リンゴのよう（に赤い頬）
　b.　比喩指標が「ごとし」であるもの：　雲霞のごとき（大軍）・赤貧洗うがごとし（大変な貧しさ）・蛇蝎のごとく（嫌う）
　c.　比喩指標が「ばかり・ほど」であるもの：　雲衝くばかり（の大男）・雀の涙ほど（のボーナス）・泣かんばかり（に頼み込む）・猫の手も借りたいほど（の忙さ）・猫の額ほどの（小さな庭）
　隠喩的慣用句　比喩ではあるが，比喩指標が明示されない慣用句
　a.　「思い」を修飾するもの：　一日千秋の思い・血を吐く思い・藁にもすがる思い
　b.　その他：　鬼気迫る（雰囲気）・手を焼く（問題）・骨身にしみる（経験）・水もしたたる（好男子）・水ももらさぬ（警備態勢）・虫も殺さぬ（顔）
反復慣用句　味もそっけもない・あれもこれも・恨みつらみを並べる・うんともすんとも言わない・なりふり構わず・なんでもかんでも・にっちもさっちも行かない・煮ても焼いても食えない・猫も杓子も・寝ても覚めても・のべつ幕無しに・踏んだり蹴ったり・欲も得もない
同語反復型慣用表現：　同一語を反復して用い，一定の意味を加える表現。
　①「AはA」の型。Aは名詞。いずれにせよ，やはりAであることは動かせないの意。
　1　なんで勝っても，勝ちは勝ち。／負けは負けだ。潔く認めよう。
　2　東は東，西は西。／君は君，僕は僕，されど仲良き。
　②「AことはA」の型。Aが名詞の場合＝最も知っているの意（3）。形容詞の場合＝結果はどうあれ，一応Aであることを認めるの意（4）。動詞の場合＝結果はどうあれ，一応Aするの意（5）。
　3　竹のことは竹に聞け，松のことは松に問え。
　4　あの映画，面白いことは面白い。
　5　大学へは，行くことは行くけれど，どんな学問をやるか未定です。
　③「AにはAを，BにはBを」の型。ABともに名詞。最もふさわしいの意。
　6　目には目を，歯には歯を。
　④「AのなかのA」の型。Aは名詞。賞賛の意の意を込めて典型と認めるの意。
　7　男のなかの男／猛獣のなかの猛獣／花のなかの花
　⑤「AはAで」の型。Aは人名詞。AはAの能力範囲での意。
　8　夫は夫で，打開策を考えているらしい。
　⑥「AはAなりに」の型。cに同じ。
　9　妻は妻なりに，打開策を考えているらしい。

⑦「AもAなら，BもBだ」の型。A，Bともに人名詞。A，Bともに軽蔑や非難に値するの意。
  10　夫も夫なら，妻も妻だ。
⑧「AというA」の型。Aは名詞。あらゆるAの意。
  11　漬物という漬物は，まったく食べない。
⑨「AまたA」の型。Aが連続的に多数存在するの意。
  12　涙また涙／人また人／山また山
⑩「A1にA2」の型。A1は動詞の連用形，A2は同一動詞の他の活用形。徹底的にAするの意。
  13　悩みに悩んだ末，結局，断念した。
⑪「AてもAても」の型。Aは動詞の促音連用形。いくらAしても効果がないの意。
  14　追っても追っても，着いてくるポチはほんとに可愛いな。

成句の下位分類：　常に固定した文の形で用いられる成句は，典拠の有無などにより，故事成句・格言（金言・箴言）・ことわざなどにおおまかに下位分類される。

故事成句：　典拠のわかる，有名な漢詩や漢文の句に由来するもの。
  15　人間万事塞翁が馬＝『淮南子』「人間訓」の句。人間の禍福は変転してどちらかに固定したものではない。有頂天になってもいけないし，絶望してもいけない。

格　言：　深い人間観察や経験から得た結果を，処世への戒めや教えとして，簡潔に表現したもの。典拠の明らかなものと不明なものとがある。金言・箴言・処世訓とも。
  16　金言耳に逆らう＝教訓やよい言葉は，とかく人の感情をそこなって，聞き入れられないことが多い。

ことわざ：　典拠がはっきりせず，古くから言い習わされた，真理や道理，教訓などを言い表した気の利いた言葉。
  17　急がば回れ。　　18　火のない所に煙は立たぬ。
  19　蒔かぬ種は生えぬ。　　20　葦の髄から天井のぞく。

慣用句語彙：　「額」には「〜垂る」「〜に汗する」「〜に手抜きを当てる」「〜角を入れる」「〜を集める」「〜を合せる」等，豊富な慣用句があるが，同義語の「おでこ」には，慣用句がない。慣用句の一部と成り得る語彙（「慣用句語彙」という）は，社会的に認められた語，第一次和語ということになる。慣用句が存在しない語は俗語，第二次和語である。

（小池清治）

参考文献　白石大二『日本語のイディオム』（三省堂，1950），『日本語の発想—語源・イディオム—』（東京堂出版，1961），『国語慣用句大辞典』（東京堂出版，1977）；文化庁編『語源・慣用語』（教育出版，1975）；宮地裕『慣用句の意味と用法』（明治書院，1982），「慣用句の周辺—連語・ことわざ・複合語」（日本語学，4巻1号，1985）；飛鳥博臣「日本語動詞慣用句の階層性」（月刊言語，11巻13号，1982）；大坪喜子「名詞慣用句—特に隠蔽的慣用句について—」（日本語学，4巻1号，1985）；國廣哲彌「慣用句論」（日本語学，4巻1号，1985）；中村明「慣用句と比喩表現」（日本語学，4巻1号，1985）；西尾寅弥「形容詞慣用句」（日本語学，4巻1号，1985）；村木新次郎「慣用句・機能動詞結合・自由な語結合」（日本語学，4巻1号，1985）；森田良行「動詞慣用句」（日本語学，4巻1号，1985）

完了表現　expression of perfective aspect
kanryou-hyougen

キーワード：完了／完了状態／パーフェクト
　　　　　　タ／テイル

定　義：　ある時点において，それ以前に動きが終結し，その結果が現存することを表す表現。日本語には，そのための専用の形式はないが，動詞のタ形がその役割を果たす場合がある。ほかに，テイル・テイナイ形が完了の表現とかかわりをもつ場合がある。

完了のタ：　～タ形は，基準時点以前に事態が成立したことを表すのが基本で，発話時点を基準の時点とする終止用法では，多くの場合，現在との関係を特に問題としない「過去」の表現になるわけであるが，特に動作・作用が発話時点の直前に実現し，しかも，その結果が強く意識されるときは，完了の意味あいを帯びることになる。次の，例1は過去，例2は完了の例といえる。

　1　列車は10分前に発車した。
　2　列車はもう発車した。

　完了の～タであるか，過去の～タであるかは，文脈や副詞類によって区別される。ふつう，過去の特定の時点を表す副詞類が共起するのは過去の～タであるが，「もう」「すでに」「とっくに」などは完了の～タと共起する。

　また，否定形として，過去の～タについては，～ナカッタが，完了の～タについては，～テイナイが用いられる。なお，後者の場合，副詞類として，多く「まだ」「いまだに」などが共起する。

　3　列車は所定の時刻に発車しなかった。〔過去〕
　4　列車はまだ発車していない。〔完了〕

　非終止用法では，～タが基準時点（発話時点を含む）における完了を表すことがある。
　5　一番速く書き上げた人には，ほうびを上げます。
　6　その時には，すでに列車は到着したようだった。

完了のテイル：　～テイルは様々な意味で用いられるがそのうちの一つとして，動作・作用がある基準の時点以前に終結し，主体が現在その経歴・経験を背景にもつ状態にあるという，いわゆる「経歴・経験」の意味を表す場合がある。この場合は，「～テ」と「イル」の間に多少の分離意識があり，さらに，この「～テ」は「～タ」の連用形というに近い性格をもっている。この「～テ（イル）」がしばしば基準時点以前の特定の時点を表す副詞類と共起するのは，そのためである。

　7　彼はこれまでに五回パリに行っている。
　8　彼とは前に一度会っている。

ところで，この形でも，～タの場合と同様に，動作・作用の実現の時点が基準時点の直前で，しかもその結果に重点がおかれるような場合には，「～テ」の部分が「完了」の意味あいを帯び，全体として完了の状態を表すことになる。この意味の～テイルと共起する副詞類は，完了の～タの場合と同様である。
　9　列車はもう発車している。
　なお，完了（状態）の～テイルは，～タと違って，～テイタ，～テイルダロウなどと変化することが可能で，非終止用法だけでなく，終止用法においても，発話時点以外の，過去ないしは未来の時点における完了の状態を表すことができる。
　10　彼が駅に駆けつけたとき，列車はもう発車していた。
　11　彼が駅に着くころには，列車はもう発車しているだろう。

終結局面の表現と完了：　動作・作用の終結局面の表現にかかわる～テシマウ・～オエル・～オワルなどのタ形ないしテイル（テイタ）形が完了（状態）を表す場合も多い。
　12　彼はもう手紙を書き終えた。
　13　彼が駅に着いたとき列車はもう発車してしまっていた。
　しかし，これらの場合，～テシマウなどが完了の意味あいを強調しているとはいえるが，完了の意味そのものは，やはりタ形ないしはテイル形のはたらきによって生まれるとみるべきであろう。ちなみに，～テシマウなどは，ル形のままではここでいう完了を表すことができない。

パーフェクト説について：　動作・作用の残した後続段階への影響を，もっと拡大して考えようとする立場もある。例えば，工藤（1995）は，「テクスト志向の機能文法」の観点から，「ある設定された時点において，それよりも前に実現した運動がひきつづきかかわり，効力をもっていること」を「パーフェクト」ととらえている。この場合の「効力」とは，「運動動詞すべてが表す偶然的な間接的な結果」のことであるという（いわゆる「結果継続」のテイル形のかかわる「主体または客体に必然的にあらわれざるをえない変化の直接的な結果」とは区別される）。これによれば，いわゆる完了のタ形，完了状態のテイル形はもちろん，「経歴・経験」の意味を表すとされてきたテイル形なども，すべてパーフェクトの表現ということになる。
　工藤は，文の集合であるテクストにおいて，スル（完成性）―シテイル（継続性）―シテイル（パーフェクト性）のアスペクト的意味が，継起・前進性―同時性―時後退性というテクスト的機能（出来事間の時間的な関係表示）と対応しているとしている。
　なお，完了ないしはパーフェクトにかかわる表現で用いられる動詞は，動作動詞（運動動詞）という以外，特に制限はない。
　　　　　　　　　　　　　　　　　　　　　　　　　　　　　　（山口佳也）

参考文献　寺村秀夫『日本語のシンタクスと意味Ⅱ』（くろしお出版，1984）；森山卓郎『日本語動詞述語文の研究』（明治書院，1988）；町田健『日本語の時制とアスペクト』（アルク，1989）；金子享『言語の時間表現』（ひつじ書房，1995）；工藤真由美『アスペクト・テンス体系とテクスト―現代日本語の時間の表現―』（ひつじ書房，1995）

関連性表現
かんれんせいひょうげん
expression of which indicates a 'depend on' relation
kanrensei-hyougen

キーワード：イカン・次第デ・ソウイエバ・ニオウジテ・ニ関シテ・ヲ契機トシテ
定　義：　ある行動・事態・事柄などが，その後の事態の変化や推移，ある考えの想起・想到などに関連することを表す形式。
行為・事態の推移と結果の成否：　行為や事態の変化・推移が，予測したり，期待される結果と関連することを表現する形式として，「名詞（句）＋イカン」・「名詞（句）＋次第デ」があげられる。
　1　合否［合格するかしないか］は英語の成績いかんである。
　2　英語の成績いかんで合否［合格するかしないか］が決まる。
1，2は，「は」に先行する「合格スルコト／シナイコト」という，主題として明示される対立的な結果が「英語の成績」という数量化または程度の差として確認可能な結果に左右されることを示している。もちろん，対立する一方の結果だけを主題として，
　3　合格は英語の成績いかんである。
　4　英語の成績いかんで合格が決まる。
のような表現も可能である。1～4は，「イカン」を「次第」に言い換えが可能である。また，1，3は「英語の成績イカンによる」ともいうが，「英語の成績次第による」とはいえない。これは「世の中は金次第／ニヨル／ニヨッテ決マル」のように，「次第」が「ニヨル／ニヨッテ決マル」と同じ表現価値をもつためである。
　推移した結果が二者択一的にプラス・マイナスの両方が予測される場合，3，4のようにプラスの結果を主題とすることは可能だが，
　5　＊不合格は英語の成績いかんである。
　6　＊英語の成績いかんで不合格が決まる。
とすると，不自然な文になる。
　同様に，「参加・協力・努力・決意」など，精神活動および行動におけるプラスの取り組み姿勢にかかわる名詞（句）に「イカン」が接続すると，プラス・マイナス両面の結果を中立的に予測することにはならなくなる場合がある。
　7　この事業が成功するかしないかは諸君の協力いかんである。
　8　この事業の成否は諸君の協力いかんである。
7，8は「成功スルコト／シナイコト」という両面を，起りうる結果の可能性として主題としているのではなく，「成功スルタメニハ協力ガ前提デアルコト」を伝えているのである。発話意図には「成功スルタメニ協力シテホシイ」という期待が込められている。いわば，聞き手に対して，プラスの結果を導くためにプラスの行為を要求する間接表現となっ

ているともいえる。したがって,「～ニカカッテイル」という言い換えが可能となる。このことは「名詞(句)＋次第デ」にも同様の関係がみられる。ただし,「名詞(句)＋次第デ」の形式では,名詞が人物名・人代名詞である場合,その人物の行為・行動までを含み,

  9 この事業が成功するかしないかはあなた次第である。

のようになり,発話者が聞き手に対して期待を述べていることになる。

行動・事態の推移に対応した行動・事態の出来: ある事態の推移や変化に対応して,行動や状況も変化するときには,「名詞(句)＋ニオウジテ」の形式を用いる。

  10 勤務時間に応じて給料を支払う。
  11 相手方の出方に応じて対応を考える。

ある行動や事態がどのように推移・変化するかが,続く行動や事態の出来に関連することを表す。10は行動を数量化し,それに比例するかたちで,続く行動が決定される。11も「相手方ガドンナ行動ヲスルカ」という変化の可能性に対応して,行動を決定しようとするものである。これが,ある行動や事態の一点をきっかけにして,新たな行動や事態の展開をみるときは,「名詞(句)＋ヲ契機トシテ／ヲキッカケニ(シテ)」という形式を用いて,

  12 入院を契機として規則正しい生活をするようになった。
  13 結婚をきっかけにパチンコをやめた。

のように,多く動作性を伴う名詞に接続し,「始める・やめる・動き出す・～ようになる」といった変化を表す語や形式が続く。一般に,「名詞(句)＋ヲ契機トシテ」のほうが文体としては固くなる。

事態の発生と想起・想到: ある事態が生じたことに関連して,考えが浮かんだり,過去のことを思い出したりする形式として,「ソウイエバ～」をあげておこう。

  14 A:きょうは田中さんが出社してませんね。
    B:そういえば,先週から体調が悪いと言っていたなあ。
  15 12月になったか。そういえば,去年の今ごろは仕事がいそがしかったなあ。

14のように,相手の発話内容をうけて,それまでに得た情報を思い出す場合と,15のように,あることから連想したことで過去を回想する場合とがある。

多様な関連性: ある行動や事態を多様に関連付ける場合,「～ニ関シテ(ハ)」「～ニツイテ(ハ)」の形式をとる。一般に,「～ニツイテ(ハ)」は「～ニ関シテ(ハ)」よりも事柄との緊密度が高く,関連する部分の範囲も狭い。

  16 この映画に関して(は)いろいろと言いたいことがある。
  17 この映画について(は)いろいろと言いたいことがある。

16は「映画そのもの」,17は「時代・雰囲気・発話者の心情」など,映画にまつわる種々のことがらとの関連付けが考えられる。   (木村義之)

参考文献 森田良行・松木正恵『日本語表現文型』(アルク,1989);グループ・ジャマシイ『日本語文型辞典』(くろしお出版,1998)

期間・間隔／範囲の表現

expression of a period, space or range

kikan・kankaku/han i-no-hyougen

キーワード：カラ…マデ／ズット／アイダ／ジュウ・チュウ／ヌウチニ

定　義：　ある限られた一つづきの時間（期間）や空間（範囲）についての表現。

文型と解説：　期間は時間的に定められた一定のあいだ。範囲は平面的・空間的・立体的・時間的を問わず、その大きさ・広さ・長さの広がりや制限のことをいう。以下、表現ごとにみていく。

カラ…マデ：　ある継続した範囲だけでなく、動作や事柄のはじめから、その到達点を表す語について、その間の継続や、その範囲のスケールを表現する。

　1　東京から仙台までの車中、ずっと新聞を読んでいた。
　2　入学してから今日まで欠席をしたことがない。

1, 2は、ある一つづきの時間・範囲の中での意味に重点があり、「～のあいだ」と共起する。さらに、ある動作や状態が継続して行われる意味に重点があるため、「ずっと」と共起する。この場合マデは、格助詞としてはたらく。

　3　夕食の時間は6時から8時までです。
　4　前菜からデザートまでフルコースを食べつくした。

3, 4は、動作や状態の継続の意味よりも、ある限られた時間や範囲の広さや大きさのスケールに意味の重点がある表現。マデはその時間や範囲の終了する限度までを表現し、「明日まで休み」というと、明日も休みに含まれることになる。

また、マデが副助詞的に用いられ、極端な範囲を例示すれば強調表現になる。

　5　箪笥の中から本箱の隅までくまなく探したが見つからなかった。

類似の表現に「すみからすみまで」という言い方もあるが、これらは後に述べられる用言がどのような様子であるかを修飾する表現になっている。

アイダ：　ある一定の時間帯や期間、また主体自身がある状況にある期間を表す語についてその期間中継続していることを表す表現。

　6　夏休みの間、ずっとそのことを考えていた。
　7　車を走らせている間、ずっとそのことを考えていた。
　8　列車は一定の間をおいて発車している。

起点と終点が必ずしも明示されないため、やや漠然とした期間につき、「長い間」「しばらくの間」のような朧化表現としても用いられる。

時間や期間についた「のあいだ」は「ちゅう」に置き換えることができる。しかし、7のように、主体がある状況にある期間についた場合には、「ちゅう」には置き換えられないが、「とき」には置き換えられる。

また，8は間隔を示す表現になる。
ウチ： ある限られた時間や動作を表す語につき，その範囲内を指す。また，ウチニを用いると，ぎりぎりの許容範囲を示す表現になる。
　9　朝のうちは雨が降るでしょう。
　10　お祖父ちゃんが働けるうちに，貯金をしておこう。
「うち」は範囲内を示すのだから，その範囲を越えたことについては，関知しない表現である。だから，状況や環境が変化することを前提とした表現といえる。いずれもアイダで置き換えて表現することができる。
　また，次のように「ない（ぬ）うちに」で表現すると，悪い状態が予測されるニュアンスを含む表現になる。
　11　大雪にならないうちに，峠を越えなければならない。
「なるまえに」の意味になり，予測のできる範囲から外れることは好ましくないため，事態が悪化するニュアンスが含まれるものと考えられる。「鬼のいぬまに洗濯」という表現もあるが，「ま」を用いると切迫した，よりあわただしい時間の表現になる。
チュウ／ジュウ： 数詞，範囲や領域・期間を表す名詞，動作や状態を表す名詞に付き，その範囲や領域・期間に含まれたり最中であることを示す表現。
　12　8人中5人までが未成年だった。
　13　工事中にはご迷惑をおかけします。
　14　今日中に原稿を書き上げなければならない。
　15　彼の名声は日本中に広まった。
「中」には「ちゅう」と「じゅう」と二つの読みがあり，この違いについてみる。
「ちゅう」と読むのは次のような場合である。「5月中」のように数詞について「〜のうち」を表す場合。「滞在中」「授業中」のように，特定の期間に付き，その範囲内であること。また，範囲全体にわたることを表す場合。「空気中」「水中」のように，おもに液体や気体の中に含まれていることを表す場合。また，「不幸中の幸い」のような表現があるが，これはある物事の範疇に属していることを表現するものである。
「じゅう」と読むのは次のような場合である。「町中」「日本中」のように，場所の広がりをもつ語について，その範囲全体にわたることを表す場合。「家中」「親戚中」のように，集団の成員すべてを表す場合。「一日中」「冬中」のように，期間を示す語について，その期間を通してずっと，の意を表す場合。
　アイダとの関係を考えると，12では「8人のあいだ5人」とはいえない。先に述べたように「あいだ」は起点と終点が明確ではなく，やや漠然とした範囲を指し示すためと考えられる。したがって，「冬中」のような場合には置き換えができる。14, 15は「のあいだ」に置き換えられなくはないが，朧化された表現になり不自然な感じを受ける。（漆谷広樹）

参考文献　森田良行『基礎日本語2』（角川書店，1980）

希求・誂え表現　optative expression
kikyuu・atsurae-hyougen

キーワード：反実仮想・希求動詞
　　　　　　テホシイ・テモライタイ／タラナアア／トイイ／ゼヒ／ゼヒトモ／ナントカ

定　義：　話し手の意図する動作・状態が，聞き手や第三者（非情物の場合もある）において実現することを望む表現。「希望表現」と同義に用いられることもあるが，狭義には自己における実現を志向する場合を「希望表現」，他者における実現を志向する場合を「希求（誂え）表現」と呼びわける（→「希望表現」）。他者志向であるという点で命令表現と類似しているが，「希求表現」は，実現を望む事態の当事者である聞き手や第三者への直接的なはたらきかけではなくあくまで自己の願望の表出にとどまる点，それゆえに相手が目の前にいなくても成立するという点で異なる（→「命令表現」）。

　形式からみると，「テホシイ」「テモライタイ」「（お／ご）願イタイ」などが動詞に後接する文，「タラ／バ」のような条件表現，「ナイカ」のような否定の形をとるものなどがある。いずれにも，「ト思ウ」といった思考表出動詞や「ナア」のような詠嘆の終助詞が付加しやすい。また，「ゼヒ」「デキレバ」のような副詞的要素と呼応して用いられることも多い。このほか，「（～を）望む／願う／祈る」などの動詞を述語とする文も含められる。

希望表現と希求表現：　「希望表現」と「希求表現」は，ともに話し手の願望を表明する表現であるが，前者は自分の行為の実現，後者は他者（聞き手や第三者）の行為の実現を望むという点が異なる。
　　1　早く帰りたい。〔希望〕
　　2　早く帰ってほしい。〔希求〕
　1において「早く帰る」のは話し手だが，2では当該の発話で話題になっている他者（聞き手または第三者）である。

命令表現と希求表現：　希求表現と命令表現は，ともに他者に対して行為の実現を望んでいるという点でよく似ている。
　　3　早く帰ってください。〔命令〕
　　4　早く帰ってほしい。〔希求〕
ただし，両者は以下の点で異なる。
・3はつねに聞き手に対する願望の表明となるが，4はその場にいない第三者に対する願望も表せる。
・3は聞き手（＝要求の相手）に対して直接発せられなければならないが，4は特定の聞き手が目の前にいる必要はなく，独話でも用いることができる。

テホシイ：　聞き手または話題の人物がある行為・状態を実現することを話し手が望んで

いるという状況で用いられる。
　5　正解を教えてほしい。
　6　少しは私の気持ちを考えてほしい。
　要求の相手を明示したい場合は、ニ格またはカラ格で表示される。
　7　あなたにピッチャーをやってほしい。
　8　両親には長生きしてほしい。
　9　先生から鈴木君によく言っておいてほしい。
　多くの場合、要求の相手は特定の意志的主体（人間）であるが、人間の意志では制御不可能な事態への願望を表すこともある。
　10　明日こそは晴れてほしい。
　11　この幸せな日々がずっと続いてほしい。
テモライタイの類：「～テモライタイ」は、構文的にも意味的にも「～テホシイ」と同様に用いられる。ただし、「～テホシイ」に比べると、より相手からの恩恵を受ける度合いが強い。
　12　正解を教えてもらいたい。
　13　両親には長生きしてもらいたい。
　「～テイタダキタイ」とすれば、より丁寧な言い方となる。この場合、多くは目の前にいる聞き手への依頼となる。
　14　例の件について詳しく説明していただきたい。
　このほか、「願いたい」「されたい」という表現もある。いずれも、依頼・命令に傾いた表現であり、独話では用いられることはない。
　15　それだけはご勘弁願いたい。
　16　詳しくは以下の文献を参考にされたい。
　説明書や論文など不特定多数に向けて書かれた文章の中で、読者を誘導するために「～てほしい」「～ていただきたい」が用いられることがある。この場合に「デス」はつけにくい。
　17　表3を見ていただきたい。
　18　＊表3を見ていただきたいです。
　丁寧体の文章では「見ていただきたく思います」のようにするか、「ご覧ください」のように命令表現を用いる必要がある。
反実仮想：「テモラウ」を非現実の事態を仮想するという形にして、自らの希望が表されることがある。17のように条件節だけの場合（しばしば「なあ」と詠嘆で結ばれる）と、18のように「いい」「うれしい」などが主節として続く場合とがある。このとき、「テクレル」の形を用いることもできる。
　19　鈴木君に手伝ってもらえたらなあ／鈴木君が手伝ってくれたらなあ。
　20　鈴木君に手伝ってもらえたらいいのだけど／鈴木君が手伝ってくれたらいいのだけ

ど。

　また,「否定＋カ」の形もある。単に願望を表出する場合と,依頼表現となる場合とがある。21のように「カ」をとって文末のイントネーションを上げると,直接的な依頼表現となる。

21　鈴木君に手伝ってもらえないかなあ。／鈴木君が手伝ってくれないかなあ。
22　鈴木君,ちょっと手伝ってもらえないかな。／鈴木君,ちょっと手伝ってくれないかな。
23　鈴木君,ちょっと手伝ってもらえない？／鈴木君,ちょっと手伝ってくれない？

希求動詞：　「望む」「願う」「祈る」などの動詞を述語にして,話し手の対他的願望の表出を表すことができる。話し手以外が主語になる場合は,22のように「テイル」形にしなければならない。

24　先方は早急な対処を望んでいる。
25　くれぐれも内緒に願います。
26　無事に帰ってくることを祈るばかりだ。
27　ご無事をお祈りしています。

　また,「～テホシイ」「～テモライタイ」に続けて「思う」「願う」「望む」「祈る」などの動詞が後接することもある。

28　彼には頑張ってほしいと思う。
29　一日も早く戦争が終わってほしいと願っています。
30　一日も早く戦争が終わってくれることを祈っています。
31　あなたには一日も早く帰ってきていただきたく思います。

　28,29のように「～ト」で受ける場合のほか,30のように「～コトヲ」を介することもある。この場合「～テホシイコト」「～テモラウコト」とは言えず,「～テクレルコト」にする必要がある。また,「テモライタイ・テイタダキタイ」は,31のように連用形で動詞にかかることもできる。

副詞的要素：　希求表現と呼応する副詞的要素としては,以下のようなものがある。

・積極的な希求：「絶対に」「ぜひ／ぜひとも／ぜがひでも」「何としても」「どうしても」「どうか」
・消極的な希求：「(もし)できれば／できたら／できるだけ」「なんとか」「願わくば」「なるべく／なるたけ」

　　　　　　　　　　　　　　　　　　　　　　　　　　　　　　　（宮田公治）

参考文献　小矢野哲夫「『タイ』文と『ホシイ』文の構造」(解釈,21巻2号,1975)；森田良行『基礎日本語辞典』(角川書店,1989)；蒲谷宏・川口義一・坂本恵『敬語表現』(大修館書店,1998)；宮田公治「『行為導入動詞』の類型」(日本語教育,101号,1999)

基準表現 (きじゅんひょうげん) expression of standards or criteria
kijun-hyougen

キーワード：ニクラベテ・トクラベテ／ニハ／ノモトニ／ヲ中心ニ／トシテ（ハ）／ヨリ
定　義： 物事の判断の基礎となる標準を設定し，その標準に対して，ある物事がどのような様態，状況，程度にあるのかを述べる表現。「Aに［と］比べ（て）B」，「人を示す語＋には〜」，「のもとに」，「を中心に」などをはじめとした諸表現がある。ここでは，範囲，条件などと考えられるような内容のものも含めて，広くみておくことにする。
Aニ［ト］比べ（テ）B： Aを一つの基準として設定し，そのAと比較してBがどのようであるのかを述べる場合に用いる。「Aに［と］比べるとB」という形で表すこともできる。
　　1　去年に比べ（て）今年は雨がかなり少ない。
　　2　去年に比べると今年は雨がかなり少ない。
　　3　男性の平均寿命と比べ（て）女性の平均寿命は数年長い。
　　4　男性の平均寿命と比べると女性の平均寿命は数年長い。
人を示す語＋ニハ： ある物事が，その人にとってどのようであるのかを述べるときに用いる。「他の人にはどうか分からないが，その人にとっては」といった対比的な意味が含まれる。
　　5　このカレーライスは，子どもには辛すぎる。
　　6　私にはこの問題は難しすぎて分からない。
　　7　急な繰り上げ当選ではあったが，彼にはうれしい結果となった。
ノモトニ： ある状況を一つの条件的な基準として設定し，その状況や時間の下において物事があることをいう場合に用いられる。
　　8　両親の同意のもとに，半年間休学をすることにした。
　　9　関係者立ち会いのもとに，現場検証が行われた。
　　10　3ヶ月という約束のもとに調査が行われた。
ヲ中心ニ： ある物事が，人や集団や他の物事などを中心にして成り立っていることを表す。「〜を中心に［と］して…」の形でも表される。
　　11　わが社では，営業部を中心に販売促進計画が進められている。
　　12　このチームは，キャプテンを中心によくまとまっている。
　　13　都会では，出勤，帰宅の時間帯を中心に，多くの電車が運行されている。
　　14　低気圧の影響で，関東地方を中心に，広い範囲で雨が降り続くでしょう。
　　15　地球は太陽を中心としてまわっている。
　　16　子供が産まれてから，わが家の生活は子どもを中心にしてまわるようになった。

Aトシテハ： Aという物事についての一般的な理解や認識を一つの標準として想定し，その標準に対して，目の前の物事がどのような状態にあるのかを表す場合に用いられる。

17 これは，カレーライスとしては甘すぎて，不人気だと思う。
18 あの山は，山としては高いほうではないが，形がとても美しい。
19 午前九時は，開店時間としては早いほうだと思う。

ヨリ〜：「より」を形容詞や形容動詞，副詞などの前に用いて，現状やそれまでの状態よりも「もっと〜」という内容を表す場合に用いられる。明治以降，西欧語の翻訳文において使われはじめたもので，今日では一般的に行われるに至っている。

20 よりおいしい米を作ろうと，生産者たちは日々研究を重ねている。
21 最近のテレビは，画面の色がより鮮やかになった。
22 体質を改善するためには，より一層の努力が必要だ。

基準との近似： ある物事が，想定した基準にきわめて近い状態にあることを表す表現として，「紙一重（の差）」，「勝るとも劣らない」などがある。後者は，「勝る」ことも示しはするものの，著しい上位性を示すものではなく，互角あるいはそれ以上といった程度を表す場合に用いられる。

23 勝者と敗者の実力差はまさに紙一重であった。
24 息子も先代に勝るとも劣らないりっぱな経営者であった。

基準との隔たり： 基準とするものを複数あげ，そのいずれにも当たらないことをいうことによって，人や物事の中途半端な様子や，さらには，無用性や低劣性を述べる表現として，「帯に短したすきに長し」，「箸にも棒にもかからない」などがあり，また，平凡さを述べるものに「可もなく不可もなく」がある。

25 テキストを決めようとすると，帯に短したすきに長しで，適当なものがなかなか見つからないというのが現状です。
26 彼は遊ぶことばかりに熱心で，まったく箸にも棒にもかからない。
27 可もなく不可もなくという作文では，読み手に印象が残らない。

また，想定する標準から著しく隔たっていると見なして，相手にしなかったり問題にしなかったりすることを表すものとして，「歯牙にもかけない」があげられる。

28 批評家達は，これまで歯牙にもかけなかった受賞作家のことを盛んに論じ始めた。

（→比較表現）

（梅林博人）

参考文献 生田目弥寿「比較の表現」『日本語教育事典（日本語教育学会編）』（大修館書店，1982）；グループ・ジャマシイ『日本語文型辞典』（くろしお出版，1998）；尾上兼英監修『成語林―故事ことわざ慣用句―』（旺文社，1993）

擬声語・擬態語表現　onomatopoeia and mimetic words
giseigo・gitaigo-hyougen

キーワード：擬声語・擬態語・オノマトペ・副詞／感覚的・具体的描写

定　義　　擬声語とは生き物の声や無生物の出す音を言葉で写し取ったもののことである。擬音語ともいう。それに対し，事物や事象の状態や動きを言葉で象徴的に表したもののことを擬態語という。擬声語・擬態語を合わせてオノマトペということもある。

語構成上の特徴　　擬声語・擬態語の語構成を考えてみると，同じ音を繰り返して作られているものが多い。「ザアザア」「サラサラ」「ブンブン」「ベタベタ」「カチャカチャ」「ピチャピチャ」など四拍のものが圧倒的に多いが，「ポツリポツリ」「ベロンベロン」「ガチャコンガチャコン」など六拍以上のものもある。

　繰り返さないものの場合，「カーン」「ドッカーン」「ゴツン」のような「ん」が付くもの，「カラッ」「パリッ」「ゴホッ」のような「っ」が付くもの，「ドサリ」「ビッショリ」「ヒッソリ」のような「り」が付くものなどが多い。

　擬声語・擬態語はすでにあるパーツを組み合わせて「シューシューバタバタ」「ギンギンギラギラ」「ガラガラガッシャーン」のように新たに擬声語・擬態語を作ることができる。

　擬声語・擬態語のもつ一つ一つの音はなんらかのイメージと結び付いている。典型的には清音はきれいなものや軽いもの，小さいものを表し，濁音は汚ないものや重いもの，大きいものを表す。例えばカ行やタ行は堅そうなイメージがあるし，サ行にはかすかな摩擦感，ザ行には強い摩擦感を感じる。詳述は避けるが，擬声語・擬態語においては母音子音にはそれぞれなんらかの感覚・感情的意味が付随している。

　連語の面から考えると，擬声語・擬態語は，単独で使われる場合，「と」を伴って使われる場合，「に」を伴って使われる場合，「する」や「だ」を伴って使われる場合などがある。

　　　床がミシミシ音を立てる。
　　　雷がゴロゴロと鳴り響く。
　　　カラオケで歌いすぎて，のどがガラガラになってしまった。
　　　日に焼けたせいか，からだじゅうがヒリヒリする。
　　　今日一日働きづめで，もうフラフラだ。

　単独で使われることも多いが，一般的には「と」を使って導入されることが最も多い。「に」がつく場合は変化の結果を表すことが多く，「する」や「だ」がつく場合は状態を表すことが多い。

品詞面での特徴　　品詞の面から考えると，後ろに何もつかないで単独で使われている場

合は様々である。というより，品詞を決定しようとしてもできないものがほとんどである。「床がミシミシ音を立てる」のミシミシは副詞と考えられるだろうが，「ライターの火をつける。シュパ。」のシュパは何なのか，「カラスがカアカア。カエルがピョコピョコ」のカアカアやピョコピョコは何なのか，と考えていくときりがない。一般には擬声語・擬態語は副詞と考えられているし，それで解決する部分も多いと思われるが，「あ，ワンワンだ」のように名詞に転用されるなど，その幅は広い。

表現面での特徴： 表現の面から考えると，擬声語・擬態語はきわめて感覚的かつ具体的な表現である。その特性を生かして，小説やマンガといったジャンルでの感覚的な描写に多用される。

「カツカツカツ」「ピンポーン」「シーン」「ゴソゴソ」「ガチャガチャ」「カチャ」「ギー」「バタン」

これだけ書けば，帰宅した人が家族が留守にしていることを知り，自分で鍵を開けてうちに入ったということが何となく想像できてしまう。それが擬声語・擬態語のもつ力である。

擬声語・擬態語のもつこうした力を支えているのは，音と感覚の結び付きである。「カツカツカツ」は固い靴の足音，「ピンポーン」はチャイムの音，「シーン」は静けさの描写，「ゴソゴソ」は何かを探しているときの描写，「ガチャガチャ」は小さな金属のぶつかりあう音，「カチャ」はドアノブの音，「ギー」は扉の開く音，「バタン」は扉の閉まる音，という結び付きがすでに頭の中でできあがっているのである。

こうした慣用的な結び付きが日本語の中にすでに豊富にできあがっているおかげで，感覚的かつ具体的な描写を手軽にリズミカルにできるというメリットがある。反面，手あかにまみれた表現を多用することで文章自体が陳腐なものになってしまうというデメリットもある。したがって，擬音語・擬態語を使うときは表現が陳腐なものにならないようにし，ときには自分で組み合わせて新しいものを作る必要がある。自分で作ることができる，これが擬音語・擬態語表現の最大の特長である。

一方，オノマトペは声喩とも称され，修辞的表現でもある。客観的表現が要求される公的文章では，擬声語・擬態語は使用されない。

なお，表記の面から考えると，擬声語はカタカナで表記されることが多い。それは外来語をカタカナで表すのと同じで，カタカナはひらがなよりも音を表すのに適しているからである。擬態語もカタカナで表されることもあるが，擬態語は擬声語ほど音を写し取っているという感覚がないので，ひらがなで表されることが多い（本項では編集の都合上すべてカタカナで表しているので注意されたい）。 （石黒　圭）

参考文献　井上ひさし『自家製文章読本』（新潮社，1984）；中村明編『感覚表現事典』（東京堂出版，1995）

期待・予期表現
きたい・よきひょうげん
kitai・yoki-hyougen

expression of expectation
expression which denotes an expected result

キーワード：期待副詞・不期待副詞・予期副詞・期待形容動詞・期待助詞／期待対象・予期対象／期待通りの結果・期待に背く結果・予期通りの結果・予期に背く結果 サスガ（ハ）・サスガ（ニ）・サスガ（ノ）・サスガダ／ドウセ／ヤハリ・ヤッパリ・ヤッパシ・ヤッパ／勿論・無論・言ウマデモナク・ナント言ッテモ・ナンツッタッテ・ナンツッテモ・ナンタッテ／ダケニ・ダケアッテ・ダケノコトハアッテ

定　義：　話し手・書き手が対象に対してなんらかの期待・予期を抱いていて，事態は期待通り・予期通りであるということを表す表現。

期待副詞を中心とした文型：

	期待副詞	期待対象	特殊状況	期待通りの結果	
1	さすが（は・に）	横綱だ。		毎日勝ち続けている。	＋
2	さすが（は・に）	万年補欠だ。		何をやっても下手だ。	皮肉
	期待副詞	期待対象	特殊状況	期待に背く結果	
3	さすが（に）	横綱も	怪我で	負けることもあるさ。	－
4	さすが（に）	万年補欠だ。	まぐれで	打つこともあるよ。	皮肉
5	さすが（の）	横綱も	怪我で	負けることもあるさ。	－
6	さすが（の）	万年補欠も	まぐれで	打つこともあるさ。	＋
	期待対象	期待形容動詞		期待通りの結果	
7	横綱は	さすがだ。		毎日勝ち続けている。	＋
8	万年補欠は	さすがだ。		何をやっても下手だ。	皮肉

　サスガは，1のように，期待対象の有する優れた資質・能力等に対して絶対の信頼をおき，賞賛の念を込めて期待する意を含意し，事態は期待通りであるという意を表す。したがって，期待対象は原則として価値的にプラスのものでなくてはならない。ときに，2のように，価値的にマイナスのものを期待対象とする表現がなされるが，この場合は皮肉表現となる。基本的に既定の事実に基づく表現で，疑問文や推量の表現では使用しない。

　3，5のように，特殊な状況下では，優れた資質・能力の発現が阻止され，期待に背く結果が生ずることもあるが，その際においても，期待対象を賞賛する念には変化がない。

　4，6のように，特殊状況下での用法はマイナスの期待対象においては存在しない。

　7はサスガダという形容動詞を使用した場合の文型である。8は皮肉表現である。

　ドウセは，サスガと正反対で，他者に対しては，全く期待できないというあきらめ，自分の場合は，捨て鉢な気持ちを表す。

	不期待副詞	不期待対象	不期待通りの結果	
9	どうせ	万年補欠だ。	試合には出してもらえないさ。	

予期副詞を中心とした文型：

10	やはり	横綱だ。	毎日勝ち続けている。	＋
11	やはり	万年補欠だ。	何をやっても下手だ。	−

ヤハリは，予期対象に対して，なんらかの予期をしているということを含意し，事態は予期通りであるということを表す。サスガの場合は賞賛の念が込められるが，ヤハリの場合は，予期していることだけを述べ，予期対象が10のように，価値的にプラスの場合にも，11のように，マイナスの場合にも使用される。

ヤハリは書き言葉で話し言葉としては標準語的上品さがある。話し言葉では，強調形のヤッパリが多用され，俗っぽいものとしては，ヤッパシ，若者言葉としては，ヤッパの形もある。意外なことであるが，明治20〜22年（1887〜1889）に書かれた二葉亭四迷の『新編浮雲』において，すでにヤッパの使用例がある。

サスガには，サスガノの連体法，サスガダの述語用法などの広がりがあるが，ヤハリにはなく，もっぱら副詞として使用される。また，サスガには，期待に背く結果を表す文型があるが，ヤハリには，予期通りの結果を意味する文型しかなく，予期に反する結果を表す文型はない。プラスの結果であろうと，マイナスの結果であろうと，すべて予期の中にはいってしまうからである。既定事実に基づく表現であることはサスガと同じ。

12	勿論（無論）	横綱だ。	毎日勝ち続けているよ。	＋
13	言うまでもなく	横綱だ。	毎日勝ち続けているよ。	＋

予期対象がその資質・能力を発揮することは議論の余地なく明瞭であるの意を表す副詞として，勿論・無論がある。いずれも，字音語で堅い語感を有し，話し言葉としては男性語である。これに対応する和語的表現としては，言ウマデモナク・ナント言ッテモ（ナンツッタッテ・ナンツッテモ・ナンタッテ）などがある。これらもヤハリと同様に，価値的にマイナスのものに対しても使用できる。サスガ・ヤハリと異なり，推量表現も可能。

期待助詞を中心とした文型：

	期待対象	期待助詞	期待通りの結果
14	彼は横綱	だけに，	毎日勝ち続けている。
15	彼は横綱	だけあって，	毎日勝ち続けている。
16	彼は横綱	だけのことはあって，	毎日勝ち続けている。

14の文は，「横綱に勝ち続けている」ということを意味する場合もあり，曖昧性を有する。その曖昧性を排除するには，「彼はさすが横綱だけに，…」のように期待副詞を先行使用するか，15，16の文型を採用するかする必要がある。　　　　　　（小池清治）

参考文献　森田良行『基礎日本語辞典』（角川書店，1989）；飛田良文・浅田秀子『現代副詞用法辞典』（東京堂出版，1994）；グループ・ジャマシイ『日本語文型辞典』（くろしお出版，1998）；渡辺実『さすが！日本語（ちくま新書）』（筑摩書房，2001）

希望表現
きぼうひょうげん
expression of self-fulfillment
kibou-hyougen

キーワード：願望表現／希求表現／感覚感情動詞／「ヲ」と「ガ」の交替／反実仮想／希望動詞
タイ／〜ヨウニ・タイト思ウ／タガル／タラナア・バナア／トイイ／ゼヒ／ゼヒトモ／ナントカ

定　義： 話し手の意図する動作・状態が，自分自身において実現することを望む表現。「願望表現」とも。広義には，聞き手や第三者・非情物において実現することを望む表現も含めて「希望表現」と呼ぶことがあるが，狭義には自己志向の表現を「希望表現」，他者志向の表現を「希求表現」と呼んで区別する場合もある（「希求・誂え表現」の項を参照）。形式面からいえば，文末に助動詞「タイ」が付く文，「〜タラ／バ」のような条件表現，「〜ナイカ」のような否定の形をとるものなどがある。いずれにも，「〜ト思ウ」といった思考表出動詞や「ナア」のような詠嘆の終助詞が付加しやすい。また，「ゼヒ」「ドウシテモ」「デキレバ」のような副詞的要素と呼応して用いられることも多い。このほか，「〜がほしい」「（〜を）望む／希望する／願う／欲する」などの動詞を述語とする文も含められる。

タ　イ：
　前接する動詞　人間を主体とする動詞の多くに付く。
　1　世界一の大金持ちになりたい。
　2　風呂に入ってすっきりしたい。
　3　いつまでも健康でいたい。
　ただし，可能動詞「見える，聞こえる」等には付かない。
　4　＊早く退院できたい。〔→退院できるようになりたい／退院したい〕
　5　＊ぼくも英語を話せたい。〔→英語が話せるようになりたい／英語が話したい〕
　6　＊明日こそは富士山が見えたい。〔→富士山が見たい〕
　マイナスの意味を表す動詞（とくに感覚・感情動詞）と結び付きにくいのは，意味論的な選択制限というよりも，単にそういう状況を想定しにくいためであろう。
　7　？もっとうんざりしたい。
　8　？頭が痛みたい。
　後接要素　引用の助詞「ト」を介して，「思う」「感じる」「願う」「望む」などの動詞が付くこともある。
　9　私はマスコミに就職したいと思っています。
　10　多くの人が定年後も働きたいと望んでいる。

人称制限　「〜タイ」と言い切る形の場合は，原則として主体は一人称（話し手）に限られる。
11　私はお茶を飲みたい。
12　＊あなたはお茶を飲みたい。
13　＊彼はお茶を飲みたい。
主体が二人称（聞き手）の場合は，条件または疑問の表現に取り込めば使える。
14　お茶を飲みたければ，このポットに入っていますから。
15　お茶を飲みたいですか？
ただし，このように相手の願望を見透かして述べる表現は待遇的に不適切なものとなりやすい。14は「お茶なら，〜」，15は「お茶を飲みませんか」「お茶はどうですか」のように希望表現を回避して述べるのが普通である。
主体が三人称の場合は，「〜がる」「〜らしい／ようだ」「〜と思っている／感じている」などを後に付けることによって成り立つ。「〜のだ」が付く文でも成り立つ。
16　彼はお茶を飲みたがっている。
17　彼はお茶を飲みたいらしい。
18　彼はお茶を飲みたいと思っている。
19　彼はお茶を飲みたいのだ。
なお，18は「飲みたいと思う」とは言えず，「思っている」の形でなければならない。
「ヲ」と「ガ」の交替　「〜タイ」の構文の特徴として，「ヲ」と「ガ」の交替現象がある。
20　水を飲みたい。
21　水が飲みたい。
20と21は同じ状況で用いることができる。「水が飲みたい」の「水」は「主体」ではなく「欲求の対象」を表しており，「主語」とは区別して「対象語」と呼ばれる場合がある（「できる」「話せる」「好きだ」などを述語とする文でも同様の交替現象がみられる）。
ただし，「〜タイ」の文ならすべて「ヲ」と「ガ」の交替が可能となるわけではない。「ヲ」はほとんどの場合に使えるのに対し，「ガ」は使用しにくい場合が多い。
　a. おもに「ヲ」が用いられる場合
①対象語と動詞の間に他の格成分がある場合
22　この本をあなたに贈りたい。
23　？この本があなたに贈りたい。
②対象語が人である場合（動作主と混同するため）
24　彼女をほめてやりたい。
25　＊彼女がほめてやりたい。
③対象語の指示対象が不特定の場合
26　ここ数週間，物を食べたいなどという言葉を夫から聞いたことがない。

27 ＊物が食べたい。(cf. 何かおいしいものが食べたい。)
b.「ガ」が使える場合
「ラーメンが食べたい」「テレビが見たい」「旅行がしたい」など，主体がなんらかの事物を獲得するという場合が典型的（ただし「小便がしたい」「あなたと話がしたい」のように必ずしも「獲得」でない場合もある）。「ラーメンが作りたい」「テレビが消したい」「ゴミが片づけたい」のように，単に対象物にはたらきかけるだけの行為では「ガ」が用いられにくい。
c.「水が飲みたい」と「水を飲みたい」の違い
では，次の二文の表現性の違いはどこにあるのだろうか。
28　水が飲みたい。
29　水を飲みたい。
28では，「何かを飲みたい」という欲求の存在が前提となっており，飲みたいのはほかならぬ「水」である，ということを「ガ」によって排他的に指定している（いわゆる「総記のガ」に相当）。一方，29では，「何かをしたい」「水をどうかしたい」という欲求の存在が前提となっており，述語「(水を)飲みたい」で具体化している。

派生的用法　主体の積極的願望でなく，瞬間的に生じる生理現象の兆候を表すこともある。
30　泣きたくなりましたよ。
31　急にトイレに行きたくなった。
また，「タイ」に「もらう」「願う」「～られる」などが前接することにより，聞き手への要求を表すことがある。（→「希求・誂え表現」）
32　もう帰ってもらいたい。
33　ご遠慮ねがいたい。
34　詳しくは以下の文献を参考にされたい。
もっとも，「ビールが飲みたい」のような通常の「～タイ」の文でも，「ビールを飲ませてほしい」の意の間接的希求表現になりうる。話し手の独力では実現が困難だが聞き手の介添えで実現可能であるという状況（例えば，二人が聞き手の家にいて，冷蔵庫にビールが入っているといった場合）で希望表現が発せられれば，実質的には希求表現となる。

反実仮想：　非現実の事態を仮想するという形をとって，自らの希望が表されることがある。35のように条件節だけの場合と，36のように「いい」「うれしい」などの後件を含む場合とがある。
35　鳥のように空を飛べたらなあ。
36　鳥のように空を飛べたらいいのに。
また，「否定＋カ」の形でも表される。
37　明日は会社を休めないかなあ。
38　明日は会社を休めないかしら。

39 明日は会社を休めないものだろうか。
　どちらも、「話し手自身における行為の実現を望む表現」としての「希望表現」となるためには、可能動詞が用いられる必要がある。「〜タイ」が可能動詞に付くことができなかったのと対照的である。なお、「彼女が来ないかな」「雨が降ればなあ」のような他者志向の表現については「希求・誂え表現」の項を参照。
　反実仮想の希望表現は、「〜タイ」に比べると実現の可能性が薄い希望を述べるときに用いられる。
40 ビールが飲みたかったので、注文しました。
41 ＊ビールが飲めればなあと思ったので、注文しました。
42 ＊ビールが飲めないかなあと思ったので、注文しました。
　また、「ぜひ」「どうしても」などの副詞的要素とも共起はできない。

希望動詞：「望む」「希望する」など動詞が述語にたつ文も、話し手の希望を表す表現となる。三人称が主体の文の場合は、テイル形でなければならない。
43 私は大学院への進学を希望します。
44 彼は、退職後は静かに暮らすことを望んでいる。
45 ＊彼は、退職後は静かに暮らすことを望む。
　いずれの動詞の場合も、希望の直接的な表出である「〜タイ」に比べると、主体の意向のありようを突き放して描写する表現という性格が強い。それゆえに、もって回った言い方になりやすく、「ビールを飲むことを望みます」のような即時的な欲求を表現するにはふさわしくない。
46 右上の棚にある、あの本がほしい。
47 もっと睡眠時間がほしい。
48 私は、お金ではなく、生き甲斐を持って働ける場所がほしいのです。
49 今の巨人軍には、足のある選手がほしいところだね。
　「〜タイ」と同様、主体が二人称・三人称の場合の使用には制限がある。相手に「お茶がほしいですか？」と聞くのは待遇的に不適切だし、三人称に言及する場合は「彼はお嫁さんを ｛ほしがっている／ほしいらしい／ほしいのだ｝」などの形にする必要がある。

副詞的要素：　希望表現と呼応する副詞的要素としては、以下のようなものがある。
・積極的な希望　　「絶対に」「ぜひ／ぜひとも／ぜがひでも」「どうしても」「何としても」
・消極的な希望　　「（もし）できれば／できたら」「なんとか（して）」「願わくば」

（宮田公治）

参考文献　時枝誠記『国語学原論』(岩波書店，1941)；村木新次郎『「水を飲みたい」のに「水が飲みたい」とは？（新日本語講座2)』(汐文社，1975)；森田良行『日本語の類意表現』(創拓社，1988)『基礎日本語辞典』(角川書店，1989)

疑問表現
ぎ もんひょうげん
gimon-hyougen

question
interrogative sentence ＝疑問文

キーワード：真偽疑問文／疑問詞疑問文／選択疑問文／直接疑問文／間接疑問文／質問／疑問表出／誘導型真偽疑問文／確認要求
カ・ダロウカ・ノ・ノカ／カナア・カネエ・カシラ／ジャナイカ／ハイ・ソウデス・イイエ／ッケ・ッテ／ネ・ヨネ

疑問文： 疑問文は，情報全体の真偽，あるいは情報の内容の一部が不明であることを述べる「問題提示」の文である。狭義には，疑問の終助詞「か」を用いた疑問文を指す。

疑問文の分類： 疑問文は，提示される問題の内容により三つに分類される。(1) 情報全体の真偽を問題にする「真偽疑問文」(肯否疑問文，判定要求の疑問文，Yes-No疑問文)，(2)「何，誰，いつ，どこ，どちら，どう」などの疑問詞（不定詞）を用いて，情報の内容の一部が不明なことを表す「疑問詞疑問文」（不定疑問文，補充要求の疑問文，Wh疑問文），(3) 複数の選択肢を提示する「選択疑問文」。

 1 何か飲みますか？　　　　　　　　　　　　　〔真偽疑問文〕
   何を飲みますか？　　　　　　　　　　　　　〔疑問詞疑問文〕
   コーヒーにしますか？（それとも）紅茶にしますか？　〔選択疑問文〕

構文的には，(1) 主節として用いられる「直接疑問文」（例1）と，(2) 従属節として用いられる「間接疑問文」（埋め込み疑問文，例2）に分類される。真偽疑問文を間接疑問文にするには，「…かどうか」「…か否か」の形を用いる。

 2 <u>コーヒーを飲むかどうか（飲むか否か）</u>聞く。　〔真偽疑問文〕
   <u>何を飲むか</u>聞く。　　　　　　　　　　　　　〔疑問詞疑問文〕
   <u>コーヒーにするか紅茶にするか</u>聞く。　　　　〔選択疑問文〕

間接疑問文は，名詞句として機能する場合（例3）と，問題設定の副詞節として機能する場合（例4）がある。

 3 <u>誰が来るか</u>が問題だ。／<u>誰が来るか</u>によって<u>行くかどうか</u>を決める。
 4 <u>何が起こるか</u>，見当がつかない。／<u>何が起こるか</u>，予断を許さない状況だ。

話し言葉においては，直接疑問文の「か」はしばしば省略される。特に，「述語の非丁寧体＋か」の形の疑問詞疑問文と選択疑問文は間接疑問文としては使えるが，直接疑問文としては使いにくい。その場合，「か」は義務的に省略される。

 5 a 何か飲みますか？／何か飲むか？ b 何か飲みます？／何か飲む？
 6 a 何を飲みますか？／*何を飲むか？ b 何を飲みます？／何を飲む？
 7 a コーヒーにしますか？紅茶にしますか？／*コーヒーにするか？紅茶にするか？
   b コーヒーにします？紅茶にします？／コーヒーにする？紅茶にする？

機能面からいえば，疑問文には，(1) 聞き手に情報提供を求める「質問」（問いかけ）の文と，(2) その場で話し手の意識にのぼった疑問点を述べるだけで，情報提供は特に求めない「疑問表出」（疑い）の文がある。疑問表出は，「だろうか」「かなあ／かねえ／かしら」で表される。質問（特に，5bのように「か」が省略された真偽疑問文の場合）は上昇イントネーションを伴うことが多いが，疑問表出では上昇は伴わない。

8　（時計を持っている相手に）
　　今何時ですか？（教えてください）
9　（時計を持っていない相手に）
　　a　＊今何時ですか？
　　b　今何時だろう（か）。／今何時かなあ。／今何時かねえ。／今何時かしら。

「でしょうか」は，「答えられるのであれば答えてほしい」という意味の質問（丁寧な質問，あるいは相手に答えをあてさせるクイズ）として用いられることもある。

10　すいません。今何時でしょうか？（ご存じなら教えてください）
11　さあ，これはどこの国の国旗でしょうか？（あててみてください）

「のだ」の疑問形「の（か）」は，「（自分が知らないだけで）答えはすでに決まっている」という想定にたった疑問である。「決まっているはずの答えを早く述べるよう催促する」というニュアンスで用いられることも多い（例13）。

12　どこに行くんですか？（今行こうとしているところを教えて）
　　　　　cf. 今度の日曜，どこに行きます？（考えてその結果を聞かせて）
13　行く*の*？ 行かない*の*？（考えていることをはっきり言って）
　　　　　cf. 行く？ 行かない？（考えてその結果を聞かせて）

述語以外の要素に疑問の焦点をおく場合も「のか」を用いることが多い。

14　これ，あの店で買った*の*？（＝これを買ったのはあの店でか？）

「か」は意志・勧誘形にも付く。上昇を伴わない場合（例15）は，話し手の意向を聞き手にもちかけて相談する文，上昇を伴う場合（例16）は，「どうするのがいい？」と聞き手の意向をうかがう文になる。

15　疲れましたねえ。ちょっと休みましょうか〔非上昇〕。
16　つらそうですね。何なら，ちょっと休みましょうか〔上昇〕？

真偽疑問文：　真偽疑問文は，情報の真偽を問題にする様式によって二つのタイプに分類される。

単純真偽疑問文「pカ」　「この文脈ではpが真である可能性がある」という想定のもとでpの真偽を問題にする真偽疑問文。

17　（井上の家に電話をかけて）
　　もしもし，井上さんですか？〔中立的〕
18　（古い写真を見て，その中のある人物を「井上かもしれない」と思って）
　　これ，ひょっとして，井上さんですか？〔肯定的な予測あり〕

19　甲：(古い写真の中のある人物を指さして)
　　　　これが井上さんです。
　　乙：(「甲がそう言うのであれば，確かに井上なのかもしれないが，すぐには信じられない」という気持ちで)
　　　　本当に井上さんですか？〔否定的な予測あり〕

誘導型真偽疑問文「pナイカ」　「文脈上は『pでない』ということになっている」という想定のもとで，「自分としては『pである』可能性もあると思うが，どうだろうか？」と，pが真である可能性を示唆する真偽疑問文（この場合「ない」を強く読まない）。

20　甲：(古い写真の中のある人物を指さして)
　　　　これが井上さんです。
　　乙：(「甲はそう言うが，本当は別の人物である可能性がある」という気持ちで)
　　　　え？本当ですか？別の人じゃありませんか？

否定辞「ない」を含む真偽疑問文は，否定命題の真偽を問う単純真偽疑問文である場合（例21a）と，誘導型真偽疑問文である場合（例21b）がある。前者では「ない」に強勢がおかれるが，後者ではおかれない。

21　(真冬に。聞き手がワイシャツ一枚で平気な顔をしているのを見て)
　　a　ワイシャツ一枚で（本当に）寒くないのか？
　　b　ワイシャツ一枚だと（ひょっとして）寒くないか？／寒いんじゃないか？

ひかえめな依頼や勧誘，願望を表すといわれる「pナイカ」も，「いきなり『pが真である可能性がある』という想定にたつのは失礼だ（唐突だ）」，「現状では『pが真である可能性がある』とは想定できない」といった気持ちで発せられる誘導型真偽疑問文である。

22　(聞き手が待ってくれない可能性を考慮しながら)
　　　ちょっと待っていただけませんか？　　〔依頼〕
23　(聞き手が「ひと休みする」ということを考えていない可能性を考慮しながら)
　　　ちょっとひと休みしませんか？　　〔勧誘〕
24　(現状では「景気がよくなるかもしれない」という見込みが持てないとして)
　　　早く景気がよくなってくれないかなあ。〔願望〕

真偽疑問文に対して用いられる応答辞：　1)「はい／ええ」「いいえ／いえ／いや」のタイプと，2)「そうです」「違います」のタイプがある。後者は，「のか」疑問文および名詞を述語とする真偽疑問文に対する応答にしか用いられない。

25　「これはあなたの作品ですか？（これはあなたが作ったんですか？）」
　　　「はい，そうです。／いいえ，違います。」
26　「ここのウナギはおいしいですか？」
　　　「はい。（＊そうです。）／いいえ。（＊違います）。」

「カ」の疑問以外の用法：　いずれの場合も上昇は伴わない。
　①「～とは知らなかった（思わなかった，気付かなかった）」という気持ちで，当該の

情報を受容・納得することを表す。
  27　そうです<u>か</u>。そんなことがあったんです<u>か</u>。(そうとは知らなかった)
　② 「…するという方向に気持ちが動いた」ことを表す。「…とするか」はその専用形。聞き手に対して発された場合は，共同行為について相談をもちかけることを表す。
  28　(時計を見て) あ，もうこんな時間<u>か</u>。ちょっと休む<u>か</u> (休むとする<u>か</u>)。
　③ 「そんなことがあるはずがない」と可能性を否認する気持ちを表す。「…ものか」はその専用形。
  29　あいつにそんな大それたことができる<u>か</u> (できるもの<u>か</u>)！(できるはずがない)
　　　誰がそんなところに行く<u>か</u> (行くもの<u>か</u>)！(行くはずがない)
　④ 強い調子の「Ｐナイカ」は聞き手に対する強い催促を表す。
  30　こら，やめ<u>ないか</u>！／早くし<u>ないか</u>！

「カ」以外の疑問表現：
　① 「って？」は問い返しを表す。直前の発話の一部あるいは全体の内容が不明であるとして問い返す場合 (例31a,b) と，直前の発話内容の妥当性を確認するために問い返す場合 (例31c) とがある。
  31　A：太郎が結婚したそうだ。
　　　B：a　何だ<u>って</u>？／誰がどうした<u>って</u>？
　　　　　b　太郎がどうした<u>って</u>？／誰が結婚した<u>って</u>？
　　　　　c　太郎が結婚した<u>って</u>？ (本当か？)
　② 「っけ？」は記憶内容に関する疑問を表す。しばしば「思い出しの『た』」を伴う。
  32　この人，誰だ<u>っけ</u>？／この人，誰だった<u>っけ</u>？
  33　君，山田君だ<u>っけ</u>？／君，山田君だった<u>っけ</u>？
　③ 「だろう」「だろうね」「ね」「よね」「じゃないか」は確認要求の用法をもつ (擬似疑問)。
  34　それは確かです<u>ね</u>？〔情報の妥当性の最終確認を聞き手に求める〕
  35　きっと何とかなる<u>よね</u>？〔情報の妥当性を再認識した上で聞き手に確認を求める〕
  36　本当に大丈夫<u>でしょうね</u>？〔既成知識の妥当性を再確認する〕
  37　どう？ここのウナギ，おいしい<u>でしょう</u>？〔話し手の意見をもちかける〕
  38　そんなこと，できるわけがない<u>じゃない</u>(<u>か</u>)
　　　　　　　　　　　　　　　〔よく考えて情報の妥当性を確認するよう要請〕

　　　　　　　　　　　　　　　　　　　　　　　　　　　　(井上　優)

参考文献　古座暁子「たずねる文」(教育国語, 79号, 1984)；仁田義雄『日本語のモダリティと人称』(ひつじ書房, 1991)；森山卓郎「認識のムードとその周辺」『日本語のモダリティ』(くろしお出版, 1989)；田野村忠温『現代日本語の文法Ⅰ―「のだ」の意味と用法―』(和泉書院, 1990)；蓮沼昭子「対話における確認行為」『複文の研究 (下)』(くろしお出版, 1995)；井上優・黄麗華「日本語と中国語の真偽疑問文」(国語学, 184集, 1996)；森山卓郎・安達太郎『文の述べ方 (日本語文法セルフマスターシリーズ6)』(くろしお出版, 1996)

逆説的表現　paradoxical expression
gyakusetsuteki-hyougen　irony

キーワード：逆説（paradox）／反語（irony）／共存制限破り／婉曲表現

定　義：　表現したいことを，直接的に，または，まっとうに表現せず，わざわざ逆のことや矛盾することを表現して，真意を相手に気づかせる表現。共存制限破りの表現。婉曲表現は遠回しにすることにより，和らげるものであるが，逆説的表現は強めるものである。

逆説（paradox）：　通念・通説・常識に反しながら，または，自己矛盾的にみえながら，ある意味で真実を感じさせる表現。「ただほど高いものはない。」「貧しき者は幸いである。」「急がば回れ。」「負けるが勝ち。」など。対義結合の一種。

　芥川龍之介『或阿呆の一生』には逆説が多い。

　　僕は今最も不幸な幸福の中に暮らしてゐる。（或阿呆の一生）
　　―誰よりも十戒を守つた君は誰よりも十戒を破つた君だ。
　　　誰よりも民衆を愛した君は誰よりも民衆を軽蔑した君だ。
　　　誰よりも理想に燃え上つた君は誰よりも現実を知つてゐた君だ。
　　　君は僕等の東洋が生んだ草花の匂ひのする電気機関車だ。―　　（三十三英雄）
　　彼はかう云ふ空の下に彼の妻と二度目の結婚をした。それは彼らには歓びだつた。が，同時に又苦しみだつた。　　　　　　　　　　　　　　　　　　　（四十三夜）

反語（irony）：　ある物事を印象付けるために，それと反対の意味をもつ言葉を使用する表現。「皮肉」ともいう。紫式部は『源氏物語』「蓬生」の巻において，「末摘花」というお姫様の変人ぶりを一般の女性と対比し，概ね次のように表現している。

①一般の女性は，古歌，物語を鑑賞して，退屈をまぎらわすのだが，このお姫様はこういう趣味はおもちでない。
②一般の女性は，友だちと文通などして，気を紛らわすことをするが，このお姫様は用心して，こういうこともなさらない。
③ただ，いまでは忘れられたような古い物語の絵などを時々楽しんでいらっしゃる。
④誰の目にも興ざめなもの，古びた紙に書かれた古歌などを，わびしくてたまらないときには眺めていらっしゃる。
⑤若い女性がファッションとしてこぞって求める数珠などという物には目もくれない。

と書き連ね，変わり者ぶりを十分に納得させた後，「かやうにうるはしくぞものしたまひける。」〈このようにきちんとしていらっしゃった。〉と書く。これは強烈な反語表現の一つと評してよい。こわいほどの皮肉である。

　　　　　　　　　　　　　　　　　　　　　　　　　　　　　　　　（小池清治）

参考文献　佐藤信夫『レトリック認識』（講談社，1981）；香西秀信「日本語の修辞法―レトリック」『ことばの知識百科』（三省堂，1995）

逆接の表現
gyakusetsu-no-hyougen
expression which denotes a logical opposition, contrast, unexpectedness

キーワード：逆接仮定・逆接確定
　　　　　　テモ・ウト／タッテ・ダッテ／ガ・ケレド（モ）・ノニ・ニモカカワラズ
定　義：　前件から予想される内容と異なる事態，意外な結果が生じたり，また，前件の事態にあえて反する動作・行為を行ったりして，前件と後件とが意味的に離反する関係にあるものを接続する表現。以下，接続助詞を中心に述べる。

　逆接仮定条件：　テモ・タッテ・ウト（モ）
　逆接確定条件：　ガ・ケレドモ・ノニ・ニモカカワラズ・クセニ
　逆接恒常条件：　テモ

以上の分類については，「条件表現」の項参照。前件と後件とは，相互に離反するために，従属句と主節句という関係としてはとらえにくいところがある。すなわち，順接条件においては，ある条件のもとで以下の事態が生起するという関係を表すが，逆接条件の場合，前件のいかんにかかわらず，以下の事態が生起するという関係を表すことになる。そのため論理的にはそのまま結び付かず，前提に基づく推論を必要とする場合が多い。

　1　いくら待っても［待ったって／待とうと］彼女はもう戻ってこないだろう。〔仮定〕
　2　夕方まで待ったが［けれども］彼女は来なかった。〔確定〕

例1では，「ずっと待っていれば，彼女は戻ってくるかもしれない」という順接の判断に対して，「待つ」という行為があろうがなかろうが，「彼女が戻ってくる」という事態は出現しないだろうという判断を表す。例2では，「夕方まで待ち続ける」という行為を行ったにもかかわらず，「待っていれば来るはずだ」という予測が裏切られたことを表す。この場合，

　3　夕方まで待ったのに［にもかかわらず］彼女は来なかった。〔確定〕

のような「のに」による表現をとると，後件は単なる事実の表現というよりは，「待っていればくるはずだ」という期待が裏切られた不満を表明する文となる。したがって，「…彼女はなんで来なかったんだ。」のような，理由を追及したり，「…連絡もしないとは！」のような非難をする表現をとることも多くなる。

逆接恒常条件の「テモ」は，古代語では，

　4　心ここにあらざれば見れども見えず，聞けども聞こえず。

のように「ドモ」で表されていたもの。「見ても見えないし，聞いても聞こえない」という現代語の表現は，逆接仮定の表現により接近したものといえるであろう。（小林賢次）

参考文献　小泉保「譲歩文について」(言語研究，91巻，1987)；宮島達夫・仁田義雄編『日本語類義表現の文法・下』(くろしお出版，1995)；石黒圭「逆接の基本的性格と表現価値」(国語学，198集，1999)

共感表現
きょうかんひょうげん
expression of sympathy
kyoukan-hyougen

キーワード：促進型／完結型
エエ・ウン／ナルホド・フーン／ソウ・ソウソウ・ソウデスネ（エ）・ソウダ（ヨ）ネ（エ）

定　義：　会話の合間に，聞き手が話し手の話す内容や感情に同意していることを示す表現。

分類と文型：

a. 相手の気持ちや話の内容に対する共感

①エエ・ウン

A：風邪を引いたとき，とっても辛かったんですよ［辛かったんだよ］。
B：ええ［うん］。
A：それでね，一人でうんうんうなっててね。　　B：ええ［うん］。

下降調ではっきり言い切る場合，相手の話の内容や気持ちに同意していることを伝える。一つの話題の途中で使用され，話を促進させる「促進型」のあいづちである。また，類似の表現であるハイは，相手の発話が自分に届いたことを相手に伝えるための表現であって，気持ちへの同意を表すエエと，意味が完全には一致していないという指摘もある。

②ナルホド（ネエ），フーン

A：都会の一人暮らしでしょ。風邪を引いたとき，ほんとに辛かったんですよ［辛かったんだよ］。　B：なるほどねえ。

強い調子でいう場合，相手の気持ちや話の内容に同意を伝えることができる。ナルホド・フーンは，納得の気持ちを示す機能があり，エエ・ウンよりも強い共感を表す。また，一つの話題が終わるときに使用される「完結型」のあいづちである。

b. 相手の話の内容に対する共感　　ソウデスネ（エ）・ソウダ（ヨ）ネ（エ）

A：風邪を引いたときには，とっても辛いですよね［辛いよね］。
B：そうですねえ［そうだよね］。

相手に「よね」などの終助詞によって同意を求められた場合，話の内容に同意を示す表現。「辛かったんですよ」など，相手の個人的な気持ちの表明に対しては使えず，「辛いものですよね」など，ある事柄に同意を求められたときに使用できる。　　　　　（牲川波都季）

参考文献　北川千里「『はい』と『え、』」（日本語教育，33号，1977）；渡辺恵美子「日本語学習者のあいづちの分析―電話での会話において使用された言語的あいづち―」（日本語教育，82号，1994）；今石幸子「談話における聞き手の行動―あいづちのタイミングについて―」（日本語教育学会創立30周年・法人設立15周年記念大会予稿集，1992）；松田陽子「対話の日本語教育学―あいづちに関連して―」（日本語学，7巻13号，1988）

共存制限破り
きょうぞんせいげんやぶり
kyouzonseigen-yaburi

contravention of selectional restriction
contravention of selectional restriction violation
an improper use of the word misuse ＝誤用
oxymoron ＝矛盾語法・撞着語法・対義結合
nonsense ＝ナンセンス

キーワード：文法的制限・語彙的制限・文体的制限／共存制限・選択制限・共起制限／矛盾語法(オクシモロン)・撞着語法(オクシモロン)・対義結合(オクシモロン)／ナンセンス／コピー／子供遊び歌／オソロシイ・スゴイ・超・メッチャ／夜ノ底(ちょ)／ウマイ・オイシイ

定　義：　相異なる語が同一の文に共存するための制限として，文法的制限・語彙的制限・文体的制限など種々の制限がある。これらの制限を共存制限（選択制限・共起制限）といい，この共存制限をあえて破る表現を共存制限破りという。通常の表現では慣用的表現で採用されるくらいで，一般には採用されず，おもに哲学的・宗教的・文学的表現において採用される。

　レトリックの多くは，共存制限破りと関連するが，特に，矛盾語法(オクシモロン)（撞着語法(オクシモロン)・対義結合(オクシモロン)）やナンセンスが共存制限破りに深くかかわる。

誤用と共存制限破り：　誤用は，無意識のうちに，通常の語使用の制限を破ることである。一方，共存制限破りは意識的に制限を破り，そのことによって，ある種の表現効果をねらうものである。

　1　「可恐(おそろ)しい光るのね。金剛石(ダイアモンド)。」　　　　　　　　（尾崎紅葉『金色夜叉』）

　この「可恐(おそろ)しい」は，今日，若者や女性の言葉として多用されている「すごい，面白い。」など，形容詞連体形を副詞的，あるいは，感動詞的に使用する例の，ごく初期のものと判断される。形容詞は用言を修飾する形態として連用形を備えているから，「可恐(おそろ)しく光るのね。」が正用である。要するに，この「可恐しい」は文法的制限に抵触するものである。また，ある種の表現効果をねらっていると考えることもできないので誤用とせざるを得ない。

　副詞的または感動詞的「可恐(おそろ)しい」や「すごい」は今日でも話し言葉に限定され，書き言葉で使用すると誤用と見なされてしまい，規範性を獲得していない。

　一般的に，文法的制限に抵触するものは，誤用となり，共存制限破りとなることはないということができる。

　2　超，暑い。／超，まずい。／超，面白い。

　程度副詞の「超」の使用も，若者を中心に，程度を強調する語（副詞），流行語として広まったものである。「超」の正規の用法は，次に示すようなものである。

　　a 超越・超過　　　　　　＝とびこえる・程度をこえるの意を表す形態素
　　b 超然・超人　　　　　　＝抜きんでる・かけ離れて優れているの意を表す形態素
　　c 超満員・超高層ビル　　＝限度を越えているの意の接頭辞
　　d 超国家主義・超現実主義＝ウルトラ（極端）・スーパー（上の）

などの訳語としての接頭辞正規用法の「超」と流行語としての「超」を比較してみると次

のような相違がある。
　文法的観点1：　正規の「超」は形態素や接頭辞であり，単位としては語のレベル以下のものである。これに対して，流行語としての「超」は副詞として機能しているので語ということになる。
　文法的観点2：　a, bは形態素どうしの結合で語を構成する。c, dは接頭辞として名詞と結合し語を構成する。流行語としての「超」は，語として機能し，他の用言（形容詞）を修飾する。
　語彙的観点：　正規の「超」は，とびこえる・程度をこえる・限度をこえているの意を表す。流行語の「超」は程度がはなはだしいの意で，「とても」「非常に」など強調の程度副詞と同じ意味を表す。
　文体的観点：　正規の「超」の文体は客観的に事柄を表すニュートラルな文体。流行語の「超」は規範になかった，強調表現という反規範性という若者言葉としての文体的意味を表す。
　流行語の「超」は，文法的制限を破るもので，誤用の側面が強いが，強調の程度副詞は使い捨ての傾向があり，一時的流行として，また，俗な言い方として認めるむきもある。因みに，この「超」も最近では，「めっちゃ」に交替されつつある。
　3　めっちゃ，悔しい。(2000年シドニーオリンピックにおける田島裕子(たじまゆうこ)選手の言葉)
「可恐(おそろし)い」「超」は文法的制限に抵触するもので，誤用の側面が強いものであるが，語彙的制限を破る次のような表現は，レトリックとして意図的に使用されたもので，日常的表現ではないが，文学的表現として許容される。共存制限破りはレトリックの一種なのである。
　4　国境の長いトンネルを抜けると雪国であつた。夜の底が白くなつた。
　　　　　　　　　　　　　　　　　　　　　　　　　(川端康成(かわばたやすなり)『雪国』)
　5　下人(げにん)は，剥ぎとつた檜皮色(ひわだいろ)の着物をわきにかかへて，またたく間に急な梯子(はしご)を夜の底へかけおりた。
　　　　　　　　　　　　　　　　　　　　　　　(芥川龍之介(あくたがわりゅうのすけ)『羅生門』)
「夜」と「底」は語彙的制限により，一般的には連体修飾被修飾の関係を構成しない。「底」は，海・川・沼・池などの底部，鍋(なべ)・釜(かま)・薬缶(やかん)・コップ・袋など容器の底部，心・胸・耳など臓器・身体部位などの底部などの意で，「夜」という時間帯を表す語とは共存しない。したがって、川端・芥川の「夜の底」は共存制限破りの表現なのである。
　文法的制限破りは非文，または俗な表現と意識されるが，語彙的制限破りは，必ずしも非文とか俗な表現という評価を受けるものではない。
　「夜の底」という語連続は，非日常的ではあるが，文学的香りを感じさせるものとして，日本文学の中で定着している。例えば，藤沢周平(ふじさわしゅうへい)も次のように用いている。
　6　その道は夜の底を縫って，ひと筋仄(ほの)白く北にのびていたが　　　(「恐喝」)
　7　そのまま動かずにひっそりと深夜の底に息をした。　　　(「檻車墨河を渡る」)
「底」のないものに「底」を付けるという，文学的表現を日本語の中に持ち込んだ人は夏目漱石である。

記憶の底（『吾輩は猫である』）・陰の底（『倫敦塔』）・憐れの底（『草枕』）・死の底（『虞美人草』）／運命の底（『虞美人草』）／享楽の底（『三四郎』）／刺戟の底（『それから』）／孤独の底（『それから』）／鏡の底（『明暗』）／筆記の底（『明暗』）

ところで，シェークスピアには，次のような表現がある。

  8 the bottom of my soul（King Henry Ⅴ）   魂の底
  9 the bottom of my grief（Romeo and Juliet） 嘆きの底
 10 the bottom of your story（Pericles）   物語の底

これらの「bottom」は英語の用法として正規のものである。日本語の「底」と英語の「bottom」とには語彙的制限において相違が存在するということになる。漱石は，この相違を利用して，意識的に「底」の語彙的制限を破り，日本語の「底」の文学的用法としたものと推測される。

ところで，夏目漱石に始まり，藤沢周平にいたる，約百年に及ぶ，文学世界での試みにもかかわらず，「底」の文学的用法は文学の世界にとどまり，一般の日本語に影響を及ぼすものになってはいない。すなわち，「底」の意味用法は，少しもその枠を広げていないのである。

意味の派生と共存制限破り：　意味の拡大・派生は，概して語彙的共存制限の枠を広げることにより，成し遂げられる。

	①美味である	②すぐれている	③巧みだ	④好都合	⑤労せず得する
うまい	パン・料理	考え・やり方	歌い方・計略	話	汁
おいしい	パン・料理	×	×	話	×

ウマイという形容詞は，本来，食べ物の味に関する形容詞であった。したがって，もっぱら食べ物を意味する語彙と共存したのであるが，やがて，抽象名詞とも共存するようになり，表の②③のように意味を拡大し，さらに，うまい・まずいの味覚から，損得という感情に転移して④⑤の意味をも表すようになっている。語彙的共存制限の枠を広げることが意味の拡大を導いているのである。

このような意味の拡大に応じて，①の意を表す場合には，「旨い」という表記が用いられ，②③の意を表す場合には，「上手い」という表記が用いられるようになっている。また，④⑤の意を表す場合，「旨い」「上手い」を表すと誤解を生じるため，「うまい」と平仮名書きのままである。

一方，オイシイはウマイの女性語として，室町時代に発生した形容詞であるが，①の意味で使用され続けてき，最近，若い女性を中心に③の用法もみられるようになってはいるものの，ウマイと比較し，意味が狭い。

 11 おいしい生活

これはコピーライター，糸井重里が創作したコピーである。オイシイの語彙的共存制限枠を大幅に広げることにより，この表現はコピーとして成立している。と同時に，このオ

イシイは、②③④⑤の意味を一括してしまっている。

　コピーは新鮮な表現でなければならない。おそらく、「おいしい生活」はオイシイの意味の拡大にはつながらず、コピーの世界、レトリックの世界にとどまることであろう。

矛盾語法（オクシモロ）：　常識的には結合不可能と見なされる語どうしを結び付ける表現。哲学的・宗教的文学的表現において、しばしば採用される。また、日常語としては、慣用的表現に採用されている。

12　色即是空（しきそくぜくう）＝現象界の物質的存在は、固定的実体がなく空である。
13　空即是色（くうそくぜしき）＝固定的実体がなく、空であることにより、始めて現象界の万物が成立する。
14　有難迷惑（ありがためいわく）＝親切や好意がかえって余計な干渉や重荷と感じられること。
15　負けるが勝ち＝争って消耗するより、勝ちを譲ることが結局は勝利なのだということ。
16　まどみちお作「もうすんだとすれば」　　　　　（『「くまさん」の童話屋』1989）
　　もうすんだとすれば　これからなのだ　　あんらくなことが　苦しいのだ
　　暗いからこそ　　　　明るいのだ　　　　なんにもないから　すべてが有るのだ
　　見ているのは　　　　見ていないのだ　　（中略）
　　利口にかぎって　　　バカなのだ　　　　生まれてくることは　死んでいくことだ
　　なんでもないことが　大変なことなのだ

ナンセンス：　一見、意味をなさない表現。

17　スパゲッティは車を運転しません。＝イタリアンレストランの看板。
18　水を止めずに水を止める方法＝水道水（すいどうすい）を止めずに漏水（ろうすい）を止める方法。水道工事会社の工事車に書かれたロゴ。

　これらは、一見意味をなさない表現で、人目を惹こうとするもの。コピーの有力な手法である。

　童謡にもナンセンスなものがある。

19　ずいずい　ずっころばし　ごまみそ　ずい
　　茶壺（ちゃつぼ）に　追われて　とっぴんしゃん
　　抜けたら　どんどこしょ
　　俵（たわら）のねずみが　米（こめ）食って　ちゅ
　　ちゅう　ちゅう　ちゅう
　　おっとさんが　呼んでも　おっかさんが　呼んでも
　　行きっこ　なしよ
　　井戸（いど）の回りで　お茶碗（ちゃわん）かいたの　だあれ

　ナンセンス加減を楽しんでいる。日本人はかなりレトリカルな人種である。(小池清治)

参考文献　水谷修「日本語のむずかしさ──日本語を外国語として学習する外国人の書いた文章に現れた誤りの分析」(国語研究 (国学院大学)、12号、1961)；細川英雄『日本語を発見する』(勁草書房、1990)；長友和彦「誤用分析研究の現状と課題」(広島大学留学生センター紀要、1号、1990)；小池清治『現代日本語文法入門 (ちくま学芸文庫)』(筑摩書房、1997)

許可与え表現（許容）　expression of permission

kyoka-atae-hyougen
(kyoyou)

キーワード：許可与え・許可求め・許容

定　義：「許可求め表現」の返事となるもので，なんらかの権限をもった人が「相手」の行動について許可を与える表現。具体的には医者が患者に「今日から風呂に入ってもいいですよ」，美術館員が「写真とってもいいですよ」などというように「～てもいい／よろしい／結構（です）／かまわない／かまいません（よ）」の形となる。

　「許可求め」の返事としては「～てもいい（です）（よ）」が典型的な表現となるが，この形ははっきり自分に権限があることを示すことになるため，それを避けて丁寧にするために，「どうぞ」あるいは「～してください」の「依頼」の形をとることもある。「これ，いただいてもいいですか」に対する「どうぞ，お取りください」のような場合である。

　許可を求められた場合の否定の返事としては「許可を与えない」ということになるが，これは具体的な形をもたず，否定の依頼「しないでください」，あるいは禁止「してはいけません」などになる。この形を避けるため，「ちょっと待ってください」「ちょっと」などと曖昧にいったり，「たばこ吸ってもいいですか」に対して「ここ，禁煙ですよ」などと事実を述べたり，「ごめんなさい」などと許可を与えないことを謝罪であらわしたりもする。

　許可与え表現に似たものとして，「私がしてもいいですよ」のように，自分の行動についていう場合もある。これは，「私がします」のようなはっきりした「宣言」ではなく，自分にその行動をする用意がある，依頼されればすることを示したもので，「申し出」の一種であるといえる。ただし，「してもいい」という許可与えの形をとっているため，幾分尊大な印象を与える言い方となっている。

　日本語教育では「許可求め」「許可与え」はセットにして扱われ，初級の重要な文法項目の一つであるが，相手の行動に対して権限をもつという状況で使われるということから，上記，医者と患者の会話などの形で使われることが多い。しかし，これらの状況についての説明があまりないため，権限のない場合などでもこの「許可与え」を学習者が誤って使ってしまう可能性もある。これら，状況の説明，権限のない状態での使い方，許可を与えない場合の丁寧な言い方などについては初級ではあまり扱われていない。

　研究の指針としては，「許可与え」「許可求め」の使われる状況，具体的な表現，特に，許可を与えない場合の表現について分析，調査することが考えられる。　　　　（坂本　恵）

参考文献　蒲谷宏・川口義一・坂本恵『敬語表現』（大修館書店，1998）

許可求め表現
きょかもとめひょうげん

kyoka-motome-hyougen

expression which is used to ask for permission
permission-seeking expression

キーワード：許可求め・許可与え・依頼

定　義：　自分の利益になる行動について，なんらかの権限をもつ人にその行動を起こしてよいか許可を求める表現。

　具体的には，医者の治療を受けているときの自分の行動について聞く「お風呂に入ってもいいですか」，美術館・図書館などでの行動について「ここで写真とってもいいですか」のように館員の指示を仰ぐような場合に使われる。また，他人の所有物などを使うような場合にはその所有者に許可を求めることもある。権限をもっていない人に聞く場合には，例えば，「写真とってもいいんでしょうかね」など単に相手の意見を聞くだけなので，典型的な「許可求め」とはいえない。

　「～てもいい（です）か」が典型的な表現である。実際には「～したいんですけど」など，自分がその動作をすることを希望している状況を説明するだけでその意図をかなえようとする，例えば「写真とりたいんですけど（いいですか）」などの場合もある。

　「許可求め表現」は自分に利益のある行動を自分がする場合に，その行動について相手に決定権を委ね，その許可を求める表現であることになるため，非常に丁寧な構造となる。そのため他の表現が使われるべきときにも丁寧にするために，あたかも「許可求め」であるかのように表現されることが多い。例えば，「たばこ吸いますよ」の変わりに「（ここで）たばこ吸ってもいいですか」と相手の許可を得ることによって相手への配慮を示すような場合で，相手に「確認」を求めているといえる。これらは典型的な許可求め表現ではないため，この返事が「～てもいい」の許可与え表現では不適当に感じられることが多い。本来の許可求め表現であるかどうかは，自分の希望する行動の決定について，相手が権限をもつものであるかどうかで決まることが多い。相手が権限をもっていない行動についての許可求めは，ほとんどの場合，丁寧さを求めて，相手に確認することで相手への配慮を示したものだといえよう。

　また，「～してもらってもいいか」という形で相手の行動について聞く許可求めもある。この場合は，自分に利益のある行動を相手にとってもらいたいということを示すため，実際には「依頼表現」と同じ構造であり，「依頼表現」の一種だといえる。

　研究の指針，今後の展望としては，典型的な使い方と，丁寧さを出すための「あたかも許可求め表現」との違いを具体的に考えていく方向がある。また，「許可求め」表現に対応する返事についても具体例から考える必要があるだろう。

（坂本　恵）

参考文献　蒲谷宏・川口義一・坂本恵『敬語表現』（大修館書店，1998）

極端表現　　　expression of extremity
きょくたんひょうげん
kyokutan-hyougen

キーワード：アマリ・アンマリ・アマリニ・アマリニモ・アマリノ・アンマリダ・ドンナニ…テモ・イカニ…テモ・ドンナ・イカナル

定　義：　副詞や連体詞などを用いて，程度や分量などが極端であることを表す表現。

　アマリは「余り」，つまり必要以上に多い部分を表すことから，「極端に」という意味を表すようになった。否定表現と共起するときは，「それほど」の意味になる。
　副詞的に使われるのはアマリのほかに，アンマリ・アマリニ・アマリニモがある。体言に続く場合はアマリノの形をとり，アンマリダの形で使われると，極端すぎてひどい，という非難を表すことになる。
　　釣竿があまり［あんまり］長かったので，木に引っかけてしまった。
　　あまりに［あまりにも］忙しかったので，連絡ができませんでした。
　　あまりの美しさにしばし見とれてしまった。
　　そんなひどいことを言うなんて，あんまりだ。
　イカニやドンナニはテモを伴って逆接仮定条件を表す。イカニはその文体的な古めかしさから，トモを伴うことが多い。
　　どんなに年を取っても，女性は美しく見られたいものである。
　　いかに眠くとも，車を運転している最中に眠ることだけは許されない。
　テモは場合を尽くす表現といえる場合が多い。例えば上の例文は，
　　二十歳になっても，四十歳になっても，六十歳になっても，八十歳になっても，女性は美しく見られたいものである。
とほぼ同じ内容を表している。この中から例を一つ選んで表現することを考えた場合，
　　二十歳になっても，女性は美しく見られたいものである。
を選ぶのはふさわしくない。年頃の女性が美しくみられたいのは，一般的にも生物学的にも当然のことだからである。一つの例を選んで場合を尽くしたような印象を理解する側に与えたい場合，極端な例を選んだ方がいい。
　　八十歳になっても，女性は美しく見られたいものである。
　極端な例といっても，その例が具体的な場合，人によって議論が分かれる可能性がある。それが間違いなく極端な例であることを示すためにドンナニ・イカニは有効なのである。
　なお，体言を修飾するときはドンナニ・イカニの代わりに，ドンナ・イカナルを使う。

（石黒　圭）

参考文献　森田良行『基礎日本語辞典』(角川書店，1989)

局面表現   expression of aspect
きょくめんひょうげん
kyokumen-hyougen

キーワード：開始局面／中途局面／終結局面／動作継続／状態持続／結果持続
　　　　　　ハジメル／ダス／カカル・カケル／ツヅケル／ツツアル／オワル・オエル／
　　　　　　キル／ヤム／テクル・テイク／テシマウ／バカリダ／トコロダ

定　義：　アスペクトの周辺的な位置を占めるものの一つで，動きの時間的展開の局面を表す表現。代表的なものに，次のようなものがある。(→時の表現1)

　開始局面を表すもの　　ハジメル／ダス（カカル・カケル）
　中途局面を表すもの　　ツヅケル（ツツアル・テクル・テイク）
　終結局面を表すもの　　オワル・オエル・ヤム（キル／テシマウ）
　その他　　　　　　　　トコロダ／バカリダ

ハジメル：　ハジメルは，動作動詞に付いて，その動きを開始することを表す。
　1　彼は机に向かうとすぐ本を読み始めた。
　ただし，動作動詞の中でも瞬間動詞に付く場合は，極小の過程的部分をクローズアップしてその始まりを表す以外は，繰り返し（多回性）動作の始まりを表す。
　2　観客は少しずつ帰り始めた。
　本動詞ハジメルは他動詞であるが，自動詞にハジメルが付いても，意志性・他動詞性が加味されるとは限らない。なお，～ハジマルという言い方はない。
　3　雨が降り始める。

ダス：　～ハジメルに準じるが，おのずと，新しい事態が始まるといった意味合いが強い。
　4　雨が急に降りだした。

ツヅケル：　ツヅケルは，継続動詞だけでなく，瞬間動詞，状態動詞にも付いて，その動作の継続・状態の持続を，ときには動作の結果の持続を表す。
　5　彼は五時間本を読みつづけた。〔動作継続〕
　6　彼は五時間そこに居つづけた。〔状態持続〕
　7　彼女は一週間赤い洋服を着つづけた。〔結果持続〕
　ただし，瞬間動詞に付く場合は，結果の持続か，繰り返し（多回性）動作の持続を表す。
　8　彼は三十時間起きつづけた。〔結果持続〕
　9　観客はその後もばらばらと帰りつづけた。〔繰り返しの持続〕
　ツヅケルは他動詞であるが，～ツヅケルは他動詞的とは限らない。～ツヅクは限られた言い方にしか用いない。

似た表現に〜ツツアルがあるが、〜ツツアルが刻々と変化進展中の状態の表現であるのに対して、〜ツヅケルが持続する動きの表現であるところに違いがある（〜ツヅケルは、〜テイル、〜ツツアルなどと違って、その最中の意味はないので、文末で、ル形で用いても、発話時の状態を表すことはない）。また、長い時間帯を表すかかり成分が、〜ツツアルの前では用いにくいのに対し、〜ツヅケルの前では問題なく用いられる。

オワル・オエル：　オワル・オエルは、おもに継続動詞に付いて、その動きを終結することを表す。ともに、他動詞的にも自動詞的にも用いるが、オワルの方が結合力が強い。一般に、〜オワル、〜オエルで用いられる動詞の範囲は、ハジメルの場合よりも狭いようである。

10　やっと課題の本を読み終わった。
11　やっと課題の本を読み終えた。

ヤム：　無意志行為や自然現象の終結に限っては、〜ヤムも用いられる。

12　やっと雨が降りやんだ。

カカル・カケル：　〜カカル・カケルは、ともに、用法の一つとして、動きの開始局面の表現ともいえるものをもっている。

「掛（懸）かる」は、本来、主体が自身の（いろいろな意味での）重みを他にあずけることで、「水が跳ねかかる」「上にのしかかる」「医者にかかる」「議事が会議にかかる」「あいつにかかってはたまらない」その他、いろいろな言い方で用いられる。「寄りかかる」「つかみかかる」「（仕事に）取りかかる」のように、動詞に付く用法もある。そこから、一定の動きに本格的に入っていくことを意味するようになったものと思われる。「通りかかる」「落ちかかる」のように、動きが始まって本格的な動きに至るまでのとりかかりにあることを意味する場合と、「死にかかる」「消えかかる」のように、動きが始まりそうになる意味になる場合とがある。

〜カケルも、「読みかける」「食べかける」「やりかける」など、動きを始めてその途中であることを意味する場合と、「帰りかける」「言いかける」など、動きを始めそうになることを表す場合とがある。前者には、名詞形にすると中途休止の意味になるものが少なくない。

カカル・カケルとも動作動詞に付くが、カカルの方が、結合範囲が狭い。

テクル・テイク：　〜テクル・テイクの用法のうち時間にかかわるものは、一種の、動きの持続の局面の表現とみることもできる。〜テクルはそれ以前からある時点までの動きの連続を、〜テイクはある時点からそれより先への動きの連続を表す。

13　これまで十年間この会社に勤めてきた。
14　これからも一生懸命勤めていきます。

テクル・テイクは、動作動詞のうち過程的な意味をもつものに付く。

キル：　本来、「あとに続けることなく切断する」「残すところなく十分〜する」の意味を表す形（「思いきる／あきらめきれない／疲れきる」など）であるが、一部に終結局面の

表現に近くなったものがある。

 15 三日かけて課題の本を読みきった。

テシマウ： 本来,「最後には～するところにまで達する」といったほどの意味を表す形であるが, テシマウが補助動詞化したために, ある動きそのものの終結局面の表現といった様相を呈するに至っている。ただ, 単純な終結局面の表現と違って, 独特のニュアンスを伴っている場合が多い。従来, この形をめぐって議論されてきた, 取り返しのつかないことの発生, その他の意味合いは, そこから生まれてきたものといえる。

 16 課題の本は三日もあれば読んでしまう。
 17 大切な書類をどこかへしまい忘れてしまった。

接続の関係は, テイルの場合に非常に近く, 動作動詞のほか, 中間的な性格の状態動詞, いわゆる第四種の動詞などにも付く (「とがってしまう」など)。典型的な状態動詞には付かないが, 例外的に「いる」には付く (「(五時間も) いてしまう」)。

バカリダ： バカリは,「はか (測) り」に由来するといわれ, 早くから, 程度・限定などの意味合いを添える副助詞として用いられている。その用法のうち, ～タバカリダの形は, バカリの程度 (時刻の) を表す用法の一つとみられ, 全体として, 動きが終結してから時間があまりたっていない頃合いにあること (動きの終結の直後の局面) を表す。

 18 さっき帰って来たばかりだ。

動詞には動作動詞が用いられ,「今／先ほど」などの, 少し前の時間を示すかかり成分がつくことが多い。

トコロダ： この形も様々の意味で用いられるが, その中では, 次のものが動きの局面の表現とかかわりをもっている。ある特定の局面を表示するというよりは, その局面であるということを殊更強調するようなニュアンスがある。

 ～スルトコロダの形。動きの直前の状態であることを表す。

 19 ちょうど今出かけるところだ。

 ～テイルトコロダの形。動きの最中の状態であることを表す。ふつう, テイル最中ダと言い換えることができる。

 20 ちょうど今大急ぎで部屋を片付けているところだ。

 ～タトコロダの形。動きの終結した直後の状態であることを表す。

 21 ちょうど今帰って来たところだ。

動詞には動作動詞が用いられる。ただし, 瞬間動詞は用いられない。 (山口佳也)

参考文献 寺村秀夫『日本語のシンタクスと意味Ⅱ』(くろしお出版, 1984)；森山卓郎『日本語動詞述語文の研究』(明治書院, 1988)；森田良行『基礎日本語辞典』(角川書店, 1990)；金子亨『言語の時間表現』(ひつじ書房, 1995)；グループ・ジャマシイ『日本語文型辞典』(くろしお出版, 1998)

禁止表現 expression of prohibition
きんし ひょうげん
kinshi-hyougen

キーワード：否定命令／要求・依頼／丁寧度
ナ／テハ（ナラナイ／イケナイ／ダメダ）／ナイデ（クダサイ／クレ／○／ホシイ）／ベカラズ

定　義：　当該の状況が起こらないよう指示する，または当該の行動を中断させることを表す表現。

文型と解説：　禁止表現はその基本的性格として否定的命令表現である。よって個々の場合の具体的形式の選択においては，主として，A話し手（禁止者）と聞き手（被禁止者）との人間関係，B発話の場面，の二つの要因により，当該のケースに必要とされる丁寧度の違いに応じて以下の①から④のパターンに分かれる。①から④にいくにつれて丁寧度が高くなる。

基本形式「動詞の基本形＋ナ」　最も直接的な禁止表現であり，話し手が聞き手に対して行動抑制を行う当然の権利があると見なされる人間関係にある場合か，非常事態で聞き手への敬意を払うような場面ではない場合に用いられる。非常に強い表現であることから，女性はあまり用いない傾向がある。

1　（親が子供に）指をしゃぶるな。
2　（強盗が刃物を突きつけて）動くな。

否定文（○／コト／ヨウニ）　禁止行為を確定的な表現で聞き手に提示することによって禁止（制止）の意味を表す。禁止内容を一方的に通告する表現である。基本形式の「動詞基本形＋ナ」と比較して，使用できる範囲がやや広い。

3　そんなことで泣かない。
4　スプレー缶は火気の近くに置かないこと。
5　以後，遅刻はしないように。

例3の否定文は女性が子供に対して叱責するような場面でよく用いられる。例4の「否定文＋コト」は，使用方法を説明した注意書きなどにみられる表現である。例5の「否定文＋ヨウニ」は，職場で上司が部下に対して注意を促すような場合が典型である。否定文，およびそれに「コト」を付加した形式は，ともに口頭による表現だけでなく，文書で禁止条項を箇条書きにするような場合にも用いられるのに対して，否定文に「ヨウニ」が付加された形式は，後に「しなさい」等の命令表現を補って考えることができ，もっぱら口頭表現として用いられるという用法上の違いがみられる。また，口頭で用いられる場合には，「コト」や「ヨウニ」を付加した形式は，指示を与えるべき立場にある話し手が，成人の聞き手に対して公的な場で用いることができるが，否定文単独の場合は聞き手が子供など

私的な場における使用にほぼ限られる傾向がある。

判断・説明形式「テハ（イケナイ／ナラナイ／ダメダ）」 その行為をしてはいけないという話し手の判断を聞き手に説明することで，結果的に禁止の意味を表す表現である。文末をデス・マス体にし，終助詞の「ヨ」を付加するなどして断定口調を和らげれば，目下や同等の相手をはじめとして，親しい関係にある目上にも用いることができる。

6　フロッピーを磁石の近くに置いてはいけませんよ。
7　暗くなってから墓地に行ってはならない。幽霊が出るぞ。
8　こんなことをしていちゃだめだ。

「ナラナイ」「イケナイ」「ダメダ」の順に口語的性格が強くなり，後者二形式では「テハ」の部分が例8のように，「チャ」とくずれる場合がしばしばある。また，例8のように自分で自分に言い聞かせるような場合には独白でも用いられる。

要求・依頼形式「ナイデ（クダサイ／クレ／〇／ホシイ）」 その行為をしないでほしいという要求・依頼表現を用いることによって，結果的に丁寧な禁止の意味を表す。直接的な禁止表現の与える強い失礼な印象を避けるため，一般的に禁止の意味を聞き手に伝えたい場合には，この否定的要求・依頼表現を用いるのが普通である。

9　ここでタバコを吸わないでください。
10　領収書には日付を書かないでくれ。
11　危ないから車の窓から顔を出さないで。
12　家の庭に勝手に入らないで欲しい。

「ナイデクダサイ」は，初対面の相手や公的な場での不特定多数の人に対する丁寧な禁止表現として最も広く用いられる。丁寧形「クダサイ」を直接形「クレ」にした場合にはぞんざいな要求表現となり，主として男性が用いる。「クダサイ」を省略した「ナイデ」は主として女性や若者が，友達どうしのくだけた会話や目下の者に対して用いる。「ナイデホシイ」は，話し手が自分の要求であることを直接的に表現する形式であり，個別的場面での私的要求という性格が出るため，不特定多数の人に対する禁止表現には適さない。

以上の四つのパターンの代表的形式の他に，③のバリエーションとして「ノダ」「モノダ」「ベキダ」の否定形「ンジャナイ」「モンジャナイ」「ベキデハナイ（ベキジャナイ）」や，戦前まで立て札などによくみられた文語体の「ベカラズ」などがある。

13　（制作途中の乾いていない絵に近づこうとする相手に）触るんじゃない！
14　（スイカを食べ続ける子供に）そんなにいくつも食べるもんじゃない。お腹をこわしますよ。
15　芝生に入るべからず。

　　　　　　　　　　　　　　　　　　　　　　　　　　　　　　　（土岐留美江）

参考文献　阪田雪子『依頼・要求・命令・禁止の表現（国文法講座6）』（明治書院，1987）；上野田鶴子「命令と依頼」『話しことばの表現（講座日本語の表現3）』（筑摩書房，1983）；江端義夫「禁止表現の多元的分布―中部地方域方言について―」（国語学，125集，1981）

傾向表現
けいこうひょうげん

expression of tendency

keikou-hyougen

キーワード：傾向主体・傾向情報・傾向動詞・傾向副詞・頻度副詞・反復副詞／傾向接尾辞
　　　　　傾キガアル／傾キニアル／キライガアル／傾向ガアル／ヤヤモスルト・ヤヤモスレバ・ドウカスルト・トモスレバ／…ガチ・…ギミ・…ヤスイ／ヨク・シバシバ／オウオウニシテ・時々・ママ

定　義：　性質・状態などが一定の方向に傾いていることを表す表現。また，一定の刺激に対して一定の反応を示す素質があるということを表す表現。

文　型：　傾向表現に関与する必須の要素は傾向を示す傾向主体，主体が示す傾向に関する傾向情報，それに傾向動詞である。また，オプショナルな要素としては，傾向副詞がある。

	傾向主体	傾向副詞	傾向情報	傾向連語
1	日本経済は	ややもすると	長期下落の	傾きにある。
2	近頃の中学生には	ややもすれば	非行化の	傾きがある。
3	サッカーの応援団が	どうかすると	暴徒化する	傾きがある。

傾向主体：　観察の対象となるものすべての事物・現象等が傾向主体となりうる。

傾向副詞：　必須の要素ではないが，しばしば用いられる。位置は文頭であってもよい。口頭語として用いられるのはドウカスルで，ヤヤモスモト・ヤヤモスレバは書き言葉的である。トモスレバは古く，書き言葉以外では使用されない。

傾向情報：　多くの場合，歓迎されない，よくない，好ましくない，悪い方向を示す。

傾向連語：　傾クには，安定した水平状態を失って，不安定な状態へ移行するという意を有する。そのため，傾キニアル・傾キガアルなどの連語は好ましくない方向への移行を含意することになる。類似した意の連語として，キライガアルがある。

4	彼には	ややもすると	事をおおげさにしてしまう	きらいがある。
5	日本人には	ややもすれば	安易に薬に頼る	きらいがある。
6	有能なリーダーは	どうかすると	独断専行に陥る	きらいがある。

このような中で，中立的に傾向の存在を示す傾向動詞として，傾向ガアルという連語がある。

	傾向主体	傾向情報	傾向動詞
7	朝顔の茎は	左巻きになる	傾向がある。
8	大学入試には	徒然草から出題される	傾向があった。

この文型の場合，傾向副詞は使用されず，ヨク・シバシバ・トキドキなどの頻度副詞が

使用される。

傾向接尾辞：　ある傾向を有するという意を表す接尾辞に「…ガチ」がある。
　9　このところ，Ａさんは　家賃の支払いが　滞りがちだ。
　10　六月の梅雨の頃なので，曇りがちである。
　11　若者に　よく　ありがちな　気短さ
例に示したように，これらも好ましくない傾向を示すものであり，他にもこのようなものが多いのであるが，なかには必ずしも好ましくない傾向とはいえないものもある。
　12　母は　遠慮がちに　物を尋ねた。　　13　母は　伏し目がちに　話をした。
　14　彼女の目は　黒めがちであった。
これら，好ましい傾向，または中立の傾向を示す用法は，ガチの語源「勝ち」の原義に基づくものであろう。すなわち，そういう要素が勝っている，優勢であるという意の反映とみることができる。
　ある気配を示すようになるの意の接尾辞「…ギミ」も傾向接尾辞である。
　15　最近　風邪ぎみで　よく休みます。
　16　内閣の人気は　このところ　どちらかというと　下がりぎみである。
「…ガチ」は量的に多いという傾向，「…ギミ」は量的には少ないが兆しをみせる傾向というところに相違点がある。例をあげていえば次のようになる。
「滞りがち」は「滞ることが多く目立つ傾向にある」ということを含意し，「滞りぎみ」は「それほどひどくはないが，滞る傾向が生じている」ということを含意する。
　また，形容詞「易い」から接尾辞化した「〜やすい」も傾向接尾辞に属する。これは，体質・性質・品質などの有する一定の傾向，多くの場合よくない傾向を有する意を表す。
　17　長男は，風邪をひきやすい子でして，困りました。　〔体質〕
　18　次男は，人間嫌いじゃないかと思われやすい子です。〔性質〕
　19　ブリキのおもちゃは，こわれやすい。　　　　　　　〔品質〕

頻度副詞・反復副詞と傾向表現：　傾向表現は，物事の頻度と密接に関連する。そのため，頻度副詞を用いた表現の多くは傾向表現となる。
　20　日本人の学生は「Ｌ」の発音と「Ｒ」の発音をよく間違える。（間違えがちだ。）
　21　大柄な人間はしばしば猫背になる。（なりがちだ。）
　また，頻度は別の観点でとらえれば反復となる。反復副詞を用いた表現の多くも，傾向表現となる。
　22　急いで事を行えばおうおうにしてミスを犯す。（犯しがちだ。）
　23　宇都宮では２月に時々雪が降ります。（降りがちです。）
　24　日光では早朝道路で鹿と出あうことがままあります。（ありがちです。）

　　　　　　　　　　　　　　　　　　　　　　　　　　　　　　　　（小池清治）

参考文献　森田良行『基礎日本語辞典』（角川書店，1989）；グループ・ジャマシイ『日本語文型辞典』（くろしお出版，1998）；田忠魁・泉原省三・金相順『類義語使い分け辞典』（研究者，1998）

継続状態・結果状態の表現

expression of a continuative or resultative
expression of continuative or resultative aspect

keizokujoutai・kekkajoutai-no-hyougen

キーワード：継続状態／結果状態／反復・習慣／経歴・経験・完了／進行状態
　　　　　　テイル／ズニイル・ナイデイル／テアル／テオク／ツツアル

定　義：　ある時点において，動作・作用が継続中の状態にあること，ないしは，その結果の状態にあることを表す表現。前者としては，テイル，ツツアル，後者としては，テイルなどの形がある。これとは別に，意図的行為の効果が存続中の状態にあることを表す，テアルの形がある。（→時の表現1）

テイル：　テイルは，動作動詞（継続動詞，瞬間動詞）に付いて，次のような意味を表す。

　①動きの継続状態：　継続動詞（「走る，着る，進む」など」）にテイルが付いた形は，ふつう，ある時点において，動きが開始して，継続中であることを表す。
　　1　彼は今会場に向かって走っている。
　一部の，明らかな結果を含意する継続動詞（「着る，開く，揚げる」など）にテイルが付いた形は，①の意味を表す場合のほかに，次の②（結果状態）の意味を表す場合がある。
　　2　彼女は今急いで着物を着ている。〔継続状態〕
　　3　彼女は今日は赤い着物を着ている。〔結果状態〕
　②動きの結果状態：　瞬間動詞（「倒れる，起こる，結婚する」など）にテイルが付いた形は，ふつう，動きが終了しその結果が存続する状態にあることを表す。
　　4　道端に大きな木が倒れている。
　瞬間動詞にテイルが付いて，微視的な動きの継続状態を表す場合がないわけではない。しかし，そのためには，むしろ「～ているところだ」「～つつある（ところだ）」などの言い方の方が収まりがよい。
　　5　今木が倒れている（ところだ）。
　　6　今木が倒れつつある（ところだ）。
　一部の，結果を含意しない瞬間動詞（「起こる，見かける」など）にテイルが付いた形は，ふつう，①の意味はもちろん，②の意味になることもなく，次の③（反復・習慣）ないしは④（経歴・経験）の意味しか表さない。
　　7　暖かくなり，山の方では雪崩が起こっている。〔反復・習慣〕
　　8　この山では今月に入って五回大きな雪崩が起こっている。〔経歴・経験〕
　③動きの反復・習慣：　継続動詞，瞬間動詞にかかわらず，動作動詞にテイルが付いて，一定の動きが反復的，または習慣的に生起していることを表す場合がある。これは，動き

の連続を状態的性格のものとしてとらえた表現とみることができる。動詞のル形で反復・習慣を表す場合と比較して、限られた幅の時間帯を示すかかり成分を伴うことが多い。

 9　彼は冬に入って毎朝近くの公園で走っている。
 10　最近世界中で多くの人がエイズで死んでいる。

動作動詞にテイルが付いて、職業・所在などを表す言い方も、この種の表現の一種とみられる。

 11　彼はある役所に勤めている。
 12　私は軽井沢に住んでいる。

 ④経歴・経験（・完了状態）：　動詞の種類にかかわらず、テイル形は、基準時点以前にそのような経歴ないしは経験があるということを表す場合がある。これは、その時点の状況を、そのような経歴・経験を経たうえでの状態であるととらえた表現であるとみることができる。基準時点以前を表すかかり成分を伴うことが多い。

 13　樋口一葉は百年前の今日亡くなっている。
 14　彼はそれまでに五回青梅マラソンを走っていた。

その経験が、直前のもので、その影響が基準の時点にまで直接及ぶような場合には、完了の意味合いを帯びることになる。

 15　彼は気が付いたとき、既にその本を半分以上読んでいた。

 （注）テイルは、動作動詞（継続動詞、瞬間動詞）に付いて、それを状態動詞化するはたらきをもつ。そのため、テイルは、典型的な状態動詞（「いる、要る」など）には付かない。ただし、状態性の弱い状態動詞（「思う、似合う、違う、見える」など）には付くことがある。その場合は、ある時間帯における静的な状態を表すのが普通である。

  16　ちょうど今富士山が見えている。

 そのほかに、いわゆる第四種の動詞に付いて、形容詞的動詞（「とがっている、堂々としている」など）を形成するテイルがある。

ズニ（ナイデ）イル：　動作動詞の打ち消し形にテイルの付いた形で、動作・作用が実現しない状態に保たれていることを表す。

 17　彼はまだ走らないでいる。
 18　この木は、倒れそうで、まだ倒れないでいる。

テアル：　ある種の動作動詞にテアルの付いた形は、一定の意図のもとにある行為をしたその効果が存在する状態にあることを表す。

 19　玄関の前はいつもきれいに掃除してある。
 20　表札には、「鈴木一郎」と書いてある。

その意図がだれのものであるかは不問に付されることが多く、ただ眼前の状態や状況を描く場合がほとんどであるが、ときに、将来に備えて意図的にそうした結果の状態であるといった意味合いを伴うこともある。

21 午後何があってもいいように，仕事は朝のうちに済ませてある。

この形で用いられる動詞は，比較的限られている。動作動詞であれば，継続動詞であっても瞬間的動詞であってもよいが，①他動詞であること，②意志動詞であること，③なんらかの効果の見込まれる行為を表す動詞であることなどが条件となる（「書く，掃除する，済ます，置く」など）。

構文の上では，動作主を主語とする形と，動作対象を主語とする形とがある。

① 「Xガ（ハ）＋Yヲ／ガ＋～テアル」

22 私はもう登録をしてある。／私はもう登録がしてある。

② 「Yガ（ハ）＋～テアル」

23 登録はもうしてある。

テアルと関係のある表現として，テオクという形がある。両者は，ともにあらかじめ意図的にその行為をするということを含み，用いられる動詞の種類もほぼ共通している。ただ，テアルが状態の表現であるのに対して，テオクは行為の表現である。両者は，テアルという状態を生じさせるために，テオクという行為をするという関係にあるといえるであろう。

ツツアル： ツツアルは，動作動詞に付いて，動きが進行中であることを表す。

24 人々の生活は向上しつつある。

瞬間動詞に付くときは，その動詞の表す動きのうちにわずかに含まれる過程的な部分をクローズアップすることになる。

25 難破した船が傾きつつある。

ただし，瞬間動詞でも過程的意味の全く考えられないもの（「間違う，借りる，残る」など）には付くことができない。

ツツアルは，状態性述語を形成する。一見テイルと似ているが，瞬間動詞に付いて結果状態を表すということはない。また，動きを，テイルのように継続の状態としてとらえるというよりは，刻々と変化進展中の状態としてとらえるところに特徴がある。長い時間帯を示すかかり成分が，テイルとはよく折り合うのに，ツツアルの場合には用いにくいといわれるのも，そのようなところからきているものと思われる。

26 彼は何時間も本を読んでいる。

27 彼は何時間も本を読みつつある。

ツツアルは，また，テイルと比べてやや文章語的とされている。　　　　　　（山口佳也）

参考文献　寺村秀夫『日本語のシンタクスと意味Ⅱ』（くろしお出版，1984）；金子亨『言語の時間表現』（ひつじ書房，1995）；砂川有里子『"する""した""している"（日本語セルフマスターシリーズ2）』（くろしお出版，1986）；森山卓郎『日本語動詞述語文の研究』（明治書院，1988）

形容詞文
けいようしぶん
keiyoushi-bun

copula sentence whose predicate is composed of an adjective

キーワード：基本文型／判断主・感情主・対象物・状態主・形状形容詞文・感情形容詞文／一語文・多語文・呼び掛け語（独立部）述語型・題目部解説部型／具体個別形容詞文・抽象一般形容詞文・完全形容詞文・不完全形容詞文／基準限定形容詞文・程度文・比較級文・最上級文・対比状態文／対比資格文・感情主限定文・起着文・対象部位文・共同文／理由文・仮定条件文・思惟内容文・感情形状部位文・対象語格

　日本語の基本文型の一つ。「このパンは大きい。／昔が懐かしい。」のように，解説部（いわゆる述語）の中核となる語が形容詞である文をいう。形容詞は事物・事柄の形態・状態や，事物・事柄についての話し手・書き手の判断・評価・感覚・感情などを表す。形容詞はそれを判断し，評価し，感じる判断主・感情主と判断評価の対象物や状態主を前提とし，表現に際しては，これらを潜在的に要求する。このことを形状形容詞・感情形容詞を例にして，表に示す。

形状形容詞文のモデル			感情形容詞文のモデル		
（私）	このパンは	大きい。	（私）	昔が	懐かしい。
潜在的判断主	状態主	形状	潜在的感情主	対象物	感情
顕在化不可能			顕在化可能		

一語文：　日常生活言語において，形容詞は一語文の形で用いられることが多い。「暑い？寒い。／高い？低い。／つらい？楽しい。」などがそれである。これらには，判断主・感情主や対象物・状態主などが表されていないが，肯定文や感嘆文の場合の判断主・感情主は話し手であり，疑問文の場合は，聞き手である。

多語文：　一語文では省略度が高すぎると判断される場合や判断主・感情主・対象物・状態主を明示したい場合，多語文となる。形容詞多語文には次の三種がある。

　A．呼び掛け語（独立部）述語型　　判断主・感情主への呼び掛け語（独立部）によって，判断主・感情主が明示されるもの。
　　「あなた，暑い？／君，高い？／兄さん，つらい？」
　B．題目部解説部型（題説構文）　　対象物・状態主が明示され，題目部解説部の構造（題説構文）となるもの。
　　「この部屋，暑い？／これ，高い？／この仕事，つらい？」
　C．完全形容詞文　　判断主・感情主，評価対象・状態主が明示され，形容詞文とし

ては過不足がないもの。
　「あなた，この部屋，暑い？／君，これ，高い？／兄さん，この仕事，つらい？」
　Aの「あなた／君／兄さん」は主語ではない。判断主・感情主として特定するための呼び掛け語（独立部）である。
　Aの例文に助詞ハ・ガを付加してみると次のようになる。
　　a1「あなたは，暑い？／君は，高い？／兄さんは，つらい？」
　　a2「あなたが　暑い？／君が　高い？／兄さんが　つらい？」
　a1の場合，ハが下接した人名詞は判断感情主になるが，a2の場合は，ガが下接した人名詞は常に判断主・感情主になるわけではなく，評価対象物・状態主の解釈を受けることもあるという相違がある。
　Bは，さらに二類に下位分類される。一つは，上に例示したような，具体的・個別的形状・感情を述べるもの（具体個別形容詞文・b1）である。他の一つは，ある事物の抽象的・一般的形状・感情を述べるもの（抽象一般形容詞文・b2）である。例えば，「氷は冷たい。」「地球は大きい。」「別れは悲しい。」などが後者の例である。
　b1は，判断主・感情主が明示化できるが，b2は，判断主・感情主は人間一般であり，明示化できない。明示化すると非文になってしまう。比喩的にいえば，b1は開いた構文，b2は閉じた構文ということになる。したがって，b1とb2の相違は文法的相違ということになる。
　Cは形容詞が潜在的に要求する，判断主・感情主・対象物・状態主が明示されており，その意味で完全な形容詞文ということになる。相対的に，A，Bの文は不完全な形容詞文ということになる。
　因みに，非存在を意味する形容詞「ない」はきわめて頻繁に用いられるが，形容詞としては，特殊で，判断主・感情主を前提としない。本書では，「ない」を存在詞とする。
　「彼にはやる気がない。／火星には水がない。／今日は風がない。」等で，ハで示されるものは判断主・感情主ではなく存在場所存在時間なのであり，他の形容詞文とは明らかに異なる。

基準限定形容詞文：　形容詞が表す意味（指示的意味）には本来，量的広がりがある。この量的広がりを限定するものとしての基準点を明示的に表すものが基準限定形容詞文である。これには，程度を限定する副詞または，それに相当する表現を有する程度文（D），二者を比較する基準を示す比較級文（E），最上級と判断される範囲を示す最上級文（F），対比する状態を基準として示す対比状態文（G），限定要素として資格を示す対比資格文（H），感情主を限定する感情主限定文（I），遠近の起着点を示す起着文（J），親疎・明暗などの評価の対象部位を示す評価対象部位文（K），共同関係の相手を示す共同文（L），そう感じる理由を条件節で提示する理由文（M），仮定条件を条件節で示す仮定条件文（N），思惟内容を示す思惟内容文（O），感情や評価・形状の部位を示す感情評価形状部位文（P）などがある。

なお,「比較する基準」等は助詞「ヨリ, デ, ニシテハ, ニ／ニハ／カラ, ト, テ／デ, ガ」などで示されるが, 形容詞を限定するものとして機能しており, 格を示すものではない。連用修飾部や条件部である。例えば,「比較格」という用語は不正確である。

D. 程度文
　　今年の夏は　<u>とても</u>　暑い。
　　この部屋は　<u>ちょっと</u>　狭い。
　　彼に頭をさげるのは　<u>死ぬほど</u>　つらい。
　　<u>喉から手が出るほど</u>　欲しい。

E. 比較級文（ヨリ）　　潜在的判断主＝話し手（私),「…ヨリ」＝比較対象
　　この部屋は　あの部屋<u>より</u>　暑い。
　　未来は　現在<u>より</u>　明るい。
　　氷は　水<u>より</u>　冷たい。
　　彼女は　年<u>より</u>　若い。
　　バスは　いつも<u>より</u>　遅い。
　　観客は　前回<u>より</u>　多い。
　　私の成績は　平均<u>より</u>　低い。

F. 最上級文（デ）　　潜在的判断主＝話し手（私),「…デ」＝比較範囲
　　彼は　このクラス<u>で</u>　一番　背が　高い。
　　多くの知らせの中<u>で</u>　この知らせが　もっとも　嬉しい。

G. 対比状態文（ニシテハ）　　潜在的判断主＝話し手（私),「…ニシテハ」＝対比状態
　　彼は　大学生<u>にしては</u>　幼い。
　　その服は　買ったばかり<u>にしては</u>　汚い。
　　彼女は　老人<u>にしては</u>　若々しい。

H. 対比資格文（トシテ）　　潜在的感情主＝話し手（私),「…トシテ」＝対比資格
　　妻子を養えないとは　男<u>として</u>　情けない。
　　君は　本学の学生<u>として</u>　恥ずかしい。

I. 感情主限定文（トシテ／ニトッテ）　　感情主＝話し手（私),「…トシテ／ニトッテ」＝感情主限定
　　孫が生まれて　親<u>として</u>　喜ばしい。
　　私<u>にとって</u>　参加できたことが　とても　嬉しい。

J. 起着文（ニ／ニハ／カラ）　　潜在的判断主＝話し手（私),「…ニ／ニハ」＝着点,「カラ」＝起点
　　私の下宿は　駅<u>に</u>（<u>から</u>）　近い（ほど近い）。
　　君の解答は　正解<u>に</u>　近い。
　　私の下宿は　駅<u>から</u>　遠い。
　　君の解答は　正解<u>から</u>（には）　ほど遠い。

K．評価対象部位文（ニ）　　潜在的判断主＝話し手（私），「…ニ」＝対象部位
　この文字は　目に　親しい。
　この光は　目に　優しい。
　兄は　世辞に　疎い。
　彼は　数学の歴史に　明るい。
　先生は　この辺の地理に　詳しい。
　妹は　ピアノの練習に　飽きやすい。
　母は　料理に　うるさい。
　女親は　男の子に　甘く，男親は　男の子に　厳しい。
　あの人は　金に　汚い。
　君の意見は　論理的に　正しい。
　桜が　この庭に　ふさわしい。
　もっと働けということは，死ねというに　等しい。
L．共同文（ト）　　潜在的判断主＝話し手（私），「…ト」＝共同相手
　彼は　私と　親しい。
　その色は　この服の色と　等しい。
M．理由文（テ／デ）　　潜在的感情主＝話し手（私），「…テ／デ」＝理由
　皆に逢えて　嬉しい。
　思いきり踊って　楽しい。
　また間違えて　悔しい。
　お祖父さんが死んで　悲しい。
N．仮定条件文（ト，バ）　　潜在的感情主＝話し手（私），「…ト」＝未定仮定条件，
　　　　　　　　　　　　　　　　「…バ」＝既定仮定条件
　息子が合格してくれると　嬉しい。
　息子が合格してくれれば　嬉しい。
　君がやってくれると　有り難い。
　君がやってくれれば　有り難い
O．思惟内容文（ト）　　潜在的判断主＝話し手（私），「…ト」＝思惟内容
　＊彼が　真犯人と　おぼしい。「犯人とおぼしい男」のように修飾用法が普通。
P．感情評価形状部位文（ガ）　　潜在的判断主＝話し手（私），「…ガ」＝感情評価形状
　　　　　　　　　　　　　　　　　　　　　　　　　　　　部位
　間が　悪い。　縁が　薄い。　命が　惜しい。　責任が　重い。　バツが　悪い。
　気が　大きい。　ふところが　さびしい。　声が　悲しい。　帰りが　遅い。
　足が　遅い。　足が　早い。　足が　重い。　口が　重い。　背が　高い。　頭が　高い。
　鼻が　高い。　足が　重たい。　腰が　低い。　目が　高い。　志が　高い。
　生れが　いやしい。　口が　軽い。

機嫌が よい。	→ 機嫌よい	口が 汚い。	→ 口汚い
格調が 高い。	→ 格調高い	口が 喧しい。	→ 口喧しい
気味が 悪い。	→ 気味悪い	喧嘩が 早い。	→ 喧嘩早い
筋骨が たくましい。	→ 筋骨たくましい	気が 難しい。	→ 気難しい
商魂が たくましい。	→ 商魂たくましい	慈悲が 深い。	→ 慈悲深い
由緒が ただしい。	→ 由緒ただしい	情けが 深い。	→ 情け深い
力が 強い。	→ 力づよい	心が 苦しい。	→ 心苦しい

Pの型においては,「間が」以下は「悪い」等の意味的欠落部分,すなわち,感情評価形状部位の欠落部分を補うものとして機能している。そこで欠落部分を始めから取り込んでしまったものとして,「機嫌よい」以下の複合形容詞が派生する。

対象語格: 時枝誠記(ときえだもとき)は,「母が恋しい。／故郷が懐かしい。」などの「が」を「主語格」とは異なるものだとして,「対象語格」を別に立てている。これらは,確かに「水が青い。／山が高い。」などとは構文的はたらきが異なる。

 母が 恋しい。→ 私は 母が 恋しい。
 故郷が 懐かしい。→ 私は 故郷が 懐かしい。
 水が 青い。→ ＊私は 水が 青い。
 山が 高い。→ ＊私は 山が 高い。

「母が恋しい。／故郷が懐かしい。」は,感情主が明示されていない,不完全形容詞文であるので,これを明示した「私は母が恋しい。」などの文を派生させることができる。一方,「水が青い。／山が高い。」は,抽象一般形容詞文と解釈され,判断主は明示することができない。

このように,時枝説を支える言語現象があるのではあるが,上に述べた感情形状部位文の「命が惜しい。」などの例と「母が恋しい。／故郷が懐かしい。」とを比較してみると,格別の相違は感じられない。これらの共通点は感情主が一人称に限られるということにある。これは,感情形容詞が一般に有している性質であるから,語彙的特徴ということができる。時枝は「主語格」とは別に「対象語格」があるとして,文法的相違と把握していたが,実は,語彙的相違であった。

日本語は英語と比較すると,形容詞文を好む傾向がある。例えば,次の各例を比較するとそのことがわかる。

 He is a good tennis player. 彼はテニスがうまい。
 I have fears. 私は怖い。
 She has a fine crawl. 彼女はクロールがうまい。
 He is the best runner of the class. 彼はクラス中で一番駆けっこが早い。

形容詞において,日本語と英語の相違は人称制限の有無ということにも現れる。

 I am sad. 私は 悲しい。 Am I sad？ ＊私は 悲しいか。
 You are sad. ＊あなたは 悲しい。 Are you sad？ あなたは 悲しいか。

He is sad.　　＊彼は　悲しい。　　　Is he sad？　　＊彼は　悲しいか。
　英語においては，感情形容詞においても，人称に関する制限はないのであるが，日本語においては，感情形容詞では人称に関する制限がある。すなわち，肯定文においては，感情主は一人称に限られ，その他の人称が感情主になることはない。また，疑問文においては，感情主は二人称に限られ，その他の人称が感情主になることはない。
　ただし，「あなたは悲しいだろう。／彼は悲しいのだ。」などにおいては，この制限は解除される。
　また，小説などの表現でも，この人称制限はしばしば解除される。
　　今日は津田のゐる時よりもかへって早く起きたといふことが，なぜだか彼女には嬉しかった。　　　　　　　　　　　　　　　　　　　　　　　　（夏目漱石『明暗』）
　　謙作は予期どほりうれしかった。　　　　　　　　　　　（志賀直哉『暗夜行路』）
　　夫の愉快げな笑ひ顔を，ひさしぶりに見た妻はうれしかった。
　　　　　　　　　　　　　　　　　　　　　　　　　　　（佐藤春夫『田園の憂鬱』）
　　愛する者の真剣な手紙が道化てきこえることは新治に悲しかつた。
　　　　　　　　　　　　　　　　　　　　　　　　　　　（三島由起夫『潮騒』）
　日常生活で用いる言語は，基本的に話し手の視点（一人称視点）で表現する。これに対して，小説の言語は神様のように登場人物の心の中まで見通す力があるという超越視点（神の視点）で表現されることが多い。そのために，不自然な表現になってしまうことがある。詩や小説の言語からのみ言語を論じるのは危険である。　　　　　（小池清治）

参考文献　西尾寅弥『形容詞の意味・用法の記述的研究』（秀英出版，1972）；國廣哲彌『意味と語彙（日英語比較講座3）』（大修館書店，1981）；細川英雄「現代日本語の形容詞分類について」（国語学，158集，1989）；飛田良文・浅田秀子『現代形容詞用法辞典』（東京堂出版，1991）；中村明『感情表現辞典』（東京堂出版，1993）；山田和男『英作文研究―方法と実践―』（文建書房，1951）

形容動詞文
けいようどうしぶん

copula sentence whose predicate is composed of an adjectival nominal or *na*-adjective

keiyou-doushi-bun

キーワード：基本文型／判断主／感情主／対象物／状態主／形状形容動詞文／感情形容動詞文／呼び掛け語（独立部）述語型／題目部解説部型（題説構文）／完全形容動詞文／不完全形容動詞文／具体個別形容動詞文／抽象一般形容動詞文／基準限定形容動詞文／程度文／比較級文／最上級文／対比状態文／対比資格文／感情主限定文／起着文／評価対象部位文／共同文／理由文／仮定条件文／感情評価形状部位文／対象語格文

日本語の基本文型の一つ。「海が静かだ。／蛇が嫌いだ。」のように，解説部（いわゆる述語）の中核となる語が形容動詞である文をいう。形容動詞は事物・事柄の形態・状態や，事物・事柄についての話し手・書き手の判断・評価・感覚・感情などを表す。形容動詞はそれを判断し，評価し，感じる判断主・感情主と判断評価の対象物や状態主を前提とし，表現に際しては，これらを潜在的に要求する。形容動詞には，状態や評価を表す形状形容動詞文と感情を表す感情形容動詞文がある。それぞれを例にして，表現モデルを図示する。

形状形容動詞文のモデル			感情形容動詞文のモデル		
（私）	海が	静かだ。	（私／彼）	海が	好きだ。
潜在的判断主	状態主	形状	潜在的感情主	対象物	感情
顕在化不可能			顕在化可能		

一語文： 日常生活言語において，形容動詞は一語文の形で用いられることが多い。「元気？ 元気。／幸せ？ 幸せ。／楽？ 楽。」などがそれである。これらには，判断主・感情主や対象物・状態主などが表されていないが，肯定文や感嘆文の場合の判断主・感情主は話し手であり，疑問文の場合は，聞き手である。なお，一語文では，いわゆる語幹が用いられる。「元気だ？」などという表現は，オウム返しの疑問文になってしまう。

多語文： 一語文では省略度が高すぎると判断される場合や判断主・感情主・対象物・状態主を明示したい場合，多語文となる。形容詞多語文には次の三種がある。

A. 呼び掛け語（独立部）述語型　判断主・感情主への呼び掛け語（独立部）によって，判断主・感情主が明示されるもの。

「あなた，嫌い？／君，綺麗？／兄さん，楽？」

B. 題目部解説部型（題説構文）　対象物・状態主が明示され，題目部解説部の構造（題説構文）となるもの。

「この服，嫌い？／この服，綺麗？／この仕事，楽？」

C. 完全形容動詞文　　判断主・感情主，評価対象物・状態主が明示され，形容動詞文としては過不足がないもの。
　　「あなた，この服，嫌い？／君，この服，綺麗？／兄さん，この仕事，楽？」
　Aの「あなた／君／兄さん」は主語ではない。判断主・感情主として特定するための呼び掛け語（独立部）である。呼び掛け語に助詞ハ・ガを下接させると次のようになる。
　　a1「あなたは，嫌い？／君は，綺麗？／兄さんは，楽？」
　　a2「あなたが，嫌い？／君が，綺麗？／兄さんが，楽？」
　これらの「あなたは（が）／君は（が）／兄さんは（が）」は，判断主・感情主にも，対象物・状態主にもなりうる。ハの場合は対比・排他のとりたて，ガの場合は選び出しとりたてという相違がある。
　Bは，さらに二類に下位分類される。一つは，上に例示したような，具体的・個別的形状・感情を述べるもの（具体個別形容動詞文・b1）である。他の一つは，ある事物の抽象的・一般的形状・感情を述べるもの（抽象一般形容動詞文・b2）である。例えば，「洗濯機，便利だ。」「着物，不便だ。」「海，広大だ。」などが後者の例である。
　b1は，判断主・感情主が明示化できるが，b2は，判断主・感情主は人間一般であり，明示化できない。明示化すると非文になってしまう。比喩的にいえば，b1は開いた構文，b2は閉じた構文ということになる。したがって，b1とb2の相違は文法的相違ということになる。
　Cは形容動詞が潜在的に要求する，判断主・感情主・対象物・状態主が明示されており，その意味で完全な形容動詞文ということになる。相対的に，A，Bの文は不完全な形容動詞文ということになる。

基準限定形容動詞文：　　形容動詞が表す意味（指示的意味）には本来，量的広がりがある。この量的ひろがりを限定するものとしての基準点を明示的に表すものが基準限定形容動詞文である。これには，程度を限定する副詞または，それに相当する表現を有する程度文（D)，二者を比較する基準を示す比較級文（E)，最上級と判断される範囲を示す最上級文（F)，対比する状態を基準として示す対比状態文（G)，限定要素として資格を示す対比資格文（H)，感情主を限定する感情主限定文（I)，遠近の起着点を示す起着文（J)，親疎・明暗などの評価の対象部位を示す評価対象部位文（K)，共同関係の相手を示す共同文（L)，そう感じる理由を条件節で提示する理由文（M)，仮定条件を条件節で示す仮定条件文（N)，感情や評価・形状の部位を示す感情評価形状部位文（O)，対象物がガまたはヲで示される対象語格文（P）などがある。
　なお，「比較する基準」等は助詞「ヨリ，デ，ニシテハ，ニ／ニハ／カラ，ト，テ／デ，ガ」などで示されるが，形容動詞を限定するものとして機能しており，格を示すものではない。連用修飾部や条件部である。例えば，「比較格」という用語は不正確である。

　D. 程度文
　　彼の仕打ちは　とても　残酷だ。

彼女は　至極　元気だ。
彼に頭をさげるのは　死ぬほど　嫌だ。
E．比較級文（ヨリ）　　潜在的判断主＝話し手（私），「…ヨリ」＝比較対象
この湖は　あの湖より　広大だ。
未来は　現在より　不透明だ。
バスは　いつもより　快適だ。
F．最上級文（デ）　　潜在的判断主＝話し手（私），「…デ」＝比較範囲
彼は　このクラスで　一番　行いが　立派だ。
多くの歌の中で　この歌が　もっとも　好きだ。
G．対比状態文（ニシテハ）　　潜在的判断主＝話し手（私），「…ニシテハ」＝対比状態
この服は　十年着たにしては　綺麗だ。
彼女は　老人にしては　元気だ。
H．対比資格文（トシテ）　　潜在的感情主＝話し手（私），「…トシテ」＝対比資格
妻子を養えないとは　男として　不適格だ。
君は　本学の学生として　立派だ。
I．感情主限定文（トシテ／ニトッテ）　　感情主＝話し手（私），「…トシテ／ニトッテ」＝感情主限定
孫が生まれて　親として　幸せだ。
私にとって　参加できたことが　とても　ラッキーだ。
J．起着文（カラ／マデ）　　潜在的判断主＝話し手（私），「カラ」＝起点，「マデ」＝到着点
彼は　朝から　元気だ。
海は　夜明けまで　静かだ。
K．評価対象部位文（ニ／ニハ）　　潜在的判断主＝話し手（私），「…ニ」＝対象部位
この薬は　目に　有効だ。
兄は　世相に　無関心だ。
女親は　男の子に　寛大で，男親は　男の子に　厳格だ。
君の意見は　論理的には　正当だ。桜が　この庭には　適当だ。
L．共同文（ト／ノト）　　潜在的判断主＝話し手（私），「…ト／ノト」＝共同相手
弟は　兄と　同等だ。
その服は　この服と　等価だ。
もっと働けということは　死ねというのと　同然だ。
M．理由文（テ／デ）　　潜在的感情主＝話し手（私），「…テ／デ」＝理由
建物は　筋交いが入って　堅固だ。
簡単に処理できて　楽だ。
また間違えて　残念だ。

両親が死んで　悲惨だ。
N. 仮定条件文（ト，バ）　　潜在的感情主＝話し手（私），「…ト」＝未定仮定条件，
　　　　　　　　　　　　　　　　　　　　「…バ」＝既定仮定条件
　　息子が合格してくれると　幸せだ。
　　息子が合格してくれれば　幸せだ。
　　雨が降ってくれると　幸運だ。
　　雨が降ってくれれば　幸運だ
O. 感情評価形状部位文（ガ）　　潜在的判断主＝話し手（私），「…ガ」＝感情評価形状
　　　　　　　　　　　　　　　　　　　　　　　　部位
　　間が　最悪だ。　時間が　貴重だ。　子供たちが　心配だ。
　　気持ちが　平らだ。　性格が　悠長だ。　表情が　悲愴だ。
　　屋敷が　広大だ。　勤務が　不規則だ。　手際が　あざやかだ。　鼻が　立派だ。
　　物腰が　やわらかだ。　物言いが　さわやかだ。
　　責任が　重大だ。　→　責任重大だ
　　意味が　深長だ。　→　意味深長だ
　　頭脳が　明晰だ。　→　頭脳明晰だ
　　弁舌が　さわやかだ。　→　弁舌さわやかだ
Oの型においては，「間が」以下は「最悪だ」等の感情評価形状部位の欠落部分を補うものとして機能している。そこで欠落部分を始めから取り込んでしまったものとして，「責任重大だ」以下の複合形容動詞が派生する。
P. 対象語格文（ガ／ヲ）
　　犬が　嫌いだ。→　私は　弟が　犬を　嫌いだということを知っている。
　　猫が　好きだ。→　父は　私が　猫を　好きだということを知っている。
「犬が／猫が」は感情主にも，対象物にもなりうる。「犬を／猫を」と表現すると対象物に限定される。普通は，「君が犬を嫌いなことぐらいは誰でも知っているよ。」など，連体節の形で用いられる。　　　　　　　　　　　　　　　　　　　　　　　（小池清治）

参考文献　時枝誠記『日本文法口語篇』（岩波書店，1950）；西尾寅弥『形容詞の意味・用法の記述的研究』（秀英出版，1972）；塚原鉄雄『「暖かい」と「暖かだ」（口語文法講座3）』（明治書院，1964）；山口佳紀『体言（岩波講座日本語6）』（岩波書店，1976）

決意表現 expression of determination
ketsui-hyougen

キーワード：ゾ・ノダ・マデダ・必ズ・絶対・ナントシテモ・ニカケテ
定　義：　話し手が，ある行動の実行を心に決めたとき発する表現。聞き手を想定して使われる場合と，独話で使われる場合とがある。
文型と分類：
終止形
　今日，あの人を告発する。
自分で決めたことを聞き手に知らせる表現。ただし，「今日，あの人を告発することを決心した」といえることから，独話にもなりうるといえる。しかし，「あの人を告発するぞ！」に比べ，「あの人を告発する！」と一人で叫ぶことは難しいので，終止形単独で，独話にはなりにくい。
終止形＋ゾ
　今日，あの人を告発するぞ。
独話でも使うことができる。
連体形＋ノダ
　今日，あの人を告発するのだ［告発するんだ］。
すでに決めたこととして，自分の動作を述べる表現。認識している事態を改めて再認識し，話し手が自分自身に言い聞かせるという意味がある。そのため，話し手が発話時に決めた事柄を表明するときは用いられない（「今，行くのだ」）。
連体形＋マデダ
　今日，あの人を告発するまでだ。
行動の対象にとって極度に迷惑なことを行う意志を述べる表現。行動の対象が，その場にいて，話し手が「お前を告発するまでだ」などと発話した場合，脅しの意味を帯びる。
必ズ・ナントシテモ・ニカケテ
　我が命にかけて，あの人を守る。
決意表現は，必ズ・ナントシテモのような副詞や，「…に誓って」を意味するニカケテを伴うことで，決意の固さを強調することができる。

（牲川波都季）

参考文献　福田恵子「話しことばにおける『の（だ）』」『日本研究年報1996』（東京外国語大学日本語課程編，1997）；小金丸春美「作文における『のだ』の誤用例分析」（日本語教育，71号，1990）；仁田義雄『日本語のモダリティと人称』（ひつじ書房，1991）；森山卓郎・安達太郎『文の述べ方（日本語文法セルフマスターシリーズ6）』（くろしお出版，1996）

結果表現
けっか ひょうげん
kekka-hyougen

expression of cause and effect

キーワード：結果接続詞／結果予告副詞／結果予告節形成名詞／結果連語／原因・過程情報・結果情報
　　　　　　ソノ結果・ソノ挙ゲ句（ニ）・挙ゲ句ノ果テ（ニ）・トドノツマリ／結局・遂ニ・トウトウ／ツマルトコロ・畢竟・所詮／（ノ）結果・（ノ）トコロ・（ノ）末・（ノ）挙ゲ句／（ノ）コトニナル・（ノ）コトニナッテイル

定　義：　ある原因や行為によって，種々の経過を経て生み出されたものであることを表す表現。

文　型：　結果表現であることを表す結果形式には，結果接続詞・結果予告副詞・結果予告節形成名詞，および結果であることを意味する結果連語がある。

結果接続詞による文型：　原因・過程情報，結果接続詞，結果情報により構成される。

	原因・過程情報	結果接続詞	結果情報
1	あれこれ悩みました。	その結果，	次のような結論を得ました。
2	さんざん議論した。	その挙げ句（に），	喧嘩になってしまった。
3	多数の意見が出て，紛糾しました。	とどのつまり，	この案件は保留となりました。

　1の「その結果」は，結果情報がプラスの場合にも，マイナスの場合にも使用できる中立的結果接続詞である。
　2の「その挙げ句（に）」や「挙げ句の果て（に）」は，結果情報がマイナスの場合，思わしくない場合に使用されるマイナスの意を予告する結果接続詞である。
　3の「とどのつまり」は，結果情報が紆余曲折の後の最終的結論，予期しない結論，期待外れの結論であることを含意する。

結果予告副詞による文型：

	結果予告副詞	結果情報
4	結局，	控訴は断念しました。
5	遂に，	控訴は断念しました。
6	とうとう	控訴は断念しました。

　4は，結果情報がプラスの場合にも，マイナスの場合にも使用できる，中立的なもの。
　5，6は，主として結果情報が期待される，プラスの場合に使用され，やっと実現したという語感を伴うもの。
　結果情報の内容が「悟り」「諦め」など思考作用の最終的結論である場合は，「つまるところ」「畢竟」「所詮」などが用いられる。

　7　つまるところ，本人の自覚次第だね。

8　畢竟，何事も金次第だ。
　　9　所詮，かなわぬ恋なのだ。
結果予告節形成名詞による文型：

	原因・過程情報	結果予告節形成名詞	結果情報
10	あれこれ悩んだ	結果,	次のような結論を得ました。
11	あれこれ悩んだ	末,	次のような結論を得ました。
12	ダム建設について検討していた	ところ,	建設するとの結論を得た。
13	さんざん議論した	挙げ句,	喧嘩になってしまった。

　10は結果表現であることが，自明である明快な表現。
　11，12は結果が出るまでに，かなりの日時を要したことを含意するもの。11は最終的結果であることを，12は懸案のものであった事柄に関する結論であるということを含意する。新聞報道などで使用されることが多い。
　13は，多くの場合，結果情報がマイナスの場合に使用されるもの。

結果連語による文型：

	結果情報	結果連語	
14	今後国立大学は独立行政法人という形で運営する	ことになり	ました。

　「今後国立大学は独立行政法人という形で運営することにしました。」が結論表現であるのに対して，14は結果表現である。実際はどうであれ，表現のうえでは，結果が，自然的推移としてのものであるという語感を伴う。新聞などの報道記事でよく使用される報告型の表現である。文形式は「～タ。」が原則であり，この結果は変更できないということを表す。
　15　今日の集会に彼は来ることになっている。
　16　欠席が1/3に及んだときは，不可ということになっている。
　「～ことになっている」という結果連語の場合は，約束，とりきめ，また，法律，規則，慣例によって，既定のことであることを表す。

（小池清治）

参考文献　グループ・ジャマシイ『日本語文型辞典』（くろしお出版，1998）；田忠魁・泉原省二・金相順『類義語使い分け辞典』（研究社，1998）

懸念・心配の表現 1　　expression of anxiety
kenen・shimpai-no-hyougen

キーワード：（ナイ）トイイガ・（ナケレ）バイイガ／ナイカ・ナイカト／トイケナイ・ト悪イ／ト困ル・ト大変／オソレガアル／アルイハ・モシカシテ・モシカスルト・ヒョットシテ・ヒョットスルト・万ガ一・万一／下手ヲスルト・マカリ間違ウト／懸念（サレル）・心配（サレル）・トイウ心配ガアル・ト危惧サレル・案ジラレル

定　義：　相手がその行動をとらないか，あるいは，天候や物事の事態がそうならないかを，案じる表現。

　相手がその行動をとらないことを希望するわけであるから，動詞を打ち消す助動詞「ナイ」を介在させた表現，あるいは，さらに疑問の助詞「カ」を添加させた表現をとることが多い。共存する動詞として，困る／懸念される／心配される／危惧される／案じられる，などがあるが，自発の助動詞「レル」「ラレル」が伴われるところに心理メカニズムが現れている。また，事態を客体化して，「～の恐れがある」「という心配がある」という表現にすることもある。

（ナイ）トイイガ・（ナケレ）バイイガ：　「明日雨が降らないといいが」「発車時刻におくれないといいが」は打消の助動詞を伴う懸念・心配の表現の代表例であるが

　　1　女はとかく多弁でいかん，人間もこの猫位沈黙を守る<u>といいが</u>な
　　　　　　　　　　　　　　　　　　　　　　　（夏目漱石『吾輩は猫である』）

は，打消表現を直前に伴わず，勧誘表現の「トイイ」「タライイ」「バイイ」と深くかかわるもので，自分がよしと思うことを他者に勧めていることになる。ある面では，希望を申し述べている表現である。日常語での「そうだといいが」「うまくいくといいが」も同様であるが，これらは，「沈黙を守らない」「そうではない」「うまくいかない」事態が十分予想される。したがって，そのことを気がかりに思っている以上，懸念・心配の表現ともつながっていることになる。

　同種のケースは「バイイガ」にも生じている。打消表現を直前に伴わない「バイイガ」は，「明日まで天気がもてばいいが」「うまくいくといいが」で知られるように，単なる意見というよりも希望を表している。しかし，「天気がもちそうにない」「うまくいきそうにない」という気がかりを深層にもっている以上，懸念・心配の表現とつながっている。

　　2　だって十二分の電車にまに合え<u>ばいいが</u>と気になっていましたわ
　　　　　　　　　　　　　　　　　　　　　　　　　（松本清張『点と線』）

の例など，「気になっている」という動詞の存在からも，懸念・心配の表現となりきっている。これが，「ナケレバイイガ」となると，さらに明白なる懸念・心配の表現となる。

3　むずかしくなら<u>なければいい</u>がと多少<u>心配</u>そうに見えた。
　　　　　　　　　　　　　　　　　　　　　　　（夏目漱石『坊つちやん』）
　4　いえ，<u>なければいい</u>が，もしあればと云う事さ。<u>心配</u>が一番毒だからな
　　　　　　　　　　　　　　　　　　　　　　（夏目漱石『吾輩は猫である』）
3，4がその例であるが，4の「<u>なければ</u>」の「なけれ」は，品詞としては形容詞に属する。
　なお，「ナイトイイガ」「ナケレバイイガ」のほかに，「タラ」を使って，
　5　「死んでなか<u>ったらいい</u>がなあ」と弟は夢みるようにいった。（大江健三郎『飼育』）
のようにいうこともできる。

ナイカ・ナイカト：　「そんなことをいったら，相手を刺激し<u>ないか</u>」と問い，「相手がおこり出さ<u>ないかと</u>心配だよ」と述べるときに，「ナイカ」「ナイカト」は使われる。さらにくだけると，「危くない？」「ヤバクない？」などと疑問の終助詞「カ」が省略される。

トイケナイ・ト悪イ：　「トイケナイ」を使っても，
　6　なにもないんだ。山の支度はどんなこまかいことでも自分でやらない<u>といけない</u>んだ　　　　　　　　　　　　　　　　　　　　　　　（新田次郎『孤高の人』）
の場合は，必然的行動を勧める表現となっている。「トイケナイ」が懸念・心配の表現となるのは，
　7　でも，お腹がすく<u>といけない</u>から　　　　　　　　　　　（新田次郎『孤高の人』）
　8　それから手拭があるだろう。飛ぶ<u>といけない</u>から，上から結わい付けるんだ。
　　　　　　　　　　　　　　　　　　　　　　　　　　　　（夏目漱石『二百十日』）
　9　風を引く<u>といけない</u>と気を付ければ，引いても宜いやね，構はずに置いておくれと
　　　下を向いてゐるに　　　　　　　　　　　　　　　　　（樋口一葉『わかれ道』）
のような場合である。7，8は，「から」にくくられる原因・理由の条件節に使われており，それらの懸念・心配が現実化しないように，あることをせよと示唆している場面である。
　「トイケナイ」に近い表現として「タライケナイ」「テハイケナイ」がある。「タライケナイ」は，「おぼれ<u>たらいけない</u>から，浅瀬で泳ぐのよ」など，より口語的であり，逆に，「テハイケナイ」にはあらたまった語感がある。
　「ト悪イ」は，
　10　その正直が却って皮肉に聞える<u>と悪い</u>と思って已めにした。（夏目漱石『三四郎』）
　11　けれども見物の邪魔になる<u>と悪い</u>と思ったのであろう。柵を離れて芝生の中へ引き
　　　取った。　　　　　　　　　　　　　　　　　　　　　　　　　　　　（同上）
のように使われる。「皮肉に聞こえる」「邪魔になる」ことを懸念しての表現である。これも，「タラワルイ」「テハワルイ」と表現することが可能である。

ト困ル：
　12　「又靴の中が濡れる。どうしても二足持っていない<u>と困る</u>」と云って，底に小さい
　　　穴の…　　　　　　　　　　　　　　　　　　　　　　　　　（夏目漱石『門』）

13 この間中みた様に，降り続けに降られると困るが，もう天気も好くなったから
(同上)
14 だって又降ると困るわ　　　　　　　　　　　　　　　　　　　　(同上)

12～14は，同一作品の一連の会話場面である。12のみが「ナイト困ル」形式であり，14は女性の使用である。

「タラ困ル」「テハ困ル」の語形もある。「タラ困ル」は，

15 「貴女みた様にぐうぐう寝ていらしったら困るじゃないの」と御米が宗助を遣り込めた。　　　　　　　　　　　　　　　　　　　　　　　　　(夏目漱石『門』)
16 それじゃ兄さんがもしや御嫁を貰うと云い出したら困るでしょう
(夏目漱石『虞美人草』)

のように，よりくだけた会話を構成し，「テハ困ル」は，

17 然し無暗に取り合って此方の対面を傷つけられては困るという用心が頭に働くので，津田はわざと議論を避けていた。　　　　　　　　　(夏目漱石『明暗』)

のように，あらたまった語調を有し，地の文（文章語）として出やすい。

「ト困ル」によく似た表現で，「ト大変」がある。「ト困ル」が，中心動詞「困ル」の意味を担って当人の困惑度を示すのに対し，「ト大変」は，事態が客観的にみて「大変なことになってしまう」ことを暗示する。漱石は，「ト大変」の方も，

18 何だか抱くと険呑だからさ。頸でも折ると大変だからね　(夏目漱石『道草』)

のように使っている。また，若い現代作家では，

19 それに遅れると大変なことになるです
(村上春樹『世界の終りとハードボイルド・ワンダーランド』)

のような表現がみられ，このような表現が，若者たちを中心に現在はやっていることをうかがわせる。

20 万一そんな不始末をしでかしたら大変だ。これが彼の倫理観の根柢に横わっているだけであった。　　　　　　　　　　　　　　　　　　(夏目漱石『明暗』)

のように，「タラ大変」は，くだけた表現に使われ，「テハ大変」は，

21 ここで人に来られては大変だと思って，愈躍起となって台所をかけ廻る。
(夏目漱石『吾輩は猫である』)

で知られるように，ややかたい表現となり，文章語としての性格が濃厚である。

オソレガアル：「台風が九州地方を直撃するおそれがある」「失明のおそれがある」「ダイオキシンに汚染されているおそれがある」など，新聞記事やニュースなどで耳慣れた表現である。上記のような新聞記事やニュースを他人に伝える場合は，「おそれがあるそうよ」「おそれがあるそうです」というが，日常口語ではあまり使わないといってよい。

マイナス評価の事態が起こる可能性を表すこの語は，漱石の作品でも，

22 あの流で行くと，無理に逆らったら，腕を折る恐れがあるから，危険です
(夏目漱石『三四郎』)

23 緩く崩れる時は，心氣平穏，ことによると冷かされる恐れがある。　　　（同上）
のように使われている。
　なお，新聞記事やニュースなどの報道の際に「ウタガイガアル」も多用されるが，「台風が九州を直撃するうたがいがある」とは使わないように，また一方，すでになされたことに対して「過少申告のおそれがある」「放火のおそれがある」とはいわないなどの，明白な相違も存在する。

アルイハ・モシカシテ・ヒョットシテ・万ガー・万一： 懸念・心配を表す表現として，上述のようなものを使うが，アルイハ・モシカシテ・ヒョットシテ・万ガ一・万一などという接続詞や副詞を文頭に用いて同趣表現を誘導することがある。

24 もしかして私は誤ったのではないか　　　　　　　（渡辺淳一『花埋み』）
25 もしかしたら，大石先生はもう，もどってこんかもしれんぞ
　　　　　　　　　　　　　　　　　　　　　　　　（壺井栄『二十四の瞳』）
26 少時立ったまま考えていた彼女の頭に，この時もしかすると火事じゃないかという懸念が起った。　　　　　　　　　　　　　　　（夏目漱石『硝子戸の中』）

これらは，「モシカシテ」「モシカシタラ」「モシカスルト」の例である。同様の微妙なニュアンスの差を反映して，「ヒョットシテ」「ヒョットシタラ」「ヒョットスルト」の語形も存在する。

27 もしひょっとして来なかったら――ああ私はまるで傀儡の女のようにこの恥しい顔
　　をあげて，又日の目を見なければならない。　　　（芥川龍之介『袈裟と盛遠』）
28 「ひょっとしたら，病気をしているのではないだろうか。」彼女はそんなことを案じ
　　てみたりした。　　　　　　　　　　　　　　　　（山本有三『路傍の石』）
29 ひょっとするとエンジンの故障かもしれんぞ　（井上ひさし『ブンとフン』）

　例28には，「案じる」という懸念・心配を表す動詞が共存している。また，例27の前文には，「あの人は来るのかしら，来ないのかしら。よもや来ない事はあるまいと思うけれど，もうかれこれ月が傾くのに，足音もしないところを見ると，急に気でも変わったではあるまいか。」という，女主人公袈沙の心理描写――それは「独白」という形態でなされているが――がある。次第につのってゆく不安・懸念が見事に表現されている。しかし，袈沙は，深層では，「あの人はきっと忍んで来るに違いない」と言い切るものを持っていた。だからこそ，この『袈裟と盛遠』という作品のラスト，「程なく，暗の中でかすかに蔀を開く音。それと共にうすい月の光がさす」が際立つ。これだけで，読者は，次の瞬間，現実に何が起きたかを察することができるのである。夫に代わって自らが殺されることを選んだ袈沙御前の死の間際までの心理状態を描きつづける中にあって，例28の「ひょっとして」は，「万が一」「万一」とも異なるニュアンスをもって，輝いている。確信と「ひょっとして」の懸念・不安との振幅の大きさを，我々は十分に計らねばならない。

「万ガ一」「万一」も，

30 もし万が一，周二がその兄や姉から泣かされようものなら，下田ナオは自分も胸が

　　　　　　　一杯になって　　　　　　　　　　　　　（北杜夫『楡家の人びと』）
　31　それに万一，あなたに知れたら大変だと思うもんだから，ハラハラしていた
　　　　　　　　　　　　　　　　　　　　　　　　　（谷崎潤一郎『痴人の愛』）
のように使われる。例28は，「タラ大変」という表現まで備わって，懸念・心配の表現を具現している。「ハラハラしていた」の語も効いている。

下手ヲスルト・マカリ間違ウト：
　32　下手をすると部屋に閉じこめられる怖れがある。　（北杜夫『楡家の人びと』）
　上例は，「怖れがある」と呼応した例である。もちろん，「下手をするとやられるぞ」（新田次郎『孤高の人』）のように，単独でも懸念・心配を表しえる。
　「まかり間違うと大変なことになる」という表現も，現在，普通に使われるが，これは新しい言い方に属すると思われる。

懸念（サレル）・心配（サレル）・トイウ心配ガアル・ト危惧サレル・案ジラレル：　これらは，動詞あるいは名詞そのものを使った表現であり，一般に文章語で使われる。口語で使うとしたら，TV・ラジオの報道，あるいは官公庁の公式見解発表や会議での意見陳述や報告などの場であろう。
　33　それにしても三方から攻撃される懸念がある。　（夏目漱石『吾輩は猫である』）
　34　道ははっきりしていたから迷う心配はなかったが，新雪の中へスキーがもぐるから
　　　歩きにくかった。　　　　　　　　　　　　　　　　（新田次郎『孤高の人』）
　35　入社しても社長の息子としてあつかわれるかどうかの危惧があった。
　　　　　　　　　　　　　　　　　　　　　　　　　　　　（立原正秋『冬の旅』）
　36　大層おそいではないかお寺の山へでも行はしないかとどの位案じたらう。
　　　　　　　　　　　　　　　　　　　　　　　　　　　（樋口一葉『にごりえ』）
　それぞれの語にバリエーションがあるのだが，それらのうちから若干の例をあげてみた。「懸念」「心配」「危惧」の場合，動詞形で用いるより，「ある」「ない」を伴う名詞形での用法が目立って多いようである。なお，これら三語のうち，口語では，「心配」がなじみやすいようで，「かと心配になる」「かと心配だ」ならば，日常会話でも登場していることだろう。また，さらに和らげた言い方である，
　37　うっかり手もとにおけば先ゆきどうなるか気がかりだったのだろう。
　　　　　　　　　　　　　　　　　　　　　　　　　　　（野坂昭如『焼土層』）
のような「気がかり」を使った表現も日常生活の場で登場する可能性は高い。

　　　　　　　　　　　　　　　　　　　　　　　　　　　　　　　　（小林千草）

懸念・心配の表現 2　expression of anxiety
けねん　しんぱい　ひょうげん
kenen・shimpai-no-hyougen

キーワード：推量表現型懸念表現・打消仮定言いさし型懸念表現・打消疑問型懸念表現／懸念の動詞／懸念の副詞／仮想懸念の助詞
気ニナル・懸念スル・懸念サレル・危惧スル・危惧サレル・案ズル・案ジラレル・アヤブム・アヤブマレル・心配ニナル・心配ガアル／悪クスルト・下手ヲスルト・マカリ間違ウト／カモ・モゾ・モコソ・モヤ／ナケレバ・ナイト・ナカッタラ

定　義：　将来のことについて、よくない事態を想定し、そのことが気にかかって不安に思うということを表す表現。

文　型：　懸念・心配を表す文型には三種類がある。

推量表現型懸念表現：　よくない事態を想定し、そのことを懸念する意を表す文型。
　懸念・心配の表現の典型的文型、すべての要素を備えた文型は次のようなものである。
　1　<u>悪くすると</u>，　　明日は，　<u>雪かも</u>　　<u>知れない</u>と　　<u>懸念される</u>。
　　　懸念の副詞　　　　　　　　懸念仮想表現　推量表現　　　懸念の動詞
　懸念の意を表す動詞中心の表現には、気ニスル・気ニナル・懸念スル・懸念サレル・危惧スル・危惧サレル・アヤブム・アヤブマレル・心配ニナル・心配ガアル・恐レガアルなどがある。これらがあれば、その表現は、懸念・心配の表現となる。
　2　<u>悪くすると</u>，　　明日は，　<u>雪かも</u>　　<u>知れない</u>。
　　　懸念の副詞　　　　　　　　懸念仮想表現　推量表現
　2は，懸念の動詞がなく、懸念の意は暗示的になる。
　3　<u>悪くすると</u>，　　明日は，　<u>雪かも</u>。
　　　懸念の副詞　　　　　　　　懸念仮想表現
　3は、懸念の意を表す予告副詞とカモという懸念仮想表現で、懸念の意を明示的に示したもの。下手ヲスルト、マカリ間違ウトなども悪い事態を想定して、懸念する意を予告する懸念の副詞である。
　4　明日は，　<u>雪かも</u>。
　　　　　　　　懸念仮想表現
　4は、懸念仮想表現だけで、すなわち想定されるよくない事態の提示だけで、懸念表現が成立しているという、最も単純な文型。したがって、場合によっては懸念ではなく、その事態の実現を待望する表現ともなりうる。仮想懸念を表す助詞は、現代語では、カモだけであるが、古典語には、いずれも係助詞が連続した、モゾ・モコソ・モヤなどが存在した。

5 門よく鎖してよ。雨もぞ降る。　　　　　　　　　　　　　　（『徒然草』）
 〔門をしっかり閉じなさい。雨が降ると困る。〕
6 身知るべき者にもこそあれ。　　　　　　　　　　　　　　　（蜻蛉日記）
 〔私のことを知っている者がありやしないか。〕
7 道にて朝もや降らむ。雷もや鳴りまさらむ。　　　　　　　　（蜻蛉日記）
 〔道中，雨でも降りやしないか。雷もひどくなるんじゃないか。〕

打消仮定・言いさし型懸念表現： よくない事態を想定し，そのことを打消し仮定し，それがいいことなのだがと言いさすことにより，懸念の意を表す文型。

 8 明日は，　雪じゃ　　なければ，／ないと，　いいが…。
　　　　　　仮想表現　　打消仮定表現　　　　言いさし肯定判断
 9 明日は，　雪じゃ　　なかったら，　いいが…。
　　　　　　仮想表現　　打消完了仮定表現　　言いさし肯定判断

9は，8に比較し，そうならないことを望む度合いが強い。
・あなたが，もう少し軽薄でないといいのですが…。
・この世に試験なんてないといいが…。

これらは形式としては，8，9と同じであるが懸念表現ではなく，願望表現である。予想される事態・状態が実現する可能性が極めて低い場合は願望表現となり，高い場合は，懸念表現となる。したがって，「試験が難しくないといいが…」の場合，出題者の出題傾向によって，願望表現によったり，懸念表現によったりする。

打消疑問型懸念表現： よくない事態を想定し，それを打消し疑うというのが思考内容であると表明することにより懸念の意を表す文型。

 10 明日は，　雪じゃ　　ないかと　　思われる。
　　　　　　　仮想表現　打消疑問表現　思惟動詞

日本語の打消疑問表現は，肯定を表す。したがって，「雪じゃないか」は「雪だ」と指示的意味は同じである。ただし，「雪だと思われる」は思考内容を直接的に述べる形式であるのに対して，「雪じゃないか」は，実はそうならないことを望んでいるのだがという懸念の意を表す表現となるという相違がある。

 11 明日は，　雪じゃ　　ないか？
　　　　　　　仮想表現　打消疑問表現

「明日は　雪か？」は，単純な問い掛けまたは疑いの表現であるが，打消疑問による表現は，前述のように真意とは逆の形となるので，10は，「明日は雪だ。」と指示的意味としては同じことをいっていることになる。ただし，「明日は雪だ。」は単純な断定表現であるのに対して，11は，「明日は雪だ。そして，それは困ったことなのだが…」と懸念の意を表現するという相違がある。

（小池清治）

原因・理由の表現　expression of cause or reason
gen in・riyuu-no-hyougen

キーワード：必然確定条件・理由帰結
　　　　　　ノデ・カラ・デ・サカイ・ケニ・ケン／バコソ／モノデ・ワケデ／タメニ・バカリニ・ニツキ・ニヨリ／ダカラ・デスカラ・シタガッテ・ユエニ・ガユエニ／ソウイウワケデ・ソレデ／シタガッテ・ヨッテ

定　義：　事態や事柄の原因・理由を述べる表現。

　条件表現としての分類では，必然確定条件として扱われる。一文中の連接に用いられる場合と，接続詞によって文と文との連接に用いる場合とがある。接続助詞的な表現形式としては，共通語では「ノデ」「カラ」が最も普通の表現形式として用いられるが，その周辺の表現形式も多彩である。また，方言を視野に入れると，中部地方では「デ」（「雨が降ったで」など），関西地方では「サカイ」，中国・四国地方では「ケニ」「ケン」などが多用され，地域的な相違も注目される。

ノデとカラ：
　1　雨が降っていた<u>ので</u>出かけるのをやめた。〔事実の叙述〕
　2　雨が降っている<u>から</u>出かけたくない。〔意向〕
　3　雨が降りそうだ<u>から</u>傘を持っていきなさい。〔命令〕

例1のように，事実を叙述する平叙文においては「ノデ」が用いられ，一方，2，3のように話し手の主観的な推量・意志など，話し手の判断に基づく命令・禁止・依頼・勧誘などの対他的なはたらきかけの表現には「カラ」を用いることが多い。ただし，その区別にはかなり微妙な点があり，丁寧な表現では，「カラ」の領域に「ノデ」が進出している場合もある。原因・理由に焦点があてられ，それを強く表す「カラ」に対して，「ノデ」は，文全体の叙述になっているため，柔らかな語感を伴うものとなっている。

　4　成績が悪いのは勉強しない<u>からだ</u>。〔理由帰結〕

のように，「〜は」という提題の表現を受けて文末で「〜からだ」「〜からです」となるのは，「カラ」だけの用法であり，この点が「ノデ」との基本的な相違になっている。また，

　5　疲れている<u>だろうから</u>休ませておこう。

のように，原因・理由そのものが「ウ」「ダロウ」という推量表現になる場合も，その従属節を強調することになるため，もっぱら「カラ」が用いられる。

　前述した「サカイ」や「ケニ」「ケン」などを用いる地域においては，普通この「ノデ」と「カラ」に相当する表現を区別することはない。共通語で二つの形式が並んで用いられているのは，江戸語・東京語で「カラ」が発達していたところに，「ノデ」が進出してきて，両者に微妙なニュアンスの差が生じたものである。

その他接続助詞的表現：
　　6　お前のことを思えばこそ忠告しているんだ。〔説明・言い聞かせ〕
　「バコソ」のこうした用法は，必然確定条件としての古代語の用法の名残である。「思えば」は，「思うから」の意味であり，「コソ」を下接することによって本来の已然形の機能を引き継いだものとなっている。
　　7　まだ大丈夫だと思ったもので，油断をしていた。
　　8　そういうわけで［次第で］，お先に失礼します。
　　9　あのとき怠けたために［ばかりに］今苦労している。
　　10　好評につき，公演期間延長を計画中。
　　11　個人的な事情により，出席を見合わせたい。
　　12　わたしの未熟さゆえに，皆様にご迷惑をおかけすることになった。
　これらの表現も，なんらかの原因・理由を表している。「ニツキ」「ニヨリ」などは，体言に接するものであるが，「好評なので」などの叙述に相当する機能を果たしている。また，「ユエニ」は，名詞に接続するほか，
　　13　事情を知っているがゆえに強くは言えなかった。
のように，格助詞「ガ」に接続する場合がある。連体法の「ガ」に接するもので，これも古代語の用法の名残である。

接続詞による表現：
　　14　審判も人間だ。だから誤ることもある。
　　15　疲れがたまっていたのだろう。だから無理をするなと言ったのに。
　　16　そのような心配はございません。ですから前々からご説明しておりますように，…。
　　17　今回はたまたま幸運だったにすぎない。したがって，前途はなお多難である。
　　18　貴殿は頭書の成績を収められました。よってここに表彰します。
　例14のような「ダカラ」（丁寧形「デスカラ」）は，前文を原因・理由とする一般的な表現であり，この場合，
　　14′　審判も人間なのだから，誤ることもある。
というように，接続助詞「カラ」による表現と置き換えても，表現内容はほとんど変わらない。それに対して，例15や16は，前文と直接的に結び付くのではなく，「だから…のに」「だから…じゃないか」のように，むしろ生起した事態や懸念などに対して非難や叱責をするような表現となっている。
　「シタガッテ」や「ヨッテ」は，文章語としての色彩が強く，日常の話し言葉ではほとんど使われない。ただし，文章語においては，典型的な原因・理由の接続詞は「シタガッテ」だといいうるものになっている。

（小林賢次）

参考文献　永野賢「『から』と『ので』とはどう違うか」（国語と国文学，29巻2号，1952）『伝達論にもとづく日本語文法の研究』（1970，東京堂出版所収）；京極興一「接続助詞『から』と『ので』の史的考察―小学校国語教科書を対象として―」（国語と国文学，63巻6号，1986）

謙譲表現 expression of modesty
けんじょうひょうげん
kenjou-hyougen

キーワード：謙譲語・丁重語・丁寧語・デスマス体・自己卑下語・相手尊重語・美化語

定　義：　敬語表現において，話題の人物を高く待遇しないことを明示する表現。「話題の人物を高く待遇しない」というのには，①「その人物が行う動作に関係する，別の人物を高く待遇する」ことを示す場合，②「その人物を高く待遇しないこと」自体を積極的に示す場合の二つの方向性がある。前者は，その内部に，①'「その別の人物を巡る恩恵」をも表すタイプの表現がある。また，後者は「高く待遇しない」ということを，②-1「その人物の行為・状態」についての表現を通して示すものと，②-2「その人物に関係するものごと」についての表現を通して示すものとの二種類に分けられる。

　上記それぞれの表現を担う語句には，次のようなものがある。
①申シ上ゲル・伺ウ・アガル・存ジ上ゲル・オ目ニカカル・オ目ニカケル・ゴ覧ニ入レル・承ル・拝〜スル（拝見スルなど）・オ／ゴ〜スル（オ知ラセスル／ゴ案内スルなど）・オ／ゴ〜申シ上ゲル（オ待チ申シ上ゲル／ゴ紹介申シ上ゲルなど）・〜上ゲル（祈リ上ゲルなど）・〜上（献上など）・御礼・謹呈
①'イタダク・差シ上ゲル・オ／ゴ〜イタダク（オ教エイタダク／ゴ説明イタダクなど）・〜テイタダク（書イテイタダクなど）・〜テ差シ上ゲル（持ッテ差シ上ゲルなど）
②-1 オル・マイル・イタス・申ス・存ズル・ゴザル・〜テオル（出カケテオルなど）・〜テマイル（増エテマイルなど）
②-2 弊〜（弊社など）・小〜（小社など）・拙〜（拙宅など）・愚〜（愚見など）・豚児・荊妻・山妻・わたくし・てまえども

　これらの語句は，従来すべて「謙譲語」と呼ばれ，「へりくだりを表す敬語」と一括されていたが，上述の①②の説明に見るとおり，それぞれの敬語的な機能は相当異なるものであるため，この二種類の敬語は峻別する必要がある。それを前提としたうえで，さらに①型・②型，各敬語類の特徴をみていくと次のようなことが観察できる。

　①型敬語　「話題の人物が行う動作に関係する，別の人物を高く待遇する」という性格上，所属する語句の動詞的概念は「他者と関係するもの」という制限を有する。例えば，「お泳ぎする」が誤用なのは，泳グがそのような動詞的概念をもたないからである。
　①'型敬語は，「恩恵」が表現されるのが，それ以外の①型敬語と異なる。ただし，イタダクと差シ上ゲルでは恩恵の向かう方向が逆になる。前者は「動作の関係者から話題の人物へ」，後者はその逆になる。そのため，差シ上ゲルおよび〜テ差シ上ゲルの場合，「動作の関係者」の方が高く待遇されているにもかかわらず，恩恵は「話題の人物」から出ていることが明示されることになり，「話題の人物」が話し手で「関係者」が眼前の目上の聞

き手である場合の発話（「資料を先生に送って差し上げます」など）は「恩着せがましく」聞こえる恐れが生ずる（→受給表現）。

　①′型を含む①型敬語は，結局は「動作の関係する人物を高める」ということで，「話題の人物を直接高める」，いわゆる尊敬語と裏表の関係になっている。このため，この種の敬語は，「間接尊敬語」とでも名づけるのがふさわしい（→尊敬表現）。

　②型敬語（→丁重表現）　この種類の敬語の特徴は，②-1型も②-2型も，デスマス体の中でのみ使われるということである。①型の「間接尊敬語」が「きのう伺って来た」「お出ししといて」のようにダ体の談話の中で使われ得るのに対し，②型敬語ではそれは不適切な表現になる。事実，②-1型の動詞は終止形で使われる場合，必ず「丁寧語」のマスを伴った形式で現れる。しかも，同じデスマス体でも，②型敬語の使われる文章・談話はきわめて「かたい」感じを与える。この「かたさ」が②型敬語の大きな特徴である。

　②-1型敬語は，また，動作・状態の主体が人間である必要はないという点でも「間接尊敬語」とは異なる。事実，人間にのみ可能な存ズルを除き，②-1型敬語のすべてに「変な音がいたしました」「人口が増えております」のような表現が可能である。

　②-1型敬語は，すでに1960年代にいわゆる「謙譲語」とは別に「丁重語」と名付けられて再分類されているが，上述の諸特徴からして妥当な分析・命名であろう。なお，「丁重語」には，「間接尊敬語」と組み合わされた，オ／ゴ〜イタス（「お届けいたしました」など）という形式があり，謙譲表現の幅を広げている。

　一方，②-2型敬語は，話題の人物を「高く待遇しない」というより積極的に「低く待遇する」というほうがいいような語感がある。いわゆる「へりくだり」の語感は，この種の敬語にこそあるといってよい。そこで，この種の敬語を「自己卑下語」と名付け，「貴社」「芳名」など（「相手尊重語」と名付ける）の対極に位置付ける。

　「謙譲表現」は，上記の「間接尊敬語」「丁重語」「自己卑下語」を単独・複合使用して，「話題の人物を高く待遇しない」ことを積極的に示す表現であるが，「話題の人物」は，おもに「話し手および話し手側の人物」であるため，話者の「畏まり」「慎み」が表される。なお，「美化語」のオ／ゴ〜も，「お手紙をお出しする」のような形式で謙譲表現に利用される。これは，「美化語」のもつ「きれいに／立派にする」という敬語的機能が「間接尊敬語」のそれと矛盾しないためである（→美化表現）。　　　　　　　　　　　（川口義一）

参考文献　宮地裕「敬語の解釈」『敬語（北原保雄編）』（有精堂, 1978）；大石初太郎「待遇語の体系」『現代敬語研究』(pp. 158-198, 筑摩書房, 1983)；菊地康人「敬語の仕組みと使い方―その二いわゆる謙譲語―」『敬語』(pp. 207-290, 角川書店, 1994)；蒲谷宏・川口義一・坂本恵『敬語表現』(pp. 93-109, 大修館書店, 1998)

限度・限定表現
げんど　げんていひょうげん
gendo・gentei-hyougen

expression of limitation
limitation adverbial

キーワード：最低限・最大限
　　　　　少ナクトモ・セメテ・マシテ・イワンヤ・セイゼイ・タカダカ・テモ
定　義：　副詞を中心とする表現で，物事の限度や事柄を限定する意を表す表現。
　限度・限定を表す表現は大きく分けると，最低限と最大限の二つになる。
最低限：　最低限を表す典型的な表現は，少ナクトモ（少ナクテモ）である。これ以上下がらないという最低限のラインがあって，それよりも上であるということを表す。
　　少なくとも10人の乗客が機内に取り残されている。
「小さくても」「悪くても」「低くても」など，マイナスの程度を表す形容詞に「ても」を付けた形は少ナクトモと同じグループに属すると考えられる。
　セメテは少ナクトモと似ているが，現状においてそれが実現されていないということ，最低限それだけは実現してほしいという願いがあること，その二つの要素を備えている点で少ナクトモと異なる。セメテは最低または最高について，譲歩の限界を示す副詞である。
　　せめてお名前だけでも教えてください。
　マシテやイワンヤもある意味で最低限を表す。というのは，
　　その棚は子どもでも手が届く。まして［いわんや］大人が手が届かないわけはない。
の前件は，実現可能な最低限の例を表しているからである。しかし，後に続く文ではなく，前にある文の内容が最低限であるという意味で，特殊な例といえる。
最大限：　一方，最大限を表す典型的な表現はセイゼイである。最大限とはそれ以上上には行かないという上限のラインであって，せいぜいはその上限よりも下であることを表す。
　　その試験はとても難しいので，どんなにがんばっても，せいぜい60点しかとれないだろう。
　タカダカもセイゼイと重なるが，大したことはない，というニュアンスを含んでいる。
　　たかだか2，3年くらいのキャリアで，偉そうなことを言うな。
　また，最低限と同様，「多くても」「大きくても」「良くても」「高くても」など，プラスの程度を表す形容詞に「ても」を付けた形で，最大限を表すことができる。これらはすべてセイゼイと置き換えることができる。

（石黒　圭）

参考文献　茅野直子他『副詞（外国人のための日本語＝例文・問題シリーズ1）』（荒竹出版，1987）；森田良行『基礎日本語辞典』（角川書店，1989）

呼応表現
koou-hyougen

expression of temporal correlation or negative polarity

キーワード：時間・未来・過去・未完了・完了・打消・部分否定・期待はずれ
イズレ・ソノウチ・将来・イマニ・ジキニ・アトデ・ノチホド・マモナク・モウスグ・ソロソロ・遅カレ早カレ／カツテ・以前・ムカシ・タッタ今・サッキ・サキホド／マダ・イマダニ／トックニ・スデニ・モウ／イツカ／ヤガテ／決シテ・頑トシテ・断ジテ・二度ト・マルデ・ドウニモ・トウテイ・夢ニモ・少シモ・トテモ・全然・全ク／メッタニ・チョット／必ズシモ・一概ニ／サッパリ・チットモ・イッコウニ・マサカ／ナカナカ・大シテ・ソレホド・サホド・ソウ・アマリ・ロクニ／モウ・モハヤ／別ニ

定　義：　前置される副詞が後続する表現を予告するはたらきをする表現

　副詞の中には文末にくる内容をあらかじめある程度決定してしまうものがある。陳述副詞や呼応副詞といわれているものである。その中には，疑問を導くもの（「いったい」など。→疑問表現），仮定を導くもの（「もし」など。→仮定表現），願望を導くもの（「ぜひ」など。→希望表現），可能性を導くもの（「多分」など。→可能性表現），類似表現を導くもの（「まるで」など。→類似表現）などがあるが，ここでは代表的なものとして，時間を導くもの，打消を導くものを取り上げる。

時間に関して：　時間を表すものは，未来を表すものと過去を表すもの，それと似ているものとして未完了を表すものと完了を表すものがある。
　未来を表すものは，以下の通りである。

　　いずれ，改めてお手紙でご連絡いたします。
　　そのうち，家を建て替えます。
　　私は将来大学院に進学するつもりだ。
　　いまに彼は有名人になる。
　　先生はじきにこの部屋に戻ってこられると思います。
　　あとでお電話をします。
　　のちほどまたおいで下さい。
　　まもなく3番線に電車がまいります。
　　あの女性はもうすぐお母さんになる。
　　そろそろ会議を始めましょう。
　　遅かれ早かれ試験の結果は出ます。

　イズレ・ソノウチ・将来・イマニのように比較的先のことを表すものと，マモナク・モウスグ・ソロソロのように目前の未来を表すもの，ジキニ・後デ・ノチホドのようにその

中間，しばらくの時間の経過を表すものとがある。遅カレ早カレは，遅くても早くてもの意味なので，いつになるかわかりそうにないように思えるが，実際はイズレと同様，比較的先のことを表すことが多い。

未来を表すものは，辞書形など文末に未来を表す表現を伴い，タ形やテイル形など，過去や完了，現在進行を表す表現とは原則として共起しない。

過去を表すものは以下の通りである。

　　かつて，この辺りは田んぼと畑しかなかった。
　　以前，ニューヨークのホテルである政治家にインタビューをした。
　　むかし，この池でよく釣りをしていた。
　　たった今，うちに帰ってきた。
　　さっき，友だちから電話がかかって来たわよ。
　　社長様にはさきほどお目にかかってきました。

過去も未来と同様，カツテ・以前・ムカシなど遠い昔のことを表すものと，タッタ今・サッキ・サキホドのように近い過去を表すものがある。

過去を表すものは，基本的にタ形を伴い，辞書形やテイル形など，未来や現在を表す表現とは共起しない（経験を表すテイル形など，一部例外はある）。

未完了を表すものには以下の二つがある。辞書形やテイル形に「ない」がついたものと共起することが多い。

　　弟はまだ夏休みの宿題が終わっていない。
　　彼からの返事はいまだに戻ってこない。

完了を表すものには以下のものがある。タ形やテイル形，テイタ形と共起する。なお，その後に示すモウも完了を表すことができる。

　　レポートなら，とっくに終わったよ。
　　終電は，すでに駅を出発していた。

複数のカテゴリーにまたがるものもある。例えばモウは，

　　約束の時間になったから，彼はもう（＝まもなく）現れるよ。
　　お昼ご飯なら，もう（＝すでに）食べてしまった。

のように，未来と完了にまたがり，イツカは，

　　私はいつか（＝将来）ヨーロッパに住んでみたい。
　　この店なら，いつか（＝以前）来たことがある。

のように，未来と過去にまたがる。この場合，モウにしてもイツカにしても，未来と完了，未来と過去で別の語という意識があるが，

　　やがてこの辺りも雪が溶けて花が咲き乱れるだろう。
　　長い冬が終わり，やがて春が来た。

のヤガテのように，未来であっても過去であっても，一定の時間が経過したことを表すだけで，別語意識の感じられないものもある。

これら複数のカテゴリーにまたがる用法を有する副詞は呼応副詞,予告副詞というより,状態副詞と考えるべきものであろう。

打消に関して：　次に打消を導く副詞・副詞句を見てみよう。
　　まずは強い否定から。
　　　僕は決して自転車を盗んでなんかいない。
　　　父は私の結婚話に頑として首をたてに振らなかった。
　　　高層マンションの建設には断じて賛成できない。
　　　二度と海外なんか行きたくないと思った。
　　　うちの父は料理がまるでできないから,単身赴任なんて不可能だよ。
　　　ひどい渋滞で,車がどうにも動かない。
　　　あんな危険な場所に深夜一人で行くなんて,僕にはとうてい信じられない。
　　　あなたとこうして巡り会えるなんて,夢にも思わなかったよ。
　　　あのピッチャーは40歳なのに,速球の威力が少しも衰えない。
　　　私にはとてもそんな大きな仕事はできない。
　　　大好きなケーキを前にしても,全然食欲がわかない。
　　　答案用紙を前にして1時間ほど考えたが,書くことが全く思いつかなかった。
　決シテは必ず否定形を伴うが,全然は必ずしも否定形を伴うとは限らず,全クは,肯定形・否定形どちらも問題なく伴う。全然にせよ,全クにせよ,従来は決シテと同じように否定形しか伴わなかったが,時が経つにつれて変化してきたものである。全然は,「大丈夫？」「全然平気（＝痛くないよ）」や「遅れてごめん。待たせちゃった？」「大丈夫。全然セーフ（＝待ってないよ）」のように,形は否定形でなくても,意識は否定であることが多いが,全クは「全くすばらしい」のようにそうした意識すらなくなってきたように感じられる。
　　次は,普通は起こらないことを表す,やや強い否定。
　　　部署が変わってから,部長ともめったに会わなくなった。
　　　そんなことをする人がいるなんて,ちょっと考えられませんね。
　メッタニはごくたまにあるかもしれないが普段はほとんどないことを,チョットは普通ではあり得ないことを表す。
　　次に,部分否定。
　　　冷凍の魚が,必ずしもまずいとは限らない。
　　　西洋人が日本語が下手だとは一概に言えなくなってきた。
全部が全部否定ではなく,一部には例外もあるということを肯定的に表す否定である。
　　否定の中には,期待はずれという感覚を伴う否定が多い。このような否定についても,強い否定,やや強い否定に分けて考えることにする（部分否定は意味の面で肯定的なので期待はずれの感じは出ない),
　　まずは期待はずれが感じられる強い否定から。

朝から晩まで海にいたのに，魚はさっぱり釣れなかった。
　兄はそばにいたのに，宿題をちっとも手伝ってくれなかった。
　東南アジアの景気はいっこうに回復しなかった。
　まさか台風が都心を直撃するとは思わなかった。
サッパリは「だめだ」や直接「だ」を伴って使われることがある。マサカは期待はずれというよりも「予想していなかった」という意外感を表している。
　次に，期待はずれが感じられるやや強い否定。
　お湯がなかなか沸かない。
　面接では大して難しいことを聞かれなかった。
　北海道に住んでいたけれど，スキーはそれほど上手くならなかった。
　チャンピオンは連打は浴びたが，ダメージはさほど受けていない。
　人生はそう甘くはない。
　病院は混雑していたが，あまり待たされずに済んだ。
　最近の大学生はろくに勉強もしないで遊んでばかりいる。
ナカナカは思っていたよりも時間がかかるさま，大シテ・ソレホド・サホド・ソウ・アマリも「思っていたよりも」の意味で使われる。ロクニはそれ自身「満足に」「十分に」の意味をもつが，必ず否定を伴うため，批判の気持ちを併せて表すことになる。
　その他に特徴的なニュアンスのある否定と呼応する副詞・副詞句に，過去と現在の対比を表すもの，理由がないことを表すものがある。
　まずは過去と現在の対比を表すものから。
　あいつの態度にはもう我慢できない。
　もはや戦後ではない。
例文中のモウには「これまでは我慢してきたけれど」，モハヤには「これまでは敗戦で物資が不足し，人々の生活は貧しかったけれど」というニュアンスが含まれている。
　理由がないことを表すものには，別ニという，とりたてて理由がないことを示しているために，かえって意図的に理由を隠しているように受け取れるものを使う。別ニは会話の中で単独で使われることも多い。
　別ニ，彼女のことが嫌いになって別れたわけではありません。
　「どこか体の具合でも悪いの。」「別に（＝どこも悪くないよ）」　　　　　（石黒　圭）

参考文献　工藤真由美「否定と呼応する副詞をめぐって―実態調査から―」（大阪大学文学部紀要，39号，1999）；茅野直子他『副詞（外国人のための日本語＝例文・問題シリーズ1）』（荒竹出版，1987）；森田良行『基礎日本語辞典』（角川書店，1989）

誇張表現 hyperbole
kochou-hyougen

キーワード：緩叙表現（litotes）
定　義：　程度・分量・数量などを過大に，または，過小におおげさに表現する表現方法。逆に，控え目な表現である種の効果を狙う表現を緩叙表現（litotes）という。

四字熟語による誇張表現：　日常生活語としての和語による表現に比較し，教養語である漢語による表現は一般に誇張表現の傾向を有する。ことに，四字熟語を用いた表現は過大誇張表現になる傾向が強い。有象無象・栄枯盛衰・音吐朗々・苛斂誅求・感慨無量・危急存亡・牛飲馬食・驚天動地・金城鉄壁・空前絶後・乾坤一擲・虎視眈々・孤立無援・疾風迅雷・神出鬼没・森羅万象・精力絶倫・絶体絶命・前代未聞・前途遼遠・粗酒粗餐・大願成就・猪突猛進・電光石火・天佑神助・東奔西走・内憂外患・日進月歩・破顔一笑・疲労困憊・粉骨砕身・捧腹絶倒・満身創痍・未来永劫・無為無策・明鏡止水・勇往邁進・落花狼藉・竜頭蛇尾・和気藹々

漢字熟語による誇張表現：　漢字熟語による表現は和語による表現に比較し誇張的になる。
　困る：　　窮する・困惑する・当惑する・往生する・閉口する・閉口頓首する
　忘れる：　忘却する・失念する・記憶を喪失する

数字・数量による誇張表現：
　悪事千里・一攫千金・一刻千金・一日千秋・八百八橋・百発百中・百貨店・百科・百獣・千客万来・千載一遇・千変万化・千万無量・白髪三千丈・万年床・万年雪

接頭辞・程度副詞による誇張表現：
　接頭辞：　大安売り・激安・超満員　　程度副詞：　超忙しい・めっちゃ悔しい

慣用句による誇張表現：　慣用句は必ず誇張的要素を伴う。
　青菜に塩・赤子の手をひねる・顎が落ちる・顎で使う・顎を出す・足下に火が付く・猫の手も借りたい・猫も杓子も・鼻が曲がる・鼻であしらう・目の色を変える

レトリカルな表現による誇張表現：　レトリカルな表現は必ず誇張的要素を伴う。
　①比喩表現：鬼をもひしぐ大女・ガラスの顎・雲衝くばかりの大男・鉄壁の守り・納豆のように細い糸・蚤の心臓・枕のようなおはぎ　②擬人法：過去が彼女を苦しめた。・急行列車は沿線の駅を小石のように無視して走り続けた。・死があたかも一つの季節を開いたかのようだった。　③迂言法：その人に瞳を向けた。（その人を見た。）・活字と頭の交渉（読書）　④対義結合：永遠なる序章（椎名麟三）・輝ける闇（開口健）　⑤共存制限破り：行く春や啼き魚の目に涙・足が歩く　　　　　　　　　（小池清治）

参考文献　野内良三『レトリック辞典』（国書刊行会，1998）

使役表現
しえきひょうげん
shieki-hyougen

expression of causative
active voice ＝ 能動態
passive voice ＝ 受動態

キーワード：自動詞使役文・他動詞使役文・見せ掛け使役文・擬人法的使役文・押し付け使役文・使役受身文／直接使役・間接使役／サ入れ言葉／使役動詞　セル・サセル（以上助動詞又は接尾語）・サセル（セサセルの融合した動詞）

定　義：　他のものに動作や状態を強いて，ある動作や状態を引き起こす表現。強いる主体を使役主格（ガ），強いられる対象を被使役格（ニ・ヲ）という。なお，被使役格を主体とする文を基本文ということにする。また，使役文では理由格であるものが基本文では主格になる場合もある。

文　型：　　自動詞使役文　　父親が息子に大学へ行かせる。　　　　　　　直接許容使役
　　　　　　　　　　　　　　父親が息子を大学へ行かせる。　　　　　　　直接強制使役
　　　　　　　　　　　　　　父親が私をこの狭い部屋に居させた。　　　　直接強制使役
　　　　　　　　　　　　　　母親が赤ちゃんを不注意で死なせた。　　　　間接結果使役
　　　　　　他動詞使役文　　母親が赤ちゃんに牛乳を飲ませた。　　　　　直接強制使役
　　　　　　　　　　　　　　母親が子供たちにテレビゲームをやらせていた。直接放任使役
　　　　　　見せ掛け使役文(強がり使役)　佐々木が敵に兜を射させた。　　直接放任使役
　　　　　　擬人法使役文(非情の使役)　背の高さが彼をひときわ目立たせた。間接結果使役
　　　　　　押し付け使役文(謙譲使役)　明日午後，伺わせていただきます。　間接許容使役
　　　　　　使役受身文　　　彼が会社を髭のことで辞めさせられた。　　　直接強制使役

自動詞使役文（自動詞を中核用言とする使役文）
a．動作動詞
1　父親が息子に大学へ行かせる。（基本文＝息子が大学へ行く。）
2　父親が息子を大学へ行かせる。（基本文＝息子が大学へ行く。）

使役主格は「ガ」で表される。被使役格は「ニ」の場合と「ヲ」の場合とがある。被使役格が「ニ」の場合は許容使役（息子は大学へ行きたがっている），「ヲ」の場合は強制使役（息子の意向は問わない）になる傾向がある。ただし，他動詞使役の場合は対格「ヲ」が必ず共存するので，被使役格は，許容・強制どちらの場合も必ず「ニ」で表される。例：父親ガ息子ニ本を読まセル。

1，2ともに「息子が大学へ行く」のは，父親の意図的意思によるものだという意を表す。このような使役を直接使役という。

使役表現には二人の役者がいる。使役主格（父親）は「セル」行為をし，被使役格（息子）は「行く」行為をする。

b. 状態動詞

3　私をこの部屋に居させてください。（基本文＝私がこの部屋に居る。）

使役主格は聞き手で，省略されている。許可を求める表現のときは，普通，許可者・使役主格は省略される。被使役格が話し手・書き手であるときは，被使役格も省略可能である。例：この部屋に居させてください。

4　背の高さが彼をひときわ目立たせた。（基本文＝彼がひときわ目立つ。）

使役主格は非情物の「背の高さ」。「背の高さ」を人間扱いにした，レトリカルな表現で擬人法を構成する。なお，この擬人法使役は，本来の日本語にはなかった。欧文の翻訳をとおして，日本語の表現になったもので，生き物以外が使役主格になるという観点から非情の使役ともいう。

5　母親が子供を不注意で死なせてしまった。（基本文＝子供が母親の不注意で死んだ。）

子供の死は母親の意図的意思によるものではないので，間接使役であるが，あたかも意図的意思であるかのように表現したもの。母親を責める語感がある。「母親が不注意で子供に死なれてしまった。」などの受身表現（被害の受身）の場合は，母親に対する同情が含意される。

なお，同じ意味内容を表す「母親の不注意が子供を死なせた。」という擬人法使役による表現が論理的には正確なのであるが，擬人法使役（非情の使役）は日本語本来のものでないので，特に話し言葉では使用されない。

理由格（「不注意デ」）が基本文の主格になる。

他動詞使役文（他動詞を中核用言とした使役文）

6　母親が子供に牛乳を飲ませた。（基本文＝子供が牛乳を飲む。）

使役主格は「ガ」で，被使役格は「ニ」で表される。この文型では「ヲ」は常に対格を表し，被使役格を表さない。「子供が牛乳を飲む」ことは母親の意図的意思によるもので，直接使役である。他動詞は原則として，意志動詞でもあるから，他動詞使役はすべて直接使役と考えてよい。

7　佐々木が敵に兜を射させた。（基本文＝敵が兜を射る。）

「兜を射」られるのは決して歓迎すべきことではない。その歓迎すべきではないことを意図的に敵にさせることは不自然なことなのであるが，「射」られたことを自ら望んでしたという表現で失態をとりつくろったもの。『平家物語』などの軍記物にみられる。このようなものを見せ掛け使役または強がりの使役という。また，敵が兜を射るにまかせるの意で，放任使役ともいう。

8　母親が子供にファミコンを好きなだけやらせる。（基本文＝子供がファミコンを好きなだけやる。）

放任使役は許容使役の一種。許容された事柄が道徳上・教育上よくないと考えられていることである場合をいう。

9　ここに自転車を置かせてください。（基本文＝ここに自転車を置く。）

使役主格が聞き手であり，被使役格が話し手であるので，両者とも省略されている。この表現は伝統的なもので規範的な表現でもあるが，現代日本語では，
　　ア　ここに自転車を置かさせてください。
　　イ　ここに自転車を置かしてください。
などの表現も発生している。これは，形式的には「置かす」という五段動詞，意味的には使役の意を内包するものであり，使役動詞と称するべきものである。東京方言に顕著な「その本，見して。」などという表現も，使役動詞「見す」の連用形ととらえることができる。「働かす・利かす・持たす」などの他動詞は「働くようにする・利くようにする・持つようにする」の意であるので，使役表現とよく似た振る舞いをする。
　　ウ　君には頭をよく働かしてもらった。（君が頭をよく働かせてくれた。）
　　エ　気を利かしたもてなし。（気を利かせたもてなし。）
　　オ　妻は夫に重い荷物を持たした。（妻は夫に重い荷物を持たせた。）
これらの動詞も使役動詞である。
　また，最近増加している使役表現に，「サ入れ言葉」がある。
　　カ　資料を配らさせて頂きます。
　　キ　この辺で，終わらさせて頂きます。
従来は，「配らせて」「終わらせて」と表現したものである。あたかも「さ」が挿入されたかのようにみえるので，「ラ抜き言葉」に習って，これを「サ入れ言葉」と称することがある。しかし，「配らす・終わらす」という使役動詞の未然形とみれば，整合的な解釈が成り立つ。サ入れ言葉は使役動詞が成立する直前の事態をとらえた把握法であろう。
　「着せる・見せる・させる」などは，使役動詞の古くからある例である。
　なお，栃木方言の「終す・片す」なども「終わるようにする・片付くようにする」の意であるので，使役動詞と考えてよい。
　　ク　掃除，早く終わしちゃえ。
　　ケ　机の上の本，片ておいたからね。
押し付け使役（謙譲使役）
10　明日午後にでも，伺わせていただきます。（基本文＝明日午後にでも伺う。）
11　早速，食べさせていただきました。（基本文＝早速，食べる。）
12　本日は休ませていただきます。（基本文＝本日は休む。）
「セル・サセル」を用いて，相手の許可・了承を得ているかのように表現しているが，実際は表現者の側からの一方的処置である。この表現は，許可・許容することを相手に押し付けているので，このようなものを押し付け使役という。また，「いただく」など謙譲語と共起するので，謙譲使役ともいう。
　この表現の特徴は，格の交替を含まないことや使役主格・被使役格を省略するところなどにある。

使役受身文
　13　私が会社を髭のことで辞めさせられた。(基本文＝私が会社を髭のことで辞めた。)
　使役表現の直後に受身表現が接続するという，きわめて日本語らしい表現である。使役主格は省略されていてはっきりしない。「会社が私をこれで辞めさせた。」と考えれば，使役主格は「会社」になる。また「妻が私にこれで会社を辞めさせた。」と考えれば使役主格は「妻」になる。使役主格が何であるかは文脈に委ねられていることになる。言い換えると，使役主格には重点が置かれていない表現なのである。なお，「髭のことで」は理由格。理由格を主格とする基本文ができる(髭のことが彼に会社を辞めさせた)。これは擬人法使役となる。
　使役表現の特徴は「動詞＋セル・サセル」という形態論的現象と格の交替という構文論的現象とがともにみられるところにあるが，使役受身文では，形態論的現象はあるが，格関係の交替という構文論的現象が付随しない。ここに，使役受身文の構文上の特徴がある。

使役表現ができない動詞：「ある・要る・できる・見える・聞こえる」および「読める・書ける」などの可能動詞では使役表現ができない。これらは，受身表現もできない。その理由は，これらの動詞に自然にそうなるというヴォイス(態)がすでに内包されているからである。また，次項で述べる「させる」という使役動詞にも「セル・サセル」は付かない。キーワードで述べたように，この語にはもともと「サセル」が内包されているので当然である。

「させる」(使役動詞)による表現：
　14　大学が学生にボランティアをさせた。(基本文＝学生がボランティアをする。)
　　強制使役と同じ意味である。
　15　先生が生徒たちに居眠りをさせた。
　　許可使役または，放任使役と同じ意味である。
　16　人をその気にさせておいて，今更駄目だなんて，ひどいよ。
　　放任使役と同じ意味である。被使役格が「ヲ」であることが注目されるが，「人に司会をさせておいて……」のように，「ニ」の場合もある。
　17　本日司会をさせていただく青木です。
　　押し付け使役(謙譲使役)と同じ意味である。「ヲ」は対格。
　18　準備不足から皆に無駄働きをさせてしまった。
　　擬人法使役(非情の使役)と同じである。理由格を主格にする擬人法使役。
　「させる」には見せ掛け使役文(強がりの使役)の用法はない。　　(小池清治)

参考文献　奥津敬一郎『使役と受身の表現(国文法講座6)』(明治書院，1987)；益岡隆志・田窪行則『基礎日本語文法(改訂版)』(くろしお出版，1992)；小池清治『日本語はどんな言語か(ちくま新書)』(筑摩書房，1994)，『現代日本語文法入門(ちくま学芸文庫)』(筑摩書房，1997)

時間表現
じかんひょうげん
jikan-hyougen

expression of (a length of) time

キーワード：チョウド／マエ／ゴ（後）・ノチ（後）・カン（間）
定　義：　年・月・週・日・時間・分・秒，時刻，期間など，時間に関する数詞を伴う表現。ここではテンス・アスペクトの文法的な時間のとらえかたは含めない。
チョウド：　発話者の意識内にある基準に合致する時間・時機になったときに用いる。この場合，①時間の単位の中で，区切りとして，切れのいい数字となるような一般的基準と，②もっぱら発話者の意識内にある特別な時間的基準とが考えられる。
　1　学校から家までちょうど1時間かかる。①
　2　仕事を終えるまでちょうど1週間かかった。①
　3　駅に着いたのはちょうど4時だった。①
1は「50分」でもなく，「1時間5分」でもなく，時間の単位としてひとまとまりの「1時間」，2は7日間でひとまとまりの「週」を単位として，「6日」でもなく，「8日」でもない「1週間」（7日）を，端数のない数字として「チョウド」と表現する。3は時刻であるが，「3時55分」でもなく，「4時3分」でもない，「4時」を切れのいい数字として「チョウド」を用いる。これらを「切れのいい数字」と一般的に考えるのは，下位の単位を使って時間を表さなくともよい，端数のない区切り目だからであろう。これが，数字としては端数のある，
　4　けさは，ちょうど8時25分に会社に着いた。②
　5　7月6日でちょうど26歳になりました。②
などとともに使われる「チョウド」では，4の場合，始業時間や列車などの出発時刻など，発話者にとって特別な基準のある時刻と考えられる。また，5の場合は，その日が発話者の誕生日にあたるなどの背景が考えられ，発話者の個人的な基準に合致した表現といえる。
　こうした発話者の意識内にある基準によっては，①のような切れのよい数字に関しても個人差があると考えられ，「1時間半，2時間半…」「1年半，2年半…」などのように，その単位の半分までを「チョウド」として意識されることもある。
　6　彼は100メートルをちょうど11秒で走る。
のように，1/10秒以下を問題とする場面では，日常生活では端数となる数字であっても，「チョウド」を用いることがある。
マエ：　ある基準となる時点・時機以前については「〜マエ」で表す。時間的にどの時点を基準とするかは，①切れのいい数字の時刻，②行為・状態の開始時点や，発話者にとって特別な区切り目，と二通り考えられる。

7 今，11時10分まえです。①
8 海外旅行に出かける1か月まえにチケットを手配する。②
9 誕生日の2日まえに彼女と会った。②
10 本番開始3分まえとなりました。②

アト・サキ・ノチ・ゴ： ある基準となる時点・時機以後については「アト」「〜サキ」「〜ノチ」「〜ゴ」で表す。

「アト」は現在を基準とする「アトで連絡します。」のような表現のほかに，ある事態の起こる時点を基準として，

11 その事件の3日あと［後］に現場を訪れた。

のようにも使い，過去のある時点を基準とすることができる。この場合は「〜ゴ」と置き換えが可能である。「〜ノチ」は主として改まった場面で用いられる。

これに対して，「〜サキ」は現在からある程度の時間的隔たりをもった将来を表し，

12 我が家の建て替えは5年先になるだろう。

のように用い，過去のある時点を基準とすることはできないのがふつうである。

また，「マエ」の①7と逆に，切れのいい数字の時刻から経過した時間を表す場合には，「11時10分スギ」のように「〜スギ」を用い，「アト・サキ・ノチ・ゴ」を用いることはない。

カン： ある行為・事態について，特に始まりから終わりまでの時間的幅を表すときには「〜カン」を用いる。

13 10年間海外で暮らした。
14 今日から3日間家を離れる。
15 駅に列車が到着して発車するまでの30秒間に事件が起った。
16 この村も，祭りが開催されている5日間は多数の観客でにぎわう。

13, 14の例では，「〜カン」が副詞的機能をもち，話し言葉でしばしば「〜カン」は省略されるが，15のように，被連体修飾語となる場合は「〜カン」を省略できない。

（木村義之）

参考文献 森田良行『基礎日本語辞典』（角川書店，1989），『使い方の分かる類語例解辞典』（小学館，1994）

自敬表現
じけいひょうげん
self-honorific expression
jikei-hyougen

キーワード：罵倒悪態表現・尊敬語・謙譲語・絶対敬語・尊大表現・丁重語・荘重体

定　義：　第一人称者である表現者が，①自分自身の行為や自分に関するものごとを尊敬語によって待遇する表現，および②聞き手を含めた話題の人物の，表現者に対する行為を謙譲語によって待遇する表現。どちらも，表現者自身を高め，聞き手や話題の人物を表現者に対して低く待遇する点で，同じ表現の裏表をなしている。

「自敬表現」は，古代の『古事記』『風土記』『万葉集』などの国語資料において，神や天皇がその発言部分で自分自身を聞き手・第三者より高く待遇した形の敬語表現を用いているとみえるところから名付けられた表現である。例をあげれば，『万葉集』巻六の，節度使の宴での天皇の御製歌には，「天皇朕がうづの御手以ち　かき撫でそ労ぎたまふ」とあり，天皇が自身の身体と行為について尊敬語で表現している（前記①型の自敬表現）。また，『古事記』上巻では，速須佐男命の足名椎に対する発言に，「是の汝の女は，吾に奉らむ哉」とあり，相手の行為を謙譲語で待遇している（前記②型の自敬表現）。

このような表現法が，実際にその通り自己尊敬が行われたものの記録なのか，その書の作者が，表現主体が高位の上位者であることに配慮して敬語に書き換えたものなのかについては，江戸時代より学者間で論争があったが，現在では，古代の天皇ばかりか室町・江戸幕府の将軍の一部や太閤秀吉なども「自敬表現」を使ったことが認められ，この表現が最高権力者の権威を示威する方法として利用されたということが明らかになっている。

このことは，一方で，日本では上位者の言動については尊敬語を，上位者に対する言動には謙譲語を，その上位者自身を含めてすべての人が使うことに違和感を覚えない，「敬語の絶対的用法」が近世まで存在したことを物語るものである（→絶対敬語・相対敬語）。

現代敬語では，天皇を含めて何人も「自敬表現」を使うことが許されていない。ただし，「おれ様の思し召しだ。ありがたく頂戴しろ」のように，自分自身に尊敬語，自分に向かう相手の行為に謙譲語を使用することで，表現者が相手よりも（実際的にでも，虚構的にでも）上位にあることを示そうとする「尊大表現」は存在する（→罵倒・悪態表現）。

また，「動作主体を高く待遇しない」という，丁重語の謙譲語的性格を利用して，相手を軽卑する「黙っとれ」のような表現（→罵倒・悪態表現）も，「尊大表現」と同様の「表現者上位示威」効果をもつ。丁重語の多くは，江戸後期の国語資料に，発言を重々しくする「荘重体」用法があり，これが相手軽卑用法に連続している。　　　　　（川口義一）

参考文献　西田直敏『「自敬表現」の歴史的研究』（和泉書店，1995）；坂本恵「現代丁重語の性質―『致す』を中心として―」（国語学研究と資料，7号，15 - 22，1973）

指示表現　　expression of indication
shiji-hyougen

キーワード：コソアド・指示領域／近称・中称・遠称・不定称／対立型・融合型／現場指示・文脈指示／前方指示・後方指示／コソアド対表現　指示語

定　義：　対象を，実質概念を表す語を用いて表すのではなく，「指示語」を用いて発話時現場依存的に表す表現。指示語は，物事・場所・方向・様態などの対象を話し手・書き手の立場から心理的な場の中に位置付けつつ言語的に指し示す語（ただし，ド系は指示要求の語）のことで，品詞名ではなく，現代日本語において「コ〜・ソ〜・ア〜・ド〜」の体系をなす，指示代名詞，（指示）連体詞，（指示）形容動詞，（指示）副詞などの総称。「コソアド」ともいう。

コソアドの種類：　表で表すと次のようになる。

品詞	意味	近称	中称	遠称	不定称
代名詞	事物	コレ	ソレ	アレ	ドレ
		コイツ	ソイツ	アイツ	ドイツ
	場所	ココ	ソコ	アソコ	ドコ
	方向	コチラ	ソチラ	アチラ	ドチラ
		コッチ	ソッチ	アッチ	ドッチ
連体詞	名詞修飾	コノ	ソノ	アノ	ドノ
形容動詞	名詞修飾	コンナ	ソンナ	アンナ	ドンナ
副詞	様態	コウ	ソウ	アア	ドウ
		コンナニ	ソンナニ	アンナニ	ドンナニ

上記のほかに，これに準ずる形として，「コウイウ・ソウ〜・アア〜ドウ〜」「コノヨウナ・ソノ〜・アノ〜・ドノ〜」（以上，名詞修飾），「コンナ風ニ・ソンナ〜・アンナ〜・ドンナ〜」「コウシテ・ソウ〜・アア〜・ドウ〜」「コウヤッテ・ソウ〜・アア〜・ドウ〜」「コノヨウニ・ソノ〜・アノ〜・ドノ〜」（以上，様態），その他の複合形がある。

「コレ・ソレ・アレ・ドレ」「コイツ・ソイツ・アイツ・ドイツ」のうち後者はぞんざいな言い方。ともに，原則として人を指し示す場合には用いない。ただし，親しみの表現として用いる場合はこの限りではない。人を指し示す場合は，多く，「コノ人・ソノ〜・アノ〜・ドノ〜」を用いる。その敬語形として，「コノ方，ソノ〜・アノ〜・ドノ〜」という言い方もある。

「コッチ・ソッチ・アッチ・ドッチ」「コチラ・ソチラ・アチラ・ドチラ」は，方向だけでなく，その方向に属する一地点，物事，人を指す場合もある。ただし，「コッチ…」は，

どちらかといえば，ぞんざいな言い方。一方，「コチラ…」は改まった言い方。

「コンナ・ソンナ・アンナ・ドンナ」は，「コノヨウナ・ソノ〜・アノ〜・ドノ〜」の口語的な言い方。ときとして，感情的な評価を伴うことがある。

「コンナニ・ソンナニ・アンナニ・ドンナニ」は，程度や量が大きいことを表すのに用いられる。

ド系の語は，「だれ，何，いつ，いくつ，いくら」（以上名詞）「なぜ」（以上副詞）などと合わせて，「疑問語」と呼ぶ。疑問語は，疑問表現で用いられる。直接または他の語を挟んで「か」「も」「でも」を伴う場合は，不定の対象を表す「不定語」となり，指示機能はなく，指示要求の意を表す。

コソアドと指示領域： 佐久間鼎は，コ系の語は話し手の領域に属するものを，ソ系の語は聞き手の領域に属するものを，ア系の語は話し手・聞き手の領域外のものを，ド系の語は話し手・聞き手にとって未知のものを指すとの説を提出している。また，ア系の語の指す対象は，話し手・聞き手がともに知っているものに限られるという松下大三郎などの説も広く定着している。一般に，コ系の語を「近称」，ソ系の語を「中称」，ア系の語を「遠称」，ド系の語を「不定称」と呼ぶが，近称・中称・遠称の区別は，上にみるように，話し手からの物理的な距離に基づくというより，心理的な距離に基づくものといえる。例えば，人に背中のかゆいところをかいてもらうときなど，自分の体の一部であっても，

　1　そこそこ，そこです。

などのようにいうのが普通である。

三上章は，コソアは平面的な三項対立ではなく，話し手と聞き手の対立に基づくコとソの対立と，融合した話し手・聞き手と遠方のものとの対立に基づくコとアの対立の，二重の二項対立であると述べている。指示表現における，話し手と聞き手の前者のようなあり方を「対立型」，後者のようなあり方を「融合型」と呼ぶことがある。

ところで，近年，

　2　君，あの有名な先生を知らないの？

のように，ア系の語が現場にないもので聞き手の知らないものを指す場合があること，また，

　3　（タクシーの運転手に）すみません，そこの郵便局の所で止めてください。

のように，ソ系の語が聞き手の領域に属するとはいえないものを指す場合があることなどが指摘された。そこで，新たに，ア系の語は話し手にとって心理的にはるかなものを，ソ系の語はコ系の語またはア系の語で指す以外のものを中立的に指すなどという新しいとらえ方も提出されてきている。その場合でも，ア系の語の指すものが話し手・聞き手の共通に知っているものである場合が多いという事実，また，聞き手の領域に属するものがソ系の語で指し示されるという事実は，相変わらず無視できないが，その理由として，前者については，相手の知らないはるかな存在を自分だけ承知して「アレ」と指すことは社交上望ましくないとして極力避けられるであろうこと，また，後者については，聞き手の領域

に属するものが，話し手の領域に属するものでも，はるかな存在でもないことからくる結果にすぎないと考えられることなどがあげられるようである。一方，ソ系の現場指示については，「あなたのそばの〜」「あなたの見ている〜」のような記述的意味に基づくもので，コ系，ア系のように直示空間の指示に限定されたものではないという説も出されている。

現場指示と文脈指示: 　一般に，指示語の用法は，話の現場の物事を指示する「現場指示」と，前後の話の中に出てくる物事や，記憶の中の物事を指示する「文脈指示」（いわゆる「観念対象指示」はここに含める）の二つに分けられる。現場指示の用法も，文脈指示の用法も，本質的には同じ原理に基づくものであるはずであるが，それぞれの具体的な現れ方には大きな相違が認められる。現場指示では，あくまでも補助的な手段として，直接，対象を，手で持ち上げるとか，指，あご，視線などで指すなどの，指示行動が伴うことが多いが，文脈指示にはもちろんそのようなことはない。その他の現場指示の用法についてはおおかた先に触れたので，以下では文脈指示に特徴的な事実を掲げる。

まず，ア系の語は，その場面から少し離れた感じの，記憶の中の物事を指す場合に用いる。その物事は，話し手・聞き手が共通して知っている場合が多い。

4　高校時代に小川という奴がいただろう。あいつ，今，どうしているかなあ。

ただし，状況から，対象となる物事が聞き手にもすぐわかると思われる場合は，はじめて取り上げる物事でも，ア系の語で指し示すことができる。次の例などは，ひとりよがりに，相手もすぐ了解できるものと決めつけて用いた例といえる。

5　「あれ，あれを取ってくれ。」「あれって，何ですか？」

また，例えば，例2のように，聞き手が直接体験し，思い入れの深い物事についていう場合など，聞き手が知らないことであっても，ア系の語が用いられる場合がある。

ア系の語は，ふつう文章では使えない。

コ系の語は，直前の話題の中の物事，または，これから話題にしようとする物事を，特に取り上げたいもの，相手の注意を引きたいものとして指示する場合に用いる。

6　僕のクラスに田中という男がいるんだが，これがまた面白い奴でね。

7　昨日，駅の事務室のドアにこんなはり紙がしてあるのを見たよ。「無断で侵入を禁ず」って。無断で禁じられては困るね。

一般に，例6のように，それまでの話題の中の物事を指示することを「前方指示」，例7のように，これから話題にしようとする物事を指示することを「後方指示」と呼ぶ。後方指示は，もっぱらコ系の語の用法である。後方指示は，これから述べる話題の，一種の予告となっている。

ソ系の語は，それまでに話題の中に出てきた物事を，コ的でもア的でもなく，中立的に指示する場合に用いる。

8　先日いい小型辞典を買ったんだけど，今日それを持ってくるのを忘れてしまった。

9　「今年の夏休みにみんなで北海道に行かないか。」「それは面白そうだね。」

文脈指示の用法では，「その」が所有関係を示す「それの」に相当する意味で用いられ

る場合がある。
　10　出家とその弟子
　この種の用法は、「この」「あの」にもごく特殊な場合に現れることがある（次項で触れる「この結果」「この反面」など）。
指示語と慣用的表現：　コ系とソ系の指示語は，直前の発話や文章の内容を指示しつつ，慣用的な表現を形成することが少なくない（おもに，金水他，1989による）。
　a. 接続表現
　「ソレ」を用いるもの：　それから，それが〔逆接〕，それだから，それだけに，それで，それでいて，それでなくても，それでは［それじゃあ］，それでも，それというのも，それとも，それなのに，それなら，それに，それにつけても，それにもかかわらず，それはさておき，それはそうとして，それはともかく，それを〔逆接〕，…
　「ソノ」を用いるもの：　そのうえ，そのかわり，そのくせ，その反対に，…
　「コレ／ソレ」を用いるもの：　これ［それ］に対して，これ［それ］とは逆に，…
　「コノ／ソノ」を用いるもの：　この［その］結果，この［その］ため，この［その］ため，この［その］意味で，…
　b. 応答表現
　「ソウ」を用いるもの：　そうだ（そうではない），そうらしい，そうか，…
　「ソノ」を用いるもの：　そのようだ…
　c. コソアド対(つい)表現
　ソ系の語とコ系の語を対にして用いるもの（対象が直前に述べたことを含めていろいろ様々であることを表す）：　そんなこんなで，そうこうして，そこここ，…
　ただし，コソアド対表現でも，次のものは，必ずしも直前の発話や文章の内容を指示するはたらきをもっていない。
　ア系の語とコ系の語を対にして用いるもの（対象がいろいろ様々であることを表す）：あれこれ，あっちこっち，あれやこれや，ああだこうだ，ああでもないこうでもない，ああ言えばこう言う，…
　ド系の語とコ系の語を対にして用いるもの（対象がいろいろ様々であることを表す）：どうこう，どうのこうの，…
　ド系の語とソ系の語を対にして用いるもの（特にそれといわずに対象を表す）：　どこそこ，（だれそれ），…

　　　　　　　　　　　　　　　　　　　　　　　　　　　　　　　　　　（山口佳也）

参考文献　佐久間鼎『現代日本語の表現と語法』（くろしお出版，1983）；三上章『三上章論文集』（くろしお出版，1975）；高橋太郎「『場面』と『場』」（国語国文，25巻9号，1956）；堀口和吉「指示語の表現性」（日本語・日本文化，8，1978）；金水敏他『指示詞（日本語文法セルフマスターシリーズ4）』（くろしお出版，1989）；金水敏他『指示詞』（ひつじ書房，1992）；金水敏「指示語」（別冊國文学，53巻，1999）

自発表現 （じはつひょうげん）

expression of spontaneity

jihatsu-hyougen

キーワード：自発／可能動詞／引用動詞
　　　　　　レル・ラレル

定　義：　主体の意志に関係なく，ひとりでにある動作をとるに至っていることを表す表現。動詞＋レル・ラレルの形のほか，可能動詞の一部が同様の意味を表すことがある。

動詞＋レル・ラレルを用いた場合：　自発の文の基本的な構造は，次のようである。

　X〔動作主＝主語〕ニ（ハ）＋Y〔対象〕ガ＋動詞＋レル・ラレル
　1　私には彼の健康が案じられる。←私は彼の健康を案じる。
この文は，直接受身文（例2）や可能の文（例3）と外形的に比較的よく似ている。
　2　私は彼にほめられた。←彼が私をほめた。
　3　彼の赤ちゃん（に）は離乳食が食べられる。←彼の赤ちゃんは離乳食を食べる。
しかし，自発の文は，直接受身文とも可能の文とも異なる。そのおもな特徴をあげると，
①用いられる動詞は，思考動詞（考える，思う，思い出す，想像する，推測する，知る，…）・感覚動詞（嘆く，期待する，しのぶ，急ぐ，案じる，ためらう，はばかる，悔やむ，…）・感情動詞（感じる）に限られる（ただし，感覚動詞，感情動詞などのすべてが自発の文に用いられるとは限らない）。この中には引用動詞であるものも少なくない。
　4　私には彼が健康を害しているのではないかと案じられる。
②自発の文では，ふつうニ格名詞句が文頭に位置し，主語の役割を果たす。（直接受身文では，ガ格名詞句が主語で，文頭に位置する）ニ格の名詞は有情名詞，多くは一人称である。また，ニ格のニを，受身文のようにカラやニヨッテに交換することはできない（可能の文のように，ガ（ハ）にすることもできない）。
③自発の文では，文末のル形が発話時を指す（直接受身文では未来時）。

可能動詞を用いた場合：　可能動詞が自発の意味を表すようにみえる場合がある。
　5　私にはそれが不思議に思えた。←私はそれを不思議に思った。
この「思える」は，「思われる」に換えてもほとんど意味が変わらない。〜ニ（ハ）〜ガ〜という構造をとる点でも似ている。しかし，この種の可能動詞は意外と少なく，ほかには，「笑える」「泣ける」（「読める」「知れる」）など数語が数えられるだけのようである。これらを自発の表現と認めるとしても，語彙的な要素の強いものというべきであろう。
なお，「見える」「聞こえる」などの場合も自発の意味を表すようにみえるが，これは状態性の自動詞の用法の一環とみておく。　　　　　　　　　　　　　　　　（山口佳也）

参考文献　寺村秀夫『日本語のシンタクスと意味Ⅰ』（くろしお出版，1982）；森山卓郎『日本語動詞述語文の研究』（明治書院，1988）；安達太郎「思エルと思ワレル」『日本語類義表現の文法（上）』（くろしお出版，1995）

謝罪表現　　　expression of apology
shazai-hyougen

キーワード：ゴメンナサイ・スミマセン・スイマセン・ドウモ／イツモ，オ世話ニナッテオリマス／シテシマッタカラ・シテシマッタノダ／シテシマッタノデ／シテシマッテ／シ

定　義：　話し手と聞き手との間での利害の授受によって，話し手が主観的に心理的不均衡を感じた場合，均衡を回復すべく発する表現。特に，謝罪表現は，話し手が聞き手に何かをした結果，聞き手に損害が発生したと話し手が判断した際に用いられるものをいう。一方，話し手が聞き手に何かをしてもらった結果，話し手に利益が発生したと話し手が判断した際に用いられる表現は，「感謝表現」という。

文型と分類：　謝罪表現の文型は，感謝表現としても用いられる（→感謝表現）。

  1　ごめんなさい・すみません・すいません・どうも

　感謝と謝罪は，心理的不均衡という軸上に連続体をなしているのである。
　また，謝罪表現の文型は，ほとんど意味のない社交辞令のような挨拶としても用いられる（→挨拶表現）。

  2　いつも，お世話になっております

　一歩退いてみせることでムードを和らげたり，聞き手に敬意を示したりすることができる。
　さらに，それらの定型表現に加えて，3のような表現によって，話し手が，聞き手に損害を与えた非を認めると表明することも，謝罪表現となる。

  3　～してしまいました。・お待たせしました。・悪い悪い。・ご迷惑をおかけいたしました。

加えて，4のような途中終了文では，（　）内の後悔の念を表すことで，丁寧さをもかもし出した謝罪表現となりうる。しかし，話し手が，不均衡があまりにも重大だと判断した場合は，5のように，非の表現さえも不可能であることを表明しての謝罪表現となる。

  4　～してしまったんですけど（～したくはなかった）。

  5　お詫びの言葉もございません。

後悔の念をさらにはっきりと明示し，謝罪事項の非意図性を強調するために弁明表現が後に続くことが多い。
弁明表現は，文末に6.1～6.6のような定型をとる。

  6.1　シテシマッタノダ型

　　　遅れてすみません。山手線が止まってしまったんです。

  6.2　シテシマッタカラ型

遅れてすみません。山手線が止まってしまったものですから。
6.3　シテシマッタノデ型
遅れてすみません。山手線が止まってしまったんで。
6.4　シテシマッテ型
遅れてすみません。山手線が止まっちゃって。
6.5　命題提示型
遅れてすみません。山手線が止まってました。
6.6　シ型
遅れてすみません。埼京線は動かないし、山手線は乗れないし。

　さて，これら不均衡感を表明する謝罪表現は，定義にあるように心理的均衡の回復を目的とするものである。均衡の回復は，話し手の不均衡の言明に対して，聞き手がそれを否定することで達成される。

7　A：申し訳ありません。
　　B：いえいえ，いいんですよ。

　また，話し手はこの聞き手の否定を誘発すべく，8のように積極的に不均衡を打ち消そうとしたり，9のように賠償することで均衡を達成しようとすることもある。

8　またよろしくお願いします。
9　もし〜なら，弁償させていただきます。

　以上をまとめると，謝罪表現とは，不均衡感の言明—不均衡感の否定，という一連の表現であるということができる。

(細川英雄)

参考文献　中田智子「発話行為としての陳謝と感謝」（日本語教育，68号，1989）；小川治子「感謝とわびの定式表現」（日本語教育，85号，1995）；三宅和子「『詫び』以外で使われる詫び表現」（日本語教育，82号，1994）；森山卓郎「お礼とお詫び」（国文学，5，1999）；飯島重喜「コミュニケーションタスクにおける日本語学習者の定型表現・文末表現の習得過程」（日本語教育，98号，1998）；藤森弘子「日本語学習者に見られる『弁明』意味公式の形式と使用」（日本語教育，87号，1995）

受給表現
じゅきゅうひょうげん　　　expression of benefactive

jukyuu-hyougen

キーワード：授受表現・受益表現・やり（あげ）もらい表現・恩恵
　　　　　（テ）ヤル・（テ）アゲル・（テ）モラウ・（テ）クレル・（テ）サシアゲル・（テ）イタダク・（テ）クダサル／オ・ゴ～イタダク・オ・ゴ～クダサル／～（サ）セテイタダク

定　義：　ものを与え・受ける，あるいは恩恵や利益を与え・受けることを表す表現。「授受表現」，「やり（あげ）もらい表現」などともいわれる。現代共通日本語として，ものの与え・受けを表す専用の受給動詞には，「やる」「あげる」／「もらう」／「くれる」，およびそれらの敬語形として「さしあげる」／「いただく」／「くださる」がある。また，ある状態・動作を通じて恩恵や利益を与え，受けることを表す専用の補助動詞としては，「てやる」「てあげる」／「てもらう」／「てくれる」，およびそれらの敬語形として「てさしあげる」／「ていただく」／「てくださる」また敬語形式として「お・ご～いただく」／「お・ご～くださる」がある。このほかに，使役形と敬語形の組合せによる，「～（さ）せていただく」／「～（さ）せてくださる」などがある。

　受給表現を考えていくためには，「人間関係」に関する認識が重要である。ここでは，それぞれの「人間関係」を次のように規定しておく。

　受給表現の「表現主体」（話し手・書き手）自身を「自分」，「表現主体」からみた「聞き手・書き手」を「相手」，表現の中に出てくる人物を「話題の人物」とする。なお，「話題の人物」の中には「自分」に準ずる「自分側の人物」，「相手」に準ずる「相手側の人物」がいるため，必要なときには第三者としての「話題の人物」と区別して扱う。また，もの（恩恵）を与える人物を「与え手」，受ける人物を「受け手」とする。

　以上を前提として，まず，ものの与え・受けを表す受給動詞についてみていくことにする。なお，ものの移動を矢印（→）で示し，現代共通日本語としては不適切な表現になるものには「×」を付けておく。

　やる：　「与え手」ガ，「受け手」ニ，ものヲ，ヤル
「自分」（「与え手」）→「相手」／「話題の人物」（「受け手」）
「相手」（「与え手」）→ ×「自分」／「話題の人物」（「受け手」）
「話題の人物」（「与え手」）→ ×「自分」／×「相手」／「話題の人物」（「受け手」）

　「やる」は，通常語ではあるが，ニュートラルな「人間関係」に基づく表現ではなく，「与え手」（上位者，以下「上」）→「受け手」（下位者，以下「下」）という「上下関係」が表される。また，ややぞんざいな表現であるために，「子供に小遣いをあげる。」「犬に餌をあげる。」など，「やる」を避けて「あげる」が使われることも多い。

あげる： 「与え手」ガ，「受け手」ニ，ものヲ，アゲル
「自分」(「与え手」) → 「相手」／「話題の人物」(「受け手」)
「相手」(「与え手」) → ×「自分」／「話題の人物」(「受け手」)
「話題の人物」(「与え手」) →×「自分」／×「相手」／「話題の人物」(「受け手」)

「あげる」は，本来は，下から上という方向で用いられていたが，現在では，通常語として使われることが多い。ただし，「やる」の項であげた例のように，「やる」を使うか「あげる」にするかという議論は，今なお繰り返されている。

もらう： 「受け手」ガ，「与え手」ニ／カラ，ものヲ，モラウ
「自分」(「受け手」) ← 「相手」／「話題の人物」(「与え手」)
「相手」(「受け手」) ←×「自分」／「話題の人物」(「与え手」)
「話題の人物」(「受け手」) ←×「自分」／「相手」／「話題の人物」(「与え手」)

「もらう」は，「受け手」(受益者)が「が格」，「与え手」が「に／から格」となる点が，他の授受動詞と異なる。

くれる： 「与え手」ガ，「受け手」ニ，ものヲ，クレル
×「自分」(「与え手」)
「相手」(「与え手」) → 「自分」／×「話題の人物」(「受け手」)
「話題の人物」(「与え手」) → 「自分」／「相手」／×「話題の人物」(「受け手」)

「話題の人物」が「自分側の人物」であれば，「くれる」を用いることができる。

以上のように，受給動詞は，「与える」「受ける」などといった授受関係の動詞とは異なり，使用上の制限がある。特に，「自分」にやる／あげる／もらう・「自分」がくれる，など「自分」(および「自分側の人物」)にかかわる部分に制約が多いことが特色となる。これは，基本的には，恩恵の授受にかかわる補助動詞においても同様である。

てやる： 「与え手」ガ，「受け手」(受益者)ニ，恩恵ヲ，ヤル
×「自分」(「受け手」)

ただし，特殊なものではあるが，「努力した自分を誉めてあげたい。」のような自分を「受け手」とする表現がある。

てあげる： 「与え手」ガ，「受け手」(受益者)ニ，恩恵ヲ，アゲル
×「自分」(「受け手」)
てもらう： 「受け手」(受益者)ガ，「与え手」ニ／カラ，恩恵ヲ，モラウ
×「自分」(「与え手」)
てくれる： 「与え手」ガ，「受け手」(受益者)ニ，恩恵ヲ，クレル
×「自分」(「与え手」)

受給表現は，こうした受給動詞が用いられることで，事物や事態にかかわる恩恵・利益を与え，受けることを表すわけだが，恩恵・利益のやりとりを表すという点で，待遇表現，特に敬語的な表現との関連が強く生じてくる。以下，それらの点についてみていく。

(て)さしあげる： 本動詞「さしあげる」には，恩恵を与えるというニュアンスは特

にないが，補助動詞「てさしあげる」の場合には，受け手に恩恵を与えるという点が強調されるため，例えば，申し出表現などで，「お荷物，持ってさしあげましょうか。」という表現は，状況によっては恩着せがましくなってしまう。その場合，「お荷物，お持ちしましょうか。」あるいは，「お荷物，お持ちします。」などと言い換える必要がある。

（て）いただく：　受益者が「が格」，行為者が「に格」になる点が他の受給動詞と異なるため，特に日本語教育などでは，「人間関係」および「格関係」を明確にして指導する必要がある。

なお，実際の表現としては，「（て）いただける」という可能の形も，特に「依頼表現」における「〜ていただけますか・〜ていただけませんか」という形で多く用いられる。したがって，その前段階として「〜てもらえますか・〜てもらえませんか」も初級の文型項目に入れておく必要があるだろう。「てもらえる」が初級で扱われないために，上級になっても「てもらいますか」という形を用いる学習者が出てしまうことになる。

お・ご〜いただく：　「〜ていただく」は「〜てもらう」の直接的な敬語形であるが，さらに「お・ご」を付けると「お・ご〜いただく」という敬語形になる。例えば，「案内してもらう」「案内していただく」「ご案内いただく」のようになるわけである。

ただし，「案内していただく」に単純に「ご」を付けて「ご案内していただく」という形にしてしまう誤用が多い。これは，「ご案内し」の部分がいわゆる謙譲語の形になってしまい，「相手」や「話題の人物」の動作を高めずに，むしろ「自分」を高めてしまうという誤用なのであるが，「お」や「ご」を付ければ敬語になるという意識によってか，この種の誤用はかなり多い。「お・ご〜くださる」にも同様の誤用はみられ，「こちらにおかけして，お待ちしてください。」のような誤りが多い。

なお，「ご案内いただく」ではなく，「案内いただく」，といった形態上の誤りもみられる。

また，「〜ていただける」に「お・ご」の付いた「お・ご〜いただける」という形もある。これも，「お・ご〜していただける」や「お・ご」をつけずに例えば，「購入いただける」といった形の上での誤りがみられる。

「お・ご〜いただける」の特色は，例えば，「ご利用いただけます。」のように，「相手」が「利用できる」ということを，それによって「自分」が恩恵を受ける形で表しているという点にある。つまり，「利用してもらえます」を単に敬語形にしたというのではなく，「ご利用になれます」という「尊敬可能」の表現を「恩恵形」として表した用法であると考えられるのである。「ご利用いただけます」というのは，「相手」が「利用することができる」ということを表すと同時に，その「相手」の行為を「自分」にとって恩恵的に表しているわけで，「ご利用になれます」では，「相手」を高くするだけの性質しかないことになるわけである。

このように，「相手」（や「話題の人物」）の行為を高めつつ，それを「自分」にとっての恩恵としてとらえるという表現は，新しいタイプの受給表現として，今後，飲食・旅

行・金融などのサービス業を中心にさらに広まる可能性があるといえよう。

　（さ）せていただく：　受給表現と使役形との組合せは、「させてやる／あげる／もらう／くれる」「させてもらってあげる」「させてやってください」など、三者、四者の関係で複雑に用いられることになるが、「（さ）せていただく」は、受給や使役の実質的な意味を担うのではなく、一種の謙譲語として機能している形であると考えられる。

　例えば、「さっそく、読ませていただきました。」や「それでは発表させていただきます。」などは、実質的に受給・使役の意味を表すのではなく、ほとんど「読みました」や「発表します」と同意であるような表現である。「発表します」の場合には、「発表いたします」という敬語形があるのだが、こうした「読みました」の場合には、「お読みいたしました」という敬語形が不適切なものになってしまうため、それに代わる敬語形として「読ませていただきました」が用いられるのだと考えられる。

　もちろん、「（さ）せていただく」は、単なる謙譲表現ではなく、「自分」の行為を、あたかも、だれかの許可を得ての行為であり、しかもその行為が「自分」にとって利益になるということを表そうとする表現であり、その点では、きわめて敬語的な表現であるということもできる。ただし、「努力させていただきました。」など、実質的な受給・使役の意味をもたない場合にまで、「（さ）せていただく」を多用すると、卑屈で作為的な表現に聞こえてしまうため、過剰敬語使用の問題として指摘されることが多い。

　「（て）くださる」・「お・ご～くださる」は、敬語としてのはたらきは、「（て）いただく」・「お・ご～いただく」とほぼ共通するが、「くれる」「もらう」という本来の性質を残しているため、「くださる」系は、「相手」や「話題の人物」が「が格」・「与え手」であり、「いただく」系は、「自分」が「が格」・「受け手」である点で異なっている。ただし、「先生が、お忙しいところ、ご出席いただきました。」といった誤用も多くみられることから、実態としての関係に意識が向けられ、格関係への意識が希薄になっていると考えられる。その意味でも、授受表現を扱う際には、「人間関係」と表現上の「格関係」との関連を明確にした指導が必要になるといえよう。

　「受給表現」は、従来主に「文法」の問題として扱われることが多かったが、「文」レベルでの問題ではなく、「文章・談話」のレベル、さらにはより広い意味での表現レベルにおける問題である。したがって、これからの「受給表現」の研究や教育は、そうした観点から進めていくことが大切であろう。　　　　　　　　　　　　　　　（蒲谷　宏）

参考文献　宮地裕「『やる・くれる・もらう』を述語とする文の構造について」（国語学、63集、1965）；奥津敬一郎「授受表現の対照研究―日・朝・中・英の比較―」（日本語学、2巻4号、1983）；上野田鶴子「授受動詞と敬語」（日本語教育、35号、1978）；堀口純子「授受表現にかかわる誤りの分析」（日本語教育、52号、1984）；蒲谷宏・川口義一・坂本惠『敬語表現』（大修館書店、1998）；山田敏弘「日本語におけるベネファクティブの記述的研究」（日本語学、19巻13号、21巻1号、2000-2002）；その他、「待遇表現」の項参照。

祝意・賀意表現　expression of congratulation
shukui・gai-hyougen

キーワード：オメデトウ（ゴザイマス）・〜テヨカッタ（デス）ネ・オヨロコビ申シ上ゲマス・オ祝イ申シ上ゲマス

定　義：　喜ばしいできごとが起こったときに，その当事者に対して，祝福の気持ちを伝え，ともに喜びを確かめ合う表現。祝意・賀意表現に対して受け手は「ありがとう（ございます）」で応じる。

祝意・賀意の主体と対象：　何が喜ぶべき出来事であるかは各人各様であるが，一般に，
　①人生の節目を迎えたとき（出産・入学・卒業・成人・結婚・誕生日・還暦など）
　②社会的に望ましいと考えられることが達成されたとき
　　　　　　　　　　　　　　　　（合格・開店・開業・新築・昇進・昇格・表彰など）
　③悪い状態から回復・復帰したり，解放されたとき（退院・無罪判決・生還など）
などと類別できる。これらの出来事に際し，(1)出来事の主体と一体化して喜びの心情を率直に表現し，確かめ合う姿勢をみせる場合と，(2)社交的・儀礼的な必要を主たる要素として表現する場合がある。ただし，(1)(2)は連続的であり，重なり合う場面も多い。

　(1)の場合は弔意表現とは異なり，祝意を伝える相手が家族であることも多い。①〜③の主体とそれ以外の者とが一体化するウチとソトの意識は，事柄や人間関係のむすびかたによって，その意識のおよぶ範囲は可変性がある。

　(2)は儀式における祝辞や式辞がその典型としてあげられ，手紙や祝電で伝えられる場合にもそうした要素が含まれることが多い。その意味では，新年の「(新年) アケマシテオメデトウ（ゴザイマス）」という表現は広義の祝意・賀意表現に含まれる。ただし，これは社会的儀礼にのっとった挨拶言葉で，それ自体が表現としてひとまとまりである。また，ふつうの祝意・賀意表現とは異なり，「アリガトウ（ゴザイマス）」で応じることはなく，「オメデトウ（ゴザイマス）」で応じるのがふつうである点も特殊な例といえる。

祝意・賀意表現と話し言葉と書き言葉：　「オメデトウ（ゴザイマス）」は，話し言葉，書き言葉ともに使われ，使用される場面も①〜③すべてにあてはまり，祝意・賀意表現の最も典型的な形式である。話し言葉で「オメデトウ（ゴザイマス）」が用いられる場合，何についての祝福なのかは場に依存させて，単に「オメデトウ（ゴザイマス）」と述べることが多い。何についての祝福かが明らかな場合に，例えば，「(ゴ) 入学オメデトウ（ゴザイマス）」と，その主題を述べる場合は，儀礼的になる傾向がある。したがって，書簡等では特に親しい間がらにある者どうしや比較的くだけた文体を用いる場合で交わす文面以外では，その主題を明示することがふつうである。また，式辞など，原稿を朗読する形式をとる場合も，単に「オメデトウ（ゴザイマス）」ということは稀で，「〇〇オメデトウ」

と主題を明示するのが一般的な形式といえよう。

「～テヨカッタ（デス）ネ」も話し言葉，書き言葉ともに使われるが，比較的儀礼的な要素は薄く，発話者と当事者が一体となって喜びを確かめ合うという姿勢を示すことになる。したがって，発話者にも当事者性が伴い，場面として，上記①には用いられない。また，この場合，発話者は当事者と同等以上の立場にある傾向があり（あいづちなどで，ことさら喜びを確かめ合うという姿勢をみせない場合などは別として），特に，上記②の場面では，通常，下位者が上位者に向かって述べる形式として適当ではないことが多い。「（～ヲ）オヨロコビ申シ上ゲマス」「（～ヲ）オ祝イ申シ上ゲマス」は最も儀礼的で，式辞で使われる以外は口頭で使用することは少ない。

祝意・賀意表現と文章語： 書簡文をはじめとする文章語では，「時下マスマスゴ清祥（清栄／盛栄）ノコトトオヨロコビ申シ上ゲマス」のように，相手の平穏・無事・健康・幸福などについて，形式的に祝意表現を用いて，相手のそうした状況を確認する役割を果たす表現である。また，「ゴ同慶ニタエマセン／ゴ同慶ノ至リデゴザイマス」など，「同慶」は文章語特有の語彙である。

祝意・賀意表現と謝意・賛辞： 発話者が賀意・祝意表現を受け手に向けるとき，その受け手が，なぜこのように喜ぶべき事態が到来したのかについて，神仏や天運に対して謝意を表明したり，受け手のこれまでの行動について賛辞を添えることがある。すなわち「これも～の賜物と存じます」とか，「日頃のご努力が実を結んだものと考えます」といった表現である。これも発話者が事実の上で受け手の成功や回復・解放に尽力していたとしても，専ら神仏の目に見えない導きに対して感謝を捧げたり，受け手自身の努力等に賛辞を呈することが，儀礼上必要である。したがって，発話者が自分の功績を話題にすることは，一般的に避けなければならない。

祝意・賀意表現と祝意・賀意行動： 年中行事など，習俗に基づく祝意・賀意表現は，新年の挨拶に残る程度である。また，歴史的には祭政的行事にあたっての祝詞や祝い歌（嫁入り歌など），収穫（大漁や豊作など）を祝う歌が存在し，これらも広義の祝意・賀意表現と考えられる。こうした慣習は現在も地方にわずかながら残るものの，生活習慣の都市化が進むにつれて薄れつつある。その一方で，慣用的表現には，かつての生活習慣に基づく，「盆と正月がいっしょに来たようだ」「赤飯を炊く」などの表現も根強く生きている。

非言語行動としては，近代の国家的行事の場合，国旗を掲げたり，祝砲を打ち上げることなどがあり，民族的風習として，祝いの踊りを踊ることなどもあげられる。今日最も一般的なのは，公私いずれの祝い事にも花束を贈呈することなどが典型的な祝意・賀意の表しかたとしてあげられるだろう。

（木村義之）

順接の表現　expression which denotes a logical consequence
junsetsu-no-hyougen

キーワード：原因・理由／順接仮定・順接確定
バ・ト・タラ・ナラ／ノデ・カラ／ソレナラ・ソウスレバ・スルト／ソレデ・ソコデ／シタガッテ……

定　義：　条件表現の体系を意味・用法から分類したものの一つ（→条件表現）。
　順接条件は，前件（従属節・条件句）と後件（主節・帰結句）との関係において，前件が後件の成立させるための要件であったり，前件が後件の事態を発見するための契機となっていたりするものであり，前件と後件とは順当な事態として結び付くものである。
　現代共通語における順接の表現としては，接続助詞による場合，表のように分類できる。

順接仮定条件		バ・ト・タラ・ナラ
順接確定条件	偶然確定条件	タラ・ト・タトコロ
	必然確定条件 〔原因・理由の表現〕	ノデ・カラ
順接恒常（一般）条件		バ・ト（風が吹けば［吹くと］桶屋がもうかる）

　また，接続詞による表現としては，次のようなものがあげられる。

順接仮定条件：
1　病気だったのか。<u>それなら</u>［それだったら・そういうわけなら］仕方がない。
2　正直に言いなさい。<u>そうしたら</u>［そうすれば］許してやる。
3　そうか。<u>すると</u>［だとすると・とすると］あの噂は本当だったのだな。

「ソレナラ」の場合，例1のように事実を前提とする表現にしばしば用いられる。「ソウシタラ」「ソウスレバ」は，未来時における完了した事態を仮定する用法である。「スルト」は，ある前提をもととして，そこからの論理的な帰結を表すものとなっている。

順接確定条件：
4　彼はあいにく留守のようだった。<u>それで</u>［そのため］仕方なく帰ってきた。
5　お話を興味深くうかがいました。<u>そこで</u>一つお願いがあるのですが，……。
6　まだ結論は出ていない。<u>したがって</u>今回特に報告することはありません。

　こうした接続詞の用法としては，文体にかかわるところも大きい。文語に由来する「サラバ」「シカラバ」のような仮定条件，あるいは，「サレバ」「ユエニ」「ヨッテ」などの確定条件の例も，文章語においてはしばしば使用されることがある。　　　　（小林賢次）

参考文献　井手至「接続詞とは何か──研究史・学説史の展開──」『接続詞・感動詞（品詞別日本文法講座6）』（明治書院，1973）；森田良行「文の接続と接続語」（日本語学，6巻9号，1987）；佐治圭三『日本語の文法の研究』（ひつじ書房，1991）

順番数詞表現　　ordinal numeral expression
じゅんばんすうしひょうげん
jumban-suushi-hyougen

キーワード：漢語系数詞＋番・一月・ツイタチ・イッピ・ジュウイチニチ
定　義：　ものごとの時間的・空間的な順序，質や内容の等級，格付けなどを表すために，順番数詞（または序数詞・順序数詞とも）を用いた表現。

順序・序列：　時間的・空間的順序，質や内容など，評価を伴う等級・格付けを表す序列には，順番を表す「〜番・〜号・第〜」などの助数詞を付けて表す。これを順番数詞と呼ぶ。代表的な順番数詞として「〜番」があげられ，「漢語系数詞＋番」として用いる。この場合は，対象に順序・序列を表す番号が付けられていることを前提にしており，

　　1　3番の正解は「徳川家康」です。

のように用いる。その順序にあたる対象を連続した数の中で数えながら指す意識のあるときは「漢語系数詞＋助数詞＋目」を用いるが，これには数える起点を表す「〜カラ」を伴うことがある。和語系数詞（ヒト・フタ…ココノ）では「〜つ目」を用いる。

　　2　上着は下から2番目［2段目／二つ目］の引き出しに入っている。

ただし，「一番」の場合は「最も」の意の副詞と同じ表現価値をもつことがある。

　　3　富士山は日本で一番有名な山である。

「一番」のほかにも，「1級の資料」などでも「最高」の意とほぼ同義に用いられるものがある。順番数詞には，「3号車，第5中学，第2次吉田内閣」などのように順番・序列を表すだけでなく，「2等，剣道5段，2種免許，英検1級」など，ある技能や資格の序列体系を表す例や，「2次資料」のように順序と質の両方にまたがる意に使われる例もある。また，法律の条文にある「条＞項＞号」，文章構成の「編＞章＞節＞項」，地番の「丁目＞番地＞号」のように，まとまりの大きさを表す階層が整っている助数詞を用いることもある。

月・日：　1年の1月から12月までは漢語系数詞によって「イチガツ・ニガツ…」のように呼ぶが，日にちには一般的に次のような呼びならわしがある。

①1日〜10日：　ツイタチ・フツカ・ミッカ・ヨッカ・イツカ・ムイカ・ナノカ（ナヌカ）・ヨウカ・ココノカ・トウカ，のように和語系数詞を用いる。ただし，「1日（ツイタチ）」を，月の初めであることを意識して，「イッピ」ということがある。

②11日〜31日：　ジュウイチニチ・ジュウニニチ…ジュウクニチ，のように漢語系数詞を用いるが，20日はハツカと呼びならわす。また，21日〜31日はニジュウイチニチ…サンジュウニニチ・サンジュウイチニチ，のように漢語系数詞を用いる。ただし，30日を「ミソカ」，12月31日を特に「オオミソカ」と呼びならわす。　　　　　　　　　　（木村義之）

参考文献　森田良行『基礎日本語辞典』(角川書店，1989)

照応表現
しょうおうひょうげん
shouou-hyougen

anaphoric expression
anaphora

キーワード：実質名詞（substancial noun）・先行詞（antecender）・照応形（anaphor）・照応（anaphora）・照応関係（anaphoric relation）／前方照応・後方照応／潜在実質名詞／削除（ellipsis）／主格の優位性／束縛性（cohesion）／自分／オ互イ／オノオノ・ソレゾレ・メイメイ／ミンナ（ミナ）／ミズカラ／彼

定　義：　実質名詞（しばしば前置されるので「先行詞」という）とこれに照応する表現（照応形）との間に成り立つ関係を照応または照応関係という。照応形を用いた表現を照応表現という。日本語における照応形の代表的なものは，自分・オ互イ・オノオノ・ソレゾレ・メイメイ・ミンナ（ミナ）・ミズカラおよびその他の代名詞である。

「自分」を用いた文型：
　　　　実質名詞　照応形
　1　先生は　　自分が　　書いた本を　学生たちに　見せた。　　〔前方照応〕
　　　　照応形　　　　　　実質名詞
　2　自分が　　書いた本を　先生は　　学生たちに　見せた。　　〔後方照応〕

実質名詞は照応形より前に位置するのが普通である。このため，普通，先行詞といい，これを前方照応という。1の例がそれである。一方，2のように実質名詞が照応形より後ろに位置する場合もある。これを後方照応という。

ただし，2の場合は，「自分」の実質名詞が話し手・書き手である可能性もあり，この意味で曖昧性を含む表現となる。後方照応の場合は，常にこのような危険性をともなう。

　3　自分が　書いた本を　学生たちに見せるということは嫌味(いやみ)かな。

これは，実質名詞が文脈の表面に現れない例である。この「自分」は「書いた」人を意味し，実質名詞は潜在していることになる。こういう実質名詞を潜在実質名詞という。実質名詞が過剰な情報と意識される場合は，省略される。

　4　先生に　太郎は　自分が　書いた本を　見せた。

実質名詞になり得る名詞句が二つ以上ある場合，照応形の実質名詞となるものは，動作(どうさ)主(しゅ)，いわゆる主語になる名詞句である。これは主格の他の格に対する優位性の一つである。

このように，照応形が表し得る実質名詞には決まりがあり，これを照応形と実質名詞の束縛性という。例文4の実質名詞は，束縛性によって，「太郎」ということになる。

　5　先生に　学生たちと　自分が　書いた本について　話し合ってもらった。

この場合，束縛性が曖昧で，実質名詞としては，「先生」，「学生たち」，話し手・書き手の三つが考えられる。

「先生に」は，この文においてはいわゆる主語ではないが，「話し合う」の動作主であり，「先生」が実質名詞の解釈を受けるのが最も自然である。しかし，絶対ではない。この曖昧性を避けるには，

 6a 先生に 学生たちと ご自分が お書きになった本について 話し合って頂いた。

のように，敬語表現の助けを借りる必要がある。もっとも，

 6b 先生に 学生たちと ご自分が 書いた本について 話し合ってもらった。

のように，照応形の部分だけを「ご自分」と敬語形にすれば十分である。

「学生たちと」も共動格で意味的には動作主であるので，実質名詞の解釈を受ける資格を有するが，曖昧であることは動かしがたい。確実に実質名詞の解釈を受けるためには，

 7 先生に 学生たちと 自分たちが 書いた本について 話し合ってもらった。

のように，照応形を弁別的な複数形にするか，「学生たち」を繰り返す必要がある。

話し手・書き手が実質名詞である場合は，5の文では，潜在実質名詞ということになる。この場合，曖昧性を避けるためには，

 8 先生に 学生たちと 私が書いた本について 話し合ってもらった。

のように照応形の使用を断念し，「私」など実質名詞としての代名詞を用いる必要がある。

このほか，「自分」には，次のような用法がある。

 9 私が自分に祖父のある事を知つたのは，私の母が産後の病気で死に，その後二月程経つて，不意に祖父が私の前に現はれて来た，その時であつた。

                （志賀直哉『暗夜行路』序詞）

 10 彼はこれが然し一番あり得べき自然な結果だつたといつも思ひ直した。自分が一人角力に力瘤を入れ過ぎただけの事だと思つた。   （同，第一・四）

 11 「全体，自分は何を要求して居るのだらう？」

   かう思はず思つて，彼ははつとした。   （同，第一・七）

これらは，代名詞が実質名詞になっている例である。9，10は前方照応，11は後方照応の例である。ただし10は発話内部すなわち文のレベルでは代名詞として機能している。

オ互イを用いた文型：

   実質名詞   照応形

 12 先生と学生たちは お互い に   著書について 感想を述べあった。

 13 先生と学生たちは お互い の   著書について 感想を述べあった。

例文12，13の「著書」は「互いの著書」の意で複数を含意していることになる。ただし，12の場合，構造的には「お互いに」は「述べあった」にのみ係るので，「お互いの」という連体修飾要素は含意として暗示されることになる。これに対して，13の場合は，構造的に複数の著書であることは明示されており，「お互いに」という連用修飾要素が含意として暗示されることになる。

 14 先生と学生たちは お互い に A氏の著書について 感想を述べあった。

の場合は，「お互いの」という含意は排除される。

15　お互いに　意見を交換しあうことが　組織を固めるうえで、必要だ。

　この場合、実質名詞は「組織のメンバー」なのであるが、潜在実質名詞として文の表面に顕在化せず、省略されている。過剰な情報と意識される場合、実質名詞は削除される。

オノオノ・ソレゾレ・メイメイを用いた文型：

　　　　実質名詞　　照応形
16a　学生　は　おのおの　　　　　　　　　　用意したレポートを　提出した。
　b　学生　は　おのおのに　おのおのが　　　用意したレポートを　提出した。
17a　人　は　それぞれ　　　　　　　　　　　定められた運命　というものがある。
　b　人　は　それぞれに　それぞれが　　　　定められた運命　というものがある。
18a　学生　は　めいめい　　　　　　　　　　課題を　与えられた。
　b　学生　は　めいめいに　めいめいの　　　課題を　与えられた。

　16a、17a、18aの単独のオノオノ・ソレゾレ・メイメイは後置された二つの用言に係り、二つの格関係を兼務している。これに対して、16b、17b、18bは格助詞によりマークされ、それぞれ係るべき用言が一つに固定されている。

　これらは、いずれも意味的には「個別」の意を表すが、文法的には、連体機能と連用機能とを具有する、特殊な語群である。

ミンナ［ミナ］を用いた文型：

19a　学生　　皆　　（が）　　　勤勉というわけではない。
　b　皆　の　学生　　が　　　　勤勉というわけではない。
20a　学生　　皆　　に　　　　　課題が与えられた。
　b　皆　の　学生　　に　　　　課題が与えられた。
21a　学生　　皆　　（を）　　　平等に扱うべきだ。
　b　皆　の　学生　　を　　　　平等に扱うべきだ。
22a　学生　　皆　　と　　　　　共同で開発した。
　b　皆　の　学生　　と　　　　共同で開発した。
23a　学生　　皆　　から　　　　尊敬されている。
　b　皆　の　学生　　から　　　尊敬されている。
24a　学生　　皆　　より　　　　一歩も二歩も進んでいる。
　b　皆　の　学生　　より　　　一歩も二歩も進んでいる。
25a　学生　　皆　　で　　　　　解決策を考えた。
　b　皆　の　学生　　で　　　　解決策を考えた。
26a　学生　　皆　　の　　　　　幸せを考えた。
　b　皆　の　学生　　の　　　　幸せを考えた。

　前方照応の場合は、実質名詞は単独で使用され、並立成分となり、照応形は格関係の中に繰り込まれる。

　後方照応の場合は、照応形は連体助詞ノを伴い、連体成分素となり、実質名詞は格関係

の中に繰り込まれる。
　その結果，19a，21aのように，前方照応の場合，格助詞ガ・ヲは省略可能となるが，19b，21bのように，後方照応の場合は省略不可能となる。
ミズカラを用いた文型：
　27a　学長　　　みずから　　　　キャンパスの美化に　　乗り出した。
　　b　学長　が　みずから　　　　キャンパスの美化に　　乗り出した。
　　c　学長　　　みずから　が　　キャンパスの美化に　　乗り出した。
　　d　みずから　学長　　　が　　キャンパスの美化に　　乗り出した。
　前方照応の場合，27aのように，実質名詞と照応形が並立の関係で示されることがある。この場合，格助詞ガは使用されない。
　27bの場合は，実質名詞が主語となり，照応形は副詞として機能する。
　27cの場合は，「学長みずから」が名詞のはたらきをし，照応形は接尾辞化する。
　後方照応の場合，照応形は副詞として機能し，実質名詞は主語として機能する。
　28　みずから　名乗り出た場合は，罪が軽減される。
　「犯人」など，実質名詞に関する表現が過剰と意識される場合は削除され，潜在実質名詞となる。
代名詞を用いた文型：　日本語における三人称代名詞の発達はきわめて遅れ，その一般化は近代も20世紀に入ってからである。夏目漱石を例にとると，1908年に書かれた『三四郎』では，8例にすぎない「彼」が，翌年の1909年に書かれた『それから』になると309例と使用数を飛躍的に増加させ，「彼」の定着をうかがわせる。「彼」と「彼女」が一対の三人称代名詞として定着するのは，1911年に書かれた『彼岸過迄』(「彼」608例，「彼女」163例) 以降のことと考えられる。
　29　代助は昨夕床の中で慥かに此花の落ちる音を聞いた。彼の耳には，それが護謨毬を天井裏から投げ付けた程に響いた。　　　　　　　　　　　　（『それから』一）
　30　ことにKは強かつたのです。寺に生まれた彼は常に精進といふ言葉を使ひました。
　　　　　　　　　　　　　　　　　　　　　　　　　　　　　　　（『こゝろ』下・十九）
　31　健三が遠い所から帰つて来て駒込の奥に世帯を持つたのは東京を出てから何年目になるだらう。彼は故郷の土を踏む珍しさのうちに一種の淋し味さへ感じた。
　実質名詞が固有名詞の形で示され，ついで，照応形として代名詞が使用される。ただし，「彼」「彼女」は，英語のHe，Sheの翻訳語として発生し，書き言葉として定着したものであるので，今日においても日常会話では使用しにくい。また，敬語的観点から，上位者に対しては代名詞は使用されないという事情があり，三人称代名詞もその例外ではない。
　32　私，小泉純一郎は，構造改革を断固としてやり抜く所存であります。
　演説においては，後方照応が現れるが，普通は，前方照応に限られる。　　（小池清治）

参考文献　井川肇「日本語の照応表現」『日本文法小事典（井上和子編）』（大修館書店，1989）；今西典子・浅野一郎『照応と削除（新英文法選書11）』（大修館書店，1990）；小池清治「漱石の日本語」『漱石をよむ（岩波セミナーブックス48）』（岩波書店，1994）；野口武彦『三人称の発見まで』（筑摩書房，1994）

条件表現
じょうけんひょうげん
jouken-hyougen

expression of condition
conditional expression

キーワード：仮定表現・確定（既定）表現／恒常（一般）条件／順接・逆接
バ・ト・タラ・ナラ／タトコロ／ノデ・カラ／テモ・ダッテ・タッテ／ガ・ケレドモ・ノニ

定　義：　広く文と文との接続表現とされるもののうち、前件と後件との間になんらかの因果関係があるものとして結び付けられる表現、すなわち、前件が後件成立の条件として提示されるものをいう。通常、順接条件・逆接条件に二大別され、それぞれがまた、仮定条件・確定（既定）条件として分類される。ただし、「条件表現」「条件文」をここでいう順接の仮定条件に限るものとする立場もあり、その場合、逆接条件にあたるものを「譲歩文」、順接確定条件にあたるものを「原因・理由文」のように呼んだりすることになる。ここでは、それぞれの表現が互いに関連するものであることを重視し、広くとらえる立場から述べる（ただし「原因・理由の表現」については、その項を参照）。

順接仮定条件：　バ・ト・タラ・ナラ

現代日本語の順接仮定条件を表す形式は多彩であり、それぞれの表現形式は、ある程度他の形式とも重なり合いながら、独自の表現内容をもっている。

1　今からでも急げば間に合うかもしれない。
2　ゆっくり静養していればすぐによくなるよ。

この「急げば」「…ていれば」を、「急ぐなら」「…ているなら」に代えると不自然な文になる。これは、未来のある時点で動作・行為が成立することを仮定する文には、「ナラ」は用いられないことを表している。1、2を

1′　今からでも急ぐと［急いだら］間に合うかもしれない。
2′　ゆっくり静養していると［静養していたら］すぐによくなるよ。

のように「ト」「タラ」に置き換えることは可能ではあるが、やはり「バ」が最もふさわしい。これは、ある条件の場合には、常に以下の事態が成立するという、「バ」の基本的な意味に基づくものである。これは、「バ」の用法として、恒常条件あるいは一般条件と呼ばれるものであり、

3　犬も歩けば棒に当たる。〈犬だって歩き回っているととんだ災難に出会うものだ〉

といった、ことわざ・慣用句の類にもよくみられる用法である。「ト」にもこの「バ」に近い用法があるが、

4　春になれば［なると］雪がとける。〔一般的真理〕

の文でみると、「なれば」が、〈春になりさえすれば雪がとけるものだ〉という普遍的な真理を語るという性格が強いのに対して、「なると」は、〈春になるという事態が成立すると

そのときには…〉という表現になり，前件と後件とが，時間的な前後関係で，継時的に結び付くという性格が強くなる。「ト」は，もともと「…と等しく」などの言い方を契機として，江戸時代から発達してきたものであり，ある条件のもとで瞬間的・即時的に以下の事態が成立するということを述べるものであった。そのような出自に基づく性格は，現代語においても引き継がれている。

「ナラ」は，

  5　出かける（の)<u>なら</u>急ぎなさい。

  6　行きたくない（の)<u>なら</u>しょうがない。

のように，ある事柄・事態が真であるのかどうかを問題にする表現であり，前件の事態が真であるならば，という仮定条件を表すものである。この5, 6などは，まさに「ナラ」の独自の表現領域であって，「バ」「ト」「タラ」には置き換えることができない（ただし，「出かけるのだったら」のように，「ノダッタラ」の形は可能。これは「ノダ」の断定性のはたらきのために，全体で「ナラ」と同様の意味を表すことになるのであろう）。また，「ナラ」は，断定の助動詞「なり」に由来するものであり，文単位での接続表現のみでなく，体言や副詞，また，助詞などに接続する用法をもつ。

  7　その映画<u>なら</u>見たことがある。

  8　少し<u>なら</u>お金を出します。

  9　あの人と<u>なら</u>つきあってもよさそうだ。

これらの「ナラ」は，主題を提示する「ハ」と近いものであるが，「その映画なら」は，〈その映画ということでいうなら〉，「少しなら」は，〈少しという条件でよいなら〉というように，やはり条件表現としての性格をとどめているのである。また，

  10　法案の成立がこれ以上おくれる<u>なら（ば）</u>，深刻な事態を招くであろう。

などの場合，「おくれるなら（ば）」は，未来の事態を仮定したものであり，この場合，「おくれるのなら（ば）」という形をとることはない。この例10は，「おくれたら」などの表現に置き換えることが可能である。「ナラ」は，一般には話題とする時点での判断を仮定するところから，非完了性の仮定と呼ばれ，未来時における成立を仮定する「タラ」による完了性の仮定と区別されるが，例10などは，「ナラ」が完了性の仮定条件として用いられたものということができる。ただし，新聞の論説文のような文章語に現れることが多く，現代では文語的なものにとどまっている。

  11　あのとき正直に打ち明けてい<u>たなら</u>［いたら］　こんなことにはならなかったのに。

「タナラ」は，「タ」という過去・完了の要素を含んでいるため，「タラ」と置き換えることが可能である。例11は，過去の事実に反する事態の成立を仮定する反実仮想の表現であり，古典語では「ましかば…まし」「せば…まし」などの専用の形式を用いていたものである。

「タラ」は，このような過去の事態の仮定にも用いられるが，未来時の完了性仮定の用

法に広く用いられる。このうち,

　12　雨がやん<u>だら</u>でかけよう。

のような場合は,〈雨がやんだその時に〉という未来の時に関するものであり,雨はいつかやむわけだから,仮定条件としての性格は弱い。「3時になっ<u>たら</u>休憩にする。」のような例はその典型となる。一方,

　13　もし［万が一］途中で雨が降っ<u>たら</u>どうしよう。

の場合は,同じく未来時の仮定ながら,雨が降るかどうかは不明な事柄であり,したがって「もし」などの副詞と呼応する（例13は「雨が降ったりしたら…」のような強調表現をとることがあるが,例12の場合はそうした表現をとらない点にも注意）。ただし例12の場合も,

　12′　もし一時間以内に雨がやん<u>だら</u>でかけよう。

のように,条件を設定すれば,その条件が成立するか否かが問題となり,この場合は13と同様の表現となる。

　4の「春になれば」「春になると」を「タラ」に置き換えた「春になっ<u>たら</u>雪がとける。」は,現代共通語としてはやや不自然で,仮定「タラ」の後件は推量や意志,あるいは命令・勧誘などのモダリティ表現をとることが普通である。ただし,関西方言などでは,このような場合でも「タラ」を用いる傾向が強いといわれており,方言的な相違にも注意を払うことが必要であろう。

偶然確定条件：　　ト・タラ・タトコロ・バ

　偶然確定条件は,前件の事態になったとき,たまたま後件の事態が起こったり,そのような事態を目にすることをいう。

　14　知人かと思って近寄る<u>と</u>［近寄ったら／近寄ったところ／近寄れば］人違いだった。

　15　銀座を歩いている<u>と</u>［歩いていたら／歩いていたところ］声をかけられた。

「ト」のほかに,「タラ」や「タトコロ」の形が用いられ,書きことばなどでは「バ」も使われる。ただし,「バ」は,例15のような「…ている」という状態性の条件句には用いられない。文語の偶然確定条件の用法をとどめたものであることによるのであろう。

　また,「(私が)近寄る<u>と</u>,相手は逃げ出した」のように,後件には他者の動作・行為がくることはあるが,「＊(相手が)近寄る<u>と</u>,私は逃げ出した」のように,話し手自身の意志的な動作・行為を表すことはない。話し手の目撃あるいは体験した状況・事態がくるのである。

逆接仮定条件：　　テモ・ダッテ・タッテ・ウト

　16　どんなに雨が降っ<u>ても</u>［降ろうと］決行する。

　17　たとえ雨に降られ<u>ても</u>大丈夫な支度。

　18　どんな傘<u>だって</u>［でも／であっても］ないよりはましだ。

　19　そんなことを言っ<u>たって</u>［言っても］,無理だ。

20 雨が降ろうと［降ろうが］槍が降ろうと［降ろうが］決行する。
21 いかなる困難があろうとも、くじけずに努力しよう。

　逆接の仮定を表す形式として最も一般的なのは「テモ」である。「ダッテ」は、「ダ」の接続と同一で、体言または「の」を受ける。「ダッテ」「タッテ」は口語的で、文章には普通使われない。

　「歩いても歩いてもまだ着かない」のように、「テモ…テモ」の形で動作の繰り返しを仮定し、「どんなに…しても」の意味を表すことがある。これは「行けども行けども…」のような、古代語の「ドモ」の用法に相当し、恒常条件的な性格を帯びたものである。

　逆接仮定の「ト」は、古代語の用法を受け継ぐものであるが、助動詞「ウ」「ヨウ」に接続する用法、あるいは「何ナリト」のような慣用的な用法に限られる。この点で、順接仮定条件の「ト」と基本的に区別される。

逆接確定条件：　ガ・ケレドモ・ノニ・ニモカカワラズ・クセニ

22　日は沈んだ<u>が</u>［けれども］、まだ明るかった。
23　勝算はない<u>が</u>［けれども］、がんばって戦うつもりだ。
24　せっかく朝早くから並んだ<u>のに</u>［にもかかわらず］、チケットが買えなかった。
25　若い<u>のに</u>［くせに］、ばかに年よりじみた考えをしている。

　逆接確定条件は、前件に対して、予想に反する事態、順当でない事態が後件にくるものである。「ガ」「ケレドモ」はきわめて一般的で、例文22、23のように、ほとんどの場合、相互に置き換えることが可能である。ただし、「ガ」は、もともと前件と後件とをゆるやかな関係で結び付けるものであり、逆接性は強くない。「鉛筆はあった<u>が</u>、消しゴムはない」のように、単に並列する事態を結び付ける場合も多い。

　「ケレドモ」は、「ケレド」「ケドモ」「ケド」の形でも使われる。ただし、「ケドモ」「ケド」は口語的で、文章の中には用いられない。

　「ノニ」は、前件の事態から予想されることに反している事態を不満に思ったり、意外だと驚いたりする場合に使われる。すなわち、モダリティ表現との結び付きが強く、単なる逆接的な結果を表す「ガ」「ケレドモ」とは用法を異にしている。

26　よく勉強していた<u>が</u>、合格できなかった。〔否定的な事態〕
27　あれだけ勉強していた<u>のに</u>、合格できないとは。〔否定的事態に対する驚き〕

　「クセニ」は、例文25のように、あるいは「男［女］のくせに…」のように直接体言に付いて、後件が、前件から当然予想される事態に反していることを非難する意味合いが強い。逆接条件の中では、最も主観的な性質の強い接続助詞ということができる。

（小林賢次）

参考文献　山口堯二『古代接続法の研究』（明治書院、1980）、『日本語接続法史論』（和泉書院、1996）；益岡隆志編『日本語の条件表現』（くろしお出版、1993）；小林賢次『日本語条件表現史の研究』（ひつじ書房、1996）；仁田義雄編『複文の研究（上・下）』（くろしお出版、1995）；益岡隆志『複文（新日本語文法選書2）』（くろしお出版、1997）

省略表現
しょうりゃく ひょうげん
shouryaku-hyougen

abbreviation
ellipsis ＝ 省略
deletion ＝ 削除
reticence ＝ 黙説法

キーワード：略語・復元可能・略称・隠語・短縮語／沈黙文・略句・略体の句・未展開の文／省略の根本原則・本動詞反復ストラテジー・「ダ」ストラテジー／削除・主語の省略／黙説法・省略法・言いさし表現・省筆・異時同図法

定　義：　本来あるはずの表現を，短縮して，表現しない表現。厳密には「本来あるはずの表現」に復元可能（recoverable）である場合に限って省略表現という。省略表現には，語のレベルのものと，文のレベルのものとがある。また，レトリックにおいては，黙説法，省筆という。

語のレベルにおける省略表現：　なんらかの効果を狙って語形の一部を省略し短縮した語。略語。本来の語形に復元可能である場合に略語として機能する。言語知識の不十分さなどから，略語と認識しないで使用している話者も少なくない。その場合は略語ではない。
「おはよう（ございます。）」「こんにちは（ご機嫌いかがでございますか？）」「さようなら（ば，別れよう。）」などの挨拶語などは，文の一部（後部省略）により，一語となった略語であるが，多くの日本人は略語とは認識していない。略語は本来の語形との比較により，運用的意味が発生することを前提とする概念である。

なお，固有名詞の場合は特に略称という。
日本語の単語は四音節までのものが大部分である。このため，五音節を超えると長すぎると意識され，短縮化がなされる。
短縮は，語義を不透明にし，それでもわかりあえるということで，話し手と聞き手の距離を縮める効果を有する。そのため，仲間意識を高める隠語としても機能する。

前部省略：　（アル）バイト　　（プラット）ホーム　　（メルセデス）ベンツ
　　　　　（友）達　　（いな）かっぺ　　（横）浜っ子
　　　　　（麻）薬　　（警）察　　（被）害者　　（千秋）楽
中部省略：　警（察）官　　高（等学）校　　ポケ（ット）ベル
後部省略：　テレビ（ジョン）　　コンピュータ（ー）　　スト（ライキ）　　インフレ（ーション）　　首都高（速道路）　　省エネ（ルギー）　　脱サラ（リーマン）
前後省略：　（航）空母（艦）
中後省略：　原（子）爆（弾）　　入（学）試（験）　　家（庭）教（師）　　宇（都宮）大（学）
　　　　　うな（ぎ）どん（ぶり）　　もろ（み）きゅう（り）
　　　　　オ（ー）ケ（ストラ）　　リモ（ート）コン（トロール）

短縮語：　語形は省略手法により短縮され略語的であるが，音形は本来の語とは異なるものとして造語されるので，略語ではない。

中後省略：
名古屋大学→名大（関東では，明治大学の略称明大があり，同音衝突となる。）
金沢大学→金大（関西では，近畿大学の略称近大があり，同音衝突となる。）
宇都宮高等学校→宇高（宇都宮工業高等学校の略称宇工と区別するため）
ファーレンハイト（人名）→華倫海（中国語音訳）→華氏（日本字音）温度
セルシウス（人名）→摂爾修斯（中国語音訳）→摂氏（日本字音）温度

華氏摂氏とあるが華・摂は姓ではない。これらは漢字を媒介とした短縮語の典型である。

また，頭文字を連続させて一語としたものも，短縮語に属する。

　　ペット・ボトルのペット　　　PET = polyethylene terephthalate
　　エイズ　　　　　　　　　　　AIDS = acquired immunodeficiency syndorome
　　ユーエスエー　　　　　　　　USA = United States of America

文のレベルにおける省略表現：　なんらかの効果を狙って，本来あるはずの文の要素を省略する表現。

　日本語の文は，叙述と陳述からなる。叙述は分節音により構成され，陳述は非分節音のイントネーションで表される。言い換えると，表出，または，伝達の目的をもって，分節音が発せられ，これにイントネーションが加えられると文が成立する。

　　1　あっ！　　2　酒！

　1は，一つの分節音とイントネーションにより構成された文で，考えうる最も単純な文である。単純ではあるが，分節音（叙述）を有し，イントネーション（陳述）を有しているので，立派な文であり，文としての要素は完備していることになる。

　2は，いわゆる一語文である。二つの分節音で叙述が構成されているので，1より複雑ではあるが，「一語＋イントネーション」という構造であるから，これも単純な構造ではあるが，日本語として立派な文といってよい。

　このように考えると，文の成立要件という観点から省略表現を考えるということは不可能ということになる。あえて，このレベルにおける省略表現を求めれば，沈黙文がそれにあたる。

　　父　「おまえ，これでいいね？」
　　息子「…。」
　　父　「黙ってないで，なんとか言いなさい！」
　　息子「…。」
　　父　「いい加減にしなさい！　本当に強情なんだから。」

　息子は発話していない。したがって，文は存在しないとも考えられるが，不同意を表現していることも，確かである。父の発話と発話の中間にある「間」には，なんらかの表現があると期待される，あるはずの表現，それがない。そこで父はいらだっている。息子は立派に不同意を表現しているのだ。このように考えると，極端な例ではあるが，これも省

略的表現であろう。ただし，復元は不可能だから，沈黙文は厳密には省略ではない。

ところで，1や2は文として成立しているものの，叙述がいかにも簡素である。これらが文として表出や伝達の機能を発揮するためには，場面の助け，文脈の援助を必要とする。いわば，非自立的文なのである。

大槻文彦(おおつきふみひこ)は略語・略句，山田孝雄(やまだよしお)は略体の句・未展開の文などと称して，これらを研究対象とした。その方法は，論理的に想定される表現と実際の表現とを対照し，その欠落部を省略とみなすというもので，文法の分析と論理の分析とを同一視するものであった。

一方，談話・ディスコース分析という新しい観点から省略の問題を解こうとしたものが久野暲(くのすすむ)『談話の文法』(第一章省略)である。

久野は省略に関する基本的規則を概ね次のようにまとめている。

    Ⅰ 省略の根本原則　省略されるべき要素は，言語的，或いは非言語的文脈から，復元可能（recoverable）でなければならない。
       例　飲み物は何にしますか？
         （飲み物は）ホット・コーヒー（にします）。
    Ⅱ 本動詞反復ストラテジー　復元可能な要素は省略する。但し，本動詞だけは残す。
       例　夏休みには，どちらへ行きますか？
         （夏休みには，）家族と小笠原(おがさわら)へ行きます。
    Ⅲ 「ダ」ストラテジー（本動詞が復元可能な時のみに用いる）　復元可能な要素は省略する。残された要素に文の資格を与えるため，それを「ダ・デス」形の中に埋め込む。
       例　夏休みの課題は何をやりましたか？
         （夏休みの課題としてやったのは，）昆虫採集です。

削除と省略：　ところで，「本来あるはずの表現」を表現しないという省略と，「本来あってはならない表現」を表現化しないという削除とは区別しなければならない。

①山鳩は姿も好きだが，あの間のぬけた大きい啼声(なきごえ)も好きだ。②世田谷新町の家でも聴いたし，時々行った大仁温泉(おおひとおんせん)でもよく聴いた。③いつでも二羽で飛んでゐる。

(志賀直哉『山鳩』)

②では「山鳩の啼声(なきごえ)」，③では「山鳩は」が省略されているのであろうか。もし，これらが省略されていて，これらを補った表現が，「本来のあるはずの表現」であったとするならば，日本語は，相当くどい表現を好む言語ということになる。だが実際はそうではなく，②においては，「山鳩の啼声」はあってはならない表現，③においては，「山鳩は」は不必要な表現なのである。これらは省略されたものではない。日本語の文法規則により，削除されたものなのである。

「日本語では，しばしば，主語が省略される」という解説がよくなされる。例えば，川端康成の『雪国』の冒頭部の第一センテンス「国境の長いトンネルを抜けると雪国であつた。」には，いわゆる主語が書き表されていない。このことは，E.G.サイデンスティッカ

ー『Snow country』の「The train came out of the long tunnel into the snow country.」と対比させると一層明らかになる。

　サイデンスティッカーは川端が表現したものを忠実に英訳しているわけではない。英語では基本的に主語に関する情報が文成立の必須条件であるので，彼は，明示されていない主語を探し求めて，「train」と断定した。一方，日本語においては，話し手・書き手が動作主の場合，主語を削除するという規則がある。したがって，第一センテンスの「抜ける」の動作主は「語り手」（後の文脈で明らかになる「島村」）なのである。こういうしだいで，英訳は誤訳ということになる。川端は，この表現において，主語（動作主）に関する情報を鋭い言語感覚によって削除しているのである。

　削除と省略とは区別されなければならない。省略は静態的に言語現象を観察した結果のものであり，削除は，動態的に言語現象を把握したものなのである。大槻・山田・久野たちが対象として論じたものの多くは，省略というより，削除とすべきものであった。

黙説法（レティサンス）：　省略法の一種。なんらかの効果を狙って，表現が期待されるところであるにもかかわらず，一切表現しない技法。古くからの修辞技法としては，省筆(しょうひつ)といわれる。

　森鷗外の『最後の一句』のヒロイン「いち」は死罪を申し付けられた父，桂屋太郎兵衛(かつらやたろべえ)の身代わりとして自分たち子供の命を召すようにと奉行に願い出る。白洲(しらす)（裁判所）での取り調べの最後は次のようになっている。

　　「そんなら今一つお前に聞くが，身代りをお聞届になると，お前達はすぐに殺されるぞよ。父の顔を見ることは出来ぬが，それでも好いか。」
　　「よろしうございます」と，同じやうな，冷かな調子で答へたが，少し間を置いて，何か心に浮かんだらしく，
　　「お上(かみ)の事には間違はございますまいから」と言ひ足した。
　　　佐佐の顔には，不意打に逢つたやうに，驚愕の色が見えたが，それはすぐに消えて，険しくなつた目が，いちの面(おもて)に注がれた。憎悪を帯びた驚異の目とでも云(い)はうか。しかし，佐佐は何も言はなかつた。
　　　（中略）
　　　心の中には，哀れな孝行娘の影も残らず，人に教唆せられた，おろかな子供の影も残らず，只(ただ)水のやうに冷かに，刃(やいば)のやうに鋭い，いちの最後の詞(ことば)の最後の一句が反響してゐるのである。

　「お上の事には間違はございますまいから。」の「から」は接続助詞である。「から」の上は，ある判断の理由に関する情報であり，「から」の下に続くものとして，判断の結果に関する情報が期待される。その結果は，実際は二行上で，すでに「よろしうございます」と述べられているので，ここで繰り返す必要はない。「いち」は省略法，言いさし表現で「最後の一句」を括ったのである。

　聞き手である「佐佐」は，言いさし表現の技に反応した。彼は，無意識のうちに，「（お上の事には間違はございますまいから，）よろしうございます。」を補う作業を行ってしま

う。このように聞き手による無意識な補完作業を強いるところに，省略法・言いさし表現の狙いがある。
　「いち」の陳情は効果をあげ，父は死罪を許されている。省略法・言いさし表現は人の命を救うほどの力を有していることになる。
　川端康成の『雪国』の黙説法はより巧緻である。この作品は書かれていない表現を読み解く能力がないと，すなわち黙説法の技を見抜く力がないと，その面白さが理解できない。

　　国境の長いトンネルを抜けると雪国であつた。夜の底が白くなつた。信号所に汽車が
　　止まつた。

　冒頭の第一段落には，人に関する情報が明示されていない。あたかも，カメラが遠景をとらえているかのように錯覚される。しかし，この描写は，先にも述べたように，語り手（島村）の目に映り，心に感じとられたもの，遠景とは全く異なる心象風景の報告なのである。ここにうかがわれる黙説法は日本語の修辞性を巧みに生かしたもので，作家独自のものとはいえない。大体において，冒頭部は，作者と読者の共通知識が十分ではない部分なので，黙説法の技を振るうには適した場ではない。日本語という共通知識に頼るほかないところなのだ。

　　向側の座席から娘が立つて来て，島村の前のガラス窓を落した。雪の冷気が流れこん
　　だ。娘は窓いつぱいに乗り出して，遠くへ叫ぶやうに，
　　「駅長さあん，駅長さあん。」

　第二段落で早速，語り手が紹介される。「島村」である。「向側」という表現は，語り手・視点人物が「島村」であることをそれとなく語っている。
　この作品は「島村」という，くずれた中年男と純粋性を残している芸者「駒子」と無垢な少女「葉子」の物語である。性愛については直接的表現は皆無であり，すべて黙説法や婉曲法で描かれている。
　丸谷才一の『笹まくら』は黙説法を酷使した作品といえよう。この作品は徴兵忌避で逃避行をするという過去をもつ主人公の現在と過去とが目まぐるしく交差する作品なのである。丸谷は，改行するだけで現在と過去とを交替させている。油断していると話の辻褄があわずに読者はあわてることになる。黙説法は読者に緊張を強いる表現法といってよい。
　丸谷は『彼方へ』という作品で，一つの文の中で，時空を異にする場面を描くという荒技も披露している。この表現は，絵巻物の技法の一つ，異なる時間の出来事を同一場面に描き込む，異時同図法に相当する文章表現である。異時同図法的表現は，いわゆる，一文の中での主語の交替という現象においても実現している。
　このような黙説法を効果的に使用し，行間を読むということを読者に強いることを始めた作家は紫式部であった。
　『源氏物語』「若紫」の巻に，光源氏と藤壺の二回目の密会が描かれる。一回目の密会については，どこを探してもみつけられないから，これは黙説法によってなされていると判断するほかない。黙説法は作品世界の時間と空間とを拡大する。

さて，この二回目の密会の最後の部分は次のようになっている。
　（光源氏）　見てもまたあふよまれなる夢の中にやがてまぎるるわが身ともがな
　　とむせかへりたまふさまも，さすがにいみじければ，
　（藤　　壺）　世がたりに人や伝へんたぐひなくうき身を醒めぬ夢になしても
　　思し乱れたるさまも，いとことわりにかたじけなし。命婦の君ぞ，御直衣などはかき
　　集めもて来たる。

光源氏と藤壺の和歌が紹介され，一編の歌物語のように密会の場は語りおさめられるのだが，「命婦の君ぞ，御直衣などはかき集めもて来たる。」という表現に注目しなければならない。この表現の裏にある，光源氏と藤壺との行状が読み取れなければ，密会の重大性を察知することは不可能になる。「いとことわりにかたじけなし。」と「命婦の君ぞ」との間の行間は，一分や二分ではなかったはずである。

『源氏物語』では，ことが重大であればあるほど，表現は秘されることになっている。主要人物の死に関する叙述は詳細を極めるのが常であるのだが，主人公光源氏は作品の中で，確かに死去しているにもかかわらず，その死についての描写が一切ない。この物語は黙説法で書かれた物語と評してよい。

藤壺と光源氏の不倫の秘密が，遺児冷泉帝の耳にささやかれ，あからさまになる場面においても，黙説法が登場する。『源氏物語』「薄雲」の一場面。藤壺の中宮が崩御し，その臨終に立ち会った僧都が，藤壺から承った秘密を冷泉帝に奏上してしまうところである。
　　「そのうけたまはりしさま」とくはしく奏するを聞こしめすに，あさましうめづらかにて，恐ろしうも悲しうも，さまざまに御心乱れたり。

「くはしう奏する」という概括的表現で，秘密の実態は一括されてしまっている。このような殺風景な概括的表現では，冷泉帝を混乱と悲嘆のどん底に陥れることは不可能である。実際は，この概括的表現の裏側に語り尽くせない事情が満載されているのである。「くはしう奏する」の実態は，黙説法であった。黙説法は人を食った表現でもある。

『源氏物語』の掉尾を飾る「夢浮橋」も黙説法で終わっている。この物語最後のヒロイン，浮舟は入水自殺を決行し，未遂に終わる。横川の僧都に救われ，その手で出家し，この世の縁を切る。浮舟を自分の不注意で死なせてしまったと後悔していた薫は浮舟生存の情報を得て，確認作業に入る。生存を確信した後，関係を復活しようとして，浮舟の弟を使者に立てる。しかし，弟の持ち帰った浮舟の回答は思わしいものではなかった。薫の煩悶のうちに，この作品は終わる。なんとも中途半端な終り方であり，黙説法の極致である。浮舟の今後，薫・匂宮たちとの関係など一切が闇の中にうちおかれる。　　　　（小池清治）

参考文献　大槻文彦『広日本文典』（勉誠社，1980）；山田孝雄『日本文法学概説』（宝文館出版，1936）；久野暲『談話の文法』（大修館書店，1978）；奥津敬一郎「省略」『国語学大辞典』（東京堂出版，1980）；高崎みどり「反復と省略の表現」『ケーススタディ 日本語の文章・談話』（おうふう，1990）；小池清治『現代日本語の文法（ちくま学芸文庫）』（筑摩書房，1997）；野内良三『レトリック辞典』（国書刊行会，1998）；井上ひさし『自家製文章読本（新潮文庫）』（新潮社，1987）

除外表現
じょがいひょうげん

expression of exception
expression of exclusion

jogai-hyougen

キーワード：除外動詞・除外連語・除外形容動詞・除外副詞・除外接尾辞・除外形式名詞／除外対象・考慮対象・考慮結果

除外シテ・除イテ・外シテ・置イテオキ・置イテオイテ・サテ置キ・サテ置イテ／例外トシテ・別トシテ・別ニシテ・イズレニセヨ・イザ知ラズ／例外ダ・別ダ／トモカク・トモカクトシテ・トニカク／以外ハ／（ノ）ホカハ

定　義：　ある事物・事象などをさしあたり考慮の対象の外におくとする表現。

除外動詞を中心とする文型：

	除外対象	除外動詞	考慮対象	考慮結果
1	英語は	除外して，	外国語は	全然駄目です。
2	英語は	除いて，	外国語は	全然駄目です。
3	英語は	外して，	外国語は	全然駄目です。
4	英語は	置いておき（置いておいて），	外国語は	全然駄目です。
5	英語は	さて置き（さて置いて），	外国語は	全然駄目です。

　これらは，除外するの意が動詞の連用形の形で明示されており，除外表現であることが明確であるもの。

　1は，書き言葉的であり，やや堅い言い回し，話し言葉としては2の和語動詞を用いた表現が自然である。3の「外す」は，「彼のことは，外して考えることにして，さて…」のように，人を除外する場合に用いるのが普通である。4の「置いておき」「さて置き」は書き言葉的であり，やや堅い言い方，それぞれ（　）内の「置いておいて」「さて置いて」が話し言葉としては用いられる。

除外連語を中心とする文型：

	除外対象	除外連語	考慮対象	考慮結果
6	英語は	例外として，	外国語は	全然駄目です。
7	英語は	別として（にして），	外国語は	全然駄目です。
8	英語は	いずれにせよ，	外国語は	全然駄目です。
9	英語は	いざ知らず，	外国語は	全然駄目のようです。

　6,7は，例外・特別なものとして，さしあたり考慮の対象としないという意を表す。6の「例外として」は書き言葉的，話し言葉では「例外で」の形を用いる。7は，「別として」「別にして」「別で」の順で，表現が柔らかくなる。

　8は，さしあたり，どのようであるかは問わずにおいてという意を表す古い表現方法で，現代語としては書き言葉である。

「別として」「別にして」「いずれにせよ」には，「行く（か）行かない（か）は，別として／別にして／いずれにせよ，旅行のプランだけは全員提出してよ。」のような，肯定否定並列の表現を前におく文型がある。

9の表現は，判然としないので除外するという意を表す。普通，「先々(さきざき)のことは，いざ知らず，さしあたり，今の所は間に合っている。」「よそ様のことは，いざ知らず，私のところでは，不自由していません。」のように，将来のことや，他人のことを除外するという意で用いることが多い。古い表現である。

除外形容動詞を中心とする文型：

	除外対象	場外形容動詞	考慮対象	考慮結果
10	英語は	例外で	外国語は	全然駄目です。
11	英語は	別で	外国語は	全然駄目です。

除外連語を用いた表現では，連語内の動詞のはたらきを反映して，除外行為が表現の上に現れるが，除外形容動詞を中心とする10や11の表現においては，行為性は薄れる。10は書き言葉的であり，11は話し言葉で多様される。

除外副詞を中心とする文型：

	除外対象	除外副詞	考慮対象	考慮結果
12	英語は	ともかく（ともかくとして），	外国語は	全然駄目です。
13	英語は	とにかく，	外国語は	全然駄目です。

いずれも，さしあたり議論の対象，考察の対象としないの意を表す。10は，やや古い表現で，現代語としては11の形が用いられる。

なお，除外副詞を用いた文型としては，除外連語と同様に，「行く（か）行かない（か）はともかく／ともかくとして／とにかく，旅行のプランだけは全員提出してよ。」のような，肯定否定並列の表現を前におく文型がある。

除外接尾辞を中心とする文型：

	除外対象	除外接尾辞	考慮対象	考慮結果
14	英語	以外は，	外国語は	全然駄目です。
15	散歩する	以外は，	運動は	していません。

「以外」は名詞および動詞の連体形に付いて一語を構成する接尾辞。13の文型は打消し表現になることが多い。

除外形式名詞を中心とする文型：

	考慮対象	除外対象	除外形式名詞	考慮結果
16	外国語は	英語	のほかは，	全然駄目です。

この文型だけが他の文型と必須条件の配列順序を異にする。 （小池清治）

参考文献 森田良行『基礎日本語辞典』(角川書店, 1989)；グループ・ジャマシイ『日本語文型辞典』(くろしお出版, 1998)；田忠魁・泉原省二・金相順『類義語使い分け辞典』(研究社, 1998)

叙述構文 propositional sentence
jojutsu-koubun

キーワード：叙述・陳述／叙述内容・叙述態度／叙部・述部／叙述動詞文・叙述存在詞文・叙述形容詞文・叙述形容動詞文・中立叙述文・取り立て叙述文・排他叙述文／時格補足語・場所格補足語・範囲格補足語・経由格補足語・主格補足語・使役格補足語・被使役格補足語・能動格補足語・与格補足語・起点格補足語・方向格補足語・着点格補足語・離点格補足語・依拠格補足語・道具格補足語・手段格補足語・状態格補足語・対格補足語・共格補足語・原因・理由格補足語・付着格補足語・内容格補足語／基本配列順序／動詞述語文・玉葱型(ねぎがた)構造

定　義：事柄を言語主体（話し手・書き手）の主観的判断ではなく，客観的事象として叙述しようとするときに採用する文型である。文は，叙述（分節音で表されるすべての表現，書記言語の場合は文字で表されるすべての表現）と陳述（イントネーション，書記言語の場合は符号）で構成される。叙述内容が叙部と述部で構成されるものを叙述構文という。

文　型：動詞文・存在詞文・形容詞文・形容動詞文の文型に等しい。分析図を下に例示する。

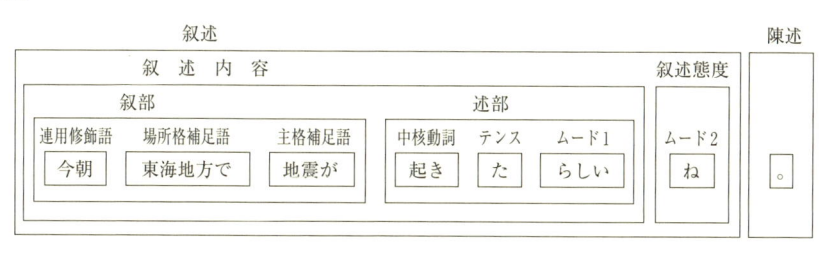

叙述							陳述
叙述内容						叙述態度	
叙部			述部				
連用修飾語	場所格補足語	主格補足語	中核動詞	テンス	ムード1	ムード2	
今朝	東海地方で	地震が	起き	た	らしい	ね	。

種類Ⅰ　叙述構文は述部の中核となる語の品詞により次のように下位分類される。
  a　桜の花が　一度に　開く。　　＝　叙述動詞文
  b　裏庭に　桜の　木が　ある。　＝　叙述存在詞文
  c　桜が　実に　美しい。　　　　＝　叙述形容詞文
  d　桜が　本当に　見事だ。　　　＝　叙述形容動詞文

種類Ⅱ＝中立叙述文・取り立て叙述文・排他叙述文　また，叙部の末尾の助詞の有無・性質により，次のようにも分類される。
  A　雨　　降る。＝中立叙述文
  B　雨が　降る。＝取り立て叙述文

C　雨は　降る。＝排他叙述文
　Aのように，叙部の末尾に助詞がないものは，事柄，事象が生起したことだけを客観的に叙述するということを含意するものであるので，これを中立叙述文という。Aは，BやCの文型とは異なる別個の意味領域を有するものであるから，格助詞ガや係助詞ハが省略された省略文と考えるべきものではない。ただし，Aは音声言語で多用され，書記言語で使用されることはまれである。
　Bのように，叙部の末尾に格助詞ガが用いられるものは，そのことだけを取り立てて叙述し，他の事物，事象については不明ということを含意するものであるので，これを取り立て叙述文という。書記言語においては，Aの文型が用いられることがまれであるため，Bの文型は中立叙述文としても用いられる。
　Cのように，叙部の末尾に係助詞ハが用いられるものは，そのことだけを取り立てて叙述し，他の事物，事象はそのようではないということを含意するものであるので，排他叙述文という。係助詞ハを用いるという点で，題説構文と等しいが，題説構文では，題目の末尾にハが用いられるのに対して，排他叙述文では，叙部の末尾にハが用いられるという点で異なる。

叙部の構成要素：　叙部の構成要素は補足語と連用修飾語・連体成分素などである。補足語には次のようなものがある。

Ⅰ　時格補足語	(<u>6時に</u>駅前で会おう。<u>7月4日に</u>，花火大会がある。)
Ⅱ　場所格補足語・位格補足語	(<u>公園に</u>桜がある。<u>公園で</u>散歩する。<u>妹に</u>恋人がいる。)
範囲格補足語・経由格補足語	(<u>公園を</u>散歩する。<u>歩道橋を</u>渡りなさい。)
Ⅲ　主格補足語	(<u>桜が</u>咲く。<u>水が</u>流れる。<u>蝉が</u>鳴いている。)
Ⅳ　使役格補足語	(弟が<u>兄に</u>本を買いに行かせられた。)
被使役格補足語	(兄が<u>弟に</u>本を買いに行かせた。)
能動格補足語	(子供の頃，よく<u>父に</u>叱られました。)
与格補足語	(<u>猫に</u>餌をやる。)
Ⅴ　起点格補足語	(<u>京都から</u>新幹線に乗った。)
方向格補足語	(<u>京都へ</u>バスで向かった。)
着点格補足語	(<u>京都に</u>着いたのは，午後3時だった。)
離点格補足語	(<u>家を</u>出たのは，午前7時でした。)
Ⅵ　依拠格補足語	(<u>父に</u>相談する。<u>バスに</u>乗る。)
道具格補足語	(<u>ペンチで</u>挟む。)
手段格補足語	(この薬を投与する<u>方法で</u>治癒するといいのだが。)
状態格補足語	(<u>一人で</u>散歩するのは危険だ。)
Ⅶ　対格補足語	(<u>本を</u>読む。)
共格補足語	(来月の一日，<u>斉藤さんと</u>富士登山するつもりです。)
	(<u>鈴木と山田で</u>作りました。)

	原因・理由格補足語	（風邪で休みました。貧乏に苦しんだ思い出。）
	付着格補足語	（ポスターを壁に張る。）
	Ⅷ内容格補足語	（人にデクノボーと言われ。医者になる。）

叙部の配列順序： 連体成分素を除く，修飾語・補足語相互の語順は自由であるが，一般的には，Ⅰが中核動詞より最も遠く，Ⅷが最も近く配列される。また，叙述存在詞文の場合は，イツ（時格補足語）＋ドコ（場所格補足語）＋ダレ（主格補足語）の順が基本配列順序となる。これらの基本からはずれる場合は，原則として，文頭に近いものほど強調された情報という扱いを受ける。

述部の構成要素： 述部の末尾（分析図では「ね」）には不可分の形，すなわち，かぶさる形で，文の必要条件である陳述が存在するので，最も重要な文の成分となる。述語とは文の成分としての述部のことであり，特に，中核動詞を述語という場合もある。

　述部は中心となる中核動詞にさまざまな要素が付加されて成立する。

　（知ら）せ　＝助動詞。使役のヴォイス。
　　　　られ　＝助動詞。受身のヴォイス。
　　　　てい　＝接続助詞＋補助動詞。完了のアスペクト。
　　　　なかっ＝助動詞。肯定・否定の判断（極性(ポラリティ)）。
　　　　た　　＝助動詞。過去のテンス。
　　　　らしい＝助動詞。叙述事態に対する話し手の態度。ムード１
　　　　よ　　＝終助詞。聞き手に対する話し手の態度。注意喚起。ムード２

述部の配列順序： 述部を構成する各要素間の出現順序は固定していて，入れ替えることは原則としてはできない。この出現順序について，渡辺実は『国語構文論』において，助動詞の承接順序として，次のようにまとめている。

種　類	第　１　類		第２類	第３類
甲種	だ		らしい	だろう
乙種	せる（される）れる（られる）	たいそうだ	ない　た	う（よう）
				まい

（『国語構文論』第三節「陳述の機能」）

　甲種とは体言に直接下接する助動詞，乙種とは用言に直接下接する助動詞のことである。甲種第１類の「だ」は体言に付き，用言には付かない。甲種第２類の「らしい」，第３類の「だろう」は体言にも用言にも付く。

　乙種第１類の助動詞は，概念性が強く，助動詞というより接尾辞的である。時枝誠記(ときえだもとき)は「せる（させる）」「れる（られる）」を接尾語とし，助動詞から除外している。第２類の助動詞は，第１類までの表現で構築された叙述内容に付加して叙述内容をまとめる要素と叙述内容に対する話し手の判断・態度を表すというムード１的要素との二重的性質をもつものである。第３類は聞き手に対する話し手の働きかけ，ムード２の性質をもつものである。

結局，中核動詞に近いものは「叙述」的要素が強く，遠ざかるにつれて「陳述」的要素が強くなると渡辺実は説いている。

南不二男は『現代日本語文法の輪郭』において，文を「動詞述語文」「形容詞・形容動詞述語文」「名詞述語文」「擬似名詞述語文」の四種に分け，叙部要素との関連に表現性の要素も付加した述部の構造を下のように図式化している。叙述構文に相当する「動詞述語文」の例を紹介しておく。

述部を構成する諸要素と叙部の各要素とが関連し合うことは，早く，山田孝雄が『日本文法学概論』で指摘しており，北原保雄は『日本語助動詞の研究』において精密化している。叙部の各要素と述部の各要素とは，同心円的に結び付き合う関係にあるので，叙述構文の構造を比喩的に「玉葱型構造」という。

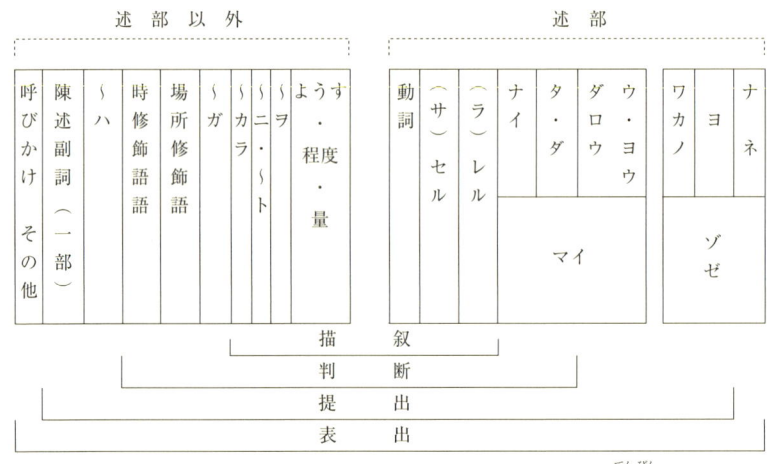

述部以外									述部							
呼びかけ その他	陳述副詞（一部）	〜ハ	時修飾語	場所修飾語	〜ガ	〜カラ	〜ニ〜ト	〜ヲ	ようす・程度・量	動詞	（サ）セル	（ラ）レル	ナイ	タ・ダ	ダロウ	ウ・ヨウ	マイ	ワカノ	ヨ	ナネ	ゾゼ

描叙 / 判断 / 提出 / 表出

因みに，題説構文（名詞述語文・擬似名詞述語文）の構造は「天秤型構造」といい，「は」を支点として，題目部と解説部とが平衡関係にある。　　　　　　（小池清治）

参考文献　山田孝雄『日本文法学概論』（宝文館出版，1936）；時枝誠記『日本文法口語篇』（岩波書店，1950）；三上章『現代語法序説』（刀江書院，1953，くろしお出版，1972），『現代語法新説』（刀江書院，1955，くろしお出版，1972）；森重敏『日本文法』（武蔵野書院，1965）；大久保忠利『日本文法陳述論』（明治書院，1968）；渡辺実『国語構文論』（塙書房，1971）；鈴木重幸『日本語文法・形態論』（むぎ書房，1972）；南不二男『現代日本語の構造』（大修館書店，1974）；北原保雄『日本語助動詞の研究』（大修館書店，1981）；久野暲『日本文法研究』（大修館書店，1983）；小池清治『日本語はどんな言語か（ちくま新書）』（筑摩書房，1994），『現代日本語文法入門（ちくま学芸文庫）』（筑摩書房，1997），『月刊言語＝特集日本語の主語』（1975年3月号），『月刊言語＝特集象は鼻が長い』（1977年6月号）

序列表現
じょれつひょうげん

expression of order

joretsu-hyougen

キーワード：マズ・最初ニ・第一ニ・ハジメニ・一ツ目ニ・一番目ニ／次ニ・第二ニ・ツイデ・ソレカラ・二ツ目ニ・二番目ニ／サラニ・ソレニ（加エテ）・第三ニ・三ツ目ニ・三番目ニ／最後ニ・オワリニ・オシマイニ・ソシテ

定　義：　副詞を中心とする表現で，事物や事柄の序列を表す表現。

　ある事柄を読み手にわかりやすく説明するには，ポイントを箇条書きにして，それに番号を振っていけばよい。しかし，それを文章という形で表しているときは，一連の文章の中に番号を埋め込むことになる。そういうときに，序列表現を用いる。
　「①」にあたるものには，マズ，最初ニ［ノ］，第一ニ［ノ］，ハジメニ［ノ］，一ツ目ニ［ノ］，一番目ニ［ノ］などを使う。「マズ」以外は「～の」の形で連体の用法になる。
　「②」にあたるものには，ツイデ，ソレカラ，次ニ［ノ］，第二ニ［ノ］，二ツ目ニ［ノ］，二番目ニ［ノ］などを用いる。「ツイデ・ソレカラ」以外は「～の」の形で連体の用法になる。「ツイデノ」は別義になる。
　「③」にあたるものには，サラニ，ソレニ（加エテ），第三ニ［ノ］，三ツ目ニ［ノ］，三番目ニ［ノ］などを用い，「④」以降も「③」に準じて考えればよい。「サラニ・ソレニ」以外は，「～ノ」の形で連体の用法になる。
　そして，最後にあたるものには，最後ニ，終ワリニ，オシマイニ，ソシテなどを用いることになる。
　また，「マズハジメニ」「ソレカラ二ツ目ニ」「ソシテ最後ニ」など，それぞれの番号の中で組み合わせることもある。
　以上の語句は，前後の成分を結び付けるというよりも，後ろの成分をもっぱら限定しているという点で副詞的であるが，文章の構造を明確にするという点では接続詞的である。こうした語句は，もちろん，句と句，文と文を順序付けることもできるが，実際は段落と段落といった大きな単位を順序付けることが多い。その意味で，これらの語句は「大きい接続」を担当する語句であるといえそうである。
　「大きい接続」を表すというのは，並列を表す接続語句一般にいえる傾向であるが，特に上記のような序列表現ではその傾向が強い。こうした「大きい接続」を担う語句をたどっていくと，文章全体の構造を誤りなく把握できるので，国語教育においても，日本語教育においても，こうした指標を意識させて読解教育を行うことが多い。　　　　（石黒　圭）

参考文献　森田良行『基礎日本語辞典』(角川書店, 1989)

親愛表現 expression of dearness
shin ai-hyougen

キーワード：対者親愛語・話題親愛語・罵倒悪態表現・愛称・渾名・美化語・指示表現・終助詞

定　義：　聞き手あるいは話題の人物について親愛の情を示すための表現。このうち，聞き手に対してのみ使用されるものを，①「対者（聞き手）親愛語」，聞き手も含め話題の人物一般について使用されるものを，②「話題親愛語」と名付けておく。

現代日本語において，上記①②各類型に該当する親愛語は以下のようなものである。

①対者親愛語：ぼく・彼・彼女・きみ

②話題親愛語：人物名＋さん／くん／ちゃん・（お）職業名／職位名＋さん・（お）親族名称＋さん／ちゃん・お＋罵倒悪態表現＋さん／ちゃん・（お）＋非人格名詞＋さん／くん／ちゃん／様

「対者親愛語」は，男児への呼びかけに使う「ぼく」，青年男子への呼びかけに使う「彼」，青年女子への呼びかけに使う「彼女」と，使用対象の人物が限定される。しかも，「彼」「彼女」は表現者自体も対象となる人物と同世代か若干年上の人物に限られるなど，用法上の制約が多い。「きみ」は，対象者・表現者ともに少し範囲が広がるが，同世代の女子から男子への呼びかけには使いにくい。

「話題親愛語」のうち，人物名を使う「山田さん」「夏子ちゃん」は，さらに「山さん」「なっちゃん」のような「愛称・渾名」も使用され得る。職業名／職位名を使った「八百屋さん」「課長さん」などのタイプには，「お巡りさん」「お坊さん」「お相撲さん」なども含まれる。親族名称を使用するものは，実際の親族ではない人物について使われる「おじさん」「おばあちゃん」などで，酒場の女主人についての「ママ」などもこのタイプの表現である。罵倒・悪態表現を利用する「おばかさん」「おちびちゃん」などの親愛語は，親愛の情がより深いことを表すことになる。「おサルさん」「ウサちゃん」「お月様」など，動物や天体などの非人格名詞を使う親愛語は，子供相手の文話によく登場する。

親愛表現は，単独で使用されるだけでなく，美化語（お靴・お眠）・敬語由来の指示表現（～なさい・ちょうだい）・終助詞（…ね・…さ）などとともに使われることが多い。また，前述の罵倒・悪態表現を始め，相手を卑下する語句（おい・おまえ・来い・～てやるなど）も親愛表現に転用され得る。すなわち，親愛表現には，尊重や美化に通じる「麗しさ」と相手卑下に通じる「無遠慮」の双方への表現志向が内包されている。

（川口義一）

参考文献　大石初太郎「待遇語の体系」『現代敬語研究』（pp.158-193, 筑摩書房，1983）

推量表現
(すいりょうひょうげん)　expression of conjecture
suiryou-hyougen

キーワード：推量／可能性判断／不確かさを表す副詞
　　　　　ダロウ／マイ／ウ・ヨウ／カモシレナイ（カモワカラナイ，可能性ガアル，オソレガアル）／ニ違イナイ（ニ決マッテイル）／ト思ウ／ヨウダ（ミタイダ）／ラシイ
　　　　　タブン／オソラク／キット／サゾ・サゾカシ／コトニヨルト／モシカスルト／場合ニヨッテハ／アルイハ

定　義：　広義には，事態を，不確実なこととして述べる表現。この中には，
　①(特定の根拠によらずに) 想像から見当を付けていう形式（狭義推量）
　　ダロウ，マイ，ウ・ヨウ，カモシレナイ（カモワカラナイ），ニ違イナイ（ニ決マッテイル），ト思ウ
　②状況からの判断を表す形式
　　ヨウダ（ミタイダ），ラシイ
　③伝聞を表す形式
　　ソウダ，トイウ
などが含まれる。この項では，①②を中心に述べる（→比況表現，伝聞表現，様態表現）。

ダロウ：　ダロウは，元来体言に付くダの推量形であるが，広く活用語の終止形にも付くようになったものである。体言には，現在でも直接付く。丁寧形として，デショウ，デゴザイマショウがある。書き言葉では，デアロウ，デアリマショウなどの形も用いられる。
　ダロウは，ほとんど文（または文に準ずる独立性の高い節）の末尾で用い，タ形になることもない。発話者のその時点での判断を表す，最も典型的な推量の表現といえる。
　意味的には，根拠となることがらの有無にかかわりなく，事態をおおむねこうであろうと見当を付けて述べる形であるといえる。
　1　彼はまだ学生だろう。
　まだ起こっていない事態についていう場合は，未来の表現のようになる。
　2　台風は五日ごろ本土に上陸するだろう。
　仮定の条件に対して，その帰結を想像して述べる場合などにも用いられる。
　3　飛行機で行ったら，もっと早く着いただろう。
　種々の必要から，はっきりと言い切るのを避けるためにダロウを付けることもある。
　4　どうしても行くと言うなら，それもいいだろう。
　ダロウと呼応する副詞は多い。キット，タブン，オソラク，ゼッタイニなどは，確かさの強い度合いを表す。サゾ，サゾカシは，動作主のことを実感を込めて想像する気持ちを

表す語で，ダロウのほかにコトダロウで結ばれることも多い。
  5　大学ご卒業おめでとう。お母さんもさぞお喜びのことでしょう。
　ダロウカと，疑問文を作ることもできる。ただし，その場合は，まともに聞き手から回答を求めるというより，単に疑念を表すといった趣になる。文音調も，上昇調をとらない。自問自答的に用いることも多い。
  6　彼は本当に来るだろうか。
  7　彼は一体どこへ行ってしまったのだろう（か）。
　ダロウカの文中のある部分にプロミネンスをおき，文末を下降調で強く言い納める場合は，反語文となる。
  8　どこの国にそんなことをする人がいるだろう（か）。（下線部にプロミネンス）
  9　そんなことを信じる人がいるだろうか。（下線部にプロミネンス）
　〜ダロウ↗と，上昇調をとる場合は，話し手があらかじめ一定の判断をもち，それがそのまま認められるかと，聞き手に確認する，いわゆる確認要求の文となる。
  10　君は山田君だろう。（↗）

マイ：　マイは，ナイ＋ダロウに相当する形である。ダロウと同様に，慣用表現の中など，特別の場合を除いて，文（または文に準ずる独立性の高い節）の末尾だけで用い，タ形になることもない。古典語のマジに由来する語で，現代語では，ふつう書き言葉の中だけで用いる。（→打消推量表現）

ウ・ヨウ：　ウ・ヨウは，元来，活用語の未然形に付いて，意志あるいは推量を表したが，現代語の話し言葉では，推量の意味で用いることは，ほとんどなくなった。しかし，書き言葉では，推量（婉曲）の意味でもかなり頻繁に用いられる。やはり，ほとんど文（または文に準ずる独立性の高い節）の末尾で用いる。
  11　〜と言えよう。
　疑問形をとるときは，婉曲の度合いをさらに強めた言い方となる。
  12　〜と言えようか。
　ただし，ウ・ヨウを用いた慣用句は少なくない。連体形を用いた例もみられる。
  13　あろうことか，家が流されてしまった。
  14　雨でも降ろうものなら，ぬかるんで大変だ。
  15　なろうことなら一言断ってやってほしかった。
  16　夏も終わろうとしている。
  17　君が行こうが行くまいが，
  18　雨が降ろうが風が吹こうが，
  19　知っていたら教えてやったろうに。
  20　こともあろうに，そんなことをするなんて。

カモシレナイ：　カモシレナイは，現在全体で一つの助動詞のように扱われているが，元来，カモシレナイが，助詞カによって一まとめにされた語句〜カに助詞モと知レナイが結

び付いてできた形であることは明らかである。文末に限らず，連体修飾節の中でも用いられ，タ形になることもできる。起きる可能性の低いことを表すコトニヨルト，コトニヨッタラ，モシカスルト，ヒョットスルト，場合ニヨッテハ，アルイハなどと呼応することが多い。「場合によって～ということがあり得るかと言われれば，それも完全には否定できない」といったぐらいの意味であり，結果として，ある事態についてそれが生ずる可能性があることを表す。特に主観的な表現というわけではない。ただし，文末で終止形で用いるときは，発話者のその時点での，事態に関する可能性の判断を表すといえる。

21 彼は今日来ないかもしれない。
22 来ないかもしれない人を今まで待っていたわけだね。

カモシレナイとほぼ同じ意味を表す表現に，可能性ガアル，オソレガアルなどがある。後者は，望ましくないことに対して用いられる。

ふつうの～カモシレナイの用法では，その「～」の部分に疑問語がくることはありえないが，その部分に疑問語がくる言い方がないわけではない。ただし，その場合は，考えられる限りのあらゆる可能性があるといった意味を表し，一味違う種類の可能性判断の文となる。なお，その場合，カモシレナイということもあるが，カシレナイとモを付けずにいうことの方が多い。

23 彼のことではどれだけ心配したかしれない。

この形では，カシレヤシナイ，カシレタモノデハナイなどの強調した言い方もある。

24 彼のことでどれだけ心配したかしれやしない。

やや話し言葉的であるが，カモシレナイ，カシレナイとほとんど同じ意味で，カモワカラナイ，カワカラナイの形も用いられる。

25 彼は今日来ないかもわからない。
26 彼のことでどれだけ心配したかわからない。

ニ違イナイ： 事柄に関して，そのようにいってほとんど間違いないといった意味を表す。連体修飾節の中でも用いられ，タ形になることもできる。やはり，そのものとしては，主観的な表現というわけではない。ただし，文末で終止形で用いるときは，話し手のその時点での，事柄の真偽に関する確信的な（決めつけた）判断を表すといえる。その場合，そう判断するについて事実上なんらかの根拠が存在することは当然予想されるが，表現自体がそのことを含意しているということはないようである。

27 彼はその知らせを聞いて随分驚いたに違いない。

文章語的で，やや大げさな感じがあり，日常の対話では使いにくい。より口語的で似た表現に，ニ決マッテイルがあるが，やはり大げさな感じが伴う。

強い確かさを示すキット，タブン，オソラクなどの副詞と呼応することが多い。

ト思ウ： 文末に付けたト思ウは，話し手がその時点で個人的にそう思うということを表す。そのうち，述べられた事柄について，個人的にそう思うだけで，確かなことではないといった意味あいを帯びる場合は，推量の表現に近いものとなる。

28 彼は今日来ないと思う。

ト思ウは，時に，断定的にいうのを避けて，遠回しにいう場合にも用いられる。

29 今回の事件の責任はAさんにあると思います。

婉曲な表現としては，ほかに，ヨウニ思ウなどの言い方もある。

30 今回の事件の責任はAさんにあるように思う。

論文などでよく用いられるト思ワレル，ヨウニ思ワレルでは，自発性が強調されて，さらに遠回しな言い方になる。

31 今回の事件の責任はAさんにあるように思われる。

もっぱら不確かさを表す副詞による場合： 文末に特別の形式を用いなくても，不確かさを表す副詞を用いるだけで，事柄の不確かさを表すことができる。

32 今度の台風はたぶん本土に上陸する。

ヨウダ： 大別して比況と推量の二種の用法があるとされるが，ここでは後者だけを扱う。ヨウダは，体言ヨウ（様）にダが付いてできた形であると考えられる。ヨウダは，元来，状況を「～ととらえるべき様子である」と描写したもので，やはり，特に主観的な表現というわけでもなかったであろう（ヨウダは，連体修飾節の中でも用いられ，タ形をとることもできる）。次のような例では，ヨウの部分そのものは客観的な「様子」の意味にとっても十分意味が通じるだろう（以下，おもに野林，1999などによる）。

33 あの山は，一見低いようでいて，意外と高い山だった。

34 研修期間も，終わってみれば，長かったようでもあるし，短かったようでもある。

35 三月に入って，気のせいか，少し暖かくなったような気がする。

しかし，例27にみるように，状況は見方によって様々にとらえられるわけだから，状況をある様子であるととらえることは，純粋に客観的な作業であるともいわれない。特に文末（またはそれに準ずる箇所）で用いられ，その客観性があいまいになるような場合に，ヨウダの推量の意味あいも生まれてくるのではないか。次のような，いわゆる婉曲の用法などは，そのあいまいさを意図的に利用した表現法といえそうだ。

36 どうしましたか。顔色が悪いようですね。

37 もしお暇があるようなら，私の所にもお出かけください。

推量のヨウダの特徴は，あくまでも話し手自身の経験したことを，責任ある判断のもとに一定の様子ととらえ，述べるところにある。

38 どうもおかしい。何となく寒気がするようだ。

39 観客が帰り始めた。どうやら講演会は終了したようだ。

40 彼の話では被害の状況は心配するほどでもないようだ。

例38は自身の感覚で直接とらえた状況を断定をやわらげて述べる場合，例39は感覚でとらえた状況をとりもなおさず別の次元の状況として把握して述べる場合，例40も同様に他の人がある話をしたという状況を，別の次元の状況として把握して述べる場合である。例39，例40のヨウダは，ラシイと交換可能のようである。確かに，この例の場合，ある

状況をとらえ，それを根拠に推論し，その結果の判断を述べているものともとれる。しかし，ヨウダの場合，ラシイと違って，あくまでもある状況をとりもなおさず別のある状況ととらえるのであって，推論は含意されていないと考えられる。

話し手が，自分のあまり賛同しない見解として述べるような場合に，ヨウダを用いることはできない。

41　＊昨日テレビで見た占い師の話によると，来年富士山が噴火するようだ。

ヨウダは，しばしば，確かではないがといった意味をもつドウヤラ，ドウモなどの副詞と呼応する。

ヨウダに類した表現で，話し言葉的なものに，ミタイダがある。ただし，接続の関係はヨウダの場合と少し異なる（→比況表現）。くだけて，ミタイということもある。

42　私，ちょっと寒気がするみたい。

ラシイ：　ラシイは，助動詞と接尾語の二つの場合があるが，ここでは前者の用法だけを扱う。～ラシイは，～と推論するにふさわしい状況であるといったぐらいの意味を表す。連体修飾節の中でも用いられ，タ形をとることもできる。やはり，そのものとしては，特に主観的な表現というわけではないであろう。文末（またはそれに準ずる箇所）で用いられるとき，主観的な推量の意味あいが生まれてくるとみられる。

推量のラシイの特徴は，必ずある根拠となることが存在し，そこからおのずと推理される結果を述べていることである。

43　観客が帰り始めた。どうやら講演会が終了したらしい。
44　彼の話では，被害の状況は心配するほどでもないらしい。
45　昨日テレビで見た占い師の話によると，来年富士山が噴火するらしいよ。

その場合の推理された結果は，あくまでも根拠となる事柄からおのずと推理されたものであって，例45のように，必ずしも話し手の見解ではないといったニュアンスが伴う場合もある。ヨウダと違って，ラシイに傍観者的な感じ，または伝聞的な感じが伴う場合があるといわれるのも，そのような場合のことであろう。

例38のように，推論をはたらかせる余地のない場合には，ヨウダは用いられても，ラシイは用いられない。次の例なども同様である。

46　＊あなた，今日は，ずいぶん顔色が悪いらしいですね。

ラシイも，しばしば，確かではないがといった意味をもつドウヤラ，ドウモなどの副詞と呼応する。

（山口佳也）

参考文献　吉田金彦『現代語助動詞の史的研究』（明治書院，1971）；森田良行『基礎日本語1，2，3』（角川書店，1980）；寺村秀夫『日本語のシンタクスと意味Ⅱ』（くろしお出版，1989）；仁田義雄他編『日本語のモダリティ』（くろしお出版，1989）；宮島達夫・安達太郎『日本語類義表現の文法（上）』（くろしお出版，1995）；森山卓郎他『文の述べ方（日本語文法セルフ・マスターシリーズ6）』（くろしお出版，1996）；野林靖彦『類似のモダリティ形式「ヨウダ」「ラシイ」「ソウダ」』（国語学，197集，1999）

推論・説明　　　reasoning and explanation
suiron・setsumei

キーワード：形式名詞＋判定詞「だ・である・です」／背後の事情／推論／帰結／説明／話し手の判断／事態に対するムード／聞き手に対するムード
　　　　　　ノダ・ンダ・ノデス・ンデス・ノデアル・ノ・ノダッタラ・ノデハ・ノダガ・ノダカラ・ノデハナイ・ンジャナイ／ハズダ・ハズハナイ・ナイハズダ／ワケダ／モノダ／コトダ

定　義：　形式名詞が判定詞「だ・である・です」と一体化して，既定の事態の背後の事情を判断したり聞き手に提示したり，あるいは既定の事態や条件を根拠としてそれから推論されることの判断や説明を表す，といった話し手の心的態度の表現。

ノダ：　形式としては，平叙文の文末では「のだ・んだ・のです・んです・のである・の」の形，複文の従属節では接続助詞を後接させた「のだったら・のでは・のだが・のだから」などの形，否定文では「のではない・んじゃない」，質問文では「のか？・の？」をとる。ただし，機能の面からは，話し手の心的態度を表すムードの機能とスコープの機能とを認める考え方もあり，その場合には前者は一語化した「のだ」，後者は「の＋だ」の組成に近いものとされる。接続については，動詞や形容詞のル形・タ形のほかに，形容動詞のル形には「なのだ」の形で，タ形には「だったのだ」の形で接続する。

　　1　やめたくてやめたんじゃない。やめさせられたんだ。〔スコープの「のだ」〕
　　2　林さんずっと来ないな。おそらくやめたんだ。〔ムードの「のだ」〕
　　3　（約束の時間になっても約束の相手が現れない状況で）彼の身に何事かが起きたのだ。〔ムードの「のだ」〕
　　4　いつまでも迷っていないで早く決断するのだ。〔ムードの「のだ」〕

スコープの「のだ」（例文1）の場合，否定の作用が及んでいる（否定のスコープ）のは「やめたくてやめた」の範囲であり，その否定の作用を強く受けている（否定のフォーカス）のは「やめたくて」の部分である。「のだ」を用いない否定文はその文が表す事態の成立が否定のフォーカスとなるが，「のだ」を用いた否定文では事態の成立以外の部分がフォーカスとなり，対立する事態が成立すること（「やめさせられた」）が含意される。

　　5　僕は泣いていない。〔事態成立の否定〕
　　6　僕は泣いているのではない。〔事態成立以外の否定〕

ムードの「のだ」は，事態に対する話し手の心的態度を表すムード（例文2，3）と聞き手に対するムード（例文4）とがある。「X。Yのだ」構文の場合は，Xの事態（例文3のように，状況などの言語化されていない場合もある）の背景・事情・意味として，話し手が認識していなかった事態Yを話し手が把握すること（事態に対するムード）なり，聞

き手が認識していない事態Yを聞き手に提示し認識させること（聞き手に対するムード）を表す。また，事態Xとの関係付けがなされない場合は，Yを既定の事態として把握したり，提示することを表す（例文4）。なお，XとYの意味的関係については，背後の事情のほかにも，原因理由・根拠・要約などを認めることができる。

 7 二人は別れてしまった。些細な行き違いがあったんだ。〔原因理由〕
 8 山田君は同窓会に出席するよ。以前から出席したいと言っていたんだ。〔根拠〕
 9 社長は同じ過ちは繰り返すなと言っている。つまり，それは万全を期せということなのだ。〔要約〕

　このような「のだ」の特性・使用条件としては，承前性（言語的な文脈に現れたことがらや会話の状況中の非言語的なことがらを受けることが多い）・既定性（「X。Yのだ」のYはすでに定まったことがらであることが多く，Xが具体的なことがらとしては存在しない場合でもYはすでに定まっていることがらが問題とされるが，現実に成立している事実というよりも，自分が与り知らないところで事態Yがすでに成立しているはずだという話し手の想定を表す）・披瀝性（「Yのだ」のYは，話し手の内心や事情あるいは第三者の事態といった，すべての者には容易には知り得ないことがらである）・特立性（「Yのだ」は，一つの可能性（Y）をほかの可能性（Z・W…）から区別して提示する表現である）などが指摘されている。
　さらに，事態に対するムードでは発見や想起，意志などのニュアンスを，聞き手に対するムードでは説明・告白・教示・強調・意志・命令等のニュアンスを帯びることがあるとの指摘がある。

 10 なんだこんな所に落ちてたんだ。〔発見〕
 11 そうだ，五時に待ち合わせしてたんだ。〔想起〕
 12 行くなといわれても僕は行くんだ。〔意志〕
 13 今日は帰ります。約束があるんです。〔説明〕
 14 実は，以前からあの人のことが気になっていたんです。〔告白〕
 15 そっちへは行ってはいけないのです。〔教示〕
 16 途中でやめるわけにはいかないんです。〔強調〕
 17 立て，立つんだ。〔命令〕

ハズダ：　「X。（だから）Yハズダ」「X（から・ので・ば），Yハズダ」の形の構文で，既知既定の事柄あるいは条件としての事柄（X）を根拠として，未知未定の事態（Y）を推論的に当然の帰結とする話し手の判断を表す。接続は，動詞・形容詞・形容動詞・助動詞の連体形，名詞＋の，指示詞「こんな・そんな・あんな・その」などにつく。

 18 昨日一行は出立しているので，じき目的地に着くはずだ。
 19 雨が降り出したから，今頃運動会は中断されているはずだ。
 20 先週投函したので，もうその手紙は着いたはずだ。
 21 1時間早く出れば，おそらく間に合うはずだ。

22 「線路ポイントの故障が起きました。」「道理で電車が入線して来ないはずだ。」

18～21は、既知既定の事態あるいは条件としての事柄を根拠として、未知未定の事態を推論的に当然の帰結として予想するものであり、その未知未定の事態は未来でも現在・過去のことでも、また仮想されたものでも表すことができる。22は、既定の事態を知り、その事態の当然の帰結として現状の事態があることを話し手が理解することを表すもので、現在形に接続する。なお、予想は真相が未知の段階であり、真相が既知の段階の場合には、予想と現状との食い違いから生じる疑念・不審感のニュアンスが伴う。

23 （手紙がまだ着いていないことを知って）おかしいな。先週投函したんだから、もうその手紙は着いたはずだ。

否定形式には「ないはずだ」と「はずはない」の二形式があり、それらが予想の表現の場合、「ないはずだ」は否定される事態が成立する可能性も残っているニュアンスをもつが、「はずはない」は全面的な事態の否定であり事態成立の可能性が無い。

24 今日は仕事の休みの日じゃないから、彼は来ないはずだ。
25 今日は仕事の休みの日じゃないから、彼が来るはずはない。

ワケダ：「X。(だから・道理で) Yワケダ」「X (から・ので), Yワケダ」の形の構文で、既定の事態あるいは条件となる事柄Xからの論理的推論の必然の帰結としてYの事態が導出されることを説明する表現。「Yというわけで、X」構文は、Xの事態が生じることの原因・事情を説明する表現となる。

26 「小学生のときから書道を続けています。」「道理で達筆なわけだ。」
27 年輪は一年に一つずつ増えるので、この木の年齢を知ることができるわけです。
28 誰も手伝いたくないというわけで、一人で片付けているんです。

また、「X。(つまり) Yワケダ」の構文は、Xの言い換えとしてYを提示し、Xの事態をわかりやすくあるいは別の見方から説明する表現。

29 子供の頃は学校から帰るとカバンをほうり出して遊んでばかりいました。つまり、ほとんど勉強はしなかったわけです。

否定形式には「Xないわけだ」と「Xわけはない」とがあり、前者はXの事態生起の原因理由を後から知らされて納得するニュアンスを、後者はその他に、Xの事態生起の原因理由を話し手が前以て知っており、Xの事態が生起することは必然のことと判断するニュアンスを帯びる。

30 元気がないわけだ。大切な物を無くしたんじゃね。
31 君にできないわけはない。僕にだってできたんだから。

モノダ： 物事の本質や傾向・習性・社会的慣習や常識などを一般論として説明することを基本として、感嘆やあきれ・回想・当為なども表す。

32 生きるていくということはつらいものだ。〔本質〕
33 人は追えば逃げる、逃げれば追うものだ。〔傾向・習性〕
34 酒を注がれれば注ぎ返すものだ。〔慣習・常識〕

35　よくこんな難しい問題が解けるものだ。〔感嘆〕
36　よくそんなことが言えるものだ。〔あきれ〕
37　かつては週に1度は飲みに行ったものだ。〔回想〕
38　山で道に迷ったときは、引き返すものだ。〔当為〕

　35～37は事態に対する話し手の心的態度を表すムード、38は聞き手に対するムードの用法である。35・36の感嘆・あきれの用法は、事態に対する話し手の評価を示しているが、「ものだ」は事態に対する話し手の評価を示す用法となる点で、評価を伴わずに事態を把握する用法をもつ「のだ」とは異なる。37の回想の用法は、過去に繰り返し起きたことを回想する場合が多く、感慨をもって過去の事実を振り返るニュアンスがある。
　38の当為の用法は、一般的な社会通念を示すものであり、一回の個別的な事態としての行為をとることはできない。
39　＊今度道に迷ったら、引き返すものだ。
　つまり、「ものだ」は、一般的な社会通念を示すことで、間接的に聞き手がその行為を実行することを促す表現といえる。
　また、その構文形式も「～は～ものだ」といった主題をとるものであり、「は」で主題化されるのは総称名詞である。
40　老いたら親は子に従うものだ。
　「のだ」の場合は、1回の個別的な事態に対する話し手の判断を聞き手に提示する点で異なるものである。
41　今度道に迷ったら、引き返すのだ。
42　(対話の相手である親に対して) 老いたら子(である私)に従うのだ。

コトダ：　個別の事態に対する話し手の判断や意見・意向を表すことを基本として、感嘆やあきれ・忠告や命令なども表す。

43　君のしたことは立派なことだ。〔判断〕
44　よくこんな難しい問題が解けたことだ。〔感嘆〕
45　よくそんな無茶ができることだ。〔あきれ〕
46　今度道に迷ったら、引き返すことだ。〔忠告・命令〕

　43～45は事態に対する話し手の心的態度を表すムード表現であり、44,45の感嘆・あきれの用法は事態に対する話し手の評価を示している。46は聞き手に対するムードの用法であるが、聞き手が悪い状況に陥らないためには、その行為を実行することが必要である、重要であるといった話し手の判断を示す表現となっている。
　　　　　　　　　　　　　　　　　　　　　　　　　　　　　　　（赤羽根義章）

参考文献　佐治圭三『日本語の文法の研究』(ひつじ書房, 1991)；田野村忠温『現代日本語の文法Ⅰ―「のだ」の意味と用法―』(和泉書院, 1991)；寺村秀夫『日本語のシンタクスと意味Ⅱ』(くろしお出版, 1984)；野田春美『「の(だ)」の機能』(くろしお出版, 1997)；益岡隆志『モダリティの文法』(くろしお出版, 1991)；森田良行『基礎日本語2』(角川書店, 1980)；吉田茂晃「ノダ形式の構造と表現効果」(国文論叢, 15号, 1988)

接続表現
せつぞくひょうげん
setsuzoku-hyougen

expression of conjunction
connective

キーワード：単純接続・条件接続／接続助詞・接続詞
テ・テハ・テモ／ソシテ・ソレカラ……

定　義：　文と文，節と節，語と語のように，様々な単位を意味の関係からつなぎあわせる表現。文章論の上では，段落と段落との関係をも表すが，文法論上は，普通文と文との連接関係を最大の単位とする。

一文中における接続助詞による接続：　一文の中での連接関係のうち，並列関係などを表す単純接続と条件を表す条件接続とに二分することができる。ここでは，単純接続の場合を中心に述べる（条件接続については「条件表現」の項参照）。接続助詞「テ」による表現には，次のように様々な場合がある。

1　散歩から帰っ<u>て</u>食事をした。〔時間的な継起〕
2　夏涼しく<u>て</u>冬温かい住まい。〔対比・並列〕
3　今日はきのうに比べ<u>て</u>だいぶ温かい。〔修飾限定・前提〕
4　道路が渋滞してい<u>て</u>遅刻してしまった。〔原因・理由〕
5　知ってい<u>て</u>知らないふりをするとは。〔逆接的内容〕

「テ」は，単に時間的な順序や，動作の継起を表したりするものであり，そのため，様々な意味合いを包含するものとなっている。例4や5のように条件接続に近い用法もあるが，むしろその因果関係などを積極的に表さないところに特色があり，日常の言語生活において多用されるものとなっている。ただし，「テハ」「テモ」のように係助詞が接すると強調され，条件句としての性格が強くなる。なお，例2の場合は並列であるため，前件と後件とを入れ替えても文意に相違はない。

2′　夏涼しく，冬温かい住まい。

という連用中止法による接続とほとんど同一のものとなる。また，

2″　夏涼しく，<u>そして</u>冬温かい住まい。

のように，一文中において，句と句との接続に接続詞を用いることもある。これは例2の強調表現とみることができよう。

文と文との接続：　文と文との関係は，接続詞を用いた連接関係のほかに，指示語を用いる場合（コレ・ソレ・コノ・ソノ…），単に文を重ねる場合など，様々であるが，なんらかの意味的な関係によって関連付けられているということができる。　　　　（小林賢次）

参考文献　特集「接続」（日本語学，6巻9号，1987）；宮島達夫・仁田義雄編『複文・連文編（日本語類義表現の文法・下）』（くろしお出版，1995）

絶対敬語・相対敬語
ぜったいけいご　そうたいけいご
zettai-keigo・soutai-keigo

absolute honorific expression and relative honorific expression

キーワード：絶対敬語・相対敬語／朝鮮語・チベット語・ジャワ語／西日本方言／身内敬語・自敬表現・皇室報道敬語
レル・ラレル／オ・ゴ

　敬語は「特定の人物の行為・状態について（特に，高める方向での）配慮」を示す言語形式であるが，その「特定の人物」は，直接の聞き手や読み手である「相手」とその談話や文章に現れる「話題の人」とに分けられる。世界の諸言語について，「相手」と「話題の人」が同一でない場合の敬語使用をみてみると，「相手」がだれかによって「話題の人」に対する待遇を変え，敬語を交替させる言語と，「相手」のいかんを問わず「話題の人」に対する待遇とそれに呼応する敬語使用を変えない言語とがある。前者のタイプの敬語使用を「相対敬語」，後者のタイプの敬語使用を「絶対敬語」と呼ぶ。
　現代の日本語は，典型的な「相対敬語」型言語である。例えば，自分の上司の課長に対して［共通の上司である山田部長は外出した］ということを伝えたいときは，「部長はお出かけになりました」などといえばよいのだが，同じ社員が，他の会社からの電話に答えて同様の情報を伝えたいときは，「山田は出ております」などといわなければならない。ここでは，同一の「話題の人」である「山田部長」の存在について，課長相手には尊敬語を，他社の社員相手には丁重語を使用しており，「相手」によって「話題の人」に対する待遇と使用敬語を変えていることになる。これが「相対敬語」の敬語使用である。このような敬語使用をする言語は，世界の諸言語の中でもきわめて稀である。
　一方，朝鮮語・チベット語・ジャワ語などは「絶対敬語」型言語である。朝鮮語を例としてみれば，前述の「部長の外出」場面では，課長相手ではもちろんのこと，他社の社員相手でも「部長様（日本語と異なり，職階名だけでは尊敬語にならない）はお出かけになりました」といわなければ，社会人として適切な言葉づかいにはならない。子供が外部からの電話に対して自分の父母の不在を告げる場合も同様で，例えば父親についてなら「お父様はお出かけになりました」ということになる（同様の場面では，チベット語でもジャワ語でも，父親の行為は尊敬語を使って表される）。
　朝鮮語のこのような「絶対敬語」型敬語使用は，「目上は尊敬語で待遇する」という社会言語学的ルールを徹底したものであり，その意味では「相対敬語」である日本語よりは敬語使用の規則が単純である。ただし，「目上」は「社会的地位が上」と「年齢が上」の2大範疇があり，「年齢が上」が優先される傾向があるとはいえ，「社会的な地位は上だが，年齢は下」というような相手に対する待遇はそれほど単純一律には決定できないというあたりは日本語と大きく隔たるものではない。

ところで，朝鮮語においても「眼前にいない，知り合いでない目上（例えば，道路で道を尋ねてきた老人）」を高く待遇して話すことはしない。しかし，直接の上司や恩師，年上の親族などについては，当該人物が近くにいるかどうかに関係なく，また「相手」がだれかに関係なく，常に高く待遇して表現する。日本語の場合，直接の「相手」との関係を気遣って「話題の人」への高い待遇を回避することがあるのに対し，朝鮮語でそうしないのは「尊敬語で待遇する」ということで「話題の人」に対する「親しみ」が表現されるという待遇意識があるためであり，そこに尊敬語使用がどちらかというと「隔て」を表す日本語との相違が現れているといわれる。この点では，年上の親族や夫の行動を，「相手」いかんにかかわらず，親愛の情を含む尊敬の助動詞を使って表現する日本の西日本方言（沖縄までを含む近畿以西。福井県・富山県・長野県北部・新潟県なども入る）の「身内敬語」は，「絶対敬語」的言語であるといえる。敬語を使用することが，「隔て」や「親しみ」など，人間関係のどのような側面を表現するかをみることによって，今後より普遍的な「敬語のタイポロジー」とでも呼べる研究分野の開拓が可能であると思われる。

なお，近世までの日本の敬語には，日本では上位者の言動については尊敬語を，上位者に対する下位者の言動には謙譲語を，その上位者自身を含めてすべての人が使うことに違和感を覚えない，「絶対敬語的用法」が存在した。上位者が自分自身の言動を尊敬語を用いて表現する「自敬表現」は，『古事記』など古代資料においては天皇が，近世の書簡資料においては室町・江戸幕府の将軍や太閤秀吉が，それぞれ使用していたことが明らかになっている（→自敬表現）。一方，16世紀に来日したポルトガル人宣教師，ロドリゲスの著書『日本文典』（17世紀初頭刊行）には，「外部の者と話す場合には，たとい目上の人のことであっても，「らるる」を用いる以上に尊敬した言い方をしてはならない」という記述があり，「相手」によって自分側の人物の待遇を加減する「相対敬語」用法が近世初頭には規範化しだしていたことがうかがえる。

現代敬語では，「絶対敬語」的な用法として，マスコミの「皇室報道敬語」があげられる。皇室関係の報道では，皇族の言動・状態は，多く尊敬語を使って表現される。しかし，戦前天皇や皇族に対して使われていた「龍顔」「玉体」「宝算」「～におかせられては」「あらせられる」などの語句は使われず，「です」に代えて「でいらっしゃる」を使い，動詞には尊敬の助動詞レル／ラレルを，名詞には美化語のオ／ゴを付けるという程度にとどめられている。また，一般人の皇族に対する行為を必ず謙譲語で表すわけでもないあたりは，古典日本語における「絶対敬語」とは異なる用法になっている。ただ，民間人が皇族と婚姻関係に入った場合，その親族は皇籍に入った者を「様」付けで呼び，尊敬語で待遇するのが常となっており，この部分には皇族への「絶対敬語」意識の残存がみられる。

(川口義一)

参考文献 加藤正信「方言区画論」『方言（岩波講座日本語11）』(pp. 62-67, 岩波書店, 1977)；菊地康人「絶対敬語と相対敬語—敬語の使い方の歴史」『敬語』(pp. 106-112, 角川書店, 1994)；西田直敏「世界の敬語」『敬語』(pp. 361-405, 東京堂出版, 1987)，『特集世界の敬語』(言語, 16巻8号, 18-71, 1987)

選択表現
(せんたくひょうげん)

expression of choise

sentaku-hyougen

キーワード：選択／不定詞／前提集合
アルイハ／ソレトモ／ナイシ／マタハ／モシクハ／ナカンズク／イズレ／ドレ／ドコ／ドチラ／ドッチ

定　義：　副詞を中心とする表現で，前提の複数から，特定または不特定の少数（原則は1だが，指定すればその数）を抽出する表現。前提の複数は，可算と不可算の両方，また，数量の判明・不判明は両方，判明していても文面上の明示・不明示は両方ある。ただし，「ドチラ」また「ドッチ」を用いた表現では，前提の2から1の選択に限定される。

文　型：　選択表現のための語が選択の接続詞といわゆる不定詞とで大きく異なる。接続詞では，選択対象がその接続詞の前後に位置する。前提複数が2の場合には接続詞の前後に各1，前提複数が3以上の場合には，1が接続詞の後で，他は接続詞の前に列挙される。不定詞の場合には，全選択対象が「前提集合」＝前提となる複数かその集合体＝として不定詞よりも前に位置する。いずれの場合も，選択対象は各々同格の名詞または名詞相当語句となる（凡例；「ABCD…XY」は「前提集合」で抽出対象候補を，「Ω」は既決の抽出対象を，「＠」は選択の接続詞または不定詞を，それぞれ表す）。

a.　［ABCD…］＋X＋＠＋Y文型　（＠が「アルイハ」「ソレトモ」「ナイシ」「マタハ」「モシクハ」という接続詞の場合で，抽出対象は全部が候補）4, 5以外は作例。
 1　大久保君か，高田君か，大塚君か，あるいは，池袋君が，来てくれるよ。
 2　そこにいるのは，神田君か，渋谷君か，品川君か，それとも，田端君かな。
 3　海上の波の高さは，5mないし10mです。
 4　第1項，第3項又は前項の協議が調わないとき…（民法第819条第5項より）
 5　父若しくは母が親権若しくは管理権を辞し，後見人が…（民法第842条より）

b.　［ABCD…］＋＠＋Ω文型　（＠が「ナカンズク」の場合で，抽出対象は既決）
 6　今年の学生は皆優秀だが，なかんずく上野君は，本学開学以来の逸材だよ。

c.　［ABCD…］＋＠文型　（＠が「イズレ」「ドレ」「ドコ」「ドチラ」「ドッチ」「ダレ」の他の場合）　その他の不定詞による選択表現も，この文型となる。
 7　5箇の賞品のうち1箇を進呈しますので，いずれかを選んでください。
 8　うなぎ，すし，天ぷら，鴨鍋，いろいろあるけど，どれにしようかな。
 9　心当たりを10カ所以上捜したが，大崎君はどこに行ったかわからない。
 10　あなたが落としたのは黒い財布と白い財布のどちらですか。
 11　君と僕，どっちが速いか競争しよう。
 12　秋葉社長の次は5人の重役のなかでだれが社長になるのかな。

(田中宜廣)

想起・発見の表現 expression of recalling or confirmation
そうき・はっけん・ひょうげん
souki・hakken-no-hyougen

キーワード：想起／想起確認／発見（気づき）／命令（差し迫った要求）／事態実現の仮想／タ／タカ／ノダッタカ／タッケ／ッケ／タナラ・タラ／タホウガヨイ／タトコロデ／タトシテ／タラヨイ／タモノカ

想起の表現とは： タ形の特殊用法にかかわるもので，話し手の，発話時に成り立つ事態について，忘れていた過去の認識を想起した気持ちを表す表現。これを疑問文の形で用いるときは，想起確認の意味あいを帯びることになる。

想起と想起確認： 想起の意味を表す場合は，普通，文末で，「名詞＋ダ」，形容詞，形容動詞，「アル」「イル」など静的な述語のタ形を用いる。

1 そう言えば，今日は日曜日でした。

発話時の事実について述べるにもかかわらずタ形が用いられるのは，それを初めて認識した時点が過去であるということによるのであろう。

次のように疑問文の形で用いるときは，話し手の，想起したことを確認する気持ちを表す。しばしば儀礼的な意味で，そのことを全く知らないわけではなく，かつて聞いて知っていたといった意味あいを伴う。

2 あなたは山田さんでしたか。
3 確かあなたには弟さんがいらっしゃいましたね。

上の形に準じて，ときに「～テイル」「～テアル」「～ノダ」のタ形も用いられる。

4 あなたはどちらの会社に勤めていらっしゃいましたかね。
5 あなたはどちらの会社に勤めていらっしゃるのでしたかね。

いわゆる副助詞の「か」を伴った名詞句，挿入句にも，これに準じた用法のものがある。

6 山田さんは明後日でしたかにいらっしゃるそうです。

タッケ・ッケ： ややくだけた言い方であるが，～タッケも，回想または想起の意味を表す。

7 子供のころ，よく君とけんかをしたっけね。

この場合の述語は，「名詞＋ダ」などだけでなく，形容詞（丁寧形は除く）や動的動詞でもよい。これを質問文として用いるときは，やはり想起確認の表現となる。ただし，例10のように「動的動詞＋タッケ」の場合，想起確認の表現であることには変わりないが，そのタは，正真正銘の過去のタである場合が多いようである。

8 あなたは山田さんでしたっけ。
9 彼は背が高かったっけ。

10　彼はいつアメリカへ行ったっけ。
　ッケは，「名詞＋ダ」，形容動詞には，そのままル形（丁寧形は除く）にも付く。
11　あなたは山田さんだっけ。
発見の表現とは：　やはりタ形の特殊用法にかかわるもので，話し手の，すでに存在していたのにそれまで気付かなかった物事に，改めて気付いたという気持ちを表す表現。
気付きのタ：　アル，イル，ときに「名詞＋ダ」，形容詞，形容動詞など状態性述語のタ形を用いる。「気づきのタ」などと呼ばれることもある。
12　ああ，やっぱりここにあった。
　そのことは現在の事実でもあるが，実は，これまで気付かなかっただけで，すでに以前から存在した事実であったという意味から，タ形が用いられるのであろう。
　上の形に準じて，ときに，「～テイル」「～テアル」などのタ形も用いられる。
13　なんだ，こんな所に隠れていたのか。
14　なんだ，こんな所に隠してあったのか。
　しばしばタノカの形になるが，これは，事実に気付いた驚きの気持ちを表すもの。
その他のタ形の特殊用法：　タ形の特殊な用法として，他にも，次のようなものがある。
　a．命令（差し迫った要求）：　多くは，主語をもたない短い文で，最後に中高の音調で動作動詞のタ形を二回繰り返す形をとる。
15　さあ，はやく，帰った，帰った。（帰ったり，帰ったり。）
16　待った，待った。
　寺村（1984）は，「差し迫った要求を，既に実現したことのように言いなして表す」ものと説明している。古い言い方では，～タリ～タリの形になるものもある。（例15など）
　b．事態実現の仮想：　寺村（1984）が，「未然のことを，既に実現したことのように仮想して言いなす」と説明した用法である。元来，タ形には，「我が子の成長した姿を想像する。」のように，テンスとは関係なく，事態の実現していることを表す用法があるが，それをムード的な表現の中で用いる場合には，事態実現の仮想の意味あいが強くなる。
17　もし私が鳥であったなら，／もし私が鳥であったら，
18　～したところで，
19　～したとして，
20　～した方がよい。／～したらよい。
21　どうしたものか。／右へ行ったものか，左へ行ったものか。
　なお，例17はいわゆる反実仮想の例であるが，～タナラ／～タラがすべて反実仮想を表すというわけではない。例21の～タモノカは，～タラヨイモノカに相当する意味のものと考えてよいであろう。
　　　　　　　　　　　　　　　　　　　　　　　　　　　　　　（山口佳也）

参考文献　寺村秀夫『日本語のシンタクスと意味Ⅱ』（くろしお出版，1984）；町田健『日本語の時制とアスペクト』（アルク，1989）；金子亨『言語の時間表現』（ひつじ書房，1995）

想起表現
そうきひょうげん
expression which introduces recalling
souki-hyougen

キーワード：想起の副詞／転換の接続詞
　　　　ソウイエバ・ソウソウ／ソウダ・ソウカ／シカシ

定　義：　副詞を中心とした表現で，ふと頭に思い浮かんだことを言葉にするときに，その言葉の前につけて，その言葉が今思い出した内容であることを聞き手に伝える表現．

　ソウイエバ・ソウソウという表現をなぜ話し手がわざわざ表現するのかを考えると，これらの語のもつ談話的な機能を考えなければならなくなる．つまり，これらの語がないと，これから話す内容が，談話の流れからして聞き手にとって唐突に感じられてしまうので，それを防ぐために用いるのである．その意味では，転換を表す接続詞サテ・トコロデなどと同じである．

　しかし，想起の副詞は，サテ・トコロデなどの転換の接続詞と明確に区別して考えるべきである．というのは，転換の接続詞の方は，もっぱらその前後の内容が無関係であるということを表すことに関心があるのに対し，想起の副詞の方は前後の内容の無関係さを直接問題にしているわけでなく，想起の名のとおり，今ふと思い出した内容であるということを明示することで，結果として前後の内容が無関係であるということを間接的に表すことになるにすぎないからである．転換の接続詞は談話の内容そのものに向き，想起の副詞は話し手の内面に向いている．

　そのため，サテ・トコロデなどにある，話し手側が一方的に話の主導権を握って展開しているという感じがソウイエバ・ソウソウには薄く，そのため想起の副詞の方が聞き手に対して多少遠慮がちに響く．特にソウソウよりも弱いソウイエバは，目上の人に対して新しい話題を切り出すのに失礼になりにくい．そこで，新しい話題に切り替えたいときに，たとえ思い出したわけではなくてもソウイエバを使って，あたかも今思い出したかのようにして新しい話題を導入することがある．

　ソウイエバとソウソウでは意味が若干異なる．ソウイエバは，今話している話題からは外れるが，話し手の頭の中で，その今の話題と連想で結び付いた新しい話題を導入するときに使う．

　　戦争に息子を送り出す当時の母親の気持ちは本当につらいものだったのでしょうね．
　　そういえば，お宅のお母様は元気にしていらっしゃいますか．

ここでのソウイエバは「母と言えば」とほぼ同義である．そのように考えると，ソウイエバは「～と言えば」という連想を生み出す定型句の一つのバリエーションと考えることが可能である．

　一方，ソウソウは，話し手が聞き手に前もって話すために準備しておいたことを話し忘

れていて，それを今思い出したときに使う。

　そうそう，お伝えするのを忘れておりましたが，母が「よろしく」と申しておりました。

このソウソウをソウイエバに言い換えることはやや難しい。ソウソウには「話し忘れ」の感覚があるからである。この「話し忘れ」の感覚のために，ソウソウは，発話の際，ソウイエバよりも強く発音されることが多い。

　ソウダ，ソウカは，話し手が，何か忘れているような気がするとか，何かおかしい気がするといった，心の中にある違和感が，思い出したり，外部の状況を認識したりすることで，解消されたことを表す。ソウダは話し手自らの力で，ソウカは周囲の力を借りて，そうした違和感を解消したときに用いるという点で違いがある。

　ソウダは心内の違和感を話し手自らの力で解消するというその性格から，記憶の奥深くに沈潜してしまっていたことを今思い出したというときによく使う。その意味では，ソウソウに近いが，ソウソウのように聞き手に話そうとしていたことを忘れていたのではなく，そもそも自分が忘れていたことを表し，対者意識が薄く，より切迫感が感じられる。「のだ」と共起することが多い。

　そうだ，今日は10時から会議だったんだ。

　ソウカは心内の違和感を周囲の力を借りて解消するため，記憶に対しては用いられにくく，他者のやっているのを見たり，他者から教えてもらったりして違和感を解消したときに用いられる。「のか」としばしば共起する。

　そうか，階差数列の問題はそうやって解くのか。

　ソウイエバ，ソウソウ，ソウダ，ソウカなどと，ソ系の指示語ばかりであることは偶然ではない。忘れていたことを今思い出した，気がつかなかったことを今思い出した，ということは話し手が意識的に操作できる事柄ではないからである。コ系やア系の指示語を取れないゆえんである。

　なお，ソウイエバやソウソウに近い意味でシカシを使うことがある。

　しかし，今日は疲れたなあ。

　シカシは，それまでの内容から予想される内容に反する内容を提示するときに使う接続詞であり，典型的には逆接を表すときに用いる接続詞であるが，上の例のように話題そのものを予想に反して変えてしまう場合，「それはそうとして」の意でもシカシを使うことができる。このようなシカシは，以前出てきた話題や，周囲の状況など話し手が気になっている話題を導入するため，接続詞というより副詞的であり，文脈によってはソウイエバやソウソウと同じような想起表現として受け取れるわけである。また，聞き手の注意を喚起するために発する感動詞という解釈も成り立つ。

（石黒　圭）

参考文献　森田良行『基礎日本語辞典』（角川書店，1989）；小池清治『現代日本語文法入門（ちくま学芸文庫）』（筑摩書房，1997）

象鼻文による表現　*wa-ga* construction
zouhanabun-niyoru-hyougen

キーワード：題説構文・象鼻文・総主構文・ハガ構文・擬似象鼻文／大題目・小題目／題目部・解説部／係助詞・取り立て強調の係助詞／同定関係・近接関係・ウナギ文／感情主・感覚主・能力主・願望主／題目化／複層的題目語／ハ・ガ・ヲ

定　義：　題説構文の一種，「象は鼻が長い」に代表される文型を用いた表現。「象鼻文」は，「象は鼻が長い」を代表例文として論じた三上章の業績に因んで，林四郎が命名したもの。この構文を日本語における特殊な構文であるとして，はじめて論じた草野清民によれば総主構文。また，使用助詞に着目し，単純に，ハガ構文ともいう。

文　型：　N1＋ハ＋N2＋ガ＋P

　N1（大題目）は話し手・書き手が題目と定める名詞または代名詞で，ハと一体となり題目部を構成する。

　N2（小題目）はN1の焦点化された名詞または代名詞で，ガ，Pと一体となり解説部を構成する。

　Pは名詞・動詞（状態動詞・可能動詞）・存在詞・形容詞・形容動詞等により構成され，小題目・ガと一体となり解説部を構成する。

　この構文で使用されるハとガはともに係助詞である。草野清民より始まり，三上章によって深く考察され，今日におても，この文型について多くの論文が生産され続けているのは，ガを格助詞と誤認することに起因する。ガを焦点化された小題目を提示する係助詞と認定すれば，問題は氷解してしまう。

　例えば，『伊勢物語』の「これなん，都鳥」を現代語訳すれば，「これが都鳥です。」となる。ガは古典語の係助詞「なん」に対応する。ガには，「猫が魚を食べる。」のように体言と用言との意味的類型を示す機能を有する格助詞のほかに，「これが都鳥です。」のように題目提示の機能を有する係助詞があるのである。

　なお，ガには，小題目提示という係助詞の機能と，対比的とりたてという副助詞としての機能とがある。

　この文型によって表される意味は，「N1はN2についていえばP」ということになる。因みに，見掛けが象鼻文に似ている文がある。

　　　掃除　は　君　が　やれ。
　　　料理　は　私　が　作る。

　Pが動作動詞の場合，ハは格助詞ヲを兼務する係助詞，ガは主格を表す格助詞で，叙述構文となる。ハ・ガの順序で配置されるため，擬似象鼻文という。

N1（大題目）に立つ名詞：N1には，話し手・書き手が題目と定める名詞または代名詞であれば，どのような名詞・代名詞でも立ちうるが，そのおもなものを大別すると，次のようになる。
　a．話し手・書き手
　　1　私　　　は　　　東京　　　が　　　出身地です。
　　2　私　　　は　　　父　　　　が　　　東京で，
　　　　　　　　　　　　母　　　　が　　　茨城です。
　話し手・書き手が大題目になる場合は，大題目が省略されることがある。そのときは，小題目は単に題目となり，ガは取り立て強調の係助詞になる。
　1は「東京」と「出身地」とが同定関係にある自立した文であり，文脈を前提とせずに使用できる。
　2は「父」と「東京」，「母」と「茨城」が近接関係にある，いわゆるウナギ文で，両親の出身地を尋ねられるなどの文脈がないと使用できない非自立的表現である。
　N2は，話し手・書き手が，小題目として選んだものとなる。
　Pは，名詞・動詞（状態動詞・可能動詞）・存在詞・形容詞・形容動詞である。
　b．名詞または代名詞で，状態・形状・属性・感情・感覚・評価の帰属するもの。
　　3　この子　　は　　　熱　　　が　　　ある。　　　　〔状態〕
　　4　彼　　　　は　　　背　　　が　　　高い。　　　　〔形状〕
　　5　象　　　　は　　　鼻　　　が　　　長い。　　　　〔属性〕
　　6　猟犬　　　は　　　鼻　　　が　　　利く。　　　　〔属性〕
　　7　私　　　　は　　　君　　　が　　　羨ましい。　　〔感情〕
　　8　父　　　　は　　　山　　　が　　　好きだ。　　　〔感情〕
　　9　私　　　　は　　　頭　　　が　　　痛い。　　　　〔感覚〕
　　10　彼　　　　は　　　態度　　が　　　立派だ。　　　〔評価〕
　　11　彼女　　　は　　　運　　　が　　　いい。　　　　〔評価〕
　3は一時的状態，4は個別的形状を述べたものであるのに対して，5，6は，「象というものは」「猟犬というものは」という，一般的性質を述べたもの。
　7や9のように，Pが感情形容詞・感覚形容詞である場合は，その感情主や感覚主は一人称，すなわち話し手・書き手に限定されるという制限がある。したがって，実際の発話では，aで述べたように，大題目の「N1ハ」が省略されるのが普通である。
　ところで，8は，7と同様に感情表現であるが，形容動詞による感情表現である。この場合は，7と異なり，感情主に人称制限がない。その結果，大題目が明示されないと，意味不明となるので，常に明示されることになる。
　また，8の場合，ガをヲに置き換える言い方もある。
　　　わたくしは，さういふきれいなたべものやきものをすきです。
　　　　　　　　　　　　　　　　　　　（宮澤賢治『注文の多い料理店』序）

N2は，状態・形状・属性の発現部位や感情・感覚・評価の対象となるもの。
Pは，動詞（状態動詞）・存在詞・形容詞・形容動詞である。
　c．名詞または代名詞で，能力の持ち主（能力主）を表すもの。
12　彼女　　は　　　数学　　　が　　　できる。
13　彼　　　は　　　英語　　　が　　　話せる。
14　象　　　は　　　荷物　　　が　　　運べる。
　Pが可能・堪能の意を表す「できる」や可能動詞の場合，N1は結果的には，能力の持ち主（能力主）を表す。

13，14の文のガをヲに置き換えても，意味的には同じような文となる。もし，ガが格助詞であれば，このようなことは生ずるはずがない。格助詞としてのガとヲは意味的類型を全く異にするからである。Pが可能動詞という文型は，「象鼻文」において使用されるガが格助詞ではなく係助詞であることの証拠の一つとなる。

なお，13は「彼女は何語が話せますか？」14は「象は荷物が運べるか？」という問いに対する答えであるが，ガをヲに置き換えた「彼女は英語を話せる。」は，「彼女は何ができますか？」という問いに対する答えであり，「象は荷物を運べる。」は「象は何ができますか？」という問いに対する答えである。

N2は，能力を発揮する部門・科目等である。
　d．人名詞または代名詞で，願望の主体（願望主）を表すもの。
15　私　　　は　　　水　　　　が　　　飲みたい。
16　私　　　は　　　映画　　　が　　　見たい。
　Pが「飲みたい」「見たい」などの願望表現である場合，願望の主体（願望主）は，話し手・書き手，すなわち，一人称という制限がある。したがって，この場合も，aで述べたように，大題目は多くの場合，省略される。

これらも，13，14と同様に，ガをヲに置き換えることができる。したがって，この文型もガが係助詞であることの証拠の一つとなる。

15は「あなたは，何が飲みたい？」，16は「あなたは何が見たい？」という問いに対する答えであるが，「私は水を飲みたい。」「私は映画を見たい。」は，それぞれ，「あなたは何をしたい？」という問いに対する答えである。

なお，「早く帰って来てほしい。」「どうか，わかってほしい。」など，相手に望む意の場合は，
　　野口英世の母は，英世に，早く帰って来てほしいと願っていた。
　　君のお父さんは，君に，どうかわかってほしいと言っているよ。
などの文型を用い，象鼻文は使用できない。
　e．名詞で，話題・題目・課題等になるもの。
17　問題　　は　　　難問　　　が　　　多い。
18　日本　　は　　　国土　　　が　　　小さい。

19	予算	は	限界	が	ある。	
20	教育	は	金と時間	が	かかる。	
21	餃子(ぎょうざ)	は	宇都宮	が	第一位です。	
22	桜	は	吉野	が	いい。	
23	吉野	は	桜	が	いい。	
24	辞書	は	新しいの	が	いい。	

N1で話題の範囲を大題目として提示し，N2で範囲内で特に話題とすべきものを小題目として示すという文型。

f. 時に関する情報

25	今日	は	波	が	静かだ。
26	今日	は	暇	が	ある。
27	今日	は	胸騒ぎ	が	する。

25，26，27は時に関する情報が大題目として提示された象鼻文であるが，次に示すようなものは，叙述構文の一部が大題目として題目化され取り出されたものである。

```
     昨日         巨人      が   ヤクルトに  勝った。〔叙述構文〕
28   昨日    は   巨人      が   ヤクルトに  勝った。〔象鼻文〕
     巨人    は   昨日           ヤクルトに  勝った。〔題説構文〕
     ヤクルトに は  昨日     巨人 が        勝った。〔擬似象鼻文〕
```

28の「昨日」「巨人」は題目として機能しているが，他は機能していない。
因みに，連体詞や副詞など，もっぱら修飾要素となるものは題目化されない。

```
     昨日     あの巨人    が  楽々 ヤクルトに  勝った。
```

「あの」「楽々」という修飾的要素は題目になることができない。

複層的題目語： 松下大三郎は『改撰標準日本文法』において，次のような例文を掲げ，複層的題目語というものを認定している。

　　　象ハ　　鼻ハ　　長く　　目ハ　　小さい。

象鼻文は，複層的題目語のうち，小題目をガで提示する形式をとることによって，成立する。象鼻文のガはハと同じはたらきをしている，すなわち，係助詞として機能していることは，こういう成立の事情からしても明白である。　　　　　　　　　　（小池清治）

参考文献　草野清民「大槻氏の広日本文典を読みて所見を陳ぶ」(帝国文学，3巻6号，1897)，「国語ノ特有セル語法──総主」(帝国文学，5巻5号，1899)；山田孝雄『日本文法学概説』(宝文館出版，1936)；松下大三郎『改撰標準日本文法』(中文館書店，1928，勉誠社，1974)；三上章『現代語法序説』(刀江書院，1953，くろしお出版，1972)，『現代語法新説』(刀江書院，1955，くろしお出版，1972)，『象は鼻が長い』(刀江書院，1960，くろしお出版，1964)；大久保忠利『日本文法陳述論』(明治書院，1968)；久野暲『日本文法研究』(大修館書店，1973)；柴谷方良『日本語の分析』(大修館書店，1978)；小池清治『日本語はどんな言語か』(ちくま新書)』(筑摩書房，1994)，『『鳥がペットだ』の『が』は格助詞か」(十文字学園女子短期大学研究紀要，30号，1999)；野田尚史『「は」と「が」(新日本語文法選書1)』(くろしお出版，1996)；林四郎『文章論の基礎的問題』(三省堂，1998)

尊敬表現　honorific
sonkei-hyougen

キーワード：尊敬語・上位待遇・尊重語
定　義：　待遇表現のうち，「表現主体」が，「相手」，「話題の人物」を上位者として待遇したときの表現。そのときの「相手」や「話題の人物」自身，またその動作，状態，所有などを高めて表現する場合には，いわゆる尊敬語を用いることが多い。

　尊敬表現は，あくまでも「相手」や「話題の人物」を言語として上位待遇しているものであって，必ずしも常に表現主体の「尊敬」の念を実際に伴うものではない。しかし，「尊敬」という言葉本来の意味から生じる誤解，使用意識上の問題を引き起こすことも多いため，「尊敬」という術語が適切であるかどうかが常に議論となる。蒲谷他（1998）は，この「尊敬」に代わるものとして，「尊重」という用語を提唱している。尊重には，尊敬の意も含まれるが，むしろ「相手」や「話題の人物」の人格を尊重するという意味が強いため，実際に尊敬しているかどうかということや，上下関係といったことにはかかわらない。また，尊敬語は，実は立場上の上位者から下位者に向かっても用いることができるということもある。こういった点から，むしろ「尊重」という用語の方が適当であると考えられるのであるが，ここでは，その点を踏まえつつ，尊敬語，尊敬表現という用語で記述していく。

　まず，いわゆる尊敬語について整理しておくことにする。

　「相手」自身や「相手」にかかわるもの（その結果として「相手」自身）を高くするための尊敬語として，「あなたさま」「大兄」や「御社」「貴校」「玉稿」などがある。「御社」は，例えば，「山田さんの御社」などとはいえないことから，「話題の人物」には用いることのできない尊敬語である。「貴校」「玉稿」なども同様である。

　「相手」や「話題の人物」自身を高くする尊敬語として，「～さん，様，殿」などがある。「令夫人」などは，「夫人」自体を高めると同時に，その「夫」を高めることになる尊敬語であるといえる。

　「相手」や「話題の人物」の所有物などに対して用いる尊敬語としては，「お」「ご」を付けた「（あなたの）お帽子」「（山田先生の）ご論文」などがある。

　「相手」や「話題の人物」の動作・状態・所有に用いる尊敬語は最も多く，敬語専用語形である「いらっしゃる・なさる・めしあがる」や，「お～になる・ご～なさる」といった敬語形式によって作られる「お書きになる・おありになる・ご利用なさる」，また「(ら)れる」という助動詞をつけて作られる「書かれる・考えられる」などがある。

　また，恩恵をこちらに与える意を表す尊敬語としては，「（て）くださる」「お・ご～くださる」などがある。

尊敬表現は，基本的にこうした尊敬語が用いられることによって成り立つといえるが，尊敬語を用いること以外に，例えば，「山田先生に申し上げました。」などと，いわゆる謙譲語を用いることによっても「相手」や「話題の人物」を高めることができる。もちろん，これを謙譲表現であるとすることもできるわけだが，「申し上げる」という敬語は，その動作主体を高くしないという性質がある一方，その動作に関係する人物を高くするという性質もあるため，「山田先生に申し上げました。」という表現は，「謙譲」の表現というより，「山田先生」を高めることに主眼がある表現であると考えられるのである。
　筆者は，「おっしゃる」と「申し上げる」の基本的な敬語的性質はともに「相手」や「話題の人物」を「高くする」という点になることから，いわゆる尊敬語と謙譲語（「申し上げる」や「うかがう」など動作に関係する人物が存在する謙譲語）は，ともに大きな分類としては「尊重語」として扱うことができると考えている。「こちらでお待ちしてください。」など，いわゆる尊敬語と謙譲語の混同や混乱は敬語の誤用として問題になることではあるが，そうした誤用が生じる根本的な原因として，尊敬語と謙譲語には共通する敬語的な性質，すなわち「相手」や「話題の人物」を高めるという性質があると考えることができる。もちろん，高めようとする意識がありさえすれば尊敬語でも謙譲語でもよいというわけではないが，今後の敬語表現のあり方を考えるうえで，こうした点も検討する必要がある課題となるだろう。
　尊敬表現の問題としては，いわゆる過剰敬語の問題がある。「相手」や「話題の人物」を高めようとするあまり，「おっしゃられる」や「お召し上がりになられる」などの「二重・三重敬語」なども出てきてしまうのであろうが，これからの待遇表現としては，できるかぎり簡潔な尊敬表現にする必要がある。
　このほか，「課長もコーヒーをお飲みになりたいですか。」などといった，尊敬語としては誤りではないが，尊敬表現としては問題になるものがある。基本的に，上位者の意思や希望を直接的な表現で尋ねることは避けた方がよいといえるため，「課長もコーヒーをお飲みになりますか。」と単に「飲むかどうか」を尋ねる形にする，あるいは状況によっては，「課長，コーヒーいかがですか。」といった申し出表現にしたり，「課長，コーヒーをどうぞ。」などと提供表現にすることなどが考えられる。
　また，「まだ結婚していらっしゃらないんですか。」「お子さんはまだおできにならないんですか。」「（特に女性に対して）おいくつですか。」など，尊敬語の使い方は正しくても，質問の内容として尊敬表現とは言いがたいものもある。これらは，その質問の「表現意図」や状況によって適否の程度は異なるが，基本的には失礼な表現であり，「相手」や「話題の人物」を高めるということとは相容れない表現であろう。このように，尊敬語を使っていればすべて尊敬表現になるというものではない。「相手」や「話題の人物」に配慮するということを，「文章・談話」のレベルで考えていくことが大切である。　　　（蒲谷　宏）

参考文献　蒲谷宏・川口義一・坂本恵『敬語表現』（大修館書店，1998）；その他，「待遇表現」の項を参照。

存在詞文
そんざいしぶん
sonzaishi-bun

Aru-Nai/Iru-Inai/Oru-Oran predicate sentence
existential sentence

キーワード：基本文型・存在主・存在場所・非情物・有情物・非情物存在主文・アル：ナイ型・有情物存在主文・イル：イナイ型・オル：オラン型・アル：ナイ非対称型・鍵文・反復型疑問文・ナニ型疑問文・ドノクライ型疑問文・ダレ型疑問文・ナント型疑問文・ドウシテイル型疑問文・ドウ型疑問文

　基本文型の一つ。「今日は，風がある。：今日は，風がない。」「あそこに，猫がいる。：あそこに，猫がいない。」のように，述部（いわゆる「述語」）が「ある：ない」「いる：いない」等で構成される文を存在詞文という。
　ただし，丁寧体では，非存在を表すのに，「ないです／いないです」ではなく，「ありません／いません」の形が用いられる。話し言葉では，「風がないです。／猫がいないです。」など，「ないです／いないです」も用いられることがあるが，比較的新しく認知された（文化庁『これからの敬語』1952）表現で，書き言葉では避けた方がよい。
　存在詞文は，存在主（いわゆる「主語」）と存在場所に関する情報を必須のものとする。
　まず，存在主の意味的性質により，二種に大別される。
　存在主が非情物（無生物や現象など）の場合は，存在の意を「ある」で，非存在の意を「ない」で表す（以下，「アル：ナイ型」とする）。一方，存在主が有情物（生物や人間など）の場合は，存在の意を「いる」で，非存在の意を「いない」で表す（以下，「イル：イナイ型」とする）。
　次に，存在場所を示す形式や鍵文の型は，意味などにより表のように下位分類される。

非情物存在主文（アル：ナイ型）

	文　型	存　在　主	存在場所	鍵　文	意　味
a	ニ＋ガ＋アル	物名詞 事名詞 様名詞 etc.	ニ ニ於イテ ニ対シテ	ナニ型・反復型	存在・生起・発生 具有・所有・潜在 顕示 etc.
b	デ＋ガ＋アル	出来事名詞	デ・ニ於イテ	ナニ型・反復型	発生・開催
c	ガ／ハ＋数量詞＋アル	数量詞	ガ・ハ	ドノクライ型・反復型	（判定詞）
d	マデ＋ガ＋アル	時名詞	マデ	反復型	存在
e	ニ＋コトガ＋アル	文相当句	ニ	反復型	生起・経験
f	ニ＋ト＋アル	書記結果	ニ	ナント型・反復型	書記活動の結果存続
g	カラ＋ニ＋ガ＋アル	言語活動	ニ対して	反復型	言語活動の有無
h	ハ／ガ＋ニ＋アル	人名詞	ニ	ドウシテイル型・ドウ型	生存

　そのほか，アル：ナイ非対称型では，「申し訳ない／面目ない／やるせない／仕方がな

い」など，非存在を表す形式しかない存在詞文もある。多くは形容詞相当語句として機能する。

有情物存在主文（イル：イナイ型／オル：オラン型）

	文　型	存在主	存在場所	鍵　文	意　味
i	ニ＋ガ＋イル	人名詞	ニ	ダレ型・反復型	存在・所有・居住
j	ニ＋ガ＋イル	生き物名詞	ニ	ナニ型・反復型	存在・棲息
k	ニ＋ガ＋オル	人・生き物名詞	ニ	ダレ型・ナニ型・反復型	存在・所有・居住・棲息

非情物存在主文（アル：ナイ型）

a.（ニ＋ガ＋アル）：

　物名詞存在主文　「バナナ・桜の木・郵便局」など意味的範疇が「モノ」である名詞が存在主（いわゆる「主語」）になるもの。存在主を示すだけでは不安定で，次のように存在する場所に関する情報が補足されて，安定した表現になる。「皿の上に，バナナがある。：皿の上に，バナナがない。」「公園に，桜の木がある。：公園に，桜の木がない。」「駅前に，郵便局がある。：駅前に，郵便局がない。」また，時に関する情報が明示されることがあるが，これがない場合は，普通，現在の状態や恒常的状態の解釈を受ける。

　物名詞存在主文が答えになる鍵文（いわゆる「疑問文」）は，「皿の上に，何がある？」のようなナニ型疑問文や，「皿の上に，バナナがある？」のような反復型疑問文である。

　これらは，上の例のように，存在を問う表現が普通であるが，必須アイテムの中での非存在アイテムを問う場合は，「皿の上に，何がない？」のように非存在を問う表現が採用される。

　所名詞存在主文　「空席・余地・隙間」など未補充の状態にある空間や部位を表す名詞が存在主（いわゆる「主語」）になるもの。存在場所も「ここ・あそこ・駅前」など所名詞であるところに，この文型の特徴がある。

　所名詞存在主文が答えとなるような鍵文（「いわゆる「疑問文」）は，「そこに，空席がある？」のような反復型疑問文である。普通は，上の例のように，存在を問う形式が採用されるが，存在が予想される場合や期待される場合には，「そこに，空席がない？」のように，非存在を問う形式が採用される。

　自然現象名詞存在主文　「風・雨・雪・地震」など自然現象を表す名詞が存在主（厳密には「生起主」）になるもの。

　この文型においては，アルは存在を意味するというよりも，生起を意味するといった方が適切である。また，存在場所（「生起場所」）は狭い限られた場所ではなく，かなりの広がりを有する場所であるという特徴がある。

　自然現象名詞存在主文が，答えとなるような鍵文（いわゆる「疑問文」）は，「木の下に，風がある？」のような反復型疑問文であるが，存在（生起）が期待される場合や当然視さ

れる場合は,「木の下に，風がない？」のように，非存在（「非生起」）を問う形が採用される。

状態名詞存在主文 「熱・金・暇」など，状態を表す名詞が存在主（厳密には「発生主」）になるもの。「金」は物名詞であるが，「金がある。：金がない。」という表現においては，物としての「金」ではなく，使用可能の状態にある「金」という意味で，状態名詞である。

状態名詞存在主文が答えとなるような鍵文（いわゆる「疑問文」）は,「患部に熱がある？」のような反復型疑問文であるが，懸念される場合や当然視される場合などには,「患部に熱がない？」などのように，非存在（「非発生」）を問う形式が採用される。

意思素質名詞存在主文 「やる気・気品・勇気・才能」など，意思や素質に関する名詞が存在主（厳密には「具備対象」）になるもの。存在場所（厳密には「具備主」）が人間であるところに特徴がある。

意思素質存在主文が答えとなるような鍵文（いわゆる「疑問文」）は,「彼にやる気がある？」などのように反復型疑問文であるが，反問・確認などの意の場合は,「彼にやる気がない？」など，非存在（「非具備」）を問う形式が採用される。

残存物名詞存在主文 「傷・過失・痕跡・足跡」など，なんらかの行為の結果が残存したことを意味する名詞が存在主（厳密には「残存主」）になるもの。

存在場所（「残存箇所」）が,「顔に傷がある。」のように，身体部位など人に属するものの場合，アルは所有の意になる。また,「フロントガラスに傷がある。」など事物に属する場合，アルは具有するの意になる。

残存物存在主文が答えとなるような鍵文（いわゆる「疑問文」）は,「顔に傷がある？」「フロントガラスに傷がある？」のような反復型疑問文である。痕跡の残存が当然視される場合には,「顔に傷がない？」「フロントガラスに傷がない？」のように非存在（「非残存」）を問う形式が採用される。

出現物名詞存在主文 「効果・疑問・責任・功績」など，作用や行為の結果出現したコトが存在主（厳密には「出現主」）になるもの。

存在場所（「出現場所」）が事物の場合,「この薬は結核に効果がある。」のように出現の意になり，言語活動や事件である場合,「発言内容に疑問がある。」のように発生の意になり，人間の活動分野である場合,「難民援助に功績がある。」のように，保有の意になる。

出現物名詞存在主文が，答えとなるような鍵文（いわゆる「疑問文」）は,「この薬は結核に効果がある？」のような反復型疑問文である。出現・発生・保有することが当然視される場合には,「この薬結核に効果がない？」のように，非存在（「非出現・非発生・非保有」）を問う形式が採用される。

潜在物名詞存在主文 「訳・事情・理由」など，表面だけをみていてはわからない事柄が存在主（厳密には「潜在主」）になるもの。存在場所（「潜在場所」）が人であるところに特徴がある。

潜在物存在主文が答えとなる鍵文（いわゆる「疑問文」）は、「それには訳がある？」のような反復型疑問文である。潜在することが当然視される場合は、「それには訳がない？」のように、非存在（「非潜在」）を問う形式が採用される。
　なお、「訳がある。」と「訳がない。」とは対義になる場合と、対義にならない場合がある。すなわち、「訳がない。」が容易・簡単を意味する場合には、対義にならない。この意味では、特殊である。
　因みに、「申し訳（が）ない。」という表現には、肯定形の表現が存在しない。「訳がある。」と一括すれば、「アル：ナイ非対照型」の表現ということになる。

b.　**出来事名詞存在主文（デ＋ガ＋アル）**：「火事・事故・事件」や「会議・音楽会・委員会」など、出来事が存在主（厳密には「発生主」または「被開催主」）であるもの。
　この文型の特徴は、場所に関する情報がデで示されるところにある。
　　　駅前で火事がある。／交差点で事故があった。　　　　〔アル＝発生〕
　　　公会堂で音楽会がある。／大会議室で教授会があった。　〔アル＝開催〕
　出来事名詞存在主文が答えとなる鍵文（いわゆる「疑問文」）は、「駅前で何があった？」などのようなナニ型疑問文が採用される。確認の場合は、「駅前で火事があった？」のような反復型疑問文となる。また、何かあったはずという含みで問う場合には、「駅前で何かなかった？」のように非存在を問う形式が採用される。

c.　**数量詞存在主文（ガ／ハ＋数量詞＋アル）**：「長さ・広さ・重さ・深さ・幅・深度」など程度名詞の数量・分量が存在主（厳密には「数値」）になるもの。アル：ナイ型において、存在場所は普通、ニで表されるが、この文型では、題目としてガ・ハで示され、存在主（「数値」）には助詞が付かないところに特徴がある。
　　　長さが5メートルある。
　「長さが5メートルだ。」とほぼ同じなようで、アルは存在詞というより判定詞として機能しているとみなされる。
　また、「到達・完成・開催」などまでの数量を表現する場合は、「頂上まであと100メートルある。」のように、次に述べる時名詞存在主文と同じ構文をとる。この場合、アルは「要する」の意になる。
　数量詞存在主文が答えとなる鍵文（いわゆる「疑問文」）は、「長さはどのくらいある？」などのようなドノクライ型疑問文である。確認する場合は、「長さは5メートルある？」のような反復型疑問文が採用され、あるはずだという含みの場合は、「長さが5メートルない？」のように、非存在を問う形式が採用される。

d.　**時名詞存在主文（マデ＋ガ＋アル）**：「時間・間・暇」など、時名詞が存在主になるもの。存在場所としては、時間的範囲・限度が示され、アル：ナイ型としては特殊である。
　　　開演まで時間がある。
　時間の幅が限定されている場合は、「開演まで30分ある。」など、上記の数量詞存在主

文で表現される。

　時名詞存在主文が答えとなる鍵文（いわゆる「疑問文」）は，「開演まで時間がある？」のような反復型疑問文であるが，数量が限定される場合は，「開演までどのくらいある？」のようにドノクライ型疑問文が用いられる。

　また，あることが当然視されるような場合やあってほしいと思う場合などでは，「開演まで時間がない？」「開演まで30分ない？」のように，非存在を問う形式が採用される。

e. **文相当句存在主文（ニ＋…コトガ＋アル）**：　経験や体験または予期しない出来事などを述べる文相当句が存在主（厳密には「体験内容」）になるもの。存在場所（厳密には「体験主」）は人間であり，ニ・ニハで表される。

　　　彼（に）は，外国で生活したことがある。　　　〔タ形＋コト＝経験・体験〕
　　　外国で，ひょっこり友人にあうことがある。　　〔ル形＋コト＝発生・生起〕

　文相当句存在主文が答えとなるような鍵文（いわゆる「疑問文」）は，「彼（に）は，外国で生活したことがある？」「外国で，ひょっこり友人にあうことがある？」のような反復型疑問文である。あるはずだという含みをもつ場合は，「彼（に）は，外国で生活したことがない？」「外国で，ひょっこり友人にあうことがない？」など，非存在を問う形式が採用される。

f. **書記結果存在主文（ニ＋ト＋アル）**：　文字や文など書記結果を表すものが存在主であるもの。存在場所はニで表される。存在主が引用のトで表されるところに，この文型の特徴がある。

　　　箱に，危険とある。
　　　便箋に，一言，ありがとうとあった。

　書記結果存在主文が答えとなる鍵文（いわゆる「疑問文」）は，「箱に，なんとある？」のように，ナント型疑問文が用いられる。

　肯定・否定疑問文で問う場合は，「箱に，危険とある？」のように，反復型疑問文が採用される。あって当然と考えられるということを含みにする場合は，「箱に，危険とない？」「便箋に，一言，ありがとうとない？」のように，非存在を問う形式が採用される。

g. **言語活動存在主文（カラ＋ニ＋ガ＋アル）**：　「電話・伝言・手紙・話」など，言語活動を表す名詞が存在主であるもの。言語活動の仕手はカラで，受け手はニで表される。

　　　昨日，先生から父に電話があった。

　言語活動存在主文が答えとなる鍵文（いわゆる「疑問文」）は，「昨日，先生から父に電話があった？」のような反復型疑問文である。あって当然と考えられるということを含みにする場合は，「昨日，先生から父に電話なかった？」のように，非存在を問う形式が採用される。

h. **人名詞状態文（ハ／ガ＋ニ＋アル）**：　人名詞はイル：イナイ型で表現されるのが普通であるが，「病床・逆境・絶頂期」など，人の状態を表す名詞が存在主（厳密には「状態」）である場合，アル：ナイ型で表現される。また，存在場所（状態発現場所）は人で，ハま

たはガで表される。
　彼は今病床にある。
　その頃，彼女は絶頂期にあった。
　人名詞状態文が答えとなる鍵文（いわゆる「疑問文」）は，「彼は今どうしている？」「その頃，彼女はどうだった？」など，ドウシテ型やドウ型の疑問文である。また，確認する場合は，「彼は今病床にある？」「その頃，彼女は絶頂期にあった？」のような反復型疑問文となる。あって当然と考えられるということを含みにする場合，「彼は病床にない？」「その頃，彼女は絶頂期になかった？」のように，非存在を問う形式が採用される。

有情物存在主文（イル：イナイ型）

i. 人名詞存在詞文（ニ＋ガ＋イル／ニ＋ガ＋アル）：「子供・兄・恋人」など意味的範疇が「ヒト」である名詞が存在主（いわゆる「主語」）となるもの。「子供がいる。：子供がいない。」「兄がいる。：兄がいない」。「恋人がいる。：恋人がいない。」
　この文型の特徴は，存在・非存在を意味する場合と所有・非所有を意味する場合の二種があるというところにある。「二階に，子供がいる。：二階に，子供がいない。」「勉強部屋に，兄がいる。：勉強部屋に，兄がいない。」「応接間に，恋人がいる。：応接間に，恋人がいない。」のように，場所や空間を表す名詞が場所格として補足部に明示される場合，「イル：イナイ」は存在・非存在を表す。また，空間が都会・田舎等居住空間を表す場合，居住・非居住を表す。「姉夫婦には，子供がいる。：姉夫婦には，子供がいない。」「私には，兄がいる。：私には，兄がいない。」「妹には，恋人がいる。：妹には，恋人がいない。」のように，存在主とは別の人名詞が所有者として補足部に明示される場合，「イル：イナイ」は，所有・非所有を表す。
　因みに，この意味の場合，「アル：ナイ型」で表されることもある。「姉夫婦には，子供がある。：姉夫婦には，子供がない。」「私には，兄がある。：私には，兄がない。」「妹には，恋人がある。：妹には，恋人がない。」この文型では，「子供・兄・恋人」などは，存在主ではなく，被所有物の解釈を受ける。
　人名詞存在詞文が答えとなるような鍵文（いわゆる「疑問文」）は，「二階には，誰がいるの？」「勉強部屋には，誰がいるの？」「応接間には，誰がいるの？」のようなダレ型疑問文や，「二階には，子供がいるの？」「勉強部屋には，兄さんがいるの？」「応接間には，恋人がいるの？」のような反復型疑問文が用いられる。
　これらは，存在を問う表現が普通であるが，必須構成メンバーの中での非存在を問う場合には，「二階には，誰がいないの？」「二階には，子供がいないの？」のように非存在を問う表現が採用される。
　また，所有・非所有を意味する場合，鍵文（いわゆる「疑問文」）は，「お姉さんご夫婦には，子供がいるの？／いないの？」「あなたには，お兄さんがいるの？／いないの？」「妹さんには，恋人がいるの？いないの？」のように反復型疑問文が採用される。

j. 生き物名詞存在詞文（ニ＋ガ＋イル）：「猫・鳩・トンボ」など生き物名詞が存在主であるもの。「猫がいる。：猫がいない。」「パンダがいる。：パンダがいない。」「トンボがいる。：トンボがいない。」

　この場合も，場所に関する情報が明示されることにより，安定した表現になる。「縁側に，猫がいる。：縁側に，猫がいない。」「檻の中に，パンダがいる。：檻の中に，パンダがいない。」「水槽に，熱帯魚がいる。：水槽に，熱帯魚がいない。」

　この文型では，存在・非存在の意味を表すのが普通であるが，ニ格で示されるものが，「わが家・上野動物園・この水族館」など飼い主を表す名詞である場合は，所有・非所有の意味になり，「猫・パンダ・熱帯魚」は存在主ではなく，被所有物になる。また，「日本・アジア・山岳地帯」など，棲息場所を表す名詞の場合は，棲息の意を表す。

　　　わが家には，猫がいる。　　　　　　　　〔所有〕
　　　上野動物園には，パンダがいる。　　　　〔所有〕
　　　この水族館には，珍しい熱帯魚がいる。　〔所有〕
　　　山岳地帯に，雷鳥がいる。　　　　　　　〔棲息〕

　この場合，人名詞存在詞文と異なり，「アル：ナイ型」の文型で表すことができない。

　なお，生き物名詞存在詞文が答えとなるような鍵文（いわゆる「疑問文」）は，「縁側に，何がいるの？」「上野動物園には，何がいるの？」のようなナニ型疑問文と，「縁側に，猫がいるの？」「上野動物園には，パンダがいるの？」のような反復型疑問文が用いられる。

　これらは，存在を問うのが普通であるが，いるはずの生き物の存否を問う場合には，

　　　縁側には，何がいないの？
　　　上野動物園には，何がいないの？

のように非存在を問う表現形式になる。

　非情物＝アル：ナイ型，有情物＝イル：イナイ型という使い分けは，近代語以降のものであり，古典語では，「昔，男ありけり。」などのように，有情物が存在主（主語）になる場合においても，アリが用いられた。したがって，古典語のアリは現代語のアルよりも広い用法をもち，存在・所有・生存・居住などの意をもっていた（「ありし恋の思い出＝存在」「ありし人々を語る＝生存」「ありし故郷を思う＝居住」）。

　一方，イルは「居る・ゐる・ヰル」と表記され，座っているの意を表し，動作存続の動詞で，存在詞としての用法はなかった。「昔むかし，あるところに，お爺さんとお婆さんがありました。」この「ありました」が問題とされることがあるが，古典語の用法の残存と考えればよい。

k. 人・生き物名詞存在主文（ニ＋ガ＋オル）：　表現内容としては，人名詞存在主文・生き物名詞存在主文と等価であるが，存在主・所有主，または聞き手を軽視して，尊大・丁重・卑下などの意を加える場合，オル：オラン型が採用される。存在・所有を意味する場合はオル，非存在・非所有を意味する場合はオランが使用される。

　　　梅の木に，鶯がおる。　　〔存在＋尊大（鶯または聞き手軽視）〕

私には，妻子がおる。　　　〔所有＋尊大（聞き手軽視）〕
　丁寧体，オリマスの場合は，聞き手を尊敬し，丁重・卑下という待遇価が加わる。
　　梅の木に，鶯がおります。　〔存在＋丁重（聞き手尊敬＋存在主軽視）〕
　　私には，妻子がおります。　〔所有＋卑下（聞き手尊敬＋所有主軽視）〕
　なお，オル：オラン型を使用するのは，若者よりも年長者が多く，イル：イナイ型との差を位相差とみなすこともできる。
　人・生き物名詞存在主文が答えとなる鍵文（いわゆる「疑問文」）は，
　　梅の木に，なにがおる？
　　誰が，そこにおる？
のようなナニ型疑問文・ダレ型疑問文や，
　　君には，妻子がおる？
のような反復型疑問文が採用される。
　存在や所有が当然視される場合は，
　　梅の木に，なにがおらん？
　　君には，妻子がおらん？
のように，非存在・非所有を問う形式が採用される。
方言差：　有情物存在主文には，方言差がある。図に示すように，東日本方言はイル型，西日本方言はオル型，和歌山方言の一部はアル型である。

12　いる（居）
・　イル
ィ　イー
○　オル
ィ　オイ
▲　ウ
▲　ウン
△　ウイン
▽　ウレ
▽　ウレン
■　ブン
｜　アル
□　アン

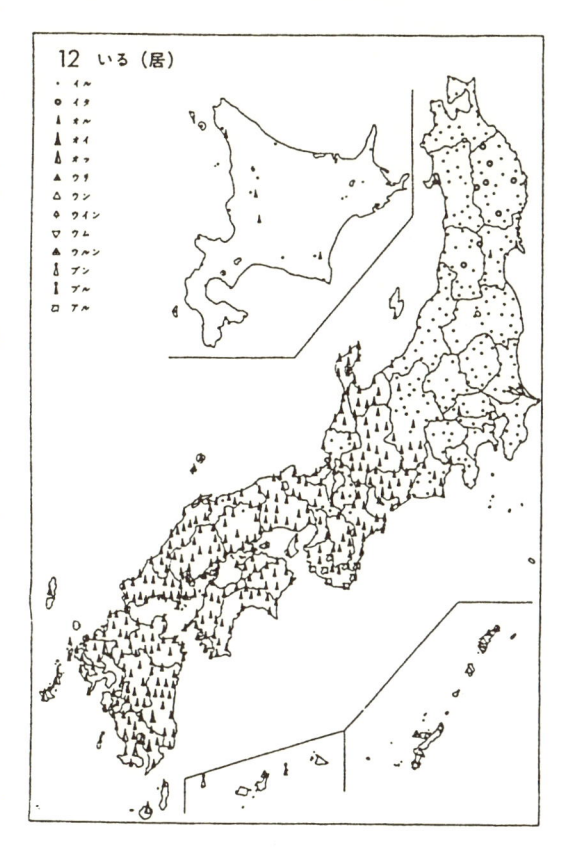

（小池清治・河原修一）

参考文献　文化庁編『これからの敬語』（大蔵省印刷局，1952），『外国人のための基本語用例辞典（第二版）』（大蔵省印刷局，1975）；小泉保他編『日本語基本動詞辞典』（大修館書店，1989）；森田良行『基礎日本語辞典』（角川書店，1989）；徳川宗賢他編『日本方言大辞典（上）』（小学館，1989）

待遇表現 1
たいぐうひょうげん
taiguu-hyougen

a style of speech made taking hearers or situations into consideration

キーワード：人間関係・上下関係・親疎関係・上位・同位・下位／表現の場／尊敬表現・謙譲表現・丁寧表現・丁重表現・美化表現・軽卑表現・尊大表現

定　義：「人間関係」や「場」の認識に基づいて使い分けられる表現。これをさらに詳しく規定すると次のようになる。

　待遇表現とは，ある「表現意図」をもった「表現主体」（話し手・書き手）が，「自分」・「相手」・「話題の人物」相互の「人間関係」や，表現の「場」の状況を認識し，「表現形態」（話し言葉・書き言葉）を考慮したうえで，その「表現意図」を叶えるために，適切な「題材」「内容」を選択し，適切な言葉を用いることによって文章・談話を構成し，「媒材化」（音声化・文字化）する，といった一連の「表現行為」である。

　待遇表現というものを以上のように規定すると，独り言や反射的な発話以外のほとんどすべての表現は，待遇表現としてとらえられることになる。

　待遇表現を考えるうえで，第一に重要な点は，「表現主体」が「人間関係」をどう認識するのかということである。「人間関係」の位置付けは，「上下関係」「親疎関係」という観点からとらえられることが多い。もちろん，現代社会における「上下関係」というのは，身分の上下を表すわけではなく，あくまでも人間関係の相対的距離感を示すものとなる。特に日本語教育においては，この点を明確にさせておく必要がある。また，日本語学習者が「親疎関係」に関して誤解する点として，「親しくなれば敬語を用いなくてもよい」ということがある。「社長とは親しくなったから敬語を使わない」という誤解を防ぐためにも，あまり「親疎関係」と敬語の使用とを直結させない方がよいだろう。上下関係と親疎関係とを関連させながら，上位者であっても親しくなればやや相対的距離感が近くなり，下位者であっても親しくなければ相対的距離感がやや遠くなるというように理解する必要がある。

　「人間関係」は，上下・親疎という位置付けだけではなく，「自分」・「相手」・「話題の人物」が，社会的・文化的な「立場・役割」とでもいうべきものを相互に担っているという点について考える必要がある。こうした「立場・役割」を「表現主体」がどのように認識して表現するかといったことも，待遇表現の研究・教育における重要な点になる。

　「人間関係」は，まず「自分」と「相手」との位置付け，次にそれに基づいて「話題の人物」がどう位置付けられるのかが問題となる。たとえ「自分」の上司であっても，取引先の社員に対しては上司を上位者待遇にはしないといった，いわゆるウチ・ソトの関係は，「話題の人物」の位置付けの問題である。

　「話題の人物」については，「自分」にも「相手」にも直接は関係のない一般的な「話題

の人物」をどう待遇するのか，例えば，皇族，芸能人やスポーツ選手，犯罪者をどう待遇して表現するのか，男性・女性，少年・幼児などをどう待遇して表現するのかなどが，一つの検討課題となるだろう。

　待遇表現を考えるうえで「人間関係」と同様に重要になる点は，表現の「場」に対する認識である。「表現主体」が，いつ，どういうところで，どういう状況で表現し，それらをどう認識しているのか，ということが待遇表現のあり方に大きく影響してくるからである。

　式典，講演会，会議，講義，喫茶室，家庭，酒場での内輪の会合，等々の「場」における表現上の使い分けや，それぞれの「場」で，「改まり」「くだけ」の程度が異なってくることを，それぞれの「場」における「人間関係」も含めて考えていく必要があるだろう。

　次に，「表現形態」であるが，基本的には，「話す」ときには「相手」が表現の「場」に存在することから，「相手」を中心とした「人間関係」に対する配慮が重要になるのに対して，「書く」ときには「相手」が表現の「場」には存在しないことから，「人間関係」に対する配慮よりも，伝えるべき「内容」が重要になるといった違いがある。もちろん，「書く」ことの中には，同位者・下位者に出す手紙やＥメールなど，「話す」ことに近いものもあるが，新聞・雑誌の記事や，論文・レポートなどにおいては，「相手」や「場」にほとんど配慮する必要がないといえよう。

　次に，適切な「題材」(「何について」表現するのか)，「内容」(「何を」表現するのか)の選択ということだが，適切な待遇表現にするためには，その時々の「人間関係」，「場」にふさわしい「題材」「内容」にすることが必要となる。場違いな「題材」・「内容」とはどのようなものかを明らかにすることも検討課題になるだろう。

　ところで，待遇表現を「敬語」と同義のように用いることがあるが，上の規定に基づけば，敬語は待遇表現の中で「上位」の「相手」や「話題の人物」，改まった「場」だと認識したときに用いられる言葉のことであり，待遇表現において用いられる言葉の一種だと考えられることになる。例えば，「山田先生がいらっしゃる。」「山田が行く。」「山田のやつが行きやがる。」などの表現はすべて待遇表現であるといえるわけだが，ここでは，「(山田)先生」「いらっしゃる」などの「敬語」，「やつ」「…やがる」などの「軽卑語」，そして「山田」「行く」などの「通常語」といった，それぞれの言葉が待遇表現全体の中に位置付けられるわけである。

　もちろん，「通常語」がきわめて範囲の広いものであり，「軽卑語」があまり一般的に用いられるものではないことに比べて，「敬語」は，日本語の一つの特色として，文法的・語彙的にほぼ体系的に存在するものであることからすれば，待遇表現を考えるうえで，「敬語」が最も重要な地位を占めることは間違いないだろう。しかし，待遇表現における敬語を扱う場合には，常に敬語ではない言葉と関連付けて整理を進める必要があるだろう。

　待遇表現と，そこに用いられる敬語，軽卑語などとのかかわりからは，尊敬表現，謙譲

表現，丁寧表現，丁重表現，美化表現，軽卑表現，尊大表現などといった表現が考えられるが，より重要なことは，単に語句レベルでの整理をするだけでなく，「表現意図」を絡めた表現全体を扱うことである。

「表現意図」と関連付けて「文章・談話」を整理していくことも，今後の重要な研究課題になる。例えば，「依頼」を「表現意図」とした待遇表現を考えるときには，「表現主体」は，「人間関係」，「場」の認識とともに，依頼の内容との関係から生じる依頼の「当然性」によって，表現の展開方法が異なることなどを考える必要がある。たとえ，「相手」が上位者であっても，依頼する「当然性」が高ければ，かなり直接的な依頼が可能になり（例えば，教師にその教科内容に関する質問をする場合など），「相手」が下位者であっても，依頼する「当然性」が低ければ，直接的な依頼の前に事情説明をするなどの段階を踏む必要がある（例えば，後輩に借金を依頼する場合）ことなども，それらがどういう条件によって決まってくるのかを明らかにしていく必要があるわけである。

特に「人間関係」の認識が絡む，忠告，助言，指示，命令，依頼，誘い，勧め，許可求め，許可与え，申し出，あるいは，感謝，ほめ，詫び，などといった「表現意図」を叶えるための待遇表現については，「文章・談話」のレベルで，どのような表現上の問題点があるかを明らかにしていくことが求められているといえよう。

「媒材化」の問題についても，基本的に，プラス方向の「媒材化」としての，「丁寧に，きれいに，きちんと音声化・文字化すること」と，マイナス方向の「媒材化」としての，「粗雑に，きたなく，いいかげんに音声化・文字化すること」とがあると考えられる。こうしたことも待遇表現全体とのかかわりで整理していく必要があるだろう。

なお，以上述べてきたことは，言語としての待遇表現であるといえるが，非言語としての待遇表現，すなわち「待遇行動」についても考えておかなければならない。待遇行動には，例えば，お辞儀をする・会釈する，微笑む，にらむ，あごを突き出す，プレゼントを渡す，ひったくる等，様々なものがあるが，これらは言語としての待遇表現と絡んでいることも多いため，そうした観点から整理する必要もあるだろう。要するに，待遇表現も狭い意味での言語の問題としてだけでなく，文化的，社会的，心理的な問題を含めた，コミュニケーションの点から考えていくことが重要になるといえるわけである。

「敬語」というとらえ方を広げていく役割を担った「待遇表現」という考え方を正当に発展させていくためにも，待遇行動も含めた待遇表現を，「表現主体」の「コミュニケーション行為」として，常に「文章・談話」のレベルでとらえていくことが，待遇表現研究，教育の両者に求められているといえよう。

（蒲谷　宏）

参考文献　時枝誠記『国語学原論』(岩波書店，1941)；林四郎・南不二男編『敬語講座』(明治書院，1973)；北原保雄編『敬語』(有精堂，1978)；西田直敏『敬語』(東京堂出版，1987)；南不二男『敬語』(岩波書店，1987)；辻村敏樹『敬語論考』(明治書院，1992)；国立国語研究所『敬語教育の基本問題（上・下）』(1990，1992)；菊地康人『敬語』(角川書店，1994，講談社，1997)；蒲谷宏・川口義一・坂本恵『敬語表現』(大修館書店，1998)

待遇表現 2 politeness
―ポライトネス―

taiguu-hyougen
―poraitonesu―

キーワード：ポライトネス・丁寧さ／face・FTA・negative politeness・positive politeness／あたかも表現

　「丁寧である」ということはどういうことか。それは，特定の敬語的表現や単語の有無の問題ではなく，人が他の人とどのように摩擦なくつきあっていくかという，広義の行動戦略の問題ではないか。そのような戦略は，どのように体系化されうるのか。このような問いが，1970年代半ばから社会言語学の中心的な課題の一つになってきている。

　この問いに対する理論化を試みた研究の一つにBrown and Levinson（1987）がある。同書によれば，人間には相手によく思われたいという欲求と相手に自分の領域内へ踏み込んでほしくないという欲求があるといい，このような対人的欲求を"face"と名付けている。人間のこのような"face"を保証しつつ，コミュニケーションを図るのが，"politeness"すなわち「丁寧さ」にかなう言語行動なのである。例えば，「ほめる」という行為は，「相手によく思われたい」という欲求を満たしてやることで人間関係を良好に維持しようとするタイプの対人行動戦略で，「積極的な丁寧さ"positive politeness"」と名付けられる。一方，「依頼をする」という行為は，相手の「自分の領域内へ踏み込んでほしくない」という欲求を脅かす行為である。このような行為は，FTA（face-threatening act）と名付けられる。そこで，「依頼」の意図は達成させながら相手との人間関係を良好に維持するためには，依頼をすることに対して謝罪する（「すみませんが」「悪いけど」など）とか，依頼をしていいかどうかの確認をとる（「ちょっと，いいですか」「今，急いでる？」など）といった戦略でFTAを軽減することになる。このような戦略は，「消極的な丁寧さ"negative politeness"」と呼ばれている。

　このようなコミュニケーション上の諸戦略は，自然言語一般に普遍的な部分と言語個別的な部分とがあるが，Brown and Levinson（1987）は普遍性により重点をおいた研究になっている。これに対し，蒲谷・川口・坂本（1998）は，日本語の個別言語としての特性からも「丁寧さの原理」をとらえようとしている。同書では，「あたかも自分に利益があるように」（「します」と言い切らず，「してもいいですか」と聞く）あるいは「あたかも相手に決定権があるように」（同じく「させていただきます」という）表現することでより「丁寧な」表現を生み出すしくみ（→待遇表現1）が解明されている。

　今後のポライトネス研究は，普遍性を追求する理論を個別言語の事象分析で検証する方向で深化するであろう。　　　　　　　　　　　　　　　　　　　　　　　（川口義一）

参考文献　Brown, P. and Levinson, S. "Politeness：Some Universals of Language Usage"（Cambridge UP, 1987）；蒲谷宏・川口義一・坂本惠『敬語表現』（大修館書店，1998）

題説構文
だいせつこうぶん
daisetsu-koubun

explanatory sentence
copula sentence
topic-comment sentence
theme-rheme sentence

キーワード：叙述・陳述／叙述内容・叙述態度／題目部・解説部／天秤型構造／純粋題説構文・変形題説構文／題目化／不完全叙述構文／ハガ構文（題述文・総主構文・象鼻文）／格助詞ガ・係助詞ガ／平叙表現・取り立て強調表現／平説・分説・合説・単説・仮定題目・言及題目／顕題・略題・陰題

定　義： 表現内容が一般的恒常的なものであるということを，また，個人的な意見や一時的意向であることを，自己の責任のもとに述べようとして，事柄を題目部（topic）と解説部（comment）に分けて表現するときに採用する文型である。文は，叙述（分節音で表されるすべての表現，書記言語では文字で表されるすべての表現）と陳述（イントネーション，書記言語の場合は符号）で構成される。叙述内容が題目部と解説部で構成されるものを題説構文という。

比喩的にいえば，叙述構文は答えだけでできている，格関係だけで成り立っている単一構造の文であるのに対して，題説構文は題目部が問い，解説部が答えという問答型で，係関係が格関係を包み込む形の復構造の文ということがいえる。係助詞ハを挟んで問いと答えが平衡関係を形作る天秤型構造の文である。

文　型： 単純な構造の純粋題説構文（A）と題説構文が叙述構文を包み込む形で共存する変形題説構文（B）とがある。

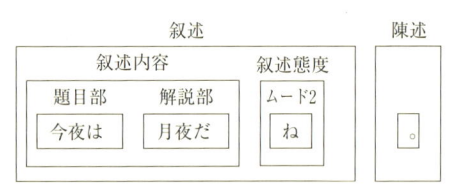

	叙述			陳述
	叙述内容		叙述態度	
	題目部	解説部	ムード2	
	今夜は	月夜だ	ね	。

A：純粋題説構文

叙述							陳述
叙述内容						叙述態度	
題目部		解説部					
連体修飾成分素	題目語	主格補足語	相手格補足語	述語格	ムード1	ムード2	
昨日の	試合は	巨人が	ヤクルトに	勝った	そうだ	よ	。

B：変形題説構文

Aは純粋な題説構文である。題目は原則として提題機能を有する係助詞ハで表される。
　　桜は　吉野が名所だ。
　　辞書は　収容語数が多いのがいい。
　　絵は　墨絵が　好きだ。
　　魚は　鯛がいい。
など，係助詞ハが提題機能だけを発揮しているので，これを純粋提題構文という。
　Bは題説構文の解説部が叙述構文で構成されているもので，題説構文と叙述構文とが共存してできあがっている。題目は原則として提題機能を有する係助詞ハで表される点では，純粋題説構文と等しいが，提題機能だけではなく，格助詞ガ・ヲ・ニや連体助詞ノなどの機能も兼務している点で，純粋題説構文とは異なる。Bのような文は，叙述構文の一部を題目化することによってできる文であるため，変形題説構文という。
　　桜は　吉野で　咲いています。〔ガを兼務・主格補足語の題目化〕
　　辞書は　早めに購入してください。〔ヲを兼務・対格補足語の題目化〕
　　絵は　額を付けてください。〔ニを兼務・付着格補足語の題目化〕
　　魚は　鱗をよく削ぎ落としてください。〔ノを兼務・連体修飾語の題目化〕
　三上　章は，本書の題説構文を題述文と呼ぶが，Bのような文型は題説構文と叙述構文が合体しているので，適切な命名といえる。係助詞ハと格助詞ガが共存するということに注目して，ハガ構文と呼ぶこともある。また，林　四郎はハガ構文の代表的例文「象は鼻が長い。」から「象鼻文」という名称をこの文型に与えている。
　このような構文に最初に着目した草野清民はハで示される部分を「総主語」と考え，「総主構文」という名称を与えている。彼の考えは，英文法の影響を受けたもので，日本語の構文を格関係だけで説明しようとしたものである。係助詞ハと格助詞ガの機能は文法的には全く異なるものであるから，この考えは現在では成立し得ない。
　Bは，「昨日の試合で　巨人が　ヤクルトに　勝った　そうだ　よ。」という叙述構文の一部である「昨日の試合で」を題目化することにより生成された文である。一部が取り出されてしまったのであるから，残りの「巨人が　ヤクルトに　勝った」の部分は，不完全叙述構文ということになる。
　叙述構文の構成要素となる各種補足語のほかに，連体修飾成分素も，題目化できるので，叙述構文の構成に参加する事柄的概念は連体・連用にかかわらずすべて題目化の対象となると考えるべきであろう。
　　B2　巨人は昨日の試合でヤクルトに勝ったそうだよ。〔主格補足語の題目化〕
　　B3　ヤクルトは昨日の試合で巨人が勝ったそうだよ。〔相手格補足語の題目化〕
　　B4　昨日は試合で巨人がヤクルトに勝ったそうだよ。〔連体修飾成分素の題目化〕
種　類：　題説構文は，解説部の中核となる語の品詞などにより次のように下位分類される。
　　a　桜は　春の花だ。　　　　　　　＝題説名詞文

b 桜は 三月に 咲き始める。　　　＝題説動詞文
c 桜は 裏庭に ある。　　　　　　＝題説存在詞文
d 桜は 美しい。　　　　　　　　　＝題説形容詞文
e 桜は 綺麗だ。　　　　　　　　　＝題説形容動詞文
f 桜は 散り際が 素晴らしい。　　＝ハガ構文（題述文・総主構文・象鼻文）

　aの係助詞ハをいわゆる格助詞ガで置き換えた文（a'）は，「桜」を取り立てて強調した文になる。
　　a 桜は 春の花だ。　　　　a' 桜が 春の花だ。
　本書では，格関係とは，体言と用言との意味的関係を表すものと考えるので，a'の文のようなガは格助詞とは考えない。古典語の「桜ぞ 春の花。」のような「ぞ」に相当するはたらきをしているので，係助詞の一種と考えた方が整合性のある把握方法であると考える。すなわち，a'の「が」は係助詞ガなのである。
　b，c，dでは述語が用言であるから，言い換えに用いるガはすべて格助詞ガであり得る。ただし，これらの場合，言い換えた文はすべて，多義になる。すなわち，（ア）叙述構文と見なされ，平叙表現になる。（イ）題説構文と見なされ，強調表現になる。強調という機能は本来格助詞のものではなく，係助詞のものである。したがって，本書では（ア）の場合は格助詞ガ，（イ）の場合は係助詞ガと考える。
　　b' 桜が 三月に 咲き始める。　ア　叙述構文。平叙表現。ガは格表示機能。
　　　　　　　　　　　　　　　　　イ　題説構文。取り立て強調表現。ガはハを兼務。
　　c' 桜が 裏庭に ある。　　　　ア　叙述構文。平叙表現。ガは格表示機能。
　　　　　　　　　　　　　　　　　イ　題説構文。取り立て強調表現。ガはハを兼務。
　　d' 桜が 美しい。　　　　　　　ア　叙述表現。平叙表現。ガは格表示機能。
　　　　　　　　　　　　　　　　　イ　題説構文。取り立て強調表現。ガはハを兼務。
　ところで，ハガ構文の場合は，様相を異にする。
　　f' 桜が 散り際が 素晴らしい。
　「散り際が 素晴らしい」の部分は，叙述構文であるから，「散り際が」の「が」は格助詞以外のなにものでもない。一文に二つの格助詞ガが存在することは不自然であるので，「桜が」の「が」は係助詞ガの解釈を受ける。「桜が」の「が」が係助詞ガであるとすれば，f'の意味は，題説構文。取り立て強調表現の解釈以外は成立せず，一義となる。
　ただし，倒置文と考える場合には，「桜が」の「が」は格助詞ガで，「散り際が」の「が」は係助詞ガと考えることもできる。
　いずれにせよ，肝心なことは，一文内に格助詞ガが共存すると，現在多くの人々が考えている常識に問題があるということである。助詞ガには，格助詞の機能を有するもののほかに，係助詞の機能を有するものがあるということである。
　ところで，fのハガ構文は，前述したように解説部が不完全叙述構文である。そのため，叙述構文の述部を構成する語の品詞により，さらに下位分類される。

f1	桜は　吉野が名所だ。	＝ハガ構文名詞文
f2	桜は　花が葉より先に芽吹く。	＝ハガ構文動詞文
f3	桜は　品種がたくさんある。	＝ハガ構文存在詞文
f4	桜は　散り際が素晴らしい。	＝ハガ構文形容詞文
f5	桜は　散り際が見事だ。	＝ハガ構文形容動詞文

題目の種類1＝平説・分説・合説・単説・仮定題目・言及題目：　松下大三郎は，提題に関する助詞の種類，および有無の観点から，題目として次の四種に分類している。

　　・私が　幹事です。御飯を食べますか。　＝平説
　　・私は幹事です。御飯は食べますか。　＝分説
　　・私も幹事です。御飯も食べますか。　＝合説
　　・私，幹事です。御飯，食べますか。　＝単説

　松下は助詞ガを格助詞と考え，係助詞とは毛頭も考えていなかったこと，および，「御飯を食べますか。」をその例に加えていることから，「私が」の「が」は格助詞と考えていたことと推測される。「が」が格助詞であれば，彼のいう「無題的思惟断句」と区別が付かなくなる。本書では係助詞ガを認めるので，平説は立派な題目の一種ということになる。

　平説は，題目をとりたてて，他のことはわからないという意を含意する文，分説は，題目を排他的にとりたてて，他はそうではないということを含意する文，合説は，他のことと同様に，題目もそうであるということを含意する文，単説は，題目に関してだけ述べ，他のことは一切言及せずに解説するというニュートラルな文という相違がある。

　　・亭主，元気で，留守がいい。

というコマーシャルが一時流行したが，「亭主」は単説の題目である。
　松下は取り上げていないが，提題の方法で着目すべきものとして，

　　・お味噌なら，ハナマルキ。
　　・俺って，馬鹿だな。

などの「なら」「って」による題目提示も取り上げるべきであろう。
　「なら」は，仮に話題にするならばの意であるから，「仮定題目」とし，「って」は，言及対象を題目化するものであるから，「言及題目」とする。

題目の種類2＝顕題・略題・陰題：　三上　章は，題目を談話的観点から，「顕題」「略題」「陰題」の三種に分類している。

　　問　偏理ハ，ドウシマシタ？
　　　　――到着シマシタ。　　　　　〔略題〕
　　　　――偏理ハ，到着シマシタ。　〔顕題〕
　　問　ダレガ到着シタ（ンダ）？
　　　　――偏理ガ到着シタンデス。　〔陰題〕
　　問　何カにゅうすハナイカ？

245

　　　　　—— 偏理ガ到着シマシタ。　　　　　〔無題〕
　　陰題の文は，語順をさかさにして顕題の文にすることができる。
　　　　　　　到着シタノハ，偏理デス。
　　陰（implicit）の「ハ」が顕（explicit）に変っている。無題の文はこうできない。
　　無理に語順を引っくり返したら変なものになる。　　　　　　（『続・現代語法序説』）
　三上が「無題」としているものは，叙述構文であるから，「偏理が」は主語であり，題目ではない。「無題」という表現は，題説構文でないことを意味し，「偏理が」の部分が「無題」という題目であるという意味ではない。叙述構文は，事柄を言語主体（話し手・書き手）の主観的判断ではなく，客観的事象として叙述しようとして採用する文型であるから，題目がないのは当然で，もとより，なにかを題目として提示することは不可能なのである。
　　古い話である。　　　　　　　　　　　　　　　（森鷗外『雁』の冒頭）
　　ある日の暮れ方のことである。　　　　　　（芥川龍之介『羅生門』の冒頭）
　　国境の長いトンネルを抜けると雪国であつた。　　（川端康成『雪国』の冒頭）
これらは，いずれも「略題」の表現である。「これは／それは／そこは」などが略されている。略されているだけにスピード感がある。略さないと律義ではあるが稚拙という感が免れ難い。
　「元気がいい。」「天気がいい。」などは叙述構文であるが，「辞書がいい。」「鯛がいい。」などは，「私は辞書がいい。」「魚は鯛がいい。」などの省略文で，略題の文なのである。前者の「いい」は「元気／天気」の状態を表す述語であるが，後者の「いい」は，「好ましい」という話し手・書き手の好みを表す解説部という相違がある。
題目部の構成要素と配列順序：　　題目（topic）となりうるものは名詞的概念であるから，題目部は名詞句または名詞節で構成される。
　名詞句の場合，名詞とその連体修飾成分素が構成要素となる。
　　　　　桜は　春の花だ。　→　私の好きな　桜は　春の花だ。
　名詞節が題目部になる場合，文相当の表現が準体助詞ノを伴って構成要素となる。
　　　　三月に　咲き始めるのは　桜だ。
解説部の構成要素と配列順序：　　単純題説構文の場合は，名詞句と表現内容に対する態度を表すムード1と聞き手に対する態度を表すムード2により構成され，この順序で配列される。
　複雑題説構文（題述文）の場合は，不完全叙述構文とムード1とムード2で構成され，この順序で配列される。
　南　不二男は『現代日本語文法の輪郭』（大修館書店，1993）において，文を「動詞述語文」「形容詞・形容動詞述語文」「名詞述語文」「擬似名詞述語文」の四種に分け，叙部要素との関連に表現性の要素も付加した述部の構造を図式化している。ここでは，題説構文に相当する「名詞述語文」の例を紹介しておく。

名詞述語文

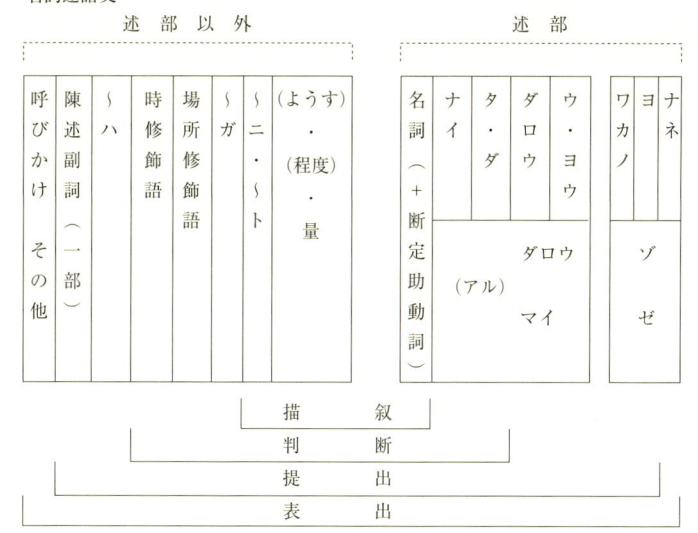

	述部以外							述部					
呼びかけその他	陳述副詞(一部)	～ハ	時修飾語	場所修飾語	～ガ	～ニ・～ト	(ようす)・(程度)・量	名詞(+断定助動詞)(アル)／ダロウ／マイ	ナイ	タ・ダ	ダロウ	ウ・ヨウ	ワカノ／ゾ ゼ／ネ ヨ カ ノ

|描　叙|
|判　断|
|提　出|
|表　出|

　因みに，叙述構文（動詞術後文・形容詞・形容動詞述語文）の構造は，「玉葱型構造(たまねぎがた)」といい，述部を構成する各要素と述部以外の各要素とが中核用字を中心とする同心円のような構造で関係する。　　　　　　　　　　　　　　　　　　（小池清治）

参考文献　草野清民「国語ノ特有セル語法——総主」(帝国文学，5巻5号，1899)；松下大三郎『改撰標準日本文法』(中文館，1928，勉誠社，1977)；三上章『現代語法序説』(刀江書院，1953，くろしお出版，1972)，『現代語法新説』(刀江書院，1955，くろしお出版，1972)，『象は鼻が長い』(刀江書院，1960，くろしお出版，1964)，『続・現代語法序説——主語廃止論』(くろしお出版，1972)；大久保忠利『日本文法陳述論』(明治書院，1960)；久野暲『日本文法研究』(大修館書店，1973)；南不二男『現代日本語の構造』(大修館書店，1974)；柴谷方良『日本語の分析』(大修館書店，1978)；尾上圭介「『は』の係助詞性と表現的機能」(国語と国文学，58巻5号，1981)；丹羽哲也「有題文と無題文，現象（描写）文，助詞『が』の問題（上）(下)」(国語国文，57巻6号・7号，1990)，「仮定条件と主題，対比」(国語国文，62巻10号，1993)；野田尚史『『は』と「が」(新日本語文法選書1)』(くろしお出版，1996)，『魚は鯛がいい——主題をもつ文の構造」(月刊言語，2月号，大使館書店，1997)；林四郎『文章論の基礎問題』(三省堂，1998)；小池清治『日本語はどんな言語か（ちくま新書）』(筑摩書房，1994)，『現代日本語文法入門（ちくま学芸文庫）』(筑摩書房，1997)，「『鳥がペットだ。』の『が』は格助詞か。」(十文字学園女子短期大学研究紀要，第30号，1999)

対比表現
たいひひょうげん
taihi-hyougen

contrastive expression
antithesis
oxymoron ＝対義結合・矛盾語法

キーワード：対照法・対置法・対句／対義結合・撞着語法・矛盾語法・反意捏造法
定　義：　二つ以上の表現を対比させ、ある種の効果をねらう表現。

対比表現（antithesis）：　同様な構造をもった二つ以上の表現を対比させ、ある種の効果をねらう、シンメトリカルな表現。対照法、対置法、対句ともいう。宮澤賢治の「雨ニモマケズ」は対句で構築された詩である。

　　　　　雨ニモマケズ

雨ニモマケズ	東ニ病気ノコドモアレバ
風ニモマケズ	行ツテ看病シテヤリ
雪ニモ夏ノ暑サニモマケヌ	西ニツカレタ母アレバ
丈夫ナカラダヲモチ	行ツテソノ稲ノ束ヲ負ヒ
慾ハナク	南ニ死ニサウナ人アレバ
決シテ瞋ラズ	行ツテコハガラナクテモイイトイヒ
イツモシズカニワラツテヰル	北ニケンクワヤソショウガアレバ
一日ニ玄米四合ト	ツマラナイカラヤメロトイヒ
味噌ト少シノ野菜ヲタベ	ヒデリノトキハナミダヲナガシ
アラユルコトヲ	サムサノナツハオロオロアルキ
ジブンヲカンジョウニ入レズ	ミンナニデクノボートヨバレ
ヨクミキキシワカリ	ホメラレモセズ
ソシテワスレズ	クニモサレズ
野原ノ松ノ林ノ蔭ノ	サウイフモノニ
小サナ萱ブキノ小屋ニヰテ	ワタシハナリタイ

日本人は、漢詩から対句表現の美を学び、平安時代以降、愛好し続けている。

　　花に鳴く鶯、水に住む蛙の声を聞けば、生きとし生けるもの、いづれか歌をよまざりける。　　　　　　　　　　　　　　　　　　　　　　　（『古今和歌集』仮名序）

　　春は曙。……夏は夜。……秋は夕暮れ。……冬は早朝。……（『枕草子』春は曙）

　　祇園精舎の鐘の声、諸行無常の響きあり。
　　沙羅双樹の花の色、盛者必衰の理をあらはす。　　　　　（『平家物語』巻一）

　　日暮に暗い淵の蔭で河鹿が鳴き、夜明けには岸の高みで山鳩が鳴いた。
　　　　　　　　　　　　　　　　　　　　　　　　　（大岡昇平『野火』・八・川）

　　注意一秒、怪我一生。　　　　　　　　　　　　　　　　　　　　（交通標語）

夏目漱石の『門』はタイトルからして，シンメトリカルな構造を有する漢字であるが，構成的にも，現在―過去―現在，東京―京都―東京などシンメトリカルになっている。さらに，レトリックとしては，「<u>それを</u>繰り返させるのは<u>天の事であつた</u>。<u>それを逃げてまはるのは宗助の事であつた</u>。」等，多くの対句で彩られている。『門』は対比表現で書かれた作品である。

対義結合（oxymoron）：　同一の事物・事態を別々の側面からとらえた表現。別の側面からみた表現は一見矛盾することになるが，同一の事物であるから，それらは共存してなんら差し支えないことになる。撞着語法，矛盾語法，反義捏造法ともいう。

　茶筒は真上から見れば丸く，側面から見れば長方形である。したがって，「茶筒は丸くて四角い。」という表現はきわめて論理的な表現なのである。
　「小さな大投手」（身体面から言えば小柄，業績面から言えば偉大。）等がその例である。
　夏目漱石の『明暗』は対義結合が充満している。

　　<u>一種の勉強家であると共に一種の不精者</u>に生まれ付いた彼は，遂に活字で飯を食はなければならない運命の所有者に過ぎなかつた。　　　　　　　　　　（二十）
　　好んで斯ういふ場所へ出入したがる彼女に取つて，<u>別に珍しくもない此感じ</u>は，彼女に取つて，<u>永久に新しい感じ</u>であつた。だから又<u>永久に珍しい感じ</u>であるとも云へた。
　　　　　　　　　　　　　　　　　　　　　　　　　　　　　　　　　　　（四十五）
　　叔母の態度は，お延に取つて<u>羨ましいもの</u>であつた。又<u>忌はしいもの</u>であつた。<u>女らしくない厭なもの</u>であると同時に，<u>男らしい好いもの</u>であつた。<u>ああ出来たら嗜好からうといふ感じ</u>と，<u>いくら年を取つてもああは遣りたくないといふ感じ</u>が，彼女の心に<u>何時もの通り交錯</u>した。　　　　　　　　　　　　　　　　　　　（六十九）
　　其時の彼は<u>今の彼と別人ではなかつた</u>。といって，<u>今の彼と同人でもなかつた</u>。平たく云へば，同じ人が変つたのであつた。　　　　　　　　　　　　　　（七十九）
　　際立つて<u>明瞭</u>に聞こえた此一句ほどお延に取つて大切なものはなかつた。同時に此一句程彼女にとって<u>不明瞭</u>なものもなかつた。　　　　　　　　　　　　（百三）
　　彼には其後を<u>聴くまいとする努力</u>があつた。又<u>聴かうとする意志</u>も動いた。（百十四）
　　お秀が<u>実際家</u>になつた通り，お延も何時の間にか<u>理論家</u>に変化した。　（百三十）
　　夫人は責任を<u>感じた</u>。然し津田は<u>感じなかつた</u>。　　　　　　　　　（百三十四）
　　<u>反逆</u>の清子は，<u>忠実</u>なお延より此点に於て仕合せであつた。　　　　（百八十三）
　　<u>眼で逃げられた</u>津田は，<u>口で追掛け</u>なければならなかつた。　　　　（百八十八）

　漱石は，この作品において，対義結合的表現を好んで使用している。この作品を対義結合で満たすことを，実は，作品の最初，すなわち，『明暗』というタイトルで，漱石は周到にも予告しているのだった。
　　　　　　　　　　　　　　　　　　　　　　　　　　　　　　　　　　（小池清治）

参考文献　丸谷才一『文章読本』（中央公論新社，1977）；佐藤信夫『レトリック認識』（講談社，1981）；小池清治「漱石の日本語」『漱石をよむ（岩波セミナーブックス48）』（岩波書店，1994），「夏目漱石『門』の主要レトリック」『石井文夫教授退官記念論集』（宇都宮大学国語科編，1997）

立場表現
たちば ひょうげん
tachiba-hyougen

expression which indicates a standpoint
(a point of view)

キーワード：立場形式・立場仮定形式・評価対象・評価・態度表明・行動分野・行動／立場用法・観点用法・資格用法
トシテ・ダトシタラ・トスレバ／ニトッテ・ニシタラ・ニシテミレバ・私的ニハ／カライウト・カライエバ／カラミテ・カラミルト

定　義：　評価行為をする立場，態度表明をする際の観点，行動する際の資格などを表す表現。

文　型：

	立場形式	評価対象	評価		
1	A 親として	学費が安いのは	ありがたい。		〔立場用法〕
		評価対象	態度表明		
	B 親として	学費値上げに	反対である。		〔観点用法〕
		行動分野	行動		
	C 親として	運動会に	参加した。		〔資格用法〕
	立場仮定形式	評価対象	評価	推量・当為	
2	A 親だとしたら	学費が安いのは	ありがたい	だろう。	〔立場用法〕
	B 親だとしたら	学費値上げに	反対	だろう。	〔観点用法〕
	C 親だとしたら	運動会に	参加できない	はずだ。	〔資格用法〕
	立場形式	評価対象	評価		
3	A 親とすれば	学費が安いのは	ありがたい。		〔立場用法〕
	B 親とすれば	学費値上げに	反対である。		〔観点用法〕
4	A 親にとって	学費が安いのは	ありがたい。		〔立場用法〕
5	A 親にしたら	学費が安いのは	うれしい。		〔立場用法〕
6	A 親にしてみれば	学費が安いのは	うれしい。		〔立場用法〕
7	A 私的には	学費が安いのは	歓迎です。		〔立場用法〕
8	A 親の立場から言うと	学費が安いのは	ありがたいです。		〔立場用法〕
	B 親の立場から言うと	学費値上げに	反対です。		〔観点用法〕
9	A 親の立場から言えば	学費が安いのは	ありがたいです。		〔立場用法〕
	B 親の立場から言えば	学費値上げに	反対します。		〔観点用法〕
10	A 親（の立場）から見て	学費が安いのは	ありがたい。		〔立場用法〕
	B 親（の立場）から見て	学費値上げに	反対です。		〔観点用法〕
11	A 親（の立場）から見ると	学費が安いのは	ありがたい。		〔立場用法〕

B 親（の立場）から見ると　学費値上げに　反対です。　　　〔観点用法〕

　1のトシテには，立場を表す用法，観点を表す用法，資格を表す用法の三種がある。立場用法の場合，立場表現，評価対象，評価が必須要素となる。観点用法の場合は，立場表現，評価対象，態度表明が必須要素となる。資格用法の場合は，立場表現，行動分野，行動が必須要素となる。私・君など人称代名詞で立場を表す場合は，トシテハの形になる。ただし，この場合には資格用法はない。

　2（ダ）トシタラの場合は，「仮に親だとしたら」の意で，立場・観点・資格を仮定する意を表す。この場合，述部は，推量表現または，当為表現の形式をとる。1の表現とセットをなし，立場用法・観点用法・資格用法の三用法を具えている。因みに，5は，立場表現であるが，述部を「うれしいだろう」とすると，立場仮定表現となる。

　3トスレバの場合は，資格用法がない。立場用法，観点用法において，トシテと比較し，仮定の意味が加わるだけ，柔らかな印象を与えるものとなる。人称代名詞に付く場合は，立場用法だけに限定される。

　4ニトッテの場合，観点用法と資格用法がない。立場用法において，トシテ・トスレバと比較し，事態を受動的に受けとめているという印象を与えるものとなる。人称代名詞に付く場合は，立場用法だけに限定される。

　1，2，3，4の表現はもっぱら書き言葉のものであり，話し言葉に用いると堅い印象を与える。一方，5，6はもっぱら話し言葉のものであり，これらを書き言葉に用いると俗っぽい印象を与えるものとなる。

　7の表現は，最近の若者言葉の一つである。話し手自身の立場を述べる用法だけに限定される。「個人的には」「私としては」などの表現の堅苦しさを避けるためや，「私は」という表現の直接性を避けるために発生したものと推測される。

　8以下は，いずれも，資格用法を欠く。立場表現を言葉の表面に出したもので，明示的立場表現である。また，10, 11は，観点用法を明示的に表したものである。立場表現であることも明示したい場合は，「の立場」を表面化させる。　　　　　　　（小池清治）

参考文献　森田良行『基礎日本語辞典』（角川書店, 1989）；グループ・ジャマシイ『日本語文型辞典』（くろしお出版, 1998）

ためらい・躊躇表現(ちゅうちょひょうげん)　expression of hesitation
tamerai・chuucho-hyougen

キーワード：言いよどみ
　　　　　　アノー

定　義：　感動詞および間投詞を中心とする表現で，発話において，話し手が話題の継続についてためらっていることを表す表現。話し言葉の持続を中断するが，それは統語論的意味論的に無関係な中断と考えられる。

　ここで使われる音声は，その言語で最も多用される音声の一つであり，外国語学習の際にも重要な意味をもつ。英語の場合，er, uh, mmm, what-you-may-call-it, well などがそれにあたり，日本語の場合は，文節末の母音を長く引いたり（エー・アノー・ソノー），「ソーデスネー・何テ言イマスカ」などの言葉をはさんだり，反復するなどの形をとって現れる。意味の切れ目・文の構造上の境界とは無関係に現れるところに特徴がある。聞き手側の文理解の障害になることもある。話し手側からすれば，談話の中で，自分が話すべき順番にあり，内容も把握していて話を続ける意志があるが，なんらかの理由があって話を継続することにためらいがあることを聞き手に表示する。聞き手側からみれば，文理解の障害にはなっているが，話し手の心的状態についての情報を受け取ることになる。話題へのかかわり方の態度を示すものでもあり，同時に無意識的なものでもある。

　言いよどみの起こりやすい場所は，伝達の核心部分の前（弁解・心理的屈折・内容の言いにくさ）といえるが，「ド忘れ」した言葉を思い出そうと努力しているときにもこのような形式は自然と現れうる。それに対して，日常的な挨拶・雑談・準備していたスピーチなど定型化した談話では現れにくい。談話の流れ，話題選択，相手・時・場所への配慮を常に考えなくてはならない会話では，表現形式に対する適切かどうかの判断が求められるからである。ポーズとは役割が異なる。前置き表現との関連性で考えると，注釈めいた「私事になりますが」「申し上げにくいことですが」などは発話の適切さに配慮したものであり，内容を和らげる機能をもち，ひとつの表現技法として意図的に使用する場合もある。

　Osgoodは，ためらいを伝達情報の言語学的相に影響を及ぼす「非言語学的」「副言語学的」相の下に包摂する。内容の状態を伝達者の状態に結び付ける形で，言いよどみは記号化，記号解読過程（encoding～decoding）を取り扱うとする。

　Goldman-Eislerの実験によると，事前準備のない即席の話の中ではためらいは多くの時間を占めるという。インタビューで50％，その他の話では35～60％を占める。このように事前に会話内容が準備されていない場合は，十分起こりうるものであり，また回避しにくい表現といえる。

〈高橋永行〉

短期間表現
たんきかんひょうげん
tankikan-hyougen

expression which indicates a psychologically short period

キーワード：ホンノ・タッタ・チョット／ワズカ・ワズカニ
定　義：　一定の期間および時間を短いものとしてとらえる表現。こうした時間的な長さを「長い」と感じるか「短い」と感じるかは，発話者の主観によるため，発話者の時間に対する心的態度を表明したものといえる。
ホンノ・チョット：　ホンノが時間を表す数詞に接続すると，
　1　ほんの2, 3分待ってください。
のように，「常識的にみても非常に短い時間」というとらえかたを表す。また，ホンノは
　2　ほんのちょっと［わずかの間／少しの間］待ってください。
と，チョットやワズカと重ねたり（チョットは単独で用いられる），具体的な期間を表す数詞を伴わなくとも用いられる。また，時間のとらえかたは発話者の主観的なもので，絶対的なものではないため，秒・分のような単位ばかりでなく，
　3　学年はほんの［たった（の）］2年しか違わない。
のように「年」のような時間的スパンにも使われる。3の場合，ホンノはタッタ（ノ）に置き換えられるが，タッタは本来数量のきわめて少ないことに対する意外・驚きなどの気持ちを表す。また，ホンノは「問題にならないほどである」という気持ちを含むため，
　4　新聞記者をしていたといっても，ほんの数年間ですよ。
　5　ほんの1年ばかりイギリスで仕事をしていました。
というように，期待される時間的長さからみれば「とるに足らない」という気持ちから，謙遜の気持ちを表すこともある。
ワズカ・ワズカニ：　ワズカ・ワズカニも時間の短さを表す。ワズカは本来，形容動詞で，「ワズカナ間／時間／期間」のように用いるが，「ワズカ＋時間数詞」の形式で，
　6　わずか30分で到着した。
　7　わずか10年で1億円をためた。
のように，時間的な短さに対する発話者の驚きや意外な気持ちを含んだ表現となる。そのため，6, 7はタッタ（ノ）に置き換え可能である。
　ワズカニは，ある期限に遅れた結果とともに用いられる場合は，単に時間的な短さを認識するだけでなく，後悔の気持ちが表れることがある。
　8　現場への到着がわずかに遅れた。
　9　リポートの提出がわずかに間に合わなかった。

（木村義之）

参考文献　森田良行『基礎日本語辞典』（角川書店，1989）

断定表現 1
だんていひょうげん
dantei-hyougen

expression of assertion
assertive expression

キーワード：概言的表現・確言的表現／存在詞・判断詞
　　　　　　ダ／デス／デアル

定　義：　判断内容の妥当性を確定的に述べる表現。平叙表現（疑問・命令などのような聞き手への積極的な働きかけを有さない表現）の下位類型の一つに位置付けられ，その中で推量・様態・伝聞・意志などの概言的表現と対立をなす確言的表現である。具体的には，用言の終止形で完結する文，および名詞に「ダ」「デス」「デアル」などが後接して完結する文が相当する（いずれも，過去や否定の助動詞が後接した場合も含む）。ただし，狭義には「断定（指定）の助動詞」の「ダ」「デス」「デアル」などを含む表現，つまり「XハYダ」の文型を典型とする名詞述語文を「断定表現」と呼ぶこともある。

述語の品詞：
①名詞・形容動詞の場合
「ハ」または「ガ」で主語と述語が結ばれ，文末に「ダ」「デアル」「デス」などがおかれる。
　1　日本は経済大国である。
　2　私が吉田です。
　3　外は雪だ。
　4　彼女はとても優秀だ。
　5　日本は平和だ。
ただし，体言止めの場合もある。
　6　あれが阿多多羅山，あの光るのが阿武隈川。
　7　人は人，うちはうち。
②動詞・形容詞の場合
終止形で言い切る場合が相当する。
　8　頭が痛い。
　9　この本は面白かった。
　10　雨が降る。
　11　雨が降った。
　12　雨が降らない。

断定表現が用いられる場合：　「ウ（ヨウ）」「ダロウ」「ヨウダ」「ラシイ」「ソウダ」のような，推量・様態・伝聞・意志などの概言的表現を志向する要素を含まない文が，結果的に「断定」の意味を帯びた確言的表現として用いられる。

断定表現が必須的に用いられる場合　話し手自身について語る場合は，断定的な述べ方となるのが普通である。
①五感を通した知覚
13　窓の外から虫の声が聞こえる。
14　このラーメンのスープは辛い。
②感情・信念
15a　あなたに喜んでもらえて，私もうれしい。
　b　＊あなたに喜んでもらえて，彼もうれしい。
　c　＊あなたに喜んでもらえて，私もうれしいだろう。
　d　あなたに喜んでもらえて，彼もうれしいだろう。
16　私はギャンブルが好きです。
③制御可能な未来の出来事（「スル」と「ショウ」との相違については「意志・意向表現」の項を参照）
17　明日は9時に出勤します。

以上のように，話し手自身のことを述べる場合は，確言，他者のことを述べる場合は概言の形式をとるのが原則である。話し手自身のことにあえて概言的表現を用いると，聞き手への配慮をこめた婉曲的表現となったり，責任回避のニュアンスを伴ったりする。
18　このラーメンのスープは辛いようですね。
19　どうも私はギャンブルが好きなようです。

逆に，他者のことに確言表現が用いられる場合は，断定するに十分な理由・根拠が必要である。そうでないと，一方的な決めつけという意味合いが生じてしまう。

断定表現が選択的に用いられる場合　以下のような場合，断定表現と推量表現とは，話し手自身の判断に対する確信の度合いによって使い分けられる。
①記憶内容
20a　彼女と出会ったのは，6年前の秋だった。
　b　彼女と出会ったのは，おそらく6年前の秋だっただろう。
②推論
21a　今日は会議がある。
　b　どうやら今日は会議があるらしい。
22a　このまま円高が続くと，日本の企業は深刻な打撃を被る。
　b　このまま円高が続くと，日本の企業は深刻な打撃を被るだろう。

21aや22aは，「ウ（ヨウ）」「ダロウ」「ヨウダ」「ラシイ」「ソウダ」「ト思ウ」などの有標の文末形式との対立によって，結果として「断定」の意味を帯びるにすぎない。23bのように判断の不確かさを表す副詞と共起できることからもわかるように，「ダ」「デス」「デアル」や用言の言い切り形自体が積極的に「断定」を表しているというわけではない。
23a　あの茶色い背広を着ている人が山田さんだ。

b　たぶん，あの茶色い背広を着ている人が山田さんだ。
　　c　たぶん，あの茶色い背広を着ている人が山田さんだろう。
ダ・デス・デアル：「ダ」「デス」「デアル」は，学校文法では助動詞（名詞につく場合）および形容動詞の活用語尾とされているが，「助動詞」という呼称（そもそも動詞にはつかない），また形容動詞という品詞設定の妥当性などの課題から，位置付けが問題になりやすい。「存在詞」（山田孝雄）・「判定詞」（寺村秀夫）などと呼んで独立した品詞として扱う立場もある。
　「ダ」「デス」「デアル」の間には，文体的差異のほかに，用法面でもいくつかの違いがみられる。
　①「デアル」などは連体修飾にも用いることができるが，「ダ」「デス」は不可。
　24　日本でいちばん高い山である［＊だ／＊です］富士山に登りました。
　②形容詞には「デス」が直接付くことができるが，「ダ」「デス」は不可。
　25　頭が痛い。
　26　頭が痛い＊だ［です／＊である］。
　25ですでに断定の意を表しているとすれば，26の「デス」は，単に丁寧の意を添える機能しかもっていないということになる。ただし，「デス」の過去形「デシタ」は形容詞に後接するときわめて座りが悪くなり（27），さらに否定形「デハアリマセン」は不自然な文となる（28）。29，30のように「ある」を介して結び付く（「痛かった」は「痛く＋あった」から）か，31のように「痛くない」の後に「デス」をつけて用いられる。
　27　＊頭が痛いでした。
　28　＊頭が痛いではありません。
　29　頭が痛かったです。
　30　頭が痛くありません。
　31　頭が痛くないです。
　　　　　　　　　　　　　　　　　　　　　　　　　　　　　　　（宮田公治）

参考文献　山田孝雄『日本口語法講義』（宝文館，1922）；寺村秀夫『日本語のシンタクスと意味Ⅱ』（くろしお出版，1984）；岩淵匡『断定の表現（国文法講座6）』（明治書院，1987）；仁田義雄「断定をめぐって」（阪大日本語研究，9号，1997）

断定表現 2 —ノダ文— expression of assertion
dantei-hyougen —noda-bun— assertive expression

キーワード：ノダ文／説明／先行詞
　　　　　　ノダ／ノデス／ノデアル／ノダガ／ノダカラ／ノナラ／ノカ

ノダ文とその本質（Ⅰ型とⅡ型）： 文末に「ノダ」の付いた文を一般にノダ文と呼ぶ。これは，次のような例からもわかるように，実は，単に文末にノダが付いた文というより，コト的な名詞節「～ノ」にダの付いた形の述語をもつ文に由来するとみるべきだろう。ノデアル・ノカ・ノデハナイなどの付いた文もみなこれに準ずる（→推論・説明）。

　1　電灯がついているのは，るり子が帰っていたのである。　　　（大佛次郎『風船』）
　2　そんなことをいうのは，まだ神経が疲れているのではないか。(三浦綾子『氷点』)

これらの文は，やはりコト的な名詞節を題目としてもち，全体として，「X（コト的な名詞節）はY（コト的な名詞節）だ」という名詞文の形をとり，Xについて，そのことはとりもなおさずYであるということを述べた文であるということができる。このような形をとるノダ文を，仮にⅠ型の文と呼ぶ。このⅠ型の文の題目としては，「～の（は）」が最も自然だが，次のように「～こと（は）」の形のものがあってもおかしくない。

　3　剣友会とパチンコのラッキーの店に顔を出したということは，彼は彼なりに，又仕事を始めようという気になっているのだろう。　　　（曾野綾子『二十一歳の父』）

また，

　4　さっきの水音は誰かが川へとびこんだのであろう。　（山本周五郎『青べか物語』）
　5　あたしの強情は，あなたに甘えてるのよ。　　　（船橋聖一『悉皆屋康吉』）

なども，題目をそれぞれ「さっき水音がしたの（は）」「あたしが強情なの（は）」の簡略形と考えれば，Ⅰ型の文に準ずるものと見なすことができる。

次のようなものも，Ⅰ型の文の一種とみてよいだろう。

　6　おじいさんが商売上，金銭の出し入れに慎重なのを，生れが卑しいから金にきたないのだとののしって，　　　　　　　　　　　　　　（阿部昭『鵠沼海岸』）

ノダ文の本質をうかがい知ることのできるもう一つの形は，

　7　或所迄来ると，橋だの岸だのに人が立って何か川の中の物を見ながら騒いでいた。それは大きな鼠を川へなげ込んだのを見ているのだ。(志賀直哉『城の崎にて』)
　8　昨日よりずっと彼の顔色もよく元気そうに見えたが，それは若さが憔悴を隠していたのだろう。　　　　　　　　　　　　　　　　（福永武彦『忘却の河』）

のように，「x（先行詞）．X（指示語）はY（～の）だ」の形をとるものである。xは指示語で指示される事態を表す。この種の文をⅡ型と呼ぶ。Ⅱ型の文も，問題の事態について，そのことはとりもなおさずYであるということを述べた文であるといえる。なお，xは，

常に言語的に示されるとは限らず，非言語的文脈によって示される場合もある。
　厳密な意味で指示語を使った例とはいえないが，次のようなものも，Ⅱ型の文の一種とみてよいだろう。
　　9　嘘よ。あたし芝居なんか行かなくても可(い)いのよ。今のはただ甘ったれたのよ。
　　　　　　　　　　　　　　　　　　　　　　　　　　　　（夏目漱石『明暗』）
　　10　以上は，越智の語るところを，綜合したのであるが，（獅子文六『てんやわんや』）
　さらに，Ⅱ型の変則的な例としては，次のようなものがあげられる。
　　11　阿弥陀経を借りに行ったら，直ぐそれを坊さんになりたいのだと思って，何なら増
　　　　上寺の管長へも紹介しようと云った，あの世間知らずの，然(しか)し柔和な和尚も死ん
　　　　だ。　　　　　　　　　　　　　　　　　　　　（徳田秋声『毒薬を飲む女』）
Ⅲ型：　ノダ文には，題目部を欠いて，「Y（～の）だ」の部分だけで用いる場合も多い。
　　12　掌で口をぬぐうと，血がついた。唇が切れたのである。（遠藤周作『どっこいショ』）
　　13　大分怒ったね。何か癪に障る事でも有るのかい。（夏目漱石『吾輩は猫である』）
などでは，「Xは」の部分が省略されているが，「手に血がついたこと」，また，「相手が大分怒ったこと」について，「そのことは～」の意味であることは，明らかである。これらは，Ⅱ型の「X（指示語）は」が省略されて，「x。Y（～の）だ」の形になったものとみることができる。この種のものをⅢ型と呼ぶ。なお，この場合，題目はあくまでも省略された「X（指示語）は」であって，xはXの先行詞（指示の対象）である。
Ⅳ型：　ノダ文の中に，述語の「Y（～の）だ」と対応して同一関係などを表す「XはYだ」の構造を成さない題目を備えた文が存在する。
　　14　芳子の父親にそう言われて二階にのぼると，既に部屋に引き上げた大野が向こうを
　　　　向いて一人，坐っていた。その背中が震えている。大野は泣いているのだった。
　　　　　　　　　　　　　　　　　　　　　　　　　　（遠藤周作『どっこいショ』）
では，「大野は」と「泣いているのだ」が，同一関係などを表す「XはYだ」の構造を成していないことは明らかである。この場合，「大野が向こうを向いて一人坐っていて，その背中が震えている」ことについて，「（そのことは）大野が泣いているということである」という意味であるから，「X（指示語）は」がやはり省略されているとみられる。「大野は」は，「Y（～の）」の内部から取り立てられた二次的な題目と見なすべきであろう。この形は，「x。Z（二次的題目）はY（～の）だ」のように示すことができる。この種の形をⅣ型と呼ぶ。Zは，必ずしもコト的な名詞節でなくてよい。もう一つ例をあげておく。
　　15　わたしが，家を脱けだしたのは火曜日であった。つまりわたしは，水曜から日曜
　　　　までの五日間，札幌にいたのである。　　　　　　　（原田康子『挽歌』）
　Ⅲ・Ⅳ型の場合，倒置法的に，ノダ文が先に来て，「x」に相当する部分が後にくる例がある。
　　16　十五分程して，余程面白い所へ来たのだろう。直吉は時々独りでクスクス笑ってい
　　　　た。　　　　　　　　　　　　　　　　　　　　　（志賀直哉『池の縁』）

ノダ文の構造のあいまいさ： 以上から，ノダ文が，名詞節「Y（〜の）」に「だ」の付いた形の述語をもつ文に由来し，ある事態につき，「それは〜ということだ」という意味を表すものであることは明らかである。一般に，ノダ文に説明的ニュアンスがあるといわれるのは，そのためであろう。しかし，その文の構造は，Ⅰ・Ⅱ型ですら把握しやすいとはいえない。Ⅲ，Ⅳ型はなおさらであろう。そのためか，Yに相当する部分が名詞節の性格を一部失いかけているということがあるようである（その表れの一つとして，その内部で主格のガとノの交代が不可能になっていることがあげられる）。そこで，現在では，「のだ」を全体で一つの助動詞のようなものとして説明しようとする学者も少なくない。

一方，Ⅱ，Ⅲ，Ⅳ型の文の題目の「X（指示語）」（Ⅲ・Ⅳ型では省略されているが）で指示されるべき対象「x」が，場（言語的または非言語的文脈）に依存しているため，とらえにくくなっている場合が少なくない。そこで，現在では，ノダ文に常に「x」のような存在を想定する必要はないという説も行われている。確かに，微妙な例は存在するし，気分に任せて「のだ」を乱用する風潮がないとはいえない。

しかし，だからといってノダ文の本質が一挙に消失したとみるべきではないであろう。人は，「言語外の文脈や背景的な知識に基づく推論によって解釈される潜在先行詞」（山梨正明『推論と照応』の語）を基にノダ文を用いることも多いのではないか。Ⅱ・Ⅲ・Ⅳ型のノダ文には，見えにくくても，なんらかの先行詞があるのが原則であると考えることがまずは必要ではないだろうか。例えば，

17　見上げる向うでは阿蘇の山がごううごううと遠くながら鳴って居る。
　　「あそこへ登るのだね」と碌さんが云う。　　　　　　（夏目漱石『二百十日』）

では，「阿蘇の山が目の前にありありとそびえて現れた。ということは，（阿蘇を目指してきた我々として）あそこへ登るということだね」といった意味であろう。また，

18　そうか，このスイッチを押すんだ。　　　　　　　　（野田，1997の用例）

では，「電源を入れるものが見つからなくて困っていたが，ああここにスイッチがあった。ということは，このスイッチを押せばよいということだな」といった意味であろう。

19　うまいんだな，これが。　　　　　　　　　　　　　（野田，1997の用例）

は，テレビのCMでビールを一口飲んでいうせりふであるが，微妙な例である。ここでは，以前そのビールを飲んだときのことを思い出し，その言葉以前の実感を先行詞とし，改めてそうだったと確認して言ったものと考えてみたらどうかと考える。なお，「これが」は倒置法的に用いられたもの。実際に飲みながらでなく，何かのついでにそのビールの感想としていうときは，「それが」ということもある。

特殊な意味あいのノダ文： ノダ文が，「命令」「禁止」「忠告」「決意」「後悔」など，特殊な意味あいを帯びることがあることが知られている。これらも，ノダ文の本質からはずれるものではない。

20　そのまま動かずに待っていろ。そのままでいるんだぞ。
　　　　　　　　　　　　　　　　　　　　　　　　　（山本周五郎『やぶからし』）

21　さあ今度は雪江さんの番だ。坊やは大人しく聞いて居るのよ。
(夏目漱石『吾輩は猫である』)

などは、「命令」の意味あいが感じられるが、本来は、それぞれ「そのまま動かずに待っていろ(と私はいったが)。ということは、(お前は)そのまま(動かずにそこに)いるということだぞ」「さあ今度は雪江さんの番だ(と私は言ったが)。ということは、坊やは、(これからは)大人しく聞いているということよ」といった意味であろう。

22　みんなそこにじっとしていろ、動くんじゃあねえぞ。(山本周五郎『あすなろ』)
では、「禁止」の意味あいが感じられるが、本来は、「みんなそこにじっとしていろ(と私は言ったが)。ということは、(まかり間違っても)動くということではないぞ」といった意味であろう。

23　「兄が一人いるわ、調布というところでお百姓をしているの」「そこへ帰るのだな」
(山本周五郎『おさん』)
では、「忠告」の意味あいが感じられるが、本来は、「(この状況の中で)兄が一人調布にいる(とお前は言ったが)。ということは、(お前が)そこへ帰る(のがよい)ということだな」といった意味であろう。

24　「自分は今からおとなになるのだ」そう自分に誓って、　(山本周五郎『風鈴』)
では、「決意」の意味あいが感じられるが、本来は、「(今このような状況にある)ということは、自分は今からおとなになる(のがよい)ということだ」といった意味であろう。

25　ああ、今私に少しお金があったらなあ、何処かの学校の寄宿舎へ貴女を入れて了うのだが、　(二葉亭四迷『其面影』)
では、「後悔・無念」の意味あいが感じられるが、本来は、「今私に少しお金がある(とする)、ということは、何処かの学校の寄宿舎へ貴女を入れて了うということ(のはず)だ(がなあ)」といった意味であろう。

従属節のノダ文：　ノダ文を従属節に用いても、その本質は変わらない。

26　たしかにあの女がつじさんと云った。「誰だろう」鉄次は歩き出した。「きっと昔のおれをしっているんだろうが、誰だろう」　(山本周五郎『並木河岸』)
27　「大変真白になったな。亭主を欺瞞すんだから善くない」と父が調戯っていた。
(夏目漱石『行人』)
28　なにか文句があるのか。なにか文句があるのなら聞こう。
(山本周五郎『夜明けの辻』)

などは、それぞれ、「(あの女が自分を幼いときの呼び名で)つじさんと言った。ということは、昔の自分を知っているということだろうが、〜」「白粉で大変白くなった。ということは、亭主をだますということだから、〜」「(相手がいわくありげな態度をとっている)そのことが、何か文句があるということならば、〜」といった意味であろう。

　ノダ文が従属節に用いられる場合にも、独特のニュアンスが伴うことがあるといわれることがある。例えば、

260

29 おせっかいを承知で言うんだけど，あの二人結婚させない？（野田，1997の用例）

の「～のだが」には，前置きのニュアンスがあるというが，これは，ノダ文を倒置法的に用いたところからおのずと生じたものといえる。「これは～のだが，～」のような形（Ⅱ型）でいうことも多い。また，

30 子供じゃないんですから，もうちょっとちゃんとやってくださいよ。
(野田，1997の用例)

の「～のだから」には，非難のニュアンスがあるというが，それは，相手がもうちょっとちゃんとやらなくてはならない状況（年齢その他）がある，それは，いわなくてもわかっているはずであるが，それを，いま，「（あなたはある状況にある）そのことは，子供ではないということだから」とわざわざ口でいうところから生じるニュアンスであろう。

いずれにしても，これらのニュアンスは，「のだ」の文にとって本質的なものではない。

強調部分を含むノダ文：「Y（～の）だ」の内部にプロミネンスのおかれた強調部分（以下傍点で示す）が存在する場合がある。

31 赤シャツがホホホと笑ったのは，おれが単純なのを笑ったのだ。
(夏目漱石『坊つちやん』)

32 昨夜の彼の報告ぶりは変によそよそしく冷たかったが，あれは心の中で何を考えていたのだろう。
(梅崎春生『日の果て』)

33 僕の弟が堀田君を誘いに行ったから，こんな事が起ったので，僕は実に申し訳がない。
(夏目漱石『坊つちやん』)

34 佐々木は何をしているのか知ら。遅いな。
(夏目漱石『三四郎』)

これらの場合も，ノダ文としての本質が変わらないのは明らかである。ちなみに，例31～例34は，順にⅠ型～Ⅳ型の例である。また，例32，例34はノダの疑問語疑問文の例，例33は「～のだ」の連用形「～ので（あって）」の例でもある。

普通の疑問語疑問文「だれが行きますか」と，ノダの疑問語疑問文「だれが行くのですか」の違いは，前者が単純にだれが行くかを聞くのに対し，後者では，暗黙のうちにある事態を先行詞として，「ということは，だれが行くということか」と聞くところにある。例えば，「(A君が行くはずなのに，彼にはその様子が見えない。ということは）だれが行くということか」といった具合に。

なお，理由を表す「～から」は，普通，連体修飾節・名詞節内部では用いられないが，例33のようにそこにプロミネンスがおかれると，連体修飾節・名詞節内部でも用いられるようになる。これは，「～けれども」「～が（逆接）」「～は」などでも同様である。これらが「～（だ）」のスコープに入り得るのは，必ずしも「の（だ）」そのものの力によるものではない。

(山口佳也)

参考文献　山口佳也「『のだ』の文について」（国文学研究（早稲田大学）56巻，1975）『助動詞（論集日本語研究7)』(有精堂，1979に再録)；田野村忠温『現代日本語の文法Ⅰ―「のだ」の意味と用法―』(和泉書院，1990)；野田春美『「の（だ）」の機能』（くろしお出版，1997)

注意喚起の表現　　expression of attention calling
ちゅう い かん き　ひょうげん
chuui-kanki-no-hyougen

キーワード：言い聞かせ／念押し
　　　　　　ヨ／ゾ
定　義：　聞き手の注意を喚起するための表現。
　「よ」は、「今この状況は…という事柄が成立する状況である」ということを聞き手（または話し手自身）に言い聞かせることを表す。
　①「よ（非上昇）」は、「…という事柄が成立するという線で、状況に対する認識を改めなければならない」という意味の言い聞かせを表す。
　　1　（相手から「行ってくれないか」と頼まれて）
　　　　a　わかりました。行きます。
　　　　b　もちろん行きますよ（非上昇）。
　　　　c　行きますよ（非上昇）。行けばいいんでしょう。
　「よ」を用いない1aは、話し手の意志を述べるだけの文だが、「よ（非上昇）」を用いた1b、1cは、「（話し手は）行く」という線で状況認識を改めるよう聞き手に（1cの場合は話し手自身にも）言い聞かせる文である。次の2も、単に眼前の事柄を描写するのではなく、「いまだにこういう事柄が成立するのか」と、話し手自身が状況認識を改める必要性を感じていることを述べている。
　　2　（ある人が相変わらず見当はずれな意見を述べているのを聞いて、独り言で）
　　　　あの人、まだあんなこと言ってるよ（非上昇）。困ったもんだ。
　「よ（非上昇）」は語気の強さにより聞き手に対する反発を表したり説得を表したりする。
　　3　そんなこと、言われなくたって、わかってますよ（非上昇）。〔反発〕
　　4　大丈夫ですよ（非上昇）。何とかなりますよ（非上昇）。〔説得〕
　②「よ↑（上昇）」は、「…という事柄が成立する状況であることを理解するよう聞き手に求めるとともに、聞き手の反応をうかがう」という意味の言い聞かせを表す。この場合、当該の事柄に対する注意の喚起というニュアンスが生ずる。
　　5　（落とし物をしたことに気づかずに歩いていく人に）何か落ちましたよ↑。
　　　　全員そろいましたか？　じゃ、行きますよ↑。
　　　　いや、まだどうなるか分かりませんよ↑。
　質問に対する応答で「よ↑」が用いられると、「それで？」と聞き手の次の反応をうかがう気持ちを含んだ応答になる。
　　6　A：（写真を見せて）この人、知ってる？　B：ええ、知ってますよ↑。（それで？）
　③「のだ」文で「よ（非上昇）」が用いられた場合、「今まで言わなかったが、実は…」

という気持ちが強調される。また，「よ↑」が用いられた場合は，「聞き手も理解しているはずのことを改めて念押しする」という意味の文になる。
 7 実はですねうちの近所においしいウナギを食べさせる店があるんです<u>よ</u>（非上昇）。
 8 外から帰ったら，ちゃんと手を洗うんだ<u>よ↑</u>。
   君は退院したばかりなんだ<u>よ↑</u>。そんなに無理をしてはだめだ<u>よ</u>（非上昇）。
④「よ」は，その場の状況がどのような状況かを理解するよう言い聞かせることを表すため，単なる説明文（例9）や，知覚したことを口にすることが最優先される場合（例10）には使いにくい。
 9 グラッときた時は，何よりもまず火を消します（＊よ／＊よ↑）。
 10 （鍋のふたをつかんで）熱い（＊よ／＊よ↑）！
   大変です。敵が攻めてきました（＊よ／＊よ↑）。
    cf. あれ？　もう晴れてきました（＊よ／＊よ↑）。
⑤「よ」は命令形，依頼形，意志・勧誘形にも付く。「命令形・依頼形＋よ↑」は「念押し」の気持ちを含んだ指示，「命令形・依頼形＋よ（非上昇）」は，話し手の意向に反する状況があることを受けた「説得」や「非難」の気持ちを含んだ指示になる。
 11 これから気をつけろ<u>よ↑</u>。
 12 悪いけど，空いている席がないか，ちょっと見てきて<u>よ</u>（非上昇）。〔軽い説得〕
   そういわずに，もう少しつきあって<u>よ</u>（非上昇）。〔説得〕
   おい，やめろ（非上昇）<u>よ</u>。〔非難の気持ちを含む催促〕
「よ」を用いた命令や依頼は，聞き手の気持ちに訴える指示になる。号令的な指示や公的な立場からの指示に「よ」は使いにくい。
 13 （レントゲン写真の撮影で）
   はい，大きく息を吸って（＊よ↑）。はい，止めて（＊よ↑）
 14 （スピード違反の車を追いかけて）止まりなさい。／＊止まりなさいよ（非上昇）。
「意志・勧誘形＋よ（非上昇）」は「説得」の意味を含んだ勧誘になる（「よ↑」は付かない）。
 15 ねえ，どこかで休もう<u>よ</u>（非上昇）（＊休もうよ↑）。
⑥「よ」に近い意味を表す終助詞に「ぞ」がある。「ぞ」は，話し手の注意が当該の事柄に向いていることを表す場合と，当該の事柄に注意を集中するよう聞き手に求めることを表す場合がある。
 16 あれ？　井上さんがいない<u>ぞ↑</u>。
 17 おい，誰もいない<u>ぞ</u>。どうしたことだ。
                  （井上　優）

参考文献　森山卓郎「認識のムードとその周辺」『日本語のモダリティ』（くろしお出版，1989）；益岡隆志『モダリティの文法』（くろしお出版，1990）；神尾昭雄『情報のなわ張り理論』（大修館書店，1990）；北野浩章「日本語の終助詞「ね」の持つ基本的な機能について」（言語学研究（京都大学），12号，1993）；田窪行則・金水敏「複数の心的領域による談話管理」（認知科学，3巻3号，1996）；片桐恭弘「終助詞とイントネーション」『文法と音声（音声文法研究会編）』（くろしお出版，1997）

忠告・助言表現　expression of advice
chuukoku・jogen-hyougen

キーワード：忠告・助言・立場
定　義：「相手」の行動，あるいは，「自分と相手」の行動について，その行動がよりよいものとなるために，「相手」に対して意見を言う場合の表現。

　相手の行動について意見が言えるのは，自分が相手より年齢が上，または相手に対して指導的立場にあるなど，ある種の権限がある場合か，あるいは相手が自分に対してなんらかの意見を求めたことに応じて発言する場合である。一方，自分と相手が一緒に行動している場合に，二人の行動について意見がいえるのは，自分側に二人の行動を決める決定権がない場合，つまり相手に指示できない関係にある場合である。どちらも，相手に行動の決定権がある場合の，相手の行動についての表現であるか，あるいはグループで何かをする場合に自分の意見を示す言い方である。

　具体的な表現としては「行ったらどう（です／でしょう）か」「行ってはどう（です／でしょう）か」「行った方がいい（です／でしょう）」「行った方がいいんじゃない（です／でしょう）か／いいかもしれない［ません］」「行ったら（上昇調）」「行けば（上昇調）」などがある。

　相手の行動についていう場合には，特に求められていう場合をのぞけば，自分が相手に対してなんらかの上位の関係にあることを明示することになるうえ，その発言自体が婉曲な指示・命令やお節介ととられることがある。したがって，この表現が使えるのは，上下関係をあからさまに示してよい場合か，お互いに意見を言い合えるような親しい関係である場合に限られる。その意味で，この表現を使う際には，相手，状況を十分に考慮しなければならない。

　相手と自分が一緒に行動している場合，グループの中の一員として行動している場合であれば，決定権のない自分が相手や他のメンバーに意見を述べる，すなわち相手や他のメンバーに決定権を委ねるという形になるので，相手や他のメンバーに配慮した言い方になる。

　日本語教育における指導としては，相手から助言を求められた場合という設定で練習させる方がよいだろう。相手が上位者である教師であっても，学習者の方が忠告・助言できる立場にあるような状況を作ること（例えば，学習者の言語や国に関する情報を求めることなど）によって，忠告・助言が必ずしも，上位者から下位者といった方向だけでないことが理解できるようになるといえよう。

（坂本　恵）

参考文献　蒲谷宏・川口義一・坂本恵『敬語表現』（大修館書店，1998）

弔意表現
ちょう い ひょうげん

expression of condolence

choui-hyougen

キーワード：オクヤミモウシアゲマス・ゴシュウショウサマ・ゴ冥福ヲオ祈リ申シ上ゲマス・コノタビハ（ザンネンナコトヲシマシタ）

定　義：　自分の家族以外の人の死を伝えられたとき，その遺族や親族に対して死を悼む気持ちを伝える表現。ふつうは通夜，葬式などの儀式で死後はじめて関係者に会ったときにいう。また，葬儀に参列できず，遺族に直接会えないとき，手紙や電文によって死を悼む気持ちを伝える場合にも用いる。弔意表現は挨拶の一種であり，社交的・儀礼的な表現といえる。例えば，死者の家族に弔意を表し，「このたびはご愁傷様でした。」と挨拶をした後，死者（あるいは遺影）に対したとき，感極まって泣き出すという場面を想定すればわかるように，弔意表現は死に対する悲しみの心情を感情にまかせて表現するわけではない。死者と弔意を表する者との間に結ばれた親疎の程度にもよるが，一般的には，まず感情をおさえ，儀礼的に弔意を表す挨拶をした後に，悲しみの感情を素直に表すことになる。ただし，日常的な挨拶とは異なり，声量はおさえがちで，文末まで明瞭に発音しないことが多い。

弔意表現と文章：　手紙や弔辞など，文章で弔意を表す場合には，多様な表現がみられるが，おおよそ次のような要素にまとめられる。

　①死に対する驚愕：　信じられません・急なことでした・突然の訃報に呆然としています
　②死に対する悲嘆：　痛恨の極みです・惜しい方を亡くしました・残念でなりません
　③遺族に対する慰謝・激励：　慰めのことばもございません・さぞお力落としのことと存じます・お気を強くもって・○○さんの分までお元気でお過ごしください
　④生前の回想：　元気なころのお姿が目に浮かびます・やさしいお人柄を思い出します
　⑤死者に対するいたわり：　安らかにお休みください・ゆっくり休んでください

①については，死者が相当の高齢であったり，深刻な病状にあったという情報を書き手がすでに得ていたとしても，「突然のこと」「急なこと」という驚愕を文面に交えて構成するのがふつうであり，決して死を予期していたことは書かないものである。②，③は死者・遺族と書き手との親疎関係のいかんにかかわらず，必ず盛り込まれるもので，④についても，一般的には人格的にすぐれていた面を強調することが儀礼上欠かせないものである。⑤は宗教的な違いも多いが，死の現実を直接表現せずに，「眠ってください」「休んでください」のような間接的表現を用いることがふつうである。

　　　　　　　　　　　　　　　　　　　　　　　　　　　　　　（木村義之）

定義表現
teigi-hyougen

expression of definition
（defining expression）

キーワード：定義対象・定義内容・断定表現
ハ・トハ・トイウモノハ・トイウコトハ・ガ／デアル・ダ・トイウコトダ・ノコトダ・ナノダ・ナノデス・ナノヨ

定　義： 概念の内容を限定する表現。概念の内包を構成する本質的属性を明らかにし，他の概念から区別する表現。命題表現は，真偽が確認されることを前提とする表現であるが，定義表現は論理的真偽とは無関係の場に存在する。ただし，なんらかの意味で真実を表現しているということを最低条件とする。

文　型： 定義表現を構成する必須要素は，定義対象，定義内容，断定表現の三種である。

	定義対象	定義内容	断定表現
1	愛は	幻想の子であり，幻滅の親	である。
2	運動量とは，	速度と物質量をかけて得られる運動の測度	である。
3	物質というものは，	そのどれもがすぐに手でつかまえることができるとか，または袋の中にとらえることのできるもの	なのです。
4	バカという人が	バカ	なのよ。

定義対象： ふつう，抽象度の高い概念が定義対象となる。辞書・事典は一種の定義集と見なすことができる。辞書は言葉の言葉による定義集。事典は事物・事象の言葉による定義集である。

定義対象は，日本語においては，ハ・トハ・トイウモノハ・トイウコトハなどにより，提示されるのがふつうであるが，4のように助詞ガで提示されることもないわけではない。助詞ガは一般には，格助詞とされるが，名詞文のときは，格助詞とは考えにくい。4は，「バカという人コソ，バカである。」とも言い換えられ，ガはとりたての係助詞と解釈した方が整合性がある。

5	女が	家	である。

というナイジェリアのイボ族の諺もこの類である。

また，次のように繋辞がゼロの場合もある。そういう文においては，定義対象を指示代名詞ソレで受ける再提示の成分が存在する。

	定義対象	再提示	定義内容	断定表現
6	運命，	それは	性格	だ。
7	としをとる	それは	おのが青春を　歳月の中で組織すること	だ。
8	仮面，	それは	あいまいで，人を不安がらせる未知の顔	である。

定義内容： 定義対象でとりあげられた言葉よりも，抽象度の低い複数の言葉により構成

される。定義表現はレトリックの観点でいえば，一言ですむところを言葉数を多くする迂言法(ペリフラシス)の表現である。

比喩による定義も一つの方法として存在する。

	定義対象	比喩イメージ	比喩指標
9	結婚は	鰻(うなぎ)の簗(やな)	と同じ，

外にいる者は入ろうとし，中にいる者は出ようとする。

| 10 | 法律は | 蜘蛛の巣 | に似ている。 |

小さな蠅は捕らえるが，すずめ蜂は通りぬけるにまかせる。

	定義対象	隠喩イメージ	断定表現
11	映画は	海	である。
12	映画は	夢の工場	

9，10は明喩であり，かつ，謎仕立てになっている。第2文がそれぞれ，謎の「心」である。二つの文で構成された簡潔な文章の形をとった定義といえる。

11，12は隠喩である。これだけでは，明晰ではなく，文章の形を採った定義となる。

断定表現：　断定表現で使用されるのは助動詞，ダ・デアル・デスや連語，トイウコトダ・ノコトダ・ナノダ・ナノデス・ナノヨなどである。また，12のように，ゼロの場合もある。

(小池清治)

参考文献　『定義集（ちくま哲学の森別巻）』（筑摩書房，1990）

訂正表現
teisei-hyougen

expression of repair
expression of correction

キーワード：修復・個人訂正・直後訂正・遅延訂正
モトイ・失礼（イタシマシタ）・イヤ・デハナクテ（ジャナクテ）・モットモ（〜ダガ）

定　義：　談話において，発話者が文法・語彙・音韻・発話内容などの誤りを改めたり，より適切な情報を付け加える表現。談話分析では修復（repair）と呼ぶこともある。また，広義には社会の要請に応えて訂正を行う場合も含まれるが，ここでは個人の発話を訂正する表現（「個人訂正」）（ネウストプニー，1977）に限定する。

訂正の諸相：　言語は線条的なものであるから，いったん口にしたものを消すことはできない。そのため，発話に誤りが認められた場合には，発話後に訂正を加えることになる。その際，以下の4類型が考えられるという（Geluykens, 1994＝橋内，1999による）。

　　A　話し手自身誤りに気づいて，話し手自ら訂正するもの。
　　B　聞き手が誤りに気づいて，話し手自身が訂正するもの。
　　C　聞き手が誤りに気づき，聞き手が訂正してくれるもの。
　　D　話し手自身誤りに気づいたが，聞き手が訂正してくれるもの。

A・Bは比較的談話に表れやすいが，Cは発話者の面目をつぶすことがありうるという理由で，親しい間柄や，教師と学生のような関係にある場合以外は聞き手が訂正を行わないことも少なくない。Dはいわば「助け船を出す」という形式となり，文型としては抽出しにくいものである。こうした類型は，（1）発話の流れを途中で止めたり，（2）いったん完結した発話を多少の遅れをもって訂正したり，という具合に，発話のどの時点で行われるかという観点から分類が試みられており，（1）を「直後修復」，（2）を「遅延修復」と呼ぶことがある（橋内，1999）。ここでは，「訂正」という術語に合わせて，「直後訂正」「遅延訂正」と呼び改めることにする。

直後訂正：　直後訂正には次のような形式がみられる。
　　1　本日午後10時…失礼（いたしました），11時ごろ，地震がありました。
　　2　今週の土曜日…いや，日曜日に会おう。
　　3　あしたは入学式…じゃなくて，卒業式だよね。

1〜3発話の途中で誤りが含まれていたことに気づき，直後に訂正を行ったものである。訂正の直前には口ごもったり，その対処を考えるための短い間が存在する。これらはAにあたる（ただし，1は放送などでよく耳にする表現であるが，アナウンサーがフロアスタッフになんらかのサインを送られて気付くような場合はBとも考えられる）。

また，軍隊，スポーツなどで言い間違えたり，号令のタイミングがずれたりした場合は，

4　1, 2, 3…もとい, 1, 2, 3

のような訂正を行うことがあるが，これを通常の談話に使用することもあるが，かなり古めかしい印象を受けるであろう。

　ところで，文章でイヤ（文語的な文章ではイナ（否））を用いるケースとして，

5　彼は日本でも屈指の，いや，世界でも屈指のピアニストであると言えよう。

のように，訂正前の内容をいっそう程度を強調するためのレトリックとして用いることがある。これは，誤りの訂正というよりも，より適切な表現を求めての適切性の訂正と考えられる。談話においても誤りの訂正だけでなく，適切性の訂正が行われることがある。

遅延訂正：　いったん完結した発話を訂正する場合Aとして次のような例があげられる。

6　この服はお客様によくお似合いだと思います。もっとも，好みにもよりますガ。
7　けさはきのうよりも暖かいよ。もっとも，夕方から冷え込むらしいケド。
8　旅行の出発日は，（確認してみたら）11日じゃなくて17日だったよ。
9　P：あなたの望んでいるのは，給料の値上げなんですか？
　　Q：（いや,）そうではなくて，勤務時間の短縮なんですよ。

6,7は「X。モットモ，Y（ガ）」の文型で，Xの内容についてYで部分訂正を行っている。この場合，発話者がXで述べた内容に情報の不足や適切性の欠如のあることに気付いて，Yで補足説明を行う形式をとっている。ただし，単なる補足ではなく，聞き手が発話者の与えたXという情報から推して，発話者の意図していない内容を連想しているのではないかという懸念から，すでに行った発話内容の部分的な不適切性を訂正したものといえる。8は発話時からやや時間を隔てて誤りの訂正を行ったもので，9は相手の発話に含まれる誤りの訂正を行った例である。9のような場面には婉曲表現を用いることがあり，9は相手の発話に対して否定形式を用いるのではなく，「トイウヨリ（モ），勤務時間の短縮ですよ。」というように，判断基準の違いを示して結果的に訂正を行う例もここに含まれる。

　Bのケースでは，

10　R：レポートは来週の月曜日に提出してください。
　　S：先生，来週の月曜日は祝日ですが…。
　　R：ああそうでした。来週ではなくて再来週の月曜日です。

のような例が典型と考えられる。同じ状況下で，Cのケースとして考えれば，10は，

11　R：レポートは来週の月曜日に提出してください。
　　S：先生，来週の月曜日は祝日ですから，再来週ということですよね。
　　R：そうでした。失礼しました。来週ではなくて再来週の月曜日です。

ともなり，聞き手が話し手の誤りを訂正しているが，さらに話し手はそれを認めたうえで，自分の発話内容の誤りについて訂正を加える例も少なくない。

（木村義之）

参考文献　ネウストプニー，J. V.「日本語の中の書きことばの位置」『文章とは何か（現代作文講座1）』（明治書院，1977）；南不二男『現代日本語研究』（三省堂，1997）；橋内武『ディスコース』（くろしお出版，1999）

丁重表現

ていちょうひょうげん
teichou-hyougen

expression of politeness

キーワード：丁重・場・文体・改まり・丁重語
定　義：　改まった場に配慮し，丁重語，丁重文体を多用した表現。

　式典や会議といった改まった場において使われる表現で，通常の表現とは異なるものとなることが多い。特徴としては，文末に「でございます」「であります」を使用する丁重文体の中で，丁重語が多く用いられること，一文が比較的短く，「きれいですが」「でありますため」など接続詞の前にも「です」「ます」が多用される点が特徴的である。また，名詞を修飾する節（文）にも，「行きますとき」「○○より参りました＊＊」など「です」「ます」が多用される。また，丁重語と呼ばれる「いたします」「参ります」「申します」「存じます」「しております」が多く使われる。丁重語は特に話の枠組みを決める導入部，結びに多く用いられる。

　また，「今日」ではなく，「本日」，「明日（あした）」ではなく，「明日（みょうにち）」，「あとで」ではなく「のちほど」が選択されるなど，漢語や堅い語感の語句が多用されるのも特徴の一つである。

　丁重語は従来の三分類では謙譲語に分類されるものである。しかし，自分と相手との関係から相手を高めるはたらきをもつ「申し上げる」など，相手にかかわりなく動作主を高めないはたらきをもつ「申す」などの違いに着目して，この二者を分けて考えることが最近では一般的になっており，前者を（狭義の）「謙譲語」，後者を「丁重語」と呼ぶことが多い。「丁重語」は自分を低めるというより，「そういたしますと」や「電車が参りました」のように高めるべき対象以外にも使うことができるため，「高めない」というはたらきをもっていると考えられる。また，これらの語は改まった語感，丁重感をもっているため，使われる場が限られるという面ももっている。丁重文体でよく用いられることから「ます」を下接させた「致します」などの形で用いられることが多く，連用形以外の活用形はほとんど用いられないのが現状である。なお，「お～致す」は（狭義の）謙譲語と丁重語の二つの性質をもったものだといえる。

　教育上は，日本語教育，国語教育どちらにおいても，改まった場における言葉づかいとして丁重表現を実際に使えるようにする必要があろう。改まった場における挨拶，スピーチなどの練習，会議，討論などの練習が考えられる。

　研究の指針としては，丁重語以外に丁重表現によく用いられる表現，丁重表現の文話の構成などについて具体的に考えるという方向がある。

（坂本　恵）

参考文献　宮地裕「敬語の解釈」『敬語（北原保雄編）』（有精堂，1978）

程度の表現
ていど ひょうげん
teido-no-hyougen

expression of degree
degree expression

キーワード：程度の増大／程度の減少／最高（最低）の表現／同等の表現
　　　　　　ホド／バ〜ホド／グライ／イチバン／イッソウ／マスマス／ヒトシオ／イク
　　　　　　ラカ／ワズカニ／ワズカバカリ／スコシダケ／ミ／サ

定　義：　種々の物事・事柄の程度を表す表現。

文型と解説：　程度とは，物事の度合いの，高低，大小，多少，強弱，優劣などの段階。程度の表現には，最高および最低の表現，同等の表現，比較の表現，増大および減少の表現がある。これらはおもに副助詞による表現，副詞による表現で，慣用的に表現される場合が多い。また，接尾辞「さ」「み」は程度を表す名詞を構成する。

最高および最低の表現　最も高い程度や最も低い程度は，「Aほど［ぐらい］…は，ない」で表現される。

　1　読書ほど楽しいことはない。
　2　親を泣かせるぐらい［ほど］悪いことはない。

これらの表現は「Aと同程度に…はなく，いちばん…だ」という意味であり「Aはいちばん［最も］…だ」という最高や最低の表現になり1'のように言い換えられる。

　1'　読書がいちばん［最も］楽しい。

この場合，「最も」は文章語として用いられる。また，例のように，最低の程度を表現する場合には「ほど」も「ぐらい」も用いられるが，最高の場合には「ほど」を用いるのが一般的な用法である。

同等の表現・比較の表現　状態や動作のある程度を例示することによって，それと同じくらいの程度であることを示すときに用いられる表現。「A〔例示〕ほどB〔状態・動作〕だ／する」の形で「Aとおなじくらいなほどにvだ／する」の意味になる。

　3　口をきくのも物憂いほど疲れ果てた。

これは「疲れ果てた」状態が「口をきくのも物憂い」のと同じぐらいの状態であることを表現している。次にこれに関連した表現についてみる。まず3で，Bがなく「Aほどのことだ」と表現するとAは「より低い程度」として表現される。

　4　うっかりしゃべってしまったというほどのことだ。

4は「大したことではない」ことを意味する。「〜というほどのこと」は「〜と同じくらい程度の低いこと」の表現になる。この場合の「ほど」は「ぐらい」に置き換えられる。「ぐらい」には最低の基準を表すはたらきがあり，それと同じ程度を示すためである。また，同様に「〜にすぎない」という表現も程度が低いことを表現する。

同じ程度の表現に否定の意味を加えると，「同じ程度に…ではない」という意味になり，

比較の表現になる。

　5　新幹線は飛行機ほど速くはない。

5は「AはBほどCではない」の形で，「AはBと同じ程度にCではない」の意になる。AとBとを比較して，「Bほど」で例示される事項はAよりも程度が高くなるのは，「ほど」には分量や範囲の最高に見積もった状態を示す気持ちがあり，その範囲を越えない程度の近似値を漠然と示すはたらきをもつためと考えられる。これを「よほど」を用いて言い換えると，次のようになる。

　6　飛行機は新幹線よりもよほど速い。

「BはAよりよほどCだ」という表現になり，程度の差が大きいことを示す表現に変化する。これは「ずっと」「相当」「かなり」を用いても同様に表現される。

程度の増大および減少の表現　ある事柄・状態の程度が高まる［低まる］につれて，それに比例して随伴する事柄・状態の程度が高まる［低まる］ことを表現する。

　7　経験を積むほど人間が出来てくる。

　8　山頂に近づけば，近づくほど空気は希薄になる。

「～（ば）～ほど」で二つの関連する事柄が，一方の程度が変化するのに比例して，他方の程度が変化する場合に用いられる。これに類似して，徐々に程度が増大していくさまは，「いっそう」「ますます」「いちだんと」「ひとしお」で表現される。

　9　京都の夏は，東京よりいっそう暑く感じられる。

　10　11月に入り寒さがますます厳しくなった。

「AはBよりいっそうCだ」で，AがBよりCの程度が漸増した表現になる。「ますます」も同様だが，これはAとBが同じもので時間的な差異を比較するときに用いる。「いちだんと」はこれらよりさらに強調された表現になり，「ひとしお」を用いると主観的な表現になる。また，9の「いっそう」を「いくらか」で表現すると，程度の減少の表現になる。程度の減少は，他にも「わずか（に）」「わずかだけ」「すこしばかり」等の表現がある。

　11　彼のゴールインはわずか（に）一秒の後だった。

程度の差異がごく小さいことを示す表現で，「たった」や「ほんの」に言い換えられる。また「ただ～だけ」を用いても表現できる。

接尾辞による程度の表現

　12　寒さが感じられる季節になりました。

　13　空が黒みがかり，雨が降りだした。

「寒さ」「黒み」はどちらも，その程度や状態を表す名詞である。接尾辞「さ」も「み」も，12，13のように形容詞語幹に下接するほか，「静かさ」「新鮮み」のようにいわゆる形容動詞語幹にも下接する。また，「み」には「深みにはまる」のように，「そのような状態である場所」の意を表す用法もある。

（漆谷広樹）

参考文献　森田良行『基礎日本語』（角川書店）

程度表現 1
ていど ひょうげん
teido-hyougen

degree word

degree word which denotes emphasis

キーワード：程度副詞／計量構文・比較構文／形状形容詞・感情形容詞・感覚形容詞・程度名詞／予告副詞・単純程度副詞・比較程度副詞／累加副詞・分量副詞　トテモ・トッテモ・非常ニ・タイヘン・タイソウ／アマリ・アンマリ・ソレホド／随分・ダイブ・相当・カナリ・余程・ヨッポド・ズット・モット・イッソウ／少シ・チョット／ヤヤ・イササカ・多少／少シモ・チットモ・イササカモ／イマ・モウ

定　義：　程度副詞を中心とする表現で，形容詞・形容動詞・程度名詞などを修飾し，状態・感情・感覚などの程度の度合いを表す表現。

文　型：　程度が大であるという意を表す程度副詞は，単なる程度の大小を表す計量構文と他と比較した程度の大小を表す比較構文において使用される。計量構文で使用される程度副詞を単純程度副詞，比較構文で使用される程度副詞を比較程度副詞という。

単純程度副詞（大）：　形状形容詞・感情形容詞・感覚形容詞・程度名詞などを修飾し，それらの程度が大であることを表す副詞として，トテモ・トッテモ・非常ニ・タイヘン・タイソウなどがある。

  1　このリンゴは，とても，大きい。　　　　　〔形状形容詞〕
  2　あなたに会えて，とても，嬉しい。　　　　〔感情形容詞〕
  3　今日は，とても，涼しい。　　　　　　　　〔感覚形容詞〕
  4　彼に会ったのは，とても，昔のことです。　〔程度名詞〕

打消し表現の文型：　これらを打消す表現においては，程度副詞は使用されず，打消し表現を予告するアマリ・アンマリ・ソレホドなどの予告副詞が使用される。

  5　このリンゴは，あまり，大きくない。
  6　あなたに会えても，あまり，嬉しくない。
  7　今日は，あまり，涼しくない。
  8　彼にあったのは，それほど，前のことではない。

比較程度副詞（大）：　他との比較において程度が大であるという意を表す程度副詞がある。随分・大部・相当・カナリ・余程・ヨッポド・ズット・モット・一層などがそれである。

  9　このリンゴはあのリンゴより，ずっと，大きい。　　　　　　　　　〔形状形容詞〕
  10　あれこれ言われるより一人にしておいてもらう方が，ずっと，嬉しい。〔感情形容詞〕
  11　今日は昨日に比べ，ずっと，涼しい。　　　　　　　　　　　　　〔感覚形容詞〕
  12　彼に会ったのは，それより，ずっと，前のことです。　　　　　　〔程度名詞〕

打消し表現の文型： これらを打消す表現においては，程度副詞は使用されない。先行する表現が程度に関する情報となり，程度の情報は満たされているためである。先行する表現が程度の情報とならない場合は，ソレホドなどの予告副詞が使用される。

13　このリンゴはあのリンゴほど，大きくない。
14　一人にしておいてもらっても，嬉しくない。
15　今日は昨日に比べ，涼しくない。
16　彼に会ったのは，それほど，前のことではない。

程度副詞（小）： 形状形容詞・感情形容詞・感覚形容詞・程度名詞などを修飾し，それらの程度が小である意を表す程度副詞には，少シ・チョット・ヤヤ・イササカ・多少などがある。これらは計量構文・比較構文の両方で使用される。

17　このリンゴは，ちょっと，大きい。　　　　　　　〔形状形容詞〕計量構文
18　一人で作れて，ちょっと，嬉しい。　　　　　　　〔感情形容詞〕計量構文
19　今日は，ちょっと，涼しい。　　　　　　　　　　〔感覚形容詞〕計量構文
20　彼に会ったのは，ちょっと，前のことです。　　　〔程度名詞〕　計量構文
21　このリンゴはあのリンゴより，ちょっと，大きい。〔形状形容詞〕比較構文
22　自分で作ったものだと思うと，ちょっと，嬉しい。〔感情形容詞〕比較構文
23　今日は昨日と比べ，ちょっと，涼しい。　　　　　〔感覚形容詞〕比較構文
24　彼に会ったのは終戦より，ちょっと，前のことだった。〔程度名詞〕比較構文

打消し表現の文型： これらを打消す表現においては，程度副詞は使用されず，打消し表現を予告する少シモ・チットモ・イササカモ・ソレホドなどの予告副詞が使用される。

25　このリンゴは，ちっとも，大きくない。
26　彼にあったのは，それほど，前のことではない。
27　このリンゴはあのリンゴに比べ，少しも，大きくない。
28　今日は昨日と比べ，少しも，涼しくない。
29　彼に会ったのは終戦より，それほど，前のことではない。

累加副詞・分量副詞による文型： 以上に述べた程度副詞のうち，少シ・チョットには，累加副詞イマ・モウの修飾を受けるという，他の程度副詞に存在しない用法がある。イマ・モウに修飾された少シ・チョットは程度副詞というより，分量副詞と解釈するべきものである。分量副詞としての少シ・チョットは比較構文において使用される。

30　このリンゴはあのリンゴより，もう少し，大きい。
31　一人で作れれば，もう少し，嬉しい。
32　今日は昨日と比べ，もう少し，涼しい。
33　彼に会ったのは終戦より，もう少し，前のことだった。　　　　　　（小池清治）

参考文献　森田良行『基礎日本語辞典』（角川書店，1989），飛田良文・浅田秀子『現代副詞用法辞典』（東京堂出版，1994）；グループ・ジャマシイ『日本語文型辞典』（くろしお出版，1998）；渡辺実『さすが！日本語（ちくま新書）』（筑摩書房，2001）

程度表現 2
teido-hyougen

degree word which indicates an approximate number of amount

キーワード：副助詞／指示語・コソアド語／数量詞／体言・固有名詞／用言の連体形／助動詞の連体形

　　　　　クライ（グライ）・ホド・バカリ（パカリ）

定　義：　副助詞を中心とする表現で，具体的な例示などにより大体の程度を表す表現。

指示語に接続する場合の文型：　コソアド語とも称される指示語に接続して，大体の程度を表す場合には，以下のような文型となる。

　1　これ<u>くらい</u>（ぐらい）でいいですか？
　2　あれ<u>ほど</u>強く言ったのだから，大丈夫でしょう。
　3　これっ<u>ぱかり</u>では，満足できません。

　1と類義の表現に，「このくらいでいいですか？」という，連体詞にクライが付いた表現がある。この場合，クライは副助詞ではなく，程度の意を表す名詞である。

　2のアレホドと元来は同等の用法であったソレホドは，現在，「この問題は，それほど難しくない。」などのように，一語化して，打消し表現を予告する予告副詞として機能することが多い。

　3の「これっぱかり」は程度が不十分であることを含意する。パカリはバカリの強調形である。バカリ（パカリ）には種々の意味・用法がある。同様に指示語に接続していても，「こればかりは，譲れない。」の場合，バカリは限定の意（ダケに置き換え可能）になる。

数量詞に接続する場合の文型：　数量詞に接続して，おおよその程度を表す場合には，以下のような文型となる。

　4　十歳<u>くらい</u>の女の子　　時速100キロ<u>くらい</u>で飛ばしていました。
　5　十歳<u>ほど</u>の女の子　　時速100キロ<u>ほど</u>で飛ばしていました。
　6　十歳<u>ばかり</u>の女の子　　時速100キロ<u>ばかり</u>で飛ばしていました。

　4のクライの場合は，おおよその程度を表し，「大体十歳（100キロ）程度」「十歳（100キロ）前後」の意。

　5のホドの場合は，最大の程度を表し，「せいぜい十歳（100キロ）程度」「最大十歳（100キロ）」の意。

　6のバカリの場合は，最小の程度を表し，「少なく見積もっても十歳（100キロ）程度」「最低十歳（100キロ）」の意。

体言に接続する場合の文型：　共通概念を表す体言・固有名詞などに接続して，大体の程度を表す場合には，以下のような文型となる。

　7　富士山<u>くらい</u>の高い山はめったにない。

8　富士山ほどの高い山でも，登ることができる。
　9　＊富士山ばかりの高い山

　7の「富士山くらい」は「富士山クラス」の意。クライは大体の程度を表す。
　8の「富士山ほど」は「高い山」の具体例として「富士山」を例示する意。ホドは最大の程度を表す。
　9の「富士山ばかり」は程度を表す表現としては非文となる。「富士山ばかりがなぜもてはやされるのか？」などのように，バカリは限定（ダケと置き換え可能）の意となる。
用言の連体形に接続する場合の文型：　用言の連体形に接続して，大体の程度を表す場合には，以下のような文型となる。
　10　この絵はよく描いてあって，憎いくらいだ。
　11　この絵はよく描いてあって，憎いほどだ。
　12　この絵はよく描いてあって，憎いばかりだ。
　13　先生が文句を言うくらいだから，よほど酷いことをやったのだろう。
　14　先生が文句を言うほどだから，よほど酷いことをやったのだろう。
　15　＊先生が文句を言うばかりだから，よほど酷いことをやったのだろう。

　10は絵の上手さ加減が，憎いと思う程度であるという意。11は，妬ましさを超えて，憎いと思うまでの程度だの意。12は，憎さを感じさせる以外のなにものでもないの意の慣用的表現。程度の甚だしさを表す。褒め言葉としては，12が最も高く，ついで11，10の順序になる。
　13は，酷さの程度を具体的に例示したもの。14は，酷さの最大級の例として，具体例を示したもの。15は9と同様に非文である。バカリは程度を表す用法において，クライ・ホドと比較して，狭い。
助動詞の連体形に接続する場合：　助動詞の連体形に接続して，大体の程度を表す場合には，以下のような文型になる。
　16　あまりに痛かったので，泣きたいくらいだった。
　17　あまりに痛かったので，泣きたいほどだった。
　18　＊あまりに痛かったので，泣きたいばかりだった。

　16は痛さの程度を比喩的に具体化して述べたもの。17は痛さの甚だしさを比喩的に具体化して述べたもの。18は非文である。
　バカリには，推量の助動詞「ん」の連体形に接続して，「いまにも…しそう」の意で程度を表す用法がある。
　19　今にも降らんばかりの雲行き
　20　嚙み付かんばかりの顔付き
　これらは，書き言葉であり，話し言葉としては使用されない。　　　　　　（小池清治）

参考文献　森田良行『基礎日本語辞典』（角川書店，1989）；グループ・ジャマシイ『日本語文型辞典』（くろしお出版，1998）

程度表現 3

teido-hyougen

expression of degree
degree expression
derivative noun of degree whose suffix is -*sa*

キーワード：形状形容詞・感情形容詞・形容動詞／程度用法・名詞用法／程度の度合いを表す用法・標準以下を表す用法
　　　　　…サ

定　義：　状態の程度を表す表現。接尾辞「さ」によって表される。「さ」には程度を表す用法と名詞形であることを表す用法とがある。

形状形容詞の場合：　形状形容詞の語幹に接尾辞「さ」が付く場合には，程度の度合いを表す用法と程度のレベルを表す用法とがある。

程度の度合いを表す用法：　広狭・大小・長短・重軽・深浅・高低・厚薄など，形状を表す形容詞で対義関係にある場合，ふつう，量的に多い方に「さ」の付いた形で代表する。
　1　物の広さ（大きさ・長さ・重さ・深さ・高さ・厚さ）を計測する。〔程度用法〕
　2　物の広さ（大きさ・長さ・重さ・深さ・高さ・厚さ）の基準。〔名詞用法〕

標準以下を表す用法：　対をなす形状形容詞で，量的に小さい方が用いられる場合，標準以下の量であるということを含意する。
　3　子供部屋の狭さが問題だ。〔「狭すぎる」意。〕

非存在を意味する形容詞「ない」：　「無さ」にも程度の用法と名詞形の用法とがある。
　4　その時の情けの無さは比較しようがないほどだった。〔程度用法〕
　5　情けの無さとか腑甲斐無さとかいうこと。〔名詞用法〕

感情形容詞の場合：　喜怒哀楽など，感情を表す形容詞の語幹に「さ」が付いた場合は，程度を表す用法と名詞形の用法とがある。
　6　皆で歌う楽しさは一人で歌う楽しさと比較にならないほどだ。〔程度用法〕
　7　楽しさの大部分は，皆で歌うことにより生じた。〔名詞用法〕

　なお，感情形容詞にも対をなす形容詞があるが，楽しい：つまらない，嬉しい：悲しいなどがあるが，形状形容詞の場合と異なり，一方で，代表することはない。形状形容詞の場合，質は同じで量だけ異なるのに対して，感情形容詞の場合，例えば，楽しさとつまらなさとでは異質であり，量の問題ではないからである。

形容動詞の場合：　形容動詞の語幹に「さ」が付いた場合にも，程度を表す用法と名詞であることを表す用法とがある。
　8　境内の静かさは比べようがないほどで，感動的であった。〔程度用法〕
　9　静かさがここのとりえです。〔名詞用法〕

（小池清治）

参考文献　森田良行『基礎日本語辞典』（角川書店，1989）

丁寧表現
ていねいひょうげん
teinei-hyougen

expression of politeness

キーワード：丁寧語／丁重語・デスマス体／マスマス体／ッスマス体／ダ体／デアル体／
　　　　　　敬体／常体／丁寧体・特別丁寧体／丁重体／美化語
　　　　　　デス・マス・デゴザイマス・デアリマス

定　義：　文末に「丁寧語」のデスとマスを使って，文章や談話に丁寧な感じを与える表現。

　デス・マスは，敬語の中でも敬語的機能をもつのみで意味の指示対象がほとんどないという点で特殊なものである（名詞に付くデスはやや事情が異なるが）。例えば，クダサルにも差シ上ゲルにも「与える」という動作的な概念が存在したうえで，それぞれ「主体を高く待遇する」とか「関係する人物を高く待遇する」という敬語的機能があるのだが，デス・マスには動作・状態などの概念がなく，あるのはただ「談話・文章を丁寧にする」という敬語的機能だけである。つまり，丁寧語さえ付けて表現すれば，文章・談話の中に待遇すべき人物がいない場合（「きょうはいい天気ですね」など）でも，話題の人物を特に待遇しない場合（「社長は出かけました」）でも，その談話・文章は聞き手・読み手に対して丁寧な印象を与えることができる。したがって，その表現の受容者が想定できない状況では，丁寧語を使うことはない。日記や独り言にはデスもマスも不要なのは，丁寧語の，この「対者に対する敬語」たる性質のためである。

　丁寧語は基本的な文体決定の重要な要素であるといえる。文末が丁寧語で終わる談話・文章は「デスマス体」「敬体」「丁寧体」などと，文末に丁寧語を付けないものは「ダ体」「常体」「ぞんざい体」などと呼ばれ，この二つが日本語表現の基本的な文体である。なお，「デスマス体」には，その中に，より丁重な感じのする丁寧語のデゴザイマスを使うものと，それにさらに「かたさ」の加わったデアリマスを使うものとがあり，これらを使用する文体は，名詞述語文も形容詞述語文も文末がマス終止になるため，「マスマス体」とも呼べる形態的な特徴を帯びる。これを，一般的に「丁寧体」と呼ばれる「デスマス体」と区別して，「特別丁寧体」「丁重体」などと名付けることも可能である。「マスマス体」は，「丁重性」のほか，文の内容が聞き手・読み手にかかわることでないという点でも，特徴がある。

　「丁寧表現」は，文末に「丁寧語」を据えるだけのものを基本として，文中に他の敬語を加えることでいくつかのレベルの「丁寧さ」を表すことができる。この「丁寧さ」のレベルは，おおむね次のような3段階になるであろう。

　　　＋2レベル：マスマス体＋丁重語　（→丁重表現）
　　　＋1レベル：デスマス体・マスマス体＋尊敬語　（→尊敬表現，謙譲表現）
　　　　0レベル　：デスマス体（＋美化語（→美化表現））

0レベルは,「どこに行くんですか」「返しにきました」のように動詞部分に「尊敬語」や「間接尊敬語（→謙譲表現）」は使われないが,基本的な丁寧さは保たれているレベルである。「いいお天気ですね」のように,美化語を付けた語句が使われることもある。これは,基本的な社会生活の場での談話・文章文体で,特に友人とはいえないが親しく言葉を交わせる人どうしの間の会話や書簡の文体である。高校生までの児童・生徒の先輩や教師などに対する話し方も,一般にはこのレベルで十分丁寧に感じられるであろう。

　+1レベルは,「どこにいらっしゃるんですか」「お返ししに伺いました」のように動詞部分に「尊敬語」や「間接尊敬語」の入ってくるレベルで,職場での上司や顧客に対する会話,ビジネス書簡,会議の席上での議論,初対面の成人どうしの依頼や質問の表現などで広くみられるスタイルである。「午後は家におります」のように「丁重語」が使われることも多く,「課長は出張中でございます」のように一部にマスマス体を含むこともある。

　+2レベルは,「輸出が好調さを示しており,業績も上向いてまいりました」のように動詞部分に「丁重語」が多用され,「このような見通しでございます」「なお検討中であります」のように「マスマス体」終止の多いレベルで,多くの聴衆の前での報告・講演・演説,式典類でのスピーチ,祝賀会・結婚披露宴への招待状などの談話・文章レベルである。このレベルでは,文中の連体・連用修飾節にも「デスマス／マスマス体」が貫かれる（「先方のご指摘になりますところによりますと」）という現象がみられる。

　なお,「丁寧表現」の「丁寧さ」は,狭義の敬語だけでなく,そのレベルにふさわしい語彙の選択によっても特徴付けられる。ドコ→ドチラ,キョウ→本日などの選択は0レベルから+1レベルに向かってより多く行われるようになり,ツモリ→所存,ダイタイ→オオムネなどの選択は+1レベルから+2レベルに向かってより多く行われるようになる。

　「丁寧体」の対極にある「ぞんざい体」も,次の2レベルに分けられ,これと「丁寧体」の3レベルとで,待遇表現全体の「丁寧さ」のレベル構成をなしている。

　　−1レベル：ダ体（＋親愛表現,美化表現）（→親愛表現,美化表現）
　　−2レベル：ダ体（＋罵倒悪態表現も）

0レベルと−1レベルは,文体差という点では最も大きい対立点であるが,その間には「ッスマス体」とも呼べるような文体（「無理っすよ」「知らないんすか」）があり,若者の,身近に感じる上司や先輩に対する会話スタイルを作って,この2レベルをつないでいる。また,年齢の近い同僚どうし,近隣の住民どうしの会話には,「デスマス＋ダ混交体」（「お宅,行くの？じゃ,うちも行きますよ」）も見受けられ,「丁寧表現」が「丁寧さ」のレベルにおいては重層的であり得ることがうかがえる。

　なお,文体的特徴に「かたさ」をも考慮すると,「ダ体」の方にも,「かたさ」が加わった文章体である「デアル体」が存在するが,「デアル体」は論文などに用いられる「脱待遇文体」であり,「丁寧さ」とは直接関係ないスタイルといえる。　　　　　　（川口義一）

参考文献　菊地康人「敬語の仕組みと使い方―その三いわゆる丁寧語―」『敬語』(pp.291-310, 角川書店, 1994)；蒲谷宏・川口義一・坂本惠「敬語の分類」『敬語表現』(pp.90-113, 大修館書店, 1998)

適切性表現   expression which indicates adequacy or aptness
tekisetsusei-hyougen

キーワード：ベキダ

定　義：　一般的な真理や，社会通念などから考えて，ものごとの本来的なありかたである，そうすることが適切である，そうすることが当然である，という判断を示す表現。ただし，適切性表現という表現が他と隔絶して存在するのではなく，その周辺にある意味内容とはきわめて密接に関係する。「そうすることが適切（当然）である」という判断を聞き手に示し，聞き手の行動や思考に制約を加えるような発話意図がみられれば「義務」となり，「そうすることが適切［当然］である」ことを聞き手の利益として提言するのであれば「勧告・忠告」ということになる。したがって，適切性表現はこれら周辺の意味とは連続性をもつ。一方で，適切性を示すこと自体には，聞き手や第三者に対する行動や思考の制約が伴わず，規範的な判断を示すことを目的とする点で違いがあるといえよう。

適切性表現の形式：　現代語では文語助動詞「ベシ」の連体形に「ダ」が接続した「ベキダ」が用いられる。この意味は文語助動詞「ベシ」が担っていた「ものごとの道理から推して〜するのがよい」という意味を引き継いでおり，

　1　学生は勉強をするべきだ。
　2　若いうちはたくさん友だちをつくるべきだ。

という，一般的に真理だと考えられていることを表明するもので，聞き手の現実の状況とは切り離された発話である。これが，聞き手の行動自体に関して，

　3　きみは勉強をするべきだ。
　4　きみはたくさん友だちをつくるべきだ。

とすると，「聞き手の現状が発話者の理想と異なる」という前提から，「適切な行動とは何か」を聞き手に示したものと考えられる。1との違いは「学生トイウモノハ当然ノコトトシテ勉強スベキダ」という，発話者が真理である（と信じている）一般論を展開しているのに対して，3，4は結果的には聞き手の行動を制約することもあり，義務や命令の意味と境界があいまいになる。

　5　政府は税金を値下げするべきだ。

の例でも「現状が発話者の理想と異なる」ことに変わりはないが，具体的な人物を指していないために，政府としての在り方について適切性をのべたものか，政府というくくりの中にいる人物を想定して義務や命令に傾くのかはあいまいである。こうした境界線上にあるものは発話時の語調の強弱によって，その意味が左右されることもあるだろう。

（木村義之）

参考文献　森田良行・松木正恵『日本語表現文型』（アルク，1989）

添加表現
てんかひょうげん
tenka-hyougen

expression of addition ＝ 添加
expression of cumulation ＝ 累加

キーワード：累加・添加／接続表現／添加接続詞／漢文訓読／副詞系添加接続詞／動詞系添加接続詞・指示語連体詞系添加接続詞／指示語副詞系添加接続詞／指示語代名詞系添加接続詞／連語系接続詞
　　　　　マタ・カツ・サラニ・シカモ／ナラビニ・オヨビ・ツイデ／ソノウエ／ソウシテ・ソシテ／ソレカラ・ソレニ・ソレバカリカ……モ／ト同時ニ

定　義：　接続詞を中心とする表現で，すでにある表現に対して，新しい表現を付け加える表現。並立表現・選択表現・順接表現・逆接表現・説明表現・補説表現・転換表現等の接続表現の一つ。同質同種のものを付け加えることを累加といい，質を問わずに付け加えることを添加という。累加のはたらきをするものでも，本書では便宜的に添加接続詞という。

添加接続詞の分類：　日本語の接続詞は発達が遅れ，漢文（中国語）を日本語の語序にしたがって読み下す漢文訓読の影響などにより，徐々に他の品詞を転成することで形成されている。添加表現において用いられる添加接続詞を，もとの品詞により分類すると次のようになる。
　①副詞系：マタ・カツ・サラニ・シカモ
　②動詞系：ナラビニ・オヨビ・ツイデ
　③指示語連体詞系：ソノウエ
　④指示語副詞系：ソウシテ・ソシテ
　⑤指示語代名詞系：ソレカラ・ソレニ・ソレバカリカ……モ
　⑥連語系：ト同時ニ

副詞系添加接続詞による文型：　語を接続する用法と節・文を接続する用法とがある。
　a．語を接続する用法
　　1　山また山／波また波／人また人／仕事また仕事／萩・薄また藤袴・われもこう
　　2　必要かつ十分／大胆かつ巧妙／歌いかつ舞う／読み書きかつ考える
　マタは，意味的にも文法的にも等しい同語や同種の語を重ね，その量の多さと連続とを表す。累加の典型である。
　カツは，同時に成立する二つの事柄・状態を列挙するはたらきをする。カツで結ばれる両語は意味的に同一範疇でなければならないが，文法的性質は同一である必要はない。用言が列挙される場合，前項は連用形に，後項は連用形，終止形または連体形になることが多い。カツは，書き言葉であり，話し言葉で使用すると硬すぎる印象を与える。
　サラニ・シカモには語を接続する用法がない。

b. 節・文を接続する用法
　3　電話料金が値下げになりました。また、水道料金も値下げされそうです。〔添加〕
　4　お茶でもいい。また、お花でもいい。なにか習い事をするといい。〔選択〕
　5　また、こんな不思議なこともありました。〔転換〕
　4は選択の用法、5は転換の用法であり、この項目では対象としない。3が添加接続詞としての用法であるが、前項後項となるものは、観点やレベルを等しくする同種同類の表現であるから、意味的には累加ということになる。
　6　電話料金が値下げになりました。また、税金（について）は上がるのでしょうか？
　例文6のように、前項と後項で観点やレベルが異なる場合、マタは使用しにくくなる。使用できたとしても、それは「サテ・トコロデ」などが表す転換の例になってしまう。
　7　森鷗外は作家であり、また、軍医であった。〔作家の側面と軍医の側面がある。〕
　8　森鷗外は作家であり、かつ、軍医であった。〔作家であり、同時に軍医である。〕
　9　森鷗外は作家であり、さらに、軍医であった。〔作家であり、その上軍医である。〕
　10　森鷗外は作家であり、しかも、軍医であった。〔作家で、驚くことにその上軍医様。〕
　マタは前項と後項の同等性を表す意、カツは前項と後項の同時性を表す意、サラニは前項が軽く、後項が主の意、シカモは前項が軽く、後項は驚くに値する情報である意等のニュアンスの相違がある。

動詞系添加接続詞による文型：　語・語相当句を接続する用法と節・文を接続する用法とがある。
　a. 語・語相当句を接続する用法
　11　賞状ならびに賞金／試験中の質問、ならびに他人に迷惑となる行為
　12　東京、大阪および名古屋／飲食物の持ち込み、およびここでの喫煙
　13　電光ついで雷鳴／国旗の掲揚、国歌の斉唱、ついで大会長の挨拶
　ナラビニは前項が主で、後項が従である意を表す。オヨビは前項と後項とが対等である意を表す。法律関係の文章で、ナラビニとオヨビが併用される場合は、例文14のようにナラビニが上位の関係、オヨビが下位の関係を表す。
　14　配偶者および扶養家族、ならびに同居人の氏名を順に記入のこと
　ツイデは連続的に生起した事柄の順序を表し、前項が時間的に前、後項が時間的に後に生起したという意を表す。
　ナラビニ・オヨビ・ツイデは書き言葉で、話し言葉の場合、これらに代わって、ト・ソレニ・ソレカラなどが用いられる。
　b. 節・文を接続する用法
　15　春先に梅の花が咲き、ついで、桜の開花となります。
　ナラビニ・オヨビには、この用法がない。ツイデは連続的に生起したことの順序を表し、前項が時間的に前、後項が時間的に後に連続的に生起したことを表す。

指示語連体詞系添加接続詞による文型：　節・文を接続する。

16　日が暮れ，そのうえ，雪まで降り出した。

　ソノウエは前項と同様の性質・傾向を有するものとして後項として添加する意を表す。「雪まで降り出」すことは旅人にとって，「日が暮れ」るのと同様に心細さを催す状態である。したがって，「日が暮れ，そのうえ，雪が降りやんだ。」は非文となる。

指示語副詞系添加接続詞による文型：　語・語相当句を接続する用法と節・文を接続する用法とがある。

　a．語・語相当句を接続する用法

17　父も母も，そうして［そして］兄も／長男の就職，そうして（そして）長女の結婚

　ソウシテは，同様の性質・傾向を有するものとして後項として添加する意を表す。ソシテはソウシテの縮約形で話し言葉。

　b．節・文を接続する用法

18　太陽が上り，そうして［そして］，海が輝き始めた。

　ソウシテ・ソシテは，連続的に生起したことの順序を表し，前項が時間的に前，後項が時間的に後に連続的に生起したことを表す。ソウシテ・ソシテが無い場合は，前項と後項とが並立し同時的現象となるが，これらが使用されると，時間的前後関係が明示的になる。

指示語代名詞系添加接続詞による文型：　語・語相当句を接続する用法と節・文を接続する用法がある。

　a．語・語相当句を接続する用法

19　山　それから　　　浜　それから　　　鉄橋を　　　汽車は通過した。
20　山　それに　　　　浜　それに　　　　鉄橋を　　　汽車は通過した。
21　山　そればかりか　浜　そればかりか　鉄橋も　　　汽車は通過した。
22　長男の就職　それから　　　　長女の結婚が　この年にあった。
23　長男の就職　それに　　　　　長女の結婚が　この年にあった。
24　長男の就職　そればかりか　　長女の結婚も　この年にあった。

　ソレカラは，例文19のように，連続的に生起したことの順序を表し，前項が時間的に前，後項が時間的に後に連続的に生起したことを表す用法と，例文22のように，時間的前後関係を問わずに，同種の事柄を累加する用法とがある。

　ソレニは，20，23，ともに連続して生起したか否かを問わず，添加する意を表す。前項が添加対象事項で，後項が添加事項となる。

　ソレバカリカは，前項だけではなく，後項もそうだという意を表す。後項に重点をおいた表現となる。この文型では，添加表現であることを明示する必要上，副助詞モが必須アイテムになる。

　b．節・文を接続する用法

25　太陽が上り，それから，　　　　海が輝き始めた。
26　＊太陽が上り，　　　　　　　　それに，　　　海が輝き始めた。
27　太陽が上り，そればかりか，　　海も輝き始めた。

```
28  夜が来た。　それから，　　　　　　満天の星がきらめき始めた。
29  *夜が来た。それに，　　　　　　　満天の星がきらめき始めた。
30  夜が来た。　そればかりか，　　　　満天の星もきらめき始めた。
```
　ソレカラは，ソウシテ・ソシテと同様に，連続的に生起したことの順序を表し，前項が時間的に前，後項が時間的に後に生起したことを表す。
　ソウシテ・ソシテとの相違は，ソウシテ・ソシテが前項が生起した必然的結果として後項が生起したという意を含意するのに対して，ソレカラにはこのような含みはなく，単に時間的前後関係を示すにすぎない。
　ソレニは，前項として添加対象物を必要とし，後項として添加物を必要とする。一般に，節や文はサマやコトを表し，モノは表さないので，例文26，29は非文になる。
　ソレバカリカは，後項を重視した表現を形成する。例文27では「海も」，例文30では「満天の星も」で，「海」「満天の星」を累加したようにみえるが，累加する事項は，「海が輝き始めた」こと，「満天の星がきらめき始めた」ことである。
　副助詞には，直前の語に関与する用法と，直前の語を含む文全体に関与する用法とがある。例文27, 30の場合は，文全体に関与する用法ということになる。

連語系添加接続詞による文型：　語・語相当句を接続する用法と節・文を接続する用法がある。

　a. 語・語相当句を接続する用法
　31　雷鳴と同時に大雨が／数学と同時に英語も
　32　突然の雷鳴と同時に大粒の雨が／数学の勉強と同時に英語の勉強も
　ト同時ニは，一見同時性を表す添加のようにみえるが，実際は，時間と関係せず，同等性による添加表現も構成する。この場合，ソレニやオヨビとは置き換え可能であるが，カツとの置き換えは不可能となる。また，同時性を表すものは，副詞の側面が強い。

　b. 節・文を接続する用法
　33　太陽が上り，と同時に，海が輝き始めた。
　34　夜が来た。と同時に，満天の星がきらめき始めた。
　語・語相当句を接続する用法と異なり，節・文を接続する用法においては，ト同時ニは，同時性による添加表現となる。ソシテ・ソレニの場合は，連続して生起したことの時間的前後関係を表すが，ト同時ニの場合は，間髪を入れずに，後項の事態が発生したという，切迫した同時性を表すという点で異なる。
　また，同時性による添加表現を構成するカツとの相違は次のようなところにある。カツは，二つの事態が同時に存在したという静的な叙述であるのに対して，ト同時ニの場合は，前項が実現するや否や間髪を入れずに，後項が発生したという動的叙述になるというところにある。

（小池清治）

参考文献　市川孝『国語教育のための文章論』（教育出版，1978）；森田良行『基礎日本語辞典』（角川書店，1989）；飛田良文・浅田秀子『現代副詞用法辞典』（東京堂出版，1994）

典型表現 expression of typicality

てんけいひょうげん
tenkei-hyougen

キーワード：イカニモ～ラシイ／的ダ／トイウ感ジダ

定　義：　あるものの特徴・性格がよく表れている，あるものの特徴・性格と呼ぶにふさわしい，という発話者の判断を表す表現。あるものを特徴付けたり，それが典型的であるという事実の切り取り方，焦点の当て方そのものは発話者の判断である。しかし，その判断を聞き手に納得してもらうためには，発話者個人の基準からだけでは納得されないため，ある集団や社会の中で共通理解となっていることを前提とする。ただし，その評価性は少人数の仲間内でそれと了解される面と，社会的合意あるいは常識といったものが基準となって了解される面とがある。

文　型：　典型表現では，「そのものの特徴・性格を十分にそなえている」意を表す接尾語ラシイを副詞イカニモが強調する文型がある。

　　1　いかにも秋らしい空である。　　2　いかにも博物館らしい建物だった。
　　3　いかにも猫らしいしぐさだ。

のように，ラシイの接続する名詞が自然現象・構築物・動物など，人間以外の場合は発話者の判断がプラス評価となりやすい。一方，

　　4　いかにも政治家らしい発言だった。　　5　いかにも職人らしいやり方だ。
　　6　外国に行っても和服でとおすとは，いかにも彼らしい。

のように，地位・職業，または人物などにラシイが接続して典型表現をとる場合は，必ずしもその評価がプラスに傾くわけではなく，揶揄するような言い方になる場合がある。これは，取り上げられる対象がどのような存在であるのかという，その集団や社会における共通理解によって，プラス評価となったり，マイナス評価となったりするからであろう。

　　7　いかにも日本らしい決着のしかただ。

のように，国名の場合も同様である。この場合，国家という抽象的存在ではなく，政治・文化などを抱えた国民性のはらむ特徴を取り上げたためである。人物評価と同様にその特徴は多様であるのは，どの面を典型としてとりあげるかが評価のプラス・マイナスを決めるからであろう。

　「ラシイ」という接尾語を用いない場合は，「イカニモ～的ダ」，「イカニモ～トイウ感ジダ」という文型も表れやすく，

　　8　いかにも学者的なものの言い方だ。　　9　いかにも都会といった感じだ。

のように用いられる。

（木村義之）

参考文献　森田良行『基礎日本語辞典』(角川書店, 1989)；グループ・ジャマシイ『日本語文型辞典』(くろしお出版, 1998)

伝聞表現
でんぶんひょうげん
dembun-hyougen

expression which denotes something one hears from someone else

キーワード：ソウダ／ラシイ／トイウ／トイウコトダ／トノコトダ／ッテ／トカ／由

定　義： 表現主体が，第三者から得た言語情報を，第三者から聞いたものとして，受容主体へと伝達する表現。第三者の発話行為を描写するというより，表現主体自身ではなく第三者による判断であることを示しつつ述べるという性格をもつ点で，「引用表現」と異なる。形式面からいえば，文末に「ソウダ」，または「トイウ」「トイウコトダ」「トノコトダ」「トイウ話ダ」などがおかれる。文末に「ラシイ」が付く場合も，結果として伝聞の意味あいになる場合がある。もとの話者を示す先行要素として「ニヨレバ」「ニヨルト」「ノ話デハ」などが用いられることもあるが，必須的ではない。もとの話者をぼかす「ナンデモ」「聞クトコロニヨルト」などの表現もある。

ソウダ・ラシイ：

前接要素　「ソウダ」が伝聞の用法を担うのは以下の場合である。
・用言の終止形に接続：「降るそうだ」「涼しいそうだ」
・「名詞＋ダ」に接続：「雨だそうだ」

動詞連用形（「降りそうだ」）および形容詞語幹（「涼しそうだ」）に接続する「ソウダ」は様態を表す（「様態表現」の項を参照）。

「ラシイ」も用言の終止形に接続する（「降るらしい」「涼しいらしい」）が，「ソウダ」とは異なり，「ダ」を介さずに直接名詞に接続する（「雨らしい」）。なお，名詞接続の場合には「男らしい態度」のように「〜にふさわしい」という意味を表す接尾語としての用法もある。

派生上の制限　「ソウダ」は，過去形で用いられることはまれであり，連体修飾もできない（因みに，様態の「ソウダ」ならばどちらも可能）。

1　？雨が降っている［た］そうだった。
2　＊雨が降っているそうなグラウンドで試合をやっています。

一方，「ラシイ」は過去形になることができる。連体修飾も可能だが，伝聞ではなく推量の意味になってしまう場合が多い。

3　雨が降っている［た］らしかった。
4　雨が降っているらしいグラウンドで試合をやっています。

先行要素　以下のような形式と共起して，もとの話者を明示したりぼかしたりすることが多い。

① 「〜ニヨレバ」「〜ニヨルト」
5　安田さんによれば，この本はとても面白いらしい。

6　天気予報によると，明日は大雨になるそうだ。
　7　聞くところによると，あの2人は付き合っているらしい。
② 「〜ノ話デハ」の類
　8　先生の話では，前期は試験のかわりにレポートを課すそうだ。
　9　噂では，吉田選手は今期限りで引退するそうだ。
③ 「ナンデモ」
　10　この花びんは，なんでもたいそう有名な陶芸家がこしらえたのだそうだ。
「ソウダ」と「ラシイ」の違い　「ソウダ」と違い，「ラシイ」は常に伝聞の意味を担うわけではない。「推量」の意味を帯びる場合もある（「推量表現」の項も参照）。
　11　高橋さんは結婚しているらしい。
　12　噂によると，高橋さんは結婚しているらしい。
　13　左手の薬指に指輪をはめているところを見ると，高橋さんは結婚しているらしい。
12は第三者の言語情報を伝えており，「ソウダ」に置き換えられる。13は表現主体自身が知覚した情報を根拠とする推量で，「ソウダ」では表せない（「ヨウダ」には置き換えられる）。11だけでは，伝聞なのか推量なのかははっきりしない。つまり「ラシイ」では，判断の根拠が何であるかによって伝聞になったり推量になったりするにすぎない。
　「ソウダ」と「ラシイ」の違いとしては，前者には表現主体自身の推論が含まれることはないが，後者には含まれうるという点があげられる。以下のように，単純な伝言を表す場合は「ソウダ」（14）の方がふさわしいのはこのためであろう（野林，1999）。
　14　小島さんから電話があったのですが，都合により今日はお休みするそうです。
　15　小島さんから電話があったのですが，都合により今日はお休みするらしいです。
伝聞表現と引用表現　伝聞表現と似た機能をもつ表現として，引用表現（「〜といっている」など）がある。
　16　吉岡さんの話では，このお店は安くておいしいそうです。〔伝聞表現〕
　17　吉岡さんは，このお店は安くておいしいと言っていました。〔引用表現〕
この両者は，以下の点で異なる（中畠，1992による）。
・引用表現ではもとの話者が特定される（主語として）が，伝聞表現はもとの話者が特定される必要はない。
・引用表現は「〜といった」などと過去形にできる。伝聞の「ソウダ」が過去形になることはまれ（「ラシイ」は可）。
　18　（母が）雨が降っていると言った。
　19　?雨が降っているそうだった。
　20　雨が降っているらしかった。
・引用表現は疑問・命令・意志・勧誘など様々なムードを帯びた言語情報を表すことができるが，伝聞表現はできない。
　21　岡本さんは早く帰るんですかと言った。

22　岡本さんは早く帰ってくれと言った。
23　岡本さんは早く帰ろうと言った。
・引用表現ではもとの話者の発話に含まれる取り立て表現をそのまま表すことができるが，伝聞ではそれができず，表現主体のものと解釈されてしまう。
24　田中さんは（自分は）10回もハワイに行ったことがあると自慢した。
25　田中さんは10回もハワイに行ったことがあるそうだ。

24で「も」をつけて10回という回数を評価しているのは元の話者「田中さん」だが，25では表現主体の評価となる。
　以上の構文的振る舞いの相違が反映するのは，次に示すような両者の指向性の違いである。
・伝聞表現：　自分は直接は知らない，したがって確言的に言い切ることはできない内容を，他から自分が聞いた情報として述べる表現
・引用表現：　特定の人があるときにあることをいったという事実を，事実として客観的に報告する表現

トイウ／トイウコトダ／トノコトダ：　助動詞「ソウダ」「ラシイ」のほかにも，以下のような形でも伝聞の意が表される。
26　彼が大学に入ったのは1990年の春だという。
27　彼が大学に入ったのは1990年の春だということだ。
28　彼が大学に入ったのは1990年の春だとのことだ。
27，28は，「コト」の代わりに「話」「噂」「評判」のような名詞も入る。

構文的特徴
①用言終止形，名詞＋ダ，形容動詞（31のように語幹だけのこともある）に接続する。
29　学生たちは目的地に着いたということだ。
30　学生たちは無事だということだ。
31　学生たちは無事ということだ。
②もとの話者は明示されてもされなくてもよい。また，引用表現の場合のようにもとの話者を主語として示すことはできない。
32　川谷先生によると，学生たちは目的地に着いたということです。
33　＊川谷先生は，学生たちは目的地に着いたということです。
③過去形・疑問形にはできるが，否定形にはならない。
34　学生たちは目的地に着いたということだった。
35　学生たちは目的地に着いたということですか？
36　＊学生たちは目的地に着いたということでない。
④疑問・命令・意志・勧誘など様々なムードを帯びた言語情報を表すことができる。
37　早く帰ってくれということだ。
38　今日は早く仕事を終わらせましょうとのことです。

②は伝聞表現「ソウダ」「ラシイ」と同じだが，④は「といっていた」などの引用表現と共通する。つまり，「トイウコトダ」の類は，伝聞表現と引用表現の中間的なものとして位置付けられる。

ッテ：　くだけた話し言葉でよく用いられる。
　39　お父さん今日は帰るの遅くなるって。
　40　昨日お父さんは夜中の2時までお酒を飲んでたんだって。

構文的特徴
①用言終止形，名詞＋ダに接続する。
　41　みんな目的地に着いたって。
　42　明日は雨だって。
②もとの話者は明示されてもされなくてもよい。また，引用表現と同様にもとの話者を主語として示すことができる。
　43　鈴木さんがあなたによろしくって。
　44　（品物を渡しながら）山田先生が君にって。
③過去・疑問・否定といった派生はしない。
④疑問・命令・意志・勧誘など様々なムードを帯びた言語情報を表すことができる。
　45　もう仕事はおわりましたかって。
　46　今日は早く仕事を終わらせましょうって。
④に加え，②もとの話者を主語で示せるという特徴から，伝聞というよりも引用の一種として位置付けられるべき表現とみられる。

トカ：　ややくだけた文体で用いられる。
　47　パトカーがたくさん来ているよ。なんでも近くの交差点で事故があったんだとか。
　48　隣のおじさんは株で大もうけしたとかで，最近やけに羽振りがいい。

由：　主として手紙文で用いられる。聞き手に関して聞いた情報を本人に確認する場合に用いられることが多い。
　49　皆さんお元気でお過ごしの由，何よりです。
　50　来月出張で大阪にいらっしゃる由，その時はぜひお会いしましょう。
　51　入院された由，奥さんより伺いました。お見舞い申し上げます。
49，50のように名詞句として「聞く」などの動詞の目的語になるか，50のように独立語的に挿入される。「〜との由」という形で用いられることもある。　　　　（宮田公治）

参考文献　寺村秀夫『日本語のシンタクスと意味Ⅱ』（くろしお出版，1984）；中畠孝幸「不確かな伝達」（三重大学日本語学文学，3号，1992）；野林靖彦「類似のモダリティ形式『ヨウダ』『ラシイ』『ソウダ』」（国語学，197集，1999）

当為表現 expression of obligation
とうい ひょうげん
toui-hyougen

キーワード：完全当為文・不完全当為文／当為指標・当為性／個別的当為表現・一般的当為表現／禁止表現
ネバナラヌ・ネバナラナイ／ナケレバナラヌ・ナケレバナラナイ／ナケレバイケナイ・ナケレバ駄目ダ／ナクテハイケナイ・ナクテハ駄目ダ／ベキダ

定　義：　ある目的を達成するために必要とされる行為を当為といい，当為であると聞き手・読み手に主張して行動を促す表現を当為表現という。英語のmust, have to, ought to, shouldを用いた文に相当する。当為表現には，当為文を構成する三要素をすべて備えた完全当為文とその一部を欠く不完全当為文がある。

完全当為文の文型：　当為表現を構成する要素は，達成すべき「目的」，そのために要求される「必要」事項および，当為指標である。完全当為文はその三要素を備えている。

	目的	必要	当為指標		文体	当為性
1	平和の実現のために	努力せ	ねば	なら ぬ。	古古古	9
2	平和の実現のために	努力せ	ねば	なら ない。	古古新	7
3	平和の実現のために	努力し	なければ	なら ぬ。	中古古	8
4	平和の実現のために	努力し	なければ	なら ない。	中古新	6
5	平和の実現のために	努力し	なければ	いけ ない。	中新新	4
6	平和の実現のために	努力し	なければ	駄目だ。	中　新	3
7	平和の実現のために	努力し	なくては	なら ぬ。	新古古	7
8	平和の実現のために	努力し	なくては	なら ない。	新古新	5
9	平和の実現のために	努力し	なくては	いけ ない。	新新新	3
10	平和の実現のために	努力し	なくては	駄目だ。	新　新	2
11	平和の実現のために	努力す	べきだ。		新	1

当為指標：　当為指標は，ベキダ，駄目ダを除くと，「打消仮定条件＋動詞＋打消」の三つの部分より構成される。

　打消仮定条件を表す形式には，ネバ，ナケレバ，ナクテハの三種があり，この順序で，時代的・文体的に古，中，新となる。古い表現は厳かで重々しい感じを与え，当為性が強い表現となり，新しい表現は軽々しい感じを与え，当為性が弱い表現となる。当為性の強弱を計量する目安として便宜的に，古＝3点，中＝2点，新＝1点とする。

　動詞には，ナル・イクの二種類がある。ナルは古く，イクは新しい。ナル＝3点，イク＝1点とする。

　打消を表す形式は，ヌ・ナイで，ヌは古く，ナイは新しい。ヌ＝3点，ナイ＝1点とす

る。駄目ダは意味的に打消を表す。当為指標として最も新しいもので，1点とする。

ベキダは当為指標としては例外的形式である。明治以降に発達したもので1点とする。

このようにして，当為指標の換算点を合計すると前頁の「当為性」のようになる。換算点の多いものほど，当為性が強く，少ないものほど当為性が弱いということになる。

不完全当為文の文型：　当為表現を構成する三要素のうち，「目的」を欠くものを不完全当為文という。

12	暴力は	団結して立ち向かわ	なければならない。
13	自然破壊は	極力回避せ	ねばならない。
14	履歴書は	自筆のもので	なくてはいけない。
15	教師は	どの生徒に対しても公正で	なくてはいけない。
16		言葉遣いに気をつけ	なくてはいけない。

12は，「暴力（に対抗するために）は」のような省略とも考えられるが，13以下は，「目的」の部分が曖昧である。言い換えると，「目的」の部分は，話し手・書き手の恣意に委ねられていて，場合により，押し付けがましい表現となる。そういう意味で，「目的」を欠く当為表現は，個人の主観に基づく，個別的当為表現ということができる。

ふりかえって，1から11の「目的」を明示した当為表現は，社会常識，一般的通念を前提とした当為表現であるということになり，個別的当為表現に対して，一般的当為表現ということができる。

また当為表現において，「目的」は選択的要素，「必要」，「当為指標」は必須要素である。

禁止表現：　当為表現に対応する表現は禁止表現である。

1	平和の実現のために	努力せ	ねばならぬ。	当為表現
1b	平和の実現のために	努力を惜しむ	べからず。	禁止表現
4	平和の実現のために	努力し	なければならない。	当為表現
4b	平和の実現のために	努力を惜しんでは	ならない。	禁止表現
5	平和の実現のために	努力し	なくてはいけない。	当為表現
5b	平和の実現のために	努力を惜しんでは	いけない。	禁止表現
6	平和の実現のために	努力し	なければ駄目だ。	当為表現
6b	平和の実現のために	努力を惜しんじゃ	駄目だ。	禁止表現
11	平和の実現のために	努力す	べきだ。	当為表現
11b	平和の実現のために	努力を惜しむ	な。	禁止表現

このように対比させて観察すると，当為表現は，当為指標の中に打消というマイナスのマークを含むのに対して，禁止表現は，「必要」の中に，「惜しむ」など，マイナスのマークを含むという相違があることに気付く。この意味において，禁止表現は，当為表現の一種である。

（小池清治）

参考文献　グループ・ジャマシイ『日本語文型辞典』（くろしお出版，1998）

動詞文 verbal predicate sentence
doushi-bun

キーワード：基本文型／中核動詞／タ形・テイル形・テアル形／存在動詞・状態動詞・状動自動詞・状動他動詞・動態動詞・可能動詞／修飾用法・叙述用法／要求格／鍵文（ドウ型疑問文・ドウシテイル型問文・ドウシテアル型疑問文・反復型疑問文）

定　義：　日本語の基本文型の一つ。「雨が降る。：雨が降っている。／鶯が鳴く。：鶯が鳴いている。」のように述部（いわゆる「述語」）の中核が動詞によって構成される文を動詞文という。述部の中核となる動詞を中核動詞という。中核動詞には，助動詞・補助動詞などによって表されるヴォイスやアスペクトなどが加わることがある。

動詞は，タ形やテイル形・テアル形の有無・意味などにより，表のように分類される。

	語　　例	タ形	テイル形	鍵文
存在動詞	要る	ナシ	ナシ	ドウ型・反復型
状態動詞	飢える／優れる／似る	状態	状態	ドウ型・反復型
状動自動詞	かかる／枯れる／死ぬ	状態・過去	状態	ドウ型・反復型
状動他動詞	受ける／教わる／考える	状態・過去	状態・経験態・進行態	ドウシテイル／アル型・反復型
動態動詞	書く／着せる／紹介する	過去	経験態・進行態	ドウシテイル／アル型・反復型
可能動詞	売れる／書ける／出来る	過去	状態・経験態・達成態	ドウ型・反復型

存在動詞文

語例	修飾用法	叙述用法	タ形テイル形	要求格	鍵　文	他動詞
要る	金が要る人	増築には金が要る。	ナシ	ガ／ニ／デ／マデニ	ドウ型・反復型	ナシ

要ルは唯一，テイル形をもたない動詞である。この点，テイル形がない，アル・イル・オルなどの存在詞と同じである。

古典語ではすべての動詞の辞書形がテイル形を内包していたが，要ル・アル・イル・オルは古典語の性質を現代まで伝える希少な例と考えられる。いわば古いタイプの動詞である。意味的に考えれば，これらの動詞・存在詞は，アスペクト・状態の意を内包するので，あえて，テイル形を必要としないものなのであろう。

また，要ルには，（共通語では）タ形もない。この点で，アル・イル・オルの存在詞とも異なる。過去の状況について述べる場合は，

　　増築には金がかかった。／増築には金が必要だった。／増築には金を必要とした。

など，類義の表現が採用される。

アル・イル・オルは時間軸のどこかに位置付けられるが，要ルは時間軸とは別次元の判断を表すものであるため，タ形をもたないものと考えられる。

要ルが要求する格はガ格とニ格で，他にデ格やマデニ格がある。ガ格は要ルと判断される対象についての情報を，ニ格は要ルと判断する状況や主体についての情報を，デ格は要ル理由に関する情報を表す。理由に関する情報は，条件表現で表される場合もある。また，要ル時間的限度に関する情報はマデニ格で表される。

　　私（に）は余計な心遣いは要りませんから…。
　　引っ越し（に）は人手が要る。／私（に）は選挙で資金が要る。／事故を起こして，金が要る。／この仕事の完成までに（は），時間が要る。

これらの要ルはすべてカカルに置き換え可能であるが，カカルは後に述べる状動自動詞で，テイル形をもち，タ形が状態と過去を表す別種の動詞である。

存在動詞文が答えとなる鍵文（いわゆる「疑問文」）は，
　　金はどうなの？／金は要るの？
のようなドウ型疑問文や反復型疑問文である。

要ルに対応する他動詞はなく，要ルには動作性や作用性が全くない。

状態動詞文

語例	修飾用法	叙述用法	タ形テイル形	要求格	鍵文	他動詞
飢える	愛に飢えた（ている）男	あの男は愛に飢えている。	状態	ガ／ニ／ヨリ	ドウ型・反復型	ナシ
劣る	金に／より劣った（ている）銀	銀は金に／より劣っている。	状態	ガ／ニ／ヨリ／デ	ドウ型・反復型	ナシ
勝る	どの点でも勝った（ている）商品	この商品はどの点でも勝っている。	状態	ガ／ニ／ヨリ／デ	ドウ型・反復型	ナシ
優れる	優れた（ている）アイディア	彼のアイディアは誰より優れている。	状態	ガ／ニ／ヨリ／デ	ドウ型・反復型	ナシ
聳える	県境に聳えた（ている）富士山	富士山は県境に聳えている。	状態	ガ／ニ	ドウ型・反復型	ナシ
尖る	芯の尖った（ている）鉛筆	この鉛筆は芯が尖っている。	状態	ガ／ヨリ	ドウ型・反復型	ナシ
似る	鶯によく似た（ている）小鳥	その小鳥は鶯によく似ている。	状態	ガ／ニ／ヨリ／デ	ドウ型・反復型	ナシ
鄙びる	鄙びた（ている）風景	ここの風景は鄙びている。	状態	ガ／ニ／ヨリ／デ	ドウ型・反復型	ナシ
ひねくれる	彼のひねくれた（ている）根性	彼は根性がひねくれている。	状態	ガ／ヨリ／マデ	ドウ型・反復型	ナシ
異なる	異なった（ている）文化	国により文化が異なっている。	状態	ガ／ニヨリ／デ／ト	ドウ型・反復型	異にする
違う	父とは違った（ている）生き方	生き方が父とは違っている。	状態	ガ／デ／ト	ドウ型・反復型	違える

状態動詞の修飾用法においては，タ形とテイル形がほぼ同じ意味を表す。
　　金より劣った銀　　　　　〔性質として劣る〕
　　金より劣っている銀　　　〔状態として劣っている〕
したがって，このタは状態を表すと考えてよい。

また，叙述用法においては，テイル形が基本であるが，辞書形で表現される場合もある。
　　銀は金より劣っている。　テイル形　〔現時点における臨時的状態〕
　　銀は金より劣る。　　　　辞書形　　〔本質に関する恒常的状態・性質〕

辞書形は前述のように古代語の用法が残存した古い用法であり，現代では書き言葉と考えられる。なお，優レル・尖ル・似ル・鄙ビル・ヒネクレルなどの辞書形は書き言葉としても用いられない。これらは叙述用法において，テイル形しかない動詞である。

状態動詞が要求する格はガ格で，他にニ格やヨリ格・デ格・マデ格などがある。ガ格は状態主に関する情報を，ニ格やヨリ格は対比される対象に関する情報を，デ格は対比される部位に関する情報を，マデ格は状態の及ぶ限度に関する情報を表す。
　　銀は金より耐久性の点で劣っている。／その小鳥は鶯に羽の色まで似ている。
　状態動詞文が答えとなる鍵文（いわゆる「疑問文」）は，
　　銀は耐久性の点で金よりどうなの？／銀は耐久性の点で金より劣るの？
などのドウ型疑問文や反復型疑問文である。
　状態動詞には原則として対応する他動詞はなく，状態動詞は動作性・作用性が全くないのであるが，異ナル・違ウは例外で，異ニスル・違エルという対応する他動詞を有する。これらにおいては，自動詞＝無意思動詞，他動詞＝意思動詞という対立を構成する。

状動自動詞文

語例	修飾用法	叙述用法	タ形	要求格	鍵文	他動詞
かかる	時間がかかった[ている]工事	この工事には時間がかかっている。	状態	ガ／ニ／デ	ドウ型・反復型	
	復旧に時間がかかった事故	その事故は復旧に時間がかかった。	過去	ガ／ニ／デ	ドウ型・反復型	かける
枯れる	枯れた[ている]桜	この桜は枯れている。	状態	ガ／ニ／デ	ドウ型・反復型	
	去年枯れた桜	この桜は去年枯れた。	過去	ガ／ニ／デ	ドウ型・反復型	枯らす
死ぬ	死んだ[ている]システム	そのシステムは死んでいる。	状態	ガ／ニ／デ	ドウ型・反復型	
	昨年死んだ祖父	祖父は昨年死んだ。	過去	ガ／ニ／デ	ドウ型・反復型	亡くす
成る	医者に成った[ている]友人	その友人は医者に成っている。	状態	ガ／ニ／デ	ドウステイル型	
	去年医者に成った友人	その友人は去年医者に成った。	過去	ガ／ニ／デ	反復型	する
煮える	煮えた[ている]芋	芋が煮えている。	状態	ガ／ニ／デ	ドウ型・反復型	
	さっき煮えた芋	芋が煮えた。	過去	ガ／ニ／デ	ドウ型・反復型	煮る
曲がる	曲がった[ている]線路	この線路は曲がっている。	状態	ガ／デ	ドウ型・反復型	
	よく曲がったカーブ	彼のカーブはよく曲がった。	過去	ガ／デ	ドウ型・反復型	曲げる
見える	先の見えた[ている]計画	その計画は先が見えている。	状態	ガ／ニ	ドウ型・反復型	
	昨日見えた富士山	富士山が昨日見えた。	過去	ガ／ニ／カラ	ドウ型・反復型	見る
満ちる	喜びに満ちた[ている]顔	彼女は今喜びに満ちている。	状態	ガ／デ／ニ	ドウ型・反復型	
	午後6時に満ちた潮	潮は午後6時に満ちた。	過去	ガ／ニ	ドウ型・反復型	満たす
向く	南を向いた[ている]部屋	部屋は南を向いている。	状態	ガ／ヲ／ニ／ヘ	ドウ型・反復型	
	先程右を向いた時	その時顔が右を向いた。	過去	ガ／ヲ／ニ／ヘ	ドウ型・反復型	向ける
泳ぐ	泳いだ[でいる]目	目が泳いでいる。	状態	ガ／デ	ドウ型・反復型	泳がす
	昨日泳いだプール	昨日プールで泳いだ。	過去	ガ／デ／ヲ	ドウステイル型・反復型	泳がす

　状態動詞性と動態動詞性を具有する動詞を中核動詞とする文。タ形とテイル形とがほぼ同義という点では状態動詞であり，同時にタ形は状態のほかに過去をも表すという点では

動態動詞である。これは，カカル・枯レル等の動詞には，状態の側面と状態の変化の側面があるということが反映したものであろう。動態動詞の側面には対応する他動詞が存在する。

　要求する格はガ格のほかにニ格・デ格・ヲ格・ヘ格などがある。ガ格は状態主や状態変化主に関する情報を，ニ格は時や方向に関する情報を，デ格は場所や原因に関する情報を，ヲ格・ヘ格は方向に関する情報を表す。

　　この桜は去年の夏に水不足で枯れている。／芋が鍋の中で煮えている。／この線路は
　　内側へ（に）曲がっている。

　状動動詞文が答えとなる鍵文（いわゆる「疑問文」）は，

　　この桜は去年の夏の水不足でどうだった？／この桜は去年の夏の水不足で枯れた？
などのドウ型疑問文や反復型疑問文であり，鍵文においては，状態動詞と同じである。

状動他動詞文

語例	文　例	タ形	テイル形	テアル形	要求格	鍵　文
受ける	母から愛を受けている。	状態	状　態	既然態	ガ／カラ／ニ／ヲ	ドウシテイル／アル型・反復型
	生前注意を父から受けている。	過去	経験態	既然態	ガ／カラ／ニ／ヲ	ドウシテイル／アル型・反復型
	試験を今受けている。	過去	進行態	既然態	ガ／ヲ	ドウシテイル／アル型・反復型
教わる	その歌は母に教わっている。	状態	状　態	既然態	ガ／カラ／ニ／ヲ	ドウシテイル／アル型・反復型
	その歌は生前父に教わっている。	過去	経験態	既然態	ガ／カラ／ニ／ヲ	ドウシテイル／アル型・反復型
	その歌は今学校で教わっている。	過去	進行態	既然態	ガ／デ／ヲ	ドウシテイル／アル型・反復型
考える	その計画はよく考えている。	状態	状　態	既然態	ガ／ヲ／ニツイテ	ドウシテイル／アル型・反復型
	その計画は昨日考えている。	過去	経験態	既然態	ガ／ヲ／ニツイテ	ドウシテイル／アル型・反復型
	その計画は今考えている。	過去	進行態	既然態	ガ／ヲ／ニツイテ	ドウシテイル／アル型
着る	その人形は着物を着ている。	状態	状　態	既然態	ガ／ヲ	ドウシテイル／アル型・反復型
	その着物は昨日着ている。	過去	経験態	既然態	ガ／ヲ	ドウシテイル／アル型・反復型
	その着物は今着ている。	過去	進行態	既然態	ガ／ヲ	ドウシテイル／アル型・反復型

　状動自動詞文とタ形が状態と過去とを表すという点で同じであるが，テイル形のほかにテアル形が有るという点において異なる。

　テイル形は現在の状態や過去の状態（経験態）・現在の進行態を表す。受ケル・教ワル・考エル・着ルなどが有する状態的側面が意識される場合は状態，動作的側面が意識される場合は進行態，両者の側面が意識される場合は経験態である。

　テアル形は本来自動詞にはなく，他動詞のみが有する形である。ある事柄がすでに意識的になされている状態（既然態）にあることを意味する。

　要求する格はガ格のほかにカラ格・ニ格・ヲ格・デ格・ニツイテ格などである。ガ格は状態主・動作主に関する情報を，カラ格・ニ格は状態・動作の起点に関する情報を，ヲ格・ニツイテ格は対象に関する情報を表す。

　状動他動詞文が答えとなる鍵文（いわゆる「疑問文」）は，

　　試験はどうしている？／試験は受けてある？

などのようなドウシテイル／アル型疑問文や反復型疑問文である。

　なお，受ケルはいわゆる受給動詞といわれるが，与エル・ヤル・アゲル・モラウなども状動他動詞に属する。また，教ワルは，「教えられる」と意味的には等価であり，受身動詞ともいわれる。同類の授カル・賜ルなどもこのタイプの動詞である。

動態動詞文

語例	文例	タ形	テイル形	テアル形	要求格	鍵文
書く	字を書いている。	過去	経験態・進行態		ガ／ヲ／ニ／デ	ドウシテイル型・反復型
	字が書いてある。			既然態	ガ／ニ／デ	ドウシテアル型・反復型
着せる	着物を着せている。	過去	経験態・進行態		ガ／ヲ／ニ	ドウシテイル型・反復型
	着物が着せてある。			既然態	ガ／ニ	ドウシテアル型・反復型
紹介する	AがBをCに紹介している。	過去	経験態・進行態		ガ／ヲ／ニ	ドウシテイル型・反復型
	AがBをCに紹介してある。			既然態	ガ／ヲ／ニ	ドウシテアル型・反復型

　動態動詞においては，タ形はすべて過去を表す。動作・作用を表す点で，典型的な動詞である。時間軸や空間軸に位置付けられる具体性を有するため，時間軸での位置付けがはっきりしている。

　また，動態動詞はすべて他動詞であり，テイル形のほかにテアル形がある。

　テイル形は経験態や進行態を表す。テイル形においては，動作主がガ格で，直接対象がヲ格で，間接対象がニ格で，場所格や道具格・手段格がデ格で表される。

　テアル形は既然態を表す。状態主はガ格で，場所格はニ格で，道具格・手段格はデ格で表される。テイル形のヲ格がガ格で表されるところに特徴がある。

　動態動詞文が答えとなる鍵文（いわゆる「疑問文」）は，
　　字をどうしている？／字を書いている？
　　字がどうしてある？／字が書いてある？
のようなドウシテイル／アル型疑問文や反復型疑問文である。

可能動詞文

語例	文例	タ形	テイル形	要求格	鍵文	対応動詞
売れる	本が売れる。	過去	状態	ガ／ニ／デ	ドウ型・反復型	売る
	本を売れる。	過去		ガ／ニ／ヲ／デ	ドウ型・反復型	
書ける	字が書ける。	過去	状態・達成態	ガ／ニ／デ	ドウ型・反復型	書く
	字を書ける。	過去		ガ／ニ／ヲ／デ	ドウ型・反復型	
出来る	英語が出来る。	過去	状態	ガ／ニ／デ	ドウ型・反復型	ナシ
	英語を出来る。	過去		ガ／ニ／ヲ／デ	ドウ型・反復型	

　可能動詞はタ形が過去の意を表す点で動態動詞と性質を等しくする。一方，後述するように，テアル形がなく，鍵文はドウ型疑問文・反復型疑問文である点で存在動詞文・状態動詞文・状動自動詞文などと性質を等しくする。言い換えると，可能動詞は他動詞的要素

と自動詞的要素とを合わせもつ動詞ということになる。売レルを例にすれば，図のようになる。

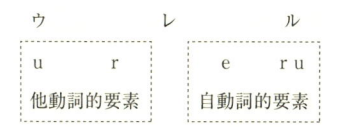

```
   ウ  レ  ル
 ┌─────┐ ┌─────┐
 │ u r │ │ e r u │
 │他動詞的要素│ │自動詞的要素│
 └─────┘ └─────┘
```

「本が売れる。」のように，ガ格を用いた表現が規範的な表現である。実際にはヲ格を用いた「本を売れる（ように）／漢字を書ける（ように）／英語を出来る（ように）」のような表現もある。ただし，これらにはテイル形がなく，新しいものであることがわかる。

ヲ格を用いた表現がなされるようになったのは，対応する動詞が他動詞であることの影響であろう。また，一因として，売レルなどには同音異義の状態動詞があるため，ガ格で表現すると，同音衝突が生じ，意味の伝達に支障が生じる。この混乱を避ける意識が働くためと推測される。

可能動詞のテイル形は状態・経験態・達成態などを表す。

　　売れている本／漢字が書けている人／英語が出来ている人　　〔状態〕
　　小さな字が書けている頃／英語が出来ている頃　　　　　　　〔経験態〕
　　よく書けている。　　　　　　　　　　　　　　　　　　　　〔達成態〕

要求する格は，ガ格のほかにニ格・ヲ格・デ格などである。ガ格は状態主や動作主に関する情報を，ヲ格は直接対象に関する情報を，ニ格は間接対象に関する情報を，デ格は場所や手段に関する情報を表す。

可能動詞文が答えとなる鍵文（いわゆる「疑問文」）は，

　　この本どうなの？／この本売れている？
　　漢字はどうなの？／漢字は書ける？
　　英語はどうなの？／英語は出来る？

のようなドウ型疑問文や反復型疑問文である。

対応する動詞は，売ル・書クのような他動詞のほかに，来ル・寝ルなどの自動詞もあるが，すべて，人間の行為に関係するもので，降ル・止ム・上ガルなど自然現象の生起に関する動詞などには可能動詞は存在しない。

　　　　　　　　　　　　　　　　　　　　　　　　　　　　（小池清治）

参考文献　宮地裕『文論―現代語の文法と表現の研究（一）』（明治書院，1971）；国立国語研究所編『動詞の意味・用法の記述的研究』（秀英出版，1972）；三上章『現代語法序説』（くろしお出版，1972）；鈴木重幸『日本語文法・形態論』（むぎ書房，1972）；南不二男『現代日本語の構造』（大修館書店，1974）；金田一春彦編『日本語動詞のアスペクト』（むぎ書房，1976）；寺村秀夫『日本語のシンタクスと意味Ⅰ・Ⅱ』（くろしお出版，1982，1984）；高橋太郎『現代日本語のアスペクトとテンス』（秀英出版，1985）；益岡隆志『命題の文法』（くろしお出版，1987）；森山卓郎『日本語動詞述文の研究』（明治書院，1988）；工藤真由美『アスペクト・テンス体系とテクスト―現代日本語の時間の表現―』（ひつじ書房，1995）

倒置表現　　　　inversion
touchi-hyougen

キーワード：切れる文の成分・続く文の成分

定　義：　切れる文の成分で文が終わらず，平叙文なら前置されるべき続く文の成分が後置され，これに陳述（イントネーション）が加えられて文が終わる表現。独立成分以外のすべての文の成分を後置することができる。後置きされた部分が強調される，強調表現の一種。

文　型：　石川啄木『一握の砂』所収の短歌を例にする。

1　わが髭の下向く癖がいきどほろし
　　このごろ憎き男に似たれば　　　　　　〔接続成分後置〕
2　腕拱みてこのごろ思ふ
　　大いなる敵目の前に躍り出でよと　　　〔内容格補足成分後置〕
3　おどけたる手つき可笑と
　　我のみはいつも笑ひき
　　博学の師を　　　　　　　　　　　　　〔目的格補足成分後置〕
4　やはらかに柳あをめる
　　北上の岸辺目に見ゆ
　　泣けとごとくに　　　　　　　　　　　〔連用成分後置〕
5　ものなべてうらはかなげに
　　暮れ行きぬ
　　とりあつめたる悲しみの日は　　　　　〔題目部後置〕
6　父のごと秋はいかめし
　　母のごと秋はなつかし
　　家持たぬ児に　　　　　　　　　　　　〔位格補足成分後置〕
7　時雨降るごとき音して
　　木伝ひぬ
　　人によく似し森の猿ども　　　　　　　〔主格補足成分後置〕
8　顔とこゑ
　　それのみ昔に変らざる友にも会ひき
　　国の果にて　　　　　　　　　　　　　〔場所格補足成分後置〕
9　ゆゑもなく海が見たくて
　　海に来ぬ
　　こころ傷みてたへがたき目に　　　　　〔時格補足成分後置〕　　　（小池清治）

時の表現 1
とき　ひょうげん
toki-no-hyougen

expression of time
temporal expression

キーワード：テンス／アスペクト／アクチオンザルト／タクシス／過去／現在／未来／ムード的な用法／完成相／継続相／動きの進行中／結果の状態／動きの開始／動きの継続／終了／時の設定
ル形／タ形／スル／シテイル／シハジメル／シツヅケル／シオワル／トキ（ニ）／マエ（ニ）／アト（ニ・デ）／アイダ（ニ）／マデ（ニ）／カラ／テアル・テイク・テクル・テシマウ

定　義：　言表事態の成立時点と発話時点や基準となる時点との時間的な先後関係を表す表現（テンスの表現），出来事の時間的展開をとらえる立場から動きの時間的な局面をとらえる仕方を表す表現（アスペクトの表現），複数の事態間の時間的関係（タクシス）を表し分ける表現（時の設定の表現），などの時間にかかわる表現（→過去表現，継続状態・結果状態の表現，局面表現，完了の表現，想起・発見の表現など）。

テンスの表現：　述語の形（ル形とタ形）によって，言表事態の成立時点が，発話時点であるか（現在），それより以前であるか（過去），あるいはそれより以後（未来）であるかを表すが，そのことは述語の種類によって規定される。ル形は，基本的には，述語が動作動詞の場合には未来の確定的な動作・出来事を表し，状態動詞の場合には現在の状態・過去から現在までの状態・未来の状態を表す。なお，事態の時間的位置付けを表し分けるには，ほかにも時間副詞（明日・昨日・今など）があるが，このような述語の形式は中核的・義務的であり，時間副詞は任意的である。

1　明日子供たちは東京に行く。〔未来の動作・出来事〕
2　机の上に荷物がある。〔現在の状態〕
3　昨日からそこに荷物がある。〔過去から現在までの状態〕
4　明日試験がある。〔未来の状態〕

ただし，述語が「思う・考える・信じる・疑う・感心する」などの思考動詞の場合には，動的ではあるが発話時現在の事態を表す。また，述語動詞が「音・声・匂い・味・気がする」などの感覚でとらえた印象を表したものや，「感心する・苦しむ・悩む」などの話し手の感情・感覚を表出したものの場合にも，発話時現在の事態を表す。

5　彼は絶対に来ると思う〔考える／信じる〕。
6　不思議な（音・声・匂い・味・気）がする。
7　彼の言動に感心する〔苦しむ／悩む〕。

述語が名詞や形容詞・形容詞動詞の場合は，現在の状態・過去から現在までの状態を表すが，未来の状態は表せる場合（8）と表せない場合（9・10）とがある。

8　太郎君は（去年から／来年から）大学生です。
9　太郎君は（小さいときから）背が高い。
10　太郎君は（昨日から）元気です。

夕形は，述語が動作動詞の場合は過去の事実としての動作や出来事，状態動詞や名詞・形容詞・形容動詞の場合は過去の状態や過ぎ去った過去から現在までの状態を表す。

11　昨日壮行試合が行われた。〔過去の事実としての動作・出来事〕
12　昨夜は家にいた。〔過去の状態〕
13　さっきから何もすることがなくてずっと退屈だった。〔過去から現在までの状態〕

なお，動作動詞はル形が現在の習慣，夕形が過去の習慣や性質を表すことがあるが，テンスの表現とみる立場と，17～20同様テンスから解放された表現とみる立場とがある。

14　毎朝2キロのジョギングをする。〔現在の習慣〕
15　10年前は毎朝ジョギングをした。〔過去の習慣〕
16　この神社は昔は人々の信仰を集めた。〔過去の性質〕
17　日は東からのぼる。〔真理〕
18　最近の子供たちはすぐあきらめる。〔事物の性質〕
19　最初に塩を大匙3杯入れます。〔説明〕
20　そこで通行人Aが振り向く。〔ト書〕

また，文中の「いつ・どこで・誰が・何を」などが特に関心事となるような歴史的事実の場合には，ル形でも夕形でもとれる。

21　794年に，平安京に遷都される［た］。
22　初代内閣総理大臣に伊藤博文が任命される［た］。

ところで，ル形が話し手の意志や発見，夕形が発見・確認・想起・要求・後悔などを表す場合があるが，これらは話し手の心的態度が反映されたムード的な用法である。

23　これから図書館に行く。〔意志〕
24　あ，ここにある［あった］。〔発見〕
25　ねえ，そのこと知ってた？〔確認〕
26　いっけない，宿題が出てた。〔想起〕
27　どいた。どいた。〔要求〕
28　しまった，ハイライトシーンを見逃した。〔後悔〕

アスペクトの表現：　広義のアスペクトは，現象を動きとしてとらえるか状態としてとらえるかというとらえ方の違いを表す基本的な対立（狭義アスペクト）と，出来事の時間的展開をとらえる立場から動きの時間的な局面をとらえる仕方（アクチオンザルト）とを含めた文法的なカテゴリーである。言語形式としては，前者はスルとシテイルの対立，後者はテ系補助動詞形式（「動詞＋テ＋アル，クル，イク，シマウ」など）や複合動詞系形式（「動詞連用形＋ハジメル，ダス，ツヅケル，オワル，オエル」など）で表される。

スルとシテイルの対立については，前者が「動詞のあらわす動作，または，その一定の

局面を，分割することなく，始発から終了まで含めて，まるごとのすがたでさしだす」という意味（完成相：時間的に限界付けられた完成的把握），後者が「動作過程の運動または結果の局面をとりだして，その局面の中にあるすがたをあらわす」という意味（継続相：時間的に限界付けられない継続的把握）とされる。

29　昼食を食べる〔完成相〕／食べている〔継続相〕。

継続相（シテイル形）は，動きのどの局面を取り上げるかによって，そのアスペクト的意味が，動きの進行中・結果の状態・維持・経験・完了状態などとなる。

30　多くの人がグラウンドを走っている。〔進行中〕
31　多くの人がグラウンドに集まっている。〔結果の状態〕
32　換気のために，この窓をあけている。〔維持〕
33　先月彼は事故に会っている。〔経験〕
34　その仕事はすでに仕上がっている。〔完了状態〕

このアスペクト的意味は動詞によって規定されており，動きの最中を表す場合は過程性をもつ動詞（「歩く，食べる，たたく」など），結果の状態の場合は主体変化動詞（「痩せる，生まれる，消える」など），経験や完了状態の場合は過程性も主体変化性もない動詞（「発見する，起こす，済ます」など）である。なお，進行中や維持は，形式名詞を用いた「しているところだ／最中だ」でも表現することができる。

35　今学校に向かっているところだ［最中だ］。〔進行中〕
36　疲れたから、ベッドに横になっているところだ。〔維持〕

また，副詞との共起によって，幅広い期間において繰り返し起こる動きである反復・現在の習慣・現象などといった意味が派生する。

37　うちの子供はテレビばっかり観ている。〔反復〕
38　最近毎日読書をしている。〔現在の習慣〕
39　毎日世界中で何万もの人が生まれている。〔現象〕

テ系補助動詞形式の「テアル」は対象に対する動作行為の結果としての対象の状態を，「テシマウ」は動作行為やできごとの完了（に至る動きそのもの）を表す。

40　換気のために窓があけてある。
41　数日後に彗星は地球から遠ざかってしまう。

「テクル」と「テイク」は，現象を幅のある過程ととらえる点で共通し，その現象が自分に近づいてくる動きととらえるか，自分から遠ざかる動きととらえるかで対立する。

42　近づく彼の姿がだんだん大きくなってくる。
43　遠ざかる彼の姿がだんだん小さくなっていく。

複合動詞系形式は，動きの開始・継続・終了を表す。動きの開始は，動きの展開過程をもち動きの始まりと終わりが分離可能な動詞の連用形＋「ハジメル，ダス，カケル」形式で表され，それぞれに動的事象の開始・事態の発生・動きの取り掛かりを表すニュアンスをもつが，ハジメル形とダス形は入れ替えられる場合が多い。

44 早くも桜が散り始めた。〔動的事象の開始〕
45 突然皆が笑い出した。〔事態の発生〕
46 太郎も皆のあとを追って走りかけた。だが，呼び止められた。〔動きの取り掛かり〕
　動きの継続は，動きが時間的な広がりをもって成立・存在する持続性をもつ動詞の連用形＋「ツヅケル，ツヅク」形式で表される。
47 入場券を買うために，皆2時間並びつづける。
48 ここ数日雨が降りつづく。
　ただし，これらの形式は，継続の動きそのものを表すのであり，発話時現在において事態が継続中であることを表すものではない。
　動きの終了は，動きの完成点・終了点をもつ動詞の連用形＋「オワル，オエル，ヤム」形式で表される。オワル形・オエル形は有情物の意志的な動作の終結を，ヤム形は自然現象や非意志的な動作の終結をそれぞれに典型とする。オワル形とオエル形の相違は，オワル形は有情物の意志的な動作の終結のほかに非意志的な動作の終結も表すことができ，オエル形はもっぱら有情物の意志的な動作の終結を表す点である。
49 1週間でその本を読みおわる［おえる］。
50 チャイムが鳴りやむ［おわる］。
51 赤ちゃんがやっと泣きやんだ。

時の設定の表現： 連体修飾を受ける形式名詞・相対名詞による時間の従属複文は，時間の幅の点では時期限定的なものと期間限定的なものとがあり，タクシスの点では同時的時間関係を表すものと継起的時間関係を表すものとがある。時期限定的なものには「トキ（ニ）・マエ（ニ）・アト（ニ・デ）」，期間限定的なものには「アイダ（ニ）・マデ（ニ）・カラ」，同時的な時間関係には「トキ（ニ）・アイダ（ニ）」，継起的時間関係には「マエ（ニ）・マデ（ニ）」（後続―先行）と「アト（ニ・デ）・カラ」（先行―後続）とを用いる。なお，期間限定の「アイダ（ニ）・マデ（ニ）・カラ」は，それぞれに期間の，開始時点と終了時点・終了時点・開始時点を示す点で対立している。また，ニやデの有無は，主文のアスペクトと相関し，ニやデが有る場合は主文のアスペクトは運動動詞完成相となる。
52 私が5歳だったとき（に），弟が生まれた。〔時期限定・同時〕
53 寝る前に歯を磨いた。〔時期限定・継起〈後続―先行〉〕
54 歯を磨いた後（に・で），お菓子を食べた。〔時期限定・継起〈先行―後続〉〕
55 子供が起きている間，お話をしてあげた。〔期間限定・同時・開始と終了〕
56 子供が寝付くまで，お話をしてあげた。〔期間限定・継起・終了〕
57 小学校に入学してから，身長が伸びだした。〔期間限定・継起・開始〕

(赤羽根義章)

参考文献　工藤真由美『アスペクト・テンス体系とテクスト―現代日本語の時間の表現―』(ひつじ書房，1995)；高橋太郎『現代日本語のアスペクトとテンス』(秀英出版，1985)；寺村秀夫「時間的限定の意味と文法的機能」『副用語の研究』(明治書院，1983)，『日本語のシンタクスと意味Ⅱ』(くろしお出版，1984)；仁田義雄『日本語文法研究序説』(くろしお出版，1997)；森山卓郎『日本語動詞述語文の研究』(明治書院，1988)

時の表現 2
とき ひょうげん
toki-no-hyougen

expression of time
temporal expression

キーワード：形式名詞／時間概念／時点／期間／一定の時間帯／時期限定／直前／最中／
　　　　　　途中／直後／同時／状態／仮定条件
　　　　　　トキ／トキニ／トキ（ニ）ハ／トコロ（ニ・ヘ・デ・ヲ・ダ）／アイダ／ウ
　　　　　　チニ

定　義：　時や空間概念の名詞が，形式名詞化することで接続助詞や助動詞の機能を果たすものに変化して，時間概念を表す表現。

トキ：　「XトキY」構文は，時間の幅の点では時期限定的，タクシス（時間的関係）の点では同時的であり，XとYの事態のテンスの組合せによって「〜スルトキ〜スル／〜スルトキ〜シタ／〜シタトキ〜シタ／〜シタトキ〜スル」の4通りの構文をなす。「〜スルトキ〜スル／〜シタトキ〜スル」構文は未来の予定・予想または一般的事実や習慣を表し，「〜スルトキ〜シタ／〜シタトキ〜シタ」構文は過去や回想を表す。

　1　今度ここに来るとき両親も連れて来よう。〔予定〕
　2　今度ここに来たとき彼はもういないだろう。〔予想〕
　3　帰りが遅いとき必ず電話を家にかけます。〔習慣〕
　4　人は気持ちが緩んだとき必ず過ちを犯します。〔一般的事実〕
　5　この本は学校へ来るとき買った。〔過去〕
　6　昨日散歩したとき確か何かが落ちていたな。〔回想〕

　同じ過去でも，「〜スルトキ〜シタ」の場合は事態Xが事態Yよりも後に生じるあるいはXとYの事態が同時に並行して起きることを，「〜シタトキ〜シタ」の場合はふつう事態Xが事態Yよりも前に生じることを表す。

　7　アメリカへ（行く／行った）とき田中さんにお世話になった。

　また「Xトキ」は，Xが名詞や形容詞の場合（「子供のとき・若いとき」など）は幅のある期間，瞬間動詞の場合（「電気が消えたとき」など）はその事態が成立する特定の時点，継続動詞の場合（「家にいるとき・テレビを見ているとき」など）は一定の時間帯，となる。「行く・来る・帰る」等の移動動詞の場合は，直前・途中・状態とに分かれる。

　8　学校へ行くとき宿題を確認した。〔直前〕
　9　学校へ行くとき友達に会った。〔途中〕
　10　学校へ行くとき車に乗って行った。〔状態〕

　「トキニ・トキ（ニ）ハ」との対比では，「XトキY」構文は，事態Xに続いて事態Yが生じ，その新しい事態Yの発生や発見を表す場合が多い。

　11　上空を見上げたとき，1機の飛行機が目に入った。

トキニ：「XトキニY」構文は，1回きりの事態の発生を報告する場合（12），または時を限定する場合（13）にふさわしい表現である。
　12　慌てて家から飛び出したときに，思いっきり転んでしまった。
　13　思い立ったときに実行しなくてはならない。

トキ（ニ）ハ：「Xトキ（ニ）ハY」構文は，きまりや対比，仮定条件を表す場合が多い。
　14　自転車に乗るとき（に）は，左側を走行しなくてはいけない。〔きまり〕
　15　人が話をしているとき（に）は，人の話を聞きなさい。〔対比〕
　16　もし約束の時間になっても彼が来ないとき（に）は，先に行きなさい。〔仮定条件〕

トコロ：　空間を表す名詞「トコロ」は，形式名詞化（接続助詞化）することで時間概念を表す。「デ・ニ・ヲ」を後接させて「Xトコロ（ニ・ヘ・デ・ヲ）Y」の構文をなしたり，助動詞「ダ」を伴って「Xトコロダ」といった構文をなすが，時間概念は事態Xのアスペクト的性質により，「時点・最中・直前・直後・同時点」などに分かれる。
　17　電車から降りたところ／街を歩いていたところ，友人に会った。〔時点／最中〕
　18　掃除をしようとしている／しているところに来客が来た。〔直前／最中〕
　19　試合終了のホイッスルが鳴ったところで，ゴールが決まった。〔同時点・直後〕
　20　改札口を出たところを友人に呼び止められた。（直後）

「トコロ」は，タ形の事態Xに付いて，それに続く事態Yが成立する時を表すが，XとYの事態には直接的な因果関係はなく偶然性が表される。「トコロニ」は，ある時点において状況の変化を引き起こす出来事が生じることを表すが，その出来事はXの事態進行の障害となるものが多い。「トコロデ」は事態Xが生じた時点を表す。「トコロヲ」は事態の進行過程の一時点を表し（「トコロ」は「現場」に近い意味），事態Yの述語には，発見・目撃を表す動詞（「見る・見つかる」など）や捕捉・攻撃・救助を表す動詞（「捕まえる・襲う・救助する」など）が用いられる。

アイダ：「Xアイダ（ハ・ニ）Y」構文は，「Xアイダ（ハ・ニ）」がある状態や動作が続いている期間を表し，Yは，「アイダ（ハ）」ではその期間中継続する状態や並行して起きる動作を，「アイダニ」の場合はその期間中に行われる動作や生じる事態を表す。
　21　起きているあいだ（は），明日の試験のことばかり考えていた。
　22　じっくりと話し合っているあいだに，相手の真意を理解した。

ウチニ：「XウチニY」構文は，「Xウチニ」が状態や動作が続いている期間を表し，その状態が続く時間以内に事態Yが生じることを表す（23）。なお，「XナイウチニY」は，事態Xが成立する以前に事態Yが生じることを表す。
　23　風船は見ているうちに，どんどん膨らんで割れてしまった。
　　　　　　　　　　　　　　　　　　　　　　　　　　　　　（赤羽根義章）

参考文献　塩入すみ「トキとトキニとトキ（ニ）ハ―時を表す従属節の主題化形式と非主題化形式―」『日本語類義表現の文法（下）』（くろしお出版，1995）；砂川有里子「空間から時間へのメタファー―動詞と名詞の文法化―」『空間表現の文法化に関する総合的研究』（平成7年度～平成10年度文部省科学研究費補助金基盤研究（A)(2)　研究成果報告書，1999.3所収）；寺村秀夫「トコロの意味と機能」（語文，34輯，1978），「時間的限定の意味と文法的機能」『副用語の研究』（明治書院，1983）

とりたて表現
toritate-hyougen

とりたて詞 = a kind of adverb or postpositional particle which puts special emphasis on a noun, an adverb, a predicate or a sentence
とりたて範囲 = scope
とりたて焦点 = focus

キーワード：類例関係／とりたて詞／とりたて範囲・とりたて焦点（スコープ・フォーカス）／名詞句修飾構文・述語修飾構文／とりたて副詞・強調副詞・強調とりたて副詞・純粋とりたて副詞／とりたて副助詞，名詞接続格助詞後続型／限定とりたての接尾辞／名詞接続格助詞不後続型／限定とりたて・排他とりたて・強調とりたて・程度とりたて・例示とりたて・打消除外対象とりたて・基準とりたて・累加とりたて
特ニ・コトニ・コトノホカ・オモニ・取リ分ケ／分ケテモ・ナカンズク・ナカデモ／ダケ・ノミ・バカリ／コソ・クライ（グライ）・デモ／シカ／サエ・スラ・マデ／モ・ハ・ガ

定　義：　副詞および副助詞を中心とする表現で，類例関係，すなわち置き換え可能の関係にある言語表現（語・文節・文の成分等）において，ある言語表現を選択的に取り立てる表現。

とりたて表現を構成する必須構成要素は，とりたて範囲，とりたて焦点，とりたて詞の三要素である。とりたて範囲とは，言語表現を取り立てようとするとき，基準となる範囲や観点を示す表現のことであり，とりたて焦点とは，とりたて範囲から選択された言語表現のことをいう。

ただし，とりたて範囲は常に言語化されるとは限らず，表現の含みとして存在する場合もある。

とりたて副詞による文型：　類例関係にある言語表現の中から選択的にある表現をとりたてる，とりたて機能を有する副詞をとりたて副詞という。とりたて副詞には，特ニ・コトニ・コトノホカ・オモニ・取リ分ケ，分ケテモ・ナカンズク・ナカデモなどがある。

名詞句修飾構文：　とりたて副詞がとりたて焦点の前に位置する文型を名詞句修飾構文という。例文1のように，とりたて副詞がとりたて焦点の名詞句を修飾している文型であるからである。この構文の場合，とりたて範囲は，言語化されているいないにかかわらず，必須要素となる。

	とりたて範囲	とりたて副詞	とりたて焦点	述語
1	受験科目の中では	特に	数学を	勉強した。
		特に	数学を	勉強した。

述語修飾構文：　とりたて副詞がとりたて焦点の後ろに位置する文型を述語修飾構文という。例文2のように，とりたて副詞が述語を修飾している文型であるからである。

	とりたて範囲	とりたて焦点	とりたて副詞	述語
2	受験科目の中では	数学を	特に	勉強した。
		数学を	特に	勉強した。

　名詞句修飾構文における，とりたて副詞は文字通り，とりたて機能を発揮しているが，述語修飾構文では，強調機能を発揮し，強調副詞と考えられる。この構文の場合，とりたて範囲は必須要素ではなく，任意要素となる。

　とりたて副詞のうち，特に・コトニ・コトノホカ・オモニ・取リ分ケは，両方の構文で使用されるので，とりたて機能と強調機能の二つの機能を有する，強調とりたて副詞とすることができる。

　一方，分ケテモ・ナカンズク・ナカデモは名詞句修飾構文でしか使用されないので，とりたて機能のみを有する，純粋とりたて副詞ということができる。

とりたて副助詞による文型：　とりたて機能を有する副助詞をとりたて副助詞という。とりたて副助詞には，ダケ・ノミ・バカリ，コソ・クライ（グライ）・デモ，シカ，スラ・サエ・マデ，モ・ハ，ガなどがある。

名詞接続格助詞後続型：　例文3のように，とりたて副助詞が名詞に接続し，かつ格助詞が後続し，とりたて表現となるものを，名詞接続格助詞後続型という。

	とりたて範囲	とりたて焦点	とりたて副助詞	格助詞	述語
3	受験科目の中では	数学	だけ	を	勉強した。

　とりたて副詞のうち，格助詞が後続するのは，ダケ・ノミ・バカリの三語だけである。格助詞は名詞および名詞相当句に接続するので，この型におけるダケ・ノミ・バカリは名詞を構成する接尾辞の機能を発揮しているものと判断してよい。

　なお，ダケには，例文4のように，格助詞が後続しない用法もある。この場合のダケは副助詞と認定される。

　4　受験科目の中では　数学　だけ　勉強した。

　また，ダケには，文相当句に接続する用法もある。

　5　受験科目の中では　数学の勉強をやった　だけ　です。

　助動詞「です」も名詞および名詞相当句に接続するので，この用法における，ダケ・ノミも接尾辞として機能している。ただし，この用法の場合は，とりたての意味は表さず，限定の意味を表している。

　このように考えると，ダケ・ノミはとりたての副助詞の性質と，限定とりたての接尾辞の性質とを具有しているとみてよい。

　因みに，格助詞「で」や「に」「へ」「と」はダケ・ノミの前後で使用される。

　6　数学　で　だけ　受験できます。（数学以外は不可）　　　〔排他とりたて〕
　7　数学　だけ　で　受験できます。（英語だけでも可ですが…）　〔限定とりたて〕

　「で」は，ダケの前にある場合と後にある場合とで意味・用法が異なり，例文6のダケは，副助詞で排他とりたての意，例文7は接尾辞で，限定とりたての意となる。

「に」「へ」「と」などでは，前後による意味・用法の差は生じない。
　ノミは意味・用法がダケに重なるが，文語的である。また，「…ダケあって」に相当する用法がないなど，やや狭い。
　バカリは例文8のように格助詞「を」が後続しない例の方が自然であり，この点，ダケ・ノミとは異なる。
　8　受験科目の中では　　数学　　ばかり　　やっていました。　　　〔限定とりたて〕
名詞接続格助詞不後続型：　　例文9，10，11のように，とりたて副助詞が名詞に接続し，格助詞が後続せずに，とりたて表現となるものを，名詞接続格助詞不後続型という。
　9　受験科目の中では　　数学の勉強　　こそ　　君には必要です。　　〔強調とりたて〕
　10　受験科目の中では　　数学の勉強　　くらい　　大変なものはなかった。〔程度とりたて〕
　11　受験科目の中では　　数学の勉強　　でも　　やったらどうですか。　〔例示とりたて〕
　コソ・クライ（グライ）・デモには格助詞が後続しない。また，これらは名詞に接続して，連用成分を構成しているので，副助詞と判定される。ただし，意味的にはそれぞれ異なり，コソは強調とりたて，クライ（グライ）は程度とりたて，デモは例示とりたてとなる。
　12　受験科目の中では　　数学　　しか　　勉強しませんでした。
　シカは打消し表現を予告する。この打消しの対象となるのは，「数学」以外であるので，シカの機能は，打消除外対象とりたてということになる。
　13　受験科目の中では　　数学の勉強　　さえ　　怠った。　　　〔最低基準とりたて〕
　14　受験科目の中では　　数学の勉強　　すら　　怠った。　　　〔最高基準とりたて〕
　15　受験科目の中では　　数学の勉強　　まで　　怠った。　　　〔基準超過とりたて〕
　サエ・スラ・マデは基準に関連するとりたてで，基準とりたてとまとめることができる。
　16　受験科目の中では　　数学　　も　　勉強しました。　　　　　　〔累加とりたて〕
　17　受験科目の中では　　数学　　は　　勉強しました。　　　　　　〔排他とりたて〕
　モ・ハには係助詞としての機能もあるが，16，17の例文では，意味を加え，格助詞「を」を代行し，連用成分を構成するという副助詞のはたらきをしている。モは累加とりたて，ハは排他とりたての意。
　例文17において，「受験科目中では」のハは提題機能を有する係助詞で，「数学は」のハは排他とりたての意の副助詞である。
　助詞「が」は格助詞および接続助詞というのが一般的であるが，名詞文の題目を提示するガ，いわゆる対象語のガ，および副詞に接続して強調とりたてのはたらきをするガは副助詞と考えた方が文法的には整合性がある。
　18　毎日が大安売り　　　　　　　　　　　　　　　　　　　　　　〔強調とりたて〕
　例文18のガは，体言および体言相当句に接続して，体言と用言の意味的関係を明示するという格助詞の基本的性質を有していない。したがって，格助詞ではない。また，節に

接続して，前項と後項との接続関係を示すという接続助詞の基本的性質も有していないので，接続助詞と判定することはできない。

例文18のガは「毎日，大安売り」の「毎日」を強調してとりたてた，強調とりたての副助詞とみるのが素直な解釈であろう。「大安売り」は名詞，体言ではあるが，動名詞的はたらきをしており，「毎日」はその動詞の側面を修飾する副詞となっている。この副詞をとりたてているのが，ガなのである。

とりたて副助詞の構文的特徴： とりたて副助詞には三つの構文的特徴がある。
 ①分布の自由性：名詞・名詞句・副詞に接続し，文中の種々の位置に分布しうること。
  例：数学だけ　数学にだけ　ちょっとだけ　思いはする
 ②任意性：副助詞は構文の要素として必須の要素となる場合と，任意の要素である場合とがあるということ。
  例：あとは数学の勉強をするだけです。　　　　　　　　　　〔必須要素〕
　　　あとは数学の勉強だけです。　　　　　　　　　　　　　〔任意要素〕
 ③連体修飾句内性：「子供だけ（も・は）渡れる釣り橋」のように，副詞の機能は連体修飾句の内部にとどまり，主文の述語を修飾するというはたらきは，係助詞のようには有していないこと。

とりたて副助詞の意味的特徴： 「自者・他者」「主張・含み」「肯定・否定」「断定・期待」の4組8個の基本概念で，とりたて副助詞の意味は体系的に記述できる。例えば，例文19は，abcの文意の総体として把握できる。

 19　太郎　さえ　来た。
  a 太郎ガ来タコト　　　　　　　〔主張・断定・自者肯定〕
  b 太郎以外ハ来ルト思ッタコト　〔含み・期待・他者肯定〕
  c 太郎ハ来ナイト思ッタコト　　〔含み・期待・自者否定〕　　（小池清治）

参考文献　工藤浩「限定副詞の機能」『国語学と国語史』(明治書院，1977)；久野暲『新日本文法研究』(大修館書店，1983)；奥津敬一郎「とりたて詞の分布と意味─『だけで』と『でだけ』─」(国文目白，No.25，1986)；小林典子「序列副詞──『最初に』『特に』『おもに』を中心に」(国語学，No.151，1987)；寺村秀夫『日本語のシンタクスと意味Ⅲ』(くろしお出版，1991)，沼田善子『いわゆる日本語助詞の研究』(凡人社，1986)，「日本語学のフォーカス──とりたて」『現代日本語必携』(別冊國文学，No.53，2000)；沼田善子・徐建敏「とりたて詞『も』のフォーカスとスコープ」『日本語の主題ととりたて』(くろしお出版，1995)；安部朋世「ダケデにおけるいわゆる〈他者不要〉の意味について」(日本語学，15巻1号，1996)；佐野真樹「ダケとデ，および場所格の具体化について」(日本語学，16巻3号，1997)；小池清治『日本語はどんな言語か（ちくま新書）』(筑摩書房，1994)，「『鳥がペットだ。』の『が』は格助詞か」(十文字学園女子短期大学研究紀要，30号，1999)；森田良行『基礎日本語辞典』(角川書店，1989)；飛田良文・浅田秀子『現代副詞用法辞典』(東京堂出版，1994)；グループ・ジャマシイ『日本語文型辞典』(くろしお出版，1998)；田忠魁・泉原省二・金相順『類義語使い分け辞典』(研究社出版，1998)

難易表現
なんいひょうげん

expression of the degree of difficulty

nan i-hyougen　　expression of the degree of difficulty or easiness

キーワード：無意志動詞／意志動詞／主体／対象
　　　　　　ニクイ・ガタイ・ヅライ／ヤスイ・イイ・ヨイ／ムズカシイ・ヤサシイ・ヤスイ

定　義：　事物・事象・行為等の実現が容易であるか，困難であるかについて述べる表現。

文　型：
接尾辞によるもの
　a.「ニクイ」型
　　無意志動詞＋ニクイ　　1-a　水が流れにくい。
　　　　　　　　　　　　　2-a　水に溶けにくい洗剤
　　意志動詞　　＋ニクイ　　3-a　この道は歩きにくい。
　　　　　　　　　　　　　4-a　飲みにくい薬
困難性や問題点が対象にあるという認識を表現する。また，「ニクイ」は「憎い」という形容詞から派生したもので，対象や現象に対する不快感を表す。

　b.「ヤスイ」型および「イイ」型・「ヨイ」型
　　無意志動詞＋ヤスイ　　1-b　水が流れやすい。　　　　（［流れいい］は非文）
　　　　　　　　　　　　　2-b　水に溶けやすい洗剤　　　（［溶けいい］は非文）
　　意志動詞　　＋ヤスイ　　3-b　この道は歩きやすい。　　［歩きいい／歩きよい］
　　　　　　　　　　　　　4-b　飲みやすい薬　　　　　　［飲みいい／飲みよい］
容易性や好都合な点が対象にあるという認識を表現する。
　　　　　　　　　　　　　5-1　最近，目が疲れやすくなった。　（［疲れいい］は非文）
「イイ」「ヨイ」は形容詞「良い」から派生したもので，本来，「よい傾向」を表すものであったが，「ややもすると」の意を含意して，「悪い傾向」を意味する場合もある。
　　　　　　　　　　　　　5-2　字体が明瞭で読みやすい。［読みいい］〔容易〕
　　　　　　　　　　　　　5-3　間違って読みやすい。　　（［読みいい］は非文）〔悪い傾向〕
「ヨイ」は文章語で，改まった語感を有する。

　c.「ヅライ」型
　　意志動詞＋ヅライ　　3-c　歩きづらい。　　　　　　（⟷歩きいい／歩きよい）
　　　　　　　　　　　　4-c　飲みづらい薬　　　　　　（⟷飲みいい／飲みよい）
肉体的・精神的理由により困難性を感じる意を表す。「ヅライ」は形容詞「辛い」から派生したもので，対象に対するマイナスの評価を表す。

「この部屋には長くいづらい」など，そうすることに心苦しさ・申しわけなさを感じるの意で用いる場合もある。

d.「ガタイ」型

　　意志動詞＋ガタイ　　3-d この道は歩きがたい。　　（←→歩きやすい／歩きよい）
　　　　　　　　　　　　4-d 飲みがたい薬〔条件〕　　（←→飲みやすい／飲みよい）

「ガタイ」は形容詞「難い（かた）」から派生したもので，強度の困難性を表し，さらには，不可能性を意味する。また，「ヨイ（良い）」と同じく「ガタイ」は文章語で改まった語感を有する。

　　言いニクイ＝早口言葉など，対象に原因がある。　　　←→言いヤスイ
　　　　　　　　また，借金の依頼などが理由で。
　　言いヅライ＝歯が抜けるなど，主体の肉体的理由や，　←→言いヤスイ／言いヨイ
　　　　　　　　年齢差意識など心理的要因が理由で。
　　言いガタイ＝主体の能力的理由や精神的理由で。　　　←→言える
　　　注1：可能動詞には付かない。
　　　注2：「有りガタイ」は「あることがめったにない」「感謝する」の意。

「見ニクイ」には，二つの用法がある。
　①「見て嫌な感じを受ける」の意。「醜い」
　②障害物などで見ることが難しいの意。「醜い」との衝突を避けて，②の場合，「よく見えにくい。」の形をとることが多い。

形容詞によるもの　　意志動詞＋コト＋ガ・ハ＋ムズカシイ／ヤサシイ
　　数学で満点をとることはむずかしい。
　　英語で満点をとることはやさしい。

「むずかしい」は，解決や実現にいたるまでには多くの障害があるという認識を表す。「やさしい」は，逆に，障害が少ないという認識を表す。

　接尾辞を用いた難易表現には，客観的状態を述べるものがあるが，「ムズカシイ・ヤサシイ」を用いた文は常に主観的判断を表す。

　形容詞「ヤスイ」は，古くは容易の意を表したが，今日では「オヤスイご用」など，ごく限られた言い回しで用いられるだけで，多くは安価の意を表す語に移行してしまっている。

（小池清治）

参考文献　森田良行『基礎日本語辞典』（角川書店，1988）；砂川有里子他『日本語文型辞典』（くろしお出版，1998）；田忠魁・泉原省二・金相順『類義語使い分け辞典』（研究社出版，1998）；大野晋「『…ニクイ』と『…ヅライ』」（図書，11月号，2000）

念押し・同意要求の表現　expression of confirmation

nen oshi・doui-youkyuu-no-hyougen

キーワード：確認要求／内部確認／イントネーション
　　　　　　ネ・ナ

定　義：　聞き手に対して念を押したり，同意を要求したりする表現。

「ね」の用法は大きく「確認要求」「内部確認」の二つに分かれる。

a. 確認要求（念押し）用法　情報の妥当性の確認を聞き手に求める。念押し的な質問になる場合（例1）と，念押し的な情報提供（例2）になる場合がある。「ね↑（低く始まり上昇）」よりも「ねH（高く短く）」の方が情報が確実という見込みが強い。

　1　さては予習してきませんでしたね↑。
　　　「3時に予約したんですが。」「井上さんですね↑。どうぞお入りください。」
　　　何かあったらすぐ先生に知らせるんだよ↑。わかったねH。
　2　ちょっと銀行に行ってきますね↑。

b. 内部確認用法　情報の妥当性を話し手の側で確認中であることを聞き手に述べる。「ねぇ↓（高く始まり下降）」と長く発音すると「情報の妥当性を吟味しながら述べている」という意味になり，「ねH」と高く短く発音すると「今のところ，この情報は妥当と考えられる」という意味になる。その場で誰でも考えそうなことを述べる場合は，同意要求，共感表明の意味が加わる（例4）。

　3　うーん，おかしいですねぇ↓。／ま，大丈夫そうですねH。
　4　（話し手と聞き手がよく晴れた空を見上げている）
　　　「いい天気ですねぇ↓［ね。］」〔同意要求〕／「そうですねぇ↓［ね。］」〔共感表明〕

内部確認用法の特別な場合として，「あなたにそう言われたところで，私の考えは変わらない」という気持ちを表す「拒絶」の用法がある。

　5　「そんなことも知らないの？」「知らないね。」

「よね」は，当該の情報が正しいことを自分に言い聞かせながら聞き手に確認する（あるいは，話し手の中で確認している）ことを表す。

　6　きっと何とかなるよね？〔確認要求〕／何かおかしいですよねぇ↓。〔内部確認〕

「な」の用法は「ね」と基本的に同じだが，(1) 独り言で使える，(2)（「なぁ」をのぞき）全体として男性語的になる，などの点で「ね」と異なる。

　7　さては予習してこなかったな↑。／いいか，わかったなH。〔確認要求〕
　8　（独り言で）うーん，おかしいなぁ↓。〔内部確認〕
　　　（独り言で）ま，この分なら晴れるな。

参考文献は「注意喚起」の項参照。　　　　　　　　　　　　　（井上　優）

はさみこみ   parenthesis   挿入法
hasamikomi

キーワード：文相当句／挿入句／独立成分

定　義：　基幹となる文の流れをいったん中断して，聞き手や読み手への補足的説明などを目指して，独立した文相当句をはさみこむ表現。はさみこまれた文相当句を挿入句という。挿入句は文の成分としては独立成分。挿入部分の独立性は，文中にもかかわらず，切れる文節を使用したり括弧で囲むことなどによって示される。はさみこみの特徴は，はさみこみの部分を削除しても，基幹となる文の構造が全く変化しないところにある。はさみこみは佐伯梅友（さえきうめとも）による命名。

文中の例：
1　この暁（あかつき）より，しはぶきやみにやはべらむ，頭いと痛くて苦しくはべれば，いと無礼（らい）にて聞こゆること。　　　　　　　　　　　　　　（『源氏物語』夕顔）

「この暁より」は，「頭いと痛くてはべれば」に係る。「しはぶきやみにやはべらむ」は，「頭」が「痛く苦し」いことについての，話し手の解釈で，基幹となる文とは直接的関係を結ばない。

2　人々がいろいろな品物（勿論（もちろん）人間も人間の残した仕事もこの品物の中に這（は）入る）に惚れ込むと，自分達の心の裡（うち）に，他人にはわからぬ秘密を育て上げるものだ。
　　　　　　　　　　　　　　　　　　　　（小林秀雄『ランボオⅡ』）

3　生卵をすすつて元気をつけるとかいふ日本人だけがする（西洋人はしない）食べ方に注目したのですね。（丸谷才一『闊歩する漱石』「忘れられない小説のために」）

文頭の例：
4　いづれの御時（おほんとき）にか，女御更衣（にょうごこうい）あまたさぶらひたまひける中に，いとやむごとなき際（きは）にはあらぬが，すぐれて時めきたまふ，ありけり。　　　　　（『源氏物語』桐壺）

「いづれの御時にか」の下に「ありけむ」などを省略した形。そのため，「か」は疑問の係助詞であるが，そのはたらきははさみこみ内部で完結してしまい，基幹となる文の文末には影響を及ぼさない。

文末の例：
5　これは「文法に囚（とら）はれないこと」の結語の部分だが，「文法」をいちいち「英文法」に直してみた（ただし，ゴチック体になつてゐる箇所は明朝（みんちょう）の活字に改めた）。
　　　　　　　（丸谷才一『文章読本』―「小説家と日本語」）（小池清治）

参考文献　佐伯梅友「はさみこみ」（国語国文，22巻1号，1948），『上代語国語法研究（大東文化大学東洋研究所叢書3）』（大東文化大学，1966），「挿入」『国語学大辞典』（東京堂出版，1980）；小池清治「独立語」『日本文法事典　（北原保雄他編）』（有精堂，1981）

はさみこみ表現
hasamikomi-hyougen

parenthetical expression
parenthesis ＝ 挿入法

キーワード：挿入句／独立成分／カッコ書き／疑問的挿入句／埋め込み疑問文
　　　　　　ダレカ／イツカ／ドウカ

定　義：　基幹となる文の流れをいったん中断して，補足的・断り書き的な語句をはさみこむ表現。はさみこまれる語句を挿入句という。基幹となる文の途中に現れるのが普通であるが，まれに文頭や文末におかれることがある。「はさみこみ」は佐伯梅友による命名。

様々な形：　文の中で独立成分として用いる語句には，ほかにも様々のものがあるので，どこまでを挿入句と呼ぶべきか，はっきりしないところがある。

　1　<u>エエト</u>，それについては，<u>アノオ</u>，まだ聞いておりません。
　2　これは，<u>わかった</u>，君が書いたんだろう。
　3　この人ったら，<u>マアあきれた</u>，まだ片づけてないのね。

のような，三上（1963）が「感情的挿入句」と呼んだ間投詞的のものは，補足的・断り書き的とはいえないので，ひとまず，ここに含めなくてよいであろう。

　佐伯（1953）が，おもに古典文を問題にしつつ，「はさみこみ」と呼んだ，切れる形の，文相当句は，もちろん挿入句に含まれる。現代文で代表的なものとして，「〜だろう」「〜（の）か」などの形がある。

　4　今年の夏は，<u>非常に暑かったせいだろう</u>，客が極端に少なかった。
　5　彼は，<u>神経がたかぶってきたか</u>，発作的に机にうつぶした。
　6　校長は，<u>いつ帰ったか</u>，姿が見えない。
　7　茶屋の女は，<u>兄の問いが分からないのか</u>，何を言っても要領を得なかった。

ほかに，次のようなものもある。

　8　人々がいろいろな品物（<u>勿論人間も人間の残した仕事もこの品物の中に這入る</u>）に惚れ込むと，自分達の心の裡に，他人にはわからぬ秘密を育て上げるものだ。

しかし，文の終止した形のものでなくても，

　9　彼は，<u>直接会ってみれば分かることですが</u>，非常に背の高い人です。
　10　哲学者のマルセル――<u>日本へも来たことのある人ですが</u>――が，こういうことを言っております。
　11　少女は，<u>晴れた日はもちろんのこと</u>，雨の日も風の日も花を売り歩いた。

のような，「〜が」「〜のこと（だが）」などの形も，挿入句としてよく用いられる。

　12　そのときから，<u>つまり第二次世界大戦以来</u>，世界は新しい状況を迎えた。

などは，連用修飾成分に対する断り書きで，自身連用修飾成分の形をとった挿入句。

　13　私のもとには，息子――<u>いわば私の唯一の財産</u>――しか残らなかった。

などは，名詞に対する断り書きで，自身名詞相当の形をとった挿入句といえる。
　名詞に対する断り書きとしては，次のように，連体修飾成分の形にすることもできる。
　14　哲学者のマルセル——日本にも来たことのある例の——が，こういうことを言っております。
　挿入句の行う断り書きには，述語を中心とする叙述全体を対象とするもの，文の一部の成分を対象とするもの，文中の名詞を対象とするものなどがあるといえる。

疑問的挿入句：　例5，6，7などは，「か」を末尾にもち，いわば疑問文を挿入句として用いた例であるが，これには，他にも様々の種類のものがあるので，以下では，これに絞ってみていく。中には，挿入句と呼ぶべきかどうか，微妙なものも出てくる。

　A　「活用語終止形＋か」の形のもの
　　　例5，6など，
　B　「〜のか」「〜ものか」の形のもの
　　　例7など，
　C　ある種の名詞に「か」のついた形のもの
　15　男の顔は，<u>光線の加減か</u>，土色に見えた。
　16　ただ遠い病院の避雷針だけが，<u>どうしたはずみか</u>，白く光って見えた。
　17　<u>心なしか</u>，社員たちの目は津上に冷たく思われた。
　そのほか，「〜わけか」「〜ためか」「〜せいか」「〜拍子か」「〜意味か」「〜の結果か」などこの種のものは少なくない。これらは，「〜（で）か（はっきりしないが，ある理由で）」といったぐらいの意味を表し，理由を表す成分に対する断り書きといえる。

　D　後続の体言に対する断り書き的な役割のもの
　18　夫人は，低い声で，<u>何か自分にしてあげられること</u>はないかと聞いた。
　19　<u>「タイム」か何か横文字</u>の雑誌を膝に乗せて，
　20　恐ろしいことには，私の心の中の得体の知れない，<u>嫌悪と言おうか焦燥と言おうか不吉な塊</u>が，重苦しく私を圧していて，
　E　「〜格助詞＋か」の形のもの
　21　<u>どういう機会にか</u>，それを見付けてから気になって仕方がない。
　22　母が，<u>いつからか</u>，店をやめたいと言わなくなった。
　これらは，述語にかかる連用修飾成分そのものに「か」が付いたものではなく，やはり，「どういう機会にか（はっきりしないが，ある機会に）」のように，実際にはいわれないままになっているが，別に存在するはずの（述語にかかる）連用修飾成分に対する断り書きとして用いられたものである。その証拠に，これらの文から「か」を除くと，例えば，
　23　＊どういう機会に，それを見付けてから気になって仕方がない。
のように，非文となる。この間の事情は，先のCのほか，次のF，Gでも同様である。
　F　「〜接続助詞＋か」の形のもの
　24　<u>隣に気をかねてか</u>，静かに話をしている。

25 <u>以前からそのつもりでいたからか</u>，それを頂いていかないと，気が済まない。
G 「その他の連用修飾成分＋か」の形のもの
26 ぶどう酒が，<u>何本か</u>，しまってあったはずだ。
27 <u>午前中か，午後か</u>，日に一度は歩きに出る。
28 <u>なぜか</u>，私は寂しかった。
29 冷えの厳しい今宵は，<u>どんなにか</u>，寒いことだろう。

埋め込み疑問文（間接疑問文）： 文中の「～か」（埋め込み疑問文）は，後ろに格助詞などを伴っていれば，明らかに名詞句化したものといえるが，次のようなものは，挿入句ともいえ，微妙である。

30 <u>彼が何者か</u>分からなかった。
31 <u>彼が来るかどうか</u>教えてくれ。

よくある「疑問語＋か」の形で，

32 <u>だれか</u>，来た。
33 <u>だれか</u>が，来た。

などでも，例33の「だれか」はともかく，例32は，本来は，「だれであるか（はっきりしないが，ある人が）」の意味であったはずである。その証拠に，「だれか」は，「だれだったか」「だれでしたか」などのように，過去形にしたり，丁寧形にしたりすることもできる。例32は，中間的な用法の例というべきであろう。「疑問語＋か」の形のものには，ほかにも微妙なものが多い。

「いつか」などもその例の一つである。「いつ（である）か（わからないが，過去のあるときに）」（例34），「いつ（である）か（わからないが，過去の知らない間に）」（例35），「いつ（である）か（わからないが，将来のあるときに）」（例36）の意味の場合がある。

34 この道は，<u>いつか</u>，来た道
35 都留の心には，<u>いつか</u>，そういう疑いがきざし始めた。
36 <u>いつか</u>，夫婦が一緒に暮らせるときが来るだろうか。

同じく，「どうか」は，「どのように（である）か（分からないが，ある具合に）」（例37）の意味のほか，「なにとぞ」（例38）の意味や，「どうかこうか」の形で「ともかくも」（例39）の意味で用いられる。特に後二者は，挿入句とみない人も多いであろう。

37 このままでは，頭が<u>どうか</u>なりそうだ。
38 <u>どうか</u>やめてください。
39 <u>どうか</u>こうかやりとげた。

(山口佳也)

参考文献 佐伯梅友「はさみこみ」(国語国文, 22巻1号, 1953)；芳賀綏『日本文法教室』(東京堂, 1962)；三上章『日本語の構文』(くろしお出版, 1963)；渡辺実『国語構文論』(塙書房, 1971)；小池清治「独立語」『日本文法事典』(有精堂, 1981)；原田登美「挿入句」『日本語教育事典』(大修館書店, 1987)；山口佳也「文節末の『か』の用法」『日本語史の諸問題（辻村敏樹教授古稀記念）』(明治書院, 1992)

発話継続表現
はつわけいぞくひょうげん
hatsuwakeizoku-hyougen

filler
pause-filler

キーワード：語末母音の長音化
　　　　　　アー・エー・ウーン・ンー・アノー・エート・アノー・ウーント・マァ・コウ・ソウデスネ・ソノー・ナンテイウカ・イッテミレバ・ツマリ・ソレデ

定　義：　話し手が，自分が発言すべき場面にあることを認識しており，かつ，話を続ける意志もありながら，後続する（はずの）自分の発言を行うことになんらかの困難を感じているということを聞き手に明示する表現。

形式と使い分け：　形式としては，語末母音の長音化，「エー」「ウーン」「アノー」などの感動詞，「ツマリ」などの接続詞，「コウ」などの指示詞などのほか，「ナンテイウカ」「ソウデスネ」のような句などが用いられる。

　これらの発話継続表現は話し手の行う心的操作の違いによって使い分けがなされていると考えられる。例えば，定延・田窪（1995）によれば，基本的に，「エート」は知識を検索したり計算操作を行うときに，「アノー」は聞き手に対して適切な表現形式を整えるとき（モノの名前を思い出すことも含まれる）に用いられる。

　1　「1234足す2345は？」「えーと／あのー，3579」
　2　（依頼の場面で）「えーと／あのー，窓を開けてもらえますか？」
　3　「今度の映画の監督って，誰だっけ？」「えーと／あのー，レナード・モニイ」

　1は返答において算術的な計算を行っているため，「エート」が自然で「アノー」は不自然と考えられる。2では発話形式に気を配っているという態度を明示する「アノー」の方が丁寧さが感じられ，より場面にふさわしい表現と考えられる。3では「エート」「アノー」どちらも可能であるが，表示している心的操作が異なっている。この場合の思い出しの過程は，モノ自体（「レナード・モニイ」のなんらかの人物イメージ）を探索し，次にその名前（「レナード・モニイ」という人名）を探索するという2段階に分けられるが，「エート」は前者の心的操作を，「アノー」は後者の心的操作を表示していると考えられるのである。

使用の背景：　話し手が後続する自分の発言を行うことに困難を感じる要因として以下のようなことが考えられる（大きくみればすべてbにまとめることができるが，ここでは説明の便宜上，特に目立つa, cを分けて取り上げる）。

　a．発言内容・形式がまとまらない
　b．発言内容・形式が場面にふさわしくない可能性がある
　c．発言内容・形式が参加者の体面を脅かす可能性がある

　たとえばパーティーの席上で突然指名されてスピーチをする場合，話の内容も形式もす

ぐにはまとまらない(a)ので「エー」「ナンテイイマスカ」などの発話継続表現をはさみ，考えながら話すことになる。

　また，同じ状況で，話のなりゆき上，パーティーにふさわしくない話題（たとえば死，病気等）に触れざるを得なくなった場合(b)，話し手は「エー」「マァ」「ソノ」などの表現を用いて，その話題を持ち出すことに対するためらい・躊躇の態度を明示する。

　また，知人に借金を頼む場合，まず頼む行為そのものによって自分の体面が，さらに，依頼が拒否されることによってお互いの体面が傷つく可能性がある(c)。話し手はこうしたことを想定して，「アノー」「エー」などの表現によって発言の形式を整えると同時に，言いにくいことをこれからいう（あるいは現在いっている）という話し手のためらい・躊躇の態度を聞き手に明示する。

　このように，aを要因とする発話継続表現が単に発言の冗長性を高めるものであり，事前の準備があればある程度使用をコントロールできるものであるのに対し，b, cの場合は場面や対人関係の調整において積極的な役割を果たすものであり使用頻度は事前の準備の有無とは直接にはかかわらないと考えられる。

効　果：　発話継続表現が談話において果たす役割を，「発話継続」「冗長さ」「ためらい・躊躇」の側面ごとにまとめると以下のようになる。

Ⅰ　発言が途切れないことによる効果
①話し手は会話において発話権を維持することができる。
Ⅱ　発言の冗長度が増すことによる効果
②話し手は考えながら話ができる。
③話に適度な遊びが生じ，聞き手が話を理解しやすくなる（過度の遊びの場合は逆に話がわかりにくくなる）。
④発言が和らぎ，会話における余計な摩擦を避けることができる。
⑤発言のスピードが遅くなり，全体として丁寧な物言いであるという印象を与えることができる。
Ⅲ　ためらい・躊躇の態度を示すことによる効果
⑥後続発言の場面的・対人的不適切さを話し手が認識しているということを明示することで聞き手に対する配慮を間接的に示すことができる。

（高橋淑郎）

参考文献　小出慶一「言いよどみ」『話しことばの表現（講座日本語の表現3，水谷修編）』（筑摩書房，1983）；定延利之・田窪行則「談話における心的操作モニター機構——心的操作標識『ええと』と『あの(一)』」（言語研究，108号，1995）；田窪行則・金水敏「応答詞・感動詞の談話的機能」『文法と音声（音声文法研究会編）』（くろしお出版，1997）；森山卓郎「応答と談話管理システム」（阪大日本語研究，1号，1989）

罵倒・悪態表現　expression of abuse or curse
batou・akutai-hyougen

キーワード：罵倒・悪態・軽卑表現・尊大表現・自敬表現・親愛表現
定　義：　ケンカや口論をする・制裁を加える・禁止や命令を下すなどの場面において，相手の身体的・精神的弱点あるいは悪行・愚行を指摘したり，呪いに満ちた語句を並べ立てたりすることで，相手を畏縮させ，自分が相手より優位に立つことを誇示する表現．

　罵倒・悪態表現には，①おもに外見上の醜悪さや身体的な弱点を指摘する，②精神的・社会的な劣性を指摘する，③呪いを浴びせる，④挑戦的な語句を投げ付けるなどの表現類型がある．現代日本語において，各類型に該当する表現は以下のようなものである．
　①醜悪さ：はげ・あご・カバ・ブス・でぶ／やせっぽち・ちび／のっぽ・ちんば
　②劣性：ばか・ノータリン・めくら・ペテン師・猫っ被り・ださい・くせぇなあ
　③呪い：死んじまえ・くたばれ・あの世へ行け・犬に食われろ・くそ食らえ
　④挑戦：おぼえてろ・あとで泣くなよ・どうなっても知らねえぞ
　ところで，「このタコ！」という語句は，はげ頭・坊主頭やとんがり口を念頭において①型の悪態として使うほかに，軟体動物の気味悪さ・グロテスクさ・滑稽さなどをすべて統合した「わけの分からないいやらしさ」という意味をもって，②型の悪態として使われる場合がある．このような「なんだか分からないがイヤ」型の罵倒・悪態表現は，「すっとこどっこい」「アンポンタン」など数も多く，もはや一種の「呪詛」の表現であるともいえよう．夏目漱石の『吾輩は猫である』に登場する苦沙弥先生が細君にいう，「オタンチンパレオロガス」などは，この「意味不明の呪詛」効果をもつものであろう．
　諸外国語には，②型の罵倒・悪態表現の中に「性的に淫乱であること」をののしるものが多い．英語の"You, mother-fucker"，中国語の「他姆的 [tamade]」のように近親相姦を表すもの，英語の"Sonovabitch"，韓国語の"개새끼 [kae-saekki]"のように出自不明（したがって母親の身持ちのよくないことを）表すものがこのタイプの表現だが，日本語の罵倒・悪態表現はこの種の語句が常用されることがないという文化的特徴がある．
　罵倒・悪態表現は，単独で使用されるだけでなく，相手への軽卑表現（がき・くそ〜／てめえ・きさま／やい・こら／黙っとれ・早く申せ）や尊大表現（おれさま・この〜様／〜させてやる・（ありがたく）頂戴しろ）（→自敬表現）などとともに使われることが多い．
　なお，罵倒・悪態表現には，親愛表現に転用されるものもある（→親愛表現）．

（川口義一）

参考文献　奥山益郎『罵詈雑言辞典』（東京堂出版，1996）；川崎洋『かがやく日本語の悪態』（pp. 30-33，草思社，1997）；米川明彦「卑罵表現も変わりゆく」（言語，28巻11号，1999）；開高健企画『13ケ国いったらあかんディクショナリィ 言ってはいけないことばの本』（講談社，1997）

反復表現 (はんぷくひょうげん)　　repetition
hampuku-hyougen

キーワード：畳語法（epizeuxis；reduplication）／首句反復（anaphora）／結句反復（epiphora）／前辞反復（anadiplosis）／列叙法（accumulation）／漸層法（climax）／畳語（reduplication）／反復修飾副詞・接続詞／反復態／反復接尾語
我々・歩キ歩キ・思イ思イ・嚙ミ嚙ミ・見ル見ル・行ク行ク・別レ別レ・高イ高イ・綺麗綺麗・ヨクヨク・コツコツ・コンコン・フラフラ／毎日・毎回・イツモ・何度モ・何回モ／シバシバ・タビタビ・ヨク・次々ニ・順々ニ・順番ニ・段々／オヨビ・ソシテ・ソレカラ・サラニ／テイル／ズツ／タビニ・ゴトニ

定　義：　同一語形や語句・同格の類似語句などを繰り返し用いて，ある種の効果をねらう表現。

種　類：　**畳語法**（epizeuxis）連続して，または，飛び飛びに同一語句を反復させる表現。
こんな夢を見た。　　　　　　　　（夏目漱石『夢十夜』第一・二・三・五夜の冒頭）
「今に其の手拭が蛇になるから，見て居らう，見て居らう」と繰返して云つた。
（同・第四夜）

首句反復（anaphora）　前の文の最初の語句を反復使用する表現。
大和魂！と新聞屋が云ふ。大和魂！と掏摸が云ふ。大和魂が一躍海を渡つた。英国で大和魂の演説をする。独逸で大和魂の芝居をする。（夏目漱石『吾輩は猫である』六）
もし私が私の傲慢によつて，罪に堕ちようとした丁度其時，あの不明の襲撃者によつて，私の後頭部に打れたのであるならば──
もし神が私を愛したため，予めその打撃を用意し給うたならば──
もし打つたのが，あの夕陽の見える丘で，飢ゑた私に自分の肉を薦めた巨人であるならば──
もし，彼がキリストの変身であるならば──
もし彼が真に，私一人のために，この比島の山野まで遣はされたのであるならば──
神に栄えあれ。　　　　　　　　（大岡昇平『野火』三十九死者の書）

結句反復（epiphora）　前の文の最後の語句を反復使用する表現。
懸物が見える。行燈が見える。畳が見える。和尚の薬鑵頭がありありと見える。
（『夢十夜』第二夜）
「今になる。蛇になる。屹度なる。笛がなる。」……「深くなる。夜になる。真直ぐになる。」
（同・第四夜）

前辞反復（anadiprosis）　尻取りのように前の文の最後の語句を次の文の最初におく表現。

御前は侍である。侍ならば悟れぬ筈はなからうと和尚が云つた。……屹度悟つて見せる。悟つた上で、今夜又入室する。…趙州云はく無と。無とは何だ。(同・第二夜)

列叙法(accumulation)　同格の様々な語句を積み重ねる表現。
ハイカラ野郎の, ペテン師の, イカサマ野郎の, 猫被りの, 香具師の, モモンガーの, 岡っ引きの, わんわん鳴けば犬も同然な奴とでも云ふがいい。

(夏目漱石『坊つちやん』九)

漸層法(climax)　徐々に程度を強めた表現を重ねる表現。
腹が立つた。無念になる。非常に口惜しくなる。涙がぽろぽろ出る。一と思ひに身を巨巌の上に打てて、骨も肉も滅茶滅茶に摧いて仕舞ひたくなる。(『夢十夜』第二夜)

夏目漱石は『それから』において, あたかも反復表現の演習でもあるかのように, 種々の反復の技を展開し, 主題の深化に役立てている。

おどろくことに, 彼は, 連載予告文でこの作品の主要レトリックが反復になることをひそかに宣言することさえしている。

連載予告文(M42/6/21) 東京朝日新聞
色々な意味に於てそれからである。『三四郎』には大学生の事を描たが, 此小説にはそれから先のことを描いたから, それからである。『三四郎』の主人公はあの通り単純であるが, 此主人公はそれから後の男であるから此点に於てもそれからである。此主人公は最後に, 妙な運命に陥る。それからさき何うなるかは描いてない。此意味に於ても亦それからである。

漱石は, この200字足らずの短い文章で, 「それから」を7回も使用している。二重下線を施した「それから」はタイトルで4回, 波線を施した「それから」は普通用法の「それから」で3回, 合計7個もの「それから」をはめ込んでいる。みごとな畳語法である。漱石は一流のコピーライターであったと考えられる。これは宣伝効果抜群のコピーである。

考えてみると,「それから」という言葉自体, 反復を意味する言葉なのだった。漱石はタイトルから, 企みの技を展開しているのだ。

このようにして, 始められた「反復技法大作戦」は, 本文において惜しげもなく投入される反復表現により, 次々と展開されていく。

まず, 漸層法。代助が自ら陥った状況がいかに困難かということがいやというほど強調されている。

彼は自ら切り開いた此運命の断片を頭に乗せて, 父と決戦すべき準備を整へた。父の後には兄がゐた, 嫂がゐた。是等と戦つた後には平岡がゐた。是等を切り抜けても大きな社会があつた。個人の自由と情実を毫も斟酌して呉れない器械の様な社会があつた。

(十五の一)

次に, 首句反復と結句反復が繰り出される。対句表現の羅列法とみることもできる。代助が心理的に危機に追い詰められていることが表現されている。

代助は守宮に気が付く毎に厭な心持がした。其動かない姿が妙に気に掛つた。彼の精

神は鋭どさのあまりから来る迷信に陥いつた。三千代は危険だと想像した。三千代は今苦しみつつあると想像した。三千代は今死につつあると想像した。三千代は死ぬ前に、もう一遍自分に逢ひたがつて死に切れずに息を偸んでゐると想像した。代助は拳を固めて、割れる程平岡の門を敲かずにはゐられなくなつた。（十七の一）

末尾においては、花火大会の夜の最後を飾るように反復表現が大輪の花を開かせている。

忽ち赤い郵便筒が眼に付いた。すると其赤い色が忽ち代助の頭の中に飛び込んで、くるくると回転し始めた。傘屋の看板に、赤い蝙蝠傘を四つ重ねて高く釣るしてあつた。傘の色が、又代助の頭に飛び込んで、くるくると渦を捲いた。四つ角に、大きい真赤な風船玉を売つてるものがあつた。電車が急に角を曲るとき、風船玉は追懸て来て、代助の頭に飛び付いた。小包郵便を載せた赤い車がはつと電車と擦れ違ふとき、又代助の頭の中に吸ひ込まれた。烟草屋の暖簾が赤かつた。売出しの旗も赤かつた。電柱が赤かつた。赤ペンキの看板がそれから、それへと続いた。仕舞には世の中が真赤になつた。さうして、代助の頭を中心としてくるりくるりと焔の息を吹いて回転した。代助は自分の頭が焼け尽きる迄電車に乗つて行かうと決心した。　　　（十七の三）

ところで、この作品の冒頭部には次のようなイメージが埋伏されている。

枕元を見ると、八重の椿が一輪畳の上に落ちてゐる。

念のため、右の手を心臓の上に載せて、肋のはずれに正しく中る血の音を確かめながら眠りに就いた。ほんやりして、少時、赤ん坊の頭ほどもある大きな花の色を見詰めてゐた彼は、急に思ひ出した様に、寝ながら胸の上に手を当てて、又心臓の鼓動を検し始めた。

この鼓動の下に、温かい紅の血潮の緩く流れる様を想像して見た。

「八重の椿」の色は明示されていないが、それが、「温かい紅の血潮」を想起させているので、赤であったことがわかる。この作品は、赤・紅で始まり、赤・真赤で終わっていることになる。

漱石は職業作家として世に出るまえに、学者・研究者として大著『文学論』を刊行している。その「第四編第六章対置法第二節強勢法」は反復の技法について論じたものであるが、それは次のようになっている。

強勢法とは、aを緩和せしむるにbを以てするものにあらず、新たにbなる素材を加へて、aの効果を大ならしむるものなり。

そうして、シェークスピアからの実例（首句反復）を次のように示す。

Go thou to Richmond, and good fortune guide thee！［to Dorset］
Go thou to Richard, and good angels guard thee！［to Anne］
Go thou to sancutuary, and good thoughts possess thee！［to Q.Elizabeth］
(Richard Ⅲ, Act Ⅳ, sc.i.ll.92-7)

ここに「三千代は…と想像した。」「三千代は…と想像した。」「三千代は…と想像した。」「三千代は…と想像した。」のお手本があった。

ここまでくると，舌を巻かざるをえない。漱石は職業作家になるまえに，その職業の理論武装をしていた。そればかりか，武器を磨き上げるコツをマスターしていたのだ。
　『それから』とタイトルで示した。それは，予告文にあるように，当然主題でもあった。そして，この作品の装いを全編「反復の技法」により漱石は飾り立てているのである。
　タイトル・主題・主要技法の三点が具備されている作品を三位一体の技法による作品というとき，『それから』はまさしく，三位一体の技法によって作り上げられた名作であると評価してよいだろう。

畳語（reduplication）　同一の単語，または，語根・形態素を重ねて一語とした語。

品詞	例	用法	意味	注記
名詞	我々・日々・山々	名詞	複数	
動詞	a 歩き歩き，考える。考え考え，歩く。	連用修飾	反復	反復態・並行態
	b 思い思いの服装	名詞	各個	
	c 思い思いに，装う。	副詞	各個	
	d よく噛み噛みしてね。	名詞	反復	育児語・幼児語
	e 見る見る（うちに）大きくなった。	副詞	反復	
	f 行く行くは，独立したい。	名詞	反復	
	g 別れ別れになる。	名詞	各個	
形容詞	高い高いしよう。	名詞	反復	育児語・幼児語
形容動詞	綺麗綺麗しようね。	名詞	反復	育児語・幼児語
副詞	よくよく考えてのことだろう。	副詞	反復	
	こつこつ働く。	副詞	反復	
擬声語	扉をコンコン叩く音がした。	写声法	反復	
擬態語	頭がふらふらする。	示姿法	反復	

反復修飾副詞　「毎日・毎回・いつも・何度も・何回も・しばしば・たびたび・よく・次々に・順々に・順番に・段々」などがあり，累加接続詞としては，「並びに・および・そして・それから・さらに」などがある。

反復態　反復態を形作るものとして，「夥しい数の学生が次々に応募して<u>いる</u>。」のような補助動詞「ている」がある。

　これらのほかに，副助詞「ずつ」や形式名詞「たび・ごと」に，格助詞「に」が付いた「たびに・ごとに」の連語などが反復表現に関与する。

　　毎日，『源氏物語』を少し<u>ずつ</u>，読ん<u>で</u><u>います</u>。
　　毎回，講義の<u>たびに</u>，プリントを用意する。
　　京都に行く<u>ごとに</u>，いつも，清水寺に行った。

（小池清治）

参考文献　丸谷才一『文章読本』（中央公論新社，1977）；佐藤信夫『レトリック感覚』（講談社，1978）；香西秀信『日本語の修辞法―レトリック―』『ことばの知識百科』（三省堂，1995）；野内良三『レトリック辞典』（国書刊行会，1998）；小池清治「文学と言葉の間」（国文学言語と文芸，116号，1999）

比較表現
ひかくひょうげん

expression of comparison
comparative expression

hikaku-hyougen

キーワード：ヨリ・ヨリモ・トイウヨリモ／ト同ジクライ（グライ）／ニクラベテ・ト・ニ／ノ中デ・ノ内デ／ホド

定　義：　ある物事の程度の大小を，他の物事と比較して述べる表現。二つの物事を比較していう場合と三つ以上の物事を比較していう場合とがある。

二つの物事を比較する文型：　二つの物事を比較していう場合の基本的な表現としては，「〜より（も）」を用いるものと，「〜より（も）」と「ほう」を合わせて用いるものとがある。
　1　今日は昨日より（も）暑い。
　2　昨日より（も）今日のほうが暑い。
　3　実物を見るほうが話を聞くよりもわかりやすい。
　物事に対する判断や表現を比較していう場合には，「〜というより…」を用いる。
　4　花の香りは，甘いというよりも（むしろ）甘酸っぱいといった感じです。
　また，二つの物事が同等であることをいう場合には，「〜と同じくらい［ぐらい］」という形を用いる。
　5　今日も昨日と同じくらい暑い。
　6　彼と私は，背の高さが同じくらいです。
　7　私も彼女（と同じ）ぐらい外国語が話せるとよいのですが…。
　二つの物事の比較の否定表現は，「〜ほど…ない」という形で表される。
　8　今日は昨日ほど暑くない。
　二つの物事を比較して問う場合には，「どちら［どっち］（のほう）」という形が用いられる。
　9　電車とバスとでは，どちら［どっち］（のほう）が早く着きますか？
　　　電車（のほう）です。

三つ以上の物事を比較する文型：　三つ以上の物事を比較し，その内の一つを取り上げていう場合には，「〜の中［内］で（は）＋一番［もっとも］…」という形が用いられる。
　10　四季の中で（は），夏が一番好きです。
　また，多くの対象の中の一つを特に強調していう表現として，「〜ほど［くらい］…はない」という形がある。
　11　クジラほど大きい動物はいない。
　12　わが社で社長くらい忙しい人はいない。
　三つ以上の物事の比較の否定表現は，「〜というわけではない」という形で表される。
　13　四季の中で（は），夏が一番好きというわけではない。

三つ以上の物事を比較して問う表現では、比較される対象の種類によって、「誰」「何」「どれ」「どこ」「どちら［どっち］」「いつ」などの語が用いられる。
　14　三人の中では、誰が一番背が高いですか。〔人が対象〕
　15　果物の中では、何が一番好きですか。〔物・事が対象〕
　16　りんご、みかん、メロンの中では、どれが一番高いですか。〔物・事が対象〕
　17　家の中では、どこが一番風通しがよいですか。〔場所が対象〕
　18　流れ星が一番多く見られそうな方角は、どちらですか。〔方向が対象〕
　19　一年で一番日が長いのはいつですか〔時が対象〕
比較に関係する慣用的な表現：　「～ほうがよい」、「～こしたことはない」、「～くらいがよい」、「～ば…ほど」、「～と［に］比べ（て）」、「～と同じく、と同様」、「～と違って」などがある。
　20　風邪の時には、十分な睡眠をとる［とった］ほうがよい。
　21　風邪をひいているのだから、早く寝るにこしたことはない。
　22　酒はたしなむくらいがよい。
　23　伸び盛りの選手は練習すればするほど上達する。
　24　昨日と［に］比べ（て）、今日は涼しかった。
　25　昨日と同じく［(と) 同様］、今日も残暑が厳しかった。
　26　昨日と違って、今日は涼しかった。
ことわざ、故事成語、連語など：　比較した物事の間に大きな差があることを示す表現として、「月とすっぽん」、「雲泥の差」などがある。
　27　有能な弟子とはいえ、師匠と比べれば、まだ月とすっぽんほどの実力差がある。
　28　プロ野球のチームと高校野球のチームとでは実力は雲泥の差だ。
　いっぽう、比較した物事の間に大差がないことや、大差がなくてどれも平凡であったり、悪かったりすることを示す表現として、「五十歩百歩」、「大同小異」、「どっちもどっち」、「似たり寄ったり」、「どんぐりの背比べ」などがある。
　29　どの提案も五十歩百歩で、見栄えがしない。
　30　修正案も原案と大同小異で、やはり魅力に欠けていた。
　31　兄弟げんかの理由を聞いてみれば、どっちもどっちで、兄、弟、ともに悪い。
　32　応募作品はどれも似たり寄ったりで、受賞に値するものはなかった。
　33　補欠選手の実力は皆どんぐりの背比べで、レギュラーを脅かすものはいない。
　そのほか「AよりB」の形をとる表現として、「花より団子」、「論より証拠」、「習うより慣れろ」、「亀の甲より年の劫」などがある（→基準表現）。　　　　　　（梅林博人）

参考文献　益岡隆志・田窪行則『基礎日本語文法（改訂版）』（くろしお出版、1992）；森田良行「くらべる」『基礎日本語辞典』（角川書店、1989）；生田目弥寿「比較の表現」『日本語教育事典（日本語教育学会編）』（大修館書店、1982）；グループ・ジャマシイ『日本語文型辞典』（くろしお出版、1998）；尾上兼英監修『成語林―故事ことわざ慣用句―』（旺文社、1993）

美化表現
びかひょうげん
bika-hyougen

expression of beautification
graceful expression

キーワード：美化語・品位保持・女性ことば・親愛表現・愛称・渾名／オ・ゴ

定　義：　話し手が，自分自身の言葉遣いを「粗雑な（ぞんざいな／横柄な／冷淡な）感じを与えない」ものとして印象付けようとするとき選ばれる表現。美化表現は，①名詞相当語句に接頭辞の「お」か「ご」を冠して作る「美化語」(お水・ごほうび) を利用する場合と，②「粗雑」と感じられる語句を別の類義語に置き換えて使う（「めし」→「ごはん」・「死ぬ」→「亡くなる」）場合とがある。この「粗雑な感じを与えない」というのは，①聞き手，②話題や場，③自分自身に対する敬語的な配慮によって行われるものである。

①「聞き手に対する配慮」というのは，例えば，いつもは「めしが食いたい」といっている男子学生が，ガールフレンド相手には「ごはん，食べたい？」と聞くような場合にみられる。妻には「水，くれ」といっている夫が幼稚園児の息子には「お水，ほしい？」と呼びかけるような場合（→親愛表現）も，同様の配慮がはたらくものと思われる。

②「話題に対する配慮」というのは，身近な者の死について話すときに，親しい相手に対してでも「おやじが亡くなってね」と「死ぬ」を避ける場合などにみられる。「場に対する配慮」というのは，バーのホステスが使う「おビール」や保育園の保母が使う「お昼寝」（→親愛表現）のように，「仕事上の話」の美化表現における配慮などをいう。

③「自分自身に対する配慮」というのは，若い女性の「明日，お仕事お休みなの」，年配の主婦の「お父さん，おビール冷えてますよ」などにみられるもので，「女らしい言葉遣い」を意識的・無意識的に選んで使う場合にみられる配慮である。これは，「自分の品格保持に対する配慮」とも呼ばれているが，その「品格保持」を期待する，社会全体の「らしさへの強制」が存在することは無視できない。

なお，美化表現選択には個人的なものと社会的なものが存在する。例えば，「水」は男性で「水／お水」を使い分ける人がかなり多くみられるため，美化語にするかどうかは，個人的な判断にかかるところが大きい。一方，「お茶」は，「茶」とだけいうのは粗雑であるという感じが強く，男性でも美化語で使う人が多い。このように，社会的に選択の固定しつつある美化語は，やがて「お世辞」や「お祝い」のように対応する非美化表現（世辞・祝い）の使用頻度が低い段階を通って，「お洒落」のように一般語彙化していく。

ところで，「お」と「ご」は，基本的には前者が和語・外来語に，後者が漢語に，それぞれ付くが，漢語には「電話」のように「お」専用のものと「返事・入学・講義」のように「お／ご」どちらも選択されるものとがある。また，「お」を付けた美化語は，可能な場合，発音上の要請から3〜4モーラに縮小され，「おさつ（お＋さつまいも）」や「おセンチ（お＋センチメンタル）」のような表現を生んでいる。

　　　　　　　　　　　　　　　　　　　　　　　　　　　　　（川口義一）

比況表現 simile
ひきょうひょうげん
hikyou-hyougen

キーワード：比況表現と推量表現／比況表現と例示表現
　　　　　ヨウダ・カノヨウダ／ミタイダ／マルデ・アタカモ・チョウド／バカリ／ゴトシ

定　義　ある事物の属性・状態を説明するのに，それと類似の性質をもつ別の事物を引き合いに出して喩えたり例示したりする表現。「比喩」（二つの事物は不一致関係にある）と同義に用いられる場合と，「比喩」と「例示」（二つの事物は包含関係にある）の総称として用いられる場合とがある。助動詞「ヨウダ」「ミタイダ」が文末に付く。他に「バカリ（ノ・ニ）」や文語的な表現として「ゴトシ」もある。「マルデ」「アタカモ」「チョウド」などの副詞と呼応することも多い（「比喩表現」参照）。

ヨウダ：

　文型　用言の終止形および名詞+「ノ」に接続する。以下のような文型をとり，Bを引き合いに出してAの属性・状態を説明する。

　①終止形：「AハBノヨウダ」
　1　彼の家はまるでウサギ小屋のようだ。
　2　今日の暑さはまるで蒸し風呂の中にいるようだ。

　②連体形：「AハBノヨウナ〈類似点〉」
　3　彼の家はまるでウサギ小屋のような狭さだ。
　4　今日はまるで蒸し風呂の中にいるような暑さだ。
　「BノヨウナA」
　5　彼はウサギ小屋のような家に住んでいる。

　③連用形
　「AハBノヨウニ〈類似の動作・状態〉」
　6　ぼくは大空を飛ぶ鳥のように自由に生きたい。
　「AハBガ〈動作・状態〉ヨウニ〈類似の動作・状態〉」
　7　ぼくは鳥が大空を飛ぶように自由に生きたい。

　先行要素　副詞「まるで」「あたかも」「さながら」「いわば」「ちょうど」などが呼応して用いられる場合がある。
　8　あの頃は，まるで夢のような毎日だった。
　9　日銀は法的にはあたかも大蔵省機構の一部門として取り扱われている。
　10　ちょうど水が深いほど青く見えるように，天の川の底の深く遠いところほど，星がたくさん集って見え，したがって白くぼんやり見えるのです。

(宮澤賢治『銀河鉄道の夜』)

「まるで」「あたかも」「さながら」「いわば」は，異質なカテゴリーの間に共通点をみいだすという場合（11）に用いられる。同一カテゴリーの（異なる個体の）間に類似性を表す場合（12）には使われにくい。

11 次郎はまるで馬車馬のように毎日遅くまで働かされた。
12 ＊次郎はまるで彼の前任者のように毎日遅くまで働かされた。

「ちょうど」は10の例のように，「ちょうどBが～であるようにAが～である」という文型で用いられる場合が多い。

比況表現と推量表現（→推量表現，様態表現）「ヨウダ」には「比況」のほかに「推量」「様態」の用法もある。

13 （毛の長い犬を見て）この犬は猫のようですね。〔比況〕
14 （動物園で見知らぬ動物を見て）この動物は猫のようですね。〔推量〕

13では，問題の動物が「猫」でないということが前提になっているが，14では「猫」であるかどうかはわからない，という発話状況の違いがある。

つまり，「AハBノヨウダ」というとき，
・表現主体がAとBが不一致関係にあることを知っている場合：比況
・表現主体がAとBが一致関係にあるか否かについて知らない場合：推量

となる。「A＝B」という関係が偽であることを知っているうえで，AとBに類似点があるということがいいたいときは比況，「A＝B」であるかどうかは知らないが，自らの観察を根拠にして「A＝B」ではないかと判断するときは推量となる。

比況表現と例示表現（→例示表現）連体形「ヨウナ」，連用形「ヨウニ」には「例示」の用法もある（終止形にはこの用法はない）。

15 わが社には君のような優秀な人材が必要だ。
16 君のように英語が上手に話せる人を採用したい。
17 おまえのようなやつは今日限り息子でも何でもない。

15～17の「Aノヨウナ／ヨウニB」では，AをBと対等の立場で比較しているのではなく，BはAの上位概念を表している。AとBは全くの別物という関係にある比況表現とはこの点で異なる。

カノヨウダ：「ヨウダ」の前に「カノ」がつくこともある（名詞・形容動詞は「～デアルカノヨウダ」となる）。この場合，より強調の意が加わる。

18 高齢化社会の到来をひかえて，税金の負担が増えるのはやむをえないかのような錯覚が広がっている。
19 並んでいる列は止まってしまったかのように進まない。
20 勝利の瞬間を待っていたかのように，選手たちが駆け寄って来た。

ミタイダ：多くの場合「ヨウダ」と置き換えがきくが，「ミタイダ」の方がより口語的である。「ヨウダ」と異なる点として，以下のような特徴があげられる。

①名詞に接続する場合,「ノ」を介さずに直接付く。「〜ノミタイダ」という言い方は存在しない。
21 まるで夢みたいだ。
22 まるで夢のようだ。
②終止形は「ミタイダ」,連用形は「ミタイニ」だが(「ミタイダ」はもともと「(を)見た+ようだ」が音変化を起こして成立したとされる),形容詞の活用からの類推か,終止形「ミタイ」,さらには連用形「ミタク」の形が,若年層の口語表現を中心に用いられつつある。
23 なんだか田中君,疲れてるみたい。
24 杉本さんみたくテニスがうまくなれればいいんだけど。
ただし,いずれも改まった書き言葉ではまだ容認されていないので,使用にあたっては注意が必要である。
③さらに,若年層の新用法として,引用句(自分の気持ちや他人の発言)を「ミタイナ／ミタイニ」で受けるという,一種の婉曲的言い回しがある。例示の用法の一つとして位置付けられるが,これは「ヨウダ」にはみられない用法である。
25 あの人はすぐ嫌味を言う人だからね。まあ,あまり気にせずに,またなんか言ってるよみたいな気持ちでいればいいんじゃないの。
26 最近の自動車のCMってさ,地球環境に優しいクルマだよーみたいなことをアピールしてるけどさ,結局排気ガスを出してることには変わりないんだよね。

バカリ: 主に書き言葉で用いられる表現。主に「〜(ン)バカリノ」「〜(ン)バカリニ」の形で用いられる。「〜と言わんばかり(の・に)」のように,固定した言い回しになっているものもある。
27 あじさいの花が目を射るばかりの鮮やかさで咲いている。
28 駅の中はあふれんばかりの人でごったがえしていた。
29 優勝した選手は表彰台の上で「どうだ」と言わんばかりに胸を張った。
これらのように修飾語として用いられる場合がほとんどであり,終止形「〜(ン)バカリダ」の形はあまりない。

ゴトシ: 古代語の名残りで,現代では文語的言い回しの中に現れる程度。終止形「ゴトシ」よりも,連用形「ゴトク」・連体形「ゴトキ」の方が使用頻度が高い。
30 私と山中氏はたちまち意気投合して,旧知のごとく親しく語り合った。
31 そんな大切な用件を私ごときにお任せ下さってよいのでしょうか。 (宮田公治)

参考文献 中村明『比喩表現の理論と分類(国立国語研究所報告57)』(秀英出版,1977);寺村秀夫『日本語のシンタクスと意味Ⅱ』(くろしお出版,1984);前田直子「『比況』を表す従属節『〜ように』の意味・用法」(東京大学留学生センター紀要,4号,1994);森山卓郎「推量・比喩表示・例示」『日本語の研究(宮地裕・敦子先生古希記念論文集)』(明治書院,1995);佐竹秀雄「若者ことばと文法」(日本語学,16巻5号,1997)

非難表現
(ひなんひょうげん)　　expression of criticism or accusation
hinan-hyougen

キーワード：ノデナカッタカ・ジャナイカ・ニアルマジキ…ダ・トンデモナイ…ダ・イクラナンデモ・ダイタイ・モトハト言エバ

定　義：　相手の言動にみられる過失・欠陥・怠慢・虚偽・不正などを指摘して，それを責める意図をもつ表現。非難表現の周辺には，「抗議」「皮肉」「悪態」などが存在し，それぞれの表現には相手を攻撃する意図をもつという点で，連続する部分もあるが，ここでは非難表現とその周辺の表現を次のように考えておきたい（ただし，客観的な事実に基づいての指摘や攻撃ではなく，あくまでも発話者の認識に基づいての表現であることが前提）。

　まず，「抗議」は相手側の言説や行動の影響が直接，間接に自分側に及び，不利益をこうむった場合，相手側とは反対の意見表明を行い，現状の改善や言動の撤回を要求することを意図し，(1)「公共料金の値上げは許さない。」，(2)「そういう言い方は止めてください。」，(3)「建築計画を白紙に戻せ」，といった具体的要求を実現するようにはたらきかけるものである。これに対して，「非難」にはそうした具体的要求の実現を第一義的にはたらきかけたり，期待するものではなく，相手側の言動を観察したり，振り返ったりする中で，そこに過失・欠点・怠慢・虚偽・不正などの存在することを指摘し，責めることが目的となる。したがって，結果的に相手側が状況の改善や言動の撤回を行うことにつながるとしても，非難表現を用いる意図は，発話者側に及ぶ不都合を指摘をすることで，相手側に非のあることを認めさせ，謝罪を引き出すことにあるといえよう。「皮肉」は間接表現，「悪態」は直接表現という表現形式としての違いはあるが，両者ともに，必ずしも相手側に非が認められなくとも用いられる点で，「非難」「抗議」とは異なる。

非難表現の成立要件と文型：　ある表現形式が非難表現として成立するためには，相手側の過失・欠陥・怠慢・虚偽・不正などを発話者が非難する対象として指摘することが要件となる。それには次のような分類が考えられる。

　①過去の言動が現状と齟齬をきたしていることの指摘
　②相手側の常習的行為・性癖・本性などが不都合をまねいたという指摘
　③事態・状況が社会的通念や発話者の予測や許容範囲を超えていることの表明

これらの指摘を種々の表現形式で表し，相手を非難する意図を達成しようとする。

　①に現れやすい文型として，
　1　これまでお互いに協力してきたので（は）なかった（の）か。
　2　きょうまでにお金を返すと言ったじゃない（か）。
　3　モトハト言エバ，そちらが言い出したことだ。

などがあげられる。特に，1「ノデ（ハ）ナカッタ（ノ）カ」，2「ジャナイ（カ）」が「言

った／誓った／約束した」などに続く場合は「違約」に対する非難となる。また，1は書き言葉的，2は話し言葉的である。3には「ソモソモ」などの副詞も類例として考えられる。

　②では，
　　4　だいたいおまえのやり方はおかしい。
といった文型が現れやすい。
　　5　どうしていつも言い訳ばかりするのか。
という文型は，疑問文ではあるが，発話者が相手から「言い訳をすること」の理由を回答することに期待していないことから，非難表現と呼びうるであろう。
　③は現状が発話者の予想を大きく超えたために発するもので，
　　6　いくらなんでも値段が高すぎる。
　　7　とんでもない計画だ。
のように，表層的には「驚愕・慨嘆」を表す文型となることがある。また，「イクラナンデモ」には直後にマイナス評価の表現を伴うのがふつうである。さらに，現状に対する不平・不満が社会通念や発話者の許容範囲（規範意識など）を背景とした文型には，
　　8　政治家にあるまじきふるまいだ。
　　9　それでも教師か。
のようなものがある。8の場合，「ニアルマジキ」に先行する名詞は，職業・地位を表す場合が多いが，「人間ニアルマジキ行いダ」のような表現も可能である。そのため，相手の言動が発話者にとっての「許容範囲」や「常識」から大きくはずれたためにマイナスの事態が引き起こされたと判断した場合の非難表現であると考えられる。疑問文で非難の意図をこめる点は，9も同様である。

非難表現と語調：　発話者の表現意図が「非難」であるとき，一般的に語気が荒くなる。
　　10　指示したとおりにやっていれば，その仕事はもう終わっていたはずだ。
　　11　危ないから気をつけろと言ったのに。
のような例では，発話者がある条件の欠落が失敗や欠陥を招いたという「蓋然性の表明」を行っているのか，あるいは単に発話者自身の「後悔」を述べるにとどまっているのか，相手に対する非難を意図しているのかは，口調や語調（プロミネンスの置き方など）によって異なる。書記言語では「！」の使用の有無でその意図が判明することがある。話し言葉で発話者に非難の意図の有無を判断するには，表情や口調もその大きな材料となることがある。
　　12　あいつは今日も会社に来なかったんだ。
のように，表面上は事実を述べているにすぎない文が，口調によっては非難の意図を感じさせる場合がある。話し手の表情に不快感が浮かぶ場合も同様で，口調と表情はしばしば連動する。この場合は，話し手の意図よりも受け手の受け止め方によって，「非難がましい」とか「非難めいた」表現となりうる。
　　　　　　　　　　　　　　　　　　　　　　　　　　　　　　　　　（木村義之）

比喩表現
ひゆひょうげん
hiyu-hyougen

expression of tropes
figure of speech

キーワード：直喩・明喩（simile）／隠喩・暗喩（metaphor）／諷喩（allegory）／喚喩（metonymy）／提喩（synecdoche）／擬人法（personification）／擬物法／喩えられるもの／喩えるもの／比喩指標／類似点／直喩予告副詞／共存制限破り／近接関係／意味的包含関係

アタカモ・サナガラ・マルデ・マルッキリ・チョウド／ヨウ・カノヨウ・ミタイ・ゴトシ・ゴトク・似テイル・ソックリ・同然・ホド・クライ／ヲ思ワセル・トミマゴウ・ユズリノ・顔負ケノ・ニ負ケナイ・風ノ・状ノ・モドキノ・的ナ・クサイ・メク

定　義：喩えられるものを喩えるものに見立てて，ある種の効果を期待する表現。

直喩・明喩（simile）：　類似性による見立ての表現。喩えるものと喩えられるものとの関係が直接的であるために直喩，明確であるために明喩という。直喩表現を構成する要素は喩えられるもの・喩えるもの・比喩指標および，類似点である。

比喩表現の文型を示すと次のようになる。

	喩えられるもの	比喩指標	喩えるもの	比喩指標	類似点		
1	君は	まるで	薔薇	のように	美しい（棘がある）。	=	直喩
2	君は	まるで	薔薇	のよう		だ。	=	直喩
3	君は	まるで	薔薇			だ。	=	直喩
4	君は		薔薇	のよう		だ。	=	直喩
5	君は		薔薇			だ。	=	隠喩

1は典型的な直喩表現である。比喩表現のすべての構成要素が明示されたものできわめて明晰な文であり，誤解の余地がない。

2は比喩表現であることは明示されているが，類似点に関する情報が欠如している。類似点は受容者の判断に委ねられる。類似点が「棘がある」ということであるかもしれないという曖昧性が生ずるが，明示していない以上，この曖昧性を排除することはできない。2の表現者は表情や行為等により，この曖昧性を補足する必要があり，受容者には曖昧性を払いのける喜びを，ときには怒りを感じ取る自由を与える。比喩表現において，表現者が最も伝えたいことは，類似点なのであるが，これをわざわざ欠落させることに表現者の遠慮があり，その遠慮を感じさせることが，2の表現の真のねらいである。

3，4は類似点のほかに，比喩指標の一部を欠落させたものであるが，直喩であることは明瞭である。不思議なことに，3の表現では，類似点が「棘がある」となり，4では「美しい」になるという傾向がある。ただし，これは，傾向であり，常にそのような意味

を含意するということにはならない。類似点に関する情報は伏せられているので、あくまでも曖昧であり、表現価は2と等しい。

5は、類似点と比喩指標を欠くので、比喩表現であるか否かそのものが曖昧になる。比喩表現であることが隠されているので、次に述べる隠喩の表現となる。ただし、「君」と人称代名詞で呼称されている以上、対象は人間であり、薔薇という植物ではありえない。このような共存制限破りの表現により、5が比喩表現であることは明らかとなる。

これらの表現において、「あたかも・さながら・まるで」は比喩指標で、直喩表現を予告する副詞、「よう・みたい」は「見立て」であることを表す、比喩指標となる助動詞である。直喩予告副詞には、「あたかも・さながら・まるで」以外に、「まるっきり・ちょうど」などがある。比喩指標には、前述のもの以外に、「ごとし・ごとく・似ている・同然・ほど・くらい」などがある。なお、「を思わせる・とみまごう・ゆずりの・顔負けの・に負けない・風の・状の・もどきの・的な・くさい・めく」なども比喩指標となる。

直喩表現は、表現の本筋となる喩えられるものと脇筋となる喩えるものとの、二つの世界が共存する表現である。優れた作品においては、両者が関係しあって効果を発揮するように工夫されている。そのことを芥川龍之介『羅生門』において検証する。

6　檜皮色の着物を着た、背の低い、やせた、白髪頭の、猿のような老婆である。
7　すると、老婆は、松の木切れを、床板の間に挿して、それから、今まで眺めていた死骸の首に両手をかけると、ちょうど、猿の親が猿の子のしらみを取るように、その長い髪の毛を一本ずつ抜き始めた。
8　老婆は、一目下人を見ると、まるで、弩にでもはじかれたように、飛び上がった。
9　ちょうど、鶏の脚のような、骨と皮ばかりの腕である。
10　（老婆は）まぶたの赤くなった、肉食鳥のような、鋭い目で見たのである。

喩えられるものは、老婆の姿態、動作などであり、喩えるものは、「猿・鶏・肉食鳥」などの小動物、他に「鴉・蟇」などがあり、気味の悪いイメージが連続している。喩えるものは、『羅生門』の世界の禍々しさを強調する効果を発揮している。

中村明は『比喩表現の理論と分類』で、川端康成の作品群に使用されている比喩イメージの一群に、「ガマ・カタツムリ・カイコ・ヒル・ナメクジ・ウジ・チョウ・ガ・アブ・クモ」などの「小動物のイメージ」があることを指摘し、川端康成の現実認識の特徴や美意識を析出している。

直喩表現を単独で鑑賞することも可能であるが、より効果的な鑑賞は、群れとして鑑賞することである。

隠喩・暗喩（metaphor）：　喩えられるものをそれとは別のもの（喩えるもの）に見立てる表現。類似性による見立ての表現という点では、直喩と等しいが、比喩指標が「あたかも・まるで」や「よう・みたい」のような語の形で明示されず、比喩表現であることが、隠されているため、隠喩または暗喩という。隠喩表現は、比喩の構成要素のうち、比喩指標と類似点という二つの要素が欠如している表現である。

	喩えられるもの	比喩指標	喩えるもの	比喩指標	類似点	
11	君の家は	あたかも	お城	であるかのように	広大	だ。〔直喩〕
12	君の家は	あたかも	お城	であるかのよう		だ。〔直喩〕
13	君の家は	あたかも	お城			だ。〔直喩〕
14	君の家は		お城	であるかのよう		だ。〔直喩〕
15	君の家は		お城			だ。〔隠喩〕
16			お城	での生活は快適かい？		〔隠喩〕

　隠喩の多くは，一文の中では16のように，喩えるものしか表現されないことが多いので，一層比喩表現であることが隠されることになる。比喩表現であることを隠すことは，表現の明晰性を放棄することであるが，放棄することにより，受容者の参加を求め，その想像力を刺激する。比喩か否か，比喩とするとどこが似ているのかということについての判断は受容者に委ねられ，その意味で含みが多く，面白い表現となる。

　ところで，隠喩表現においては，比喩指標が全くないのかというとそうではない。文脈からの情報，具体的には表現相互の共存制限破りや表現と場面との共存制限破りというものがその指標となる。隠喩表現は隠されているので，その発見も受容者に委ねられている。発見の喜びを与えてくれるという意味でも興味深い表現である。

　直喩における類似性の多くはすでにあると認められている類似性であるが，隠喩における類似性は，表現者が発見した類似性であり，哲学的認識の表現，詩的感覚の表現となる。

　文型は「AはBである。」という命題の形をとることが多い。

　　（農家の）嫁は角のない牛だ。　　　　　　　　　　　　（立松和平『遠雷』）

「嫁」は人間であり，決して「牛」ではない。また，似てもいない。こういう日常的常識を無視して，「嫁」＝「牛」と言い切る隠喩表現の強烈さは，表現者の厳しい認識を反映させたものである。

　隠喩表現においても，その鑑賞は群れとして鑑賞することが肝心である。夏目漱石『こころ』（下・先生と遺書）において，そのことを検証する。

17　私はむしろ私の経験を私の命とともに葬ったほうがいいと思います。

18　あなたが無遠慮に私の腹の中から，ある生きたものをつらまえようという決心を見せたからです。私の心臓を断ち割って，温かく流れる血潮をすすろうとしたからです。…私は今自分で自分の心臓を破って，その血をあなたの顔に浴びせ掛けようとしているのです。私の鼓動が止まった時，あなたの胸に新しい命が宿ることができるのなら満足です。

19　もう取り返しがつかないという黒い光が，私の未来を貫いて，一瞬間に私の前に横たわる全生涯をものすごく照らしました。そうして私はがたがた震えだしたのです。

　17は遺書の冒頭部にある表現。「命／葬る」のイメージは，この遺書の悲劇的結末，「先生の自決」を遠く指し示している。伏線的な隠喩である。18は強烈な隠喩の行列。一見，静かに綴っているようにみえるが，感情的に激した文章なのである。19はこの遺書

のクライマックスの一つ。「黒い光」が遺書を書き続ける「先生」を照らし続けていた。その結果，この遺書はレトリックに満ちたものとなったのだろう。あたかも，「先生」は暗い舞台で長い独白を語り続ける役者のようである。T.S.エリオット（1888～1965，英国の詩人・批評家）は「シェイクスピアの本当に優れたレトリックは作中人物が自分自身を劇的光で見るという状況において現れる」と指摘している。「先生」にとっての劇的光は，「黒い光」であった。

諷喩（allegory）：　隠喩が引き延ばされて，諺や寓話の形をとったもの。わざと本義を隠して，ただ喩えだけを示す，隠喩の一種。比喩指標は，表現と場面とのずれという共存制限破りの一種で示される。表現を文字通りに理解すると理解困難なことになる。多くは，風刺表現となるため，諷喩という。

　　　長いものには巻かれろ。〔長大・強力な相手には抵抗せず，やりたいようにさせておいたほうが，よい結果が得られるものだ。〕
　　　猿も木から落ちる。〔得意としていることがらにおいてもときには失敗するものだ。〕
　　　寝た子を起こす。〔物事がやっと静かで安定した状態になって安心したのに，不注意なことをして，不安定で不快な状態にしてしまう。〕

喚喩（metonymy）：　近接関係による見立ての表現。喩える物事が喩えられる物事を喚起するものであるために，喚喩という。喚喩には特有の文型はなく，共存制限破りや文脈で判断するほかない。

　　　羅生門が，朱雀大路にある以上は，この男のほかにも，雨やみをする市女笠や揉烏帽子が，もう二，三人はありそうなものである。　　　　（芥川龍之介『羅生門』）

「市女笠」でこれを使用する女を，「揉烏帽子」でこれを被る男を表している。「市女笠」や「揉烏帽子」が装身具という物であるのに，「もう二，三人」と人扱いする共存制限破りが喚喩表現の指標となっている。

「春雨や物語り行く簑と笠」（芭蕉）の「簑」と「笠」が喚喩であることはもはやいうまでもないであろう。これらの喚喩は説明を切り詰めた描写的表現である。

「漱石（の作品）を読む」「モーツァルト（作曲の管弦楽）を楽しむ」「白バイ（に乗った警察官）につかまった。」のように，喚喩は省略表現の結果とも考えられる。

「親指太郎」は身長が親指くらいであるところからの命名で隠喩型の命名であるが，「桃太郎」は桃に似ているわけではなく，桃から生まれたことからの命名で，喚喩型の命名ということになる。

　　　老人には足がない。〔老人の多くは，運転免許を持っていず，自由に動きまわる手段がない。足＝移動手段・交通機関〕
　　　彼は馘を切られた。〔彼は職を失った。首＝命の象徴〕

このように，慣用句の多くは，喚喩表現に由来する。

提喩（synecdoche）：　全体と部分，一般と特殊，総称と固有名というような意味的包含関係を利用した表現。喚喩の一種。

「花見」の「花」（総称）は「桜」（固有名）を表す提喩，「人はパンのみで生きるものにあらず」における「パン」（固有名）は「食物」（総称）を表す提喩である。

比喩指標は，表現と場面とのずれという，共存制限破りの一種で示される。

「お茶にしませんか？」「それもいいですが，コーヒーでは駄目ですか？」という日本語初級者の発話は，提喩表現であることを理解せずに，文字通りに解釈した結果生じたものである。提喩表現なのか，普通の表現なのかを見分けるには経験を積む必要がある。

「花見」でみる「花」は桜に限定され，その他の花をみる場合には，「菊の花見」などのように表現する必要があるという知識はかなり高度な知識である。

川端康成は『伊豆の踊子』の末尾に近い部分で，次のような提喩表現を使用している。

　　はしけはひどく揺れた。踊子はやはり唇をきつと閉ぢたまま一方を見つめてゐた。私が縄梯子に捉まらうとして振り返つた時，さよならを言はうとしたが，それも止して，もう一ぺんただうなづいて見せた。はしけが帰つて行つた。栄吉はさつき私がやつたばかりの鳥打帽をしきりに振つてゐた。ずつと遠ざかつてから踊子が白いものを振り始めた。

「栄吉」が別れの挨拶として振っているものは，「鳥打帽」と固有名で表現しているのに，踊子が振っているものは，「白いもの」と総称で表現している。「ずつと遠ざか」ったので，固有名が確認できなかったためという，物理的説明も可能であるが，それでは味も素っ気もない鑑賞になってしまう。「手ぬぐい」または，「ハンカチ」という固有名でもよかったのだが，それでは，具体的過ぎて，関心は用途の方へ行ってしまいそうだ。作者は，そのようには表現したくなかった。「白いもの」という総称ならば，とにかく「白」が表現の表に出てくる。川端は，「白」で，「踊子」の純真さとか清潔感とかを表現したかったのかもしれない。

気を付けて，この文章を読むと，作者はヒロインを，「踊子」という一般名詞で呼称し続けていることに気付く。彼女の名が「薫」であることを知る前は仕方がないが，知ってからも「踊子」と呼称し続け，最後までその態度を貫いている。彼は，この作品の肝心な部分を提喩で書いているのである。「白いもの」という表現は，これと呼応する表現であったとみてよかろう。

擬人法（ぎじんほう）（personification）：　人でないものを人に見立てて表現する技法。活喩（かつゆ）ともいう。隠喩の一種。直喩・隠喩・諷喩は事物相互のなんらかの類似性に，喚喩は事物相互の近接性に，提喩は事物の包含関係性に基づく表現であるが，擬人法・擬物法は，表現者の側から一方的に人に見立てたり，物に見立てたりすることにより成立する表現である。

川端康成の『伊豆の踊子』を例にする。

20　道がつづら降りになつて，いよいよ天城峠に近づいたと思ふ頃，雨脚が杉の密林を白く染めながら，すさまじい早さで麓から私を追つて来た。

21　ととんとんとん，激しい雨の音の遠くに太鼓の響きが微かに生れた。

22　私は眼を閉ぢて耳を澄まし乍ら，太鼓がどこをどう歩いてここへ来るかを知らうと

した。

　川端は,「雨脚・太鼓の響き・太鼓」などを人扱いしている。21の「太鼓」は「太鼓（を打っている人間）」の意と考えると, 喚喩の表現となるが, この作品では, 擬人法がここまでは多用されているので, 擬人法のつもりで書いたと判断される。

　『伊豆の踊子』において, 擬人法は不思議な分布を示している。孤児根性でいじけている「私」が孤独な旅をし, 踊子の一行に関心を抱く段階で多用され, 踊子との人間関係が成立した段階では姿を消してしまうという分布である。

　大岡昇平『野火』は友軍に見捨てられて死の淵, フィリピンの荒野をさ迷う孤独な兵士の独白によって綴られている。「私は孤独であつた。恐ろしいほど, 孤独であつた。この孤独を抱いて, 何故私は帰らなければならないのか。」（『野火』二十・銃）と自らの運命を疑っている。そういう彼の目には, 死すらも擬人法の対象となる。「糧食はとうに尽きてゐたが, 私が飢ゑてゐたかどうかはわからなかつた。いつも先に死がゐた。」（同・八・川）孤独な魂は擬人法を好むということであろうか。

擬物法：　人を人以外の事物に見立てて表現する技法。隠喩の一種。紫式部は, 表現技法の点でも卓抜さを示すが, 擬物法でも傑作を残している。『源氏物語』「総角」の巻, 薫が大君・中の君の部屋に忍び込み, 大君が切なく悲しい一夜を過した後, 部屋の隅で危うく難を逃れた姿を表す場面の描写である。

　明けにける光につきてぞ, 壁の中のきりぎりす這ひ出でたまへる。

「きりぎりす（現在のコオロギ）」に「たまへる」という尊敬語を使用するという共存制限破りで, ことばの技の存在を明示し, かつ, 一晩中泣き明かした, それも, 声を立てずに泣き明かすことを余儀なくされた, 大君の哀れな姿を, 描写ではなく, 説明でもなく, 擬物法の一筆で描ききってしまった。薫に裏切られ, 自分は妹, 中の君を裏切ってしまう。引き裂かれた大君は, もはや「人間」の威厳を保ちかね, よろよろと這い出るのだ。

（小池清治）

参考文献　中村明『比喩表現の理論と分類（国立国語研究所報告57）』（秀英出版, 1977）,『日本語のレトリック（講座日本語の表現8）』（筑摩書房, 1983）,『日本語レトリックの体系』（岩波書店, 1991）,『比喩表現辞典』（角川書店, 1995）; 丸谷才一『文章読本』（中央公論社, 1977）; 佐藤信夫『レトリック感覚』（講談社, 1978）,『レトリック認識』（講談社, 1981）,『レトリックの本（別冊宝島）』（JICC出版局, 1981）; 井上ひさし『自家製文章読本』（新潮社, 1984）; 利沢行夫『戦略としての隠喩』（中教出版, 1985）;『国文学　特集日本語のレトリック』（学燈社, 1986）; 尼ケ崎彬『日本のレトリック』（筑摩書房, 1988）,『ことばと身体』（勁草書房, 1990）, 森田良行「比喩」『ケーススタディ日本語の語彙（森田良行他編）』（おうふう, 1988）; 山梨正明『比喩と理解（認知科学選書17）』（東京大学出版会, 1988）; 半澤幹一「比喩表現」『ケーススタディ日本語の文章・談話（寺村秀夫他編）』（おうふう, 1990）; 香西秀信『日本語の修辞法—レトリック—』『ことばの知識百科』（三省堂, 1995）; 渡辺直己『本気で作家になりたければ漱石に学べ！』（太田出版, 1996）; 野内良三『レトリック辞典』（国書刊行会, 1998）; 小池清治「川端康成と夏目漱石—表現の系譜・『青い海黒い海』『雪国』『伊豆の踊子』—』『川端文学への視界（年報98）（川端文学研究会編）』（教育出版センター, 1998）

評価・注釈表現　expression of evaluation
hyouka・chuushaku-hyougen

キーワード：評価・注釈
　　　　　当然・幸イ・アイニク・勿論・ミゴト・サスガ・事実・…ク・…ニモ・…ナガラ・…コトニ

定　義：　副詞を中心とする表現で，文頭または文頭近くに位置し，後続の文の内容を評価したり，注釈を加えたりする表現。あくまでも話し手の主観を付け加えるもので，そうした表現があるからといって命題内容そのものに変化が生じるわけではないところにその特徴がある。
　　幸い，怪我人は一人もいなかった。
などがその例であるが，これは，大体
　　怪我人が一人もいなかったことは，幸いだ。
のように言い換えることができる。

五つの類型：　評価・注釈を表す副詞・副詞句は，形態から考えて概略五つに分類できる。
　まず，語尾に何もつけずに表すことができるものがある。すでにあげた幸イのほかに，
　　当然，時間が正確な電車で行きます。
　　あいにく，訪ねていった家は留守だった。
　　勿論，日曜日は会社に行きません。
　　みごと，そのチームは優勝した。
　　さすが，世界大会で入賞するだけのことはある。
　　事実，私は彼を渋谷駅のそばで見かけたのだ。
などがある。名詞や形容動詞の語幹が慣用化したものが多い。
　二つ目は，形容詞の連用形が固定化したものである。
　　よく，ここまで我慢した。
　　運よく，記事が掲載された。
　　運悪く，ドブにはまってしまった。
　　めずらしく，父が早く帰宅した。
　それから，「形容動詞語幹」+「ニモ」の形がある。
　　不幸にも［気の毒にも］，その台風で5人の方が亡くなった。
　　幸いにも［幸運にも］，私は医学部に合格した。
　　親切にも，その人は駅までの地図を書いてくれた。
これに対応する形容詞は「形容詞語幹」+「クモ」の形であるが，
　　惜しくも，3位にとどまった。

辛くも，逃げきった。
くらいで，現代ではこの形はあまり用いられず，後述の「形容詞語幹」+「イコトニ」の形が選ばれる傾向にある。
　「形容動詞語幹」+「ナガラ」の形もある。しかし，この形も慣用的なものに限られる。
　　残念ナガラ，母校は県大会の準決勝で敗れた。
　　当然（のこと）ながら，硫酸に素手で触れると大変危険である。
　　遺憾ながら，従業員の不注意でまた事故が起きてしまった。
　また，「形容詞連体形」+「コトニ」，「形容動詞連体形」+「コトニ」の形もある。これは応用範囲が広く，ほとんどの形容詞・形容動詞に適用することができる。
　　うれしいことに［ありがたいことに］，落とした財布を交番に届けてくれた人がいた。
　　かなしいことに［いやなことに］，今日もまた夜遅くまで会議がある。
　　おそろしいことに［こわいことに］，その飛行機は尾翼が折れたまま着陸した。
　　おどろいたことに［めずらしいことに］，イギリスの空港で日本の旧友と会った。
　　おもしろいことに［ふしぎなことに］，そのクラスは全員九州出身だ。
　　かわいそうなことに［気の毒なことに］，彼女は息子さんを交通事故でなくした。
　直接「ニ」が付くものも少数ながら存在する。
　　確かにこのコーヒーはあまりおいしくない。
　　明らかに最近クマがこの村の周辺に出没するようになっている。
　また，「ゴ親切ニ」や「ゴ丁寧ニ」など「ゴ」の付く形もある。
　　ご親切に［ご丁寧に］お手紙をくださってありがとうございます。
　なお，日本語教育との関係で一言付け加えておくと，初級を終えたレベルの留学生に，
　　親切に私の作文を直してください。
　　丁寧に日本語を教えてくださいました。
といわれることがある。ところが，こうした場合，直し方や教え方が親切であったり丁寧であったりすることを意図していることはまれで，多くは感謝を表したくて相手の行動を評価しているのである。しかし，日本語の発想では，目上の人の行動を面と向かって評価することは一般に失礼に当たるので，
　　お手数ですが，私の作文を直してください。
　　日本語を教えてくださってありがとうございます。
のように表現するのが普通であると指導する必要がある。　　　　　　　（石黒　圭）

参考文献　工藤浩「叙法副詞の意味と機能―その記述方法をもとめて―」（研究報告集3（国立国語研究所），1982）；茅野直子他『副詞（外国人のための日本語＝例文・問題シリーズ1）』（荒竹出版，1987）；森本順子『話し手の主観を表す副詞について』（くろしお出版，1994）

頻度表現 expression of frequency
<small>ひんど ひょうげん</small>
hindo-hyougen

キーワード：回数・頻度
　　　　　　イツモ・ツネニ・絶エズ・ネンジュウ・フダン・シジュウ・シュウシ・ショッチュウ・ヨク・頻繁ニ・シバシバ・タビタビ・シキリニ・サカンニ・時々・タマニ・マレニ・アマリ・メッタニ

定　義：　副詞を中心とする表現で，事柄，事象などの起こる頻度を表す表現。頻度の表現は，概略，回数が多いことを表すグループと少ないことを表すグループとに分かれる。回数が多いグループには，イツモ・ツネニ・絶エズ・ネンジュウ・フダン・シジュウ・シュウシ・ショッチュウ・ヨク・頻繁ニ・シバシバ・タビタビ・シキリニ・サカンニが，回数の少ないグループには，時々・タマニ・マレニ・メッタニが入る。
　　イツモは，「いつでも」，つまり，時間や時期に関係なく必ず，という意味を表している。
　　　　摩周湖にはいつも霧がかかっている。
このイツモはツネニやシジュウ，絶エズ，ネンジュウなどと言い換えることができる。必ズやゼッタイといった必然表現（→可能性表現）で置き換えることも不可能ではないが，やや難しい感じがする。しかし，必然表現は本来時間を表す表現ではないものの，その前に時間にかかわる条件や状況を示した表現を付けて時間の枠組みを提示することで，表現としてのすわりをよくすることができる。
　　　　部長はいつも居眠りをしている。
　　　　部長は，お昼休みにはいつも［必ず］居眠りをしている。
　　　　私が部長の方を見ると，部長はいつも［必ず］居眠りをしている。
　　ツネニは，恒常的に事態が成立していなければならず，イツモに比べて制約が厳しい。したがって，
　　　　部長は，就業時間中，つねに居眠りをしている。
とは言えても，
　　　　私が部長の方を見ると，部長はつねに居眠りをしている。
のような偶然的な状況にはツネニは使いにくい。
　　絶エズは，文字どおり，「絶えることがない」，つまり休んだり途絶えたりすることなくいつも，の意味である。したがって，
　　　　敵はどこから侵入してくるかわからないので，絶えず警戒をしているように。
　　　　家の前の道路から，工事の音が絶えず響いてくる。
のように，いつ途絶えてもおかしくないようなものごとに対して使われる傾向がある。

ネンジュウは「年中」つまり一年中であるから、四季にかかわらずとか、月にかかわらずといったような、比較的大きなスケールで語られるイツモである。
　　鈴木建設の営業3課は、浜ちゃん以外は年中仕事で忙しい。
　フダンは、普通のときは、という意味である。「普通」が「特別」とペアになるように、「普段」の日もまた「特別」の日や「たま」の日とペアになってはじめて意味をもつ。言い換えると、フダンというと、そうでない特別の場合が同時に意識されるということである。
　　ふだんはネクタイを締めないが、会議の日には必ずネクタイを締めていく。
　シジュウは、「始終」つまりはじめから終わりまでということであるが、はじめや終わりがいつなのか、はっきりしないので、時間限定の表現とは共起しにくい。だから、
　　彼女は朝から晩まで（＝一日中）しじゅう電話の応対に追われている。
とはいえても、
　　彼女はお昼休みの間、シジュウ電話の応対に追われている。
とはいいにくい。そのあたりの事情は「始終」をひっくり返した「終始」とは反対である。シュウシは、「ずっと」に近く、限定された時間の中でのイツモを表す。また、シジュウが忙しい様子など動的なことに使われるのが多いのに対して、シュウシは動きが少ない静的なことにも使うことができる。ただ、シュウシには話し言葉としては、やや硬い感じがある。
　　彼は会議中しゅうし沈黙を保っていた。
　ショッチュウは、動的なことがらに使われることが多いという点でシジュウに近いが、頻度の点から考えてシジュウほど多くはない。また、シジュウに比べてくだけていて話し言葉的表現でもある。
　　子どものころ、彼女はしょっちゅう我が家に遊びに来ていた。
　頻度からいえば、ショッチュウに近いのがヨクである。イツモとまではいかないが、回数が多いことを表す。
　　私は、休みの日になると、よく近くの公園で子どもとキャッチボールをします。
　ヨクは、本来「十分に」の意味であり、事実、程度の表現の境界が曖昧なものもある。
　　与えられた文章をよく読み、設問に答えなさい。
　頻繁ニは絶対的な回数が多いときに用いる。「何度も」に近い。
　　酔っぱらった父は夜中頻繁に起きてトイレに行った。
　シバシバは、絶対的な回数はともかく、印象として回数が多いときに使う。
　　私はしばしば祖母の家を訪ねるようになった。
たとえ月に一回でも回数が多いと感じられれば、シバシバを使うことができる。また、シバシバは主に硬い文章で用られる。
　タビタビは回数が複数回起こったことを表す。複数回といっても二回でタビタビということはあまりないだろうが、逆に二桁でタビタビを使うことも少ないだろう。ほどほどに

多いことがらに対して使う。
　犯人は事件後もたびたび犯行現場に姿を現している。
　シキリニは同じことが繰り返し起こることを表す。主に外から観察できることに対して使う。その意味で，サカンニとほぼ同じである。
　彼はしきりに時間を気にしている。
　彼女はさかんに「帰りたい」という言葉を口にする。
　一方，頻度がさほど多くないグループには，時々・タマニ・マレニ・アマリ・メッタニが入る。頻度がさほど多くない場合，コトガアルと共起できるか，否定と共起するか，のどちらかの性格を備えている。
　時々は，事態が複数回起こってはいるが，印象として回数がそれほど多くないときに使う。
　私は仕事の帰りに時々近くのスーパーに寄って夕食のおかずを買う。
　タマニは例外的に起こることを表す。タマニを使うと，フダンとは反対に，イツモはそうでないということを意識することになる。
　娘はたまに家事を手伝ってくれる。
回数が少ないことを強調する場合，「ごくたまに」と「ごく」を前に付けることもある。
　マレニは，極端に回数が少ないことを表す。「めずらしい」という評価をしている感じを伴う。
　父は，釣りに行くと，まれに大物を釣って帰ってくることがある。
回数が少ないことを強調する場合，タマニと同様「ごくまれに」という言い方もできる。
　アマリは否定を伴う。アマリナイはヨクの反対で「十分ではない」という意味がもともとであり，それが，回数が少ないことにも適用される。
　後輩たちはクラブの会議にあまり出席しない。
　メッタニは，ヤタラニとかムヤミニと同じような意味であるが，必ず否定を伴うため，マイナスのイメージが浮き彫りにされる。
　ファンの大きな期待にもかかわらず，阪神タイガースはめったに優勝しない。
　頻度を表す表現はそれぞれに固有の意味があり，本来は一つの物差しの上に並べるべきものではないが，目安を示す意味で，頻度が大きいと思われる順に並べておくことにする。しかし，あくまでこれは大体の目安であり，現実には逆転する場合があることに留意されたい。ツネニ／絶エズ・シュウシ／イツモ・ネンジュウ／シジュウ／フダン／ショッチュウ／頻繁ニ・シキリニ・サカンニ／ヨク／シバシバ／時々／タビタビ／タマニ／アマリ／マレニ・メッタニ。

（石黒　圭）

参考文献　茅野直子他『副詞（外国人のための日本語＝例文・問題シリーズ1）』（荒竹出版，1987）；森田良行『基礎日本語辞典』（角川書店，1989）

付加・追加表現 expression which introduces additional information
fuka・tsuika-hyougen

キーワード：必須情報・選択的情報／同種の情報・相反する情報／なお書・追而書・追い書き・ただし書
　　　　　ナオ・オッテ／タダシ・タダ／チナミニ・ソレニツケテ・ソレニ関連シテ／ツイデニ／アト・ソノウエ／ソレニ・ソレカラ・ソシテ・ソウシテ／アマツサエ・アマツサエ／オマケニ

定　義：　接続詞を中心とする表現で，主要叙述の後に補足的に付け加えるときに用いる表現。原則として，文頭で用いられる。付加・追加表現は付加・追加される情報が必須のものか，選択的なものかで二分される。

　ナオ　必須の情報を付加する際に用いる。主要情報と同種の情報である場合，相反する情報である場合とにかかわらずナオは使用でき，使用範囲が広い。付加情報をナオで書き始める書き方を「なお書」という。また，古くは，ナオの代わりに「オッテ」を用いた。オッテで書き始める書き方を「追而書」または「追い書き」という。
　　　入場料は千円です。なお，入場は午前9時からです。〔同種の情報〕
　　　入場料は千円です。なお，65歳以上の方は無料です。〔相反する情報〕
　　　おって，委細は後日別紙にて。

　タダシ　必須の情報で，かつ，主要情報と趣旨が相反する場合に用いられる。付加情報をタダシで始める書き方を「ただし書」という。
　　　入場料は千円です。ただし，65歳以上の方は無料です。

　タダ　タダシの口頭語。注意すべきと考える情報を付加する際に用いる。
　　　入場料は千円です。ただ，65歳以上の方は無料となりますので，申し出てください。

　チナミニ　選択的情報を付加する場合に用いる。起因するの意の「因む」に接続助詞「に」が付いて接続詞になったもので，「それにつけて・それに関連して」などに置き換えることができる。
　　　博覧会に行ったのですか？　ちなみに，入場料はいくらだったのですか？

　ツイデニ　選択的情報を追加する場合に用いる。引き続くの意の動詞「序づ」の連用形に接続助詞「に」が付いて接続詞化したもの。主要叙述をなすに際して，類似のこととして思い出した物事に言及する場合に用いる。チナミニが文章語的であるのに対して，ツイデニは口頭語的である。ツイデニに導かれる表現が長い場合，付加表現というより，話題転換表現の趣を強くする。
　　　ついでに，入場料はいくらだったのですか？

　アト　選択的情報を追加する場合に用いる。追加の意味の副詞「あと」が接続詞に転じ

たもの。主要叙述の不足を補おうとする場合や思い付いて話題を追加する場合に用いる。「そのうえ・それから」の意の口頭語であり、これを文章語としてもちいると子供っぽい印象を与える。

　　キリンさんが好きです。あと，象さんも好きです。
　ソレニ　客観的な事柄・状況に，もう一つの別のものが付加・追加される意を予告する。
　　数学が駄目。英語も絶望的。それに国語まで思わしくない。〔文の接続〕
　　数学が駄目で，英語も絶望的で，それに国語まで思わしくない。〔節の接続〕
　　数学，英語，それに国語が不得意です〔語の接続〕
　ソレカラ　文や節の接続の場合，行為・作用・状況などが，時間的順序にしたがって展開するということを予告する。前後関係を強調する。語の接続の場合は，同時的共存の意で，単なる付加の意となる。
　　開会式がとどこおりなく終了した。それから競技がすぐ始められた。〔文の接続〕
　　開会式があり，それから競技がすぐ始められた。〔節の接続〕
　　紅茶，コーヒー，それからお茶，お好みのものをどうぞ。〔語の接続〕
　ソシテ　文や節の接続の場合，行為・作用・状態などが，時間の順序にしたがって順調に展開するということを予告する。前項を踏まえてということを含意する。語の場合は，追加の意となる。
　　開会式がとどこおりなく終了した。そして競技がすぐ始められた。〔文の接続〕
　　開会式があり，そして競技がすぐ始められた。〔節の接続〕
　　紅茶，コーヒー，そしてお茶，お好みのものをどうぞ。〔語の接続〕
　ソウシテ　「そして」の古形で，文章語。話し言葉として使用する場合，誇張した表現となる。
　アマッサエ・アマツサエ（剰え）　「余(あま)りさえ」が一語化し，「余(あま)り」の「り」が促音化した「アマッサエ」が本来の形。「アマツサエ」は文字読みによって生じたもの。文および節を接続する。語を接続する用法はない。不都合なことを意味する前項を前提とし，さらに悪い事に後項が加わる意を表す。
　　山道で，あいにく暗くなった。あまっさえ，雨まで降り出した。〔文の接続〕
　　山道で，あいにく暗くなり，あまっさえ，雨まで降り出した。〔節の接続〕
　オマケニ　「アマッサエ」の意を表す俗語的表現。　　　　　　　（小池清治）

参考文献　森田良行『基礎日本語辞典』（角川書店，1989）；林大・山田卓編『法律類語難語辞典』（有斐閣，1998）；田忠魁・泉原省二・金相順『類義語使い分け辞典』（研究社出版，1998）

複数表現 1―尊敬表現・謙譲表現― plural expression which may imply honorific of modesty

fukusuu-hyougen―sonkei-hyougen・kenjou-hyougen―

キーワード：複数形・接尾辞・人称・尊敬語・謙譲語・自己卑下表現・二人称敬称形・脱待遇

　日本語には，文法的には「複数形がある」とはいえないが，2以上の数を表す方法はそれなりに存在する。名詞の複数は，通常次のような方法で表される。
　①「人々」「神々」「山々」「木々」のように同じ名詞を繰り返す
　②複数であることを示す接尾辞「〜たち」「〜ども」「〜ら」を，名詞に添加する
　このうち，①の畳語による複数表現は，待遇感が感じられないが，②の方法に使われる3種類の接尾辞は，それぞれに待遇表現として異なる用法をもつ。
　まず，「〜たち」であるが，これは古くは神・天皇・貴族など高く待遇すべき人に限ってのみ使われ，複数概念とともに尊敬語としての敬語概念をもっていた。しかし，時代が下るにつれて付け得る名詞の種類が拡大し，一方では単数の人に付けて軽い敬意を表す用法（「あみ笠召してお出なされたとの達は」（浄瑠璃『堀川波鼓・下』））が生じた。また一方では敬語概念を失って一人称代名詞や目下の人物，擬人化した動物・自然物の複数を意味するようになり，現代語の「私たち」「お前たち」「輝く星たち」などの例を生んでいる。敬語概念のある複数表現は，現在では「〜方」「〜の方々」によって担われている。
　「〜ども」は，高く待遇しない対象を複数として示す接尾辞である。そのため，軽卑の意味を伴って使われることが多く，それが「しようのねえ野郎どもだ」のような例の語感を生んでいる。この待遇意識を一人称者および一人称側に立つ人々にあてはめたのが，「身ども」「手前ども」「私ども」のような，謙譲表現（正確には，「自己卑下表現」）である。「拙者」の意味の「身ども」などは，人物が一人でも複数表現にして謙譲感を出している。
　「〜ら」は，古代では複数表示とともに親愛感を表す用法（「かもがと我が見し子ら」（『古事記・中』歌謡））があったが，中世以降時代が下るとともに軽卑の意味が強くなり，現代語の「あいつら何やってやがる」の用法につながっていく。また，一人称者に使う謙譲用法（「私ら」「老生ら」）も，『万葉集』の「憶良らは」の歌にみるようにすでに古代から存在する。なお，現代語では，謙譲・軽卑用法のほか，「首相ら一行は」のように脱待遇を志向する純粋な複数表現の用法もある。また，「彼ら」「彼女ら」は，「私ら」「君ら」と違って，謙譲・軽卑感が希薄で，この「首相ら」に近い用法である。
　上述のように，日本語名詞の複数概念は待遇にかかわる敬語的概念を有するが，このことは他の言語で二人称複数形（ロシア語のвыやトルコ語のsiz-）や三人称複数形（ドイツ語のSie）が二人称敬称形になることとの関連がうかがえて興味深い。　　　（川口義一）

複数表現 2
ふくすうひょうげん
fukusuu-hyougen

plural expression
plural = 複数の　　plural (number) = 複数
singular = 単数の　plural form = 複数形
dual (number) = 双数、一対の

キーワード：人称代名詞・指示代名詞・人名詞・物名詞・畳語／事柄の複数・行為状態の複数（反復）・不定複数表現
　　　　　　タチ・ドモ・ラ／方・方々／人々・人タチ／幾度モ

定　義：　事物・事象・行為などが複数（複数回）あることを表す表現。

事柄の複数表現：
①人称代名詞に付く場合

一人称	わたしたち	ぼくたち	俺たち	*		我々	中立
	わたしら	ぼくら	俺ら	わしら		われら	尊大
	わたしども	*	*	*		*	卑下
二人称	君たち	あなたたち	貴様たち	お前たち		皆	中立
	君ら	あんたら	貴様ら	お前ら		てめえら	軽蔑
	*	あなた方	*	*		皆様方	尊敬
三人称	彼たち	彼女たち	*	*	*	*	中立
	彼ら	彼女ら	そいつら	あいつら	きゃつら	やつら	排他

②指示代名詞に付く場合
　近称＝これら　中称＝それら　遠称＝あれら　不定称＝なんら

③人名詞に付く場合
　お父さんたち　兄さんたち　おじさんたち／家来ども　子分ども　女ども　男ども
　現代日本語では、物名詞には複数を表す接辞は付かない。「学生諸君」は複数の学生たちへの呼び掛け用語。「学生の皆さん」も同じ。後者は，新しい表現。

畳語による複数表現：
　人々　山々　日々　月々　年々　星々　木々　道々　場合場合／心々　心ども（古文）
「人たち」は「あの人たち」のように常に修飾語を必要とするが、「人々」にはこのような制限がない。

行為状態の複数表現（反復）：
　思い思い　考え考え　代わる代わる　振り返り振り返り　ひと掴みひと掴み

不定複数表現：

何度	何度も見た映画	一度で十分なところ。
何回	何回も見た映画	回数・頻度を表す。
何遍	何遍も見た映画	何度のやや古い言い方。
幾度	幾度も見た映画	文章語

（小池清治）

付帯表現 (ふたいひょうげん)　expression which indicates conditions or circumstances
futai-hyougen

キーワード：デ・ニテ・モッテ・オイテ・ヨッテ／ナイデ・ズニ・コトナク／ヌキデ

定　義：　行為・動作が行われるときの，種々の状況・状態を述べる表現。状況・状態を有する場合と欠く場合とに二分される。

　デ　行為・動作が行われるときの種々の，状況や状態に関する情報を表す。ある状況・状態にあるという意を表す。次項の「ニテ」が一語化したもの。

　ニテ　格助詞「に」に接続助詞「て」が付いて一語化したもの。書き言葉。

　モッテ　漢文訓読語としての「以(もっ)て」に由来する。デの荘重な表現。

　オイテ　漢文訓読語としての「於(お)いて」に由来する。デの荘重な表現。

　ヨッテ　漢文訓読語としての「因(よ)って・仍て」に由来する。デの荘重な表現。

①時・所・場合の意の名詞に付き，行為・動作の時・所・場合に関する付帯状況を表す。

　　午後6時で，閉館します。／午後6時にて，閉館となる。／午後6時をもって，閉館することにいたします。

　　校庭で遊ぶ。／校庭にて遊ぶ。／校庭において遊ぶことを禁ずる。

②手段・方法・道具・材料を表す名詞に付き，行為・動作のこれらのことに関する付帯状況を表す。

　　鉛筆で書く。／鉛筆にて筆記する。／鉛筆でもって書き記す。

　　新聞で知ったんですが…。／新聞にて知ったのだが…。／新聞において知るに及んだのであるが…。

③原因・理由を表す名詞に付き，行為・動作のこれらのことに関する付帯状況を表す。

　　風邪で休みました。／風邪にて欠席す。／風邪によって出校に及びがたし。

④責任の所在を表す名詞に付き，行為・動作のこれらに関する付帯状況を表す。

　　当方で完成させます。／当方にて責任を取ります。／当方において責任を取ります。

⑤期限・範囲を表す名詞に付き，行為・動作のこれらに関する付帯状況を表す。

　　今日でお終いです。／三月末日にて終了となる。／三月末日をもって終了とする。

　ナイデ　デの打ち消し形。

　ズニ　ナイデの古い形。ナイデが口頭語的であるのに対して，文章語的である。

　コトナク　漢文訓読語から一般に用いられるようになったもので，硬い表現。

　ヌキデ　ある事物・人物などを除外しておいての意。口頭語的表現。

　　損得抜きで，やりましょう。

(小池清治)

不必要表現
ふ ひつようひょうげん
expression of unnecessariness
fuhitsuyou-hyougen

キーワード：ニオヨバナイ・ナクテモイイ／カマワナイ
定　義：　ある行為を行う必要はないと発話者が判断し，相手に対してそれを通告するときの表現。
ナクテモイイ／カマワナイ：　「〜テモイイ」は，相手がある行為を行うことに対して許可を与える表現であるのに対して，「〜ナクテモイイ／カマワナイ」は，相手がある行為を行わないことを容認し，不必要であるということを表現する形式である。
　1　特に用事がなければ，明日は会社に来ナクテモイイ／カマワナイ。
のように，「会社に来る」という行為を禁止するのではなく，「会社に来る」という行為が行われなくとも，それを容認することの通告である。したがって，相手の行為を拘束するものではなく，行為を成立させるかさせないかの判断は相手にゆだねられる。ただし，
　2　そんなに不満があるなら，明日から会社に来ナクテモイイ／カマワナイ。
のように，本来的には「会社に来る」という行為を求めたいところを，発話者の感情などによって，強い放任の意味となり，表現意図としては禁止に近くなる。1が「ハ」で時期を特定しているのに対し，「時期＋カラ」が無期限であることを意味するからであろう。
ニ（ハ）オヨバナイ：　「〜ニ（ハ）オヨバナイ」は，「〜ナクテモイイ／カマワナイ」とほぼ同様に用いられるが，文体的にはていねいな物言いとなり，2の例では置き換えが不可能である。そのため，しばしば，「マス」を伴い，「〜ニ（ハ）オヨビマセン」となる。「〜ニ（ハ）オヨバナイ」は，相手からある行為の「申し出」があった後，あるいは「申し出」がある前にその「申し出」を予測して，ていねいに断るときに用いることが多い。
　3　A：来週，書類を持ってそちらにうかがいます／うかがいましょうか。
　　　B：いえ，ソレニハオヨビマセン。郵送で結構です。
　4　来月入院することになったが，ご心配ニハオヨビマセン。
これらは相手の「申し出」や厚意などをていねいに断ったり，相手の心配について，その必要はないという，発話者の配慮を表すこともある。また，「〜ニ（ハ）オヨバナイ」は，動詞終止形に接続するとき，「〜マデモナイ」と交替して，
　5　そんな明らかなことは，いまさら調べるニハオヨバナイ／マデモナイ。
ともなる。ただし，「〜マデモナイ」は「自明のことゆえ，その行為にあまり価値がない」という意味に傾き，「〜ニ（ハ）オヨバナイ」はそれに加えて，「その行為が必要な状況にはない」という意味を含む点で違いがみられる。

(木村義之)

参考文献　森田良行・松木正恵『日本語表現文型』（アルク，1989），『日本語文法ハンドブック』（スリーエーネットワーク，2000）

不満表現（苦情表現） expression of complaint
fuman-hyougen

キーワード：不満・苦情・謝罪

定　義：「不満」な気持ちを，その不満を引き起こした相手に伝える表現。その意図には「不満な気持ちを伝えたい」ということと，「不満な状態を変えたい」，さらにはその両者の複合したものがある。

「不満な気持ちを伝えたい」という意図からの表現は感情を伝える表現であるため，「相手」が限定され，「個人的な関係にあるもの（具体的には友人，家族など）」，あるいは，場合によっては「社会的な関係の下位者」にかぎられる。この場合は①前提となる事実の確認・指摘をする，②不満の感情を引き起こした「相手」の行動・状態について，指摘する・理由を問う・評価する・変えることを要求する，③不満表現を行うまでの「自分」の行動・状態について述べる，④「自分」が不満な状態にあることを表明する，などを「内容」とした「不満表現」が展開される。表現意図が「不満な状態を変えたい」というものであればどのような「相手」に対しても伝えることは可能だが，「相手」が「社会的な関係の上位者・同位者」「特に実質的な関係なし」の場合には，「不満表現」の「内容」は，①だけになることが多い。「相手」が「臨時的な関係」の場合には，それに②が加わる。

「相手」の反応として「謝罪」「状況を変えることの意思表明」があれば，「不満表現」の「表現意図」はかなえられる。逆にいえば，「相手」からそうした反応を引き出すことが「不満表現」の「表現意図」であるということになる。

実際に起こりうる文型を考えてみると，「待ち合わせは5時だったよね」（①），「遅かったね」（②），「ずいぶん待ったよ」（③），「どうして遅くなったの」など「不満」の感情を引き起こした「相手」の行動・状態などが生じた理由を問うこと，「遅刻はよくないよね」など「不満」の感情を引き起こした「相手」の行動・状態などに対して評価すること，「いらいらしちゃったよ」（④），「これからは遅れないでね」など不満の感情を引き起こした「相手」の行動・状態などを変えることを「指示・命令」，「依頼」，「希望表明」することなどにより，「相手」から「ごめんなさい」などの「謝罪」や，「もう遅れないから」などの「不満な状態を変える意思表示」を引き出すことを目的とする。

研究の指針，今後の展望としては，「相手」やその行動・状況による違い，具体的な表現やその現れる順序，相手の反応などについて具体的に明らかにすることなどが考えられる。また，諸外国語との対照研究なども必要になるだろう。　　　　　（坂本　惠）

参考文献　坂本惠・蒲谷宏・川口義一「『待遇表現』としての『不満表現』について」（国語学研究と資料，20号，1996）

不明確表現　expression which is used to show vagueness or uncertainty
fumeikaku-hyougen

キーワード：トヤラ・トカイウ・カナニカ・ドウモ・ドコカ・ナゼカ・ナンダカ・ナントナク・ナニカシラ・ナニヤラ

定　義：　あることについての記憶や情報，真偽・様態の判定，評価，予測の根拠や基準などが，発話者にとって明確にできないときに用いる表現形式．

不明確な記憶・情報：　発話者の記憶や，発話者がそれまでに得た情報が不明確であったりして，対象について明確にそうだといえないとき，または発話者がそのように装うときには，「トヤラ／トカイウ」を用いる．これはいずれも名詞に接続する．

　1　さっき，田村さんとやら［とかいう人］が訪ねてきた．
　2　きのう，初めてあんこうとやら［とかいう魚］を食べた．

1，2いずれも名詞に接続するが，「XトカイウY」の形式では発話者が記憶しているXという名詞の上位概念に相当する名詞Y（「人」以外では「モノ／トコロ／コト」など，抽象的な名詞でも可）を伴う．
　「トヤラ／トカ」は終助詞的に，
　3　太郎は外国へ行ったとやら［とか］．
のようにも用いる（ただし，話し言葉で終助詞的な「トヤラ」はほとんど用いられなくなっている）．これは，発話者が伝聞によって得た情報を，事実関係が確実ではないまま引用する形式である．同様に，不明確な伝聞情報を表すには，
　4　田中さんは今，お子さんがご病気とやら［とか（なにか）］で生活が大変らしい．
　5　彼は去年，交通事故に遭ったかなにか［とかなにか］で数ヶ月入院していた．
のように，「トヤラ」だけでなく，「カナニカ」も用いられる．

不明確な指示：　発話者が対象となるモノ・コトをはっきり何であるかを指示したり，指摘することなく，おおよそその対象に類するモノ・コトであるという不明確なとりあげ方をすることがある．その場合は，「カナニカ」を用いる．話し言葉で，くだけた場面では「カナンカ」となることもある．

　6　コーヒーかなにかお持ちしましょうか？
　7　えんぴつかなんか貸してくれない？

6，7では，一例として「コーヒー」や「えんぴつ」をとりあげたまでで，発話者は，それらの上位概念である「飲み物」や「筆記道具」を念頭において指示している．6の場合，不明確にしておくことで，相手に選択権をゆだねる丁寧な申し出ともなるが，「コーヒーナド／デモお持ちしましょうか？」に比べると，対象の指示のしかたは「ナド／デモ」よりも弱いと言えよう．上の5も，

8　彼は去年，交通事故かなにかで数ケ月入院していた。

のように名詞の接続する場合は，「交通事故」に代表される「不慮の事故」であるという不明確な指示を行っていると考えられる。

　また，対象を漠然ととりあげ，ほかにもそれに類するモノ・コトが存在するという含みをもたせる表現としては，「ナニカシラ＋名詞」という形式があげられる。

   9　なにかしら収入があるので，暮らしに不自由はない。
   10　会社に行くといつもなにかしら仕事がたまっている。

不明確な根拠・基準・原因：　記憶や情報が不明確である場合には，自信がもてないながらも何らかの具体物・具体的事実を文の中から取り上げることができたが，根拠・基準が不明確である場合には，それらは漠然とした印象でしかないため，言語化できずに具体性に欠けるのがふつうである。発話者がとりあげる現状について，その真偽・様態などを判定してみると，マイナス評価となり，発話者が対象への不審・抵抗感などを表すときには「ドウモ／ドコカ／ナンダカ／ナントナク」が用いられる。

   11　その噂はどうも／どこか／なんだか／なんとなく／なにやら信じられない。
   12　彼はどうも／どこか／なんだか／なんとなく／なにやら落ち着かない。
   13　彼女はきのうからどうも／どこか／なんだか／なんとなく／なにやら様子がおかしい。

　また，発話者の，現在の気分・体調・感情にマイナス面が現れて，その原因が不確かなときにも，

   14　近ごろどうも／どこか／なんだか／なんとなく気が晴れない。
   15　旅先でも仕事のことがどうも／どこか／なんだか／なんとなく気にかかる。

のようになる。このように，根拠や基準が不明確なままであることには，「ナゼカ」を用いて，

   16　彼女にはなぜか同情できない。

のように表現することもある。ただし，「ドウモ」と「ドコカ／ナンダカ／ナントナク／ナゼカ」を比べれば，前者はプラス評価の状態に用いられることはほとんどないが，後者は，

   17　彼は近ごろどこか／なんだか／なんとなく／なぜかうきうきしている。

のように，原因を特定できないプラス評価の状態にも用いられる。　　　　　（木村義之）

参考文献　森田良行『基礎日本語辞典』（角川書店，1989）；森田良行・松木正恵『日本語表現文型』（アルク，1989）；グループ・ジャマシイ『日本語文型辞典』（くろしお出版，1998）

文末表現
ぶんまつひょうげん

bummatsu-hyougen

sentence-final expression
sentence-final modal expression

キーワード：符号／イントネーション／自己完結型／言語反応要求型／モダリティ／文末決定性／常体／敬体／文体の混用／文末表現と文体
　　　　　ダ／デアル／デス・マス／デアリマス／デゴザイマス

定　義：　狭義では，文の最終の表現形式をいい，書き言葉では文字とは異質な句点・疑問符など種々の区切り符号のことをいい，話し言葉では，分節音とは異質な種々のイントネーションのことをいう。

　狭義の文末表現は二種に分類される。一つは，句点，下降調イントネーションで代表され，話し手・書き手の意思の表明であり，聞き手の意思の表明は要求しない，自己完結型の表現である。感嘆符もこちらに属する。他の一つは，疑問符，上昇調イントネーションで代表され，聞き手の意思を問うもので，言語反応要求型の表現である。こう考えると，文末表現は，自己完結型を意味する表現か言語反応要求型を意味する表現かのどちらかということになる。

　文末表現についての一般的定義，広義の定義は次のようなものである。

　書き言葉では，文の終結を示す句点などの符号の直前で使用される語または文節。文字連続としての文の終りの語または文節。話し言葉では，文の終結を示すイントネーションの直前で使用される語または文節。分節音の連続としての文の終りの語または文節。日本語では，原則として，文末の語または文節はモダリティを表し，話し手・書き手の叙述態度を決定する。

モダリティ：　広義の文末には，発話時における話し手の心的態度を表すモダリティが表現される。したがって，広義の文末表現とは種々のモダリティの在り方というのと同義である。モダリティには，表現内容・事柄についての話し手の判断，認識的な態度を表すものと，聞き手に対するはたらきかけ，情意的態度を表すものとがある。

　表現内容・事柄についての話しての判断，認識的態度は，推量の助動詞「ウ・ヨウ・マイ・ラシイ」や「〜カモ知レナイ・〜タニ違イナイ」などの連語で表される。また，断定の助動詞「ダ」や用言の終止形などで表される感動表現などがある。

　聞き手に対するはたらきかけ，情意的態度を表すものとしては，命令・禁止・依頼・勧誘の表現や終助詞「カ・ネ・サ・ヨ」などで表される疑問表現や伝達態度を表す念押し表現・注意喚起表現などがある。

文末決定性：
　1　君は，目を覚まし，顔を洗い，朝食を摂ってから家を<u>出る</u>。
　2　君は，目を覚まし，顔を洗い，朝食を摂ってから家を<u>出た</u>。

3　君は，目を覚まし，顔を洗い，朝食を摂ってから家を<u>出ます</u>。
　4　君は，目を覚まし，顔を洗い，朝食を摂ってから家を<u>出ます</u>か？
　1のように，文末表現をル形（辞書形・終止形）にすると，文全体が，現在のこと，または，未来のこと・習慣的に繰り返されることなどになる。2のように，文末表現をタ形にすると，文全体が過去のことになる。3のようにマス形にすると，文全体が丁寧な表現になる。4のように文末の語を疑問の意の終助詞にすると，文全体が疑問文になる。このように，日本語では原則として，文末表現が文の叙述内容・叙述態度を決定する。日本語のこのような性格をとらえて，日本語の文末決定性という。
　ル形やマス形は書き手・話し手の聞き手に対する叙述態度というモダリティに関与する表現であるため，その影響力は文の内部にとどまらず，文章全体に及び，文章の表現スタイルを決定してしまう。そういうわけで，文体を文末表現でとらえ，ダ体，デアル体，デス・マス体などという。

常　体： 文末表現が基本的にダおよびル形またはタ形であるものをダ体という。敬意表現としては中立なので，常体（じょうたい）という。しかし，丁寧の意を表すデス・マス体の表現と対比すると乱暴，粗雑という相対的意味付けがなされる。なお，デス・マス体は書き言葉，話し言葉ともに男女差がないが，常体の話し言葉においては，男女差が顕在化する。
　5　これは桜だよ。〔男性語〕　⟷　これは桜ですよ。〔男女兼用〕
　6　これは桜Φよ。〔女性語〕（Φはゼロ記号，分節音・文字の不在を意味する。）
　明治期の言文一致体の創始者の一人，二葉亭四迷は『新編浮雲』（明治20年～22年）をダ体で叙述している。
　常体にはこのほかに，文末表現が基本的にデアルであるものとして講義体がある。講義などで多用され，聴衆を啓蒙するスタイルなので，結果として尊大な印象を与える。
　言文一致運動では，ダ体，デアリマス体，デゴザイマス体，デス・マス体に続いて，最後に登場したのがデアル体である。ダ体の乱暴・粗雑感を弱め常体の主力文体になる。尾崎紅葉が『多情多恨』（明治29年）で完成させている。
　7　吾輩は猫である
　夏目漱石は『吾輩は猫である』（明治38年～39年）をデアル体で書いている。これは，旧制中学校の英語教師珍野苦沙味（ちんののくしゃみ）の家で飼われている猫であるため，講義口調のデアル体が自然ということであろう。尊大で威張った口調と，猫の卑小さがアンバランスで笑いをさそう。
　常体のダ体，デアル体の利点は，書き言葉的要素の強い漢語表現との共存が自然であるという点にある。

敬　体： 文末表現が基本的にデス・マスであるものを，デス・マス体という。デス・マスは話し手の聞き手に対する敬意を表すので，敬体という。また，話し言葉の多くは，この文体を採用するので，話し言葉体ともいう。言文一致の本来の在り方，すなわち，話し言葉と書き言葉の文体を一致させるということに基づけば，デス・マス体が主流になるは

ずであるが，そうなっていない。話し言葉では，難しい漢語は使用しにくい。平易ということとデス・マス体は密接に結び付く。平易な表現ばかりでことがすまないことが予測される場合，デス・マス体を採用しにくいという事情があるのである。

　言文一致運動においては，山田美妙が『蝴蝶』（明治22年）などで，デス・マス体を使用し始めている。文部省が編纂した最初の国定教科書『尋常小学読本』（明治36年）は言文一致体の基本をデス・マス体にし，大きな影響を与えた。

　敬体には，このほか，デアリマス体，デゴザイマス体などがある。デアリマス体はかしこまりの語感を有し，デゴザイマス体は丁重の語感を有する。デアリマスは5音節，デゴザイマスは6音節と長く，多用するには不便ということもあり，敬体の代表は，デス・マス体になっている。

　口頭表現では，デス・マスの最終音［u］がしばしば無声化する。また，
　　そうです　→　そうっす　→　そうす　→　うっす　→　うす
のように短縮化して発話する人もいる。デスは頻繁に使用されるためである。

文体の混用：　ダ体にせよ，デス・マス体にせよ，これらを基本文体とすると，すべての文末がこれらで結ばれるということになり，単調になってしまう。そこで，常体においては，ル形叙述，タ形叙述，デアル体の援用などで単調さを逃れようとし，デス・マス体においては，デシタ・マシタ，デショウ・マショウ・デスカラ・マスカラなど，活用形や倒置などで単調さを避ける工夫がなされている。

文末表現と文体：　『紫式部日記』は中宮彰子の若宮御出産の前後の事情を伝えることを主眼とし，土御門邸の日常を記述したものであるが，一部「人物評，女房評」と称される日記にふさわしくない記述を含む。この部分では「はべらじ／はべりしか／はべり／ぞはべる／はべりし人／はべるめり／はべるなり」等，丁寧語「はべり」が文末で多用される。「はべり」は聞き手，読み手を強く意識しての表現である。そのためこの部分は，消息文（書簡文）が混入したものかとする説もある。

　僧慈円の書いた史書『愚管抄』においても「はべり」が多用される。慈円はわかりやすさを目指し「はたと，むすと，きと，しゃくと，きよと」などの擬態語を多用すると宣言している。話し言葉の世界のものである擬態語の多用と，文末に「はべり」を多用することは密接に関連する。これらは読み手を強く意識していることの反映なのである。『愚管抄』は二葉亭四迷の『新編浮雲』の遠い先祖であった。　　　　　　　　　（小池清治）

参考文献　山本正秀『言文一致の歴史論考続篇』（おうふう，1981），『近代文体形成史料集成発生篇』（おうふう，1978），『近代文体形成史料集成成立篇』（おうふう，1979）；小池清治『日本語はいかにつくられたか？』（筑摩ライブラリィ，1989，ちくま学芸文庫，1995），『現代日本語文法入門（ちくま学芸文庫）』，（筑摩書房，1997）

分量表現 expression of quantity
bunryou-hyougen

キーワード：イッパイ・オオゼイ・タクサン・タップリ・ドッサリ／スベテ・ゼンブ・ノ
コラズ・ミンナ・マルマル・マルゴト・ソックリ／ホトンド・ホボ／アラカ
タ・オオカタ・ダイタイ／ジュウブン・ソコソコ・マアマア／多少・ジャッ
カン・イクラカ／少シ・チョット・少々・ワズカ

定　義：　副詞を中心とする表現で，人の数や物の数量の多寡を表す表現。

イッパイ：　イッパイは，本来，器の中にものがあふれそうなほど満ちて，それ以上入らない状態のことをいう。

　　朝の電車にはサラリーマンがいっぱい乗っている。

ここでは器が朝の電車になっていて，それにサラリーマンがあふれそうなほど満ちているのである。イッパイを使うとき，この器のイメージは常に生きている。その証拠に「ポリバケツイッパイの水」「部屋イッパイの本」のように，「器にあたる名詞」＋「イッパイ」＋「の」＋「器の中のものにあたる名詞」の形でよく用いられ，イッパイの水（「たくさんの」の意味で）やイッパイの本という言い方は用いられない。

冒頭の例文で示したようにイッパイは副詞的にも用いられるが，「～イッパイの～」のときよりも器のイメージは薄れる傾向にある。器のイメージが薄れる分，本来の使い方から逸脱したような子どもっぽい語感がつきまとう。「～イッパイの～」は硬い文章でも使えるが，副詞的なイッパイはタクサンに置き換えられる傾向がある。

　　今年はおじいちゃんからお年玉をいっぱいもらった。

とはいえても，

　　今年は祖父からお年玉をいっぱいいただいた。

とはいいにくい。ただ，イッパイは人にも物にも使えるという点では汎用性は高い。

オオゼイ：　一方，オオゼイは人のときしか使えない。

　　早朝のプラットホームにはすでに人がおおぜい立っていた。

タクサン：　タクサンは，イッパイのように器のイメージはないものの，イッパイと同じように目で見たり，具体的なイメージでとらえられるものに対して使われる。逆にいうと，「アメリカには天然資源が多い」「今回の事件には不審な点が多い」といった抽象的なものに対してタクサンは使いにくいし，使ってもどうしても子どもっぽくなってしまう。

　　＊アメリカには天然資源がたくさんある。
　　＊今回の事件には不審な点がたくさんある。

また，「多い」とタクサンの比較でいうと，「多い」は「仕事が多くある」より「仕事が多い」の方が自然であるのに対し，タクサンは「仕事がタクサンだ」より「仕事がタクサ

ンある」の方が自然である。「多い」は存在も含めた表現であり，「タクサン」は存在を含みにくい表現である（「仕事なんかタクサンだ」は別の意味になる）。イッパイは「仕事がイッパイだ」「仕事がイッパイある」どちらも自然である。

タクサンは本来は人に対しては使わない表現だったが，
　　あの幼稚園には園児がたくさんいる。
のように，人に対しても使われるようになりつつある。

タップリ：　タップリは，
　　このケーキはバターと生クリームをたっぷり使っている。
のように，量が十分にあるという意味で用いられる。話し言葉を中心に用いられ，生き生きとした眼前描写に効果的である。

ドッサリ：　ドッサリは，
　　図書館に本がどっさり送られてきた。
のように，数や量が多いことを表す。タップリはどちらかというと液体状のものを描くときに使われ，ドッサリは数のある固体のもの，特にかさばって重いものを描くときに使われる傾向がある。擬態語において，タップリに似たタップタップが液体状のものが器にいっぱい入って波打っているときに用いられ，ドッサリに似たドサッが重いものを放り投げるように床におくときによく使われるのと関係がある。

スベテの類：　スベテ・ゼンブ・ノコラズ・ミンナ・マルマル・マルゴト・ソックリは，英語でいうオール，つまり100％の状態を表すグループである。

スベテは数えられる複数のものに対して使われる。したがって，
　　＊その子は大きなミカンを一人ですべて平らげた。（ただし，ミカンは一個と考える）
　　＊病人はコップに入った水を一人ですべて飲んだ。
のような一つのモノや量にたいしては不自然に感じられる。人にもモノにも使うことはできるが，一番落ち着きがよいのはコトに対して使ったときである。

ゼンブは一つのモノや量に対しても使うことができる。
　　その子は大きなミカンを一人でぜんぶ平らげた。
　　病人はコップに入った水を一人でぜんぶ飲んだ。
ゼンブは人を表すと不自然になるので，人に対しては「全員」を使った方がよい。

ノコラズは否定表現なのでそれ自体ではやや弱い。したがって，特に話し言葉では，
　　残っていたリンゴをひとつのこらず食べた。
のようにひとつのこらずの形にするか，ノコラズスベテやノコラズゼンブ，ノコラズミンナのように複合形で使われることが多い。

ミンナも，人・モノ・コトに対して一通り使うことができる。しかし，スベテがコト，ゼンブがモノに対して最も自然なように，ミンナは人に対して使うのが最も自然であり，以下のように格助詞を伴うものはほとんど人である。
　　二次会には，一次会に来た人はみんな出席した。

二次会には，(一次会に来た人) みんなが出席した。

マルマル・マルゴト・ソックリは全か無か，つまりもとのものが全部手つかずで残っているか，全部すっかりなくなってしまったか，そのどちらかを表す。マルマル・マルゴトは一つのものに対して，ソックリはお金などを中心に使われる。

夕張メロンがまるまる一個テーブルの上に残っている。
その子は大きなリンゴをまるごと一人で食べてしまった。
落としたお金はそっくり持ち主のもとに戻ってきた。

ホトンドの類： ホトンドもホボも，大部分，つまり100%に近いことを表す。しかし，ホトンドは99%成立している（していない）が，1%成立していない（している）部分もあるという表現である。したがって，1%の可能性から結果がひっくり返ったときの表現としてはホボよりもホトンドがふさわしいし，100%成立したようなもので結果が動かないというときは，ホボと違ってホトンドは使いにくい。

現役合格なんてほとんどあきらめていたのに，合格掲示板に私の名前があった。
＊各省庁の概算要求に基づき閣議で検討を重ねた結果，予算案がほとんど固まった。

ホボは，実際は99%かもしれないが，100%みたいなものだという意味で，達成・成立したも同然という含みがある。そこから，「約」の意味でも使うことがホトンドより自然であるということや，ホトンドと違って否定形とは呼応しにくいという性格が生じる。

今日一日の入場者数はほぼ一万人に達している。
＊この地域一帯は雪がほぼ降らない。

アラカタの類： アラカタ・オオカタ・ダイタイはホトンド・ホボよりもやや下のライン，9割方を示す。

部屋の中に散らかっていた本はあらかた片づいた。
今日までにレポートはおおかた書き終わった。
今回試験を受けた生徒はだいたい80点以上をとっている。

ジュウブン： ジュウブンも数量を表すことがある。

テントの中には食糧がじゅうぶん残っている。

ジュウブンはある必要性を満たしているかどうか，という意識のあるときに使われる。その必要性を余裕をもって越えていればジュウブンという表現を使うことができる。上の例文でいえば，生きていくのに必要な食糧がジュウブン残っているのである。

ソコソコの類： ソコソコ・マアマアは，ジュウブンとまではいかないが，困らないくらいのレベル，つまり，ある程度は満たしているというような場合に用いられる。

今回の同窓会には人数がそこそこ集まった。
今回売り出したマンションはまあまあ売れている。

ソコソコは，思っていたより案外いい，マアマアはよいとまではいえないが少なくとも悪くない，という含意がある。

多少の類： 多少は文字から考えると，多いか少ないか，であるが，実際の意味では少な

い方に傾く。大したことはないがいくつか，くらいの意味である。

　自分の書いた原稿を後で読み直してみたら，誤字が多少見つかった。

　ジャッカンやイクラカも，多少同様，あるにはあるが少な目，の意味である。

　この工場は最近生産を増強したので，今はじゃっかん人手が足りない。

　病み上がりではあるが，今日はお粥をいくらか食べることができた。

ジャッカンは比較的改まった表現，イクラカは話し言葉で使われる表現である。

　多少・ジャッカン・イクラカとも，程度を表す語句の前について，「やや」の意味を表すことができる。

　その会社は多少［じゃっかん／いくらか］多めに事務員を雇うことにした。

　スコシ・チョット・少々・ワズカは，少な目を越えて，はっきり少ないと意識されるグループである。

　少シ・チョットは，

　アラスカの寒い冬に備えて，デパートで冬用の服を少し買った。

　隣のうちの柿の木に実った実をちょっと失敬してきた。

　少シは書き言葉的，チョットは話し言葉的である。特にチョットは，「ちょっと，お願いが」「ちょっときて」「ちょっと待ってて」「ちょっと，困るよ」「ちょっとわかりません」など，話し手が，自分の話していることは大したことではないということを，「ちょっと」を入れて示すことで，聞き手に自分の話を抵抗なく受け入れてもらうことを意図して頻用する傾向がある。その意味で日本語教育の中で早めに導入しておくべき言葉であるといえる。

　少々は少シの改まった形と考えておけばよい。

　カルボナーラを作る際は，仕上げにこしょうを少々入れる必要があります。

　ワズカは，少シなどよりもさらに少ないという含意がある。ホンノ少シ・少シダケに対し，ホンノワズカ・ゴクワズカという強調表現が存在する。

　お財布の中にはお金がほんのわずかしか残っていなかった。

　　　　　　　　　　　　　　　　　　　　　　　　　　　　　（石黒　圭）

参考文献　茅野直子他『副詞（外国人のための日本語例文＝問題シリーズ1）』（荒竹出版，1987）；森田良行『基礎日本語辞典』（角川書店，1989）

並立表現 expression of coordination
へいりつひょうげん
heiritsu-hyougen

キーワード：並立助詞／並立副詞
ト・ヤ・ヤラ・ニ・カ・ナリ・ダノ・アルイハ・オヨビ・カツ・ソシテマタ・ナラビニ

定　義：　二つ以上のものを対等な関係で結び付けて並べる表現。代表的な形としては，次のようなものがあげられる。
　①並立助詞による表現
　　1　右と左（と）を確認する。
　②並立副詞（接続詞とみる立場もある）による表現
　　2　英語およびフランス語を勉強した。
　③連用形または「連用形＋て」形による表現
　　3　青く［青くて］美しい月　　4　花が咲き［咲いて］，鳥が歌う。
　④読点（会話の場合はポーズ）などによる表現
　　5　右・左を確認する。
　　6　物価は上がる，給料は下がるで，このところの暮らしは大変だ。

　並立助詞としては「と・や・やら・に・か・なり・だの」などが，また，並立副詞としては「あるいは・および・かつ・そしてまた・ならびに・または」などがあげられるが，それぞれの具体的な所属語については学説によって出入りがある。

　なお，④については，並立助詞などの並立を示す形式が無形化したものとしてとらえるむきもある（渡辺，1971）。また，①で，並立している要素の最後のものに並立助詞が付くかどうかは，個々の助詞で違いがみられる。「と」「や」「やら」を例にとると，「と」は「右と左（と）をみる」のように付いても付かなくてもよく，「や」は「右や左をみる」のように付かず，「やら」は「右やら左やらをみる」のように付けて用いられることが多い（付かない例もみられはする。例「富士山やら槍ヶ岳の写真」渡辺，1971, p. 226）。

並立表現を構成する単位：　並立表現は，次のように，語，文の成分，文相当のものといった様々な単位によって構成され得る。
　①語を語に並立させるもの
　　7　梅や桜が咲く。　　8　犬だの猫だのがいる。
　②文の成分を文の成分に並立させるもの
　　9　この川は，流れが静かで穏やかだ。
　　10　君になり僕になり言ってきそうなものだ。
　③文相当の単位を文相当の単位に並立させるもの

11 毎年の総会には，<u>私が参加するか</u>，彼が参加するかしていた。
12 <u>早く行けだの</u>，もう行くなだの，どうしたらいいのかよく分からない。

並立と併置： 意味のうえでは並立と思われるような表現でも，構文的にはそれと区別して，同種成分の併置とみる方が適切と考えられる場合がある（矢澤, 1989；渡辺, 1971）。

13 <u>大きく（て）赤い</u>りんご　〔構文的な並立をなしている〕
14 <u>大きい赤い</u>りんご　〔連体修飾語の併置（構文的な並立をなしていない）〕
15 <u>大きな赤い</u>りんご　〔連体修飾語の併置（構文的な並立をなしていない）〕

これらの単線部と波線部は，いずれも意味のうえでは対等に並んでいる。しかしながら，13「大きく（て）」は，「大きく（て）赤い」といえることから，直下の「赤い」と結び付いているとみられるのに対し，14「大きい」は，「大きい赤い」とはいえないことから，直下の「赤い」とは結び付いておらず，「大きいりんご」というように，それ単独で「りんご」を修飾している。すなわち，14では「大きい」が「りんご」を修飾することで，結果的にもう一つの連体修飾語「赤い」と並ぶ形をとっていると考えられる。15「大きな」の場合も14と同事情である。このように構文的な違いがみられることから，14, 15は，13の並立表現とは区別されて，連体修飾語の併置とみなされる。

そして，このような考え方を連用修飾語の場合にも適用してみると，次の17も，「太く濃く」ではなく「太く書く」「濃く書く」と考えられるところから，構文的な並立ではなく，連用修飾語の併置として考えられてくることになる。

16 彼は旧式の機械を<u>頑丈で高速</u>に改良した。〔構文的な並立をなしている〕
17 名前を真ん中に<u>太く濃く</u>書く。〔連用修飾語の併置（構文的な並立をなしていない）〕

語　順： 一般に並立表現では，「犬と猫を飼う」「猫と犬を飼う」のように，前後の要素を入れ換えても基本的な意味内容は変わらない。しかし，矢澤 (1989) が18～20をあげて指摘するように，疑問詞が入る表現では必ずしも交換が自由ではない。これらの場合では，いずれの例でも，bのように疑問詞が先行すると，aに比べて，文が不自然になってしまう。

18a　パーティーには，太郎と誰が来るの？
　b　パーティーには，誰と太郎が来るの？
19a　夏休みには，京都とどこに行ったのですか？
　b　夏休みには，どこと京都に行ったのですか？
20a　明日の授業では，定規と何を持って来るんだっけ？
　b　明日の授業では，何と定規を持って来るんだっけ？

（梅林博人）

参考文献　北原保雄『日本語の文法（日本語の世界6）』(中央公論新社, 1981)；北原保雄他編『日本文法事典』(有精堂, 1981)；小池清治『現代日本語文法入門（ちくま学芸文庫）』(筑摩書房, 1997)；寺村秀夫『日本語のシンタクスと意味Ⅲ』(くろしお出版, 1991)；橋本進吉『国語法研究』(岩波書店, 1948)；益岡隆志・田窪行則『基礎日本語文法（改訂版）』(くろしお出版, 1992)；松村明編『日本文法大辞典』(明治書院, 1971)；矢澤真人「修飾語と並立語」『講座日本語と日本語教育4』(明治書院, 1989)；渡辺実『国語構文論』(塙書房, 1971)，『国語文法論』(笠間書院, 1974)．

補足・補説の表現　expression of supplement
hosoku・hosetsu-no-hyougen

キーワード：対比・条件・倒置・注釈
　　　　　　タダ・タダシ・モットモ・ナオ・チナミニ・ナゼナラ・ダッテ・ダケド・ダガ

定　義：「文A。文B。」という順序のとき，文Bによって文Aの補足・補説を述べる表現。接続詞によって補足・補説の内容が明示される。

文型1　Aで述べた事柄に対して，例外を加えたり，Aに含まれる要素を特立させるなど，対比的に述べるタイプ。

①Aで述べた事柄に対して，その中から除く条件をBで述べる。
1　みんな現場へ直行せよ。ただしダンはここに残れ。
2　劇団員募集。ただし経験者に限る。

これには「対比の表現」と似た場合（1のような場合）があるが，「対比」は，
3　フルハシとソガとアンヌは現場へ直行せよ。ただしダンはここに残れ。

のように「等価なもの」を対比させて述べるのに対して，「補足」はAで「集合」を提示して，その「集合」には次の「要素」は含まれないということをBで述べる。

②Aの成立にかかわる「集合」の要素の一つを取り上げ，それも「Aと同様である」ということをBで述べる。
4　みんな現場へ直行せよ。もちろんダンもだ。

①では「タダ・タダシ」がBの文頭に現れやすいが，②では「モチロン・言ウマデモナク」が現れやすい。またBで取り上げられる要素は「モ」によって導入される。②は「累加」に似るが，「累加」は「対比」と同様「等価なもの」が追加される場合である。

文型2　Aが成立する条件をBで述べるタイプ。

①「仮定条件」をBで述べる。
5　つき合ってあげてもいいわよ。ただし夕御飯だけよ。
6　ぼくは明日から東北に旅行するつもりだ。もっとも君が許してくれたらだけど。
7　ぼくもその会に参加します。もっともその時にお金があればだけど。

BはAの「仮定条件」であるため，Aでは，許可・意志・推量などの話し手の態度が表現されているものや未実現事態が表現される。Bは「タダ・タダシ・モットモ＋条件句＋ダケド・ダガ」という文型で表現されることが多い。なお反事実的な「仮定条件」の場合は，
8　われわれはゲームに勝った。ただしあそこで彼が決めていたならね。

のように，Bに「補足・補説」として現れにくい。

②Aで述べた事柄が成立する背景（必然的な「確定条件」）についてBで述べる。
　9　オオクワガタのオスはあまり飛行しない。なぜなら頭部が重いからである。
　10　彼は最近いつも授業中寝てばかりいる。それは夜のアルバイトを始めたからだ。
　11　旅行とってもおもしろかったわ。だって彼が一緒だったんだもん。
　この場合，Bは「ダッテ・ナゼナラ＋文＋カラダ」の文型をとることが多い。
文型3　本来ならAで明示されるべきであるところの構成素について，（倒置的に）特に取り上げBで明示するタイプ。
　12　太郎は北海道に旅行に行ったよ。ただし電車でだけど。
　13　太郎は田舎に戻ったよ。ただし一週間だけだけど。
　文型2も条件節としてAに表すことは可能であり，その点はこのタイプも同じである。Bの主要な部分はAの文の一部である形態を残している。
文型4　Aで述べた事柄について，Bで注釈するタイプ。
　14　あの子，彼と別れたらしいよ。でもこのことは内緒にしておいてね。
　15　太郎は田舎に帰るんだって。もっとも本人から直接聞いたわけじゃないけど。
　16　これは定価で2万円するものだよ。ちなみにぼくは半額で買った。
　Bの文頭に，「デモ・モットモ・チナミニ」などが現れることがある。
その他　典型的ではないが，「補足」である傾向をもつものを若干あげておく。
①「ナオ」を文頭にもつ場合
　17　会はこれで終了します。なお役員の方は引き続き残って下さい。
　17は「補足」といってよい。「ナオ」は「タダシ」と似るが，
　18　会はこれで終了します。なお，次回は9月30日に開きます。
などは「タダシ」に置き換えられなく，「ナオ」は以下の内容が「追加」であることを明示する。
②「逆接」的な表現
　次の例は「逆接」関係にあるといわれるかもしれない。
　19　彼はブレーキを踏んだ。しかしスピードは落ちなかった。
　20　9月になった。でも暑い日が続いている。
　しかし，対比の文脈において「等価」のものを対比させ逆接を述べるのではなく，一般的に成立すると思われる推論を介して，Bでその推論に相容れない帰結が示されている。
　なお，「A。B。」という「配列」において「補足」関係が指摘できるということは，それぞれの文の発話者を問題にしない。「今日幼稚園行ってきた？」「うん。午前中だけだけど」という対話においても，「補足」関係をみいだすことができる。　　　　（近藤研至）

参考文献　市川孝『国語教育のための文章論』（教育出版，1978）；永野賢『文章論総説』（朝倉書店，1986）；森田良行『基礎日本語辞典』（角川書店，1988）；益岡隆志編『日本語の条件表現』（くろしお出版，1993）

見做し表現
みな　ひょうげん

which denotes "regard～as…" on a certain assumption

minashi-hyougen

キーワード：見做し対象・見做し内容・見做し動詞／見做し対象副詞／見做し副詞
　　　　　　ト見做ス・トスル・モノトスル・コトトスル・コトニスル／仮ニ・モシ仮
　　　　　　ニ・例エバ／アエテ・強イテ・ワザト

定　義：　実際のところは不明・不詳であるが，みたところはこれこれだと断定・判定，
または仮定する表現。法律的には，実際は異質のものとわかっていながら，あえて法律上
同質のものとして扱うという表現。

文　型：　見做し表現は，基本的に見做し対象，見做し内容，見做し動詞の三種で構成される。

	見做し対象		見做し内容	見做し動詞	
1	無断で商品を店外に持ち出した場合，	これを，	万引き	とする。	〔断定〕
2	無断で商品を店外に持ち出した場合，	これを，	万引きした	ものとする。	〔判定〕
3	無断で商品を店外に持ち出した場合，	これを，	万引きした	こととする。	〔判定〕
4	無断で商品を店外に持ち出した場合，	これを，	万引きした	ことにする。	〔仮定〕

見做し対象：　見做される側に関する情報を見做し対象という。見做し対象は仮定の事柄が多いため，多くは条件表現となる。これを導く見做し対象副詞としては，仮ニ，モシ仮ニ，例エバなどがある。

見做し内容：　どのように見做すのかということに関する情報を見做し内容という。見做し内容は，常識や法律等ですでに明らかなものである必要がある。

見做し動詞：　見做スという動詞，および，その代動詞である，トスル・モノトスル・コトトスル・コトニスルなどの連語をいう。見做し動詞を導く見做し副詞には，アエテ，強イテ・ワザトなどがある。

　1の例は，断定風表現であり，定義風表現でもある。ただし，見做し対象が条件表現をとっているため，見做し表現となる。純粋な定義の表現としては，「無断で商品を持ち出す行為を万引きという。」のような形になる。
　2以下は，見做し対象と見做し内容とを表現内容とする節を内包する表現である。
　2は，一般論を述べるスタイルで，断定性が強い表現。
　3は，個別的事態を述べるスタイルで仮定性が強い表現。
　4は，完全な仮定である。見做し表現は仮定表現に隣接する表現なのである。
　例文では，「これを」が用いられている。これは，見做し対象を「代名詞＋格助詞ヲ」の形で再提示したものである。法律的文章固有のものであり，日常言語においては，堅すぎる印象を与え，使用しない。

（小池清治）

無主語文による表現　subjectless sentence null subject construction
むしゅごぶん　　　ひょうげん
mushugo-bun-niyoru-hyougen

キーワード：無主語文・擬似無主語文・真性無主語文／叙述構文・題説構文／潜在主語／
　　　　　　省略・削除／料理文／複数名詞・人名詞／対象語
　　　　　　　　　　　　　　　　　　　ひとめいし
定　義：　文の表面に主語が表現されていない文を無主語文といい，無主語文を用いた表現を無主語文による表現という。無主語文には，主語が潜在して表面化しない（潜在主語）だけのものと，主語を全く必要とせず本質的に主語が現れえないものがある。前者を擬似無主語文といい，後者を真性無主語文という。

擬似無主語文：　日本語では，主語は文の成立のための必須要素ではない。そのため，しばしば，主語を備えていない文が登場する。
　1　親譲りの無鉄砲で小供の時から損ばかりしてゐる。　　　（夏目漱石『坊つちやん』）
　　　　　　　　　　　　こども
　2　国境の長いトンネルを抜けると雪国であつた。　　　　　（川端康成『雪国』）
　3　七月初，坊津にいた。往昔，遣唐使が船出をしたところである。その小さな美しい
　　　　　　ぼうのつ
　　港を見下す峠で，基地隊の基地通信に当っていた。私は暗号員であった。
　　　　　　　　　　　　　　　　　　　　　　　　　　　　（梅崎春生『桜島』）

叙述構文において動作主や状態主が明示されない場合は，動作主や状態主は，語り手
　　　　　　　　　どうさしゅ　じょうたいしゅ
または書き手である（因みに，疑問文や命令文では，聞き手または読み手である）。すなわち，語り手または書き手が潜在主語となる。
したがって，1の場合，「損ばかりしてゐ」たのは，語り手の「坊つちやん」ということになる。冒頭文は上に示したような無主語文であるが，動作主・状態主は，実は『坊つちやん』というタイトルの形で読者にすでに提示ずみなのである。私たちは，この情報により，動作主，状態主を「坊つちやん」と断定して読み進めているので，主語の不在に少しの不便も感じない。
　　勘太郎の頭がすべって，おれの袷の袖の中に這入つた。
　　　　　　　　　　　　　　あわせ　　　はい
語り手が「おれ」と自称する人物であるとわかるのは，28番目のセンテンスである。しかも，正式に名乗るという形でなく，連体成分素の形でさりげなく示されている。これも，最初に『坊つちやん』と紹介しているからこそできることなのである。
3も無主語文で始まり，それが連続する。しかし，4番目のセンテンスで語り手が「私」であると名乗り，題目（いわゆる主語）の形で登場する。これは，タイトルが『桜島』という地名であるため，動作主，状態主に関する情報となりえぬので，早めに提示する必要があるからである。
なお，『坊つちやん』『桜島』で「おれ」「私」が文の表面に現れないのは，必要なものが省略されたからではない。不必要なものが削除された結果なのである。

例えば，『坊つちやん』の冒頭を，
  おれは，親譲りの無鉄砲で小供の時から損ばかりしてゐる。
と変えてみる。原文との差は，玄人(くろうと)のそれと素人(しろうと)のそれになることは明瞭であろう。改変したものは，タイトルの『坊つちやん』の情報と重複して，べたべたしたものに変質し，江戸っ子の爽快な語り口は影も形もなくなってしまう。
「文は主語と述語とよりなる」というグラマーの記述を「まじめ」に実践し，
  おれは，親譲りの無鉄砲で小供の時から損ばかりしてゐる。おれが小学校に居る時分学校の二階から飛び降りて一週間程腰を抜かした事がある。おれがなぜそんな無闇をしたと聞く人があるかも知れぬ。
のように表現したとすると，この小説は読めたものではないということになる。動作主・状態主に関する情報の重複感は堪え難い。原文は不必要な主語を削除したのであり，必要な主語を省略したものではないということが以上の例により理解できるであろう。

2は「雪国であつた」という名詞を中核語とする説明語（いわゆる述語）であるから，主文は，本来主語が出現しない真性無主語文であるので，当面の課題ではない。ここで問題としたいのは，従属節中の「抜ける」の動作主についてである。

"Snow country" のタイトルで英訳したE.G.サイデンステッカーは，冒頭文を，
  The train came out of the long tunnel into the snow country.
のように 'train' を主語として訳しているが，これは誤訳である。繰り返しを恐れずにいうと，日本語では叙述文において動作主や状態主が明示されない場合，動作主や状態主は語り手または書き手である。したがって，『雪国』の冒頭文に潜在する動作主・状態主，言い換えると主語は「語り手」（4番目のセンテンスで「島村」と判明する）ということになる。大和田建樹(おおわだたけき)作詞の「鉄道唱歌」の第一節は次のようになっている。
  今は　山中　今は　浜
  今は　鉄橋わたるぞと
  思ふ間もなく
  トンネルの闇(やみ)を通つて
  広野原(ひろのはら)
「思ふ」の主体が「汽車」ではありえないことはいうまでもないことであろう。『雪国』の冒頭文の構造もこれと同一なのである。いずれも，汽車に乗っている表現主体（語り手）の視点で表現されたものなのである。

擬似無主語文は軽快に自己を語るときや主語を明示しなくても文脈により自明となる場合に使用される。一方，動作主や状態主を強調したい場合や明示しないと曖昧になる場合には，主語として文の表面に明示される。

真性無主語文：　青山文啓は無主語文として，次の各文を例示している。
  4　雨だ！　　5　夜になった。
  6　星の集まりを星座という。

7　警察で犯人の行方を追っている。
8　ぼくから塾の先生に月謝を渡すね。
9　試合開始から三分たった。

　4は名詞一語文である。名詞を中核語とする説明語（いわゆる述語）であるので，本来，格関係を構成しない題説構文の構成要素であるから，主語がないのは当然で，これは真性無主語文である。
　一語文はすべて無主語文なのであるが，動詞一語文，形容詞一語文，形容動詞一語文は主語が潜在化したもので，擬似一語文となる。ただし，形容詞一語文のうち，感情形容詞・感覚形容詞一語文は，
　　うれしい！　痛い！
のように，感情主，感覚主は語り手・書き手なのであるが，これらが文の表面に現れることは原則としてはない。
　5は時刻の進行の結果ある状態が成立したということを意味する文である。「なる」の状態主はトキなのであるが，トキが主語として文の表面に現れることはない。真性無主語文である。
　これと同様な表現に，「春になった。／冬になった。」のような季節に関するものがある。ただし，「春／冬」の上位語として「季節」があり，「季節は春になった。／季節が冬になった。」のように主語を備えた文も可能となり，擬似無主語文と判断される。
　また，「2に2を足すと4になる。／2から1を引くと1になる。／2に2を掛けると4になる。／2を2で割ると1になる。」のような四則に関する「なる」が述語になる場合も，原則として無主語文で表現される。ただし，この場合にも，
　　2に2を足すと和（答）は4になる。
　　2から1を引くと差（答）は1になる。
　　2に2を掛けると積（答）は4になる。
　　2を2で割ると商（答）は1になる。
のように主語を備えた文も可能となり，擬似無主語文ということになる。
　6は事物事象などの説明や定義に用いられる文型である。「いう」の主体はヒトビトなのであるが，ヒトビトが主語として表面化することはない。真性無主語文である。
　三上章（みかみあきら）の命名になる料理文も真性無主語文で，「塩と胡椒を振り掛けます。」のように，動作主が主語として文の表面に現れることはない。論理的には「視聴者のみなさん／あなた」などが動作主候補として考えられるが，どのような語形であろうと，動作主を主語として明示した文は日本語としては非文になってしまう。
　7は動作主が手段・方法格デで示された文である。この場合の動作主は，「警察・国会・大学」などの組織体や「皆・われわれ」などの主体が複数であることを含意する名詞（複数名詞）でなくてはならない。7の文のデは格助詞ガに置き換えることができるので，これは擬似無主語文ということになる。

8は動作主が起点格カラで示された文である。この場合の動作主は人名詞でなくてはならず、また述語動詞は物や情報の移動を含意するものでなくてはならない。8の文のカラを格助詞ガに置き換えることができるので、これも擬似無主語文ということができる。

9はトキの経過に関する文で、意味的には5に似ている。しかし、構造は異なる。9は、

　　試合開始から三分が経った。

のように、「三分」というトキを主語としてとりたてることができるからである。5は真性無主語文であったが、9は擬似無主語文である。

題説構文で題目がガでとりたてられる場合：　題説構文で題目部は普通ハで提示されるが、取り立て強調の場合はガで提示される。「桜は春の花です。」（桜、春の花なり。）「桜が春の花です。」（桜ぞ、春の花なる。）

学校文法では題目と主語とを区別しない。そのため、「桜は」「桜が」はともに、主語として扱われることになる。その結果、「桜は」が平叙表現、「桜が」が強調表現になることを説明できず、不問に付すということになっている。言わば、表現の要となる言語現象について説明不能という情けない状態にある。

本書では、格助詞は体言と用言との意味的関係の類型を示す辞とする。「桜が春の花です。」という文にはどこにも用言が使用されていない。したがって、「桜が」のガは格助詞ではありえない。このガは「桜は春の花です。」のハと同様、係助詞なのである。そして、ハは題目部を提示する提題のはたらきをし、ガは題目部を取り立て強調のはたらきをするという相違があるのである。この相違を古典語で表すと上に（ ）で示したようなものになる。

念のために言い添えると、題説構文は基本的に格関係を構成する構文ではないので、「桜は春の花です。」が真性無主語文であるのは当然のこととして、「桜が春の花です。」も真性無主語文なのである。

対象語のガ：　時枝誠記は、「母が恋しい。」「水が飲みたい。」などのガを対象語格を示す格助詞と認定している。確かに、「恋しい」と思う主体（いわゆる主語）や「飲みたい」と欲する主体（いわゆる主語）がなんであるか容易に推察されるから、「母が」や「水が」を主語と認定するのは困難である。

ところで、「水が飲みたい。」という表現のガをヲに置き換えることも可能である。言い換えると、「水が飲みたい。」のガはヲのはたらきを兼務しているということになる。

一方、格助詞としてのガとヲには、「魚が食べる。」「魚を食べる。」のように全く異なるはたらきをする。格助詞ガが格助詞ヲのはたらきをしては混乱してしまう。

対象語を示すとされるガは格助詞ではない。これも取り立て強調の係助詞なのである。したがって、「母が恋しい。」「水が飲みたい。」といういわゆる対象語の文は擬似無主語文ということになる。

（小池清治）

参考文献　三上章『象は鼻が長い』（刀江書院、1960、くろしお出版、1964）；青山文啓「日本語の主語をめぐる問題」（日本語学、19巻4号臨時増刊、2000）；小池清治『日本語はどんな言語か（ちくま新書）』（筑摩書房、1994）、『現代日本語探究法（シリーズ日本語探究法1）』（朝倉書店、2001）

名詞文
meishi-bun

copula sentence whose predicate is composed of a noun or noun clause

キーワード：基本文型／品定め文／判断文／繋辞零型文（二語文）・繋辞ハ型文・繋辞ガ型文・擬似繋辞ダケ型文／題目部／解説部／題説構文／同定文／包摂文／逆包摂文／近接文（ウナギ文）／ハガ構文／ガハ構文／大題目小題目／略題文

　日本語の基本文型の一つ。「私は理事です。」のように，解説部（いわゆる述語）の中核となる語が名詞である文をいう。佐久間鼎は「名詞＋ガ＋動詞・存在詞」を「物語文」，「名詞＋ハ＋名詞文・形容詞」を「品定め文」とし，三尾砂は前者を「現象文」後者を「判断文」と名付けている。品定め文や判断文は表現態度からの定義で，例文は必ずしも中核となる語が名詞である文とは限らず，形容詞文や存在詞文の一部が入っている。したがって，名詞文は品定め文・判断文に比較し，対象とする範囲がより狭い。

　名詞文の基本構造は次のようなものである。
A　私，　　　理事。　　　繋辞零型文（二語文）
B　私は　　理事（です）。　繋辞ハ型文
C　私が　　理事（です）。　繋辞ガ型文
D　私だけ　理事（です）。　擬似繋辞ダケ型文

本書では「私／私は／私が／私だけ」などの部分を題目部とし，「理事／理事（です）」などの部分を解説部とする。このような文型を題説構文という。名詞文は題説構文である。
　題目部と解説部との論理的意味関係は次のように四つに類型化できる。

a	私は鈴木です。	私＝鈴木	同定関係	同定文
b	私は役員です。	私＜役員	包摂関係	包摂文
c	山は富士山です。	山＞富士山	逆包摂関係	逆包摂文
d	私は富士山です。	私→富士山	近接関係	近接文（ウナギ文）

　aの同定文およびbの包摂文は論理的な表現で，一義的であり，コンテキストの助けを必要としない自立的な文である。題目部と解説部とが，なんらかの点で同じであることを示したり（同定文），題目部の表す個が，解説部の表す群れに属するものであることを示したりする（包摂文）。名詞文の中では，同定文・包摂文の出現率が高い。

　これに対して，cの逆包摂文，dの近接文は一種の省略文である。その結果，非論理的な文，修辞的な表現で多義的となり，コンテキストの助けを必要とする非自立的な文となる。

　cの「山は富士山です。」（逆包摂文）を例にすれば，「（私がいかにも山らしいと思う）山は，富士山です。」などの省略文と考えられる。

　dの「私は富士山です。」（近接文）でも，「（山で好きなのは）私は富士山です。」など

の省略文と考えられる。省略文の省略部分をどのようなものと考えるかはコンテキストに委ねられる。その結果，多義となり曖昧な表現となってしまう。

cの逆包摂文は一種の強調表現で使用率が低いが，dの近接文（ウナギ文）は日本人が好んで採用する文型である。

論理的・一義的で自立的な表現と非論理的・多義的で非自立的な表現とが，文型を等しくするというところに，日本語の運用上の難しさがある。

ところで，近接文が他と異なるのは，題目部の名詞と解説部の名詞の語彙的範疇が異なるという点にある。その意味では，a～dの区別は文法的区別ではなく，語彙的区別の結果ということになる。

繋辞零型文（二語文）： Aの「私，理事。」という文型は題目部と解説部とをつなぐ言葉が言語化されず，二語の名詞で構成された二語文である。このような表現は話し言葉で使用され，書き言葉ではめったに使用されない。そのため省略文と一般には考えられているが，省略文ではない。

日本語においては，一般的に文頭に題目部があり，文末に解説部がある。繋辞零型文はこのような一般則を前提として成立する。文内部の位置が文法的機能を表したものとみると，繋辞零型文は中国語などの孤立語的性格を有する文ということになる。

B「私は理事です。」のハは提題の係助詞なのであるが，対比・排他という副助詞的意味をも表す。Bは「私＝理事」という同定関係を示す以外に，対比・排他という余計なものまで含意してしまう。

C「私が理事です。」のガには強調の意味が付与されている。この意味で，色の付いた表現になっている。

すなわち，繋辞ハ型文・繋辞ガ型文では，「私＝理事」という同定関係のみを意味することは不可能で，なんらかの色が付いてしまうのである。後述するが，情報論からの知見を用いて説明すると，繋辞ハ型文においては解説部に重心があり，繋辞ガ型文では題目部に重心がある。これに対し，繋辞零型文は題目部と解説部の重さが等しい。したがって，同定関係を中立的に表現できる。このように，独自の表現領域を有する文型を省略文ということはできない。言い換えると「私，理事。」は，「私は理事。」や「私が理事。」とは異なる固有の意味を有しているということになる。

以上の説明を視覚化して試みに図示すると下のようになる。

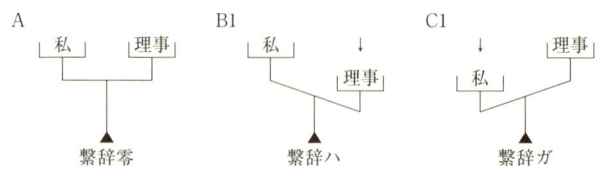

```
     A                    B1                   C1
  ┌私┐┌理事┐         ┌私┐  ↓            ↓  ┌理事┐
  └─┬┴─┬─┘         └─┬┴┌理事┐      ┌私┐┴┬─┘
     └──┬──┘             └──┬──┘         └──┬──┘
        ▼                    ▼                ▼
      繋辞零                繋辞ハ            繋辞ガ
```

なお，繋辞零型の文型を用いて，題目部または解説部に重心をおく場合は，それぞれにプロミネンスをおく。「理事」にプロミネンスをおけば，B1と等価になり，「私」にプロ

ミネンスをおけば，C1と同じになる。言い換えると，日本語はハとガという助詞により明示的にプロミネンスの置き場所を指定する言語ということになる。英語の，"I am a cat.", 中国語の「我 是 猫。」などは同定関係を示すもので，日本語の繋辞零型文に相当する。それぞれの言語において，「I」または「我」を強調したい場合は，これらにプロミネンスをおき，「cat」または「猫」を強調したい場合は，これらにプロミネンスをおく。

繋辞ハ型文： 　繋辞ハ型文は二種に分類される。一つは前述した，B1で示した解説部に重心のある場合である。繋辞ハ型文では解説部に重心があり，繋辞ガ型文では題目部に重心があるということを最初に唱えたのは松下大三郎である。松下は『標準日本口語法』（1930）において，次のような例文図示を用いて，繋辞ハ型文と繋辞ガ型文の相違を明快に説明している。

```
        題目語
        ─────────
        私      は           本会の理事です。
        確定，不可変，不自由

        題目語
        ─────────
        私      が           本会の理事です。
        未定，可変，自由

        題目語         解説語
        ─────        ─────────
        本会の理事は   私が専務理事で某君が常務理事です。
```

情報論的観点に立てば，文は情報の一ユニットとなる。情報においてより重要なのは，「既定，不可変，不自由」（既知・題目）の部分ではなく，「未定，可変，自由」（未知・解説）の部分である。したがって，繋辞ハ型文ではハの下に重心があり，繋辞ガ型文においては，ガの上に重心があることになる。

以上の記述は松下以後，学界の常識となり，今日の研究者にまで踏襲されているものなのであるが，これは繋辞ハ型文の一部を示すものでしかない。

繋辞ハ型文には，松下が見落としていた，もう一つの重要な用法がある。それは題目部と解説部が同定関係にあるもので，図示するとB2のようになる。

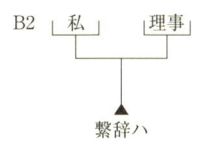

```
        B2  ┌私─┐ ┌理事┐
            └───┴─┬─┴───┘
                   ▼
                  繋辞ハ
```

題目部と解説部が同定関係にある表現は，話し言葉においては，Aで示されるが，Aは二語文であり，未熟な表現と感じられるためであろう，書き言葉ではめったに使用されず，代わって，B2が採用される。

B2と解釈される繋辞ハ型文の代表的な例は，小説などの冒頭部に現れる繋辞ハ型文である。

　　　木曽路はすべて山の中である。　　　　　　　　　　（島崎藤村『夜明け前』）

吾輩は猫である。　　　　　　　　　　　　（夏目漱石『吾輩は猫である』）
　これは清兵衛と云ふ子供と瓢箪との話である。　（志賀直哉『清兵衛と瓢箪』）
　小田原熱海間に，軽便鉄道敷設の工事が始まったのは，良平が八つの年だった。
　　　　　　　　　　　　　　　　　　　　　　（芥川龍之介『トロッコ』）
　彼は昔の彼ならず。　　　　　　　　　　　　（太宰治『彼は昔の彼ならず』）

　これらは小説の冒頭部であるから，題目部の情報が「未知」に属するものであることは疑いようがない。解説部も「未知」のものについての解説であるから，当然「未知」である。これらは，ハの前も後ろも「未知」なのである。題目部と解説部が一体となり，小説の世界の前提となる状況を提出していることになる。
　B1かB2かを見分けるには，文脈の助けが必要になる。同一文型でありながら，二つの用法がある。やはり，日本語は運用面の難しさがある言語なのである。

繋辞ガ型文：　繋辞ガ型文も二種に分類される。一つは，前述のようにC1で示した，題目部に重心のある表現である。
　もう一つは，松下が見落としていたもので，題目部・解説部ともに「未知」となる繋辞ガ型文である。
　「どこが火事？」「駅前のタバコ屋（が火事だ）。」（ガの上が未知）
　「なんの騒ぎ？」「駅前のタバコ屋が火事だ。」（ガの上も下も未知）
　繋辞ガ型文においては，ガの上に重心がある表現と，ガの上にも下にも重心がある表現とがあるのである。このことは，前者では「火事だ」の部分が省略可能であるのに対して，後者では不可能であることによって容易に理解される。図式化するとC2のようになる。

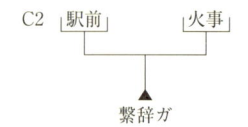

　　　　C2　｜駅前｜　　｜火事｜
　　　　　　　　　　｜
　　　　　　　　　▲
　　　　　　　　繋辞ガ

　C1とC2とは文型が全く同じであるから，センテンスの内部だけの観察では相違を見分けることは不可能である。文脈からの情報，具体的には，どのような問いに対する答えかなどという談話分析的方法が必然的に必要となる。
　ところで，B2とC2はともに題目部と解説部とが均衡しているという点で等しいのであるが，前者は，書き手・話し手の意見・判断を示す判断の文であり，後者は，事柄を客観的に叙述する叙述文という違いがある。なお，B2，C2の表現特徴をより深く理解するためには，後述のハガ構文についての知識が必要となる。

擬似繋辞ダケ型文：　「私だけ理事です。」のように「だけ」を用いた文で代表させたが，「私も理事です。」「私さえ理事です。」「私まで理事です。」などのいわゆる副助詞を繋辞の位置で用いた文がこの文型である。「だけ／も／さえ／まで」などは副助詞で意味を加えることを本務とする言葉であり，文の構造・成立に関与する繋辞ではない。そこで擬似繋辞としたが，正しくは，繋辞零型文の題目部強調表現ということになる。

ところで，これらはすべて等しいように思われるが実は性質を異にするところがある。
　　私だけ理事です。　→　　私だけが理事です。　私だけは理事です。
　　私も理事です。　　→　＊私もが理事です。　＊私もは理事です。
　　私さえ理事です。　→　＊私さえが理事です。＊私さえは理事です。
　　私まで理事です。　→　　私までが理事です。　私までは理事です。
「も／さえ」はガ・ハを下接することを拒否し，「だけ／まで」はガ・ハの下接を許容する。これらは別種のものとすべきである。詳しくは別項目に譲り，ここでは結論だけを述べると，ガハを下接させる「だけ／まで」は助詞ではなく，接尾辞なのである。
　さて，「だけ／まで」は限定の意を添える。限定は一種の強調であるから，擬似繋辞ダケ型文は題目部に重心のある繋辞ガ型文と同質ということがわかる。また，「吾輩も猫である。」「吾輩さえ猫である。」を観察すると，題目部に重心がある表現であることがわかり，これらも繋辞ガ型文（C1）の一種となる。

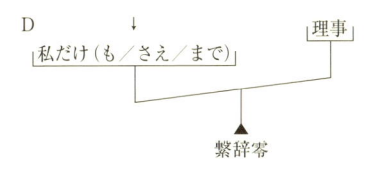

```
        D       ↓                    理事
        私だけ（も／さえ／まで）
                    ▲
                   繋辞零
```

ハガ構文： これまでは，主として繋辞ハ型文と繋辞ガ型文を対比的に取り扱ってきたのであるが，日本語には，同一文中に，ハとガが共存する文がある。このような文をハガ構文と呼ぶ。例示すると次のようなものである。
　　桜　は　吉野　が　名所です。　→　吉野　が　桜　は　名所です。
　　鰹（かつお）は　五月　が　旬（しゅん）です。　→　五月　が　鰹　は　旬です。
　　私　は　六月二日が　誕生日です。→　六月二日が　私　は　誕生日です。
　　日本は　東京　が　首都です。　→　東京　が　日本は　首都です。
　　猫　は　鰹節（かつおぶし）が　好物です。　→　鰹節　が　猫　は　好物です。
これらは，繋辞ハ型文の解説部が繋辞ガ型文によって構成されたものと考えられる。まず第一に，繋辞ハ型文であるから，解説部に重心のある表現である。次に，解説部は客観的事柄を表現する部分であるから，C2型文となり，ガの上にも下にも重心がある。図示すると，E，Fのようになる。

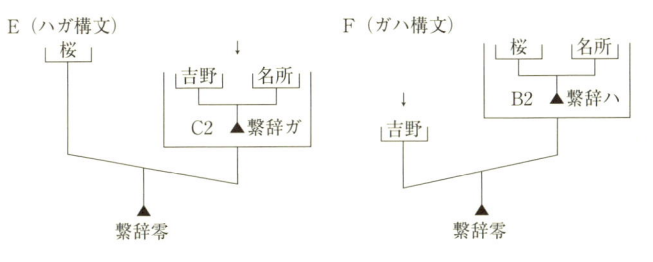

```
E（ハガ構文）                F（ガハ構文）
    桜                            桜    名所
            ↓                          ┃
        吉野    名所                B2  ▲繋辞ハ
            C2  ▲繋辞ガ       ↓
                              吉野
            ▲                        ▲
           繋辞零                    繋辞零
```

さらにいえば,「桜は」などは相対的に大きな題目部ということで大題目,「吉野が」などは焦点化された小さな題目部ということで小題目とすることができる。大題目・小題目という区別は名詞の意味する大小とは関係しない。先の例を「吉野は桜の名所です。」とすると,「吉野は」が大題目で,「桜が」は小題目になってしまう。要するに,ハは大題目を構成する助詞,ガは小題目を構成する助詞ということである。

さて,ハとガがともに繋辞であり,係助詞であるとすれば,ハガの順序でもガハの順序でもよさそうである。しかし,実際は,ハガの順序であることが圧倒的に多い。試みに先の例文をガハの順序にしてみると,ガによる小題目が強調されていることがわかる。ガハ構文は配列順序を倒置することによる強調構文なのである。

図示したようにガハ構文に現れる繋辞ハは客観的事柄を示すものでB2の型である。

略題文：　以上はすべて題目部と解説部とが備わった文であるが,名詞文の中には,解説部だけの文もある。題目部が省略されたものであるので,これを略題文という。

　　　古い話である。　　　　　　　　　　　　　　　　　　　　　　（森鷗外『雁』）
　　　ある日の暮れ方のことである。　　　　　　　　　　　　　　（芥川龍之介『羅生門』）
　　　国境の長いトンネルを抜けると雪国であつた。　　　　　　　　（川端康成『雪国』）
　　「これは」などが省略されている分だけスピード感がある叙述である。　　（小池清治）

参考文献　佐久間鼎『日本語の特質』(1941)；三尾砂『国語法文章論』(1948)；松下大三郎『標準日本文法』(1928)；吉本啓一「『は』と『が』―それぞれの機能するレベルの違いに注目して―」(言語研究,1981)；菊地康人「『が』の用法の概観」(渡辺実博士古稀記念論集日本語文法―体系と方法―,1997)；尾上圭介「文核と結文の枠「ハ」と「ガ」の用法をめぐって」(言語研究,63,1973)；砂川有里子「日本語コピュラ文の類型と機能―記述文と同定文―」(小泉保博士古稀記念論文集言語探求の領域,1996)

命令表現　　　expression of command
めいれいひょうげん
meirei-hyougen

キーワード：命令形命令／連用形命令／終止形命令／連体形命令
　　　　　　ヨ／ナ・ナサイ・タマエ・タ／ノダ・コト
定　義：　話し手が聞き手に対し，一方的にある状態や行動の実行を指示する表現。
文型と分類：
　命令形命令
　①命令形
　　1　（お前が）あっちへ行け。
　最も典型的な命令表現。強い調子で発話され，ぞんざいな表現である。命令形の命令表現は，通常，一人称主格，三人称主格を取ることができない。ただし，その場にいる命令対象の聞き手を三人称で示す場合（「嘘つきはあっちに行け」），命令対象を不定詞で示す場合（「誰か象の近くに行け」），その場にいない命令の対象を主体とする場合（「国家は謝罪しろ」）の三つの場合に限り，例外的に三人称を主格として取りうる。
　ここで特記すべきことは，命令形には命令表現以外の意味をもつ用法があるということである。二つ例をあげる。
　　2　宝くじ，あたれ。
　先の三つの例外以外で，三人称を主格として取る命令形は，願望の意味をもつ。
　　3　嘘をつけ。
　話し手が聞き手に対し，本当は行動してほしくないことを命令形で表すことがある。これは，聞き手に行動を要求するのではなく，むしろ，本当はそうしてほしくないという願望を反語的に表す表現である。
　②命令形＋ヨ
　　4　あっちへ行けよ。
　命令形に，強いイントネーションの接辞ヨがついて，強い非難や催促の意味が加わった表現。ただし，「しっかりしろよ」のように，命令形に，弱いイントネーションの接辞ヨが付くと，励ましや慰めの意味を伴った命令表現になる。
　連用形命令
　①連用形＋ナ
　　5　あっちへ行きな。
　②（オ＋）連用形＋ナサイ
　　6　あっちへ（お）行きなさい。
　命令形や連用形＋ナより丁寧な表現。とはいえ，目上の聞き手に対して使えるわけでは

ない。教師が生徒に対して，親が子供に対してなど，年少の者に対する言い聞かせ，叱責といった意味をもつ。

③オ＋連用形
　7　あっちへお行き。

オ＋連用形＋ナサイの「ナサイ」を省略した表現。言い差し型命令と呼ぶことがある。連用形＋ナサイと同じように，教師が生徒に対して，親が子供に対してなどの場面で使う。オ＋連用形＋ナサイよりはぞんざいだが，命令形よりは丁寧な表現である。

④連用形＋タマエ
　8　あっちへ行きたまえ。

連用形＋ナサイと同等に丁寧な命令表現だが，より古めかしい文語的な表現である。

⑤連用形＋タ（＋連用形＋タ）
　9　あっちへ行った（，行った）。

発話直後に実行されるべき，差し迫った行動を要求するときに使用する表現。だから，「明日，あっちへ行った，行った」ということはできない。

終止形命令
　10　あっちへ行く。

話し手が，聞き手に対して命令する立場であることが明らかなとき，強いイントネーションを伴って，命令表現として機能する。動詞連用形＋ナサイと同じように，教師が生徒に対して，親が子供に対してなどの場面で使う。

連体形命令
①連体形＋ノダ
　11　あっちへ行くのだ［行くんだ］。

話し手が，聞き手に対して，命令する立場であることが明らかなとき，命令表現として使用できる。この命令表現では，話し手の意識の中に，聞き手が命令どおりに行動することがすでに定まっているという前提がある。この文型は，発話直後に実行されるべき差し迫った動作を，つよく強制する命令表現である。

②連体形＋コト
　12　ご飯の後には，歯を磨くこと。

相手に指示する事柄を断定的に述べる表現。「歩行者は右側通行をすること」のように，公的な規則を示すときにもよく使う命令表現である。

（牲川波都季）

参考文献　阪田雪子「依頼・要求・命令・禁止の表現」『国文法講座6』（明治書院，1987）；村上三寿「命令文—しろ，しなさい—」『ことばの科学6』（むぎ書房，1993）；田野村忠温『現代日本語の文法Ⅰ—「のだ」の意味と用法』（和泉書院，1990）；仁田義雄『日本語のモダリティと人称』（ひつじ書房，1991）；尾上圭介『『そこにすわる！』』（言語，8巻5号，1979）；蒲谷宏・川口義一・坂本恵『敬語表現』（大修館書店，1998）

申し出表現　　expression of proposal
moushide-hyougen

キーワード：申し出・提供・依頼・当然性
定　義：　実現すれば相手に利益があることを，自分が実行する用意があることを相手に伝えようとする表現。

　相手が「依頼」の意図があるとみて，「申し出」をする場合が通常の「申し出表現」で，「察しの申し出」となるが，その意図の有無を読み違えれば，「おせっかいの申し出」になる恐れがある。

　典型的な表現は，相手の利益になることをするために，相手の意向を聞く形をとることから「～してあげましょうか」になる。その申し出をする「当然性」が高い，つまり相手の承諾をも確信している場合，あるいは相手の遠慮を避ける場合は，「～してあげましょう」「～してあげます」という表現になる，さらに，相手に自分の与える恩恵を感じさせないようにする場合には，「～しましょう」「～します」という表現になる。具体的には，キャンパスで重そうな荷物をもっている自分の指導教授を見掛けた場合に「先生，お荷物お持ちしましょう」というような場合である。

　その行動が相手の行動にも展開するような場合，具体的には電車の中で席を譲るといった場合には，(私が)「席を譲りましょう」，(あなたが)「お座りください」の両方の表現が可能であるが，実際には自分側の行動を表す表現が使われることは少なく，「どうぞ」という一言ですまされる場合も多い。これは主人側が客に向かって「どうぞ」「召し上がってください」などと食べ物飲み物などを勧める場合と同じ構造，同じ表現となる。

　自分がその行動をする用意があるという意味で「私がしてもいいですよ」という表現も申し出の一種であると考えられ，相手の依頼を先取りした表現ということになる。

　申し出表現の返事としては，その申し出を受ける場合には「ありがとう」など感謝表現が続くが，難しいのは断る場合である。相手の好意を尊重し，申し出てくれたことに対して感謝を表しながら，断らなければならない。「ありがとう，でも大丈夫」などの形になる。

　申し出表現は日本語教育の初級でも，一つの文型として取り上げられることの多いものである。形はそれほど難しくないが，実際にどのような場面でどのように使うか，断る表現，断られた場合の反応などの練習も必要になるところである。状況を細かく設定しての練習が必要であろう。

　状況と具体的表現，断り，断られた後の反応など，実際に調査・分析すべきことは多い。諸外国語との対照研究も今後必要であろう。
　　　　　　　　　　　　　　　　　　　　　　　　　　　　　　　　　(坂本　惠)

参考文献　蒲谷宏・川口義一・坂本惠『敬語表現』(大修館書店，1998)

目的の表現　　expression which indicates a purpose
もくてき　ひょうげん

mokuteki-no-hyougen

キーワード：目的／目標／形式名詞／形式副詞／意志的な動作行為／動作主体／条件
　　　　　　タメ（ニ）／タメニハ／ヨウ（ニ）／ノニ（ハ）／ニ

定　義： 未来においてあることを実現するために，それ以前の時点において動作主体が何かをする，あるいは実現のための条件を表す表現。形式としては，形式名詞（「タメ・ヨウ・ノ」）を要素としてもち，動作の目的を表す副詞節を作る。そのため，「タメ（ニ）・タメニハ・ヨウ（ニ）・ノニ（ハ）」を形式副詞とする考えもあり，この形式副詞には「動詞の連用形＋に」の「に」も含まれることになる。

タメ（ニ）： 「Xタメ（ニ）Y」構文は，Xが目的で，Yがその目的を実現するための行為や条件を表す。Xは意志的な動作行為でなくてはならず，Yは意志的な動作行為のほかに無意志的な存在や条件でもよい。タメとタメニの差異は，前者は文語的で新聞などの文章に用いられることが多く，後者はとりたて助詞（「ハ・モ・ナラ・コソ」等）を後接することができる点である。

　1　留学するため（に），アルバイトをする。
　2　お金は，夢を実現させるため（に）ある。
　3　留学するため（に），相応の貯金をしなくてはならない。

なお，Yが意志的な動作行為の場合は，XとYの動作主体は，同一あるいは近しい関係が認められるものとなる。

　4　夢を実現させるため（に），ほかのことは我慢してがんばるぞ。
　5　子供が夢を実現させるため（に），親の我々も協力してやろう。

また，Xが目的で，Yがその目的を実現するための行為であることから，Xの事態はYの事態の後に生じることとなり，XのテンスはYのテンスにかかわらず未完了形でなくてはならない。このことは，他の形式にも共通する。

　6　決勝戦を観戦するため（に），その試合の前売り券を買う〔った〕。

Xが名詞句の場合もあるが，その名詞句は実現するべき目的としての事態や恩恵を被る事物を表すものである。

　7　健康のため（に），毎朝ジョギングを続けている。
　8　子供のため（に），自分自身の健康に気をつけている。〔親の発話〕

タメニハ： 「XタメニハY」構文の場合，Xは目的で，Yはその目的の必要条件を表す。Xには，タメ（ニ）の場合のような意志的な動作行為といった制限はないが，Yは一回の意志的な動作行為の過去の実現を表す事態はとりにくい。

　9　元気になるためには，たくさん食べなくてはならない。

10 風邪を治すためには、休養をとるぞ［とりなさい／？とった］。
11 試験にパスするためには、できるだけのことはした。

ヨウ（ニ）：「Xヨウ（ニ）Y」構文は、結果としてXの事態が実現するように、Yの動作行為を行うことを表す。Xは無意志的なできごとや状態、あるいは意志的な動作行為であってもXとYの動作主体が異なるものである。すなわち、XはYの動作主体が意志的にコントロールできないものである。

12 風邪をひかないように、手をよく洗う。
13 子供が進んで勉強をするように、父親は子供の部屋を改築した。

なお、Yは意志的な動作行為であり、状態を表す場合であっても、単なる存在（「ある」）ではなく、その状態の中には意志的な動作行為性が認められるものである。

14 本棚が地震で倒れないように、釘を打ちつけてある。

ノニ（ハ）：「Xノニ（ハ）Y」構文は、Xが目標を表し、Yはその目標を達成するために必要な事態を表す。「ニハ」形もある。Xは意志的な動作行為のほかに無意志的な事態の場合があるが、その事態には達成感が含意される。Yの事態は、「必要」（述語は「必要だ・要る・かかる」など）や「有用」（述語は「有用だ・役立つ・便利だ・効果的だ・不要だ・不都合だ」など）といった意味合いの事態または「使用」といった動作行為である。

15 この仕事を仕上げる／が仕上がるのに（は）、あと何日かかるのですか。
16 この造作をするのに（は）、多くの道具を使う。

なお、「ノニ（ハ）」は、意味的には「場合に・際に・時に・に当たって」などに近く、目的性は強くはない。

ニ：「XニY」構文は、Xが目的で、Yはその目的を実現するための移動動作（「行く・来る・帰る・戻る・でかける」など）を表す。Xは意志的な動作行為で、形式は述語動詞の連用形をとる。また、XとYの動作行為の主体は同一である。

17 事件の真相を探りに、探偵が事件現場に来た。

なお、Xの動作行為とYの移動動作は密接な関係にあり、二つの動作を一体化させることも可能である。

18 探偵が事件現場に、事件の真相を探りに来た。

ところで、目的・目標を表すXの疑問化（疑問の焦点化）については、「タメニハ」と「ヨウニ」は疑問化することができず、その他の形式はそれぞれに「何の／何をするために・何をするのに・何をしに」のような疑問形式をとることができる。　（赤羽根義章）

参考文献 奥津敬一郎「形式副詞」『いわゆる日本語助詞の研究』（凡人社、1986）；佐治圭三「類義語表現分析の一方法―目的を表す言い方を例として―」『言語編（金田一春彦博士古希記念論文集2）』（三省堂、1984）；塩入すみ「スルタメニとスルタメニハ―目的を表す従属節の主題化と非主題化形式―」『日本語類義表現の文法（下）』（くろしお出版、1995）；前田直子「スルタメ（ニ）、スルヨウ（ニ）、シニ、スルノニ―目的を表す表現―」同書

目的・目標表現　expression of a purpose or aim
もくてき・もくひょうひょうげん
mokuteki·mokuhyou-hyougen

キーワード：志向動詞／目的・目標内容／目的・目標形式／行為・行動
　　　　　　目的トスル・目標トスル／目指ス・狙ウ・目掛ケル・志ス・心掛ケル・努力スル・心ニ掛ケル／ヲ目標ニシテ・ヲ目標ニ・ヲ目指シテ・ニ向ケテ・ヲ・ノタメニ・ヨウニ

定　義：　行為・行動の目的・目標を表す表現。
文　型：　目的・目標表現の文型は，志向動詞を中心とした文型と，目的・目標形式を中心とした文型とに二分される。

志向動詞を中心とした文型：　目的・目標内容，目的・目標形式，志向動詞で構成される。

	目的・目標内容	目的・目標形式	志向動詞
1	志望校に合格すること	を	目的とする・目標とする・心に掛ける
2	志望校に合格する	よう	心掛ける・努力する
3	志望校合格	を	目指す・志す・狙う・目掛ける

志向動詞：　目的・目標とするという意を表したり，そのことを含意する動詞を志向動詞という。志向動詞には，目的トスル・目標トスル・目指ス・狙ウ・目掛ケル・志ス・心掛ケル・努力スルなどあり，連語としては，心ニ掛ケルがある。

　1のように，目的トスル・目標トスル・心ニ掛ケルなどが志向動詞として使用される場合，目的・目標内容は，形式名詞コトで受ける名詞節で表され，目的・目標形式は格助詞ヲとなる。

　2のように，心掛ケル・努力スルなどが志向動詞として使用される場合，目的・目標内容は，動詞節で表され，目的・目標形式はヨウとなる。ヨウには達成困難で，神様に頼むような切実な祈りの気持ちが込められる。

　3のように，目指ス・志ス・狙ウなどが志向動詞として使用される場合，目的・目標は名詞の形で表され，目的・目標形式はヲとなる。

　目掛ケルは，「岩を目掛けて矢を発した。」「頂点目掛けて，駆け上がった。」のように，具体的動作の対象を設定しての行為をいう。心理的に目標にする場合には使用しない。

目的・目標形式を中心とした文型：

	目的・目標内容	目的・目標形式	行為・行動
4	志望校合格	を目標（目的）にして	勉強をする。
5	志望校合格	を目標（目的）に	勉強をする。
6	志望校合格	に向けて	勉強をする。
7	志望校合格	のために	勉強をする。

8 <u>志望校に合格する</u> ため（に） 勉強をする。
9 <u>志望校に合格する</u> よう（に） 勉強をする。

目的・目標形式： 名詞または動詞節が行為・行動の目的・目標であることを表す表現を目的・目標形式という。これには，ヲ目標（目的）ニシテ・ヲ目標（目的）ニ・ニ向ケテ・ノタメニ・タメ（ニ）・ヨウ（ニ）などがある。

　4や5の文型においては，これらが目的・目標表現であることが，文の表面に顕在化しているので，きわめて明確な表現となる。目的・目標内容は名詞の形で表される。

　6のニ向ケテ，7のノタメニは，承接する名詞を目的・目標であると示す機能を有するものである。

　8のタメ（ニ），9のヨウ（ニ）は，承接する動詞節を目的・目標であると示す機能を有する。タメ（ニ）による目的・目標は達成可能な，合理的・理性的なものという語感を表し，ヨウ（ニ）による目的・目標は達成困難な，神頼み的・願望的なものという語感と切実感とを表す。

目的・目標表現と原因・理由表現の相違：

目的・目標内容	目的・目標形式	行為・行動	
志望校合格	のために，	勉強した。	〔目的・目標表現〕
原因・理由内容	原因・理由形式		
志望校合格	のために，	他校受験は中止です。	〔原因・理由表現〕

「志望校合格」が行為者にとって未定の事項である場合は，目的・目標内容となり，ノタメニは目的・目標形式になる。

　一方，「志望校合格」が行為者にとって既定の事項である場合は，原因・理由内容となり，ノタメニは原因・理由形式となる。　　　　　　　　　　　　（小池清治）

参考文献　グループ・ジャマシイ『日本語文型辞典』（くろしお出版，1998）；田忠魁・泉原省二・金相順『類義語使い分け辞典』（研究社出版，1998）；「目的の表現」の文献も参照。

紋切型表現
もんきりがたひょうげん

monkirigata-hyougen

stereotyped expression
stereotype＝決まり文句・型にはまった表現
platitude＝平凡な言葉　　cliché＝陳腐な決まり文句
formula＝手紙・挨拶などの決まり文句
formulary＝誓い・祈りなどの決まり文句
cant＝流行語・偽善的な決まり文句

キーワード：決まり文句／ラング（社会的言語）性・パロル（個人的言語）性／言語場面

定　義：　没個性的で，新鮮味がない慣用的表現。また，一定の場面で期待される，決まり文句を使用した表現。紋切型表現はマイナス評価を伴うが，決まり文句には，儀礼的言語使用という側面があり，プラスの評価を伴う。

紋切型表現：　言語は人間の慣習的行為の一つで，特に，人間の社会制度の一つとみなされるラング（社会的言語）は何度も繰り返されるところに特徴がある。言い換えると，ラングは慣用の集合体ということになる。一方，言語使用，運用の個人的側面を表すパロル（個人的言語）は，一回限りの表現というところに特徴がある。

このように，言語には相反する二つの側面が共存するのであるが，言語使用の場面にも，大きく分けると，ラング性が期待される場面とパロル性が期待される，性質を異にする二つの言語場面がある。挨拶や手紙文の冒頭や末尾などはラング性が期待される言語場面であり，ここに個性的表現や一回限りの表現を使用することは非常識，礼儀知らずという謗りを受けることになる。また個人の意見の表明や感想の吐露というパロル性が期待される言語場面で没個性的な慣用的表現を使用すると，陳腐とか鼻に付くと評されることになる。

要するに，紋切型表現とは，パロル性が期待される言語場面で使用される，お決まりの慣用的表現の意である。

例えば，日本語に関する個人的見解を求められるという，パロル性が期待される言語場面においての次のような表現は紋切型の表現ということになる。

1　独断と偏見で言えば，…
2　日本語は奥が深い。
3　妙に納得してしまう。
4　…と言うと嘘になる。

個人的見解を求められているのであるから，1のような断りは不要である。聞き手は，はじめから，独断と偏見を含む個性的意見を求めているのであるから，言わずもがなの表現なのである。「独断」「偏見」はともに漢語で，大袈裟な印象を与える。きわめて刺激の強い表現であるため，多用すると嫌みになり，マイナス評価につながる。

2は概括的感想で，具体性を欠く。日本語について，ほとんどなんにもいっていない。

3や4もよく聞かれる表現である。3の「妙に」は説明不能であることを表明している。「妙に」なのだから，詳しく問い詰めることはやめてくれと予防線を張った表現で，追及を避ける逃げ腰の表現でもある。4の表現は，「…」のところで，本音を述べていながら，その本音を「嘘」とすることで，聞き手の追及を拒んでいる。及び腰で，卑怯な表現と評

することができる。4の表現に接すると、「だったら，ホントのことを言ってくれ」といいたくなる。聞き手に反感をもたれるような表現は避けた方が賢明である。
　日本語は，事実を客観的に述べる傾向の強い英語や中国語と比較すると話し手・書き手の心理や主観を無意識のうちに表現してしまう傾向の強い，レトリカルな言語である。であるがゆえに，わざとらしいレトリカルな表現は気障(きざ)なものと受けとられがちとなる。
　5　微苦笑(びくしょう)
　6　うれしい悲鳴
　7　小さな大投手
　8　小さく笑う
　5は，微笑とも苦笑ともつかない微妙な笑いの意で，久米正雄の造語である。意味が異なる二つの語から合成したもので，一種の対義結合(オクシモロン)である。6, 7は典型的な対義結合(オクシモロン)である。これらは矛盾表現で刺激が強い。対義結合は多用すると嫌みになる。
　8は共存制限破りの技法。「小さく」は固体や結合体概念を被修飾語として期待する語であるが，「笑う」は動作概念であり，正規の文法では共存することができない表現である。それを無理に共存させたところに技のはたらきがある。
　5〜8の表現は，本来，パロルに属し，一回限りであるところに表現の命がある。したがって，これらを借用し，多用すると，紋切型の表現に転落してしまう。

決まり文句：　特定の言語場面における，お決まりの言い回し。挨拶語や手紙文の起筆(きひつ)・擱筆(かくひつ)の言葉・お祈りの言葉・祝詞(しゅくし)・式辞など。言語使用者の言語的知識や教養が問われる，ラング性がきわめて強いものであり，没個性的である方が，かえって望ましいもの。
　　朝の挨拶：おはよう（ございます）。
　　昼の挨拶：今日は。
　　夜の挨拶：今晩は。
　　食事を勧める言葉：どうぞお召し上がりください。／召し上がれ。／おあがんなさい。
　　　　　　　　　　お口よごしですが，どうぞ。／つまらぬものですが，どうぞ。
　　食事を始める言葉：遠慮なく，いただかせていただきます。／いただきます。
　　就寝の挨拶：おやすみ（なさい／なさいませ）。
　　訪問の挨拶：ごめんください。／お邪魔します。／失礼します。
　　退去の挨拶：お世話になりました。／お邪魔しました。／失礼しました。
　　感謝の挨拶：ありがとう（ございました）。／ありがとさん。／すみません。
　　謝罪の言葉：ごめん（なさい／なさいませ）。／すみません（でした）。
「挨拶表現」「感謝表現」「祝意賀意表現」「弔意表現」「丁重表現」参照。　（小池清治）

誘導表現
expression of expectation
yuudou-hyougen

キーワード：譲歩・予測／文章の動的理解
　　　　　　勿論・ナルホド・確カニ

定　義：　副詞を中心とする表現で，次にくる内容を導く表現。誘導表現といえば，一般には，文末の述部の内容をある程度決定してしまう，文頭またはその周辺に出てくる副詞・副詞句に代表される表現のことを指すが，それについては呼応表現を参照されたい。ここでは，当該の文にとどまらず，後続の内容にまで影響を及ぼしてしまう表現について述べる。

　ここで取り上げるのはいわゆる譲歩の文である。譲歩の文，つまり，自分の主張を一歩譲って相手の主張を認めた文は，逆接の接続詞を介して，次の文で反対の内容が述べられることが多い。

　　勿論おまえの言い分ももっともだ。でも，おまえはお兄ちゃんなんだから，弟のことをもっと考えてやらなければだめだよ。
　　なるほど公共事業に投資する従来型の景気回復策もあろう。しかし，もっと福祉に税金をかければ，国民は安心して，老後のための貯蓄を消費に回すのではないか。
　　確かに論理的にはあなたの考え方は正しい。ただ，人間の心は論理では割り切れない部分もあると私は思うのだが。

　相手の主張を認めたことは，勿論・ナルホド・確カニといった副詞的成分だけでなく，「もっともだ」「当然だ」「わかる」「認める」といった述部，「だろう」「かもしれない」といった助動詞，さらには係助詞「も」なども動員して，譲歩が形成される。

　譲歩の文に限らず，次にくる文の内容をある程度予測させるものは多い。例えば，
　　道路に白いものが飛び出してきた。あわててブレーキを踏むと，ウサギが気絶して倒れていた。
　　キセルは鉄道の世界では次のような意味で用いられる。つまり，乗客が，乗車駅・下車駅近くの切符だけを持ち，中間を無賃乗車することである。

の「白イモノ」や「次ノヨウナ意味」はある意味で誘導表現である。読み手によるこのような文章の動的理解は文章論の新しい枠組みを表すものとして注目されつつある。

　　　　　　　　　　　　　　　　　　　　　　　　　　　　　　　　　（石黒　圭）

参考文献　石黒圭「予測の読み―連文論への一試論―」（表現研究，64号，1996）；工藤浩「叙法副詞の意味と機能―その記述方法をもとめて―」（研究報告集3（国立国語研究所），1982）；寺村秀夫「聞き取りにおける予測能力と文法的知識」（日本語学，6巻3号，1987）

要求表現 expression of demand
ようきゅうひょうげん
youkyuu-hyougen

キーワード：請求／要請／誂える（あつらえる）
アノウ・スミマセン（ガ）・チョット・オ願イシタインデスガ・オ手数デスガ／デキレバ・モシヨカッタラ／シテクダサイ・シテホシインデスガ・シテ頂キタインデスガ

定　義：　話者が，自分（だけ）では，十分に実現できない事柄のある場合，他者によるその実現を期待して，聞き手になんらかの行為をするようはたらきかける表現。

　なお，話者の立場が聞き手に対して弱い場合は，依頼する表現となり，他方，強い場合は命令する表現となる。前者の場合，依頼表現は聞き手にある行動を行う意思を想起せしめるように訴え，後者の場合，命令表現は聞き手にある行動そのものの実現を訴える。

　ここでは両者の中間に，曖昧な境界を挟んで位置するものとして，要求表現を定位する。よって要求表現とは，聞き手にある行動の意思を生起させつつ，その行動を実現させるべくはたらきかける表現となる（→依頼表現，命令表現）。

　要求表現には，以下のプロセスが含まれる。
　a. 聞き手の注意をひく
　b. 用件の提示
　c. 受託の確認・謝礼・印象づけ

文型と分類：
　a. 聞き手の注意をひく
　聞き手の注意をひく文型として，1などがあり，組み合わせるなどして用いられる。
　1　アノウ・スミマセン（ガ）・チョット・オ願イシタインデスガ・[ポーズ]
　これらの文型は，要求事項が相手において心的負担が大きいものであると話者が判断した場合は，重々しくゆっくりと，逆に小さいものであると判断した場合は，軽く速く，表現される。

　なお，1のうち「スミマセン」は，謝罪表現の定型表現であるが，「スミマセン」の使用域は謝罪にとどまらず，注意の喚起のほかにも，挨拶や感謝，謝罪の表現としても使用される（→感謝表現，謝罪表現）。また，特殊な例として，その行為について聞き手がなんらかの義務を負っている場合は「オ手数デスガ」を用いることができる。

　聞き手の注意をひく表現の結果，聞き手が「はい」などと返答するのを話し手が確認すると，bのプロセスへと進むことができる。
　b. 用件の提示
　用件の提示は，①〜③の文型を順に組み合わせて達せられる。

① 前置き： モシヨカッタラ・デキレバ
② 主題： コレ・［要求事項］（ヲ）
③ モダリティ： 〜シテクダサイ（マスカ／マセンカ）・〜シテホシインデスガ・〜シテ頂キタインデスガ

　主題は必須であるが，それ以外はオプショナルな表現である。定義のとおり，要求表現の目的には，聞き手に，ある行為を遂行する意思を生起せしめることがあった。よって，意思の生起のために言語形式が必要なければ，それが表現される理由はない。
　特に，話者聴者間の間柄が親密なほど，言語形式によって表現されるべき事項は少なくなる。また逆に，より関係が疎遠なほど，言語形式によって表現されるべき事項は多くなる。日常の心理的影響関係の強弱が，主題以外の要素を用いるか否かに大きく影響するのである。
　例えば，333号室の部屋のカギを借りたい場合，疎遠な関係なら，2のように①〜③を含む表現となるが，親密な関係なら3でさえ構わない。
　2　できましたら，333号室の部屋のカギを貸していただきたいんですが。
　3　あれは？
　なお，聞き手が明らかにその行為の利益の受け手となっている場合は，③モダリティ表現が「〜シテクダサイ」のような直接的な表現となる。4のように聞き手にものを勧める場合などがこれにあたる。
　4　どうぞ，お掛けください。
　c. 受託の確認・謝礼・印象づけ
　謝礼を述べることで，同時に受諾を確認し，さらに要求内容を印象付けるための表現がとられる。
　以上のように，要求表現は，話者が自分の思い通りに他者を行為させるために，談話全体として構成される表現である。　　　　　　　　　　　　　　　　　（細川英雄）

参考文献　柏崎秀子「話しかけ行動の談話分析」（日本語教育，79号，1993）；阪田雪子「依頼・要求・命令・禁止の表現」『国文法講座6（山口明穂編）』（明治書院，1987）；森山卓郎・安達太郎『文の述べ方（日本語文法セルフマスターシリーズ6）』（くろしお出版，1996）；蒲谷宏・川口義一・坂本惠『敬語表現』（大修館書店，1998）

様態表現
ようたいひょうげん

expression of appearance

youtai-hyougen

キーワード：ソウダ／ヨウダ／ミタイダ

定　義：　表現主体が自らの感覚で直接とらえた事態の様子・印象を，直感的に描写する表現。推量表現に比べて，事態認識が論理的ではなく感覚的なものであるため，「ようにみえる／感じる／気がする」などに置き換え可能な場合が多い。助動詞「ソウダ」「ヨウダ」「ミタイダ」が文末につく。

前接要素：　「ソウダ」は動詞の連用形，および形容詞・形容動詞の語幹に付く。「ない」「よい」など2音節の形容詞には間に「サ」が挿入される（「つまらない」「すまない」などの形容詞は「つまらなさそう」「つまらなそう」の両形式でゆれている）。

1　今にも雨が降りそうだ。
2　とてもおいしそうだ。
3　父は元気そうだ。
4　やる気がなさそうだ。
5　雰囲気はよさそうだ。

終止形接続の「ソウダ」（雨が降るそうだ／とてもおいしいそうだ／父は元気だそうだ）は伝聞の意となる（「伝聞表現」の項を参照）。

「ヨウダ」は用言の終止形に付く。「ソウダ」と異なり，過去形を前接させることができる。

6　午後には雨が降るようだ。
7　昨日は雨が降ったようだ。

「ミタイダ」は「ヨウダ」より口語的な表現（「ヨウダ」と「ミタイダ」の相違については，「比況表現」の項も参照）。

後接要素：　「ソウダ」「ヨウダ」が「気」「感じ」「状況」「雰囲気」「雲行き」といった名詞にかかり，「〜がする」「〜がある」「〜だ」で結ばれる場合もある。

8　なんだか雨が降りそうな感じだ。
9　今日の試合も負けそうな気がする。

次のように，「ソウダ」「ヨウダ」がなく，これらの名詞だけでもほぼ同様の表現が成り立つ。

10　今日の試合も負ける気がする。
11　内閣総辞職は避けられない状況だ。

動作性述語につく場合：　「ソウダ」が動作動詞に付く場合は，「事態の発生や存在を予感させる兆候がみられる」ことを表す。「今にも」「そろそろ」などの副詞としばしば呼応す

る。
12　今にも雨が降り出しそうだ。
13　次回の選挙では与党が圧勝しそうだ。
14　危うく転びそうになってしまった。
15　彼女のことを思うと胸が張り裂けそうだ。
16　この人形は精巧にできていて，今にも動きだしそうだ。

12, 13は現時点における未来の事態の予想である。14以下は実際には実現しない事態であるが，14では発生寸前の状態まで至ったことを述べ，15, 16は比喩的表現として機能している。

上記の例のうち12, 13, 15は「ヨウダ」に置き換えることができるが，もともと両者の間には意味・用法の違いが存在する（中畠，1991）。

①「ソウダ」即時的・直感的な予測，「ヨウダ」はより分析的な予測を表す。
17　今にも雨が降り出しそうだ。
18　今は晴れているが，夕方までには雨が降り出すようだ。

空が雨雲で真っ黒になっているという場面では，17のように「ソウダ」を使うのが普通である。一方，そうした切迫感のない状況18では「ヨウダ」も使える。後者18は推量表現の一類とみなされる（→推量表現）。

②「ソウダ」は話し手にとって未確認の事態を予測する場合に用いられるが，「ヨウダ」を使った場合はなんらかの方法で事態を感知し確認ずみでなければならない。
19　危うく転びそうになってしまった。
20　＊危うく転ぶようになってしまった。

15のように未実現のまま終わった事態を後から振り返って述べる場合では「ヨウダ」は使えない（「〜スルヨウニナル」は「習慣の獲得」という別の意味を表す）。

同様に，条件節で仮定された事態を表す場合も「ヨウダ」は使えない。
21　こんなことをしたらお母さんに叱られそうだ。
22　＊こんなことをしたらお母さんに叱られるようだ。

状態性述語（形容詞・状態動詞）に付く場合：　「ソウダ」が形容詞・状態動詞に付くと，（眼前の）事物に対して，「ある状態・性質が外面に現れている」ということを表す。
23　経済学関係の本はこのあたりにありそうだ。
24　彼女は見かけによらず気が強そうだ。
25　面白そうな研究テーマですね。
26　山田さんは楽しそうに野球をしていた。

言い切りの形の23, 24は「ヨウダ」に置き換えられるが，連体形の25，連用形の26は置き換えることができない。26は「楽しげに」ということもできる。

置き換え可能な23, 24では，「ソウダ」は即時的・直感的，「ヨウダ」は分析的という，動作性述語の場合でみた性質の違いが現れる。また，「ソウダ」は未確認，「ヨウダ」は何

かの手がかりをもとに確認ずみという対立も明確に存在する。
　「形容詞＋ソウダ」でも未来の予想を表せる場合がある。この場合の意味・用法は，上述の動作性述語の場合と同様である。
　27　向こう一週間の天気はよさそうだ。
　28　今年の夏は暑そうだ。

感情形容詞における人称制限の回避：　「ソウダ」に属性形容詞が前接する場合は話し手の知覚，感情形容詞の場合は話題の人物の知覚を述べる表現となる。
　29　あの人はこわそうだ。（≠あの人はこわがっている）
　30　あの人はうれしそうだ。（＝あの人はうれしがっている）
「ソウダ」を付けることにより，感情形容詞にみられる人称制限が回避される。
　31　＊あの人は悲しい。
　32　あの人は悲しそうだ。

否定形：　「ソウダ」が動作性述語に接続する場合は「ソウニナイ」「ソウモナイ」「ソウニモナイ」の形をとり，期待される事柄がそのとおり実現される見込みがほとんどない旨を表す。「モ」が挿入された方がより否定的なニュアンスが強い。
　33　その計画は当分実現しそうにない。
　34　雨はやみそうにもない。
「ソウダ」が状態性述語に接続する場合は「そうで（は）ない」「そうじゃない」の形をとる（後者はより口語的な表現）。「あまり」などの程度副詞を伴うことが多い。
　35　なんだかうれしそうじゃないね。
　36　彼はあまり熱心そうではなかった。
　また，前接する用言を否定して「〜なさそうだ」とする言い方もある。ただし，前接するのは原則として，名詞＋ダ，形容詞，形容動詞などの状態性述語で，動詞の例は多くない。
　37　なんだかうれしくなさそうだね。
　38　あまり愉快ではなさそうだね。
連体修飾の場合は「ナサソウ」の方が用いられやすいという傾向がある。
　39　おいしくなさそうな料理
　40　おいしそうでない料理　　　　　　　　　　　　　　　　　　　　　（宮田公治）

参考文献　森田良行「基礎日本語2」『基礎日本語辞典』（角川書店，1980）；寺村秀夫『日本語のシンタクスと意味Ⅱ』（くろしお出版，1984）；森田富美子「いわゆる様態の助動詞『そうだ』について」（東海大学紀要（留学生教育センター），10号，1990）；中畠孝幸「不確かな様相」（三重大学日本語学文学，2号，1991）

与格主語構文による表現
（よかくしゅごこうぶんによるひょうげん）

(expression of) dative-case subject sentence
(expression of) dative subject construction

yokakusyugo-koubun-niyoru-hyougen

キーワード：与格主語構文・主格主語構文・起点格主語構文・手段格主語構文／可能動詞聞コエル・見エル・ワカル・モラウ／ガ・ニ・カラ・デ

定　義： 与格に立つ名詞句が中核動詞の状態主となる文を与格主語構文といい，この構文を用いた表現を与格主語構文による表現という。中核動詞には，聞コエル・見エル・ワカルなどの状態動詞や可能動詞がなる。

主格以外の格が動作主・状態主になる場合： 日本語では，格助詞ガによってマークされる主格が主語となるの（主格主語構文）が普通であるが，ある条件のもとでは，主格以外の格が動作主・状態主となり意味的には主語のようなはたらきをする場合がある。

　　1　私から，君のお父さんに，直接通知表を渡すよ。〔起点格主語構文〕
　　2a　大学で，学生たちの不始末の責任をとります。〔手段格主語構文〕
　　2b　私の方で，改善策を考えます。

1は，起点格が主語相当のはたらきをする例で，この場合，中核動詞は事物・事象の移動になんらかの意味でかかわるという制限がある。

「私が，君のお父さんに，直接通知表を渡すよ。」という主格主語構文と比較すると，与格主語構文はより客観的表現と意識されるが，主格主語構文では，話し手・書き手の意志の表現というニュアンスが強くなる。

2は，手段格が主語相当のはたらきをする例で，この場合，手段格となる名詞句の名詞は，「大学・警察・組合」などの組織体や「私たち・皆」など，複数の主体が存在することを含意する複数名詞でなければならない。また，「私の方」という主体の範囲が漠然とした場合も，手段格主語構文になる。

「大学が，学生たちの不始末の責任をとります。」という主格主語構文による表現をすると，大学の主体的意志が強く表現される。これに対して，手段格主語構文による表現は，より客観的表現と意識される。

与格主語構文1，聞コエルを用いた文型：

	与格主語	対象	評価	中核動詞
3a	私には	虫の音が		聞こえます。
3b	妻には	夫の言葉が	皮肉に	聞こえた。

3aは，音や声が自然に耳に入る，聴覚に感じられるの意。中核動詞が他動詞「聞く」の場合は，「私が虫の音を聞く。」のように主格主語構文となる。与格主語構文による表現は，客観的報告文という印象であるが，主格主語構文による表現は断定的意志の表明という印象を与える。

3bは，聞くことの内容がそのように理解される，人のいったことが悪い意味に受け取られるの意。中核動詞が「聞く」の場合は，「妻は夫の言葉を皮肉だと聞く。」となるが，これは自然な日本語ではない。「妻は夫の言葉を皮肉と受け取った。」「妻は夫の言葉を皮肉だと思った。」などが自然である。したがって，3bの場合は，自動詞と他動詞が非対称ということになる。

与格主語構文2, 見エルを用いた文型：

	与格主語	対象	中核動詞
4a	猫には,	闇の中の鼠が	見える。
	与格主語	現象	中核動詞
4b	選手には	疲れが	見えた。

4aは見ることができるの意。中核動詞が他動詞「見る」の場合は，「猫が闇の中の鼠を見る。」という主格主語構文となる。主格主語構文による表現は，一時的状況についての叙述となるが，与格主語構文による表現は，恒常的能力についての報告となる。

4bは認められるの意。中核動詞が他動詞「見る」の場合は，「選手に疲れを見る。」となり，4aとは構造が異なることがわかる。4bは受身構文の一種である。

与格主語構文3, ワカルを用いた文型：

	与格主語	対象	中核動詞
5a	家族には	末娘の行方が	わからなかった。
5b	私には	彼の言い分が	わかる。
5c	人には	自分の運命は	わからない。

5aは不明なことが明らかになるの意，5bは理解できるの意，5cは予測できる，知ることができるの意。ワカルには対応する他動詞がない。

これらを主格主語構文で表現すると，それぞれ次のようになる。

家族が	末娘の行方を	知らなかった。
私が	彼の言い分を	理解する。
人が	自分の運命を	予測する。

与格主語構文4, 可能動詞を用いた文型：

	与格主語	対象	中核動詞
6a	彼女には	英語が	しゃべれない。
6b	彼女には	英語を	しゃべれない。

対応する動詞「しゃべる」を中核動詞とする場合，「彼女が英語をしゃべる。」となる。

従来は6aの文型であったが，最近は6bの文型も用いられるようになっており，6aは「彼女には英語がしゃべれるか？」の問いに対する答え，6bは「彼女には何語をしゃべることができないのか？」に対する答えという棲み分けが発生している。　　（小池清治）

参考文献　小泉保他編『日本語基本動詞用法辞典』（大修館書店，1989）；大堀壽夫・西村義樹「認知言語学の視点」（日本語学，19巻4号，2000）

呼び掛け表現 1　expression of (personal) address
yobikake-hyougen

キーワード：挨拶／非言語行動／名前・渾名・職業名称・地位名称・親族名称・人称代名詞
　　　　　　アノ・アノウ・オイ・オーイ・コラ・コレ・スイマセン・チョット・ネエ・ネエネエ・モシモシ・ヤイ・ヨオ

定　義：　コミュニケーションを開始するにあたり，話し手が聞き手を設定するために用いる表現。

種類と形式：
　①言語的手段
　・相手の名前などを表す語句：「山田サン」「課長」など
　・感動詞：「オーイ」「ネエネエ」など
　・挨拶の表現：「コンニチワ」「ドウモ」など
　②非言語手段
　・肩をたたく，手を振る，呼び鈴を鳴らすなど

　相手の名前などを表す語句としては，相手の名前「山田」，渾名「ヤマチャン」，職業名称「八百屋」，地位名称「課長」，親族名称「オ父サン」や人称代名詞「アナタ」などがある。これらは，相手との関係によって使い分けがある。例えば，目上の相手には「アナタ」とはいえない，目上の親族には親族名称でいえるが目下にはいえない，など。

　呼び掛けの感動詞には，「モシ（モシ）」「アノ（ウ）」「チョット」「(アノ) ネエ」「ヨウ」「オ（ー）イ」「コラ」「コレ」「ヤイ」「スミマセン」などがある。話し手の属性や相手との関係，場面によって使い分けがある。例えば，「スミマセン」は主として未知の人や目上の人に対して用いる，「オイ」「ヨウ」などは主として男性が用いる，など。

　呼び掛けの非言語的手段としては，肩をたたく，手を振る，手を挙げる，目を合わせる，会釈をする，笑顔を見せる，チャイムを鳴らす，ドアをノックする，何かモノを差し出す，呼び出し音を鳴らす（電話をかける）などがあげられる。

　これらの手段は単独で用いられることもあるが，くりかえされたり（「ネエ，ネエ」），複数の種類が組み合わされたり（「アノ，スミマセンガ」「ネエ，山田サン」「(手を振りながら) オーイ」）して用いられることが多い。

　　　　　　　　　　　　　　　　　　　　　　　　　　　　　　　　　　　（高橋淑郎）

参考文献　岡野信子「呼びかけ表現法」『方言研究ハンドブック（藤原与一監修）』（和泉書院，1984）；鈴木孝夫『ことばと文化（岩波新書）』（岩波書店，1973）；田窪行則「日本語の人称表現」『視点と言語行動（田窪行則編）』（くろしお出版，1997）；日向茂男「呼びかけ」『話しことばの表現（講座日本語の表現3，水谷修編）』（筑摩書房，1983）

呼び掛け表現 2
yobikake-hyougen

expression of (personal) address
appellation = 称号異名　　address terms = 対称詞
denomination = 名称・命名　vocative use = 呼格的用法
pronominal use = 代名詞的用法
self-addressing term = 自称詞

キーワード：自称詞・対称詞・呼称／対話・独話／人物呼称・代称／人称代名詞・家族名称・親族名称・地位名称／複数対称詞・人称代名詞の複数形／隠喩的命名・換喩的命名・人物呼称不変換

方々・皆様・皆サン・ミンナ／アナタガタ・君タチ・オマエタチ・オマエラ・オメエラ・テメエラ・オノオノ・オノオノ方

定　義　　名詞・代名詞を中心とする表現で、個人や複数の人々を、話の相手または言及する人物として認定するときに用いる表現。話し手自身を表す表現を自称詞といい、話し相手や言及する人物を表す表現を対称詞というとき、対称詞を用いた表現を、呼び掛け表現という。呼称。呼び掛け表現は、対話と独話において、在り方が異なる。

また、レトリックにおいては、人間を対象としたケニング（kenning：言い換え表現）のことで、人物呼称・代称という。これは、文法の呼格の用法を発展させたものである。

対話における呼び掛け表現　個人に対する呼び掛け表現と複数の人々に対する呼び掛け表現に大別される。

個人を対象とした呼び掛け表現：　対話においては、自称詞と対称詞とにおいて、一定の対応関係が認められる。

自称詞	対称詞	人間関係	敬愛	隔て度
私	校長先生・お父様・お母様	上司・両親	敬意	大
わたし	先生・お父さん・お母さん	上司・両親	敬意	中
おれ	おまえ・名前	妻	親愛	小
ぼく	きみ・名前（＋くん／さん）	友人	親愛	中
ぼく	姉さん・愛称	姉	親愛	中
おじさん	きみ・名前＋ちゃん・愛称	隣の子	親愛	中
おとうさん	おまえ・名前（呼び捨て）	子	親愛	小
先生	きみ・名前	生徒	親愛	中
兄さん	おまえ・名前	弟	親愛	小

家族間の呼び掛け表現　家族間の呼び掛け表現の前提となる家族名称は、その家族の最年少者の観点から決定される。

例えば、孫が生まれる前の父親の自称詞は、そのときの最年少者である子の観点から、オ父サンが家族名称となる。ところが、孫が生まれると、最年少者は孫となるので、オジイチャンに変化する。また、生まれた孫は一人である間は、名前・愛称で呼称されるが、弟や妹が生まれると、その子たちの観点から、最初の孫は、オ兄チャン・オ姉チャンに変化する。

夫婦間で，自分の夫をオ父サン，自分の妻をオ母サンと呼ぶのは奇妙に思われるが，家族名称は，家族の最年少者の観点からという，原則に従ったものなのである。

　Ⅰ　目上の家族に対して
・自称詞は，人称代名詞を使用し，家族名称を使用しない。
・対称詞は，人称代名詞や名前（呼び捨て）を使用し，家族名称を使用しない。
　Ⅱ　目下の家族に対して
・自称詞は，家族名称を使用し，人称代名詞を使用しない。
・対称詞は，人称代名詞・名前（呼び捨て）を使用して，家族名称を使用しない。ただし，話し相手が最年少者ではなく，かつ，最年少者が言語場面にいるときは，家族名称を使用する。
　Ⅲ　同位の家族に対して
①夫と妻の場合：　自称詞・対称詞ともに，夫婦になる以前からの自称詞・対称詞を使用する。ただし，最年少者が言語場面にいるときは，家族名称になる。もっとも，結婚して時間が立てば立つほど，後者の使用法になる傾向が強い。
②兄弟姉妹の場合：　年長者の自称詞は家族名称，対称詞は人称代名詞・愛称であるのが一般的であるが，対等に互いに名前や愛称を使用する家族も多くなっている。

親族同士の呼び掛け表現　親族間の呼び掛け表現の前提となる親族名称は，話し手本人の観点が基準となる。親族どうしの呼び掛け表現における，自称詞と対称詞との関係は次のようになっている。

　Ⅰ　目上の親族に対して
・自称詞は，人称代名詞を使用し，親族名称を使用しない。
・対称詞は，親族名称を使用し，人称代名詞を使用しない。あえて使用した場合は，敬意がなくなり，険悪な雰囲気を醸成する。
　Ⅱ　目下の親族に対して
・自称詞は，親族名称を使用し，人称代名詞を使用しない。
・対称詞は，人称代名詞を使用し，親族名称を使用しない。ただし，後に述べるように，この規則は，対話におけるもので，独話においては，親族名称で呼び掛ける場合がある。
　Ⅲ　同位の親族に対して
・自称詞は，人称代名詞を使用し，親族名称を使用しない。
・対称詞は，親疎に従い，名前＋サン，愛称などを使用する。

社会における呼び掛け表現　上司・同僚・部下の間の呼び掛け表現における，自称詞と対称詞の関係は，次のようになっている。

　Ⅰ　目上に対して
・自称詞は，人称代名詞を使用し，地位名称を使用しない。
・対称詞は，地位名称・地位名称＋サンを使用し，人称代名詞を使用しない。あえて使

用した場合は，敬意がなくなり，険悪な雰囲気になる。
 Ⅱ 目下に対して
・自称詞は，人称代名詞を使用し，地位名称を使用しない。
・対称詞は，人称代名詞・名前＋クンを使用し，地位名称を使用しない。
 Ⅲ 同僚に対して
・自称詞は，地位名称を使用せず，人称代名詞を使用する。
・対称詞は，人称代名詞・名前（＋クン）を使用する。

複数の人々に対する呼び掛け表現： 目上の人々に対しては，人称代名詞の複数形を使用せず，尊貴の人々に対しては複数対称詞として，「方々(かたがた)」を，一般聴衆としての人々に対して，改まりの気持ちを込める場合は「皆様(みなさま)」を，親愛の情を込める場合は「皆サン」を使用する。

同位であり，仲間としての聞き手には，「ミンナ」を用いる。また，多数の男性の仲間である場合，改まりの気持ちを込めて，「諸君」を用いる。

特に，聴衆が学生に限定される場合の形式ばった言い方には「学生諸君」がある。この「学生諸君」は男性語で，男女共用の言い方は「学生の皆さん」である。

目下の人たちに対しては，複数対称詞を使用せず，人称代名詞の複数形を使用する。敬意がある程度あり，改まり度が高い場合は「アナタガタ」を，敬意・改まり度がともに低い場合「君タチ」を，敬愛とは逆の卑しめの気持ちを込める場合は，「オマエラ」「オメエラ」「テメエラ」を用いる。「オマエタチ」は相手の立場を一応認めている表現である。

待遇	修飾成分素	複数対称詞	敬愛度		改まり度	卑しめ度
目上	来賓(らいひん)の	方々	敬意	最高	最高	無
目上	ご来場の	皆様	敬意	高	高	無
目上	ご家族の	皆さん	親愛	中	中	無
同位		皆,	親愛	高	低	無
目下	満場の	諸君	親愛	中	高	無
目下	学生	諸君	親愛	高	高	無
目下		あなたがた	敬意	中	高	無
目下		きみたち	敬意	低	低	無
目下		おまえたち	敬意	低	低	無
目下		おまえら	敬意	無	無	低
目下		おめえら	敬愛	無	無	中
目下		てめえら	敬愛	無	無	高

このほか，古い表現としてオノオノ，オノオノ方(がた)があったが，今日では使用しない。

独話における呼び掛け表現： 独話においては，話し手自身が話し相手に想定されるなど，対話における呼び掛け表現とは異なることになる。

 Ⅰ 自分自身に対して，対称詞を用いる。　　　　おまえ，大丈夫か？
 Ⅱ 自分自身に対して，名前（呼び捨て）を使用する。　綾子(あやこ)，頑張れ！

Ⅲ　目下に対して，家族名称を使用する。

Ⅲは，詩において見られる現象であり，次に述べるレトリックと関連する。

1　ああ，弟よ君を泣く　　　与謝野晶子
　　ああ，弟よ君を泣く　君死にたまふこと勿れ
2　永訣の朝　　　　　　　　宮澤賢治
　　けふのうちに
　　とほくいつてしまふわたくしのいもうとよ

　これらの詩は，弟や妹へ呼び掛けるスタイルのもとになされているが，現実に弟や妹へ呼び掛けているわけではなく，独話なのである。そうして，独話の姿を借りて，一般読者へ，話し手の憤りや悲しみを訴えているのである。対話とは異なる言語状況のもとでなされたものであることは明瞭であろう。

小説における呼び掛け表現：　作家による登場人物への呼称を小説における呼び掛け表現，人物呼称という。人物呼称には類似に基づく隠喩的表現と縁故・関連のあるものになぞらえて表現する換喩的表現が中心となる。

　夏目漱石『坊つちやん』の例でいえば，校長タヌキ，英語教師ウラナリ，数学教師ヤマアラシ等は類似に基づく隠喩的命名であり，教頭アカシャツ，美術教師ノダは関連に基づく換喩的命名である。

　川端康成は『伊豆の踊子』において，人物呼称の変換をあえてしないという人物呼称不変換という技法を用いている。この作品において，ヒロインは一貫して「踊子」と表現される。本文の半ばにおいて，その兄から，「踊子」の本名が「薫」と知らされてからも，語り手は「踊子」の呼称を変えない。語り手は「踊子」に抱いた幻想を大切にしたかったのであろう。

　筒井康隆は『夢の木坂分岐点』という小説において，人物名を断り無しにどんどん変化させてしまうという規則破りの技法を用いて読者を混乱に導いている。

　　主人公　小畑重則→大畑重則→大畑重昭→大村重昭→大村常昭→松村 常 賢

　これは，主人公がアルツハイマーに罹患するということと関連する。アイデンティティーがどろどろと危うくなることの象徴として機能するものである。

　また，筒井康隆は『ロートレック荘殺人事件』において，異なる人物が同一の自称詞「オレ」を使用することにより，読者を混乱させるという言語的トリックを用いている。

（小池清治）

参考文献　鈴木孝夫『ことばと文化（岩波新書）』（岩波書店，1973）；小池清治『日本語はいかにつくられたか？』（ちくまライブラリー，1989，ちくま学芸文庫，1995）；小池清治他『漱石をよむ（岩波セミナーブックス48）』（岩波書店，1994）；野口武彦『三人称の発見まで』（筑摩書房，1994）

累加・添加表現　expression of cumulation or addition
るいか・てんか ひょうげん
ruika・tenka-hyougen

キーワード：累加・添加／分量副詞修飾／少量累加副詞・累加副詞・分量副詞／数量詞修飾／単純累加／事柄性名詞句修飾／単純添加・余剰添加／状態性名詞句修飾／程度強化副詞／状態性用言修飾／累加添加副詞の整理
　　　　　　イマ（マ）・モウ（モ）・アト／サラニ／イチダント・イッソウ・ヨリイッソウ・モット／モ

定　義： 副詞および助詞を中心とする表現で，事物や程度をさらに付け加える表現。対象に同質のものを重ねることを累加といい，質を問わずに対象に重ねることを添加という。

分量副詞修飾の文型： イマ・モウ・アトは，分量副詞を修飾する。
　①分量副詞が動詞を修飾する場合，少量累加の意を表す。
　　1　いま　　　少し　　　お待ちください。
　　2　もう　　　暫く　　　お待ちいただきたい。
　　3　あと　　　ちょっと　待っててね。
　これらの，イマ・モウ・アトは同質のものを少量重ねる意を表す少量累加副詞で，分量副詞を修飾している。
　イマには，時間的に「今」の意を表す名詞・副詞用法と「さらに」の意を表す累加副詞の用法とがある。名詞・副詞用法のイマは高低のアクセントであるが，累加副詞用法のイマは，低高のアクセントであるから，別語である。
　イマはモウと比較し文章語的で，話し言葉としては硬い印象を与える。くだけた表現では，モウがモになるのと同様にマと短縮化されることがある。アトは，話し言葉であり，これを書き言葉として使用すると子供っぽいという印象を与える。
　②分量副詞が形容詞・形容動詞を修飾する場合，程度強化の意を表す。
　　4　いま　少し　　涼しくなると助かるのだが…。
　　5　もう　ちょっと　安ければ，買うのだが…。
　　6　あと　ちょっと　大きな声が　出ないかなあ。

数量詞修飾の文型： イマ・モウ・アトには数量詞を修飾する用法もある。
　　7　いま　　一度　　　チャンスをください。
　　8　もう　　三日　　　早ければ，間にあったのだが…。
　　9　あと　　十日　　　あれば，完成できるのですが…。
　7のイマは，「一度，一歩，一回，ひとつ」など最少量を表す数量詞を修飾するので，1のイマと同じく，少量累加副詞なのであるが，8のモウ，9のアトにはこのような制限はなく，累加の意を表すだけである。したがって，2のモウ，3のアトとは異なり単純累加

副詞となる。なお，アトには，それだけあれば十分という含みがあるが，モウにはそのような含みがない。

事柄性名詞句修飾の文型： 質を問わずに重ねる意を表す添加副詞には，サラニがあり，文型は，次のようになる。

10　醤油（のほか）に　　さらに　　味醂を［まで／も］　　加えます。

サラニが事柄性名詞句を修飾する場合は，添加の意を表す。「さらに…を」の場合は，単純添加の意を，「さらに…まで・も」の場合は，余剰添加の意を表す。

状態性名詞句修飾の文型： サラニには，状態性名詞句を修飾する用法もある。この場合，サラニは程度の強まりの意を表し，程度強化副詞となる。

11　さらに　　　前に　　　進むと危険だよ。

程度強化副詞にはほかに，イチダント・イッソウ・ヨリイッソウ・モットなどがあるが，これらには，数量詞を修飾する用法がない。

状態性用言修飾の文型： サラニが用言を修飾する場合も，程度強化の用法となる。

12　台風が近付き，風雨が　　さらに　　強まる　　　（こと）でしょう。
13　冷やして食べると，　　　さらに　　美味しくなる（こと）でしょう。

累加添加副詞の整理： 以上の記述を整理すると表のようになる。

	分量副詞	数量詞	事柄性名詞	状態性名詞	状態性用言
イマ・モウ	○	○	×	×	×
アト	○	○	○	×	×
サラニ	×	○	○	○	○
モット	×	×	○	○	○

副助詞「も」による累加・添加表現：

①事柄性名詞＋モの場合，類例関係の語を添加する意を表す副助詞。

14　醤油のほかに　味醂　も　加えます。

②状態性名詞＋モの場合，類例関係の語を添加する意を表す副助詞。

15　後ろばかりでなく，前　も　よく注意しなさい。

③形容詞連用形＋モの場合，
・並列関係を構成し，仮定の意を表す並立助詞。

16　よく　も，悪く　も，行くだけは行くか。／よくて　も，悪くて　も，……

・賞讃・驚き・憎しみなどの気持ちを添える副助詞。

17　よく　も，あの危機を乗り越えたものだ。／よく　も，出し抜いたな。

④形容詞連体形に接続するモは，並列関係を構成し，添加の意を表す並立助詞。

18　老い　も，若　き　も，一堂に集う。

　　　　　　　　　　　　　　　　　　　　　　　　　　　（小池清治）

参考文献　森田良行『基礎日本語辞典』（角川書店，1989）；飛田良文・浅田秀子『現代副詞用法辞典』（東京堂出版，1994）；グループ・ジャマシイ『日本語文型辞典』（くろしお出版，1998）

類似表現 （るいじ ひょうげん） expression of similarity
ruiji-hyougen

キーワード：近い関係・比況・比喩
　　　　　マルデ・アタカモ・チョウド・同然・メク

定　義：　副詞を中心とする表現で，違うけれど近い関係にあるということを表す表現。

マルデなど：　一般に，「ようだ」「ような」「ように」という比況の表現を用いると，近い関係にある，つまり似ているということを表せる。けれども，「よう」は類似ではなく同類を表す指標であって，似ているというだけでなく同じである可能性も含めて考えていることになる。

　　あの檻の中にいる動物はきつねのようだ。

　しかし，その前にマルデという副詞を付け加えると，同じではないことが明確になり，比喩であることがはっきりする。

　　あの檻の中にいる動物はまるできつねのようだ。

　マルデだけでなく，アタカモも類似を表すはたらきをもつ副詞であるが，よく似ていることに力点があるマルデに対し，アタカモは実際はそうでないということに力点があり，大げさな比喩に用いられる傾向がある。

　　タイガースが3連勝しただけなのに，大阪の街はタイガースがあたかも優勝したかのように盛り上がっている。

　チョウドは偶然ぴったり一致することを表す。新しい認識の発見を伝えるというよりも，ぴったり一致するものを使って聞き手にわかりやすく説明するという感じの方が強い。

　　イタリアはちょうど長いブーツを斜めに倒したような形をしている。

同　然：　同然は，「～同然だ」「～同然の」「～同然に」のように，「よう」と同じ位置で用いられるが，「よう」と違って，同じであるという可能性は含んではいない。「動詞」＋「モ同然」，「名詞」＋「同然」の形で使われることがほとんどである。

　　そこまでできれば，終わったも同然だ。
　　彼はただ同然でノートパソコンを手に入れた。

メク：　メクは，接尾辞で，実際はそうでないのかもしれないが，受け取る側にはそう解釈できるというときに使う。「冗談めく」「秘密めく」「謎めく」のように「抽象名詞」＋「メク」の形で用いられる。話し言葉で使われる「ぽい／～っぽい」に近い。

　　私の耳には，彼のことばは皮肉めいて聞こえる。

（石黒　圭）

参考文献　茅野直子他『副詞（外国人のための日本語＝例文・問題シリーズ1）』（荒竹出版，1987）；森田良行『基礎日本語辞典』（角川書店，1989）

例示表現(れいじひょうげん)　expression of illustration
reiji-hyougen

キーワード：同列型／接続表現
　　　　　　例エバ／チナミニ／オナジク／イワバ

定義・文型：　接続詞を中心とする表現で，一般的なものから具体的なものへと言い換えて説明する「同列型」といわれる文の連接関係を示す接続表現。

同列型には，「詳述・要約・換言・抽出」の機能を持つ接続表現が含まれ，「スナワチ・ツマリ・ヨウスルニ・イイカエレバ・トリワケ・トクニ」もその一例として考えられる。

このような接続表現は，例示・対比を示したり，前文の事柄を限定したりするもので，機能的には副詞に近いと考えられている。

また前文の内容を受ける「承前の接続」ばかりではなく，同一・同格という形で語句を取り上げる「ツマリ・スナワチ」ときわめて似ている性格があり，次のような用法もみられる。

1　アフリカ諸国（，例えば／つまり），エジプト・ケニア・ザイールなどの国々では…
2　科学技術（，例えば／とりわけ／すなわち），情報科学・電子工学の分野では…

この「同列型」といわれる接続表現のうち，「例エバ・オナジク・チナミニ・イワバ」は例示を表すと一般的にみられている。例示とは，前の事柄を受けてさらに詳しく述べたり，具体的な例を示したりするときに用いられ，「ものにたとえる　例を挙げて言う」と説明される。

3　どうせプレゼントするんなら，使ったらなくなっちゃうものなんかじゃなくて，例えばさ，アクセサリーとかどうかな。
4　同じくこの条文では，候補予定者の事前運動も禁じている。
5　ちなみに前回の諸経費を読み上げます。
6　言わばこれは氷山の一角にすぎません。

例エバは書き言葉・話し言葉の区別なく広く使われる。それに対して，オナジク・チナミニ・イワバはおもに書き言葉で使われるが，やや硬い表現であり，日常会話にはあまり使用されないが，不特定多数に対する「説明的・演説的・会議報告的」口調を伴い，事前に用意された書き言葉を読み上げる場合に多くみられる。このように例示表現は話し言葉と書き言葉の「棲み分け」のようなものが存在する。ただし，その使用規則についてはまだ解明が進んでいない。

（高橋永行）

話題転換表現 1　expression of topic-changing
wadai-tenkan-hyougen　topic-changing indicator

キーワード：話題転換／無接続語／転換契機
　　　　　サテ／デハ／ソレデハ／トキニ／トコロデ／話変ワッテ
定　義：　接続詞を中心とする表現で，文脈上それまでの話題から他の話題に，話題を変化させる表現。話題の変化度合いは，前の話題と関連度密な話題に変える，という"小さな転換"から，全く無関係な話題に変化させてしまう"大きな転換"まで，様々である。
話題転換の表示：　「転換契機」（話題の転換箇所）の多くは，話題転換の接続語（接続詞やその他の語句）により文面上明示される。ただし，接続語不使用で文面上表す無接続語話題転換もあり，この場合，特に定型があるわけではないが，転換直後の冒頭文により読み手や聞き手に，話題転換を伝えるわけである。
文　型：　［A話題］+［転換契機］+［B話題］（下線，破線が「転換契機」。6以外は作例）
1　拝啓　桜花咲き乱れる暖かな季節となりまして，先生には，ますますご健勝でお過ごしのこととお慶び申し上げます。／さて，かねてお伝えしておりました，計画中の「クラス会」の件でございますが，…
2　誠に素晴らしいご祝辞ありがとうございます。では，ここで祝電の披露です。
3　『源氏物語』の文学史的価値についての解説は，ひとまずこれで終わります。それでは，次に作者紫式部の生涯について，お話しします。
4　いやぁ，ここの寿司はいつ食ってもうまいなぁ。ときに奥さん，あがりを1杯。
5　この企画書は，なかなか良く出来てるよ。これなら役員会もすんなり通るだろう。ところできみ，来週の日曜日，明けといてくれないか，もしかしたら，重要な商談がまとまるかもしれないんだ。
6　（一般説明から特定具体説明へ，接続語を用いない話題直接表示による転換の例）
　　ところがまた，身分制という楯をもたなくなった個人が，いわば丸はだかになって権力と向き合うという二極構造は，その個人による権力のコントロールを，きわめてむずかしいものとせざるをえない。それだけに，主権と個人＝人権の間には，深刻な緊張関係が潜在することになる。／一九四五年以前の日本の社会は，伝統的な共同体（イエとムラ）を温存したまま，その上に国家権力が重畳的に位置し，個人を抑圧する構造を強めていた。いってみれば，個人にとって，近代国家は，伝統的拘束からの解放者ではなかったし，伝統的共同体は，国家に対する楯となってはくれなかった。（樋口陽一『改訂憲法入門』勁草書房，1997）　　　　（田中宣廣）

話題転換表現 2
わだいてんかんひょうげん
wadai-tenkan-hyougen

expression of topic-changing
topic-changing indicator

キーワード：話題転換
　　　　　　サテ／デハ／トコロデ／話ハ変ワリマスガ
定　義：　接続詞を中心とする表現で，前文の内容から転じて，別個の内容を後文に述べる表現。

　日常生活の会話では，話題はどんどん移り変わる可能性がある。聞き手に対して話し手が現在話題としている事柄と直接の関連がない話題を新たに持ち出そうとする場合，話し手は聞き手に対してなんらかの意思表示をして，その相手が話題についてこられるようにする必要がある。その意思表示の表現形式として多く使われるのは，トコロデなどの接続詞である。

　サテとデハは，それぞれ「行動の区切り」を表すが，サテは，対話においてスクリプトを構成する役割を担う話し手だけが使用できるのに対して，デハは，他者から提示された情報に基づく推論によって誘発される。話ハ変ワリマスガとトコロデは，「話題の変更」を表すが，トコロデは，さらに「補足要求」「立場の転換」という機能を有する。

　接続詞などを用いないで話題転換をする場合もあるが，それは多くは書き言葉においてである。段落を改めたり，題目を提示したりすることで示される。

　接続表現の中での「話題転換」の表現の分類については，文の連接関係から多角的連続関係のうちの一つ，「転換型」を提示し，さらにそれを，転移（トコロデ・トキニ・話変ワッテ），推移（ヤガテ・ソノウチニ），課題（サテ・ソモソモ・イッタイ），区分（ソレデハ・デハ），放任（トモアレ・ソレハソウトシテ）の五つに分類した市川（1978）の研究があげられる。またどのような内容の後文が連接しうるか（可展性）という観点から「話題転換」を「文の外側・話題の外側」に位置付けた佐治（1970）の研究もある。

　話題転換は，前文の内容に全く無関係に突然話題を切り出したり，あるいは特定の話題に焦点を絞ったり，新しい内容の追加をはかったり，なんらかの目的で話題の区切りを付けたりするというマークを示す表現形式である。しかし，個々の語についての用例採集や使用法，定義などは従来の研究で多くなされてはいるものの，他の形式と対比したうえで機能の分析はまだ十分になされているとは言い難く，また「話題転換」とは根本的にどういうものなのかについても明確な定義付けがなされていないのが現状である。(高橋永行)

参考文献　佐治圭三「接続詞の分類」（文法，2-12, 1970）；市川孝「文の連接」『国語教育のための文章論』（教育出版，1978）；宮島達夫・仁田義雄編『日本語類義表現の文法（下）』（くろしお出版，1995）；川越菜穂子「ところで，話は変わるけど―Topic shift markerについて―」『複文の研究（下）』（くろしお出版，1995）

付　　録

1　身体部位和語名詞を中心とした慣用句一覧
2　感性語の基本的語彙構造
3　主要感性語と動詞との相関一覧

（作成：小池清治）

■付録1　身体部位和語名詞を中心とした慣用句一覧

項目一覧（*は慣用句が存在しない項目）

1　あたま（頭）　　　：アタマ（44）・カシラ（8）・コウベ（6）・ツムリ（2）・ツブリ*・
　　　　　　　　　　　オツムリ*・オツブリ*・オツム*・テンテン*
2　かみ（髪）　　　　：カミ（6）・カミノケ*・ケ（毛；6）・カンカン*
3　つむじ（旋毛）　　：ツムジ（2）
4　かお（顔）　　　　：カオ（53）・ツラ（19）・オモテ（11）
5　ひたい（額）　　　：ヒタイ（6）・オデコ*・ハエギワ*（生え際）
6　まゆ（眉）　　　　：マユ（15）・マユゲ（4）・マツゲ（2）
7　め（目）　　　　　：メ（163）・メダマ（3）・メノタマ（4）・メンタマ*・メガシラ
　　　　　　　　　　　（2）・メジリ（2）・ヒトミ（2）・オメメ*
8　はな（鼻）　　　　：ハナ（40）・コバナ（4）・ハナスジ*
9　はなのした（鼻の下）：ハナノシタ（8）
10　ほほ（頬）　　　　：ホホ*・ホオ（5）・ホホベタ*・ホッペタ*・ホッペ*
11　みみ（耳）　　　　：ミミ（40）・ミミタブ*（耳朶）
12　くち（口）　　　　：クチ（114）
13　くちびる（唇）　　：クチビル（12）・ウワクチビル*・シタクチビル*
14　は（歯）　　　　　：ハ（22）・マエバ*・オクバ（5）・ムシバ*
15　した（舌）　　　　：シタ（34）・ベロ*
16　あご（顎）　　　　：アゴ（20）・アギト（5）・オトガイ（19）・ウワアゴ*・シタアゴ
17　ひげ（髭）　　　　：ヒゲ（5）・クチヒゲ（髭）*・ホオヒゲ（鬚）*・アゴヒゲ（髯）*
18　くび（首）　　　　：クビ（41）・ウナジ（項；3）・ノドクビ*・エリクビ*・クビスジ*
19　のど（咽・喉）　　：ノド（18）・ノドモト（1）
20　かた（肩）　　　　：カタ（39）
21　うで（腕）　　　　：ウデ（27）・カイナ（肱；1）・ニノウデ*
22　ひじ（肘）　　　　：ヒジ（9）
23　て（手）　　　　　：テ（184）・オテテ*
24　てくび（手首）　　：テクビ*
25　てのひら（掌）　　：テノヒラ（3）・タナゴコロ（8）
26　てのこう（手の甲）：テノコウ*
27　こぶし（拳）　　　：コブシ（3）
28　ゆび（指）　　　　：ユビ（14）・コユビ（3）
29　つめ（爪）　　　　：ツメ（7）
30　こづめ　　　　　　：コヅメ*
31　わき（腋）　　　　：ワキ（3）・ワキノシタ*

32	むね（胸）	：ムネ（60）
33	ちち（乳）	：チチ（2）・チ（6）・チクビ*・チチクビ*・チブサ（2）・オッパイ*
34	はら（腹）	：ハラ（64）・オナカ（4）・ポンポン*
35	へそ（臍）	：ヘソ（5）・ホゾ（3）・オヘソ（1）
36	せ（背）	：セ（6）・セナカ*・セボネ*
37	こし（腰）	：コシ（31）
38	しり（尻）	：シリ（24）・オシリ*・ケツ（5）・ケツッペタ*
39	あし（足）	：アシ（27）・アンヨ*
40	もも（腿）	：モモ*・フトモモ*
41	また（股）	：マタ（1）
42	ひざ（膝）	：ヒザ（14）・ヒザガシラ*・ヒザカブ*・ヒザコゾウ*
43	すね（脛）	：スネ（2）・ムコウズネ*・ベンケイノナキドコロ*
44	はぎ（脛）	：ハギ*・フクラハギ*・コムラ*
45	あしくび（足首）	：アシクビ*
46	くるぶし（踝）	：クルブシ*・クロブシ*・ツブブシ*・ツブナキ*
47	かかと（踵）	：カカト（1）・キビス（2）・クビス（2）
48	つまさき（爪先）	：ツマサキ（1）

1. あたま（頭）
   1.1 アタマ（頭）
   1 頭が上がる＝対等の立場に立って相手に向かう。「〜上がらない」の形で使用。
   2 頭が痛い＝悩ませられて、困っている。
   3 頭が遅れる＝考えが追いつかない。
   4 頭が重い＝頭が重苦しく感じられる。すっきりしない。
   5 頭が切れる＝頭脳の働きがよい。明晰な思考をする能力がある。
   6 頭隠して尻隠さず＝諺。悪事のすべてを隠しきることができず、一部露にしているみっともない状態。
   7 頭が下がる＝敬服させられる。尊敬の念を抱く。
   8 頭が高い＝横柄で無礼な態度。⟷「頭が低い」
   9 頭が足りない＝頭の働きが普通以下である。
   10 頭が回る＝思い至る。「〜回らない」の否定形で使用。
   11 頭から爪先まで＝体全体。「頭のてっぺんから爪先まで（→48.1）」とも言う。
   12 頭から水を浴びたよう＝事が突然起こり、驚き恐れる様子。
   13 頭から湯気を立てる＝非常に怒っている様子。かんかんになって怒る様子。
   14 頭が割れるよう＝頭がひどく痛む様子。
   15 頭に入れる＝しっかり記憶する。念頭に入れる。

16 頭に置く＝心にとどめて忘れない。
17 頭に来る＝怒りのために血が頭に上る。
18 頭の回転が早い＝頭脳の働きがよい。機敏である。
19 頭の黒い鼠＝なにかを盗み隠した人間を鼠に例えた表現。
20 頭のてっぺん（ぎりぎり）から足の爪先まで＝全身。全部。
21 頭の蠅を追う＝自分の始末が第一である。まず，自分のことを始末する。
22 頭を現わす＝頭角を現わす。人に知られるようになる。
23 頭を痛める＝心配する。
24 頭を打つ＝頂点に至る。
25 頭を押さえる＝相手を抑制する。
26 頭を抱える＝困惑する。
27 頭を掻く＝恥じ入っていることを表す。
28 頭を拵える＝散髪する。頭髪を整える。
29 頭を下げる＝下手に出る。感心する。
30 頭を搾る＝力の限り考える。
31 頭を出す＝姿を見せる。頭角を現わす。
32 頭を垂れる＝萎れる。
33 頭を使う＝思案する。工夫する。
34 頭を突っ込む＝仕事や事態に関与する。
35 頭を悩ます＝思い悩む。
36 頭を撥ねる＝他人の利益の一部をかすめとる。
37 頭を生やす＝髪を生やす。
38 頭を浸す＝没頭する。
39 頭を捻る＝考える。疑問を持つ。
40 頭を冷やす＝冷静になる。
41 頭を振る＝拒否する。
42 頭を丸める＝頭髪を剃って，僧や尼になる。
43 頭を擡げる＝表面に現れる。頭角を現わす。
44 頭を分ける＝頭髪を左右に分ける。

1.2 カシラ（頭）
1 頭動かねば尾が動かぬ＝諺。上位にある者が先に立って活動しないと下の者が働かない。
2 頭下ろす＝頭髪を剃ったり，切ったりして，僧や尼になる。
3 頭が重い＝頭が重苦しく感じられる。すっきりしない。
4 頭隠して尻を出す＝「頭隠して尻隠さず（1.1）」に同じ。
5 頭を集める＝集まって相談する。

6　頭を縦に振る＝承諾の意を表す。
　　7　頭を丸める＝頭髪を剃って，僧や尼になる。
　　8　頭を横に振る＝不承諾の意を表す。
1.3　コウベ（首・頭）
　　1　頭を挙げる＝堂々とした態度をとる。胸を張る。
　　2　頭を傾ける＝深く信仰する。疑問に思う。
　　3　頭を刎ねる＝首を切る。
　　4　頭を巡らす＝回想する。
　　5　頭を割る＝思案する。
　　6　正直者の頭に神宿る＝諺。正直であると神仏の加護を得る。
1.4　ツムリ（頭）
　　1　頭を集める＝集まって相談する。
　　2　頭を丸める＝頭髪を剃って，僧や尼になる。
1.5　つぶり（頭）＊＝頭の意を表す古語。
1.6　オツムリ（御頭）＊＝頭の意を表す女性語。
1.7　オツブリ（御頭）＊＝同上。
1.8　オツム（御頭）＊＝頭の意を表す幼児語。
1.9　テンテン（天窓・天天）＊＝同上。
2.　かみ（髪）
2.1　カミ
　　1　髪は剃れども心は剃らぬ＝諺。形ばかり僧になっても，道心はなかなか持てない。
　　　　　　形だけで，心が及ばない。
　　2　髪を下ろす＝髪を剃り落として僧や尼になる。
　　3　髪を切る＝出家する。元服する。尼になる。
　　4　髪を立つ＝いちど剃った髪を伸びるにまかせる。
　　5　髪を垂る＝新生児の髪を初めて剃る。幼児の髪の毛を切る。
　　6　髪を生やす＝頭髪を伸ばす。頭髪を切る。〔忌み言葉〕
2.2　カミノケ（髪の毛）＊
2.3　ケ（毛）
　　1　毛の末（先）＝きわめて少ないことを例えて言う。
　　2　毛の足りない者＝人並みの知能がない。
　　3　毛の生えた＝少し勝った。やや年功を積んだ。
　　4　毛を吹いて過怠の疵を求む＝諺。好んで人の欠点を指摘する。
　　5　毛を吹いて疵を求める＝同上。
　　6　毛を見て馬を相す＝諺。表面だけで物事の価値を判断する。
2.4　カンカン＊＝幼児語。

3. つむじ（旋毛）
    3.1 ツムジ
        1 つむじが曲がる＝素直でなくなる。根性がねじれる。片意地になる。ひねくれる。
        2 つむじを曲げる＝気分をそこねて，わざと意地悪くする。わざと反対する。
4. かお（顔）
    4.1 カオ
        1 顔が合う＝出会う。共演する。あい対する。
        2 顔が厚い＝あつかましい。ずうずうしい。厚顔である。
        3 顔が合わされる＝会うことができる。否定形で使用することが多い。
        4 顔が売れる＝有名になる。顔が多くの人に知られる。
        5 顔が利く＝権力・威力などを有し，顔を見せるだけで効果がある。
        6 顔が染まる＝恥ずかしいと思っていることが顔に現れる。
        7 顔が揃う＝顔ぶれが揃う。期待された人々が全員集まる。
        8 顔が立つ＝面目が保たれる。名誉が保持される。
        9 顔が潰れる＝面目を失う。名誉が損なわれる。
        10 顔が広い＝知り合いが多い。多くの人に知られている。
        11 顔が汚れる＝名誉が傷つけられる。
        12 顔から火が出る＝恥ずかしさで顔が赤くなる。
        13 顔が悪い＝信頼されない。信用がない。
        14 顔で切る＝無愛想な顔つきをする。禁止の意で顔をさっと振る。
        15 顔で人を切る＝人を見下したような態度をし，気持ちを傷つける。
        16 顔で笑って心で泣く＝外見は楽しそうだが心に悲しみを抱いている。
        17 顔と心は裏表＝外見と心とが異なる。
        18 顔にかかわる＝名誉・身分に関係を及ぼす。面目にさしさわる。
        19 顔に障る＝名誉にさしさわる。面目を傷つける。
        20 顔に出る＝気持ちが表情に現れる。表情に出る。
        21 顔に泥を塗る＝名誉を傷つける。面目を失わせる。
        22 顔に似ぬ心＝外見と異なる心。多くは，外見の美しさに反する醜い内面を言う。
        23 顔に火を焚く＝恥ずかしさや怒りのために顔を赤くする。
        24 顔に紅葉を散らす＝顔を赤らめる。
        25 顔を赤める（赤くする）＝恥ずかしさのため赤面する。
        26 顔をあたる＝髭を剃る。
        27 顔を合わせる＝顔を向き合わせる。共演する。あい対する。
        28 顔を失う＝がっかりする。顔色をなくす。面目を失う。
        29 顔を売る＝多くの人に知られるようになる。有名になる。はばを利かせる。

30 顔を起こす＝面目を保たせる。
31 顔を落とす＝化粧を落とす。
32 顔を変える＝血相を変える。顔色を変える。
33 顔を貸す＝頼まれて人に会う。頼まれて人の面前に出る。付き合う。
34 顔を借りる＝人に会うことを依頼する。
35 顔を利かす＝権力・威力を顔を見せることによりわからせる。
36 顔を拵える＝化粧する。
37 顔をする＝化粧する。
38 顔を染める＝恥ずかしさで顔を赤くする。
39 顔を揃える＝全員出席する。
40 顔を出す＝姿を見せる。訪問する。出席する。一部だけ見える。
41 顔を立てる＝名誉を保たせる。
42 顔を突き合わせる＝顔を向き合わせる。
43 顔を作る＝無理にある表情をする。化粧する。
44 顔を繋ぐ＝紹介する。仲介する。
45 顔を潰す（踏み潰す）＝人の名誉を傷つける。面目を失わせる。
46 顔を連ねる＝主だった人々が列席する。
47 顔を直す＝泣き顔をとりつくろう。化粧する。化粧崩れを整える。
48 顔をのぞかせる＝顔を出す。顔を見え隠れにする。ちらりと出る。
49 顔を踏む＝面目を潰す。恥をかかせる。
50 顔を振る＝不承知の意を表す。顔をそむける。
51 顔を見せる＝姿を見せる。訪問する。出席する。
52 顔を向ける＝関心を示す。
53 顔を汚す＝面目を失わせる。名誉を傷つける。

4.2 ツラ（面・頬）
1 つらあ見ろ＝あざけりの言葉。
2 つらおし拭う＝恥をこらえる。
3 つらが高い＝威張っている。態度が大きい。
4 つらが憎い＝顔を見るのもいやだ。
5 つらから火が出る＝非常に恥ずかしい。恥ずかしさで赤面する。
6 つら掴む＝恥をかく。赤面する。
7 つらにて人を切る＝人を見下したような態度で気持ちを傷つける。
8 つらに泥をなする＝名誉を傷つける。面目を失わせる。
9 つらに似せて巻子を巻く＝人はそれぞれの性質によりすることに相違がある。
10 つらの皮が厚い＝恥ずかしさを知らない。厚顔である。あつかましい。ずうずうしい。

11 つらは蛙＝どんなことをされても平気な顔をしていること。
12 つらを食わす＝顔に拳骨を食わせる。顔を殴る。
13 つらを下げる＝恥を恥と思わない。厚かましい。
14 つらを出す＝弔問する。
15 つらを膨らかす＝不満を顔に表す。
16 つらを踏む＝面目を失わせる。
17 つらを見返す＝見返しをする。辱めを返す。
18 つらを緩くする＝顔に笑みを含む。
19 つらを汚す＝面目を失わせる。恥を晒す。

4.3 オモテ（面）
1 おもてに泥を塗る＝面目を失わせる。
2 おもてを赤らむ＝赤面する。
3 おもてを合わす＝顔を見合わせる。対抗する。あい対する。
4 おもてを起こす＝顔をあげる。面目をほどこす。
5 おもてを切る＝能楽で，顔を素早く動かす。見得を切る。
6 おもてを晒す＝多くの人に見られる。
7 おもてを背ける＝そっぽを向く。
8 おもてを正す＝表情をひきしめる。
9 おもてを伏す＝下を見る。うつむく。面目を失う。
10 おもてを和らげる＝表情を柔和にする。
11 おもてを汚す＝面目を失わせる。

5. ひたい（額）
5.1 ヒタイ
1 額で見る（睨む）＝上目を使って人を見る。
2 額に汗する＝一所懸命に働く。
3 額に筋を立てる（現わす）＝額に青筋を立てて怒りを露にする。激昂する。
4 額を集める＝相談する。
5 額を抱える＝困って途方に暮れる。
6 額を突き合わせる＝相談する。
5.2 オデコ＊＝「額」の意を表す幼児語。
5.3 ハエギワ（生え際）＊

6. まゆ（眉）
6.1 マユ
1 眉上がる＝意気込みが盛んになる。意気軒昂となるたとえ。
2 眉に皺を寄せる＝顔をしかめる。心配，困惑を顔に表す。
3 眉に迫る＝非常に近くなる。

  4 眉に唾を付ける＝騙されないように用心する。
  5 眉に火が付く＝危険が差し迫る。
  6 眉を上げる＝眉毛をつりあげる。怒りを表す。喜ぶさま。
  7 眉を動かす＝心中の思いを表情に出す。顔をしかめ，心配，困惑を表す。
  8 眉を落とす＝女性が結婚する。眉尻を下げ，悲しみ，落胆，心配，気後れを表す。
  9 眉を曇らす＝眉毛を寄せて，心配，困惑を表す。
  10 眉を焦がす＝危険が差し迫る。
  11 眉をしかめる＝眉毛を寄せて，心配，困惑を表す。
  12 眉を顰める＝同上。
  13 眉を開く＝心配や憂いがなくなり明るい顔になる。愁眉を開く。
  14 眉を寄せる＝心配や憂いを顔に表す。
  15 眉を読む＝顔の表情から，心中を推し量る。
 6.2 マユゲ（眉毛）
  1 眉毛に唾を付ける＝騙されないように用心する。
  2 眉毛に火が付く＝危険が差し迫る。
  3 眉毛を落とす＝女性が結婚する。
  4 眉毛を読まれる＝表情から，心中の考えを読み取られてしまう。
 6.3 マツゲ（睫）
  1 睫を濡らす＝騙されないように用心する。
  2 睫を読まれる＝表情から心中で考えていることを読み取られてしまう。
7. め（目）
 7.1 メ
  1 目が合う＝眠る。視線が合う。
  2 目が明く＝目が見える。分別がある。力士が連敗の後一勝をあげる。
  3 目が洗われる＝物事の新しい面を見る。
  4 目がある＝鑑賞能力がある。見る目がある。
  5 目がいい＝優れた鑑賞能力を有する。
  6 目が行く＝目が向く。
  7 目が霞む＝視力が衰える。判断力が鈍る。
  8 目が利く＝鑑賞力が優れている。監督が行き届く。
  9 目が眩む＝目が見えなくなる。眩暈がする。正常な判断ができなくなる。
  10 目が肥える＝鑑賞力が増す。
  11 目が冴える＝神経が高ぶって眠れなくなる。
  12 目が覚める＝眠りから覚める。眠気の去るような思いがする。目覚める。
  13 目が据わる＝一点を注視して目が動かなくなる。

14 目が高い＝鑑賞力が優れている。
15 目が近い＝近視である。
16 目が付く＝目が留まる。
17 目が潰れる＝目が見えなくなる。囲碁で，目がなくなる。勝負に負ける。
18 目が出る＝目が飛び出る。幸運が巡ってくる。
19 目が点になる＝ひどくびっくりする。あっけにとられる。
20 目が届く＝肉眼に見える。注意がいきとどく。監視がいきわたる。
21 目が飛び出る＝値段が高いことなどで，ひどく驚くさま。
22 目が留まる＝注意が向く。
23 目が無い＝思慮，分別をなくすほど心を引かれる。的確に判断できない。
24 目が長い＝寛大である。
25 目が離せない＝注意，監視が必要である。
26 目が早い＝見つけるのが早い。
27 目が光る＝監視が厳しくなる。
28 目が低い＝鑑賞力に乏しい。
29 目が細くなる＝うれしさのため，または，愛らしいものなどを見て目を細める。
30 目が回る＝眩暈がする。
31 目が物を言う＝目つきや目配せなどで意思を伝える。
32 目から鱗が落ちる＝物事の本質が見えるようになる。急に理解できるようになる。
33 目から鼻へ抜ける＝頭のよいさま。
34 目から火が出る＝顔や頭を打撃され痛みを感じる。
35 目で見て口で語れ＝諺。自分の目で見，口で語れ。
36 目で物を言う＝目配せなどで意思を伝達する。
37 目と鼻の間＝きわめて近い関係。
38 目と鼻の先＝きわめて近い距離。
39 目に遭う＝経験する。仕打ちされる。
40 目に余る＝多くて一度に見ることができない。酷すぎて見ていられない。
41 目に遭わす＝経験させる。仕打ちをする。
42 目に一丁字なし＝まったく字が読めない。
43 目に入る＝目に見える。目にとまる。
44 目に入れても痛くない＝可愛い。
45 目に言わせる＝目つきで意思を伝える。
46 目に浮かぶ＝目に再現される。思い出される。
47 目に浮かべる＝思い浮かべる。思い出す。
48 目に掛かる＝見える。目にとまる。目上の人に会う。

49 目に掛ける＝目にとめる。めざす。見せる。ひいきする。
50 目に角を立てる＝怒った目つきで見る。
51 目に障る＝目にとって毒になる。見ることを妨げる。
52 目に染みる＝水や煙りが目に入る。印象が鮮やかだ。見て十分なじむ。
53 目に正月＝目を楽しませること。
54 目にする＝目撃する。見る。
55 目に立つ＝注意をひく。目立つ。
56 目にちらつく＝見えたり隠れたりする。
57 目に付く＝目に染み付いて離れなくなる。見て気に入る。目にとまる。
58 目に付ける＝気をつけて見る。
59 目に留まる＝心がひかれる。目に入る。
60 目に留める＝注意して見る。じっと見る。
61 目に入る＝小さいものの形容。自然に目に見える。
62 目に鳩が止まる＝眠くなる。
63 目には目を歯には歯を＝受けた害に等しいものを仕返しする。
64 目には目を＝同上。
65 目に触れる＝見える。目につく。
66 目に仏なし＝見えないも同然。夢中である。
67 目に見える＝はっきりと見える。
68 目にも留まらぬ＝はっきり見定めることができない。
69 目に物を言わす＝意思を目で伝える。
70 目に物を見せる＝その状態を見せる。思い知らせる。
71 目の色＝目つき。
72 目の色が違ってくる＝目つきが変化する。やる気が目に窺える。
73 目の色を変える＝目つきを変える。血走った目になる。
74 目の色を見る＝目つきから相手の心中を推測する。
75 目の上の瘤（たん瘤）＝目障り，邪魔になるもの。
76 目の黒いうち＝生きているうち。
77 目の正月＝美しいもの，珍しいものを見て楽しむこと。目の保養。
78 目の毒＝見ると害になるもの。
79 目の中に入れても痛くない＝可愛い。
80 目の保養＝美しいもの，珍しいものを見て楽しむこと。
81 目の前＝見ている前。目前。すぐに。
82 目の前が暗くなる＝失望する。
83 目のやり場に困る＝どこを見たらよいのか迷う。まごつく。
84 目の寄るところに玉が寄る＝同じようなもの同士が集まる。

85 目は面の飾り＝目は顔の美醜を決める。
86 目は口ほどに物を言う＝目は，口と同様に意思を伝える。
87 目は心の窓＝目は心の中をのぞかせる窓。
88 目は欲の元手＝目は物欲の根源。
89 目引き口引き＝目配せしたり口をゆがませたりして伝える。
90 目引き袖引き＝目配せや袖を引っぱって伝える。
91 目引き鼻引き＝目配せしたり鼻を動かしたりして伝える。
92 目も当てられず＝正視することができない。
93 目もあや＝きらびやか。あきれるさま。目をかがやかせるさま。
94 目も合わず＝眠れない。
95 目も及ばず＝見尽くすことができない。見てとれない。
96 目も口も一つにする＝相好を崩す。にこにこする。
97 目も口も一つになる＝驚き，あきれるさま。
98 目もくれず＝少しの関心も示さず。無視する。
99 目も鼻も明かない＝きちんと揃っていない。
100 目もふらず＝目をその方へ向けず。見向きもしない。
101 目を明かす＝思慮分別をつけさせる。目覚めさせる。
102 目を明く＝思慮分別がつく。
103 目を明ける＝読み書きができるようにしてやる。新知識を得る。
104 目を上げる＝視線を上方に移す。
105 目を洗う＝すがすがしさを感じる。
106 目を合わす＝瞼を閉じる。視線を合わせる。
107 目を射る＝目に入る。目に飛び込む。
108 目を疑う＝信じられないほど不思議だ。
109 目を移す＝別のところを見る。
110 目を奪う＝見とれる。
111 目を覆う＝直視しないようにする。
112 目を覆うて雀を捕る＝事実を直視しないたとえ。
113 目を送る＝視線を向ける。
114 目を落とす＝視線を下に向ける。死ぬ。
115 目を驚かす＝驚いて，目を見張る。
116 目を輝かす＝喜びや興奮で，目をきらきらさせる。
117 目を掛ける＝じっと見る。目をつけて狙う。面倒を見る。
118 目を掠める＝ひさかにする。目を盗む。
119 目を配る＝注意して見る。目配せする。
120 目をくらます＝人の目をごまかす。

121 目をくれる＝注視する。
122 目をくわす＝目配せする。
123 目を肥やす＝美しいものを見て楽しむ。見識を広め高める。
124 目を凝らす＝じっと見る。凝視する。
125 目を遮る＝見えないようにする。
126 目を覚ます＝起きる。びっくりする。正道に戻る。自覚する。
127 目を晒す＝くまなく見る。
128 目を皿にする＝目を大きく見開く。
129 目を三角にする＝こわい目で見る。目を怒らす。
130 目を忍ぶ＝見られないようにする。
131 目を白黒させる＝もだえ苦しむ。驚く。
132 目を据える＝一点を見つめる。じっと見る。
133 目を澄ます＝見つめる。熟視する。
134 目を擦る＝目をぬぐう。目をこする。
135 目をする＝睨む。目つきをする。境遇、状態になる。
136 目を注ぐ＝目を向ける。注目する。
137 目をそばめる＝憎悪や畏怖のためまともに見ることができないで目を逸らす。
138 目を背ける＝視線を逸らす。かかわりあいを避ける。
139 目を逸らす＝視線を外す。
140 目を付ける＝じっと見る。関心を寄せる。
141 目をつぶる＝眼を閉じる。死ぬ。知らない振りをする。あきらめる。
142 目を通す＝ざっと見る。
143 目を留める＝注意して見る。注目する。
144 目をなくす（なくなす）＝目を細めて笑う。
145 目を抜く＝目をごまかす。
146 目を盗む＝人に見つからないように、こっそりと事を行う。人目を忍ぶ。
147 目を外す＝視線を逸らす。
148 目を離す＝注意していた対象から目を逸らす。脇見をする。
149 目を憚る＝人目を恐れる。
150 目を光らす（光らせる）＝眼光鋭く見る。監視する。
151 目を引く＝注意を向けさせる。目で合図する。
152 目を開く＝新しい境地を知る。
153 目を塞ぐ＝眼を閉じる。死ぬ。知らない振りをする。
154 目を伏せる＝視線を逸らしてうつむく。
155 目を細くする（細める）＝うれしさや愛らしさなどに誘われて微笑みを浮かべる。
156 目を丸くする＝目を大きく見開く。驚く。

157　目を回す＝気絶する。忙しい。ひどく驚く。
　　　158　目を見合わせる＝互いに相手の目を見る。
　　　159　目を見張る＝目を大きく見開く。
　　　160　目を見る＝相手の目を見る。経験をする。
　　　161　目を剥く（剥き出す）＝目を大きく見開く。
　　　162　目をやる＝目を向ける。
　　　163　目を喜ばせる＝見て楽しい気分になる。
　7.2　メダマ（目玉）
　　　1　目玉が飛び出る＝びっくりして目を大きく見開く。
　　　2　目玉の黒いうち＝生きているうち。
　　　3　目玉を剥く＝目を大きく見開く。
　7.3　メノタマ（目の玉）
　　　1　目の玉が飛び出る＝ひどく叱られる。値段が驚くほど高い。
　　　2　目の玉が両花道に引っ込む＝両方の目がひどく落ち窪む。
　　　3　目の玉の黒いうち＝生きているうち。
　　　4　目の玉を食う＝ひどく叱られる。
　7.4　メンタマ＊＝「目の玉」をぞんざいに発音した俗語。
　7.5　メガシラ（目頭）
　　　1　目頭が熱くなる＝感動の余り涙が出そうになる。
　　　2　目頭を押さえる＝涙が流れ出るのをとどめる。
　7.6　メジリ（目尻）
　　　1　目尻を上げる＝きっと目を見開く。
　　　2　目尻を下げる＝満足の笑いを浮かべる。
　7.7　ヒトミ（瞳）
　　　1　瞳を凝らす＝まばたきもせずにじっと見る。
　　　2　瞳を据える＝一点をじっと見る。
　7.8　オメメ（御目目）＊＝「目」の意を表す幼児語。
8.　はな（鼻）
　8.1　ハナ
　　　1　鼻が胡座を掻く＝低く横に広がっている鼻の様子。
　　　2　鼻が高い＝得意な様子。誇らしい。
　　　3　鼻がひしげる＝やり込められる。恥をかかせられる。
　　　4　鼻がへこむ＝やり込められる。恥をかかせられる。
　　　5　鼻が曲がる＝悪臭がひどく堪え難い。
　　　6　鼻から提灯＝居眠りをしているさま。
　　　7　鼻であしらう＝冷淡に応対する。

8 鼻で笑う＝軽蔑を笑いで表す。ふんと鼻先で笑う。
9 鼻に掛かる＝息を鼻に通して発音する。
10 鼻に掛ける＝自慢する。
11 鼻に付く＝悪臭が鼻を刺激する。飽きて嫌気がさす。
12 鼻に手を当てる＝寝息をうかがう。酷使する。
13 鼻の差＝ごくわずかな差。微差。
14 鼻の先＝鼻の先端。すぐ目の前。
15 鼻の先であしらう＝すげない態度で応対する。
16 鼻の先で言う＝すげない態度で言う。
17 鼻の先で笑う＝軽蔑したように笑う。
18 鼻の先なるは女＝諺。目先のことにしか配慮が及ばないこと。
19 鼻の先にぶら下がる＝自慢する様子が露骨であるさま。
20 鼻の先の知恵＝諺。目先のことしか考えないこと。
21 鼻の先へ出す＝自慢する。得意がる。
22 鼻の先へ出る＝自慢する様子が露骨であるさま。
23 鼻の先へぶら下げる＝自慢する。得意がる。目標をちらつかせる。
24 鼻の先を守る＝現状維持。自分の本分を守る。
25 鼻もひっかけない＝相手にしない。
26 鼻を明かす＝だしぬく。驚かせる。
27 鼻をうごめかす＝自慢する。
28 鼻を折る＝慢心をくじく。恥をかかせる。
29 鼻をくじく＝慢心をくじく。恥をかかせる。
30 鼻を白ませる＝興ざめであることを示す。
31 鼻を啜る＝泣く。
32 鼻を揃える＝多くの馬が集まる。
33 鼻を高くする＝面目を施す。自慢する。得意になる。
34 鼻を突き合わせる＝非常に近く寄り合う。狭いところにひしめく。
35 鼻を突く＝刺激臭がある。
36 鼻を突っ込む＝でしゃばって関与する。
37 鼻を摘まれても知れぬ＝真っ暗闇で一寸先も見えない。
38 鼻を摘まれる＝飽きられる。嫌われる。
39 鼻を鳴らす＝甘えた声を出す。
40 鼻を並べる＝多くの馬が集まる。

8.2 コバナ（小鼻）
1 小鼻が落ちる＝痩せこける。死相を呈する。
2 小鼻をうごめかす＝得意がる。

3　小鼻を揃える＝人が揃って何かをする。
　　　4　小鼻を膨らます＝不満そうにする。
　8.3　ハナスジ（鼻筋）＊
9.　はなのした（鼻の下）
　9.1　ハナノシタ
　　　1　鼻の下＝鼻と口との間。口。
　　　2　鼻の下が長い＝女に迷いやすい。女に甘い。
　　　3　鼻の下が干上がる＝生計の道を失い，食事ができない。
　　　4　鼻の下が豊＝女に迷いやすい。女に甘い。
　　　5　鼻の下におさまる＝口の中へ入る。
　　　6　鼻の下の建立＝僧侶の生計のための建立。
　　　7　鼻の下の間口が広い＝女に迷いやすい。女に甘い。
　　　8　鼻の下を長くする（長く伸ばす）＝女の色香に迷う。
10.　ほほ（頬）
　10.1　ホホ＊＝「ほお」の古形。また，結果的に古形に先祖返りした現代語。
　10.2　ホオ
　　　1　頬が落ちるよう＝この上なく美味であることの形容。
　　　2　頬を顔（は面）＝呼び方は違っても実質は同じ。
　　　3　頬を染める＝恥ずかしさで顔を赤らめる。
　　　4　頬を面へ直す＝実質は変わらないが名目だけを変える。
　　　5　頬をふくらす（とがらす）＝ふくれっつらをする。不承知，不満を顔に出す。
　10.3　ホホベタ＊＝「ほおべた」の先祖返り形。
　10.4　ホッペタ＊＝「ほおべた」の変化形。
　10.5　ホッペ＊＝「頬」の意を表す幼児語。
11.　みみ（耳）
　11.1　ミミ
　　　1　耳が痛い＝聞くのがつらい。
　　　2　耳が肥える＝音楽，話芸を聞く能力が上達する。
　　　3　耳が近い＝耳がよく聞こえる。
　　　4　耳が潰れる＝聴力を失う。
　　　5　耳が遠い＝耳がよく聞こえない。
　　　6　耳が無い＝人の話を聞かない。聞いて理解する力がない。
　　　7　耳が鳴る＝耳なりがする。
　　　8　耳が早い＝噂などをすばやく聞き知る。
　　　9　耳から口へ出る＝簡単に受け売りをする。
　　　10　耳に入る＝聞こえる。

11 耳に入れる＝話を聞かせる。告げ知らせる。
12 耳に応える＝聞いたことが身に深く染みる。
13 耳に逆らう＝聞いて不快に思われる。耳に障る。
14 耳に障る＝聞いて不快に思う。聞いて注意が向く。
15 耳にする＝聞く。
16 耳に胼胝ができる＝同じことを何度も聞かされることをいう語。
17 耳に付く＝音が耳に残る。聞き飽きる。
18 耳に残る＝声や音が忘れられなくなる。
19 耳に挟む＝噂などを聞きつける。
20 耳の正月＝おもしろい話や美しい音楽を聞くことに言う。
21 耳の底＝耳の奥。
22 耳の保養＝心地好い音楽などを聞くことに言う。
23 耳は大なるべく口は小なるべし＝諺。聞くことをもっぱらにして，言うことは控え目にしなさい。
24 耳を洗う＝世俗の汚れたことを聞いた耳を洗い清める。栄達を避ける。
25 耳を洗えば牛を引いて帰る＝同上。
26 耳を打つ＝耳打ちをする。
27 耳を掩うて鐘を盗む＝良心に反すると知りながらあえて行う。
28 耳を驚かす＝驚くべきものとして聞く。
29 耳を貸す＝人の言うことを聞く。相談に乗る。
30 耳を傾ける＝傾聴する。注意して聞く。
31 耳を借りる＝耳打ちをする。
32 耳を肥やす＝耳を満足させる。鑑賞力を高める。
33 耳を信じて目を疑う＝諺。人の言うことを信じ，自分が見たことを疑う。
34 耳を濯ぐ＝「耳を洗う」に同じ。
35 耳を澄ます＝注意して聞く。聞こうとして注意深くする。
36 耳を揃える＝金額を不足なく整える。
37 耳を貴び目を賤しむ＝「耳を信じて目を疑う」に同じ。
38 耳を立てる＝よく聞こうとする。
39 耳をつんざく＝耳を突き破る。鼓膜を破る。
40 耳をふさぐ＝聞こえないようにする。

11.2 ミミタブ（耳朶）

12. くち（口）

12.1 クチ

1 口有れば食い，肩有れば着る＝諺。人は，どうにか生きていけるものだ。
2 口あんぐり＝茫然としているさま。

3 口が合う＝話がよく通じる。言い分が一致する。
4 口が上がる＝しゃべり方が上手になる。生活が苦しくなる。
5 口があく＝腫れ物の上皮が破れて膿が出る。空位空席が生ずる。事が始められる。
6 口がうまい＝話し方や言い方が巧みである。
7 口がうるさい＝おしゃべりである。噂がやかましい。小言が多い。味にやかましい。
8 口が多い＝よくしゃべる。
9 口が奢る＝食べ物に贅沢になる。
10 口が重い＝言葉数が少ない。
11 口が掛かる＝招かれる。呼び出しが掛かる。
12 口が堅い＝言ってはならないことを他言しない。
13 口が軽い＝おしゃべりである。
14 口が渇かぬ＝ごく短い時間。
15 口が利く＝すぐれた弁舌をもつ。口達者。顔が利く。幅が利く。
16 口が腐っても＝口が腐ることがあったとしても。言わない決意。
17 口がさがない＝憎まれ口をきく。
18 口が寂しい＝なにか食べ物が欲しい。
19 口が過ぎる＝口やかましい。言い過ぎである。
20 口が酸っぱくなる＝同じことを何度も繰り返し言うさま。
21 口が滑る＝思わず言ってしまう。
22 口が幅ったい＝口のきき方が生意気である。
23 口が早い＝物言いが素早い。おしゃべり。
24 口が干上がる＝生活の手段を失い困る。
25 口が塞がらぬ＝あきれて言葉が出ない。
26 口が減らない＝負け惜しみを言う。遠慮なく言う。へらず口をたたく。
27 口が曲がる＝口が歪む。
28 口が回る＝うまくしゃべる。
29 口から先へ生まれる＝口数の多い人を言う。
30 口が悪い＝憎まれ口を言う。食欲が起きない。
31 口では大坂の城も建つ＝諺。口先だけならどんな大きなことも言える。
32 口と財布は締めるが得＝諺。多弁と浪費をいましめていう。
33 口と腹は違う＝諺。言うことと考えていることとは一致しない。
34 口にあう＝飲食物の味が好みにあう。
35 口に入る＝人の噂にのぼる。食べることができる。
36 口にする＝口に出して言う。口に入れる。

37 口に出す＝言葉に表す。
38 口に付く＝口癖になる。
39 口に出る＝言葉となって口から出る。
40 口に手を当てる＝陰口を言う。
41 口に戸を立てる＝噂話を慎む。
42 口に上せる＝話の種にする。
43 口に上る＝話の種になる。
44 口に糊する＝貧しく生活する。
45 口に乗る＝話の種になる。
46 口に入るものなら按摩の笛でも＝諺。意地きたなくなんでも食べる。
47 口に任せる＝よく考えないで言う。
48 口に蜜あり，腹に剣あり＝口先はやさしいが，陰険である。
49 口に寄せる＝口寄せをする。巫女が死者の言葉を言う。
50 口の終りは手の始め＝諺。口論が終わると殴り会いが始まる。
51 口の下で＝言い終わるか終わらないうちに。
52 口の虎は身を破る＝諺。うかつなことを言うと破滅する。
53 口の端＝言葉の端々。
54 口の端の飯粒を払い落とす＝諺。身近にある幸運を自ら払い落としてしまう。
55 口の端に掛かる＝話の種にされる。
56 口の端に掛ける＝話の種にする。
57 口の端に上る＝よく話題になる。
58 口は剃刀＝剃刀のように鋭いことを言う。
59 口は口，心は心＝諺。口と心は別。
60 口は重宝＝諺。口先ではなんとでも言える。
61 口は禍の門＝諺。うっかりしての発言が不幸を招く。言葉は慎むべきものだ。
62 口塞ぐ＝口封じをする。
63 口塞がる＝言うべきすべを失う。あきれて口がきけない。
64 口も八丁，手も八丁＝諺。しゃべることもやることも巧みである。
65 口故に身を果たす＝諺。失言や過言から身の破滅を招く。
66 口よりだせば世間＝諺。いったん口外してしまえば，世間に知れ渡る。
67 口を開かす＝ものを言わせる。あきれさせる。
68 口を開く＝口をきく。あきれる。
69 口を開ける＝入れ物の蓋をはずす。ものを言う。自白する。
70 口を合わせる＝相手の話に調子を合わせる。
71 口を入れる＝口を出す。口をはさむ。
72 口を掩う＝慎ましい態度で口を袖でおおい隠す。忍び笑いをする。

73 口を掛ける＝前もって先方にことを通じておく。呼び出しを掛ける。
74 口を固める＝口止めする。口約束をする。
75 口を藉る＝口実をつくる。かこつける。
76 口を箝す＝口をつぐんでものを言わない。人の口をふさぐ。
77 口を利く＝ものを言う。巧みにものを言う。ものが言える。密告する。とりもつ。
78 口を切る＝蓋や栓を開ける。言ってしまう。話を始める。
79 口を極める＝言葉を尽くして言う。
80 口を差し挟む＝第三者が横から話に割り込む。
81 口をして鼻の如くにす＝諺。無駄口を叩かず，口を慎む。
82 口を吸う＝接吻する。
83 口を酸くする＝何度も同じことを言う。
84 口を過ごす＝生活する。よけいなことを言う。
85 口を滑らす＝うっかりして言うべきでないことを言ってしまう。
86 口をすぼめる＝へりくだった物言いをする。言い訳やお世辞を言う。
87 口を添える＝口添えをする。とりなす。一口飲む。
88 口を揃える＝二人以上の人が同時に同じことを言う。しめしあわせて言う。
89 口を出す＝割り込んで意見を言う。
90 口を叩く＝べらべらとはばかりなくしゃべる。よくしゃべる。
91 口を衝く（衝いて出る）＝自然に言葉が出てくる。
92 口を噤む（四段）＝口を閉めて開かない。黙る。
93 口を噤む（下二）＝口をとがらせて言う。夢中になってしゃべる。
94 口を慎む＝飲食を控え目にする。出過ぎたことを言わないようにする。
95 口をつぼめる＝へりくだった物言いをする。言い訳やお世辞を言う。
96 口を天井へ釣る＝諺。生活の手段を失って困窮する。
97 口を尖らせる＝唇を前に突き出す。怒り不満を表す。
98 口を閉ざす＝沈黙する。
99 口を閉じ目を開け＝諺。無駄口を叩かないで，だまってよく観察せよ。
100 口を止める＝口止めをする。口外させない。
101 口を直す＝前の味をなくする。口直しをする。
102 口を濁す＝言葉を曖昧にしてごまかす。
103 口を拭う＝知らないふりをする。
104 口を濡らす＝口の中をうるおす。ほそぼそと生きる。
105 口を糊す＝やっと暮らしていく。居候となる。
106 口を開く＝話し始める。仕事などを始める。
107 口を拭く＝知らないふりをする。

108 口を塞ぐ＝人にものを言わせないようにする。
109 口を減らす＝口減らしをする。口数を少なくする。
110 口を守る瓶の如くす＝諺。しっかりと言葉を慎む。
111 口を結ぶ＝口を閉じてしゃべらない。
112 口を養う＝ようやく暮らしを立てる。
113 口を寄す＝巫女が霊魂の意思を語る。口寄せをする。
114 口を割る＝強制的に口を開けさせる。自白する。

13. くちびる（唇）
　13.1 クチビル
　　1 唇の皮薄し＝多弁な人を言う。
　　2 唇亡びて歯寒し＝成句。共同する者の一方が亡びると他方も危うくなる。
　　3 唇を奪う＝無理やりに接吻する。
　　4 唇を反す＝あざけりそしる。悪口を言う。
　　5 唇を重ねる＝接吻する。
　　6 唇を噛む＝悔しがるさま。いきどおりをこらえるさま。
　　7 唇を差し出す＝第三者が横から割って入りものを言う。
　　8 唇を吸う＝接吻する。
　　9 唇を反らす＝しゃべり立てるさま。
　　10 唇を尖らす＝不平，不満の意を表す。
　　11 唇を盗む＝相手の隙に素早く接吻する。
　　12 唇を翻す＝あざけりそしる。
　13.2 ウワクチビル（上唇）＊
　13.2 シタクチビル（下唇）＊

14. は（歯）
　14.1 ハ
　　1 歯が浮く＝歯の根がゆるむ。不快な気持ちになる。
　　2 歯が立つ＝自分の力が及ぶ。理解できる。対抗できる。
　　3 歯が根を鳴らす＝歯ぎしりをする。
　　4 歯と歯＝かたく約束する。
　　5 歯と歯を合わす＝かたく約束する。
　　6 歯に合う＝噛むことができる。その人に適する。
　　7 歯に衣着せぬ＝率直に言う。飾らないで言う。
　　8 歯に立つ＝自分の力が及ぶ。理解できる。対抗できる。
　　9 歯に物を着せず＝率直に言う。飾らないで言う。
　　10 歯の抜けたよう＝まばらで不揃いなさま。
　　11 歯の根＝歯の根元。歯。

12 歯の根が合わぬ＝寒さや恐怖のためにふるえおののくさま。
13 歯の根も食い合う＝きわめて親密なさま。
14 歯亡び舌存ず＝成句。剛強なものはかえって早く滅び，柔軟なものが生き残る。
15 歯も食い立てられない＝とりつく島がない。
16 歯を与うるにその角を欠く，翼を作るにはその足を二つにす＝成句。すべて公平だ。
17 歯を嚙む＝激怒する。悔しさをこらえる。
18 歯を切る＝歯を食いしばる。
19 歯を食いしばる（食い合わす）＝苦しさや怒りなどを必死でこらえる。
20 歯を染める＝嫁入りする。
21 歯を出す＝歯をむきだしにして，怒りを表す。
22 歯を挽くが如し＝人や物の往来がひっきりなしに絶え間なく続くたとえ。

14.2 マエバ（前歯）*
14.3 オクバ（奥歯）
   1 奥歯に衣着せる＝物ごとをはっきり言わず，おもわせぶりに言う。
   2 奥歯に剣＝敵意を隠し持つこと。
   3 奥歯に物が挟まる＝はっきり物を言わない。隔てを感じる。
   4 奥歯を嚙む（食う）＝悔しさ，苦しさなど堪え難いことをじっとこらえる。
   5 奥歯を鳴らす＝悔しさなどをじっとこらえる。

14.4 ムシバ（虫歯）*

15 した（舌）
15.1 シタ
   1 舌が肥える＝味にうるさい。味覚が鋭い。
   2 舌が爛れる＝丁重に言葉を尽くして話す。
   3 舌が長い＝おしゃべり。言葉が多すぎる。
   4 舌が回る＝よどみなくしゃべる。巧みにものを言う。
   5 舌三寸＝口先だけで心がこもっていない。
   6 舌足らず＝物言いが不十分。
   7 舌足らぬ＝うまくしゃべれない。
   8 舌怠い＝甘ったるい。べたべたしている。くどい。物言いがはっきりしない。
   9 舌に剣を含む＝辛辣な物言いをする。
   10 舌の剣は命を断つ＝諺。不用意な発言は命取りになる。言葉の力は剣ほどだ。
   11 舌の剣は鋭い＝諺。言葉の攻撃力は鋭い。
   12 舌の先＝舌の端。口先。
   13 舌の釣緒＝舌の付け根。
   14 舌の根＝舌の根元。

15 舌の根動かす＝口をきく。
16 舌の根の乾かぬうち＝発言の後のごく短い間。
17 舌の根を振るう＝驚く。怖がる。
18 舌は禍の根＝諺。言葉は禍を招くもと。
19 舌も乾かぬ間＝発言の後のごく短い間。
20 舌も引かぬ＝言い終わらぬ。
21 舌柔らか＝すらすら物を言う。
22 舌を打つ＝舌打ちをする。舌鼓を打つ。
23 舌を返す＝二枚舌を使う。前言と異なることを言う。
24 舌を食う（食い切る）＝舌をかみ切る。
25 舌を滑らす＝うっかり口に出す。
26 舌を出す＝嘲るしぐさ。てれるしぐさ。
27 舌を鳴らす＝感嘆、賛美する。軽蔑、不満の意を表す。
28 舌を二枚使う＝前言と異なることを言う。
29 舌を抜かれる＝嘘をついた者が地獄でうける罰。
30 舌を翻す＝あきれる。驚く。
31 舌を振る＝驚き恐れるさま。
32 舌を振るう＝弁論する。雄弁を振るう。驚き恐れる。
33 舌を巻く＝沈黙する。驚き恐れる。巻き舌で言う。
34 舌を丸がす＝驚き恐れる。

15.2 ベロ＝*「舌」の意を表す俗語。

16. あご（顎）

16.1 アゴ

1 顎が落ちる＝大笑いをする。非常に美味しい。
2 顎が食い違う＝期待したことと逆の結果にあう。あてがはずれる。
3 顎が過ぎる＝言い過ぎる。
4 顎が外れる＝大いに笑う。
5 顎が干上がる＝生計の道を失い食えなくなる。
6 顎で言う（教える）＝高慢な態度で指図する。顎で使う。
7 顎で転がす＝もぐもぐと言う。
8 顎でしゃくる＝高慢な態度で指図する。
9 顎（の先）で使う＝高慢な態度で人を使う。
10 顎で蠅を追う＝体力の衰えを言う。
11 顎の掛け金が外れる＝大笑い、大欠伸などで、大きく口を開けるさま。
12 顎の下＝生計の糧。
13 顎振り三年＝尺八を習得する場合、顎を振ることだけで三年掛かるほど困難なこ

と。
14 顎を食い違える＝あてがはずれる。
15 顎を出す＝弱り果てる。疲れ切る。
16 顎を叩く＝言う，話すをののしって言う。
17 顎を吊るす＝生計の道を失う。
18 顎を撫でる＝得意な様子を表す動作。
19 顎を外す＝大笑いをする。
20 顎を養う＝食っていく。生活していく。

16.2 アギト（顎門）＝「あご」の意を表す古語。
1 顎にかかる＝食われる。
2 顎の掛け金を脱する＝顎を外す。
3 顎の滴り＝すぐそばに有っても，なかなか手に入れることができないもののたとえ。
4 顎を抱える＝大いに笑う。
5 顎を鳴らす＝相手が口をきくことをののしって言う。

16.3 オトガイ（頤）
1 頤が足掻く＝言いたい放題に言う。
2 頤が落ちる＝ひどく震える。非常に美味しい。口数が多い。
3 頤が抜ける＝顎が外れる。
4 頤が伸びる＝出過ぎた口をきく。
5 頤が離れる＝非常に美味しい。
6 頤で蠅を追う＝体力の衰えを表す。
7 頤で人を使う＝高慢な態度で指図する。
8 頤に掛け金を掛く＝非常に笑う。
9 頤に決す＝論議する。論争する。
10 頤の先が枯れる＝生活に困る。
11 頤の滴＝手近にありながらなかなか手に入らないたとえ。
12 頤を落とす＝大いに笑う。
13 頤を利く＝口をきくのをののしって言う。
14 頤を叩く＝盛んにしゃべる。
15 頤を垂れる＝物を欲しがったり，あきれたりしたときの顔つき。
16 頤を解く（はずす・放つ）＝大口を開けて笑う。納得する。
17 頤を鳴らす＝しゃべりまくる。減らず口を叩く。
18 頤をはく＝悪口を言う。
19 頤を養う＝生活していく。食べていく。

16.4 ウワゴ（上顎）＊
16.5 シタアゴ（下顎）
    1 下顎と上顎とぶつかり放題＝言いたい放題に言う。
17. ひげ（髭・髯・鬚）
  17.1 ヒゲ
    1 ひげ食い反らす＝気張ったさま。威張ったさま。
    2 ひげの塵を払う＝成句。目上の者に媚びへつらう。
    3 ひげの生えた＝すこしばかり程度が上であるたとえ。
    4 ひげを貯える＝ひげを生やす。
    5 ひげをなでる＝得意気なさま。
  17.2 ＊クチヒゲ（髭）＝口の回りに生えるひげ。
  17.3 ホオヒゲ（鬚）＊＝頬の部分に生えるひげ。
  17.4 アゴヒゲ（髯）＊＝顎に生えるひげ。
18. くび（首）
  18.1 クビ
    1 首が危ない＝殺されそう。解雇されそう。
    2 首が落ちる＝首を切られる。解雇される。
    3 首が飛ぶ＝首を切られる。解雇される。
    4 首が細る＝命が危なくなる。
    5 首と引き替えのもの＝きわめて貴重なもの。
    6 首にする＝関係を断つ。解雇する。
    7 首になる＝首を切られる。解雇される。
    8 首に縄を付ける＝無理に連れていく。
    9 首の皮一枚＝皮一枚で首が繋がっていること。わずかな望みがある。
    10 首を集める＝相談する。
    11 首を畏れ尾を畏れる＝成句。すべてに畏れいる。
    12 首を折る＝首の骨を折る。頭を下げる。
    13 首を掻く＝首を掻き切る。困惑している。恐縮している。
    14 首を賭ける＝命を賭ける。
    15 首を傾げる＝不思議，または不審に思う。
    16 首を切る＝首を切り落とす。解雇する。
    17 首を縊る＝紐や縄を首に巻いて締める。
    18 首を竦める＝首を縮める。
    19 首をすげ替える＝役職者を交替する。
    20 首を揃える＝人を集める。
    21 首を出す＝隠されていたものが表面に現れる。

22 首を縦に振る＝承諾，肯定の意を表すしぐさ。
23 首を垂れ尾を振る＝権力や財力のあるものに対して卑屈な態度をとる。
24 首を垂れる＝うつむく。
25 首を縮める＝危険を避けるために首をひっ込める。てれかくしなどのしぐさ。
26 首を突っ込む＝深く関与する。没入する。
27 首を繋ぐ＝切るべき首をそのままにする。解雇を先に延ばす。
28 首を吊る＝首吊りをする。
29 首を長くする＝待ち焦がれる。
30 首を捩じる＝首を横に曲げる。不承知の意を表すしぐさ。
31 首を伸ばす＝待ち焦がれる。
32 首を延ぶ＝首を差し延べる。相手に命を委ねる。
33 首を延べ踵を挙ぐ＝成句。待ち望むしぐさ。
34 首を刎る＝刀剣で首を切り落とす。
35 首を捻る＝首を横に曲げる。疑問，不満の意を表すしぐさ。
36 首を振る＝首を左右に振り，不同意，不賛成の意を表す。上下に振り，同意，賛成の意を表す。
37 首を回す＝なんとか都合をつける。
38 首を召す＝命をお取り上げになる。
39 首を擡げる＝隠れていたものが表面に現れる。
40 首を疚ましめ鼻筋を縮む＝成句。非常に心配し悩む。
41 首を横に振る＝首を左右に振り，不同意，不賛成の意を表す。

18.2 ウナジ（項）
　1 項を屈める（屈する）＝首を前へ垂れる。萎れたさま。
　2 項を反らす（反らせる）＝えりくびを後方へ曲げる。上を見る。得意なさま。
　3 項を垂れる＝首を前に倒し，しみじみと感じ入るさま。

18.3 ノドクビ（喉頸）＊＝喉と頸の辺り。また，喉。
18.4 エリクビ（襟頸）＊＝頸の後ろの部分。うなじ。
18.5 クビスジ（首筋）＊＝頸の後ろの部分。うなじ。

19. のど（喉）
　19.1 ノド
　　1 喉が渇く＝喉に水気がなくなり水が欲しくなる。欲しくなる。
　　2 喉が鳴る＝うまそうなものを見て食べたくなる。
　　3 喉がひっつく＝はなはだしく喉が渇く。
　　4 喉が干る＝喉が渇く。
　　5 喉から手がでる＝欲しくてたまらないたとえ。
　　6 喉三寸＝美味を味わうのもほんのわずかの間である。

7 喉過ぐれば熱さ忘る＝諺。どんな苦しいことも過ぎてしまうと忘れるものだ。
8 喉に詰まる＝息が絶えそうになる。食物が喉につかえる。
9 喉の下から耳ねぶる＝媚びへつらって，人を中傷する。
10 喉より剣を吐く＝きわめて苦しいことのたとえ。
11 喉を潤す＝水や湯，茶などを飲んで喉の渇きをとめる。
12 喉を涸らす＝声を出し続けたりして，声が出にくくなる。
13 喉を渇かす＝心から欲しがる。
14 喉を絞る＝力を込めて声を出す。
15 喉を締める＝呼吸や飲食ができないようにする。
16 喉を鳴らす＝食欲を感じたりして喉から音を立てる。はなはだしく欲しがる。
17 喉を干す＝飢える。餓死する。
18 喉を扼して背を拊つ＝成句。前後から急所を攻めて，避ける道をなくす。

19.2 ノドモト（喉元）
1 喉元過ぎれば（通れば）熱さを忘れる＝諺。つらいことも一時ですぐ忘れてしまう。

20. かた（肩）

20.1 カタ
1 肩あれば着る＝生活のことで思い悩むな。
2 肩が怒る＝肩が角張っている。
3 肩が薄い＝肩が寒々としている。貧相である。
4 肩が軽くなる＝肩のしこりがとれる。重荷がとれる。
5 肩が凝る＝肩の筋肉が堅くなって重苦しくなる。重圧を感じる。
6 肩が窄る（窄む）＝肩が縮む。肩身が狭いと感じる。
7 肩がつかえる＝「肩が凝る」に同じ。
8 肩が詰まる＝同上。
9 肩が直る＝肩が軽くなる。
10 肩が抜ける＝負担が軽くなる。
11 肩が張る＝肩が角張っている。肩の筋肉が堅くなる。重圧を感じる。
12 肩が休まる＝肩の荷がおりる。負担が楽になる。
13 肩が良い＝運がよい。物を投げる能力に優れている。
14 肩が悪い＝運が悪い。物を投げる能力に劣っている。
15 肩で息をする（切る・継ぐ）＝肩を上下させて苦しそうに息をする。
16 肩で風を切る（散らす）＝大威張りで歩く。
17 肩で笑う＝肩を動かして笑う。軽蔑した高慢なさま。
18 肩に掛かる＝肩におぶさる。背負われる。
19 肩にする＝肩に担ぐ。

20 肩の足しにも裾の足しにもならぬ＝どちらつかずで役に立たない。
21 肩の荷が下りる＝責任や負担がなくなる。
22 肩の荷を下ろす＝責任や負担から解放されてほっとする。
23 肩を怒らす（怒らせる）＝肩を高く立てて威勢を示す。
24 肩を入れる＝着物の中へ肩を入れる。担うために物の下に肩を入れる。味方する。
25 肩を打ち踵を接ぐ＝雑踏する。
26 肩を落とす＝力が抜け肩が垂れ下がったようになる。気力を失うさま。
27 肩を代える＝一方の肩から他方の肩へ代える。担ぎ手を交替する。
28 肩を貸す＝手助けをする。
29 肩を組む＝肩に腕や手を掛け合う。
30 肩を越す＝肩の上を通る。上の地位に立つ。限度を越える。
31 肩を竦める＝肩を縮ませる。
32 肩を裾に結ぶ＝肩と袖を取り違えて着る。なりふりかまわず働く。
33 肩を窄める＝肩を縮める。寒さを感じたりするさま。
34 肩を聳やかす＝肩を角張らせる。威張ったさま。
35 肩を並べる＝並んで立つ。対等の位置に立つ。
36 肩を抜く＝肩から下ろす。責任ある地位から抜ける。
37 肩を脱ぐ＝肩の部分を着物から外へ出す。力を貸す。
38 肩を張る＝肩を聳やかす。気負ったさま。
39 肩を持つ＝味方する。ひいきする。

21. うで（腕）
    21.1 ウデ
    1 腕一杯＝力の限り。せいいっぱい。
    2 腕一本＝体だけを頼りにするたとえ。裸一貫。
    3 腕が上がる＝技術が進歩する。
    4 腕がある＝能力がある。技量が優れている。
    5 腕がいい＝能力や技量を十分に持っている。
    6 腕が後ろへ回る＝検挙される。後ろ手に縛られる。
    7 腕が痒い＝手助けしたいができないさま。
    8 腕が利く＝能力，武芸，技量が優れている。
    9 腕が冴える＝技芸に優れている。
    10 腕が立つ＝武芸や技能を人一倍発揮できる。
    11 腕がない＝技能に乏しい。
    12 腕が鳴る＝腕力，技能を十分に発揮したくてむずむずする。
    13 腕に覚えがある＝技量に自信がある。

14 腕に職がある＝自活していけるだけの技能を身につけている。
15 腕に縒りをかける＝技能を発揮しようと意気込む。
16 腕を上げる＝技術が上達する。
17 腕を鬻る＝計略にかかる。
18 腕を貸す＝手伝う。加勢する。
19 腕を組む＝腕組みをして考えるさま。団結する。
20 腕を拱く＝腕を組む。傍観する。
21 腕をさする＝技能を発揮する機会を待つ。
22 腕を通す＝着物を着る。
23 腕を鳴らす＝腕力や技量を振るおうとして待つ。技量を表して名声を広める。
24 腕を撫す＝腕前を発揮できる機会を待つ。
25 腕を振るう＝能力や技量を十分に発揮する。
26 腕を磨く＝武芸や技能の上達をはかる。
27 腕を扼す＝腕を握りしめ，はやる気持ちをおさえる。扼腕する。

21.2 カイナ（腕）
1 腕に余る＝能力，技量を上回る。手に負えない。

21.3 ニノウデ（二腕）＊＝肩から肘までの部分。上膊。

22. ひじ（肘）
 22.1 ヒジ
  1 肘にする＝肘の先で突きのける。拒絶する。
  2 肘を折る＝成句。痛い思いをして悟る。
  3 肘を食う＝拒絶される。
  4 肘を砕く＝苦労して励む。
  5 肘を食わせる＝拒絶する。
  6 肘を掣す＝干渉して自由な行動を妨げる。
  7 肘を張る＝肘を張り出し武張った様子をする。
  8 肘を枕にす＝成句。肘を手枕にする。
  9 肘を曲げる＝成句。肘を手枕にする。

23. て（手）
 23.1 テ
  1 手が合う＝手が揃う。予想が当たる。
  2 手が上がる＝技量が上達する。字が上手になる。お手上げとなる。失職する。
  3 手が空く＝暇になる。
  4 手が開けば口が開く＝諺。仕事がなくなれば，暮らしが立たない。
  5 手がある＝手段がある。手腕がある。
  6 手が要る＝人手を要する。

7　手が入れば足も入る＝諺。一部許すと全部許すことになる。
8　手が後ろに回る＝捕らえられる。後ろ手に縛られる。
9　手が落ちる＝技量が衰える。
10　手が掛かる＝情交関係が生ずる。手数がいる。世話がやける。
11　手が利く＝手先の技が巧みである。器用である。
12　手が切れる＝縁が切れる。関係がなくなる。
13　手が込む＝細工，技巧が緻密である。
14　手が冴える＝技術，技巧に優れて，きわだっている。
15　手が下がる＝腕前がにぶる。技量が劣る。字が下手になる。
16　手が空く＝暇になる。
17　手が立つ＝手先を使う仕事をうまくこなす。
18　手が付かない＝集中できない。方法がない。
19　手が付く＝着手される。食べられ始める。情交関係が生ずる。
20　手が付けられない＝処置のしようがない。
21　手が詰まる＝手一杯である。忙しい。よい方法がなくなる。
22　手が出ない＝施す手段がない。
23　手が届く＝ゆきわたる。自由にすることができる。ある年齢に達する直前である。
24　手が無い＝働き手がいない。手段がない。手練手管を知らない。面白みがない。
25　手が直る＝囲碁・将棋が上達する。
26　手が長い＝手癖が悪い。盗み癖がある。
27　手が鳴る＝人を呼ぶ手叩きの音がする。
28　手が抜けない＝手数が省けない。
29　手が入る＝取締りや検閲のために官憲が立ち入る。補筆や助けが入る。
30　手が入れば足も入る＝諺。一部許すと全部許すことになる。
31　手が蓋ならば生姜三へぎ＝諺。字が下手ならばせめて少しは便りをしろ。
32　手が離れる＝関係がなくなる。手数がかからないようになる。
33　手が早い＝処理がてきぱきとしている。すぐに異性に手を出す。
34　手が引ける＝時間をとられる。手がかかる。
35　手が塞がる＝他のことをやる余裕がない。
36　手が回る＝手配りが行き届いている。やりくりする。手配がされる。
37　手が見える＝欠点や弱点が知られる。力量が見える。先がよく見える。
38　手が焼ける＝世話がやける。世話に手数がかかる。
39　手が良い＝やり方がうまい。字がうまい。
40　手が悪い＝やり方が下手だ。字が下手だ。
41　手千両＝手先が器用だ。技術を身につけているのは有利だ。能書は一生役立つ。

42 手ですることを足でする＝諺。手段を間違っている。
43 手取り足取り＝人の手足をとる。行き届いた世話をする。妨害される。
44 手なくして宝の山に入る＝諺。手がないのに宝の山に入るのは徒労に終わるだけ。
45 手に合う＝役立つ。自分でやれる。
46 手に汗握る＝はらはらどきどきするさま。興奮するさま。
47 手に当たる＝手に触る。相手としてたたかう。
48 手に余る＝力が及ばない。
49 手に合わない＝自力ではどうしようもない。処置に困る。
50 手に入る（四段）＝自分のものになる。
51 手に入れる＝自分のものにする。
52 手に負えない＝自力ではどうしようもない。処置に困る。
53 手に負える＝自力でなんとかなる。
54 手に収める＝自分のものにする。所有する。
55 手に落ちる＝その所有となる。
56 手に覚えがある＝技術，技に自信がある。
57 手に掛かる＝世話を受ける。処分される。
58 手に掛ける＝自分で行う。手塩にかける。処分する。
59 手に帰す＝最終的にその所有となる。
60 手に職＝手を使う，生計の手段となる技術。
61 手に据えた鷹を逸らす＝諺。いったん手に入れた物を取り逃がす。
62 手にする＝手にとる。受けとる。手段にする。
63 手に付かない＝仕事に取り組むことができない。
64 手に付く＝その部下となる。取り組む。自分でやる。
65 手に付ける＝部下にする。
66 手に唾す＝事に着手しようとして，気を奮い立たせる。
67 手に手に＝めいめいがその手に。
68 手に手を取り組む＝互いに手と手を握りあう。
69 手に手を取る＝互いに手を握りあう。
70 手に取る＝じかに手にとってみる。
71 手に成る＝……によってつくられた。
72 手に握る＝手中に収める。配下にする。
73 手に乗せる＝欺く。
74 手に乗る＝欺かれる。
75 手に回る＝追手の手が届く。処理できる。
76 手にも足にもゆかず＝どうにも扱いかねる。

77　手にもたまらず＝もてあますさま。手に余る。
78　手に持ったものを落とすよう＝茫然自失するさま。
79　手に物も付かず＝何事もできない。
80　手にも腹にも＝ただ一つしかない。
81　手に渡る＝ある人の所有となる。
82　手の上の玉＝もっとも大切なもののたとえ。
83　手の切れるよう＝紙，紙幣が真新しい。
84　手のこっぽうを擦る＝手の甲を擦って，謝罪の意を表す。
85　手の舞い足の踏付け所を忘れる＝うれしさにたえられない。
86　手の舞い足の踏む所を知らず＝成句。うれしさにたえられない。
87　手の物＝手に入った物。自由にできる物事。
88　手の者＝部下。配下。
89　手の奴足の乗り物＝思うように使用できることのたとえ。
90　手は千里の面目＝諺。字が巧みであるという名誉を遠方の地で得られる。
91　手は宝＝諺。手先の器用，技術は宝のようなもの。
92　手八丁＝手を使うのが巧みである。
93　手八丁口八丁＝手先も口先も達者である。
94　手は見せぬ＝刀を素早く抜く。
95　手も足も合わない＝きわめて忙しい。
96　手も足も動きが付かず＝身動きができない。進退極まる。
97　手も足もでない＝処置，手段がなく困りきる。
98　手も足もない＝一文なし。すかんぴん。方法，手段がない。
99　手も力もない＝方法，手段がない。
100　手も出ない＝どうしようもない。
101　手もない＝とるに足りない。つまらない。
102　手もなく＝簡単に。
103　手も八丁＝手先も口先も達者である。
104　手も歯もつかぬ＝手に負えない。
105　手も触れず＝手伝いをしない。意匠を凝らさない。
106　手六十＝諺。手習いは六十まで上達する。六十になって手習いをする。
107　手を上げる＝降参する。殴ろうとする。参加の意思を示す。
108　手を当てて大海を堰く＝諺。到底不可能な企てのたとえ。
109　手を合わせる＝心から頼む。相手とする。
110　手を入れる＝手を加え整える。手段を講じる。犯罪を探る。
111　手を失う＝打つべき手段を失う。どうしようもない。
112　手を打つ＝手段を講じる。

113 手を負う＝手傷を負う。負傷する。
114 手を置く＝処置に窮する。一目置く。
115 手を斂む＝手出しをしない。
116 手を折る＝指を折る。数を数える。
117 手を下ろす＝自ら行う。
118 手を負わせる＝傷つける。
119 手を替え色を替える＝成句。方法を尽くす。
120 手を替え品を替える＝同上。
121 手を反す＝きわめてたやすいこと。またくまに変わること。
122 手を替える＝別の見方をする。別の方法を試みる。
123 手を書く＝字を書く。
124 手を搔く＝手を振って合図する。
125 手を掛ける＝自ら事に当たる。手出しをする。関係をつける。手を加える。
126 手を貸す＝手助けをする。手伝う。
127 手を借りる＝手伝ってもらう。
128 手を切る＝関係を断つ。
129 手を食う＝騙される。
130 手を砕く＝手段を巡らす。
131 手を下す＝直接自分で行う。し始める。
132 手を配る＝あれこれ配慮する。
133 手を組む＝指と指とを組み合わせる。腕組みをする。連帯する。仲間になる。
134 手を加える＝加工する。手数をかける。
135 手を食われる＝裏切られる。
136 手を拱く＝両手の指を胸の前で組み合わせて敬礼する。腕組みをする。何もしないでじっと傍観している。
137 手を込める＝念を入れてつくる。技巧を凝らす。
138 手を差す＝掴まえようとして手を差し出す。
139 手を締める＝相手の意を握りしめる。きびしくする。拍手する。手締めをする。
140 手を擦る＝揉み手をする。懇願する。
141 手を添える＝手助けする。援助する。
142 手を袖にする＝なにもしないでいる。
143 手を染める＝手をつける。なにかをし始める。
144 手を揃える＝人手を準備する。調子を合わせる。手拍子を合わせる。
145 手を出す＝打ったり殴ったりする。関係する。女性と関係する。盗る。
146 手を携える＝手をとる。手をひく。
147 手を携わる＝手をひく。手をそばに差し出す。

148 手を叩く＝両手を打ち合わせる。礼拝や人を呼ぶ動作。
149 手を突かせる＝降参させる。
150 手を束ね膝を屈む＝抵抗しないで屈伏する。
151 手を束ねる＝手を組んで，手出しをしない。腕組みする。
152 手を突く＝手を地面につける。
153 手を尽くす＝あらゆる手段をとる。
154 手をつくる＝合掌する。
155 手を付ける＝ある事をし始める。関係を結ぶ。使い込みをする。
156 手を繋ぐ＝連帯する。協力し合う。
157 手を詰める＝出費を少なくする。切り詰める。
158 手を通す＝衣服を着る。他の物を経由する。
159 手を取らせる＝一杯食わせる。
160 手を取らぬばかり＝来客を歓待するさま。
161 手を取る＝他人の手をとる。手をひく。親切に導く。手引きをする。
162 手を直す＝先手と後手を交代する。修正する。手直しをする。
163 手を鳴らす＝両手を打ち合わせる。人を呼ぶ動作。
164 手を握る＝手に汗を握る。仲直りする。同盟する。
165 手を抜く＝すべきことをしないで手数を省く。
166 手を濡らさず＝なにもしない。骨を折らない。
167 手を濡らす＝苦労して事を行う。
168 手を伸ばす＝手を広げる。勢力を広げる。援助の手を差し出す。
169 手を外す＝追及を逃れる。
170 手を放す＝遠慮会釈もなくものを言う。見放す。
171 手を放つ＝手から放す。手放す。殴りつける。
172 手を離れる＝手元から離れる。世話が不要になる。
173 手を払う＝手を振り払う。無一文になる。
174 手を引く＝手をとってひく。関係を断つ。かかわりあいをなくす。
175 手を額に当てる＝喜ぶさま。熱心に祈念する。
176 手を翻せば雲となり，手を覆せば雨となる＝成句。人情の反復常なきさま。
177 手を空しくする＝空手でいる。なにも得ることなく終わる。なにもすることがない。
178 手を揉む＝手を擦り合わせ，わびごとを言うさま。揉み手をする。
179 手を焼く＝処置に窮する。てこずる。
180 手を緩める＝厳しさを減ずる。
181 手を汚す＝苦労して事を行う。
182 手を分かつ＝複数の人間で事を行う。手分けする。手配りをする。

183 手を別（わか）る＝関係を断つ。
184 手を煩（わずら）わせる＝人に世話をかける。やっかいをかける。人に手数をかけさせる。
23.2 オテテ（御手手）＊＝「手」の意を表す幼児語。
24. てくび（手首）＊＝腕と掌が繋がる部分。
25. てのひら（掌）
   25.1 テノヒラ
     1 掌の中（うち）＝自分の自由になること。手のうち。
     2 掌を合（あ）わす＝合掌する。礼拝する。
     3 掌を返（かえ）す＝態度を急変する。
   25.2 タナゴコロ（掌）
     1 掌にする＝手に握る。思うままに支配する。
     2 掌に握（にぎ）る＝手に入れる。思うままに支配する。
     3 掌の中（うち）＝手のひらのうち。目前にある。大切に扱う。
     4 掌の玉（たま）＝大切なもの。大事なもの。最愛の子。
     5 掌を合（あ）わせる＝合掌する。礼拝する。
     6 掌を返（かえ）す（うち返す）＝態度を急変する。事態が急変する。がらりと変わる。
     7 掌を指（さ）す＝明白で正確なことのたとえ。容易であることのたとえ。
     8 掌を見（み）る＝たやすく手に入れること，簡単にできることのたとえ。
26. てのこう（手の甲）＊＝手首と指の付け根との間の表側の面。
27. こぶし（拳）
   27.1 コブシ
     1 拳もぬるし＝腕前が劣っている。
     2 拳を付（つ）く＝弓で狙いをつける。
     3 拳を握（にぎ）る＝ひどく緊張するさま。ひどく残念に思うさま。
28. ゆび（指）
   28.1 ユビ
     1 指一本（いっぽん）＝ほんのわずかでも。ほんのちょっとでも。
     2 指一本（いっぽん）も差（さ）させない＝人からの非難や干渉を許さない。
     3 指汚（きたな）しとて切られもせず＝肉親に悪人がいても簡単に見捨てることはできない。
     4 指にも足らず＝きわめて小さいことのたとえ。
     5 指の先（さき）で三番叟（さんばそう）を踏（ふ）ませる＝人を自由に駆使する。
     6 指を折（お）る＝物を数える。少ない。きわめて優れている。
     7 指を折（お）る程（ほど）＝きわめて少数。
     8 指を屈（かが）む＝指を折り曲げる。
     9 指を切（き）る＝小指を切り落とす。約束する。
     10 指をくわえる＝うらやましがるさま。恥ずかしそうにするさま。

         11 指を差す＝指し示す。後ろ指をさす。陰で非難する。手出しする。
         12 指を染める＝指で触れる。初めて手をつける。
         13 指をつめる＝責任をとって指を切断する。
         14 指をもって川を測る＝成句。不適当な手段で事を行う。
    28.2 コユビ（小指）
         1 小指の先＝手軽にあしらえることのたとえ。
         2 小指を切る＝誠意の証拠として小指を切り落とす。約束する。
         3 小指を詰める＝責任をとって小指を切り落とす。
29. つめ（爪）
    29.1 ツメ
         1 爪が長い＝欲が深い。
         2 爪が延びる＝欲深くなる。
         3 爪に爪なく瓜に爪あり＝諺。「爪」と「瓜」の字形の相違を指摘したもの。
         4 爪に火を点す＝蝋燭や油の代わりに爪に火を点して明かりとする。倹約する。
         5 爪の垢＝きわめて少量のもの，とるに足りないもののたとえ。
         6 爪の垢を煎じて飲む＝ある人の力にあやかる。恩恵を受ける。
         7 爪の先程＝ほんのわずかなことのたとえ。
30. こづめ（小爪）＊＝爪の生え際の白く見える部分。
31. わき（脇・腋）
    31.1 ワキ
         1 わきが甘い＝守備態勢が整っていないさま。
         2 わきが堅い＝守備態勢が整っている。
         3 わきを掻く＝得意，または気負っているさま。
    31.2 ワキノシタ（腋下）＊＝腕の付け根の下側の窪んだ部分。
32. むね（胸）
    32.1 ムネ
         1 胸が合う＝気持ちが通じ合う。
         2 胸がいい＝善良である。
         3 胸が痛む＝苦痛を感じる。心痛する。
         4 胸が一杯になる＝悲哀，歓喜，感動などで心が満たされる。
         5 胸が収まる＝気持ちが静まる。多く，否定形で用いる。
         6 胸が踊る＝期待，興奮などで浮き浮きして落ち着かなくなる。
         7 胸が決まる＝決心する。
         8 胸が下がる＝安心する。
         9 胸が裂ける＝悲しみ，苦しみ，憎しみ，悔しさなどが大きくて，苦痛を感じる。
         10 胸が騒ぐ＝不安，期待などで心が動揺する。

11 胸がすく＝気分がさわやかになる。
12 胸がせく＝胸がこみあげる。
13 胸が迫る＝胸が一杯になる。
14 胸がつかえる＝食物などが胸にふさがるような感じがする。悲しみに満たされる。
15 胸が潰れる＝悲しみや心配事で心が強くしめつけられるように感じる。
16 胸がつまる＝悲しみ，悩み，感動などがこみあげてきて，胸がふさがる。
17 胸が轟く＝胸がどきどきする。
18 胸が煮え返る＝激しい憤りを感じる。
19 胸が弾む＝胸がわくわくする。
20 胸が張り裂ける＝悲しみで一杯になる。
21 胸が霽れる＝わだかまりがなくなる。
22 胸が開く＝胸のつかえがとれる。心配事がなくなる。
23 胸が広い＝心が広い。寛容である。
24 胸が塞がる＝悲しみなどで胸が満たされる。
25 胸が焼ける＝胸焼けがする。
26 胸に余る＝考えや思いが鬱積する。
27 胸に一物＝わだかまりがある。期するところがある。
28 胸に浮かぶ＝思い浮かべる。
29 胸に納める＝口に出して言わない。
30 胸に刻む＝心にとどめる。
31 胸に応える＝身にしみる。
32 胸に据えかねる＝心の内にとどめておくことができない。
33 胸に迫る＝思いが胸に満ちる。
34 胸につかえる＝悩み苦しむ。
35 胸に手を当てる＝落ち着いてよく考えるしぐさ。
36 胸に手を置く＝心を静めるさま。
37 胸に響く＝身にしみて感じる。
38 胸に彫り付ける＝心に深くとどめる。
39 胸に持つ＝考えをひそかに抱く。
40 胸を明かす＝心の中をうちあける。
41 胸を痛める＝ひどく心配する。心痛する。
42 胸を打つ＝びっくりする。はっとする。
43 胸を踊らす＝わくわくさせる。
44 胸を貸す＝実力の上の者が下の者の相手をする。
45 胸を借りる＝実力の下の者が上の者に相手してもらう。

46 胸を刺す＝強い刺激を与える。
47 胸を摩る＝怒りを押さえる。安堵する。
48 胸を叩く＝まかせておけの意を表すしぐさ。安心しろの意を表すしぐさ。
49 胸を潰す＝びっくりする。
50 胸をときめかす＝期待で胸をどきどきさせる。
51 胸を轟かす＝同上。
52 胸を撫で下ろす＝安心する。
53 胸を弾ませる＝嬉しさで胸が一杯になる。わくわくする。
54 胸をはだける＝胸を露出する。
55 胸を晴らす＝胸のしこりを払いのける。
56 胸を張る＝自信にあふれる態度。
57 胸を開く＝心に思っていること，隠していることを残らず口にする。
58 胸を膨らます＝期待や喜びが心中に満ちあふれる。
59 胸を病む＝胸を痛める。肺病に罹患している。
60 胸を割る＝心中をうちあける。

33 ちち（乳）
　33.1 チチ
　　1 乳が上がる＝乳が出なくなる。
　　2 乳くれる親はあっても水くれる親はない＝諺。水の恩恵が大きいことを言う。
　33.2 チ（乳）
　　1 乳が上がる＝乳が出なくなる。
　　2 乳の余り＝末っ子。
　　3 乳の親＝育ての親。
　　4 乳の恩＝母の恩。育ての親の恩。
　　5 乳の人＝乳母。
　　6 乳を余す＝乳を吐く。
　33.3 チクビ（乳首）＊＝乳房の先の突き出た部分。
　33.4 チチクビ（乳首）＊＝同上。
　33.5 チブサ（乳房）
　　1 乳房の恩＝乳を飲ませ育ててくれた人の恩。
　　2 乳房の母＝実の母。実母。
　33.5 オッパイ（乳汁）＊＝「乳」の意を表す幼児語。

34. はら（腹）
　34.1 ハラ
　　1 腹が癒える＝怒りや恨みなどが晴れて満足する。
　　2 腹が痛い＝ひどくおかしい。笑止である。

3　腹が痛む＝自分の金を出す。
4　腹が居る＝怒りがおさまる。
5　腹が大きい＝度量がある。
6　腹が堅い＝信念をかたく守って変えない。節操がある。
7　腹が決まる＝決心がつく。覚悟ができる。
8　腹が下る＝下痢をする。
9　腹がくちい＝満腹である。
10　腹が黒い＝心の中がきたない。
11　腹が空く＝空腹になる。腹が減る。
12　腹が据わる＝物事に動じない。
13　腹が立つ＝怒る。しゃくにさわる。
14　腹が立つなら親を思い出せ＝諺。むやみに喧嘩するな。
15　腹が小さい＝度量が狭い。
16　腹が違う＝母親が異なる。
17　腹が出来る＝満腹になる。覚悟ができる。
18　腹が無い＝胆力がない。度胸がない。
19　腹が煮える＝ひどく怒る。
20　腹が張る＝満腹になる。胃腸にガスがたまり膨れたように感じる。
21　腹が膨れる＝腹が肥えふとる。腹一杯になる。妊娠する。不快感がたまる。
22　腹が太い＝腹がふくれている。度量が広い。横着である。
23　腹が減っては軍が出来ぬ＝空腹ではなにごともなしえない。
24　腹が悪い＝腹が立つ。不愉快だ。
25　腹に入れる＝食べる。理解する。
26　腹に納める＝口外せず心の中だけにとどめる。
27　腹に決める＝かたく決心する。
28　腹に据えかねる＝怒りを押さえることができない。我慢できない。
29　腹に無い＝ほんとうに身についていない。
30　腹に持つ＝心に遺恨をいだく。
31　腹の内＝腹の内部。心中。
32　腹の皮＝腹の表皮。おかしくてしようがない。
33　腹の皮が痛い＝おかしくてしかたがない。
34　腹の皮が捩れる＝非常におかしくて大笑いする。
35　腹の皮筋を撚る＝大笑いする。
36　腹の皮の撚り＝大笑いすること。
37　腹の底＝心の底。
38　腹の底をうち割る＝隠していることをすっかり口にする。

39　腹の足し＝飢えを癒す食べ物。
40　腹の中＝腹の内部。心中。
41　腹の虫＝寄生虫。空腹時の腹鳴りをする虫。腹立ちの感情を虫に例えて言う。
42　腹の虫が治まらない＝腹が立って我慢ができない。
43　腹の虫の居所が悪い＝機嫌が悪い。
44　腹は借り物＝諺。女性の腹は借り物で父親が肝心だ。
45　腹は背に替えがたし＝諺。大切なことで手一杯で他を顧みる余裕がない。
46　腹も身の内＝諺。胃腸も体の一部だ。大食を戒めることば。
47　腹を痛める＝子供を生む。
48　腹を癒す＝怒りをおさめる。
49　腹を抱える＝大笑いする。
50　腹を貸す＝他人のために子供を生む。
51　腹を借りる＝正妻以外の女性に子を生ませる。
52　腹を決める＝覚悟を決める。
53　腹を切る＝切腹する。
54　腹を括る＝覚悟を決める。責任をとることにする。
55　腹を下す＝下痢をする。
56　腹を拵える＝食べて満腹になる。
57　腹を肥やす＝私利私欲を図る。
58　腹をこわす＝下痢をする。
59　腹を探る＝相手の考えを推測する。
60　腹を据える＝覚悟をする。
61　腹を立てる＝怒る。
62　腹を召す＝切腹させる。
63　腹を撚る（捩る）＝大笑いする。
64　腹を割る

34.2　オナカ（御中）
1　おなかがすく（減る）＝空腹を感じる。
2　おなかの皮を撚る（捩る）＝大笑いする。
3　おなかの中＝考え。
4　おなかを拵える（つくろう）＝食べて満腹する。

34.3　ポンポン＊＝「腹」の意を表す幼児語。

35.　へそ（臍）

35.1　ヘソ
1　臍が茶を沸かす（焚く）＝おかしくてたまらないたとえ。
2　臍が撚れる＝あまりにおかしくて臍が捩れる。おかしくてたまらない。

3 臍が（で）笑う＝おかしくてたまらないたとえ。
4 臍を曲げる＝機嫌をそこね意固地になる。
5 臍を捩る＝大笑いする。

35.2 ホゾ（臍）
1 ほぞを固める（固うす）＝固く心を決める。
2 ほぞを噛む＝後悔する。
3 ほぞを決める＝覚悟する。

35.3 オヘソ（御臍）
1 おへそが（で）茶を沸かす＝おかしくてたまらない。ばかばかしい。

36. せ（背）

36.1 セ
1 背にする＝背後に置く。
2 背に腹は替えられぬ＝諺。大切なことのために他を顧みる余裕がないことのたとえ。
3 背より腹＝同上。
4 背を合わす＝背中合わせになる。
5 背を丸める＝背中を丸くして縮こまる。
6 背を向ける＝後ろを向く。同意しない。

36.2 セナカ（背中）＊＝背の中央。背骨の辺り。また，背。

36.3 セボネ（背骨）＊＝背中の中央にあり，上半身を支える骨。脊柱。

37. こし（腰）

37.1 コシ
1 腰が落ち着く＝定着する。
2 腰が重い＝まめに動かない。
3 腰が折れる＝邪魔されて中途で止める。
4 腰が軽い＝行動が気軽である。落ち着きがない。職を転転とする。
5 腰が砕ける＝腰の姿勢が崩れる。途中で頓挫する。
6 腰が据わる＝じっくり物事を行う。一定の地位，職業を持続する。
7 腰が高い＝横柄な態度をとる。
8 腰が強い＝腰の力が強い。押しが強い。
9 腰がない＝度胸がない。
10 腰が抜ける＝びっくりして体の自由が利かなくなる。
11 腰が張る＝腰の辺りに重苦しさを感じる。
12 腰が低い＝へりくだった態度をとる。
13 腰が引ける＝おどおどしている。
14 腰が弱い＝腰の力が弱い。弱気である。粘りがない。

15 腰に下げる＝腰につけて下げる。人を自由に使う。
16 腰を上げる＝立ち上がる。席を立つ。事にとりかかる。
17 腰を入れる＝本気になる。
18 腰を浮かす＝立ち上がろうとする。そわそわする。
19 腰を押す＝後援する。援助する。
20 腰を落ち着ける＝じっくり事に当たる。一か所に定着する。
21 腰を落とす＝勢いよく腰を下ろす。どしんと座り込む。慎重に構える。
22 腰を折る＝腰を曲げる。人に屈する。中途で邪魔をする。妨げる。
23 腰を屈める＝屈服する。
24 腰を掛ける＝尻を物の上に乗せる。
25 腰を挫く＝途中で駄目になる。腰砕けになる。
26 腰を据える＝腰の重心を低くする。落ち着いて事に当たる。
27 腰を抜かす＝びっくりして体の自由を失う。
28 腰を伸ばす＝曲がった腰を真っ直ぐにする。楽な姿勢で休息する。
29 腰を引く＝不自然な歩き方をする。
30 腰を低くする＝へりくだった態度をとる。
31 腰を撚る＝大笑いする。

38. しり（尻）

38.1 シリ

1 尻が重い＝動作が鈍い。
2 尻が軽い＝動作が機敏である。軽々しく振る舞う。女の浮気なさま。
3 尻が来る＝苦情を持ち込まれる。
4 尻が据わらない＝落ち着きがない。一か所にとどまらない。
5 尻が長い＝訪問先でいつまでも居座る。長居である。
6 尻から火が付くよう＝差し迫り慌てふためくさま。
7 尻に敷く＝支配する。
8 尻に火が付く＝差し迫りじっとしていられない。
9 尻に帆を掛ける＝素早く逃げるさま。
10 尻の毛までむしられる＝徹底的に愚弄される。
11 尻の毛を抜く＝油断させておいて金を使わせる。愚弄する。
12 尻の下に敷く＝支配する。
13 尻を追い回す＝人のあとをしつこく追う。つきまとう。
14 尻を押す＝後援する。援助する。
15 尻を落ち着ける（落ち着かせる）＝勤め先，訪問先にゆっくりと落ち着く。
16 尻を落とす＝どしんと座る。
17 尻を掛ける＝座る。

18 尻を絡げる＝着物の裾をまくり上げて端を帯に挟み込む。
   19 尻を長くする＝長居をする。
   20 尻を拭う＝他人の失敗の後始末をする。事後処理をする。
   21 尻を端折る＝「尻を絡げる」に同じ。
   22 尻を捲る＝居直る。
   23 尻を持ち込む＝事後の責任を問う。
   24 尻を割る＝隠していることを暴露する。
 38.2 オシリ（御尻）＊＝「尻」の女性語。
 38.3 ケツ（穴・尻）
   1 けつの穴が狭い（小さい）＝度量が狭い。
   2 けつの穴が広い（太い）＝度量が広い。
   3 けつの毛を抜く（毟る）＝だます。欺く。
   4 けつを捲る＝居直る。
   5 けつを割る＝暴露する。
 38.4 ケツッペタ＊＝「尻」の意を表す俗語。
39. あし（足）
 39.1 アシ
   1 足が重い＝足がだるい。
   2 足が地に付く＝落ち着いている。
   3 足が付く＝お尋ね者や逃亡者の足取りがわかる。隠していたことが現れる。
   4 足が強い＝船の速力が速い。船足が速い。
   5 足が出る＝出費が予算を越える。
   6 足が遠い（遠くなる）＝訪れることが間遠になる。
   7 足が早い＝歩く速度が速い。食物などの腐り方が早い。売れ行きがよい。
   8 足が棒になる＝足がこわばるほど疲れる。
   9 足が向く＝その方へ行く。
  10 足が弱い＝足が丈夫でない。車輪などがよくない。船の速力が遅い。
  11 足に傷持つ＝身に疚しいところがある。
  12 足に任せる＝乗り物に乗らずに行く。あてもなく歩く。
  13 足を洗う＝悪事から離れる。
  14 足を入れる＝入り込む。
  15 足を奪う＝乗り物を自由に使えないようにする。
  16 足を掛ける＝手が届く。
  17 足を崩す＝正座から楽な姿勢にする。
  18 足を（も）空＝うろたえるさま。
  19 足を出す＝予算を越える。

20 足をとどめる＝立ち止まる。滞留する。
21 足を取られる＝歩けなくなる。
22 足を抜く＝抜け出す。
23 足を延ばす＝さらに遠くへ行く。
24 足を曳く＝足を曳きずる。
25 足を引っ張る＝前進や成功の邪魔をする。
26 足を棒にする＝疲れ切るほど歩き回る。
27 足を向ける＝その方向へ行く。

39.2 アンヨ＊＝「足」または「歩くこと」の意を表す幼児語。

40. もも（腿）
　40.1 モモ＊＝脚の上部の腰に繋がる部分。
　40.2 フトモモ（太腿）＊＝腿の上部。

41. また（股）
　41.1 マタ
　　1 股に掛ける＝広く各地を歩き回る。

42. ひざ（膝）
　42.1 ヒザ
　　1 膝が抜ける＝着物やズボンの膝の部分の生地が弱くなり，前方に突き出る。
　　2 膝が笑う＝疲れて膝に力が入らないさま。
　　3 膝の皿＝膝頭の骨。
　　4 膝を打つ＝思い当たったり，思い付いたりしたときのしぐさ。
　　5 膝を折る＝屈服する。
　　6 膝を屈める＝屈服する。
　　7 膝を崩す＝正座から楽な姿勢になる。
　　8 膝を屈する＝屈服する。
　　9 膝を組む＝胡座をかく。
　　10 膝を進める＝前へ膝で進む。乗り気になる。
　　11 膝を突き合わせる＝懇談する。
　　12 膝を乗り出す＝前へにじり出る。乗り気になる。
　　13 膝を枕にする＝他人の膝を枕にする。
　　14 膝を交える＝懇談する。
　42.2 ヒザガシラ（膝頭）＊＝膝の関節の前面。
　42.3 ヒザカブ＊＝「膝頭」の俚言形の一つ。
　42.4 ヒザコゾウ（膝小僧）＊＝「膝頭」を擬人化した語。

43 すね（脛）
- 43.1 スネ
    1 脛に傷持つ＝隠している悪事がある。身に疚しいところがある。
    2 脛を齧る＝親に養ってもらう。
- 43.2 ムコウズネ（向こう脛）＊＝脛の前面。
- 43.3 ベンケイノナキドコロ（弁慶の泣き所）＊＝「向こう脛」の別称。

44. はぎ（脛）
- 44.1 ハギ＊＝膝から足首までの中間部分の裏側。
- 44.2 フクラハギ（脹脛）＊
- 44.3 コムラ（脛）＊

45. あしくび（足首）
- 45.1 アシクビ＊＝踝の上の細くなっている部分。

46. くるぶし（踝）
- 46.1 クルブシ＊＝足首の両側にある骨の突起。
- 46.2 クロブシ＊＝同上。
- 46.3 ツブブシ＊＝「踝」の意を表す古語。
- 46.4 ツブナキ＊＝同上。

47. かかと（踵）
- 47.1 カカト
    1 踵を踏む＝直後を追う。
- 47.2 キビス（踵）
    1 きびすを返す（転じる）＝引き返す。切迫している。
    2 きびすを接する（接ぐ）＝多数の人が隙間なく並ぶ。連続する。
- 47.3 クビス（踵）
    1 くびすを返す（巡らす）＝引き返す。
    2 くびすを接する（接ぐ）＝多数の人が隙間なく並ぶ。連続する。

48. つまさき（爪先）
- 48.1 ツマサキ
    1 頭のてっぺんから爪先まで＝体全体。全身（→1.1）。

■付録2　感性語（擬音語・擬声語・擬態語・擬情語）の基本的語彙構造

基本形		派生形		強調形
完全反復型	不完全反復型	変化型	付加型	促音挿入型
		リ型，ン型 ッ型	ト型，ニ型，ダ型，ノ型	撥音挿入型 長音挿入型
	あたふた		あたふたと	
うろうろ	うろちょろ	ちょろり	うろうろと／うろちょろと／ちょろりと	
ぎくぎく	ぎくしゃく	ぎくり（ん）ぎくっ	ぎくぎくと／ぎくりと ぎくっと ぎくしゃくと	ぎっくり
ぐにゃぐにゃ		ぐにゃり ぐにゃっ	ぐにゃぐにゃと ぐにゃぐにゃに ぐにゃぐにゃだ ぐにゃぐにゃの ぐにゃり（っ）と	ぐんにゃり
ばたばた		ばたり（ん）	ばたばたと／ばたりと	ばったり（ん）
ふわふわ		ふわり（っ）	ふわふわと／ふわりと ふわっと	ふうわり ふんわり
ぽかぽか	ぽかすか	ぽかり（ん）ぽかっ	ぽかぽかと／ぽかりと ぽかっと ぽかすかと	ぽっかり
ぽつぽつ		ぽつり（ん）ぽつっ	ぽつぽつと／ぽつりと ぽつりぽつりと ぽつんぽつんと	ぽっつり ぽっつん
よろよろ		よろり（っ）	よろよろと／よろりと	よおろり

1　感性語＝眼（視覚）・耳（聴覚）・鼻（嗅覚）・舌（味覚）・皮膚（触覚）の五官で感じ取られた印象，及び心で感じられる感情を表現する語。
2　擬音語＝感性語のうち，耳（聴覚）に関するもの。そのうち，人間が発する声に関するものを擬声語という。
3　擬態語＝耳（聴覚）を除く，四器官に関するものを擬態語といい，心で感じ取られるものを擬情語という。
4　基本形＝この形にもっとも感性語らしさが現れ，ダブリング＝ワードともいわれるが，「ガンガン」「コトコト」などの完全反復型のほかに，「ガタゴト」「ガタピシ」などの不完全反復型がある。
5　派生形＝変化型は感性語素の形態変化，付加型は品詞性，文法性を付加するもの。
6　強調形＝音節数を増加して感性語素の形態を変化させて，印象を強めるもの。

■付録3　主要感性語と動詞との相関一覧

感 性 語	動 詞 及 び 用 例
あたふた 　　あたふたと	あたふたスル　あたふたシテイル あたふたとウロタエ騒グ　あたふたと帰宅シタ
いそいそ 　　いそいそと	いそいそ出カケル いそいそとお出かけの支度(シタク)ヲスル　いそいそと帰宅スル
いらいら 　　いらいらと	いらいらスル　喉(のど)がいらいらスル いらいらと歩キ回ル　バスが来るのをいらいらと待ツ
うかうか 　　うっかり	うかうかスル　うかうかシテイル うかうか聞キノガス　うかうかダマサレル うっかりスル　うっかりシテイル　うっかり見逃シタ うっかりシテ眠ってしまった　うっかりシテ見逃した
うじゃうじゃ	毛虫が桜の葉にうじゃうじゃイル／タカッテイル やじ馬がうじうじゃ集マッテ来タ 何をうじゃうじゃ言ッテイルんだ
うだうだ	何時までもうだうだ言ッテルんじゃない
うつらうつら	うつらうつらスル　うつらうつらシテイル うつらうつら昼寝スル
うとうと 　　うとうとと 　　うっとり	うとうとスル　うとうとシテイル うとうとと昼寝ヲスル うっとりスル　うっとりシテイル　あまりの美声にうっとりシタ うっとり見トレテイル　うっとり夢見テイル
うようよ 　　うようよと	うようよシテイル 魚がうようよイル　魚がうようよ泳イデイル 魚がうようよと泳イデイル
うろうろ 　　うろうろと 　　うろちょろ 　　うろちょろと	うろうろスル　うろうろシテイル　目まぐるしくうろうろスル 庭先をうろうろスル　何か無いかとうろうろスル うろうろと動キ回ル 子犬がうろちょろシテ目まぐるしい 子犬がうろちょろと目まぐるしい
えへらえへら	えへらえへらスル　えへらえへらシテイル　えへらえへら笑ウ
おろおろ 　　おろおろと	おろおろスル　おろおろシテイル 母親がおろおろ泣イテイル　応対に窮しておろおろスル 母親がおろおろと泣イテイル

感性語	動詞及び用例
かあかあ 　カアカア	烏（からす）がかあかあ鳴ク
があがあ 　ガアガア	アヒルががあがあ鳴ク スピーカーががあがあイッテイル があがあ喚（ワメ）ク
がくん 　がくんと 　がっくり 　がっくりと	汽車ががくんと止マッタ　がくんと頭ヲ垂レテ寝入っている 今月は客足ががくんと落チ込ンダ 息子に死なれがっくりスル　客足ががっくり落チル がっくりと首ヲ垂レタ　がっくりと膝ヲ折ッタ
かさかさ 　カサカサと 　カサコソと	かさかさスル　肌がかさかさスル　かさかさシタ世の中 かさかさシテイル　このパンかさかさシテイル かさかさと落葉ヲ踏ム かさこそと落葉ヲ踏ム
がさがさ 　がさがさに 　ガサガサ 　ガサゴソ	ががさスル　肌ががさがさスル　がさがさシタ物言い 手が荒れてがさがさにナル 笹原をがさがさ分ケテ行ク 犬小屋の犬ががさごそ動キ回ル
かたかた 　カタカタ 　カタカタと 　カタリと 　カタンと 　カッタンと 　カタコト	かたかたスル　かたかたシテイル 雨戸がかたかた言ッテイル 雨戸がかたかたと鳴ッテイル 机からペンがかたりと落チタ 竿がかたんと倒レタ 竿がかったんと倒レタ 箱の中で鉛筆がかたこと音ヲ立テタ
がたがた 　ガタガタ 　がたがた 　ガタガタと 　ガタリと 　ガタンと 　ガッタンと 　ガタゴト 　ガタピシ	がたがたスル　がたがたシテイル 窓が風でがたがた言ウ　この戸不具合でがたがたシテイル。 寒くて（怖くて）がたがた震エテイタ がたがたと窓が風で鳴ッタ。 戸がたりと風で倒レタ。 がたんと椅子が音ヲ立テタ。 がったんと音ヲ立テテ動きだした。 汽車がたごと走ッテイル 戸がたぴしシテ（イッテ）具合が悪い。
かちかち	

かちかちに カチカチ カチンカチン		餅がかちかちに固クナル　緊張してかちかちにナッタ 樫の棒をかちかちと叩キ合ワセタ 石が壁にかちんかちんと当タッタ
がちがち 　ガチガチ 　がちがちに 　がちがちだ		がちがちスル 歯ががちがちイッテ，震えがとまらない。 守りをがちがちに固メル。 守りは固くがちがちだ
かちゃかちゃ 　カチャカチャ		ブリキの切れ端が触れ合ってかちゃかちゃイッテイル
がちゃがちゃ 　ガチャガチャ		鎖をがちゃがちゃ言ワセテ男が来た 小うるさくがちゃがちゃ言ウな クツワムシががちゃがちゃ鳴イテイル
がぶがぶ 　ガブガブ 　ガブガブと 　がぶがぶだ		がぶがぶ水ヲ飲ム がぶがぶと水ヲ飲ム 水を飲み過ぎて腹ががぶがぶだ
がぶりがぶり 　ガブリガブリ 　ガブリガブリと 　がぶり 　がぶりと 　がぶっと 　がっぷり		がぶりがぶり大酒ヲ飲ンダ がぶりがぶりと大酒ヲ飲ンダ がぶり右四ツニ組ンダ がぶりと噛ミ付ク がぶっと噛ミ付ク がっぷり四ツニ組ム
がみがみ		がみがみ言ウ　小言をがみがみ言ウ
がやがや 　ガヤガヤ		がやがや騒グ　がやがやと聴衆が集マッテ来タ
からから 　からからに 　からからだ 　からっと 　からりと 　からんからんに 　カラカラ 　カランカラン 　カンラカンラと		からからスル　からからシテイル 喉がからからにナル 喉が渇いてからからだ 天麩羅がからっと揚ガル　洗濯物がからっと乾ク 空がからりと晴レ上ガル からんからんに乾イテイル からから笑ウ からんからんと鐘ガ鳴ル 豪傑だ，かんらかんらと笑ウ

感性語	動詞及び用例
がらがら	
がらがらに	団体客が降りて電車はがらがらにナッタ
がらがらだ	映画館は不況でがらがらだ
がらっと	さっきの電話を受けてから客の態度はがらっと変ワッタ
がらりと	がらりと態度ヲ変エタ客は拒否の姿勢を示した
がらんと	教室はがらんとシテイタ
がっらがら	まったく客が入らず映画館はがっらがら
ガラガラ	おもちゃががらがら音ヲ立テタ
ガラガラと	積み上げた荷物の山ががらがらと音ヲ立テテ崩れた
かりかり	かりかりスル　かりかりシテイル　落ち着け，かりかりスルな
カリカリ	氷をかりかり嚙ミ砕イタ
かりかりに	煎餅をかりかりに揚ゲル
がりがり	
ガリガリ	氷の塊をがりがり嚙ミ砕イタ
がりがりだ	大根に芯があり，がりがりだ
がりがりに	絶食の結果，がりがりに痩セタ
きいきい	
キイキイ	百舌がきいきい鳴イテイル
キイキイと	ぶらんこの油が切れてきいきいと軋ンデイル
ぎくぎく	ぎくぎくスル　ぎくぎくシテイル
ぎくぎく	膝がぎくぎくスル
ぎくしゃく	ぎくしゃくスル　ぎくしゃくシテイル
	近ごろ社内の雰囲気が悪くぎくしゃくシテイル
	二人の関係がぎくしゃくスルようになって三週間経った。
ぎざぎざ	ぎざぎざシテイル
ぎざぎさに	服を釘に掛けてしまい，袖のところがぎざぎざに裂ケタ
ぎしぎし	
ギシギシ	本をダンボールにぎしぎし詰メ込ンダ
ギッシギッシ	本をダンボールにぎっしぎっし詰メ込ンダ
ぎしぎし	綺麗に掃除しなさいと管理人にぎしぎし言ワレタ
きちきち	
キチキチ	こけしの首がきちきちイウ
キチキチと	ばったがきちきちと羽音ヲ立テテ飛んだ
きちきちだ	しばらく穿かなかったズボンがきちきちだ
きちきちと	家賃は毎月月末にきちきちと払イ込マレル
きちり	きちり耳ヲ揃エテ払います

きっちり きっちりと きちんと きちんきちんと	きっちり耳ヲ揃エテ払います きっちりと耳ヲ揃エテ払います 家賃は毎月月末にきちんと払イ込マレル 家賃は毎月月末にきちんきちんと払イ込マレル	
ぎちぎち 　ギチギチ 　ぎちぎち	柱と柱が擦れてぎちぎちイウ 本棚にあふれるほど本がぎちぎち詰メ込マレテイル	
ぎとぎと	ぎとぎとスル　ぎとぎとシテイル　油でぎとぎとシタ手	
ぎゅうぎゅう 　ギュウギュウ 　ぎゅうぎゅう 　ぎゅうぎゅうだ	靴がぎゅうぎゅう鳴ル 頭をぎゅうぎゅう絞ッテモコの程度の知恵しか出て来ない 生徒をぎゅうぎゅう責メテモいい結果は期待できない。 客をぎゅうぎゅう詰メ込ム 満員電車でぎゅうぎゅうだった	
きゅっ 　きゅっと	唇をきゅっと結ブ　きゅっと一杯ヤラないか	
ぎゅっ 　ぎゅっと	軽く握手したのに相手はぎゅっと握リ返シテキタ	
きゅん 　きゅんと	悲しくて胸がきゅんとナッタ	
ぎょっ 　ぎょっと	ぎょっとスル　ぎょっとシテイル 一瞬ぎょっとナッタ　ぎょっとシテ立ち止まった	
きょろきょろ きょろきょろと きょろりと きょろっと	きょろきょろスル　きょろきょろシテイル きょろきょろと見ルんじゃない きょろりとシタ顔で現れた　きょろりと見タ きょろっとシテイル	
ぎょろぎょろ ぎょろりと ぎょろっと	ぎょろぎょろスル　ぎょろぎょろシテイル ぎょろりと目ヲ向ケタ ぎょろっと目ヲ剥イテ睨んだ	
きらきら きらきらと きらりと きらっと	きらきらスル　きらきらシテイル　星がきらきら輝イテイル 星がきらきらと輝イテイル 刀がきらりと光ッタ きらっとスル　頭にきらっとシタ冴えがある 瞳がきらっと輝イタ	

感性語	動詞及び用例
ぎらぎら	ぎらぎらスル ぎらぎらシテイル 欲でぎらぎらシタ眼
ぎらぎらと	無数の宝石がぎらぎらと光ッテイタ
ぎらりと	刀がぎらりと光ッタ
ぎらっと	刀がぎらっと光ヲ放ッタ
きりきり	
キリキリ	胃がきりきりスル 胃がきりきり痛ム
キリキリと	ロープがきりきりと鳴り、切れそうになった
きりきりと	弓をきりきりと引キ絞ッタ
	ロープがきりきりと手ニ巻キ付イタ
きりりと	鉢巻きをきりりと絞メル
	きりりとヒキ締マッタ顔
きりっと	きりっとヒキ締マッタ口
ぎりぎり	
ギリギリ	ぎりぎり歯ギシリヲスル
ぎりぎり	ぎりぎり縛リアゲル　ぎりぎり精一杯の努力
きんきん	きんきんスル
キンキン	女のきんきん耳ニ響ク声
きんきん	耳がきんきん痛ム
きんきんに	きんきんに冷エタビール
ぎんぎん	ぎんぎんスル 頭がぎんぎん痛ム
ぎんぎんに	ぎんぎんに踊リマクル
ぐうぐう	
グウグウ	疲れたのか，ぐうぐう鼾(イビキ)ヲ立テテ寝ている
	空腹で腹がぐうぐうイウ
グウと	お腹がぐうと鳴ッタ
くさくさ	くさくさスル 気分がくさくさスル
ぐさり	
ぐさり	刀がぐさり突キ刺サッタ
ぐさりと	槍でぐさりと突イタ
	率直な批判がぐさりと胸ニ応エタ
くしゃくしゃ	くしゃくしゃスル 気分がくしゃくしゃスル
くしゃくしゃに	寝相が悪いのか，シーツがくしゃくしゃにナッテイタ
	顔をくしゃくしゃにシテ泣き笑いをした
ぐしゃり	
ぐしゃりと	蜜柑をぐしゃりと踏ンデシマッタ

ぐしょぐしょ		
	ぐしょぐしょに	雨に降られ着物がぐしょぐしょに濡レタ
	ぐっしょり	髪の毛が汗でぐっしょり濡レタ
ぐずぐず		ぐずぐず文句ヲ言ウ　ぐずぐず泣ク
		ぐずぐずスル　鼻がぐずぐずスル
	ぐずぐずに	積荷がぐずぐずにナル
	ぐずぐずと	返事をぐずぐずと引キ延バス
くたくた		
	くたくただ	疲れてくたくただ
	くたくたに	着古してくたくたにナッタ浴衣(ゆかた)
	くったくただ	疲れきってくったくただ
	クタクタ	大豆をくたくた煮テイル
くだくだ		くだくだ言ウ　くだくだシャベル
くちゃくちゃ		
	くちゃくちゃに	乱暴に詰め込んだのでシャツがくちゃくちゃにナッテシマッタ
	くちゃくちゃだ	シャツがくちゃくちゃだ
	くっちゃくちゃに	シャツがくっちゃくちゃにナッテシマッタ
	クチャクチャ	くちゃくちゃ音ヲ立テテ食べる
ぐちゃぐちゃ		ぐちゃぐちゃスル　ぐちゃぐちゃ愚痴ヲイウ
	ぐちゃぐちゃに	負傷者の足はぐちゃぐちゃにナッテイタ
	ぐっちゃぐちゃだ	負傷者の足はぐっちゃぐちゃだ
ぐっ		
	ぐっと	串(くし)をぐっと刺シ込ンダ
		涙をぐっと飲ミ込ンダ
		胸にぐっと来タ
		餅(もち)が喉(のど)にぐっと詰マッタ
ぐつぐつ		
	グツグツ	鍋がぐつぐつイッテイル　大根がぐつぐつ煮エタ
ぐったり		ぐったりスル　熱のためぐったりシテイル
くどくど		くどくどスル　くどくど言ウ
ぐにゃぐにゃ		ぐにゃぐにゃスル　ぐにゃぐにゃシテイル　ぐにゃぐにゃ曲(マ)ガル
	ぐにゃぐにゃに	暑さで線路がぐにゃぐにゃにナッタ
くよくよ		くよくよスル
	くよくよと	別れた女のことをくよくよと考エテイル
くらくら		くらくらスル　頭がくらくらスル

感性語	動詞及び用例
ぐらぐら 　ぐらぐらと	湯がぐらぐら煮エ返ッテイル　考えがぐらぐらシテイル 家がぐらぐらと揺レル
くるくる 　くるくると 　くるりくるりと 　くるっと	車がくるくる回ル　頭がくるくる回ル　紐(ひも)をくるくる巻キ取ル 状況はくるくると目まぐるしく変化シタ 状況はくるりくるりと変化シタ くるっと背ヲ向ケタ　くるっと一回転シタ 首にマフラーをくるっと巻イタ
ぐるぐる 　ぐるぐると 　ぐるりぐるりと 　ぐるっと	目がぐるぐる回ル　柱に縄をぐるぐる巻キツケル 柱に縄をぐるぐると巻キツケル 大きな車輪がぐるりぐるりと回ッテイル ハンドルを右に切ってダンプカーがぐるっと曲ガッタ 広い会場をぐるっと見回シタ
くんくん 　クンクン	くんくん匂イヲ嗅(カ)イデミタ　子犬がくんくん鼻ヲ鳴ラシタ
ぐんぐん 　ぐんぐんと	背丈がぐんぐん伸ビル　差をぐんぐん縮メタ 後続車がぐんぐんと迫ッテ来ル
げっそり 　げっそりと	げっそりスル　頬の肉がげっそり落チタ 落選と聞き応援者たちはげっそりとナッタ
けらけら 　ケラケラ	酒を飲み過ぎたのか、男はけらけら笑ッタ
げらげら 　ゲラゲラ	下品にもげらげら笑ッタ
げろげろ 　ゲロゲロ	げろげろ反吐(ヘド)ヲ吐(ハ)イタ
けろっ 　けろっと 　けろりと	母親の顔を見るとけろっと泣キヤンダ かなり酒を飲んだのにけろりとシテイル 約束をけろりと忘レタ
ごしごし 　ゴシゴシ	タワシで盥(たらい)をごしごし洗ウ
こそこそ 　こそこそと	こそこそスル　こそこそシテイル　こそこそ逃ゲ回ル こそこそ脇の下を擽(クスグ)ッタ こそこそと隠レタ　こそこそと陰口ヲ叩イタ
ごたごた	ごたごたスル　会社合併でごたごたスル

ごったごただ	ごたごた文句ヲ言ウ まとまりがまったくなくごったごただ	
こちこち		
こちこちに	凍ってこちこちにナル　こちこちに緊張シテイル	
こちこちだ	彼の頭は石頭でこちこちだ	
こちんと	気になる発言でこちんと来タ	
コチコチ	時計がこちこち時ヲ刻ンデイル	
ごちゃごちゃ	ごちゃごちゃスル　車やら人やらごちゃごちゃシテイタ	
ごちゃごちゃに	無秩序にあれこれ教えられ頭がごちゃごちゃにナッタ	
ごっちゃごちゃだ	まとめようがないほどごっちゃごちゃだ	
こちょこちょ	こちょこちょ擽(クスグ)ル　自分でこちょこちょ修理シタ	
こちょこちょと	こちょこちょと耳打チスル	
こつこつ	こつこつ貯メタお金がある　こつこつ働ク	
コツコツと	壁をこつこつと叩ク音がする	
コツンと	頭を柱にこつんとブツケタ	
ごつごつ	ごつごつスル　ごつごつシテイル　ごつごつシタ岩／手／体	
ゴツゴツと	川の中の丸い大きな石がながされてごつごつと音ヲ立テル	
ゴツンと	頭を柱にごつんとブツケタ	
ことこと		
コトコト	窓が風でことこといッテイル お粥をことこと煮込ム	
コトリと	人形が風でことりと倒レタ	
コトンと	人形が風でことんと倒レタ	
コトンコトン	水車がことんことん回ッテイル	
コットン	水車がこっとん回ル	
ごとごと		
ゴトゴト	屋根裏でごとごと音ガスル	
ゴットン	ごっとん水車も回ッテル	
ごりごり	ごりごりシテイル　この芋はごりごりシテイル	
ゴリゴリ	大豆をすりこ木でごりごり擦リ潰ス	
ごりごりと	強引に仕事をごりごりと押シ進メタ	
ころころ	ころころスル　ころころシタ子犬 毬(まり)がころころ転ガル　計画がころころ変ワル	
コロコロと	鈴(すず)がころころと鳴ル	
ころころと	ころころと肥ッタ(フト)子犬	
ころりと	ころりと転ガル　ころりと心変ワリスル	
ころっと	計画がころっと変ワル	

感性語	動詞及び用例
ごろごろ 　ゴロゴロ 　ゴロゴロと	ごろごろスル　畳の上でごろごろスル　秀才がごろごろイル 目にごみが入りごろごろスル さっきから雷がごろごろ鳴ッテイル　腹がごろごろイウ 台車をごろごろと押シテ行ク
こんこん 　コンコン 　コンコンと	雪がこんこん降ル 狐がこんこん鳴ク こんこんと咳ヲスル
ごんごん 　ゴンゴンと 　ゴーンゴーンと	お寺の鐘がごんごんと鳴り響ク お寺の鐘がごーんごーんと鳴り響ク
ざあざあ 　ザアザアと 　ザンザン	雨がざあざあと降ル 雨がざんざん降ル
ざっと 　ザット 　ザアッと	袋から米がざっと溢(コボ)レタ 袋から米がざあっと溢(コボ)レタ
さばさば	さばさばスル　宿題が終わりさばさばシタ
さらさら 　さらさらと 　サラサラ	さらさらスル　さらさらシタ髪 答案をさらさらと書イタ 小川の水がさらさら流レル　衣擦れの音がさらさらイウ
ざらざら 　ザラザラと	ざらざらスル　ざらざらシタ肌　ざらざら耳障リナ声 袋の豆がざらざらと溢(コボ)レ落チタ
ざわざわ 　ざわざわと 　ザワザワと	開幕前で会場はざわざわシテイタ ざわざわと鳥肌ガ立ッタ 強い風を受け木の葉がざわざわと鳴ッテイル
しくしく	しくしくスル　しくしく泣ク 歯がしくしく痛ム
じくじく 　じくじくと	じくじくスル　おできのところがじくじくシテイル 水がじくじくと滲ミ込ム
しとしと	雨がしとしと降ル
じとじと 　じとじとと	じとじとと汗バム
しゃあしゃあ	

しゃあしゃあと シャアシャア	しゃあしゃあとシタ顔で大嘘をつく しゃあしゃあ水が漏レテイル	
じゃあじゃあ ジャアジャア ジャアっと	無駄な水をじゃあじゃあ流ス 一度，水をじゃあっと掛ケ流シテください	
しゃぶしゃぶ シャブシャブ	しゃぶしゃぶススギ洗イシテください	
じゃぶじゃぶ ジャブジャブ	シャツはじゃぶじゃぶ水洗イシテください	
しょぼしょぼ しょぼしょぼと	目がしょぼしょぼスル　雨がしょぼしょぼ降ル しょぼしょぼとシタ後ろ姿	
じろじろ じろっじろっと	じろじろ見ラレル じろっじろっと見ル	
じわじわ じわじわと	汗がじわじわ吹キ出ル 敵がじわじわと押シ寄セテクル	
すいすい すいすいと	すいすい仕事のハカガユク 小学生がすいすい泳イデイル 車がすいすいと通リ過ギル	
すうすう スウスウ すうすう	すうすうスル　すうすうシテイル 隙間風がすうすう入ル（ハイ）　すうすう寝息ヲ立テテ寝ている 背中がすうすうスル	
ずきずき ずきんずきん ずっきんずっきん	ずきずきスル　頭がずきずきスル／痛ム 頭がずきんずきん痛ム 頭がずっきんずっきん痛ム	
ずけずけ	言いにくい事をずけずけ言ウ	
すごすご すごすごと	肩を落としてすごすご帰ッテイッタ すごすごと引キ下ガッタ	
すたすた すたすたと	すたすた歩ク すたすたと歩ク	
ずたずた ずたずたに ずったずっただ	ずたずた切リ刻ム ずたずたに切リ刻ム 身も心もずたずたにサレタ 大地震で交通網はずったずっただ	

感性語	動詞及び用例
すぱすぱ	草をすぱすぱ切ッテイク
	手際良くすぱすぱ処理スル
	タバコをすぱすぱ吸ウ
すっぱり	すっぱり切リ離ス
	すっぱり別レル　すっぱり諦メル　すっぱり断ル
すぱっと	すぱっと切リ離ス　すぱっと決メテシマウ
ずばずば	縄をずばずば切ル
	相手の痛いところをずばずば指摘スル
ずばり	ずばり切リ裂ク　ずばり的中シタ
ずばりと	ずばりと言イ当テタ
すべすべ	すべすべスル　この石鹸で洗うと肌がすべすべスル
すやすや	すやすや寝テイル
すらすら	すらすら答エル
すらすらと	すらすらと答エル
すらりと	すらりとシタ女　刀をすらりと抜ク　難問にすらりと答エタ
すらっと	すらっとシタ女
ずらずら	隠し事があとからあとからずらずら出テキタ
ずらりと	来賓がずらりと列席シテイル
ずらっと	ずらっと並ベラレタ商品
ずるずる	ずるずる後退スル
ずるずると	不利なことは結論をずるずると引キ伸バセ
ズルズル	鼻水をずるずるススリ上ゲル
ずるりと	坂道で足を取られずるりと滑ッタ　コンニャクがずるりと落チタ
ずるっと	坂道で足を取られずるっと滑ッタ
ぞくぞく	ぞくぞくスル　寒気で背筋がぞくぞくスル
	期待が膨らみぞくぞくスル
そよそよ	風がそよそよ吹ク　髪の毛が風でそよそよ靡ク
そろそろ	そろそろ歩ク
そろりそろりと	そろりそろりと歩ク
そろっと	そろっと歩ク
ぞろぞろ	ぞろぞろ歩イテイル　会場から人がぞろぞろ出テクル
ぞろぞろと	着物をぞろぞろと引キズッテあるく
ぞろっと	子供たちをぞろっと引キ連レテ来タ
	着物をだらしなくぞろっと着流シテ歩く

そわそわ 　そわそわと	そわそわスル　落ち着きを失い，そわそわスル 合格通知をそわそわと待ツ	
たぷたぷ 　タプタプ 　たっぷり	洗面器でお湯がたぷたぷシテイル 海苔をたっぷり振リ掛ケル	
だぶだぶ 　だぶだぶに 　だぶだぶだ	ビールを飲み過ぎ腹がだぶだぶにナル 兄からもらった服はだぶだぶだ	
たらたら 　たらりたらりと	汗がたらたら流レル　不平たらたら 脂汗(あぶらあせ)をたらりたらりと流ス	
だらだら 　 　だらだらと 　だらりと 　だらっと 　だらんと	だらだらスル　することが無くだらだらシテイル 汗がだらだら流レル　勉強をだらだらヤル だらだらとシタ坂道　応援演説がだらだらと続イタ 腕をだらりと下ゲル 腕をだらっと下ゲル 洗濯物がだらんと干シテアッタ　口をだらんと開ケテイル	
ちゃらちゃら 　チャラチャラ	ちゃらちゃらスル　ちゃらちゃらシタ女　ちゃらちゃらシャベル 小銭をちゃらちゃら言ワセタ	
ちょきちょき 　チョキチョキと 　チョキンチョキン	ちょきちょきスル 髪の毛を鋏(はさみ)でちょきちょきと切ル 髪の毛を鋏(はさみ)でちょきんちょきん切ル	
ちょこちょこ 　 　ちょっこり 　ちょこっと 　ちょこんと 　ちょこなんと 　ちょこまか	ちょこちょこスル　子供がちょこちょこ走リ出ル 最近は街で幼馴染みとちょこちょこ出会ウ 寄り合いにちょっこり顔ヲ出ス 寄り合いにちょこっと顔ヲ出ス 子供が一人ちょこんと座ッテイタ 子供が一人ちょこなんと座ッテイタ ちょこまかスル　子供たちがちょこまか目まぐるしく動キ回ル	
ちょぼちょぼ 　ちょぼちょぼと 　ちょぼちょぼだ	小さい点がちょぼちょぼと打ッテアル お店の方はちょぼちょぼだ	
ちょろちょろ 　 　チョロチョロと 　ちょろりと 　ちょろっと	ちょろちょろスル　コマネズミがちょろちょろ動キ回ッテイル 暖炉で火がちょろちょろ燃エテイタ 細い川に水がちょろちょろ流レテイル 水がちょろりと流レタ　秘密がちょろりと漏レ出ル つい本音をちょろっと言ッテシマッタ	

感　性　語	動　詞　及　び　用　例
つるつる 　ツルツルと 　つるんつるんと	つるつるスル　道路が凍り付いてつるつるスル　つるつるシタ肌 蕎麦(そば)をつるつると啜(スス)ル 道路が凍結してつるんつるんと滑(スベ)ル
つんつん 　　 　つんと	つんつんスル　つんつんシタ態度で客をあしらった 麦の穂がつんつん伸ビル　ワサビの香りが鼻につんつん来ル 麦の穂がつんと伸ビタ　ワサビの香りが鼻につんと来タ 不愛想(ぶあいそう)にもつんと横を向ク
でぶでぶ 　でぶでぶと 　でっぷり	でぶでぶスル　太ってでぶでぶシテイル でぶでぶと太ッテイル でっぷりシタ男　でっぷり太ッタ男
どきどき 　どきどきと 　どきんどきん	どきどきスル　緊張して胸がどきどきスル 心臓がどきどきと打ッ 心臓がどきんどきんシテ苦しい
どさどさ	棚の荷物がどさどさ落チタ 係官たちがどさどさ入リ込ンデ来タ
どしどし 　ドシドシと 　ドシンドシンと 　ドシンと 　どっしり 　どっしりと	どしどしスル　質問をどしどしスル　注文がどしどし来ル 力士がどしどしと歩イテ来タ 力士がどしんどしんと歩イテ来タ 尻餅をどしんと突イタ どっしりスル　どっしりシタ態度 どっしりと構エル
どすん 　ドスンと	 大きな荷物がどすんと落チタ
どぶん 　ドブンと 　ドブリと 　ドンブと	 川へどぶんと飛ビ込ンダ 川へどぶりと飛ビ込ンダ 川へどんぶと飛ビ込ンダ
とぼとぼ 　とぼとぼと	肩を落としてとぼとぼ帰ッテイッタ とぼとぼと歩ク
どやどや 　どやどやと	大勢の客がどやどや出テイッタ 大勢の客がどやどやと出テイッタ
とろとろ 　 　とろとろと 　とろりと	餡(あん)をとろとろ煮(ニ)詰メル　藁火(わらび)がとろとろ燃(モ)エテイル 車をとろとろ走ラセル こたつでとろとろと眠リ込ム とろりとシタ味　クリームをとろりと掛ケル

とろっと とろんと		こたつでついとろりとスル とろっとシタ味　クリームをとろっと掛ケル とろんとシタ目
どろどろ 　どろどろに 　どろりと 　どろっと 　どろんと 　ドロドロと 　ドロンドロンと		どろどろスル　どろどろシタ話／人間関係 道がぬかるんでどろどろにナル　靴がどろどろにナッタ 粘りを増し，どろりとナル 砂糖の塊がどろっと溶ケタ 忍者はどろんと消エタ 太鼓をどろどろと打ツ 太鼓をどろんどろんと打ツ
どんどん 　どんどんと 　ドンドン 　ドンドンと		事態がどんどん進ンデイク　どんどん歩ク　どんどん燃エル どんどんと読ミ進メル ドアをどんどん叩ク ドアをどんどんと叩ク音がする
どんより		どんよりスル　どんよりシタ目　どんより曇ル　どんより澱ム（ヨド）
にこにこ 　にこりと 　にこっと 　にっこり		にこにこスル　思わずにこにこシテシマッタ にこりと笑ウ　にこりともシナイ にこっと笑ウ　にこっと顔ヲ綻バセタ（ホコロ） にっこり笑ウ　にっこりスル
にょきにょき 　にょっきりと		タケノコがにょきにょき生エル　にょきにょき角ヲ出ス（ハ）（ツノダ） 富士山がにょっきりと聳エ立ッテイル（ソビ）
ぬめぬめ		ぬめぬめスル　ぬめぬめシタ肌触リ　ぬめぬめ滑ル（はだざわ）
ぬらぬら 　ぬらぬらと 　ぬらりと 　ぬらりくらりと		ぬらぬらスル　油でぬらぬらシタ皿（さら） 油でぬらぬらとスル　ぬらぬらとベトツク 油でぬらりとスル 取り押さえようとするが，ぬらりくらりと逃ゲ回ル
ぬるぬる 　ぬるぬると 　ぬるりと		ぬるぬるスル　脂汗でぬるぬるスル（あぶらあせ） ぬるぬると滑ル ぬるりと滑ル
ねちねち		ねちねちスル　飴で歯がねちねちスル　文句をねちねち言ウ（あめ）（は）（もんく） ねちねちシタ男
ねとねと 　ねっとり 　ねっとりと		ねとねとスル　ねとねとシタ納豆 ねっとりシタ感触 ねっとりと絡ミ付ク（カラ）
のこのこ		のこのこ顔ヲ出ス

感 性 語	動 詞 及 び 用 例
のしのし	熊がのしのし歩キ回ル
のっしのっしと	横綱がのっしのっしと土俵に上ガッタ
のそのそ	熊がのそのそ歩キ回ル
のそのそと	熊がのそのそと歩ク　昼過ぎにのそのそと起キダシタ
のっそり	部屋からのっそり出テクル
のっと	朝日がのっと出タ
のっぺり	のっぺりスル　のっぺりシタ顔
のっぺりと	のっぺりとシタ地形
のんびり	のんびりスル　のんびりシタ性格
のんびりと	のんびりと暮ラス
はきはき	はきはきスル　はきはきシタ子供　はきはき答エル
はきはきと	はきはきと答エル
ばきばき	
バキバキ	小枝をばきばき折リナガラ分け入った　ばきばき指を折ル
バキバキと	小枝をばきばきと折リナガラ分け入った　ばきばきと指を折ル
ぱくぱく	ぱくぱくスル　口をぱくぱくスル　ぱくぱく食ベル
	靴の底がぱくぱくスル
ぱくりと	口をぱくりと開ケテ飲み込んだ　傷口がぱくりと開イテイル
ぱくっと	口をぱくっと開ケテ飲む込んだ　傷口がぱくっと開イテイル
ぱっくりと	口を大きくぱっくりと開ケテ一口で食べた
ばたばた	ばたばたスル　引っ越し騒ぎで事務所がばたばたシテイル
ばたばたと	ばたばたと片付ケタ　追っ手たちが切られてばたばたと倒レタ
ばたりと	風で屛風がばたりと倒レタ
ばたんと	風で屛風がばたんと倒レタ
ばったり	風で屛風がばったり倒レタ
バタバタ	うちわでばたばた扇グ(アオ)
バタバタと	鳥がばたばたと飛ビ出シタ
バタンバタン	風で扉がばたんばたんシテイル
はっと	はっとスル　ミスを指摘されてはっとシタ　はっと目ガ覚メタ
ハッと	眼鏡に息をはっと掛ケタ
ハーッと	眼鏡に息をはーっと掛ケタ
ぱっと	ぱっとスル　あいつはぱっとシナイ奴だ　ぱっと飛ビ退イタ
	噂がぱっと広マッタ　忘年会を派手にぱっとヤル
ぱあっと	噂がぱあっと広マッタ　忘年会を派手にぱあっとヤル

はらはら 　はらはらと 　はらりと 　はらりはらりと	はらはらスル　谷底へ落ちやしないかとはらはらスル 落葉がはらはらと散ル　涙がはらはらと零レ落チル 髪がはらりと解ケタ　落葉がはらりと散ル 落葉がはらりはらりと散リカカル
ぱらぱら 　ぱらぱらと 　ぱらりと 　ぱらりぱらりと	小雨がぱらぱら降ル　豆をぱらぱら撒ク 小雨がぱらぱらと降ル　豆をぱらぱらと撒ク 扇をぱらりと開ク 扇をぱらりぱらりと開ク
ばらばら 　ばらばらと 　ばらばらに 　ばらばらだ 　ばらりと 　ばらんばらんだ	雹がばらばら降ル 大粒の雨がばらばらと降ル　小さな店がばらばらとアル 紐が切れて包みがばらばらにナル　一家がばらばらにナル 皆の意見がまとまらず，ばらばらだ 紐がばらりと切レタ 意見がまったくまとまらず，ばらんばらんだ
はりはり 　ハリハリと	大根の漬物をはりはりと食ベル
ぱりぱり 　パリパリ 　パリパリと 　ぱりぱりの	 沢庵をぱりぱり食ベル 沢庵をぱりぱりと食ベル 新調したぱりぱりの背広　ぱりぱりの江戸っ子
ばりばり 　バリバリ 　ばりばりと 　ばりばりの	ばりばり仕事スル 沢庵をばりばり食ベル　氷をばりばり割ル 紙をばりばりと破ル　ばりばりと仕事スル 彼はばりばりの現役ダ
ぱんぱん 　パンパン 　パンパンと 　ぱんぱんに	 ピストルをぱんぱん打チ合ウ 布団をぱんぱんと叩ク　柏手をぱんぱんと打ツ 足がぱんぱんに腫レテイル
ばんばん 　バンバンと	新著をばんばん出ス　意見をばんばん言ウ 板塀をばんばんと叩ク音がする
ぴかぴか 　ぴかぴかに 　ぴかぴかの 　ぴかりと 　ぴかりぴかりと 　ぴっかぴか	ぴかぴかスル　新人はぴかぴかシテイル 靴をぴかぴかに磨ク ぴかぴかの一年生 電光がぴかりと光ッタ 遠くで灯台がぴかりぴかりと光ッテイル ぴっかぴかの一年生　この靴ぴっかぴか

感性語	動詞及び用例
ひくひく	ひくひくスル　喉がひくひくスル　鼻をひくひくサセル
ひくひくと	ひくひくとシャクリ上ゲテ泣く
ひくりと	雛鳥(ひなどり)の目がひくりと動イタ
ひっくひっくと	ひっくひっくとしゃっくりをシタ
ぴくぴく	ぴくぴくスル　瞼(まぶた)がぴくぴくスル
ぴくりと	雛鳥(ひなどり)の目がぴくりと動イタ
ぴくっと	雛鳥(ひなどり)の目がぴくっと動イタ
びくびく	びくびくスル　恐ろしくてびくびくシテイル
びくびくと	釣竿にびくびと手応エガアル
びくりと	物音にびくりとシタ
びっくり	大きな物音でびっくりシタ
ひしひし	
ひしひしと	親の有り難さをひしひしと感ジテイル
ひっしりと	小家がひっしりと建チ並ンデイル
ぴしぴし	ぴしぴし指導スル
ピシピシ	小枝をぴしぴし折リナガラ藪へ分け入った
ピシピシと	小枝をぴしぴしと折リナガラ藪へ分け入った
ピシリと	小枝をぴしりと折ッタ　鞭でぴしりと打チ据エタ
ぴしぴしと	基本的技術をぴしぴしと教エ込ンダ
びしびし	交通違反はびしびし取リ締マル
びしびしと	不正をびしびしと摘発スル
びっしり	札束がびっしり詰メ込マレテイタ
びっしりだ	予定がびっしりだ
びしばし	受験勉強だ、びしばしヤル
ビシバシ	鞭(むち)でびしばし叩ク
ビシビシ	鞭(むち)でびしびし叩ク
ひそひそ	ひそひそ話ヲスル
ひそひそと	ひそひそと話ヲスル　ひそひそと相談スル
ひっそりと	夫婦二人でひっそりと住ンデイル　ひっそりと寝静マル
ひたひた	
ヒタヒタと	波が船板をひたひたと叩ク
ひたひたと	危険がひたひたと迫ッテクル
ひたひたに	出し汁をひたひたに注グ
ぴたぴた	
ピタピタ	ぴたぴた水が零(コボ)レル

ぴたと	風がぴたと止ンダ　予報はぴたと当タッタ	
ぴたり	風がぴたり止ンダ　予報はぴたり当タッタ	
ぴたりと	風がぴたりと止ンダ　予報はぴたりと当タッタ	
ぴったり	風がぴったり止ンダ　予報はぴったり当タッタ	
ぴちぴち	ぴちぴちスル　ぴちぴちシタ女子高校生	
ピチピチ	天麩羅油がぴちぴち跳ネル　鯉がぴちぴち跳ネ回ル	
ぴちぴちの	ぴちぴちのズボン	
ぴっちり	チップがぴっちり詰メ込ンデアル	
びちびち		
ビチビチ	泥沼から泡がびちびち吹キ出ル	
びっちり	池の表面はびっちり生エタ水草で覆われていた	
びっちりと	水草がびっちりと生エテイタ	
ぴちゃぴちゃ		
ピチャピチャ	子猫が水をぴちゃぴちゃ飲ンデイル　浅瀬をぴちゃぴちゃ渡ル	
ピチャリと	魚がぴちゃりと跳ネタ	
ピチャンと	魚がぴちゃんと跳ネタ	
ピッチャンと	魚がぴっちゃんと跳ネタ	
びちゃびちゃ	服が水でびちゃびちゃ	
びちゃびちゃの	びちゃびちゃの御飯	
びっちゃびちゃ	服が水でびっちゃびちゃ	
ひょいひょい	ひょいひょい顔ヲ出ス	
ひょいひょいと	ひょいひょいと身ヲカワス	
ひょいと	ひょいと出クワス　ひょいと飛ビ越エル	
ひらひら	ひらひらスル　落葉がひらひら舞イ散ル	
	手をひらひらサセル	
ひらひらの	ひらひらの布切れ	
ひらりと	牡丹の花びらがひらりと散ッタ　馬にひらりと跨ガル	
ひらりひらりと	桜のひらりひらりと散ル	
ぴらぴら	ポスターが風でぴらぴらシテイル	
びらびら	ポスターが風でびらびらシテイル　びらびらシタ服	
ふうふう		
フウフウ	粥をふうふう吹キ冷マス　忙しくてふうふうイッテイル	
ぶうぶう		
ブウブウ	クラクションをぶうぶう鳴ラス　ブウブウ文句ヲ言ウ	
ふかふか	ふかふかスル　ふかふかシタ布団	
ふかふかの	ふかふかの布団	

感性語	動詞及び用例
ぷかぷか プカプカ	煙草をぷかぷか吸ウ　川にゴミがぷかぷか浮イテイル ラッパをぷかぷか吹ク
ぶかぶか ブカブカ ぶかぶかの	ぶかぶかスル　ぶかぶかシタ畳　大きなゴミがぶかぶか浮カブ ラッパをぶかぶか鳴ラス ぶかぶかの靴／服
ぷくぷく プクプクと	ぷくぷく膨(フク)レル 川の表面に泡がぷくぷくと浮キ上ガル
ぶくぶく ブクブク ぶくぶくと ぶくぶくに	ぶくぶく太ッテイル 温泉がぶくぶく湧キダシタ　顔を水に入れぶくぶく音ヲ立テル ぶくぶくと太ル ぶくぶくに着脹(キブク)レル
ふらふら ふらふらと ふらりと	ふらふらスル　頭がふらふらスル　ふらふら歩キ回ル 将来についてふらふら迷ッテイル 考え無しに人の後をふらふらと付イテ行ク お年寄りがふらりと倒レタ　ふらりと立チ寄ッタ
ぶらぶら ぶらりと	ぶらぶらスル　定年後はぶらぶらシテイル 鉄棒にぶらりとブラ下ガッタ　ぶらりと本屋に立チ寄ッタ
ぷりぷり	ぷりぷりスル　ぷりぷりシタ肉 ぷりぷり怒ッテイル
ぶるぶる ブルブル ブルブルと	寒くて（怖くて）ぶるぶる震エル エンジンがぶるぶるイッテイル 車がぶるぶると走リ出ス
ふわふわ ふわふわと ふわりと ふうわりと ふんわりと	ふわふわスル　ふわふわシタ布団　ふわふわシタ気分 風船がふわふわと飛ンデイク 体がふわりと浮イタ　毛布をふわりと掛ケテクレタ 雪がふうわりと降ッテキタ 真綿でふんわりと包ミ込ム
ぷんぷん	ぷんぷんスル　香水の香りがぷんぷんスル ぷんぷん怒ッテイル
ぶんぶん ブンブン ブンブンと	 蚊がぶんぶん飛ンデイル バットをぶんぶんと振リ回ス
ぺこぺこ	薄い壁で指で押すとぺこぺこ凹(ヘコ)ンダ

	ペコペコと	みっともない，そうぺこぺこスルな
		ペットボトルをぺこぺことイワセル
	ぺこぺこだ	空腹でぺこぺこだ
	ぺこりと	ぺこりと頭ヲ下ゲタ
	ぺこんと	壁を押すとぺこんと凹(ヘコ)ンダ
	ぺっこんと	壁を押すとぺっこんと凹(ヘコ)ンダ
へたへた		
	へたへたと	気落ちしてへたへたとナル
ぺたぺた		ぺたぺたスル
	ぺたぺたと	たくさんのシールをぺたぺたと貼ル
	ぺたりと	シールをぺたりと貼ル　ぺたりと座リ込ム
	ぺたんと	シールをぺたんと貼ル
べたべた		べたべたスル　飴で手がべたべたスル　張り紙をべたべた貼ル
		他人の目の前でべたべたスルな
	べたりと	飴が手にべたりとツク　べたりと座ル　膏薬をべたりと貼ル
	べたっと	手にべたっとツク　べたっと座リ込ム　膏薬をべたっと貼ル
	べったりと	手にべったりとツク　べったりと座リ込ム　膏薬をべったりと貼ル
ぺちゃぺちゃ		ぺちゃぺちゃヤル　おしゃべりを何時までもぺちゃぺちゃヤッテイル
ペチャペチャ		子猫がミルクをぺちゃぺちゃ飲ム
		タオルを膝にぺちゃぺちゃと打チ付ケル
	ぺちゃっと	ぺちゃっと座リ込ム　ぺちゃっと潰(ツブ)レタ
	ぺちゃくちゃ	ぺちゃくちゃヤル　ぺちゃくちゃシャベル
		友達と何時までもぺちゃくちゃヤル
ペチャクチャ		ぺちゃくちゃ音ヲ立テテ食べる
	ぺちゃんと	風船がぺちゃんと潰(ツブ)レタ
へとへと		
	へとへとに	疲れてへとへとにナル
	へとへとだ	疲れてへとへとだ
べとべと		べとべとスル　汗でべとべとスル　べとべとクッツク
	べとべとと	べとべととクッツク
	べっとり	べっとりとクッツク
ぺらぺら		ぺらぺらスル　ぺらぺらシタ生地　ぺらぺらシャベル
		ぺらぺら説明スル　頁をぺらぺらメクル
	ぺらぺらの	ぺらぺらの生地
	ぺらぺらだ	彼は英語がぺらぺらだ

感性語	動詞及び用例
べらべら 　べらべらの	べらべらスル　べらべらシタ生地　べらべらシャベル べらべら説明スル べらべらの生地
へろへろ 　へろへろと	 矢がへろへろと飛ンデキタ
ぺろぺろ 　ぺろりと 　ぺろっと	ぺろぺろ舐(ナ)メル　ぺろぺろ舌ヲ出ス　ぺろぺろ食ベル ぺろりと舐(ナ)メル　ぺろりと舌ヲ出ス　ぺろりと食ベル ぺろっと舐(ナ)メル　ぺろっと舌ヲ出ス　ぺろっと食ベル
べろべろ 　べろべろに 　べろべろだ	べろべろ舐(ナ)メ回(マワ)ス べろべろにナルマデ飲ム 飲み過ぎてべろべろだ
ほかほか 　ほかほかに 　ほかほかの 　ほっかりと	ほかほかスル　体がほかほかスル 芋をほかほかにフカス ほかほかの弁当 ほっかりと暖カイ
ぽかぽか 　ポカポカ 　ポカポカと 　ぽかぽかと 　ぽかりと 　ぽかっと 　ぽかんと 　ぽっかり 　ぽかすか	ぽかぽかスル　体がぽかぽかスル　ぽかぽか暖カイ ぽかぽか殴(ナグ)ル ぽかぽかと殴(ナグ)ル ぽかぽかと暖カイ ぽかりと殴ル　ぽかりと口ヲ開ケル ぽかっと穴ガ開ク　ぽかっと口ヲ開ケル ぽかんとスル　ぽかんと口を開ケル ぽっかり浮カブ ぽかすか殴(ナグ)ラレル
ぼかぼか 　ぼかぼかと 　ぼかぼかに 　ぼかすか	 ぼかぼかと暖カイ風 ぼかぼかにナッタ布地 ぼかすか殴(ナグ)ラレル
ぽきぽき 　ポキポキ 　ポキポキと 　ポキンポキン 　ぽきりと 　ぽっきり	 枯れ枝をぽきぽき折ル 枯れ枝をぽきぽきと折ル 枯れ枝をぽきんぽきん折ル ぽきりと腰砕ケニナル ぽっきり腰砕ケニナル
ぼきぼき	

	ボキボキ	木の枝をぽきぽき折ル
	ボキボキと	木の枝をぽきぽき折ル
	ボキリと	大きな枝がぽきりと折レタ
	ボキッと	骨がぽきっと折レタ
	ボッキリ	骨がぽっきり折レタ
ほくほく		ほくほくスル　豊作でほくほくスル　ほくほくシタ芋　ほくほく喜ブ
	ほくほくと	ほくほくと笑ム
ぽくぽく		ぽくぽくスル　ぽくぽくシタ芋
	ぽくぽくと	埃っぽい道をぽくぽくと行ク　ぽくぽくと穴ガ開ク
	ぽくぽくに	道がぽくぽくに乾イテイル
	ぽくりと	線香がぽくりと折レル　昨日まで元気だった人がぽくりと死ヌ
		ぽくりと逝ク
	ぽっくり	ぽっくりスル　ぽっくりシタ芋　ぽっくり膨ランダ柳の芽
		線香がぽっくり折レル　昨日まで元気だった人がぽっくり逝ク
		馬がぽっくり, ぽっくり歩ク
	ぽっくりと	一つの記憶がぽっくりと浮カビアガル
	ポクポク	木魚をぽくぽく叩ク
ぼくぼく		ぼくぼくスル　砂地でぼくぼくスル　馬がぼくぼく歩ク
ぽこぽこ		嬉しさがぽこぽこ込ミ上ゲル　穴がぽこぽこ開イテイル
	ポコポコ	空き缶をぽこぽこ叩ク　風呂の水がぽこぽこ流レ落チル
	ポコポコと	ぽこぽこと歩ク
	ぽこり	ぽこり穴ガ開ク　ぽこり暇ガデキル
	ぽこっと	ぽこっと穴ガ開ク　ぽこっと暇ガデキル
	ぽっこり	青空がぽっこり見エル　背中がぽっこり窪(クボ)ンデイタ
		旧友がぽっこり訪レタ
ぼそぼそ		ぼそぼそスル　ぼそぼそシタパン
	ぼそぼそと	ぼそぼそとシタパン
	ボソボソ	ぼそぼそ話シテイル　ぼそぼそ噂スル
ぽたぽた		水がぽたぽた落チル　涙がぽたぽた落チル　椿の花がぽたぽた散ル
	ぽたりと	水がぽたりと落チル　涙がぽたりと落チル　椿の花がぽたりと散ル
	ポタポタ	掌(てのひら)で顎(あご)をぽたぽた叩ク
ぼたぼた		天井から水がぼたぼた落チル　雪がぼたぼた降ル
ぽちぽち		雨がぽちぽち落チテキタ　雨が顔にぽちぽちアタル
		仕事をぽちぽちヤル　穴があちこちにぽちぽち空イテイル
	ぽちぽちと	ぽちぽちと拾イ読ミヲスル

感性語	動詞及び用例
ぽちぽち 　ぽちぽちだ	仕事をぽちぽち始メルか　ぽちぽち行クか　ぽちぽち昼ニナル 穴があちこちにぽちぽち空ク 商売の方はぽちぽちデス
ぽちゃぽちゃ 　ぽちゃっと 　ポチャポチャ 　ポチャンと	ぽちゃぽちゃスル　ぽちゃぽちゃシタ女　ぽちゃぽちゃ肥ル(フト) ぽちゃっとスル　ぽちゃっとシタ体付き 水の音をぽちゃぽちゃサセル カエルが池にぽちゃんと飛ビ込ンダ
ほっ 　ホッと	ほっとスル　やっと合格してほっとシタ ほっと息ヲ吐ク(は)　ほっと一息吐ク(つ)
ほっほっ 　ホッホッと	息が切れたのかほっほっと言ッテイル　ほっほっと笑ウ
ぽっぽ 　ぽっぽと 　ポッポと	ぽっぽスル　顔が火照ってぽっぽスル(ほて) 火がぽっぽと燃エ上ガル　湯気がぽっぽと立ツ ぽっぽとスル　顔が火照ってぽっぽとスル(ほて) 鳩がぽっぽと鳴ク　汽車がぽっぽと走ル
ぽっぽっ 　ぽっぽっと	顔がぽっぽっと火照ル(ホテ)　汽車がぽっぽっと煙ヲ出シテ走る
ぽつぽつ 　ぽつぽつと 　ぽつりと 　ぽつんと 　ぽっつり 　ぽっつんと	穴がぽつぽつ空ク　仕事をぽつぽつヤル　話をぽつぽつ切ル 雨がぽつぽつ降リ出シタ 私鉄の沿線に民家がぽつぽつと建チ始メタ 雨粒が顔にぽつりとアタッタ　穴がぽつりと空ク　ぽつりとツブヤク 家が一軒ぽつりと建ッテイタ　話がぽつりと中断シタ 家が一軒ぽつんと建ッテイタ　話がぽつんと中断シタ 遠くに灯がぽつんと見エル(あかり) 大粒の雨が顔にぽっつりとアタッタ　穴がぽっつりと空ク ぽっつり一人で座ッテイタ　遠くに灯がぽっつり見エル(あかり) 大粒の雨が顔にぽっつんとアタッタ　穴がぽっつんと空ク
ぽっぽっ 　ボッボッと	釜の火がぽっぽっと燃エル
ぼつぼつ 　ボツボツと	穴があちこちにぼつぼつ空ク　雨がぼつぼつ降ッテキタ 仕事をぼつぼつ始メルか　ぼつぼつ昼ニナル 溝川の底から泡がぼつぼつと浮キアガル(どぶがわ)
ぽとぽと 　ぽとりと 　ポトポト	ぽとぽと水が垂レル　足から血が出てぽとぽと落チル ぽとりと水が垂レタ 水が垂れているのか，ぽとぽと音ガスル

付録

ぽとぽと ボトボトと	ぽとぽと水が垂レル　足から血がぽとぽと落チル 戸をぽとぽとと叩ク	
ほやほや ほやほやと	出来たてのほやほや　新婚ほやほや ほやほやと柔ラカナ肌	
ぽやぽや	ぽやぽやスル　毛が薄くてぽやぽやシテイル	
ぼやぼや ぼやぼやと ぼんやりと	ぼやぼやスル　ぼやぼやシテ車に轢(ヒ)カレタ 髪の毛がぼやぼやと生エテイル 街頭の光でぼんやり見エタ	
ほろほろ ホロホロと ほろりと ほろっと	山吹がほろほろ散ル　涙がほろほろ落チル 山鳩がほろほろと鳴ク 牡丹の花びらがほろりと落チタ　涙がほろりと落チタ 子供の話にほろりとナッタ 子供の話にほろっとナッタ	
ぽろぽろ ぽろりと ぽろっと	ぽろぽろスル　ぽろぽろシタ御飯　涙をぽろぽろ零(コボ)ス 涙がぽろりと落チタ 涙がぽろっと落チタ	
ぼろぼろ ぼろぼろに ぼろぼろの ぼろりと ぼろっと	ぼろぼろスル　ぼろぼろシタ麦飯　涙をぼろぼろ流ス 着古してぼろぼろにナッタ服 ぼろぼろの服 歯がぼろりと抜ケタ 歯がぼろっと抜ケタ	
まごまご まごまごと	まごまごスル　道に迷いまごまごスル まごまごと眼鏡ヲ探ス	
みしみし ミシミシと みっしり みっちり	廊下をみしみし歩ク 廊下をみしみしと歩ク スケジュールがみっしり詰マッテイル スケジュールがみっちり詰マッテイル　みっちり仕込ム	
むかむか むかむかと	むかむかスル　胃がむかむかスル　不愉快でむかむかスル 欲望がむかむかと頭を擡(モタ)ゲタ　むかむかと腹ガ立ツ	
むがむが ムガムガ	奥歯に物が挟まりむがむが言ッテイル	
むくむく むくむくと むっくり	むくむくスル　むくむくシタ子犬　毛がむくむく生エテイル むくむくと肥ル　むくむくと起キ上ガル　雲がむくむく湧ク むっくり起キ上ガル	

感性語	動詞及び用例
むしゃむしゃ 　むしゃくしゃ	むしゃむしゃスル　髭がむしゃむしゃシテイル　むしゃむしゃ食ウ 髪の毛ががむしゃむしゃ生エテイル 不愉快でむしゃくしゃスル
むじゃむじゃ	むじゃむじゃスル　髭がむじゃむじゃシテイル
むずむず	むずむずスル　腕がむずむずスル　足の裏がむずむずスル
むすっと 　むすっと	むすっとスル　親父はいつもむすっとシテイル むすっと黙リ込ンダ
むちむち 　むっちりと	むちむちスル　むちむちシタ身体 むっちりとスル　むっちりとシテ愛らしい乳首
むっと	むっとスル　締め切ってむっとスル部屋　怒りでむっとシタ顔 唇をむっと引キ結ブ
むっつり	むっつりスル　不機嫌にむっつりシテイル　むっつり押シ黙ル
めきめき 　めっきり 　メキメキと	めきめき上達シタ 最近父はめっきり老ケタ 大きな枝がめきめきと折レタ
めちゃめちゃ 　めちゃめちゃに 　めちゃめちゃだ 　めちゃくちゃに 　めっちゃくちゃだ	壊れてめちゅめちゃにナッタ なにもかも壊れてめちゃめちゃだ めちゃくちゃに壊レタ すべていい加減でめっちゃくちゃだ
めらめら	めらめら燃エル　嫉妬の炎をめらめら燃ヤス
めりめり 　メリメリと	大きな枝がめりめりと折レタ
めろめろ 　めろめろだ	祖父は初孫にめろめろだ
もがもが 　モガモガ	口をもがもがサシテイル 口の中でもがもが言ッテイタ
もくもく 　もくもくと	煙突から煙がもくもく出ル　もくもく動ク 煙突から煙がもくもくと出ル　雲がもくもくと湧ク
もぐもぐ 　モグモグ	もぐもぐ食ベル 口の中でもぐもぐ言ウ
もさもさ 　もさもさと	もさもさスル　髪の毛が伸びもさもさシタ　草がもさもさ生エル もさもさと食ベテイタ　もさもさと歩ク

もそもそ 　もそもそと 　もそりと	もそもそ動キ回ル　飯をもそもそ食ウ もそもそと動キ回ル　飯をもそもそと食ウ 部屋からもそりと出ル	
もぞもぞ 　もぞもぞと	もぞもぞスル　部屋の中で独りもぞもぞシテイタ 虫がもぞもぞと這イ出シタ	
もやもや	もやもやスル　煙がもやもやスル　もやもやシタ気分	
もりもり 　もりもりと	もりもり仕事スル 山羊が青草をもりもり食ベル　海草をもりもり食ウ	
やわやわ 　やわやわと 　やんわりと	やわやわスル　餅がやわやわシテイル間 やわやわと説キ起コス やんわりと注意スル　やんわり口ヲ利ク	
ゆらゆら 　ゆらりと	ゆらゆらスル　体がゆらゆらスル　考えがゆらゆらスル 大木がゆらりと揺レタ　腰をゆらりと下ロス	
よたよた 　よたよたと	よたよたスル　よたよた歩ク よたよたと進ミ出ル	
よちよち	よちよちスル　よちよち歩ク　よちよち登ル	
よぼよぼ 　よぼよぼの	よぼよぼスル　よぼよぼ歩ク よぼよぼの老人	
よろよろ 　よろよろと 　よろりと	よろよろスル　よろよろ歩ク よろよろとスル　よろよろとシタ老人 よろりとヨロメク	
わあわあ 　ワアワア	わあわあ泣ク　わあわう言ウ	
わいわい 　ワイワイ 　ワイワイと	わいわい言ウ　わいわい騒グ　わいわい責メ立テル わいわいと騒グ	
わくわく	わくわくスル　期待に胸がわくわくスル	
わなわな	わなわなスル　体が興奮でわなわな震エタ	

索　引

術語キーワード
語彙キーワード
——————————
事　項　索　引
人　名　索　引
文　献　索　引

術語キーワード

ア 行

挨拶　390
愛称　206, 325
あいづち表現　77
相手尊重語　155
相反する情報　342
曖昧性　6
曖昧表現　39
悪態　318
アクチオンザルト　299
アスペクト　299
あたかも表現　241
渾名　206, 325, 390
訛える　383
改まり　270
アル：ナイ型　230
アル：ナイ非対称型　230
暗示的引用　21
暗喩　331

言い聞かせ　262
言いさし表現　39, 193
言いよどみ　252
依拠格補足語　201
意志　11
意志的な動作行為　376
意志動詞　309
異時同図法　193
一語文　133
一時的状態　10
一辞文　16
一定の時間帯　303
一点文　16
一般的当為表現　290
意味の包含関係　331
依頼　20, 69, 121, 126, 375
イル：イナイ型　230
隠語　193
陰題　242

イントネーション　49, 72, 311, 351
引喩　21
隠喩　331
隠喩的慣用句　84
隠喩的命名　391
引用格　21
引用動詞　21, 174
引用法　21
引用話法　21

受身文　25
迂言法　39
動きの開始　299
動きの継続　299
動きの進行中　299
有情物　230
有情物存在主文　230
打消　30, 158
打消意志　11
打消仮定言いさし型懸念表現　151
打消疑問型懸念表現　151
打消疑問文　83
打消除外対象とりたて　305
打消推量　11, 28, 30
打消接続　30
ウナギ文　224
埋め込み疑問文　313

婉曲化　39
婉曲の助動詞　39
婉曲表現　113
遠称　170

追い書き　342
応答表現　77
押し付け使役文　163
追而書　342
オノマトペ　101

オル：オラン型　230
恩恵　177

カ 行

下位　238
概言的表現　254
開始局面　123
回数　339
解説部　224, 242, 367
蓋然性の可能　62
係助詞　224
係助詞ガ　242
格言　84
確言的表現　254
格助詞　51
格助詞ガ　242
確定（既定）表現　189
確認要求　49, 109, 311
掛け声表現　77
過去　158, 299
過去形　55
仮想懸念の助詞　151
家族名称　391
カッコ書き　313
仮定条件　303
仮定条件文　133, 139
仮定題目　242
仮定表現　189
仮定表現＋イイ　83
可能形　62
可能性判断　207
可能動詞　174, 292, 388
ガハ構文　367
感覚感情動詞　105
感覚形容詞　273
感覚主　224
感覚的・具体的描写　101
完結型　115
勧告　69
漢語系数詞＋番　184

感情形状部位文　133
感情形容詞　72, 273, 277
感情形容詞文　133
感情形容動詞文　139
感情主　133, 139, 224
感情主限定文　133, 139
感情評価形状部位文　139
完成相　299
間接引用　21
間接引用話法　21
間接受身　25
間接疑問文　109
間接使役　163
完全形容詞文　133
完全形容動詞文　139
完全当為文　290
喚体句　10
観点用法　250
感動詞　72
感動詞一語文　16
漢文訓読　281
願望主　224
願望表現　105
喚喩　35, 331
勧誘　11, 69, 79
勧誘形　83
換喩的命名　391
慣用音　84
慣用句　84
慣用字　84
完了　90, 130, 158
完了状態　90

記憶確認　10
期間　303
聞き手に対するムード　212
希求動詞　96
希求表現　105
帰結　212
擬似一語文　16
擬似繋辞ダケ型文　367
擬似象鼻文　224
擬似無主語文　363
基準限定形容詞文　133
基準限定形容動詞文　139

基準とりたて　305
擬人法　331
擬人法的使役文　163
擬声語　101
鍵文（キーセンテンス）　230, 292
期待形容動詞　103
擬態語　101
期待助詞　103
期待対象　103
期待通りの結果　103
期待に背く結果　103
期待はずれ　158
期待副詞　103
起着文　133, 139
起点格主語構文　388
起点格補足語　201
喜怒哀楽　72
擬物法　331
希望　79
希望助詞　105
基本配列順序　201
基本文型　16, 133, 139, 230, 292, 367
決まり文句　380
疑問詞疑問文　109
疑問的挿入句　313
疑問表出　109
逆説　113
逆接　189
逆接確定　114
逆接仮定　114
逆包摂関係　35
逆包摂文　367
共格補足語　201
共起　59
共起制限　116
共存制限　116
共存制限破り　113, 331
強調とりたて　305
強調とりたて副詞　305
強調副詞　305
共同文　133, 139
許可与え　120, 121
許可求め　120, 121

許容　120
金言　84
禁止　69
禁止表現　290
近称　170
近接関係　35, 224, 331
近接文（ウナギ文）　367

苦情　348
具体個別形容詞文　133
具体個別形容動詞文　139

経験　130
傾向主体　128
傾向情報　128
傾向接尾辞　128
傾向動詞　128
傾向副詞　128
警告　69
繋辞ガ型文　367
形式副詞　376
形式名詞　303, 376
形式名詞＋判定詞「だ・である・です」　212
繋辞零型文（二語文）　367
繋辞ハ型文　367
形状形容詞　273, 277
形状形容詞文　133
形状形容動詞文　139
継続状態　130
継続相　299
敬体　278, 351
軽卑表現　238, 318
経由格補足語　201
形容詞慣用句　84
形容詞・形容動詞一語文　16
形容動詞　277
計量構文　273
経歴　130
結果持続　123
結果状態　130
結果情報　144
結果接続詞　144
結果の状態　299
結果予告節形成名詞　144

結果予告副詞　144
結果連語　144
結句反復　319
懸念の動詞　151
懸念の副詞　151
原因　183, 201
原因・過程情報　144
言及題目　242
言語場面　380
言語反応要求型　351
現在　299
謙譲語　155, 169, 344
謙譲表現　238
顕題　242
限定とりたて　305
限定とりたての接尾辞　305
現場指示　170

語彙的曖昧性　39
語彙的制限　116
行為　378
行為状態の複数（反復）　345
皇室報道敬語　217
恒常（一般）条件　189
合説　242
行動　250, 378
行動分野　250
構文的曖昧性　35, 39
後方指示　170
後方照応　185
考慮結果　199
考慮対象　199
呼応　59
故事成句　84
故実読み　84
呼称　391
個人訂正　268
コソアド　170
コソアド語　275
コソアド対表現　170
事柄性名詞句修飾　395
事柄の複数　345
子供遊び歌　116
ことわざ　84
コピー　116

個別的当為表現　290
語末母音の長音化　316
固有名詞　275

サ　行

最上級文　133, 139
最大限　157
最中　303
最低限　157
サ入れ言葉　163
削除　185, 193, 363
思惟内容文　133
使役受身文　163
使役格補足語　201
使役動詞　163
時格補足語　201
資格用法　250
時間　158
時間概念　303
時期限定　303
自敬表現　217, 318
志向動詞　378
自己完結型　351
自己卑下語　155
自己卑下表現　344
指示語　170, 275
指示語代名詞系添加接続詞　281
指示語副詞系添加接続詞　281
指示語連体詞系添加接続詞　281
指示代名詞　345
指示表現　206
自称詞　391
指示領域　170
事態実現の仮想　220
事態に対するムード　212
実質名詞　185
質問　109
時点　303
自動詞使役文　163
自動詞文　25
品定め文　367
自発　174

謝罪　348
ジャワ語　217
習慣　130
終結局面　123
終止形命令　373
修飾用法　292
終助詞　206
修復　268
終了　299
受益表現　177
主格　51
主格主語構文　388
主格の優位性　185
主格補足語　201
首句反復　319
主語の省略　193
授受表現　177
主体　309
手段格主語構文　388
手段格補足語　201
述語修飾構文　305
述部　201
純粋題説構文　242
純粋とりたて副詞　305
順接　189
順接確定　183
順接仮定　183
上位　238
上位待遇　228
照応　185
照応関係　185
照応形　185
状況の可能　62
上下関係　238
条件　360, 376
条件接続　216
畳語　319, 345
畳語法　319
状態　303
常体　278, 351
状態格補足語　201
状態持続　123
状態主　133, 139
状態性名詞句修飾　395
状態性用言修飾　395

状態動詞　292
小題目　224
状動自動詞　292
状動他動詞　292
省筆　193
譲歩　382
慫慂　79
省略　363
省略の根本原則　193
省略文説　35
省略法　193
少量累加副詞　395
除外形式名詞　199
除外形容動詞　199
除外接尾辞　199
除外対象　199
除外動詞　199
除外副詞　199
除外連語　199
職業名称　390
助言　264
助詞一辞文　16
叙述　16, 201, 242
叙述形容詞文　201
叙述形容動詞文　201
叙述構文　363
叙述存在詞文　201
叙述態度　201, 242
叙述動詞文　201
叙述内容　201, 242
叙述用法　292
処世訓　84
女性ことば　325
所動詞　25
助動詞一辞文　16
助動詞の連体形　275
叙部　201
親愛表現　3, 318, 325
真偽疑問文　109
箴言　84
進行状態　130
真性一語文　16
真性無主語文　363
親疎関係　238
親族名称　390, 391

人物呼称　391
人物呼称不変換　391
人名　3
推定　59
推量　11, 59, 207
推量表現型懸念表現　151
推論　212
数量詞　275
数量詞修飾　395
請求　383
成句　84
接続詞　216, 319
接続詞一語文　16
接続助詞　216
接続表現　281, 398
絶対敬語　169, 217
説得　79
接尾辞　344
接尾辞一辞文　16
説明　212, 257
先行詞　185, 257
潜在実質名詞　185
潜在主語　363
前辞反復　319
漸層法　319
全体否定　30
選択　219
選択疑問文　109
選択制限　116
選択的情報　342
前提集合　219
前方指示　170
前方照応　185

想起　220
想起確認　220
想起の副詞　222
総主構文　224, 242
荘重体　169
相対敬語　217
挿入句　312, 313
象鼻文　224, 242
促進型　115

束縛性　185
尊敬語　169, 228, 344
尊敬表現　238
存在詞　254
存在主　230
存在動詞　292
存在場所　230
尊大表現　169, 238, 318
尊重語　228

タ　行

対格　51
対格補足語　201
対義結合（オクシモロン）
　　116, 248
体言　275
体言止め　6
第三者の受身　25
対者親愛語　206
題述文　242
対象　309
代称　39, 391
対象語　363
対象語格　51, 133
対象語格文　139
対称詞　391
対象部位文　133
対象物　133, 139
対照法　248
題説構文　224, 363, 367
大題目　224
大題目小題目　367
対置法　248
代動詞説　35
態度表明　250
対比　360
対比資格文　133, 139
対比状態文　133, 139
題目化　224, 242
題目部　224, 242, 367
題目部解説部型（題説構文）
　　133, 139
対立型　170
対話　391
多義的曖昧性　39

タクシス　299
夕形　292
多語文　133
「ダ」ストラテジー　193
ダ体　278
ただし書　342
立場　264
立場仮定形式　250
立場形式　250
立場用法　250
脱待遇　344
他動詞使役文　163
喩えられるもの　331
喩えるもの　331
玉葱型構造　201
ダレ型疑問文　230
短縮語　193
単純接続　216
単純程度副詞　273
単純添加　395
単純累加　395
男女差　6
単説　242
断定表現　266

地位名称　390, 391
遅延訂正　268
近い関係　397
チベット語　217
着点格補足語　201
中核動詞　292
忠告　69, 264
中止法　6
注釈　337, 360
中称　170
抽象一般形容詞文　133
抽象一般形容動詞文　139
抽象的変化表現　10
中断法　6
中途局面　123
中立叙述文　201
朝鮮語　217
直後　303
直後訂正　268
直接引用　21

直接引用話法　21
直接受身　25
直接疑問文　109
直接使役　163
直前　303
直喩　331
直喩的慣用句　84
直喩予告副詞　331
陳述　16, 201, 242
陳述副詞　72
沈黙文　193

対句　248
ッスマス体　278
綴字発音（文字読み）　84

テアル形　292
デアル体　278
提案　79
提案表現＋疑問文　83
定義対象　266
定義内容　266
提供　375
丁重　270
丁重語　155, 169, 270, 278
丁重体　278
丁重表現　238
程度強化副詞　395
程度とりたて　305
程度の度合いを表す用法　277
程度副詞　273
程度文　133, 139
程度名詞　273
程度用法　277
丁寧語　155, 278
丁寧さ　241
丁寧体　278
丁寧度　126
丁寧表現　238
提喩　331
テイル形　292
デスマス体　155, 278
添加　281, 395
添加接続詞　281
転換契機　399

転換の接続詞　222
テンス　299
天秤型構造　242
問い返し　10
同位　238
当為指標　290
当為性　290
同意要求　49
ドウ型疑問文　230, 292
道具格補足語　201
同語反復型慣用表現　84
動作継続　123
動作主体　376
同時　303
動詞一語文　16
動詞慣用句　84
動詞系添加接続詞　281
動詞述語文　201
ドウシテアル型疑問文　292
ドウシテイル型疑問文　230
ドウシテイル型問文　292
同種の情報　342
当然性　20, 375
動態動詞　292
倒置　360
撞着語法（オクシモロン）
　　116, 248
同定関係　35, 224
同定文　367
同列型　398
時の設定　299
特別丁寧体　278
独立成分　312, 313
独話　391
途中　303
ドノクライ型疑問文　230
取り立て強調の係助詞　224
取り立て強調表現　242
とりたて詞　305
とりたて焦点（フォーカス）
　　305
取り立て叙述文　201
とりたて範囲（スコープ）　305
とりたて副詞　305

とりたて副助詞　305

ナ 行

ナイのスコープ　30
内部確認　49, 311
内容格　21
内容格補足語　201
なお書　342
ナニ型疑問文　230
名前　390
ナンセンス　116
ナント型疑問文　230

西日本方言　217
二重否定　30
二人称敬称形　344
人間関係　238
認識の可能　62
人称　344
人称代名詞　21, 345, 390, 391
人称代名詞の複数形　391

念押し　49, 262

能動格補足語　201
能動詞　25
能力主　224
能力の可能　62
ノダ文　257

ハ 行

場　270
背後の事情　212
排他叙述文　201
排他とりたて　305
場所格補足語　201
派生語　84
発見（気づき）　220
発言動詞　21
発話継続表現　77
罵倒　318
罵倒悪態表現　3, 169, 206
話し手の判断　212
パーフェクト　90
パロル（個人的言語）性　380

範囲格補足語　201
反意捏造法　248
反語　113
反実仮想　96, 105
判断詞　254
判断主　133, 139
判断文　367
反復　130
反復型疑問文　230, 292
反復慣用句　84
反復修飾副詞　319
反復接尾語　319
反復態　319
反復副詞　128

比較級文　133, 139
比較構文　273
比較程度副詞　273
美化語　155, 206, 278, 325
非過去形　55
美化表現　238
比況　397
比況表現と推量表現　326
比況表現と例示表現　326
非言語行動　390
被使役格補足語　201
非情物　230
非情物存在主文　230
必須情報　342
必然　59
必然確定条件　153
否定　30
否定疑問文　30
否定対極表現　30
否定の応答詞　30
否定命令　126
人名詞　345, 363
被覆形　84
比喩　397
比喩指標　331
評価　250, 337
評価対象　250
評価対象部位文　139
表現の場　238
標準以下を表す用法　277

品位保持　325
頻度　339
頻度副詞　128

諷喩　331
不完全形容詞文　133
不完全形容動詞文　139
不完全叙述構文　242
不完全当為文　290
不期待副詞　103
復元可能　193
複合語　84
複合助詞　84
複合助動詞　84
複合動詞　84
副詞　101
副詞一語文　16
副詞系添加接続詞　281
副助詞　275
複数形　344
複数対称詞　391
複数名詞　363
複層的題目語　224
符号　351
不確かさを表す副詞　207
付着格補足語　201
不定詞　219
不定称　170
不定複数表現　345
部分否定　30, 158
不満　348
文章の動的理解　382
分説　242
文相当句　312
文体　270
文体的制限　116
文体の混用　351
文法の制限　116
文末決定性　351
文末表現と文体　351
文脈指示　170
分量副詞　273, 395
分量副詞修飾　395
分裂文説　35

平叙表現　242
平説　242
並立助詞　358
並立副詞　358
並立法　6
変形題説構文　242

方向格補足語　201
包摂関係　35
包摂文　367
ポライトネス　241
本歌取り　21
本動詞反復ストラテジー　193

マ　行

マスマス体　278

身内敬語　217
未完小説　6
未完了　158
見せ掛け使役文　163
未展開の文　193
見做し対象　362
見做し対象副詞　362
見做し動詞　362
見做し内容　362
見做し副詞　362
名目　84
名目読み　84
未来　158, 299

無意志動詞　309
無主語文　363
矛盾語法（オクシモロン）
　116, 248
無接続語　399
ムード的な用法　299

名詞一語文　16
名詞句修飾構文　305
名詞接続格助詞後続型　305
名詞接続格助詞不後続型　305
名詞用法　277
明喩　331
命令　11

命令形命令　373
命令（差し迫った要求）　220
迷惑の受身　25

申し出　375
黙説法（レティサンス）　193
目的　376
目的・目標形式　378
目的・目標内容　378
目標　376
モダリティ　72, 351
持ち主の受身　25
物名詞　345
モンタージュ説　35

ヤ　行

やり（あげ）もらい表現　177

融合型　170
有職読み　84
誘導型真偽疑問文　109

要求　126
要求格　292
用言の連体形　275
要請　383
与格主語構文　388
与格補足語　201
予期対象　103
予期通りの結果　103
予期に背く結果　103
予期副詞　103
予告副詞　273
余剰添加　395
余情表現　6
予測　382
呼び掛け語（独立部）述語型
　133, 139
呼び掛け表現　77
読み癖　84

ラ　行

ら抜き言葉　62
ラング（社会的言語）性　380

離点格補足語　201
略句　193
略語　193
略称　193
略題　242
略体の句　193
略題文　367
理由　183
理由格補足語　201
理由帰結　153
理由文　133, 139
料理文　363
輪郭不鮮明による曖昧性　39

累加　281, 395
累加添加副詞の整理　395
累加とりたて　305
累加副詞　273, 395
類似点　331
類例関係　305

例示とりたて　305
歴史的現在　55
列叙法　319
連語　84
連語系接続詞　281
連語形容詞　84
連語形容動詞　84
連語助詞　84
連語助動詞　84
連語動詞　84
連語副詞　84
連語名詞　84
連語連体詞　84
連体形命令　373
連体詞一語文　16
連用形命令　373

ワ　行

ハガ構文（題述文・総主構文・
　象鼻文）　224, 242, 367
話題親愛語　206
話題転換　399, 400
「ヲ」と「ガ」の交替　105

欧文

accumulation　319
allegory　331
ambiguity　39
anadiplosis　319
anaphor　185
anaphora　185, 319
anaphoric relation　185
antecender　185
climax　319
cohesion　185
ellipsis　185
epiphora　319
epizeuxis　319
face　241
ＦＴＡ　241
irony　113
kenning　39
metaphor　331
metonymy　331
negative politeness　241
paradox　113
peliphrasis　39
personification　331
positive politeness　241
reduplication　319
simile　331
substancial noun　185
synecdoche　331
vagueness　39

語彙キーワード

ア行

ア　77
アー　77, 316
アア　4, 43, 72, 77
アーア　77
アイダ　299, 303
アイダニ　299
アイニク　15, 337
アエテ　11, 362
アクマデ〜ゾ　11
挙ゲ句　144
挙ゲ句ノ果テ（ニ）　144
アゲル　177
アタカモ　326, 331, 397
アチ　77
アッ　77
アッチイケ　77
アト　342, 395
アトデ　158, 299
アトニ　299
アナガチ　30
アナタガタ　391
アノ　390
アノー　252, 316
アノウ　383, 390
アホ　77
アマツサエ　342
アマッサエ　342
アマリ　30, 122, 158, 273, 339
アマリニ　122
アマリニモ　122
アマリノ　122
アヤブマレル　151
アヤブム　151
アラ　77
アラカタ　354
アリガトウ　43, 71
アルイハ　59, 146, 207, 219, 358
歩キ歩キ　319
アレ　77
アレアレ　77
案ジラレル　146, 151
案ズル　151
アンマリ　122, 273
アンマリダ　122

イイ　309
イイエ　43, 111
言イ換エルト　5
イイゾ　77
イイデス　43
イイデスネ　43
言ウマデモナク　103
イエ　4, 43
イエー　77
以外ハ　199
イカナル　122
イカニ〜テモ　122
イカニモ〜ラシイ　285
イカン　92
行ク行ク　319
幾度モ　345
イクラカ　354
イクラナンデモ　329
イケ　54
イケナイ　77
イササカ　273
イササカモ　273
イザ知ラズ　199
イズレ　158, 219
イズレニセヨ　199
以前　158
イタ　77
イタダキマス　1
イタダク　177
イチ　54
一概ニ　158
一月　184
イチダント　395
イチニーノサン　54
一番目ニ　205
イツカ　158, 313
イッコウニ　158
イッセーノセ　54
イッソウ　273, 395
イッテキマス　1
イッテミレバ　316
イッテラッシャイ　1
イッパイ　354
一般化シテ言エバ　5
イッピ　184
イツモ　319, 339
イツモ、オ世話ニナッテオリマス　175
イマ　273, 395
イマダニ　158
イマニ　158
イヤ　4, 43, 77, 268
イヤダ　43
イヤハヤ　77
イラッシャイ　1
イラナイ　43
イワク　21
イワバ　398
イワンヤ　157

ウ 11, 83, 207	オエル 123	**カ　行**	彼 185
ウウン 43	オオ 72, 77		カン（間） 167
ウオ 77	オオカタ 39, 354	カ 37, 109, 358	考エテオキマス 43
ウジャナイカ 79, 83	オオゼイ 354	ガ 6, 51, 114, 189,	換言スレバ 5
ウソー 43	オカゲサマデ 1	224, 266, 305, 388	簡単ニ言エバ 5
ウチニ 303	オ～クダサル 177	顔負ケノ 331	頑トシテ 158
ウッ 77	オクヤミモウシアゲマ	カカル 123	ガンバッテ 1
ウト 114	ス 265	カケル 123	
ウネ 79	オ元気デスカ 1	カシコ 1	危惧サレル 146, 151
ウマイ 77, 116	オシ 77	カシコマリマシタ 43	危惧スル 151
ウヨ 79	オシマイニ 205	カシラ 39, 109	聞コエル 388
ウル 62	オ邪魔シマシタ 1	方 345	キット 28, 59, 207
ウレシイ 72	遅カレ早カレ 158	ガタイ 62, 309	気ニナル 151
ウワ 77	オソラク 28, 39, 59,	方々 345, 391	ギミ 128
ウワー 77	207	カタジケナイ 71	君タチ 391
ウン 4, 43, 77, 115	オソレガアル 146,	傾キガアル 128	キャ 77
ウーン 43, 77, 316	207	傾キニアル 128	キャー 77
ウーント 316	オソロシイ 116	ガチ 128	ギャッ 77
	オ互イ 185	カツ 281, 358	急啓 1
エ 77	オッ 77	カッテ 158	キライガアル 128
エ？ 43	オッテ 342	カナア 109	キル 123
エー 77, 316	オット 77	悲シイ 72	綺麗綺麗 319
エイ 54	オ手数デスガ 383	カナニカ 349	謹啓 1
エエ 4, 43, 115	オナジク 398	必ズ 59, 143	謹言 1
エエ？ 43	オ願イシタインデスガ	必ズシモ 30, 158	
エエッ！ 72	383	カナリ 273	ク 337
エッ 77	オノオノ 185, 391	カネエ 109	クサイ 331
エッサ 54	オノオノ方 391	カネル 62	クソ 77
エート 43, 77, 316	オハヨウ 1	可能性ガアル 207	クダサル 177
エル 62	オマエタチ 391	可能ダ 62	クライ 275, 305, 331
	オマエラ 391	カノヨウ 331	グライ 45, 275, 305
オ 77, 217, 325	オマケニ 342	カノヨウダ 326	クレル 177
オイ 72, 390	オメエラ 391	カマワナイ 347	クワバラクワバラ 77
オーイ 390	オメデトウ（ゴザイマ	噛ミ噛ミ 319	クン 3
オイオイ 77	ス） 181	カモ 151	
オイシイ 116	思イ思イ 319	カモシレナイ 39, 207	ゲー 77
オ～イタダク 177	オモニ 305	カモワカラナイ 207	敬具 1
オイテ 346	オヤ 77	ガユエニ 153	経験ガナイ 43
置イテオイテ 199	オヤオヤ 77	カラ 51, 153, 183,	傾向ガアル 128
置イテオキ 199	オヤスミ 1	189, 299, 388	啓上 1
オ祝イ申シ上ゲマス	オヨビ 281, 319, 358	カライウト 250	結果 144
181	オヨロコビ申シ上ゲマ	カライエバ 250	結局 144
オウ 43	ス 181	カラミテ 250	結構デス 43
オウオウニシテ 128	オワリニ 205	カラミルト 250	決シテ 30, 59, 158
オエー 77	オワル 123	仮ニ 362	ケド 6

ケニ 153
懸念 146
懸念サレル 146, 151
懸念スル 151
ケレド 6, 114
ケレドモ 6, 114, 189
ケン 153
検討シマス 43

ゴ 217, 325
ゴ（後） 167
ゴ〜イタダク 177
コウ 316
ゴ〜クダサル 177
心掛ケル 378
志ス 378
心ニ掛ケル 378
ゴシュウショウサマ 1, 265
コソ 305
ゴチソウサマ 1
コツコツ 319
コト 67, 373
コトガ可能ダ 62
コトガデキル 62
ゴトク 331
ゴトシ 326, 331
コトダ 212
コトトスル 362
コトナク 346
コトニ 305, 337
ゴトニ 319
コトニスル 362
コトニナッテイル 144
コトニナル 144
コトニヨルト 59, 207
コトノホカ 305
コトワル 43
コノタビハ（ザンネンナコトヲシマシタ） 265
コノヤロウ 77
困ッタナ 43
ゴ冥福ヲオ祈リ申シ上

ゲマス 265
ゴメンクダサイ 1
ゴメンナサイ 43, 175
コラ 390
コレ 383, 390
コンコン 319
コン 319
コンニチハ 1
コンバンハ 1

サ 行

サ 277
サア 43, 77, 79
サァ 54
最後ニ 205
最初ニ 205
幸イ 337
サエ 305
サカイ 153
サカンニ 339
サキホド 158
サシアゲル 177
サスガ 72, 103, 337
サスガダ 103
サスガニ 103
サスガノ 103
サスガハ 103
サセテイタダク 177
サセル 163
サセル（セサセル） 163
サゾ 207
サゾカシ 207
サッキ 158
サッパリ 158
サテ 54, 77, 399, 400
サテ置イテ 199
サテ置キ 199
サナガラ 331
サホド 30, 158
様 3
サム 77
サヨウナラ 1
サラニ 205, 281, 319, 395
サン 3

三番目ニ 205
シ 175
シー 77
強イテ 362
シオワル 299
シカ 305
シカシ 222
シカモ 281
ジキニ 158
シキリニ 339
仕事ガ忙シイ 43
事実 337
シジュウ 339
次第デ 92
シタガッテ 153, 183
シーッ 72
シッシッ 77
シツヅケル 299
失礼（イタシマシタ） 268
失礼シマス 1
シテ頂キタインデスガ 383
シテイル 55, 299
シテクダサイ 383
シテシマッタカラ 175
シテシマッタノダ 175
シテシマッタノデ 175
シテシマッテ 175
シテホシインデスガ 383
死ネ 77
シバシバ 128, 319, 339
シハジメル 299
自分 185
シマッタ 77
シメタ 77
ジャナイ 49
ジャナイカ 49, 109, 329

ジャナクテ 268
ジャッカン 354
ジュウイチニチ 184
シュウシ 339
ジュウブン 354
術語的ナ言イ方ヲスレバ 5
順々ニ 319
順番ニ 319
少々 354
状ノ 331
将来 158
除外シテ 199
所詮 144
ショッチュウ 339
心配 146
心配ガアル 151
心配サレル 146
心配ニナル 151
随分 273
スイマセン 175, 390
末 144
少ナクトモ 157
スゴイ 77, 116
少シ 273, 354
少シモ 30, 158, 273
ズツ 319
ズット 273
スデニ 158
スナワチ 5
ズニ 30, 346
ズニイル 130
スベテ 354
スミマセン 43, 71, 175
スミマセンガ 383
スラ 305
スル 299
スルト 183
セイゼイ 157
セッカク 15
絶対 143
絶対ニ 59

485　語彙キーワード

セテイタダク 177	281, 319, 342	ダケド 360	ダロウカ 109
セーノ 54	ソレゾレ 185	ダケニ 103	断ジテ 59, 158
ゼヒ 96, 105	ソレデ 43, 153, 183, 316	ダケノコトハアッテ 103	段々 319
ゼヒトモ 96, 105	ソレデハ 399	確カ 59	チェ 77
セメテ 157	ソレトモ 219	確カニ 59, 382	違ウ 43
セル 163	ソレナラ 183	多少 273, 354	チキショウ 77
全然 30, 158	ソレニ 205, 281, 342	ダス 123	チクショウ 77
ゼンブ 354	ソレニ関連シテ 342	タダ 342, 360	チットモ 158, 273
前略 1	ソレニ加エテ 205	タダシ 342, 360	チナミニ 342, 360, 398
	ソレニツケテ 342	タチ 344, 345	
ゾ 72, 143, 262	ソレバカリカ〜モ 281	タッケ 47, 220	チャン 3
ソウ 4, 43, 115, 158		タッタ 253	超 116
ソウイウワケデ 153	ソレハマズイデショウ 43	タッタ今 158	チョウド 167, 326, 331, 397
ソウイエバ 77, 92, 222	ソレホド 158, 273	タッテ 114, 189	直接 68
ソウカ 77, 222	ソロソロ 158	ダッテ 114, 189, 360	チョット 158, 253, 273, 354, 390
ソウシテ 281, 342		タップリ 354	
ソウスレバ 183	**タ 行**	例エバ 5, 362, 398	陳腐ナ言イ方ヲスレバ 5
ソウソウ 77, 115, 222		タトコロ 189	
草々 1	タ 47, 55, 90, 220, 373	タトコロデ 220	ツイタチ 184
ソウダ 39, 77, 222, 286, 385	ダ 6, 254, 266, 351	ダトシタラ 250	ツイデ 205, 281
	タイ 105	タトシテ 220	ツイデニ 342
ソウダ(ヨ)ネ(エ) 115	代案提示 43	タナラ 220	遂ニ 144
ソウデス 111	第一ニ 205	ダノ 358	次々ニ 319
ソウデスネ 115, 316	第三ニ 205	楽しい 72	次ニ 205
相当 273	大シタ 30	タビタビ 319, 339	ッケ 109, 220
ソコソコ 354	大シテ 30, 158	タビニ 319	都合ガツカナイ 43
ソコダ 54	タイソウ 273	タブン 28, 39, 59, 207	ッコナイ 28
ソコデ 183	ダイタイ 329, 354	タマエ 373	ツツアル 123, 130
ソシテ 205, 216, 281, 319, 342	タイト思ウ 105	タマニ 339	ツヅケル 123
	第二ニ 205	タメ 376	ッテ 21, 109, 286
ソシテマタ 358	タイブ 273	ダメダ 77	ツネニ 339
ソックリ 331, 354	タイヘン 273	タメニ 153, 376	ツマリ 5, 316
ソノー 316	絶エズ 339	タメニハ 376	ツマルトコロ 144
ソノ挙ゲ句(ニ) 144	タカ 220	タモノカ 220	ツモリダ 11
ソノウエ 281, 342	ダガ 360	タラ 183, 189, 220	ヅライ 309
ソノウチ 158	高イ高イ 319	タライイ 79, 83	
ソノ結果 144	タガイニ 68	タライカガ 79	テ 6, 216
ソラ 77	タカダカ 157	タラドウカ 79	デ 6, 43, 51, 153, 346, 388
ソーラ 77	タ形 299	タラナア 96, 105	
ソリャアモウ 43	ダカラ 153	タラヨイ 220	テアゲル 177
ソレ 54, 77	タガル 105	ダレカ 313	デアリマス 278, 351
ソーレ 54	タクサン 354	ダレモ 30	テアル 130, 299
ソレカラ 205, 216,	ダケ 305	ダロウ 39, 49, 207	
	ダケアッテ 103		

索 引

486

デアル 254, 266, 351	ト 21, 51, 69, 183, 189, 323, 358	トコロ 144, 303	**ナ 行**
テイク 123, 299		トコロダ 123, 303	
テイタダク 177	トイイ 69, 96, 105	トコロデ 303, 399, 400	ナ 37, 49, 126, 311, 373
テイテハ 69	トイイガ 146		
テイル 47, 90, 130, 319	トイウ 21, 286	トコロニ 303	ナア 37
	トイウ感ジダ 285	トコロヘ 303	ナイ 30
テオク 130	トイウコトダ 266, 286	トコロヲ 303	ナイカ 79, 83, 146
的 39		トシテ 99, 250	ナイカト 146
的ダ 285	トイウコトハ 266	トシテハ 99	ナイコトニシヨウ 79
的ナ 331	トイウ心配ガアル 146	トシマスカ 79	ナイシ 219
デキナイ 43	トイウモノハ 266	トショウカ 79	ナイダロウ 28, 39
デキル 62	トイウヨリモ 323	トスル 362	ナイデ 30, 346
デキレバ 383	トイケナイ 146	トスルカ 79	ナイデイル 130
テクダサル 177	ドウカ 313	トスレバ 250	ナイデオキマショウ 79
テクル 123, 299	ドウカスルト 128	ト大変 146	
テクレル 177	ドウシタ 43	ドチラ 219	ナイデクダサイ 126
テクレナイカ 79	ドウショウ 43	トックニ 158	ナイデクレ 126
デゴザイマス 278, 351	ドウセ 103	ドッコイショ 54	ナイデホシイ 126
テサシアゲル 177	当然 337	ドッサリ 354	ナイト 151
テシマウ 123, 299	同然 331, 397	ドッチ 219	ナイトイイガ 146
デス 254, 278, 351	ドウゾ 72	トッテモ 273	ナイハズダ 212
デスカラ 153	ドウゾオ気ヲツケテ 1	トテモ 30, 158, 273	ナイ方ガヨイ 79
テナラナイ 72		ト同時ニ 281	ナオ 342, 360
テハ 216	トウテイ 158	トドノツマリ 144	ナカッタラ 151
デハ 54, 399, 400	トウトウ 144	トニカク 199	ナカデモ 305
テハイカガ 79, 83	ドウニモ 158	トノコトダ 286	ナカナカ 158
テハイケナイ 126	ドウモ 59, 71, 175, 349	トハ 10, 266	ナガラ 337
テハダメダ 126		ト見倣ス 362	ナカンズク 219, 305
テハドウカ 79, 83	ドウヤラ 39, 59	トミマゴウ 331	ナクテ 30
テハナクテ 268	ト同ジクライ（グライ） 323	ドモ 344, 345	ナクテハイケナイ 290
テハナラナイ 126		トモカク 199	
デベソ 77	ト思ウ 207	トモカクトシテ 199	ナクテハ駄目ダ 290
テホシイ 96	トカ 39, 286	トモスレバ 128	ナクテモイイ 347
テメエラ 391	トカイウ 349	トヤラ 349	ナゲカワシイ 72
テモ 114, 157, 189, 216	ト書イテアル 21	努力スル 378	ナケレバ 151
	トキ 299, 303	取リ分ケ 305	ナケレバイイガ 146
デモ 305	時々 128, 339	ドレ 54, 219	ナケレバイケナイ 290
デモアルマイシ 69	トキニ 299, 303, 399	ト悪イ 146	
テモライタイ 96	トキニハ 303	頓首 1	ナケレバ駄目ダ 290
テモラウ 177	トキハ 303	トンデモナイ〜ダ 329	ナケレバナラナイ 290
テモラエナイカ 79	特ニ 305		
テヤマナイ 72	トクラベテ 99	ドンナ 122	ナケレバナラヌ 290
テヤル 177	ドコ 219	ドンナニ〜テモ 122	ナサイ 373
テヨカッタ（デス）ネ 181	ドコカ 349	トンマ 77	ナゼカ 349
	ト困ル 146		ナゼナラ 360

487　　　　　　　　　　　　　　　　　　　　　　語彙キーワード

ナニ　43
ナニカシラ　349
ナニガナンデモ　11
ナニヤッテンダ　77
ナニヤラ　349
ナノダ　266
ナノデス　266
ナノヨ　266
ナラ　183, 189
ナラナイ　62
ナラビニ　281, 358
ナリ　39, 358
ナルホド　4, 43, 77, 115, 382
何回モ　319
ナンダ　77
ナンダカ　349
ナンタッテ　103
ナンツッタッテ　103
ナンツッテモ　103
ナンテ　10
ナンテイウカ　316
ナント言ッテモ　103
ナントカ　96, 105
ナントシテモ　143
ナントナク　349
何度モ　319

ニ　25, 51, 54, 323, 358, 376, 388
ニアルマジキ〜ダ　329
ニオウジテ　92
ニオヨバナイ　347
ニカケテ　143
ニ関シテ　92
ニ決マッテイル　207
ニクイ　309
ニクラベテ　99, 323
ニシタラ　250
ニシテミレバ　250
ニ違イナイ　207
ニツキ　153
ニテ　346
似テイル　331

ニトッテ　250
二度ト　158
ニハ　99
二番目ニ　205
ニ負ケナイ　331
ニ向ケテ　378
ニモ　337
ニモカカワラズ　114
ニヨッテ　25
ニヨリ　153

ヌ　30
ヌキデ　346

ネ　37, 49, 72, 109, 311
ネエ　72, 390
ネエネエ　390
ネバナラナイ　290
ネバナラヌ　290
狙ウ　378
ネンジュウ　339

ノ　51, 109, 212
ノ間デ　25
ノ挙ゲ句　144
ノ内デ　323
ノカ　10, 109, 257
ノ結果　144
ノコトダ　266
ノコトニナッテイル　144
ノコトニナル　144
ノコラズ　354
ノ末　144
除イテ　199
ノダ　67, 143, 212, 257, 263, 373
ノダガ　212, 257
ノダカラ　212, 257
ノダッタ　67
ノダッタカ　220
ノダッタラ　212
ノタメニ　378
ノチ（後）　167
ノチホド　158

ノデ　153, 183, 189
ノデアル　212, 257
ノデス　212, 257
ノ手デ　25
ノデナカッタカ　329
ノデハ　212
ノデハナイ　212
ノトコロ　144
ノ中デ　323
ノナラ　257
ノニ　114, 189, 376
ノニハ　376
ノホカハ　199
ノミ　305
ノモトニ　99

ハ 行

ハ　224, 266, 305
バ　183, 189
バー　77
ハア　4, 43
ハア　54
ハア？　43
場合ニヨッテハ　207
ハイ　4, 43, 54, 72, 110
バイイ　79, 83
バイイガ　146
拝啓　1
バカ　77
バカリ　45, 275, 305, 326
バカリ　275
バカリダ　123
バカリニ　153
バコソ　153
ハジメニ　205
ハジメル　123
ハズガナイ　28
ハズハナイ　212
外シテ　199
ハズダ　212
ハッ　54
ハッケヨイ　54
ハテ　77
ハテナ　77

バナア　105
話変ワッテ　399
話ハ変ワリマスガ　400
ハハア　77
バンザーイ　77
ヒエー　77
非常ニ　273
畢竟　144
人タチ　345
一ツ目ニ　205
人々　345
批判　43
ヒヤー　77
ヒョットシテ　39, 146
ヒョットスルト　39, 59, 146
頻繁ニ　339

フー　77
ブー　77
ファイト　54
不一　1
フウ　54, 77
風ノ　331
フウン　4
フサワシイ　73
二ツ目ニ　205
フダン　339
フラフラ　319
フーン　43, 77, 115

ヘ　51
ベー　77
ヘエ　4, 43, 77
ベカラズ　126
ベキダ　280, 290
下手ヲスルト　146, 151
別ダ　199
別トシテ　199
別ニ　158
別ニシテ　199
別ノ言イ方ヲスレバ

5
別ノ視点カラミルト 5
ベロベロバー 77

ホウ 4, 77
方 39
ホウガイイ 69
ホカハ 199
ホカノ人ノホウガイイノデハ 43
ホド 45, 275, 323, 331
ホトンド 30, 354
ホボ 354
ホラ 77
ホーレ 77
ホント 4
本当 43
本当？ 43
ホンノ 253

マ 行

マ 395
マア 4, 74, 77
マァ 316
マイ 11, 28, 30, 39, 207
毎回 319
マイッタ 77
毎度 72
毎日 319
マエ 167, 299
マエニ 299
マカリ間違ウト 146, 151
マサカ 10, 28, 43, 158
マシテ 157
マス 278, 351
マズ 205
マセンカ 79, 83
マタ 281
マダ 158
マタハ 219
間違イナク 59
全ク 30, 158

待ッテ 43
マデ 299, 305
マデダ 143
マデニ 299
マヌケ 77
ママ 128
マモナク 158
マルゴト 354
マルッキリ 331
マルデ 158, 326, 331, 397
マルマル 354
マレニ 339
万一 146
万ガ一 146

見エル 388
ミゴト 337
ミズカラ 185
ミタイ 331
ミタイダ 207, 326, 385
三ツ目ニ 205
ミナ 185
皆様 391
皆サン 391
見ル見ル 319
ミンナ 185, 354, 391

ムカシ 158
ムズカシイ 309
難シク言エバ 5
無理ダ 43
無論 103

メイメイ 185
目掛ケル 378
メク 331, 397
目指ス 378
メッタニ 158, 339
メッチャ 116
メリ 39

モ 305, 395
モウ 72, 77, 158, 273, 395
モウイイ 77
モウスグ 158
目的トスル 378
目標トスル 378
モコソ 151
モシカシテ 39, 146
モシカスルト 39, 59, 146, 207
モシ仮ニ 362
モシクハ 219
モシモシ 390
モシヨカッタラ 383
モゾ 151
勿論 43, 103, 337, 382
モッテ 346
モット 72, 273, 395
モットモ 43, 268, 360
モットモ～ダガ 268
モトイ 268
モドキノ 331
モトハト言エバ 329
モノダ 47, 67, 212
モノデ 153
モノトスル 362
モハヤ 72, 158
モヤ 151
モラウ 177, 388

ヤ 行

ヤ 77, 358
ヤア 77
ヤイ 390
ヤーイ 66, 77
ヤガテ 158
ヤサシイ 309
ヤスイ 128, 309
ヤッ 77
ヤッター 77
ヤッパ 103
ヤッパシ 103
ヤッパリ 43, 103
ヤバイ 77
ヤハリ 103
ヤム 123

395
ヤメテオク 43
ヤメロ 77
ヤヤ 273
ヤヤモスルト 128
ヤヤモスレバ 128
ヤラ 358
ヤリタクナイ 43
ヤル 177
ヤレ 54
ヤレヤレ 77

ユエニ 153
ユズリノ 331
夢ニモ 158

ヨ 262, 373
ヨイ 309
ヨイショ 54
ヨーイドン 54
ヨウ 11, 83, 207, 331, 376
ヨウガナイ 62
要スルニ 5
ヨウダ 39, 207, 326, 385
ヨウニ 69, 105, 376, 378
ヨオ 390
ヨク 128, 319, 339
ヨクゾ 67
ヨクモ 67
ヨクヤッタ 77
ヨクヨク 319
ヨシ 43, 54, 77
由 286
ヨショシ 77
ヨッシャ 54, 77
ヨッテ 153, 346
ヨッポド 273
ヨネ 49, 109
余程 273
ヨモヤ 28
ヨリ 51, 100, 323
ヨリイッソウ 395
ヨリモ 323

夜ノ底　116

ラ 行

ラ　344, 345
ラシイ　39, 207, 286
ラレル　25, 62, 174, 217

ル形　299

例外ダ　199
例外トシテ　199
例ヲアゲルト　5
レル　25, 62, 174, 217

ロクナ　30
ロクニ　30, 158

ワ 行

ワ　37
ワア　37, 77
ワーイ　66, 77
ワカリマシタ　43
ワカリヤスク言ウト　5
ワカル　388
別レ別レ　319
ワケダ　212
ワケデ　153

分ケテモ　305
ワザト　11, 362
ワザワザ　11, 15
ワズカ　253, 354
ワズカニ　253
私的ニハ　250
ワッ　77
ワッショイ　54
ワッセ　54
悪クスルト　151
我々　319

ヲ　51, 224, 378
ヲ思ワセル　331

ヲ禁ジエナイ　72
ヲ契機トシテ　92
ヲ中心ニ　99
ヲ目指シテ　378
ヲ目標ニ　378
ヲ目標ニシテ　378

ン　77
ンー　316
ンジャナイ　212
ンダ　67, 212
ンッ　54
ンデス　212

事項索引

ア 行

挨拶表現　175
合図　54
あいづち　77, 115
あいづち詞　4
あいづち表現　43
相手　97, 217
相手軽卑　169
赤とんぼ　86
悪態　329
朝風　86
アスペクト　292
与え手　177
誤りの訂正　269
改まり　239
ある考えの想起・想到　92

言い換え　4
言いよどみ　44, 77
意外・驚き　253
意志・勧誘形　110, 263
意志動詞　11, 63
異時同図法　197
已然形の機能　154
位相差　17
一人称主格　373
一文中の連接　153
一般語彙化　325
イデオマチック　18
意図　12
意味不明の呪詛　318
イメージ　101
依頼　97, 240
依頼形　263
依頼表現　383
因果関係　68
イントネーション　75
因縁　86
引用　10, 105, 289

引用表現　287

ヴォイス　292
受け手　177
動きの完成点・終了点　302
動きの時間的な局面　299
有情名詞　25, 63
疑い　110
打消意志　28
打消形　30
ウチ・ソトの関係　238
訴えかけ　66
麗しさ　206
うれし泣き　86

詠嘆の終助詞　105
婉曲　208, 328
婉曲的表現　255

応答　77
応答詞　4, 72
応答辞　111
応答表現　173
オウム返し　17
オウム返し的発話確認の表現　19
大きい接続　205
大きな転換　399
お節介　264
恐れる　72
乙種　203
音　101
恩恵　97, 375
　──を被る事物　376
女らしい言葉遣い　325

カ 行

開始　390
ガ格　293, 294, 295, 297
格　51

確信的慣用音　84
確定条件　360
確認要求　208
掛け声　77
下降調イントネーション　38
過去の経験　56
風車　86
箇条書き　205
過剰敬語　229
霞ヶ関　41
かたさ　278, 279
仮定条件　360
悲しむ　72
可能動詞　62, 105, 108
兜町　41
掃部（カモン）　85
カラ格　295
軽口　66
感覚　73, 74
感覚動詞　174
換言　5
勧告・忠告　280
漢語系数詞　184
感謝　338
感謝表現　175
感情　73, 74, 77, 255
感情形容詞　387
感情的音調　75
感情的挿入句　313
感情動詞　174
間接許容　163
間接結果　163
間接尊敬語　156, 279
間接対象　296
間接的表現　265
間接表現　329
感嘆　10
感動詞　4, 72, 73, 77, 390
観音　86
願望　96, 106, 373

勧誘　11
慣用化　337
完了　56

記憶　48, 61, 255
期間限定的　302
基幹構文　16
聞き手　390
　　——への持ちかけ性　37
儀式における祝辞や式辞　181
基準時点　90
基準との近似　100
基準との隔たり　100
擬人法使役（非情の使役）　166
擬声語　72
擬態語　72
既定性　213
気の毒　15
義務　280
疑問　10
　　——の焦点　110
疑問詞　109
疑問文　109
逆接　361, 382
逆接確定条件　192
逆接仮定条件　191
逆接恒常条件　114
共感　115
共感表明　49
共起　159
狭義の敬語　279
驚嘆　10
強調　37, 323
拒否　44
切れのいい数字　167
禁止　120, 259, 347
近似値　45
禁止表現　79

偶然確定条件　191
くだけ　239
くり返し　4
繰り返し動作の持続　123
苦労　15
黒猫　86

継起的時間関係　57, 302
敬語概念　344
敬語のタイポロジー　218
軽視の意識　45
継続動詞　130
軽卑語　239
形容詞文　201
形容動詞文　201
決意　259
決定権　264
原因・理由文　189
権限　120, 121, 264
言語反応要求型　18
謙譲語　180, 229
謙遜　253
兼務　35

鯉職　86
行為主体　68
後悔　253, 259
抗議　329
甲種　203
甲種第1類　203
甲種第2類　203
恒常的　339
皇族　218
公的立場からの勧告　69
行動　54
行動戦略　241
口頭表現　126
行動抑制　126
肯否疑問文　109
後部省略　193
高文脈言語　16
声　101
呼応表現　382
呼応副詞　158
語順　359
コト　72
　　——の表現　73
個別言語としての特性　241
コンテキスト　367

サ　行

再帰的構文　25

催促　373
最低基準　45
最低限の数値　46
酒屋　86
先取り　4
サマ　72
賛辞　182
三人称主格　373
三人称複数形　344
三分類　270
三位一体の技法　322

時間的基準　167
時間的な先後関係　299
時間的幅　168
時間の従属複文　302
時間副詞　299
時期限定的　302
思考動詞　174
自己完結型　17, 18
自己尊敬　169
事情説明　20
辞書形　293
時制　55
事態間の時間的関係　299
事態の評価　69
事態の変化や推移　92
親しみ　218
実現するべき目的としての事態　376
質問　110
失礼　338
謝意　182
社会言語学　241
社会言語学的ルール　217
社会的合意　285
社交的・儀礼的な表現　265
謝罪　44
謝罪表現　71
醜悪さ　318
修飾副詞　18
終助詞　37, 73
重層的文構造論　32
従属節　57
　　——の時制　57

集中　54
受益者　178
主格主語構文　389
受給動詞　177
受給表現　156
主節の時制　57
呪詛　318
主体変化動詞　301
手段格　296
瞬間動詞　123, 130
順序数詞　184
順接仮定条件　189
順接恒常（一般）条件　183
順番数詞　184
順番数詞（序数詞）　45
上位概念　327
条件　99
上限　157
条件節　361
条件表現　114, 183
畳語　344
上昇調イントネーション　38
承前性　213
承前の接続　398
状態性述語　55, 386
状態動詞　123, 131
状態副詞　160
冗長さ　317
情動　78
譲歩　14
譲歩文　189
省略　51
書簡文　182
転　85
職位名　206
職業名　206
序数詞　184
女性語　17
新情報　48
親疎関係　1
親族名称　206
親疎の程度　265
心的操作　316
人物名　206
心理的不均衡　71, 175

推定　61
推量　11, 60, 255, 287, 327
推量表現　327, 386
スコープの「のだ」　212

生理現象　107
生理的反射音　17
接続語句　5
接続詞　219, 360, 399
接続表現　173
設定　390
説得　263
接尾辞　200
蝉　85
前後省略　193
潜在実質名詞　185
前提複数　219
前部省略　193

荘重体　169
想定　10
属性　73, 74
束縛性　185
組織や集団の代表　69
尊敬可能　179
尊敬語　279
尊敬表現　79
存在詞文　201
尊重　228

タ　行

待遇意識　218
待遇感　344
待遇行動　240
体言止め　254
対象語　106
対象への不審・抵抗感　350
対人関係　44, 317
対等　358
対比　398
対比強調　33
対比的　99
第四種の動詞　131
対立的な結果　92
対話要求型　17

高跳び　86
高めない　270
タ形　294
　　——の特殊用法　221
「ダ」ストラテジー　195
立場・役割　238
手綱　86
他動詞　25
楽しむ　72
ためらい　317
単純真偽疑問文　110
男性語　17
段落　205
談話　195

小さな転換　399
遅延修復　268
違います　111
知覚　255
中核動詞　389
忠告　259
中後省略　193, 194
抽出対象　219
中断　252
躊躇　317
中途休止　124
中部省略　193
兆候　386
挑戦　318
直後修復　268
直接強制　163
直接許容　163
直接対象　296
直接表現　329
直接放任　163
陳述副詞　72, 158

追加　361
通告　347
爪先　86

提案　13
提供表現　229
定型性　1
ディスコース　195

丁重語　279
丁重表現　156
丁重文体　270
程度の大小　323
丁寧さ　278
　　——の原理　241
丁寧表現　79
テイル形　294
デ格　293, 294, 295, 296, 297
手紙や弔辞　265
適切　280
適切性の訂正　269
テクスト的機能　91
テ系補助動詞形式　300
デスマス＋ダ混交体　279
鉄砲玉　86
テンス　47, 55
　　——から解放された表現　300
天皇　86
天秤型構造　242

問い返し　112
問いかけ　110
同意　115
等価　360
同格　53
道具格　296
動作　54
動作性述語　55, 385
動作動詞　91, 123, 130
動作の目的を表す副詞節　376
同時的時間関係　57, 302
動詞の連用形＋「ツヅケル，ツヅク」形式　302
動詞の連用形＋「ハジメル，ダス，カケル」形式　301
動詞文　201
同情　15
当然　280
当然性　375
読点　358
同等　323
東北方言　17
独立語　72

特立性　213
独話　14, 96, 143
途中終了文　175

ナ 行

仲間意識　193
嘆く　72
ニ格　294, 295, 296, 297
憎む　72
ニツイテ格　295
二人称複数形　344
任意要素　308
人間関係　177
人称　12
人称制限　72, 74, 387

能動的な主体　68
「のだ」文　263
呪い　318

ハ 行

場　239
媒材化　240
配慮　217
はさみこみ　313
場所格　296
服部（ハットリ）　85
発話権　4, 43, 317
発話時点　90
発話時の語調の強弱　280
発話者の個人的な基準　167
発話者の主観　253
発話者の判断　285
話し合い　13
話し手の性別　37
話し手の内面　222
場面　316
パロディー　85
範囲　99
番号　205
反語表現　73
反語文　50, 208
判断基準の違い　269
判定要求の疑問文　109

反応　86
比較　327
　　——の否定表現　323
美化表現選択　325
必須要素　308
否定　98
否定形　387
否定的命令表現　126
否定的要求・依頼表現　127
人名詞　134
人を示す語＋には　99
非難　263, 373
非難表現と語調　330
皮肉　329
比喩　326
評価性　74
評価性形容詞　73
表現意図　238, 240
表出　37
標準　99
表情音　74
表情音声　74
披瀝性　213

無遠慮　206
複合格助詞　52
複合動詞系形式　300
副詞　58, 98, 108, 219, 326, 386
付帯状況　31
物理的・論理的な関係　68
不定疑問文　109
不定詞　109
不特定多数　127
不平・不満　330
普遍性　241
不明確な根拠・基準・原因　350
不明確な指示　349
不明確な伝聞情報　349
プラス　157
プロミネンス　330, 368, 369
文語体　127
文書　126
文章・談話　240

文体決定　278
文と文との連接　153
文と文との連接関係　216
文末　278

平叙表現　254
併置　359
並列　205
隔て　218
へりくだり　155, 156
弁明表現　175

放任　347
放任使役　166
補充要求の疑問文　109
補助形容詞　30
ポーズ　358, 383
本動詞反復ストラテジー　195
本箱　86
翻訳文　100

マ 行

マイナス　157
前置き表現　252
マデ格　294
マデニ格　293
回り道の論理　15

短夜　86
水瓶　86
未分化な表現　66

無情名詞　26
無情名詞主語の受身文　26
ムード　47
　──の「のだ」　212

命題　337
命題表現　266
命令　11, 259, 280
命令形　263
命令表現　79, 96, 383

申し出表現　179, 229
目的の必要条件　376
目的を実現するための移動動作　377
目的を実現するための行為や条件　376
目標を達成するために必要な事態　377
モダリティ　12, 50, 73, 191, 384
主水（モンド）　85

ヤ 行

山桜　86
揶揄　285

吐　85
与格主語構文　389
予感　385
予告副詞　18, 160
予想　387
欲求　107
予定　14
呼び掛け　77
ヨリ格　294
喜ぶ　72

ラ 行

らしさ　325
ら抜き言葉　62

利益・不利益　69
理解者考慮　5
リズム　54, 102
料理文　365

累加　360
類似点　326

例示　326
例示表現　327
劣性　318
連想　222
連体格　52
連体助詞　52
連体・連用修飾節　279
連用形　358
連用形＋て形　358

朧化　45
論理的音調　75

ワ 行

若衆　86
和語系数詞　184
和語動詞　199
話題の人　217

ヲ格　295, 297

欧 文

have to　290
must　290
ought to　290
should　290
Wh疑問文　109
Yes-No疑問文　34, 49, 109

人 名 索 引

ア 行

青山文啓　366
浅田秀子　104, 138, 274, 284, 308, 396
浅野一郎　188
飛鳥博臣　89
安達太郎　10, 50, 67, 112, 143, 174, 211, 384
阿部昭　257
安部朋世　308
尼ケ崎彬　336

飯島重喜　176
井川肇　188
池上嘉彦　42
生駒知子　44
石黒圭　5, 114, 382
泉原省二　145, 200, 308, 310, 343, 379
市川孝　284, 361, 400
井手至　183
井上和子　27, 188
井上優　112
今石幸子　115
今西典子　188
岩倉国浩　34
岩淵匡　256

上野田鶴子　127, 180

江端義夫　127
エリオット，T.S.　334
遠藤好英　2

黄麗華　112
大石初太郎　156, 206
大久保忠利　227, 247

太田朗　34
大槻文彦　195, 198
大坪喜子　89
大野晋　310
大堀壽夫　389
大和田建樹　364
岡野信子　390
小川治子　71, 176
奥津敬一郎　24, 35, 36, 166, 180, 198, 308, 377
奥山益郎　318
尾上圭介　35, 36, 247, 372, 374

カ 行

柏崎秀子　384
片桐恭弘　263
加藤正信　218
金子尚一　65
金子享　91, 125, 132, 221
金水敏　44, 78, 173, 263, 317
蒲谷宏　5, 20, 70, 98, 120, 121, 156, 180, 229, 240, 241, 264, 279, 348, 374, 375, 384
鎌田修　24
神尾昭雄　50, 263
川上蓁　75
川口義一　20, 70, 98, 120, 121, 156, 180, 229, 240, 241, 264, 279, 348, 374, 375, 384
川越菜穂子　400

菊地康人　156, 218, 240, 279, 372
北川千里　115
北野浩章　263
北原保雄　36, 53, 204, 240, 270, 312, 359
木村英樹　58
京極興一　154
金相順　145, 200, 308, 310, 343, 379
金田一春彦　14, 22, 297

草野清民　224, 227, 243, 247
工藤浩　308, 338, 382
工藤真由美　27, 34, 48, 58, 91, 161, 297, 302
國廣哲彌　15, 75, 89, 138
久野暲　53, 195, 198, 204, 227, 247, 308
久保田淳　9
グループ・ジャマシイ　46, 70, 93, 100, 104, 129, 145, 200, 251, 274, 276, 285, 291, 308, 324, 350, 379, 396

小池清治　9, 36, 42, 53, 119, 166, 188, 198, 204, 223, 227, 247, 249, 308, 312, 315, 322, 336, 353, 359, 366, 394
小泉保　114, 237, 389
小出慶一　317
香西秀信　322, 336
小金丸春美　143

古座暁子　112
小林賢次　192
小林典子　61, 308
小矢野哲夫　65, 98
近藤研至　10

サ 行

サイデンスティッカー，E.G.　196, 364
佐伯梅友　312, 315
坂口和寛　61
阪倉篤義　19
阪田雪子　127, 374, 384
坂本恵　20, 70, 98, 120, 121, 156, 169, 180, 229, 240, 241, 264, 279, 348, 374, 375, 384
佐久間鼎　74, 171, 173, 372
佐治圭三　183, 215, 377, 400
佐竹秀雄　328
定延利之　317
佐藤信夫　249, 322, 336
沢木幹栄　2

塩入すみ　304
柴谷方良　227, 247
志村明彦　44
徐建敏　308
白石大二　89
杉戸清樹　2
鈴木重幸　204, 297
鈴木孝夫　390, 394
鈴木英夫　38
砂川有里子　24, 132,

304, 310, 372

タ行

高崎みどり 198
高橋太郎 48, 58, 173, 297, 302
田窪行則 44, 53, 65, 78, 166, 263, 317, 324, 359, 390
田中章夫 38
田野村忠温 10, 67, 112, 215, 261, 374

茅野直子 15, 157, 161, 338, 341, 357, 397

塚原鉄雄 142
辻村敏樹 240

寺村秀夫 24, 27, 29, 48, 58, 65, 91, 125, 132, 174, 215, 221, 256, 289, 297, 302, 304, 308, 328, 336, 359, 382, 387
田忠魁 145, 200, 308, 310, 343, 379

時枝誠記 19, 52, 53, 73, 75, 108, 137, 142, 203, 204, 240, 366
徳川宗賢 237
飛田良文 104, 138, 274, 284, 308, 396

ナ行

中田智子 71, 176
長友和彦 119
永野賢 9, 154, 361
中畠孝幸 289, 387
中村明 89, 102, 138, 328, 336
生田目弥寿 100, 324

西尾寅弥 73, 75, 89, 138, 142
西田直敏 169, 218, 240
西村義樹 389
仁田義雄 27, 53, 112, 114, 143, 192, 211, 216, 256, 302, 374, 400
丹羽哲也 247

沼田善子 308

ネウストプニー, J.V. 269

野内良三 24, 198, 322, 336
野口武彦 188, 394
野田尚史 227, 247
野田春美 215, 261
野林靖彦 211, 289

ハ行

芳賀綏 315
橋内武 269
橋本進吉 359
蓮沼昭子 112
林四郎 16, 19, 224, 240, 243
林大 54, 343
原田登美 315

樋口文彦 83
日向茂男 390

福島恵子 67, 143
藤田保幸 24
藤森弘子 176
藤原兼輔 21
藤原与一 390
古田啓 34

細川英雄 75, 119, 138
堀江・インカピロム・

プリヤー 2
堀川昇 36
堀口和吉 173
堀口純子 4

マ行

前田富祺 2
前田直子 328, 377
益岡隆志 27, 34, 53, 65, 166, 192, 215, 263, 297, 324, 359, 361
町田健 48, 58, 91, 221
松木正恵 53, 68, 93, 280, 347, 350
松下大三郎 171, 227, 247, 369, 372
松田陽子 115
松村明 38, 359
松本曜 10

三尾砂 372
三上章 24, 171, 173, 204, 224, 227, 243, 245, 247, 297, 315, 365, 366
水谷修 119, 317, 390
南不二男 34, 204, 240, 246, 247, 269, 297
三宅和子 176
宮崎和人 10
宮地裕 78, 89, 156, 180, 270, 297
宮島達夫 114, 211, 216, 400
宮田公治 98

村上三寿 374
村木新次郎 89, 108

メイナード, 泉子・K. 4

森重敏 204

森田富美子 387
森田良行 15, 46, 53, 58, 61, 68, 70, 75, 78, 89, 93, 98, 104, 108, 122, 125, 129, 157, 161, 168, 183, 184, 200, 205, 211, 215, 223, 237, 251, 253, 274, 276, 277, 280, 284, 285, 308, 310, 324, 336, 341, 343, 347, 350, 357, 361, 387, 396, 397
森本順子 338
森山卓郎 14, 27, 44, 50, 67, 71, 78, 91, 112, 125, 132, 143, 174, 176, 211, 263, 297, 302, 317, 328, 384

ヤ行

矢澤真人 359
山口明穂 384
山口尭二 192
山口仲美 42
山口佳紀 142
山口佳也 261, 315
山田和男 138
山田小枝 34
山田卓 343
山田敏弘 180
山田孝雄 19, 195, 198, 204, 227, 256
山梨正明 70, 336
山本正秀 353

吉田金彦 29, 211
吉田茂晃 215
吉本啓一 372
米川明彦 318

ラ行

利沢行夫 336

ロドリゲス 218

ワ 行

渡辺恵美子 115

渡辺直己 336
渡辺実 19, 53, 104, 203, 204, 274, 315,

359

文　献　索　引

ア 行

合図 54
青べか物語 257
あすなろ 260
アスペクト・テンス体系とテクスト―現代日本語の時間の表現― 48, 58, 91, 297, 302
「暖かい」と「暖かだ」(口語文法講座3) 142
雨ニモマケズ 7, 248
雨ニモマケズ手帳 7
或阿呆の一生 113
暗夜行路 138, 186

「言い換え」に関する基礎的考察――「換言論」の提唱 5
言いよどみ 317
池の縁 258
石井文夫教授退官記念論集 249
意志のモダリティについて 14
伊豆の踊子 335, 394
伊勢物語 224
一時的状態と中立叙述 10
一瞬の夏 82
意味と語彙（日英語比較講座3） 75, 138
意味の世界（NHKブックス） 42
依頼・要求・命令・禁止の表現 127, 374, 384
いわゆる日本語助詞の研究 308, 377
いわゆる様態の助動詞「そうだ」について 387

引用と話法 24
引用文の構造 24

浮雲 9
うなぎ文再考 36
うなぎ文の構造 36
ウナギ文はどこから来たか 36

英語から日本語へのプラグマティック・トランスファー――「断り」という発話行為について 44
英作文研究―方法と実践― 138
詠嘆表現 78
遠雷 333

応答詞・感動詞の談話的機能 44, 78, 317
応答と談話管理システム 44, 317
大槻氏の広日本文典を読みて所見を陳ぶ 227
おさん 260
思エルと思ワレル 174
お礼とお詫び 71, 176

カ 行

外国人のための基本語用例辞典（第二版） 237
概説・現代日本語文法（改訂版） 27
改撰標準日本文法 227, 247
会話分析 4
かがやく日本語の悪態 318
格 53

格のゆらぎ 53
蜻蛉日記 152
闊歩する漱石 312
仮定条件と主題, 対比 247
彼方へ 197
「必ず・確かに・確か・きっと・ぜひ」の意味分析 61
「が」の用法の概観 372
硝子戸の中 149
「から」と「ので」とはどう違うか 154
雁 246, 372
彼は昔の彼ならず 370
川端文学への視界（年報98） 336
川端康成と夏目漱石―表現の系譜・「青い海黒い海」「雪国」「伊豆の踊子」― 336
感覚表現事典 102
換言を表す接続語について――「すなわち」「つまり」「要するに」を中心に 5
橇車墨河を渡る 117
感謝とわびの定式表現 71, 176
感情表現辞典 138
感動詞の変遷 78
勧誘文 82
慣用句・機能動詞結合・自由な語結合 89
慣用句と比喩表現 89
慣用句の意味と用法 89
慣用句の周辺―連語・ことわざ・複合語 89
慣用句論 89

聞き取りにおける予測能力と文

索 引　498

法的知識　382
基礎日本語　15, 211
基礎日本語2　215, 387
基礎日本語辞典　46, 61, 70, 98, 104, 108, 122, 125, 129, 157, 161, 168, 184, 200, 205, 223, 237, 251, 253, 274, 276, 277, 284, 285, 308, 310, 324, 341, 343, 350, 357, 361, 387, 396, 397
基礎日本語文法（改訂版）　34, 53, 65, 166, 324, 359
城の崎にて　257
逆接の基本的性格と表現価値　114
恐喝　117
銀河鉄道の夜　326
禁止表現の多元的分布—中部地方域方言について—　127
近代文体形成史料集成成立篇　353
近代文体形成史料集成発生篇　353

空間から時間へのメタファー—動詞と名詞の文法化—　304
空間表現の文法化に関する総合的研究　304
鵠沼海岸　257
草の花　81
草枕　118
廣美人草　81, 118, 148
「くまさん」の童話屋　119
くらべる　324

敬語（菊地康人）　156, 218, 240, 279
敬語（北原保雄）　156, 240, 270
敬語（西田直敏）　218, 240
敬語（南不二男）　240
敬語教育の基本問題（上・下）　240
敬語講座　240
敬語の解釈　156, 270
敬語の仕組みと使い方—その三

いわゆる丁寧語—　279
敬語の仕組みと使い方—その二いわゆる謙譲語—　156
敬語の分類　279
敬語表現　20, 70, 98, 120, 121, 156, 180, 229, 240, 241, 264, 279, 374, 375, 384
敬語論考　240
形式副詞　377
形容詞慣用句　89
形容詞の意味・用法の記述的研究　75, 138, 142
形容詞の主観性について　75
袈裟と盛遠　149
ケーススタディ日本語の語彙　336
ケーススタディ日本語の文章・談話　336, 198
ケーススタディ日本文法　34
言語行動における日独比較　2
言語の時間表現　91, 125, 132, 221
言語編　377
源氏物語「葵」　40
源氏物語「明石」　21, 41
源氏物語「総角」　41, 336
源氏物語「薄雲」　23, 198
源氏物語「桐壺」　21, 312
源氏物語「夕顔」　312
源氏物語「夢浮橋」　198
源氏物語「蓬生」　113
源氏物語「若紫」　197
現代敬語研究　156, 206
現代形容詞用法辞典　138
現代語助動詞の史的研究　29, 211
現代語法序説　24, 204, 227, 247, 297
現代語法新説　204, 227, 247
現代丁重語の性質—「致す」を中心として—　169
現代日本語可能表現の意味と用法（I）（II）　65
現代日本語研究　269
現代日本語探究法（シリーズ日

本語探究法1）　366
現代日本語動詞のアスペクトとテンス　48, 58
現代日本語における終助詞のはたらきとその相互承接について　38
現代日本語のあいさつ言葉について　2
現代日本語のアスペクトとテンス　297, 302
現代日本語の形容詞分類について　75, 138
現代日本語の構造　34, 204, 247, 297
現代日本語の受動文　27
現代日本語の表現と語法　173
現代日本語の文法（ちくま学芸文庫）　198
現代日本語の文法I—「のだ」の意味と用法—　10, 67, 112, 215, 261, 374
現代日本語文法入門（ちくま学芸文庫）　36, 53, 119, 166, 204, 223, 247, 353, 359
現代日本語文法の輪郭　204, 246
現代副詞用法辞典　104, 274, 284, 308, 396
限定副詞の機能　308
言文一致の歴史論考続篇　353

「行為導入動詞」の類型　98
講座日本語と日本語教育4　24, 359
行人　80, 260
鮫人　9
広日本文典　198
古今和歌集「仮名序」　248
国語引用構文の研究　24
国語学原論　53, 108, 240
国語学大辞典　54, 78, 198, 312
国語学と国語史　308
国語慣用句大辞典　89
国語教育のための文章論　284, 361, 400

国語構文論　19, 53, 203, 204, 315, 359
国語ノ特有セル語法——総主　227, 247
国語文法論　359
国語法研究　359
国語法文章論　372
国文法講座6　127, 374, 384
語源・慣用語　89
孤高の人　147, 150
こころ（下・先生と遺書）　22, 188, 333
古事記・中「歌謡」　344
古代接続法の研究　192
古典解釈のための日本文法　75
古典語現代語助詞助動詞詳説　38
ことばと身体　336
ことばと文化（岩波新書）　390, 394
ことばの科学4　27
ことばの科学5　82
ことばの科学6　374
ことばの知識百科　322, 336
「断り」の方略——対人関係調整とコミュニケーション　44
コミュニケーションタスクにおける日本語学習者の定型表現・文末表現の習得過程　176
誤用分析研究の現状と課題　119
これからの敬語　237
金色夜叉　8, 9, 116
コンスタンティノープルの陥落　82

サ　行

最後の一句　196
「魚は鯛がいい」——主題をもつ文の構造　247
作文における「のだ」の誤用例分析　143
桜島　363
笹まくら　197
さすが！日本語（ちくま新書）　104, 274
三四郎　118, 147, 148, 188, 261
三人称の発見まで　188, 394
飼育　147
使役と受身の表現（国文法講座6）　166
潮騒　138
自家製文章読本　102, 198, 336
時間的限定の意味と文法的機能　302, 304
「自敬表現」の歴史的研究　169
指示語　173
指示語の表現性　173
指示詞　173
指示詞（日本語文法セルフマスターシリーズ4）　173
辞書に書いてないこと（ことばの意味3）　15
悉皆屋康吉　257
視点と言語行動　390
時点表現の副詞的用法について——中国人学習者にとっての難問から——　58
13ヶ国いったらあかんディクショナリ言ってはいけないことばの本　318
修飾語と並立語　359
終助詞とイントネーション　263
授受動詞と敬語　180
授受表現にかかわる誤りの分析　180
授受表現の対照研究——日・朝・中・英の比較——　180
照応と削除（新英文法選書11）　188
上代語国語法研究　312
情動感動詞考　78
焼土層　150
情報のなわ張り理論　50, 263
譲歩文について　114
省略　198
書簡のあいさつのことばの歴史　2
助詞　53
助詞（3）　38
助辞編（三）助詞・助動詞辞典（研究資料日本文法7）　38
助詞類各説　53
助動詞（論集日本語研究7）　261
叙法副詞の意味と機能——その記述方法をもとめて——　338, 382
序列副詞——「最初に」「特に」「おもに」を中心に　308
新日本語講座2　108
新日本文法研究　308
新編浮雲　104, 352
推量・比喩表示・例示　328
"する""した""している"（日本語文法セルフマスターシリーズ2）　132
スルタメ（ニ），スルヨウ（ニ），シニ，スルノニ—目的を表す表現—　377
スルタメニとスルタメニハ—目的を表す従属節の主題化と非主題化形式—　377
成語林—故事ことわざ慣用句—　100, 324
生成日本文法論　24
清兵衛と瓢箪　370
世界のあいさつ言葉の対照研究に向けて　2
世界の終りとハードボイルド・ワンダーランド　80, 148
世界の敬語　218
世俗化に抗す　22
接続　216
接続詞・感動詞（品詞別日本文法講座6）　78
接続詞とは何か——研究史・学説史の展開——　183
接続詞の分類　400
接続助詞「から」と「ので」の

史的考察—小学校国語教科書を対象として— 154
絶対敬語と相対敬語——敬語の使い方の歴史 218
戦略としての隠喩 336
川柳 21

漱石の日本語 188
漱石をよむ（岩波セミナーブックス48） 188, 249, 394
挿入 312
挿入句 315
象は鼻が長い 227, 247, 366
続・現代語法序説——主語廃止論 247
そこにすわる！ 374
其面影 260
それから 118, 188, 320, 322

タ 行

待遇語の体系 156, 206
「待遇表現」としての「不満表現」について 348
体言（岩波講座日本語6） 142
「タイ」文と「ホシイ」文の構造 98
大菩薩峠 9
対話における確認行為 112
対話の日本語教育学—あいづちに関連して— 115
竹 6
ダケデにおけるいわゆる〈他者不要〉の意味について 308
ダケとデ，および場所格の具体化について 308
多情多恨 352
たずねる文 112
太郎物語 82
断定の表現（国文法講座6） 256
断定をめぐって 256
談話における聞き手の行動—あいづちのタイミングについて— 115
談話における心的操作モニター機構——心的操作標識「ええと」と「あの（—）」 317
談話の文法 195, 198
痴人の愛 150
注文の多い料理店 225

使い方の分かる類語例解辞典 61, 168
月に吠える 7
徒然草 41, 151

定義集（ちくま哲学の森別巻） 267
ディスコース 269
手紙の文法・手紙のスタイル 2
鉄道唱歌 364
田園の憂鬱 22, 138
伝達論にもとづく日本語文法の研究 154
点と線 146
てんやわんや 258

動作・状態を表すいい方 75
動詞慣用句 89
動詞の意味・用法の記述的研究 297
トキとトキニとトキ（ニ）ハ—時を表す従属節の主題化形式と非主題化形式— 304
時の表現について 58
時・否定と取り立て（日本語の文法2） 34
特集世界の敬語 218
特集象は鼻が長い 204
毒薬を飲む女 258
独立語 312, 315
ところで，話は変わるけど—Topic shift marker について— 400
トコロの意味と機能 304
年の残り 22
どっこいショ 258
「鳥がペットだ。」の「が」は格助詞か 227, 247, 308
とりたて詞の分布と意味—「だけで」と「でだけ」— 308
とりたて詞「も」のフォーカスとスコープ 308
トロッコ 370

ナ 行

夏目漱石「門」の主要レトリック 249
並木河岸 260

「…ニクイ」と「…ヅライ」 310
にごりえ 150
二十一歳の父 257
二十四の瞳 149
日英語の否定の研究 34
日・タイあいさつ表現からみた社会・文化・価値観のちがい 2
二百十日 147, 259
日本研究年報1996 143
日本口語法講義 256
日本語学習者に見られる「弁明」意味公式の形式と使用 176
日本語学習者のあいづちの分析—電話での会話において使用された言語的あいづち— 115
日本語学と日本語教育 58
日本語学のフォーカス——とりたて 308
日本語基本動詞辞典 237
日本語基本動詞用法辞典 389
日本語疑問文における判断の諸相 50
日本語教育事典 53, 100, 315, 324
日本語教育と会話分析 4
日本語コピュラ文の類型と機能—記述文と同定文— 372
日本語史の諸問題 315
日本語条件表現史の研究 192
日本語助動詞の研究 204

日本語接続法史論　192
日本語動詞慣用句の階層性　89
日本語動詞述語文の研究　27, 91, 125, 132, 174, 297, 302
日本語動詞のアスペクト　297
日本語と中国語の真偽疑問文　112
日本語におけるベネファクティブの記述的研究　180
日本語のイディオム　89
日本語の引用　24
日本語のヴォイスと多動性　27
日本語の格をめぐって　53
日本語の格を求めて　53
日本語の可能表現（現代語）　65
日本語の形容詞について　75
日本語の研究（宮地裕・敦子先生古希記念論文集）　328
日本語の構文　315
日本語の時制とアスペクト　48, 58, 91, 221
日本語の修辞法―レトリック―　322, 336
日本語の終助詞「ね」の持つ基本的な機能について　263
日本語の主語　204
日本語の主語をめぐる問題　366
日本語の照応表現　188
日本語の条件表現　192, 361
日本語のシンタクスと意味Ⅰ　24, 27, 65, 174, 297
日本語のシンタクスと意味Ⅱ　29, 48, 58, 91, 125, 132, 211, 215, 221, 256, 289, 297, 302, 328, 387
日本語のシンタクスと意味Ⅲ　308, 359
日本語の問い返し疑問について　10
日本語の特質　372
日本語の中の書きことばの位置　269
日本語の人称表現　390

日本語の発想―語源・イディオム―　89
日本語の分析　227, 247
日本語の文法（日本語の世界6）　36, 359
日本語の文法の研究　183, 215
日本語のむずかしさ――日本語を外国語として学習する外国人の書いた文章に現れた誤りの分析　119
日本語のモダリティ　112, 211, 263
日本語のモダリティと人称　50, 112, 143, 374
日本語の類意表現　108
日本語のレトリック　336
日本語のレトリック（講座日本語の表現8）　336
日本語はいかにつくられたか？　353, 394
日本語はどんな言語か（ちくま新書）　9, 53, 166, 204, 227, 247, 308, 366
日本語表現文型　53, 68, 93, 280, 347, 350
日本語文型辞典　46, 70, 93, 100, 104, 125, 129, 145, 200, 251, 274, 276, 285, 291, 308, 310, 324, 350, 379, 396
日本語文法・形態論　204, 297
日本語文法研究序説　302
日本語文法の焦点　36, 53
日本語文法ハンドブック　46, 70, 347
日本語類義表現の文法（下）　114, 304, 377, 400
日本語類義表現の文法（上）　174, 211
日本語レトリックの体系　336
日本語を発見する　119
日本のレトリック　336
日本文典　218
日本文法　204
日本文法学概論　19, 198, 204, 227

日本文法教室　315
日本文法研究　53, 204, 227, 247
日本文法口語篇　19, 53, 142, 204
日本文法事典　312, 315, 359
日本文法小事典　188
日本文法陳述論　204, 227, 247
日本文法の話（改稿）　19
日本文法論　19
日本方言大辞典（上）　237
楡家の人びと　149, 150
認識のムードとその周辺　112, 263
認知言語学と語用論　10
認知言語学の視点　389

ノダ形式の構造と表現効果　215
「のだ」の文について　261
「の（だ）」の機能　215, 261
野火　248, 319, 336
野分　80

ハ　行

「はい」と「ええ」　115
はさみこみ　312, 315
発話行為　70
発話行為としての陳謝と感謝　71, 176
「は」と「が」（新日本語文法選書1）　227, 247
「は」と「が」―それぞれの機能するレベルの違いに注目して―　372
花埋み　149
話しかけ行動の談話分析　384
話しことばにおける「の（だ）」　67, 143
話しことばの表現（講座日本語の表現3）　127, 317, 390
話しことばの文型（1）　50
話し手の主観を表す副詞について　338
「は」の係助詞性と表現的機能　247

「場面」と「場」 173
罵詈雑言辞典 318
挽歌 258
反復と省略の表現 198

比較の表現 100, 324
彼岸過迄 188
「比況」を表す従属節「～ように」の意味・用法 328
否定疑問文の述語形態と機能 10
否定対極表現 34
否定と呼応する副詞をめぐって—実態調査から— 161
否定とハ 34
否定の意味 34
否定の表現 34
雛 22
日の果て 261
卑罵表現も変わりゆく 318
比喩 336
比喩と理解（認知科学選書17） 70, 336
比喩表現 336
比喩表現辞典 336
比喩表現の理論と分類（国立国語研究所報告57） 328, 336
標準日本口語法 369
標準日本文法 372
氷点 257

風船 257
風鈴 260
副詞（外国人のための日本語＝例文・問題シリーズ1） 15, 157, 161, 338, 341, 357, 397
副詞の語彙的意味が統語的現象に与える影響—働きかけ文での共起関係を中心に— 61
複数の心的領域による談話管理 263
複文（新日本語文法選書2） 192
複文の研究（下） 112, 192, 400
複文の研究（上） 192

複文・連文編（日本語類義表現の文法・下） 216
副用語の研究 302, 304
不確かな伝達 289
不確かな様相 387
不変化助動詞の本質—主観的表現と客観的表現の別について—（上・下） 14
冬の旅 81, 82, 150
文学と言葉の間 42, 322
文核と結文の枠「ハ」と「ガ」の用法をめぐって 372
文学論 321
文章読本 42, 249, 312, 322, 336
文章とは何か（現代作文講座1） 269
文章内における言い換えについて——接続語句による言い換えを中心に 5
文章論総説 9, 361
文章論の基礎的問題 227
文章論の基礎問題 19, 247
文節末の「か」の用法 315
ブンとフン 149
文の接続と接続語 183
文の述べ方（日本語文法セルフマスターシリーズ6） 50, 67, 112, 143, 211, 384
文の連接 400
文法Ⅰ（日本の言語学3） 14
文法Ⅱ（岩波講座日本語7） 38
文法と音声 44, 78, 263, 317
文論—現代語の文法と表現の研究（一） 297

平安文学の文体の研究 42
平家物語 21, 164
平家物語「巻一」 248
変形文法と日本語（上・下） 27

忘却の河 257
方言区画論 218
方言研究ハンドブック 390

法律類義難語辞典 343
放浪記 82
「僕はうなぎだ」型の文について—言葉の省略— 36
「ぼくはうなぎだ」の文はなぜ成り立つのか 35, 36
「ボクハ ウナギダ」の文法—ダとノ— 35, 36
坊つちやん 21, 146, 261, 320, 363, 394
堀川波鼓・下 344
本気で作家になりたければ漱石に学べ！ 336

マ 行

枕草子 41
枕草子「春は曙」 248
万葉集 344

三上章論文集 173
未完小説をめぐって 9
「水を飲みたい」のに「水が飲みたい」とは？ 108
道草 39, 148
明暗 9, 80, 118, 138, 148, 249, 258

名詞慣用句—特に隠語的慣用句について— 89
命題の文法 297
命令と依頼 127
命令文—しろ，しなさい— 374

モダリティの文法 27, 215, 263
門 147, 148, 249

ヤ 行

やぶからし 259
山鳩 195
「やる・くれる・もらう」を述語とする文の構造について 180

有題文と無題文，現象（描写）

文，助詞「が」の問題（上）
（下） 247
雪国 117, 195, 197, 246, 363, 372
夢十夜 319
夢の木坂分岐点 394

夜明けの辻 260
夜明け前 369
予測の読み―連文論への一試論― 382
呼びかけ 390
呼びかけ表現法 390

ラ 行

羅生門 117, 246, 332, 334, 372
乱菊物語 9
ランボオⅡ 312

類義語使い分け語彙 145
類義語使い分け辞典 200, 308, 310, 343, 379
類義語表現分析の一方法―目的を表す言い方を例として― 377
類似のモダリティ形式「ヨウダ」「ラシイ」「ソウダ」 211, 289

レトリック感覚 322, 336
レトリック辞典 24, 198, 322, 336
レトリック認識 249, 336
レトリックの本（別冊宝島） 336

ロートレック荘殺人事件 394
路傍の石 149
倫敦塔 118

ワ 行

吾輩は猫である 3, 81, 118, 146, 148, 150, 258, 260, 318, 319, 352, 370
若者ことばと文法 328
わかれ道 147
「詫び」以外で使われる詫び表現 176

欧 文

King Henry Ⅴ 118
Pericles 118
Politeness：Some Universals of Language Usage 241
Richard Ⅲ 321
Romeo amd Juliet 118
Snow country 196, 364

日本語表現・文型事典

| 2002年10月10日 | 初版第1刷 |
| 2004年 3 月20日 | 第 2 刷 |

定価は外函に表示

編集者　小　池　清　治
　　　　小　林　賢　次
　　　　細　川　英　雄
　　　　山　口　佳　也

発行者　朝　倉　邦　造

発行所　株式会社　朝　倉　書　店
　　　　東京都新宿区新小川町6-29
　　　　郵便番号　162-8707
　　　　電　話　03(3260)0141
　　　　FAX　03(3260)0180
　　　　http://www.asakura.co.jp

〈検印省略〉

© 2002〈無断複写・転載を禁ず〉

ISBN 4-254-51024-1　C 3581

教文堂・渡辺製本

Printed in Japan

シリーズ〈日本語探究法〉

宇都宮大学 小池清治 編集
A5判 全10巻

基礎から卒業論文作成までをわかりやすく解説した国語学・日本語学の新しい教科書シリーズ。日本語に関する基礎および最新の知識を提供するとともに、その探究方法についての指針を具体的事例研究を通して提示した。

第1巻 **現代日本語探究法** 160頁 本体2500円
宇都宮大学 小池清治 著

第2巻 **文　法　探　究　法** 168頁 本体2500円
宇都宮大学　小池清治・宇都宮大学　赤羽根義章　著

第3巻 **日本語音声へのいざない**
筑波大学　湯沢質幸　著

第4巻 **語　彙　探　究　法**
宇都宮大学　小池清治・島根県立島根女子短期大学　河原修一　著

第5巻 **文字・表記探究法** 164頁 本体2500円
愛知県立大学　犬飼　隆　著

第6巻 **文　体　探　究　法**
成城大学　小林千草　著

第7巻 **レトリック探究法**
広島大学　柳沢浩哉・宇都宮大学　香西秀信・群馬大学　中村敦雄　著

第8巻 **日本語史探究法**
東京都立大学　小林賢次・相模女子大学　梅林博人　著

第9巻 **方　言　探　究　法** 144頁 本体2500円
前鳥取大学　森下喜一・岩手大学　大野眞男　著

第10巻 **日本語教育探究法**
山口大学　氏家洋子　著

朝倉日本語講座

筑波大学長 北原保雄 監修
Ａ５判 全10巻

20世紀における日本語研究の成果を総括し，日本語の全領域にわたり，日本語の諸相を解明するとともに，最新の研究成果に基づく高度な内容を平易に論述。学会第一線で活躍する執筆陣による構成で，日本語に関心をもつ読者のための待望の本格的な講座。

第1巻 **世界の中の日本語**
大東文化大学教授 早田輝洋 編

第2巻 **文字・書記**
筑波大学教授 林 史典 編

第3巻 **音声・音韻** 304頁 本体4600円
東京大学教授 上野善道 編

第4巻 **語彙・意味** 304頁 本体4400円
東北大学教授 斎藤倫明 編

第5巻 **文法 Ⅰ** 288頁 本体4200円
筑波大学長 北原保雄 編

第6巻 **文法 Ⅱ** ［続 刊］
東京大学助教授 尾上圭介 編

第7巻 **文章・談話** 320頁 本体4600円
早稲田大学教授 佐久間まゆみ 編

第8巻 **敬語** 304頁 本体4600円
東京大学教授 菊地康人 編

第9巻 **言語行動** 280頁 本体4500円
東京都立大学教授 荻野綱男 編

第10巻 **方言** 280頁 本体4200円
広島大学教授 江端義夫 編

宇都宮大 小池清治・都立大 小林賢次・早大 細川英雄・
愛知県大 犬飼　隆編

日本語学キーワード事典

51022-5　C3581　　A5判　544頁　本体17000円

本書は日本語学のキーワード400項目を精選し、これらに対応する英語を付した。各項目について定義・概念、基礎的知識の提示・解説を主として、便利・正確・明解をモットーにページ単位で平易にまとめて、五十音順に配列。内容的には、総記、音声・音韻、文字、語彙、文法、文体、言語生活等の従来の観点に加えて、新しく表現・日本語教育についてもふれるようにした。学部学生（留学生を含む）、国語・日本語教育に携わる人々、日本語に関心のある人々のための必携書

日本国語教育学会編

国語教育辞典

51023-3　C3581　　A5判　496頁　本体15000円

国語教育に関係する主要な約400語を選択し、各項目をページ単位で解説した辞典。教育課程、話すこと・聞くこと、書くこと、読むこと、言語事項・書写、学力・指導と評価・教材、歴史・思潮、関連諸科学、諸外国の言語教育の9分野から項目を選択し、国語教育の現場に立ち、学生に日常的に接する立場の小中高校を中心とする国語教師が実践的に使用できるように解説を配慮。各項目には参考文献を必ず載せるとともに、付録として小中高校の学習指導要領、国語教育略年表を掲載

西尾　実・倉澤栄吉・滑川道夫・
飛田多喜雄・増淵恒吉編

国語教育辞典（復刻版）

51025-X　C3581　　A5判　754頁　本体16000円

1956（昭和31）年に刊行された辞典の復刻版。近代教育の一環として西洋の言語教育の影響下に発達してきた国語教育が、第2次世界大戦後にアメリカの言語教育の圧倒的な影響を受けつつ再度脱皮をしようとした時期に日本最初に刊行された、国語教育に関する小項目主義の百科事書的な辞典。国語教育に限定されない幅広い項目選択と執筆陣による本書は、当時の教育思潮を窺ううえでの基礎資料であるとともに、現在の国語教育が立ち返るべき基本的な指導書でもある

宇都宮大 小池清治著

基礎古典文法

51016-0　C3081　　A5判　168頁　本体2600円

本文で基礎的文法知識を説明し、「演習」「発展」などの項目で、文学読解に役立てるための知識と方法を例示。また「学説」のコラムを設け興味深く学べるようまとめた。〔内容〕言語の単位／語論／助動詞／助詞／古典の敬語／文章・文章論

東北大 佐藤喜代治編

新版 国語学要説

51005-5　C3081　　A5判　256頁　本体3200円

国語学の入門書として日本語の概要を解説。現代語を中心に日本語の構造・性格を説明、過去どのように変遷してきたか歴史的背景を明らかにし現在何が問題となっているかを明示。〔内容〕総論／音韻／文字／語彙／文法／文章／方言／年表／他

法大 外間守善・法大 佐川誠義編

日本言語学要説

51010-1　C3081　　A5判　244頁　本体3200円

大学教養課程における日本語教育の教科書として簡潔・平易に解説した。〔内容〕序論（言語学の基礎／日本語と日本語の系統）／音韻／文字／語彙／文法／方言と標準語／国語問題／言語理論（比較言語学／構造主義の方法／生成変形の文法）

筑波大 北原保雄編著

概説 日本語

51017-9　C3081　　A5判　184頁　本体2700円

美しく豊かな日本語を今一度見つめ直し正しく学べるよう、著者らの熱意あふれる筆致でわかりやすく解説した大学、短大向け好テキスト。〔内容〕総論／音声・音韻／文字／表記／語彙／文法／敬語／文章／文体／共通語／方言／言語生活

上記価格（税別）は2004年2月現在